REFLEXÕES SOBRE A PROVA NO PROCESSO PENAL

REFLEXÕES SOBRE A PROVA NO PROCESSO PENAL

ORGANIZAÇÃO
Alejandro César Rayo Werlang
Rodrigo Casimiro Reis

1ª EDIÇÃO
SÃO PAULO • 2024

AMANUENSE

ORGANIZAÇÃO
Alejandro César Rayo Werlang
Rodrigo Casimiro Reis

Edição: Rodrigo Haidar
Projeto gráfico e diagramação: Luciana Huber e Bruno Huber
Capa: Imagem 123RF

Dados Internacionais de Catalogação na Publicação (CIP)
(Câmara Brasileira do Livro, SP, Brasil)

Reflexões sobre a prova no processo penal / organização Alejandro César Rayo Werlang , Rodrigo Casimiro Reis. – 1. ed. – São Paulo : Amanuense, 2024.
Vários autores. Bibliografia

ISBN 978-65-80788-29-3

1. Direito processual penal - Brasil 2. Processo penal (Direito) - Brasil I. Werlang, Alejandro César Rayo. II. Reis, Rodrigo Casimiro..

24-203160 CDU-343.1(81)

Índices para catálogo sistemático:
1. Brasil : Processo penal 343.1(81)
Aline Graziele Benitez - Bibliotecária - CRB-1/3129

AMANUENSE

Amanuense Livros Ltda.
Rua Nilo 241, Sala 02 – CEP 01533-010 São Paulo SP
contato@amanuense.com.br
www.amanuense.com.br

SUMÁRIO

PREFÁCIO

Estamos em 2024, mas não parece.

Uma simples leitura de nossos jornais e sites de notícias, uma visita ao bar da esquina ou uma conversa em um clube de vinho ou charuto nos mostram um predominante desejo de vingança e raiva, muita raiva, como em um passado, cada vez mais presente, em que direitos individuais eram uma utopia, um sonho.

A prisão de mais de 800 mil pessoas, a grande maioria em presídios reconhecidamente insalubres, onde se pede não água quente, mas água – pessoas essas majoritariamente pretas ou pardas, sem curso superior e responsáveis por crimes "ordinários" (quase 90% por tráfico de drogas, roubos, furtos, homicídios, etc), – não é suficiente para aplacar a fúria que tomou conta de nossa sociedade.

Não há investimentos para a ressocialização ou prevenção e, muito menos, para tornar nosso sistema prisional satisfatório ao menos. Multiplicam-se projetos que visam restringir os poucos direitos das pessoas presas, reduzir a maioridade penal, tipificar novos crimes e aumentar penas. A única solução para a criminalidade que assola o País é a prisão. O Direito Penal deixou há muito de ser a *ultima ratio*.

Não estaria errado dizer que nossa política de segurança pública tem incentivado o aumento da criminalidade que assola o Brasil, alimentando, como todos nós sabemos, nos últimos tempos, os exércitos das grandes organizações criminosas que controlam nossas ruas.

Acredito que hoje não se tem mais dúvidas de que a justiça criminal se encontra em uma encruzilhada. O número de processos extrapola em muito a capacidade da justiça instalada, de modo que, não raro, deparamo-nos com processos que se alongam ao longo do tempo produzindo um resultado, ao final de muitos anos, que não atende nem ao interesse da sociedade nem da vítima e, muitas vezes, nem do próprio acusado.

Nesse contexto, é com imensa alegria que me chega às mãos esta obra: *Reflexões sobre a prova no Processo Penal.*

A justiça é a última esperança daqueles que são investigados e acusados de serem responsáveis pelo cometimento de crimes. É ali que esperam ser ouvidos e submeter-se a um processo justo e imparcial.

E, em um sistema que em regra o acusado é considerado culpado, sua esperança se concentra ou na fragilização das provas contra ele apresentadas, preservando suas garantias constitucionais e fiscalizando os limites na atuação da persecução penal, ou em sua iniciativa probatória, invertendo o ônus e provando a sua inocência.

Reflexões sobre a prova no Processo Penal é uma coletânea de artigos que esmiuçam a prova, estudando-a em todos os seus aspectos.

Vamos ver questões como cadeia de custódia dos vestígios digitais, *fishing expedition*, ilicitude da prova e o princípio da não autoincriminação. Outros artigos vão cuidar da análise de decisões proferidas recentemente, tanto no âmbito do Superior Tribunal de Justiça quanto do Supremo Tribunal Federal, que enfrentam questões como reconhecimento pessoal e busca e apreensão em residência. E outros, ainda, vão se aprofundar em questões teóricas como o *in dubio pro societate* e a importância de um processo penal verdadeiramente democrático.

O fato é que não há como não ver uma luz no fim do túnel quando lemos essa obra. Existem pessoas preocupadas no estudo de questões que são importantes para o aperfeiçoamento do processo penal brasileiro; pessoas para quem o processo realmente não tem capa, não tem nome, mas cuidam de uma ou mais pessoas que desejam apenas um julgamento justo e correto.

Boa leitura!

Sebastião Reis Junior
Foi advogado por 25 anos e
é ministro do STJ desde 2011,
sempre na 6ª Turma
e na 3ª Seção (Direito Penal)

APRESENTAÇÃO

É com muito prazer que tenho a honra de apresentar a obra organizada por Rodrigo Casimiro Reis e Alejandro César Rayo Werlang, intitulada *Reflexões sobre a prova no Processo Penal*. É realmente uma obra de fôlego, com a participação de 36 autoras e autores, ao longo de 23 artigos, que se debruçaram sobre diferentes perspectivas da temática 'prova no processo penal', circulando em questões afetas à teoria geral até as provas em espécie.

Ainda que já se tenha tentado adjetivar a prova penal, inclusive recorrendo a metáforas como 'coração' do processo (Carnelutti) e outras similares, uma coisa é certa: toda a atividade processual gira em torno da prova. O processo penal é um instrumento de retrospecção, de reconstrução aproximativa de um determinado fato histórico. Como ritual, está destinado a instruir o julgador, a proporcionar o conhecimento do juiz por meio da reconstrução histórica de um fato. Nesse contexto, as provas são os meios através dos quais se fará essa reconstrução do fato passado (crime). O tema probatório é sempre a afirmação de um fato (passado), algo que deve ser ponderado – inclusive – quando se discute o tormentoso tema da 'verdade' (qual?) no processo penal. Falar em verdade no processo penal significa compreender que o processo é um instrumento redutor da complexidade, de reconstrução (minimalista e imperfeita, por essência), regido por um sistema de direitos e garantias fundamentais que constituem conquistas civilizatórias, mas que, ao mesmo tempo, são obstáculos à busca da verdade, contra-epistêmicos portanto, mas necessários, ainda que incompreendidos por muitos defensores do 'abolicionismo probatório'.

Não se pode desconhecer ainda o preço que já se pagou – no sistema inquisitório – pela 'ambição de verdade', e que não mais queremos pagar. Significa respeitar as categorias jurídicas próprias do processo penal (e recusar as analogias e transmissões de categorias do processo civil) e sua complexa fenomenologia (enquanto ritual de exercício de poder, onde a forma-garantia é fundamental). Portanto, falar em verdade no processo penal significa dar conta de perguntas complexas (mas necessárias) como: de que verdade estamos falando? Qual a função/finalidade dela? Que lugar ocupa a verdade ou, ainda, qual o regime jurídico de verdade estamos tratando? São perguntas imprescindíveis e de difícil resposta, em geral tergiversadas e que também remetem para a questão do tempo, da dromologia e da memória (da falta de memória, das falsas memórias, da mentira, da fantasia e do imaginário).

Existe um paradoxo temporal ínsito ao ritual judiciário: um juiz julgando no presente (hoje) um homem e seu fato ocorrido num passado distante (anteontem), com base na prova colhida num passado próximo (ontem) e projetando efeitos (pena) para o futuro (amanhã). Assim como o fato jamais será real, pois histórico, o homem que praticou o fato não é o mesmo que está em julgamento e, com certeza, não será o mesmo que cumprirá essa pena, e seu presente, no futuro, será um constante reviver o passado.

Através – essencialmente – das provas, o processo pretende criar condições para que o juiz exerça sua atividade recognitiva, a partir da qual se produzirá o convencimento externado na sentença. É a prova que permite a atividade recognoscitiva do juiz em relação ao fato histórico (*story of the case*) narrado na peça acusatória. O processo penal e a prova nele admitida integram o que se poderia chamar de *modos de construção* do convencimento do julgador, que formará sua convicção e legitimará o poder contido na sentença. Analisando a *semiótica*[1] *das provas*, verifica-se que as provas servem para, através dos *equivalentes sensíveis*, estabelecer se algo ocorreu[2]. As provas são signos do fato que se quer conhecer, isto é, uma relação semiótica configurável de diversos modos, em que da correspondente análise, surge a mais útil das possíveis classificações.

Na concepção de Glauco GIOSTRA[3], o processo penal é um "itinerário cognitivo", onde julgar é uma tarefa necessária e impossível ao mesmo tempo. Necessária porque é preciso dar uma resposta ao fato criminoso, mas impossível, "porque não somos capazes de conhecer a verdade. Ou melhor, não podemos jamais ter a certeza de tê-la obtido". E, neste ponto, é sempre bom lembrar: punir é necessário, punir é civilizatório, mas não a qualquer custo. É preciso respeitar as regras do devido processo, até porque – sublinha GIOSTRA[4] – "as regras processuais são um *guardrail* metodológico", limites para a atividade de pesquisa, aquisição e

1 A semiótica (do grego *semeiotiké*) é a ciência dos signos e sinais usados em comunicação. Explica SAUSSURE que através do signo (entidade psíquica de duas faces, que cria uma relação entre um conceito – significado – e uma imagem acústica – significante) podemos conceber uma ciência que estude a vida dos sinais no seio da vida social, envolvendo parte da psicologia social e, por conseguinte, da psicologia geral, chamada de semiologia. Trata-se do estudo dos signos e das regras que os regem. Os signos pertencem ao mundo da representação, sendo compostos por significante (a parte física do signo) e pelo significado (a parte mental, o conceito). A semiótica, assim, é a ciência dos signos, ou seja, do processo de significação ou representação, na natureza e na cultura, do conceito ou da ideia.

2 CORDERO, Franco. *Procedimiento Penal*, cit., p. 11.

3 GIOSTRA, Glauco. *Primeira lição sobre a justiça penal*. Trad. Bruno Cunha Souza. São Paulo, Tirant lo Blanch, 2021, p. 27.

4 GIOSTRA, Glauco. *Primeira lição sobre a justiça penal*. Trad. Bruno Cunha Souza. São Paulo, Tirant lo Blanch, 2021, p. 36.

valoração das provas. É importante levar essa concepção também para a demarcação dos limites de validade da prova e o constante tensionamento com a "busca da verdade", como barreira para evitar que se caia no abismo do consequencialismo e do substancialismo inquisitório.

A presente obra traz importantes contribuições para a compreensão da complexidade de todas essas questões e a busca (constante) pela redução de danos.

As abordagens transitam entre temas vinculados à teoria geral da prova, como a carga probatória em um sistema acusatório, cadeia de custódia, perda de uma chance, *fishing expedition*, prova ilícita e os problemas do nexo causal, *standard* probatório (e o indevido rebaixamento), direito de silêncio e as 'Miranda rules', até chegar nos pontos mais sensíveis das provas em espécie, destacando a evolução jurisprudencial acerca dos limites da busca domiciliar, do reconhecimento pessoal e o desvelamento da complexidade da prova testemunhal na perspectiva interdisciplinar (memória, falsas memórias, mentiras (do bem e do mal...) etc)).

Dessarte, ainda temos muito o que evoluir no processo penal brasileiro, marcado pela cultura inquisitória e equívocas supervalorizações de algumas provas (sabidamente) precárias, como o são todas as provas dependentes da memória (testemunhal, palavra da vítima e reconhecimento pessoal).

Existe um longo caminho para a construção de um sistema efetivamente acusatório, mas principalmente, com 'cultura de audiência' e oralidade como elemento fundante. No Brasil, a oralidade é uma ilustre desconhecida e isso compromete a qualidade da produção da prova. Nossa cultura cartorária faz com que – por exemplo – até uma prova pericial seja simplesmente 'juntada' aos autos. Isso é um grande erro. A perícia nada mais é do que uma modalidade de prova testemunhal, onde o perito é uma testemunha (no sentido da relação sujeito-objeto/acontecimento) qualificada (pelo conhecimento técnico), que necessariamente deve(ria) sustentar seu laudo em audiência, submetendo-se ao *cross examination* e ao contraditório, explicando a metodologia da perícia, critérios e conclusões, além de responder às perguntas das partes. Do contrário, de nada serve uma mera juntada aos autos de 'papel'. Precisamos efetivar a audiência una, a concentração de atos e o debate oral. Não se pode mais admitir que a qualidade epistêmica da prova se perca no tempo, não só pela demora do processo, mas principalmente, pela demora da instrução. O 'juicio oral', amplamente adotado nos países europeus e latino-americanos, significa uma instrução completamente oral, com toda prova sendo produzida em audiência de forma concentrada, não durando mais do que alguns dias em sequência.

Portanto, precisamos efetivar o modelo acusatório, oral e em contraditório, para realmente haver evolução e superarmos o processo penal primitivo[5] que temos.

A presente obra é muito importante na construção de novas soluções para velhos problemas, contribuindo para o desvelamento da complexidade da questão probatória. Esperamos que auxilie, mesmo que minimamente, para uma mudança de mentalidade, superação dos reducionismos ingênuos (ou convenientes) e qualificação das práticas judiciais. Qualquer contribuição para melhoria do sistema de justiça criminal gera reflexos direto na vida das pessoas e coloca mais um tijolo para construção de um país mais democrático, justo e evoluído.

Parabéns aos organizadores Rodrigo Casimiro Reis e Alejandro César Rayo Werlang, e a todos os autores e autoras que participam com textos sobre temáticas relevantes, bem escritos e com muita musculatura teórica.

Definitivamente, numa sociedade que 'navega' e, portanto, fica na superficialidade de tudo, é preciso que os juristas resistam, ancorem e verticalizem, pois só assim resgatamos (e mantemos) a essência do conhecimento.

Boa leitura!

Aury Lopes Jr.
Doutor em Direito Processual Penal pela Universidad Complutense de Madrid. Professor Titular de Direito Processual Penal da Pontifícia Universidade Católica do Rio Grande do Sul (PUCRS). Professor no Programa de Pós-Graduação – Doutorado, Mestrado e Especialização – em Ciências Criminais da PUCRS. Membro da Associação Brasileira dos Advogados Criminalistas (ABRACRIM), do Instituto Brasileiro de Ciências Criminais (IBCCRIM) e Membro Emérito do Instituto Baiano de Direito Processual Penal (IBADPP). Parecerista e conferencista. Advogado Criminalista integrante do Escritório Aury Lopes Junior Advogados Associados, com sede em Porto Alegre e Brasília

5 https://www.conjur.com.br/2018-mar-16/limite-penal-processo-penal-brasileiro-primitivo-inquisitorio/

Norma incriminadora do abuso de autoridade não disciplina a categoria "dia" na busca domiciliar - a transparência como necessidade de atuação estatal gravemente constritiva

Nefi Cordeiro[1]
Alexandre de Macedo Cruz Cordeiro[2]

1. INTRODUÇÃO

O instituto da busca e apreensão é meio de obtenção de prova, disciplinado no art. 240 do Código de Processo Penal, mediante controle jurisdicional para a disponibilização ao processo de bem determinado ou determinável (pela relação direta com o fato perseguido), como prova ou produto do crime, garantindo a posse da autoridade policial e disposição ao juízo, como destinatário inicial da prova.

É medida de instrução e também de proteção social (evitando novos crimes), mas por se dar em indivíduos ou casas, traz imediatos riscos e danos à intimidade (art. 5º, XI, CF), ao domicílio (art. 5º, XI, CF) e à propriedade (art. 5º, XXII, CF) - garantias constitucionais fundamentais.

Para o acesso ao domicílio por ordem judicial, a norma processual penal exigiu que as buscas fossem "executadas de dia" (art. 245 do CPP[3]) e forte sempre foi o debate sobre a compreensão dessa categoria jurídica "dia".

O Código de Processo Civil, aplicável analogicamente (art. 3º do CPP[4]), valida o cumprimento de atos judiciais apenas nos dias úteis, entre as 6h (seis horas) e 20h (vinte horas)[5].

Veio mais recentemente a Lei 13.869/2019, a Lei de abuso de autoridade, a criminalizar como abuso, em seu art. 22, a "busca e apreensão domiciliar

1 Doutor em Direito, advogado, ex Promotor de Justiça, Juiz de Direito, Juiz Federal, Desembargador Federal e Ministro do Superior Tribunal de Justiça (aposentado), docente no mestrado e doutorado do Instituto de Educação Superior de Brasília.

2 Advogado, sócio do escritório jurídico Nefi Cordeiro Advocacia. Pós-graduando Brasil no Centro Universitário de Brasília - UniCEUB/ICPD. Presidente da ABRACRIM JOVEM/DF.

3 Art. 245. As buscas domiciliares serão executadas de dia, salvo se o morador consentir que se realizem à noite, e, antes de penetrarem na casa, os executores mostrarão e lerão o mandado ao morador, ou a quem o represente, intimando-o, em seguida, a abrir a porta.

4 CPP, Art. 3º A lei processual penal admitirá interpretação extensiva e aplicação analógica, bem como o suplemento dos princípios gerais de direito.

5 CPC, Art. 212. Os atos processuais serão realizados em dias úteis, das 6 (seis) às 20 (vinte) horas.

após as 21h (vinte e uma horas) ou antes das 5h (cinco horas)[6] – embora em boa parte do território brasileiro, o horário de 05h (cinco horas) ainda esteja normalmente sem luz do sol, no escuro.

Diante dessa divergência doutrinária, jurisprudencial e legislativa, especialmente com nova norma incriminadora da busca domiciliar realizada cronologicamente entre 21h (vinte e uma hora) e 05h (cinco horas), e considerando a fundamental necessidade de transparência da ação estatal, vem o presente artigo a sintetizar o debate para, ao final, discutir solução conciliadora da necessária ação estatal de busca com a igualmente imprescindível proteção ao cidadão e sociedade na fiscalização do correto agir policial.

2. A PROTEÇÃO DO DOMICÍLIO E A EXCEPCIONALIDADE DA INVASÃO ESTATAL

O atual estado do direito constitucional é fruto do caminhar histórico percorrido pelas sociedades ocidentais, servindo como modo de afirmar os direitos fundamentais, na proteção ao núcleo da dignidade da pessoa, onde é a Constituição o local adequado para positivar as normas afirmativas destas pretensões do correto agir estatal.[7]

O preâmbulo da Constituição da República de 1988 é revelador desses intuitos, ao afirmar que a Assembleia Constituinte teve como propósito dos seus trabalhos "*instituir um Estado Democrático, destinado a assegurar o exercício dos direitos sociais e individuais, a liberdade, a segurança*".

É assim que a ordem constitucional brasileira consagra o Estado Democrático de Direito. Os indivíduos e o Estado se vinculam pelo direito, limitador do poder estatal, "*poder que deve ser contido e orientado à realização das potencialidades plenas das pessoas, em um contexto de valorização da dignidade da pessoa humana*"[8].

No campo do processo penal isso se revela, por exemplo, com a filiação constitucional ao sistema acusatório, fundado no contraditório, na ampla defesa, na imparcialidade do juiz, na presunção de inocência e nas demais regras do devido processo penal.

---

6 Art. 22. Invadir ou adentrar, clandestina ou astuciosamente, ou à revelia da vontade do ocupante, imóvel alheio ou suas dependências, ou nele permanecer nas mesmas condições, sem determinação judicial ou fora das condições estabelecidas em lei: Pena - detenção, de 1 (um) a 4 (quatro) anos, e multa.

§ 1º Incorre na mesma pena, na forma prevista no caput deste artigo, quem:

I - coage alguém, mediante violência ou grave ameaça, a franquear-lhe o acesso a imóvel ou suas dependências;

II - (VETADO);

III - cumpre mandado de busca e apreensão domiciliar após as 21h (vinte e uma horas) ou antes das 5h (cinco horas).

§ 2º Não haverá crime se o ingresso for para prestar socorro, ou quando houver fundados indícios que indiquem a necessidade do ingresso em razão de situação de flagrante delito ou de desastre.

7 MENDES, Gilmar Ferreira. BRANCO, Paulo Gustavo Gonet. Curso de Direito Constitucional. 6. ed. rev. e atual. São Paulo: Saraiva, 2011, pág.153.

8 PRADO, Geraldo. Estudos de Direito Criminal. Rio de Janeiro: Lumen Juris, 2023, pág. 139-140.

A natural tensão dialética entre a segurança e a liberdade resolve-se com a possível segurança, sem jamais prejudicar a liberdade pelo devido processo legal. Por um lado é necessário perseguir penalmente indivíduos que cometem crimes (por consequência, que lesionam ou coloquem em risco bens jurídicos9 elegidos pela sociedade como de maior importância), mas, por outro lado, a repressão à conduta desses indivíduos somente será admitida dentro dos parâmetros estabelecidos pelo Estado Democrático de Direito.

Nesse embate, a garantia do Devido Processo Legal (art. 5º, inc. LIV, da Constituição/88) serve como limitador e controlador da ação persecutória estatal. Assim é que o próprio Supremo Tribunal Federal apresentou entendimento de ser a persecução penal uma "*atividade estatal juridicamente vinculada*":

> O PROCESSO PENAL COMO INSTRUMENTO DE SALVAGUARDA DAS LIBERDADES INDIVIDUAIS.
>
> - A submissão de uma pessoa à jurisdição penal do Estado coloca em evidência a **relação de polaridade conflitante** que se estabelece entre a pretensão punitiva do Poder Público e o resguardo à intangibilidade do **jus libertatis** titularizado pelo réu.
>
> A persecução penal rege-se, **enquanto atividade estatal juridicamente vinculada**, por padrões normativos, que, consagrados pela Constituição e pelas leis, traduzem limitações significativas ao poder do Estado. Por isso mesmo, o processo penal só pode ser concebido – **e assim deve ser visto** – como instrumento de salvaguarda da liberdade do réu.
>
> O processo penal condenatório não é um instrumento de arbítrio do Estado. Ele apresenta, **antes**, um poderoso meio de contenção e de delimitação dos poderes de que dispõe os órgãos incumbidos da persecução penal. 10

Referido arcabouço teórico é aplicável às medidas cautelares no processo penal. Para sua decretação deve ser observado o modelo constitucional do processo, o princípio acusatório e a presunção de inocência. Medidas cautelares penais não devem ser decretadas como instrumentos para efetivação de Segurança Pública ou ideologias de Defesa Social, ao contrário, seu fim deve ser a garantia de Direitos Fundamentais. 11

Quanto ao domicílio, a proteção constitucional é plena – reduto de soberania do cidadão. Sua violação somente se dará nas limitadas hipóteses constitucionais, casuisticamente confirmadas.

---

9 Na definição do doutrinador alemão Claus Roxin: "*los bienes jurídico son circunstancias dadas o finalidades que son* útiles *para el individuo y su libre desarrollo en el marco de um sistema social global estructurado sobre la base de esa concepción de los fines o para el funcionamento del proprio sistema*" (ROXIN, Claus. Derecho Penal - Parte General - Tomo I. Madrid: Civitas, 1997, pág. 56.)

10 STF, HC 73338/RJ, 1ª T., rel. Min. Celso de Mello, j. 13.8.96, v.u.

11 SILVA, Vivian Ghizoni da. SILVA, Philipe Benoni Melo e. ROSA, Alexandre Morais da. Fishing expedition e encontro fortuito na busca e na apreensão: um dilema oculto no processo penal. 2. ed. Florianópolis: Emais, 2022, pág. 41.

O regime de proteção da "casa", que engloba a intimidade e a privacidade do indivíduo e do seu núcleo familiar, não é algo novo ou típico das sociedades contemporâneas, sempre esteve presente nas sociedades civilizadas.[12]

Isto é facilmente observável pelo histórico constitucional brasileiro: todas Constituições prestigiaram a inviolabilidade do domicílio, **permitindo a entrada não consentida somente em estritos limites.**

A Constituição de 1824 (Brasil império) abordou em seu inc. VII, art. 179:

> Art. 179. A inviolabilidade dos Direitos Civis, e Políticos dos Cidadãos Brazileiros, que tem por base a liberdade, a segurança individual, e a propriedade, é garantida pela Constituição do Império, pela maneira seguinte. (...) VII. Todo o Cidadão tem em sua casa um asylo invioavel. De noite não se poderá entrar nella, senão por seu consentimento, ou para o defender de incendio, ou inundações; e de dia só será franqueada a sua entrada nos casos, e pela maneira, que a Lei determinar.

A Constituição de 1891, em seu art. 72, § 11, assegurou que "*a casa é asylo inviolavel do individuo; ninguem póde ahi penetrar, de noite, sem consentimento do morador, senão para acudir a vítimas de crimes, ou desastres, nem de dia, senão nos casos e pela fórma prescriptos na lei*". Da mesma forma, a Constituição de 1934, em seu art. 113, 16, com redação muito semelhante da antiga: "*a casa é asilo inviolável do indivíduo. Nela ninguém poderá penetrar, de noite, sem consentimento do morador, senão para acudir a vítimas de crimes ou desastres, nem dia dia, senão nos casos e pela forma prescritos na lei*".

A Constituição de 1937 também festejou a inviolabilidade do domicílio, sem se olvidar da declaração do estado de guerra em todo o território nacional (Decreto 10.358, de 31 de agosto de 1942) que suspendeu esse direito fundamental:

> Art. 122 – A Constituição assegura aos brasileiros e estrangeiros residentes no País o direito à liberdade, à segurança individual e à propriedade, nos termos seguintes: (...)
>
> 6º) a inviolabilidade do domicílio e de correspondência, salvo as exceções expressas em lei.

Na Constituição de 1946 a inviolabilidade do lar foi retomada (art. 141, § 15), sendo mantida na Constituição de 1967 (art. 150, § 6), sempre remetendo à lei os casos em que a inviolabilidade não seria consentida. A Emenda Constitucional 1/1969 também prestigiou referido Direito Fundamental:

> Art. 153. A Constituição assegura aos brasileiros e aos estrangeiros residentes

12 PITOMBO, Cleunice A. Valémtim Bastos. Da busca e da apreensão no processo penal. 2. ed. rev., atual. e ampl. São Paulo: RT, 2005, pág. 61.

> no País a inviolabilidade dos direitos concernentes à vida, à liberdade, à segurança e à propriedade, nos têrmos seguintes: (...) § 10. A casa é o asilo inviolável do indivíduo; ninguém pode penetrar nela, à noite, sem consentimento do morador, a não ser em caso de crime ou desastre, nem durante o dia, fora dos casos e na forma que a lei estabelecer.

Percebe-se que a tutela deste Direito Fundamental historicamente tem uma intrínseca relação com os **limites legais da busca domiciliar**, sempre a Constituição remetendo à lei os casos em que a entrada não é consentida, "*a saber, 'quando', 'como' e 'em que circunstâncias' a 'casa' pode ser vasculhada pelo Estado*".[13]

Atualmente, o Direito Fundamental à inviolabilidade do domicílio toma corpo no art. 5°, inc. XI, da Constituição da República/88: "*a casa é o asilo inviolável do indivíduo, ninguém nela poderá penetrar sem consentimento do morador, salvo em caso de flagrante delito ou desastre, ou para prestar socorro, ou, durante o dia, por determinação judicial*".

É importante ressaltar que a Constituição da República de 1988 ampliou o âmbito de proteção dos indivíduos, assegurando-lhes, além da inviolabilidade do domicílio, a preservação da intimidade e da vida privada (CR/88, art. 5°, inc. X).

Neste aspecto, além das garantias atinentes a toda medida cautelar (princípio acusatório, devido processo legal e presunção de inocência), a decretação de busca domiciliar deve ser norteada, também, pelas garantias constitucionais da inviolabilidade do domicílio, da intimidade e da vida privada. A não observação desses direitos constitucionais pode ensejar na ineficácia da medida e ilicitude da prova obtida.

A atual restrição legal ao direito fundamental da inviolabilidade do domicílio está disciplinada no § 1°, do art. 240, do Código de Processo Penal.

Proceder-se-á à busca domiciliar, quando **fundadas razões** autorizarem a: a) prender criminosos; b) apreender coisas achadas ou obtidas por meios criminosos; c) apreender instrumentos de falsificação ou de contrafação e objetos falsificados ou contrafeitos; d) apreender armas e munições, instrumentos utilizados na prática ou destinada a fim delituoso; e) descobrir objetos necessários à prova de infração ou à defesa do réu; f) apreender cartas, abertas ou não, destinadas ao acusado ou em seu poder, quando haja suspeita de que o conhecimento do seu conteúdo possa ser útil à elucidação do fato; g) apreender pessoas vítimas de crimes; h) colher qualquer elemento de convicção.

---

13 SILVA, Vivian Ghizoni da. SILVA, Philipe Benoni Melo e. ROSA, Alexandre Morais da. Fishing expedition e encontro fortuito na busca e na apreensão: um dilema oculto no processo penal. 2. ed. Florianópolis: Emais, 2022, pág. 11.

Imprescindível é a justa causa da invasão domiciliar, tanto pelo prisma da demonstração prévia de crime como pela indiciária necessidade dessa invasão. Embora conceito vago e até subjetivo, a expressão "*fundadas* razões" precisa ser lida com valor, com relevância. Bem critica no ponto Aury Lopes Jr[14] essa quase discricionariedade, para ressaltar que exigível é a prévia demonstração do "*fumus comissi delicti*", o que se entende pela prova da autoria e da materialidade com suficiente suporte fático para legitimar a medida invasiva. Também evoluiu a jurisprudência ao exigir prova prévia da justa causa e a certeza da eventual autorização do morador para o acesso ao domicílio.

Ao julgar o Recurso Extraordinário 603.616/RO, em sede de Repercussão Geral, o Supremo Tribunal Federal procurou dar maior resguardo à garantia contra a inviolabilidade da casa, atrelando o termo "*fundadas razões*" à "*justa causa*", bem como exigindo a necessidade de sua justificação a *posteriori*, nos casos em que não há mandado de prisão:

> Recurso extraordinário representativo da controvérsia. Repercussão geral. 2. Inviolabilidade de domicílio – art. 5º, XI, da CF. Busca e apreensão domiciliar sem mandado judicial em caso de crime permanente. Possibilidade. A Constituição dispensa o mandado judicial para ingresso forçado em residência em caso de flagrante delito. No crime permanente, a situação de flagrância se protrai no tempo. 3. Período noturno. A cláusula que limita o ingresso ao período do dia é aplicável apenas aos casos em que a busca é determinada por ordem judicial. Nos demais casos – flagrante delito, desastre ou para prestar socorro – a Constituição não faz exigência quanto ao período do dia. 4. Controle judicial a posteriori. Necessidade de preservação da inviolabilidade domiciliar. Interpretação da Constituição. Proteção contra ingerências arbitrárias no domicílio. Muito embora o flagrante delito legitime o ingresso forçado em casa sem determinação judicial, a medida deve ser controlada judicialmente. **A inexistência de controle judicial, ainda que posterior à execução da medida, esvaziaria o núcleo fundamental da garantia contra a inviolabilidade da casa (art. 5, XI, da CF) e deixaria de proteger contra ingerências arbitrárias no domicílio (Pacto de São José da Costa Rica, art. 11, 2, e Pacto Internacional sobre Direitos Civis e Políticos, art. 17, 1)**. O controle judicial a posteriori decorre tanto da interpretação da Constituição, quanto da aplicação da proteção consagrada em tratados internacionais sobre direitos humanos incorporados ao ordenamento jurídico. Normas internacionais de caráter judicial que se incorporam à cláusula do devido processo legal. 5. Justa causa. A entrada forçada em domicílio, sem uma justificativa prévia conforme o direito, é arbitrária. Não será a constatação de situação de flagrância, posterior ao ingresso, que justificará a medida. **Os agentes estatais devem demonstrar que havia**

14 Aury Lopes Jr. Direito Processual Penal. 18ª ed. São Paulo: Saraiva, 2021, pág. 568.

elementos mínimos a caracterizar fundadas razões (justa causa) para a medida. 6 . Fixada a interpretação de que a entrada forçada em domicílio sem mandado judicial só é lícita, mesmo em período noturno, quando amparada em fundadas razões, devidamente justificadas a posteriori, que indiquem que dentro da casa ocorre situação de flagrante delito, sob pena de responsabilidade disciplinar, civil e penal do agente ou da autoridade e de nulidade dos atos praticados. 7. Caso concreto. Existência de fundadas razões para suspeitar de flagrante de tráfico de drogas. Negativa de provimento ao recurso.[15]

A necessidade de justificação, por parte do Estado, na intromissão da esfera jurídica das pessoas, é corolário do Estado Democrático de Direito. Neste sentido, afirma José Carlos Barbosa Moreira:

> No Estado de Direito, todos os poderes sujeitam-se à lei. Qualquer intromissão na esfera jurídica das pessoas deve, por isso mesmo, justificar-se, o que caracteriza o Estado de Direito como "*rechtsfertigender Staat*", como "Estado que se justifica". Distingue a doutrina dois aspectos complementares dessa "justificação": o material e o formal. A intromissão é materialmente justificada, quando para ela existe fundamento: é formalmente justificada, quando se expõe, se declara, se demonstra o fundamento".[16]

Tanto por isso, que a Constituição da República de 1988, ao disciplinar a organização do Poder Judiciário, estabelece a garantia da motivação das decisões judiciais, exigindo que sejam "*fundamentadas todas as decisões, sob pena de nulidade*" (art. 93, inc. IX).

Desta maneira, deve a busca domiciliar ser realizada como medida extremada, como grave violação ao direito individual de privacidade e "soberania", ante extremadas e concretamente confirmadas situações de danos urgentes ao próprio cidadão: viola-se o domicílio para protegê-lo de desastre ou de crime em desenvolvimento. E por mandado judicial fundado na necessidade concreta da grave medida, ante também concretos fundamentos do processo, o acesso se dará apenas durante o dia.

A justa causa para a invasão domiciliar deve restar clara da decisão judicial, para que se permita ao Estado ultrapassar limites da "soberania do cidadão". Não autoriza ao juiz a invasão domiciliar por receio ou suspeita de crimes, mas por necessidade da prova ou produto do crime nele claramente demonstrado encontrar-se.

Os princípios da necessidade e adequação, expressamente previstos no art. 282 do CPP, aplicam-se a todas as cautelares, inclusive a referente à busca domiciliar.

15 STF, RExt 603616/RO, Pleno, rel. Min. Gilmar Mendes, j. 5.11.2015, m.v.
16 MOREIRA, José Carlos Barbosa. Temas de direito processual. Segunda série. 2 ed. São Paulo: Saraiva, 1988, p. 89.

A consequência da invalidade da busca é sua nulidade e inadmissibilidade para valoração no processo. Nesse sentido, vale citar:

> Direito penal e processual penal. Ilicitude de busca e apreensão. 2. Fundamentação em denúncia anônima sem diligências complementares. Ilegalidade. Precedentes. 3. Decisão carente de motivação. A motivação da decisão, além de cumprir com o requisito formal de existência, deve ir além e materialmente ser apta a justificar o julgamento no caso concreto. Ilegalidade de decisão que se limita a invocar dispositivo constitucional sem analisar sua aplicabilidade ao caso concreto e assenta motivos que reproduzem texto-modelo aplicável a qualquer caso. Aplicabilidade do art. 315, § 2º, CPP, nos termos alterados pela Lei 13.964/2019. 4. Ordem de habeas corpus concedida para declarar a ilicitude da busca e apreensão realizada e, consequentemente, dos elementos probatórios produzidos por sua derivação. Trancamento do processo penal por manifesta ausência de justa causa.17

Busca domiciliar não é medida de prevenção de crimes, instrumento de Segurança Pública, mas meio instrutório utilizado excepcionalmente, por necessidade concretamente exposta. A exposição da justa causa do crime e da necessidade da busca domiciliar precisam estar expostas e fundadas em prévias provas dos autos (justificação concreta). A demonstração deste suporte fático é requisito de validade da decisão judicial que a decreta.

Assim, o mandado judicial de busca domiciliar é instrumento de excepcional intervenção estatal, com fundamentação de igual critério de proporcionalidade, utilizado ante necessidade de preservação de relevante prova ou produto do crime.

É o domicílio constitucionalmente protegido e seu acesso por ordem judicial exige especificação de prévias provas (concretude no processo) de justa causa do crime (prova da materialidade e indícios de autoria), sopesada essa extraordinária violação individual com a adequação e necessidade da busca de elementos probatórios ou produtos do crime no local.

3. A VEDAÇÃO AO MANDADO DE BUSCA DOMICILIAR NOTURNA

3.1 Requisitos legais da cautelar de busca e apreensão

Como cautelar processual penal, incidem frente a ela os critérios principiológicos (meio de utilidade ao processo, provisório) e normativos (como a exigência da necessidade e proporcionalidade) aplicáveis a todas medidas jurisdicionais nessa modalidade de tutela.

17 STF, HC 180709/SP, 2ª T., rel. Min. Gilmar Mendes, j. 5.5.2020, m.v.

Dentro do devido processo legal democrático, qualquer medida, especialmente quando praticada pelo estado persecutor com restrições individuais, somente pode realizar-se com fundamento e nos limites da lei em sentido estrito. A extrapolação dos limites da busca domiciliar, mesmo bem-intencionada, é violação direta ao princípio da legalidade estrita – primado aplicável ao processo criminal – e violação a garantia constitucional.

Assim é que sempre será exigível à cautelar processual de busca e apreensão em domicílios a prévia autorização judicial, com motivação idônea[18] e concreta (o "*fumus delicti comissí*"): a exigência de fundadas razões e não exercício de atividade de poder discricionário ou subjetivo do juízo.

O próprio instrumento de mandado da busca contém rigores legais, expressados no art. 243 do CPP[19], com especificação de local e objeto, impedindo "cartas mandatórias em branco", buscas genéricas[20], bem como apresentar os motivos que levaram o magistrado à decidir pela prática da diligência.

A casa, com conceito legal no art. 150, §4, do CP[21], protege a qualquer compartimento habitado, em favor da soberania local do cidadão[22].

Como ato judicial, examinar-se-ão também os demais requisitos da jurisdição de competência objetiva e subjetiva, motivação, moralidade e publicidade.

---

18 CPP, art. 240. *A busca será domiciliar ou pessoal.*
§ 1o *Proceder-se-á à busca domiciliar, quando fundadas razões a autorizarem, para:*
a) prender criminosos;
b) apreender coisas achadas ou obtidas por meios criminosos;
c) apreender instrumentos de falsificação ou de contrafação e objetos falsificados ou contrafeitos;
d) apreender armas e munições, instrumentos utilizados na prática de crime ou destinados a fim delituoso;
e) descobrir objetos necessários à prova de infração ou à defesa do réu;
f) apreender cartas, abertas ou não, destinadas ao acusado ou em seu poder, quando haja suspeita de que o conhecimento do seu conteúdo possa ser útil à elucidação do fato;
g) apreender pessoas vítimas de crimes;
h) colher qualquer elemento de convicção
19 CPP, Art. 243. O mandado de busca deverá:
I - indicar, o mais precisamente possível, a casa em que será realizada a diligência e o nome do respectivo proprietário ou morador; ou, no caso de busca pessoal, o nome da pessoa que terá de sofrê-la ou os sinais que a identifiquem;
II - mencionar o motivo e os fins da diligência;
III - ser subscrito pelo escrivão e assinado pela autoridade que o fizer expedir.
§ 1o Se houver ordem de prisão, constará do próprio texto do mandado de busca.
§ 2o Não será permitida a apreensão de documento em poder do defensor do acusado, salvo quando constituir elemento do corpo de delito.
20 Nessa situação, a indicação genérica da localidade poderá oferecer lastro para a ocorrência da inadmissível "*fish expedition*", perseguindo pessoas (e não fatos) até encontrar-se prova de algum crime.
21 CP, Art. 150, § 4° - A expressão "casa" compreende:
I - qualquer compartimento habitado;
II - aposento ocupado de habitação coletiva;
III - compartimento não aberto ao público, onde alguém exerce profissão ou atividade.
§ 5° - Não se compreendem na expressão "casa":
I - hospedaria, estalagem ou qualquer outra habitação coletiva, enquanto aberta, salvo a restrição do n.° II do parágrafo anterior;
II - taverna, casa de jogo e outras do mesmo gênero.
22 *"(...) devem ser considerados "domicílio" as casas e os apartamentos propriamente ditos, devidamente habitados, bem como as áreas contíguas, como quintais e garagens. Também será considerado "casa" o quarto de hotel, de pousada, de pensão ou qualquer outro lugar fechado utilizado como morada de alguém (por exemplo, edifício abandonado que esteja sendo utilizado como moradia de andarilhos). Igualmente serão reputados casa, para fins de busca domiciliar, o consultório médico, o escritório de advocacia, ou outro lugar não aberto ao público em que alguém exerce profissão."*
(BADARÓ, Gustavo. 10.1. Teoria Geral da Prova In: BADARÓ, Gustavo. Processo Penal - Ed. 2022. São Paulo (SP): Editora Revista dos Tribunais. 2022)

3.2 Critérios de definição de dia

Não trouxeram as normas legais explicitação da categoria "dia", vindo a doutrina a trazer critérios de solução.

O critério astrofísico (físico-astronômico) estabelece que dia é o período entre o nascer e o pôr do sol. Nesse critério não é levado em consideração horário fixo, o que permite garantir a transparência e confiabilidade da atividade policial (realizada às claras), mas provoca limites diários diferentes em razão da época e região do país, com alguma insegurança concreta. Esta é a compreensão do Ministro Celso de Mello[23] e de Guilherme de Souza Nucci: noite "é o período que vai do anoitecer ao alvorecer, pouco importando o horário, bastando que o sol se ponha e depois se levante no horizonte"[24].

O segundo critério é o critério cronológico, onde "dia" é o período delimitado por horas certas, como estabeleceu o CPC - entre as 6h (seis horas) e as 18h (dezoito horas) – ou a Lei de abuso de autoridade, entre as 21h (vinte e uma horas) ou antes das 5h (cinco horas). Representa maior segurança objetiva, mas traz o empecilho de não respeitar a realidade local de claro e escuro, a permitir buscas domiciliares em situação de controle público deficitário pela falta de iluminação. Esta é a posição de José Afonso da Silva[25] e de Dirley da Cunha Júnior[26].

Finalmente, uma terceira corrente combina os dois critérios anteriores, admitindo um critério misto. Aqui se reúne a necessidade de dar-se a busca domiciliar entre as 6h (seis horas) e as 18h (dezoito horas), desde que esteja claro. É a posição mais garantista, bem salientando George Dantas Saraiva que "esse critério é o que mais alarga o conceito de "noite" em detrimento do de "dia", favorecendo a inviolabilidade do domicílio"[27].

Embora ampliando um pouco a posição acima, é a posição do Ministro Alexandre de Moraes, ao doutrinar que resguardava-se ainda "a possibilidade de invasão domiciliar com autorização judicial, mesmo após as 18:00 horas, desde que, ainda, não seja noite (por exemplo: horário de verão)"[28].

Outras questões ainda podem surgir, como a já citada influência do horário de verão, de fenômenos naturais geradores de maior ou menor espaço de

---

23 MELLO FILHO, José Celso de. Constituição Federal Anotada. São Paulo: Saraiva: 1984.

24 NUCCI, Guilherme de Souza. Código Penal Comentado. São Paulo: Revista dos Tribunais. 2000. P. 398.

25 SILVA, José Afonso. Comentário contextual à Constituição. São Paulo: Malheiros, 2006, p. 103.

26 CUNHA JR., Dirley. Curso de direito constitucional. Salvador: JusPodivum, 2008, 689.

27 "Segundo argumentam, se a aurora ocorrer antes das 6h (seis horas), ainda não é dia para fins de cumprimento de mandado de busca. Da mesma forma, se o pôr do sol ocorrer antes das 18h (dezoito horas), não se pode mais cumprir o mandado. Verificamos que esse critério é o que mais alarga o conceito de "noite" em detrimento do de "dia", favorecendo a inviolabilidade do domicílio." SARAIVA. George Dantas. Jus.com.br. O conceito de "dia" e a execução de mandado de busca e apreensão domiciliar. Lei 13.869/19 (abuso de autoridade). https://jus.com.br/artigos/93268/o-conceito-de-dia-e-a-execucao-de-mandado-de-busca-e-apreensao-domiciliar. Acesso em 28/06/2023.

28 MORAES, Alexandre. Direito constitucional. 33ª ed. São Paulo: Atlas, 2017. P. 59

luminosidade episódica, ou mesmo de complementação legal violadora do espírito constitucional protetivo do domicílio do cidadão[29].

É preciso permitir a ação policial no cumprimento da cautela, mas perigosa é a admissão de critérios que impeçam o principal motivo gerador da restrição à busca domiciliar noturna: permitir a fiscalização da gravosa ação policial no domicílio.

4. A INOVAÇÃO CRIMINAL DA LEI DE ABUSO DE AUTORIDADE COMO SOLUÇÃO APENAS APARENTE

Ante a divergência doutrinária no tema, com indefinição nos tribunais, caso a caso se resolviam as discussões de validade da invasão domiciliar por mandado judicial.

Aparente solução veio na nova Lei de abuso de autoridade, que mencionou-se trazer como crime de abuso a invasão a "busca e apreensão domiciliar após as 21h (vinte e uma horas) ou antes das 5h (cinco horas) - art. 22 da Lei 13.869/2019.

Renato Brasileiro de Lima admite que "*o objetivo de afastar quaisquer controvérsias acerca da matéria, a Lei 13.869/19 passou a criminalizar o cumprimento de mandado de busca e apreensão domiciliar após as 21h (vinte e uma horas) ou antes das 5h (cinco horas), positivando, enfim, pelo menos para fins de tipificação de abuso de autoridade, o conceito de "noite" e, a contrário sensu, também o de "dia" – entre 5 h (cinco horas) e 21 h (vinte e uma horas)*"[30].

Daí até solução concreta em alguns julgados de definição hoje legal do limite da categoria "dia":

> [...]Alegação de que a exordial acusatória se apoia em provas ilícitas, colhidas durante diligência de busca e apreensão realizada no período noturno [...] Ademais, o ato teve início depois das 05h da manhã, ou seja, em horário em que é legalmente permitida a diligência. Com o advento da Lei 13.869/2019, estancou-se a celeuma acerca dos conceitos de 'dia' e 'noite' para a realização de busca domiciliar, estabelecendo-se como lícito o interregno entre as 05h e 21h (art. 22, § 1°, III). Critério que melhor homenageia os primados da segurança jurídica e da legalidade. Interpretação sistemática do ordenamento jurídico. Lei que é fonte primária do Direito e, por isso, afasta os critérios jurisprudenciais

29 Nesse sentido, Fábio Roque e Klaus Negri Costa trazem interessante hipótese de lei fixar período maior para o dia: "parece mais acertada, todavia, uma terceira posição, intermediária, a fim de se garantir maior proteção à noite do que ao dia, ou, ao menos, equivalente. Logo, o "dia" e "noite" devem ter 12 horas de duração, podendo a "noite", eventualmente, ter duração maior, já que esse período é o objeto de proteção constitucional. Assim, uma lei, por exemplo, poderia ditar que a medida de busca e apreensão pode ser feita das 6h às 18h (um dia com exatas 12 horas de duração; e uma noite, idem); todavia, seria inconstitucional uma lei prevendo possibilidade de buscas das 6h às 20h, pois isso significaria a menor proteção constitucional ao período noturno e maior extensão do período diurno, o que soa inaceitável". KLAUS Begri Costa, FÁBIO Roque Araújo. Processo Penal Didático - 4. Ed., rev., ampl. e atual. - Salvador. Editora Jus Podivm, 2021. p. 669/670.

30 LIMA, Renato Brasileiro de. Legislação Criminal Especial Comentada. Volume único. 8° Edição, rev. atual e amp. Salvador: Editora JusPodivm, 2020. pg. 146.

> e doutrinários anteriores ao novel diploma, pois decorrentes de fonte mediata. Ausência de comprovação de prejuízo concreto, sem o que não se declara qualquer nulidade. Constrangimento ilegal não caracterizado. Ordem denegada. (TJSP, HC 2011655-66.2022.8.26.0000 – PD, 9ª Câmara Criminal, Relator: Desembargador Sérgio Coelho, j. 28/04/2022.)[31]

Solução mantida monocraticamente no Superior Tribunal de Justiça:

> Ocorre que o Legislador ordinário, ao incluir na Lei de Abuso de Autoridade norma regulamentadora do art. 5.º, inciso XI, da Constituição da República, permitiu a realização de buscas e apreensões domiciliares a partir das 5h (cinco horas). Vale reproduzir, a propósito, o que no ponto destacou o Ministério Público Federal no parecer que ofereceu para instruir estes autos (fls. 266-268):
>
> > "Na análise precípua do habeas corpus, não há maiores digressões acerca da matéria, haja vista a notícia nos autos de que houve autorização do paciente para o ingresso em sua residência, bem como que, ainda que assim não fosse, a jurisprudência entende ser lícita a busca e apreensão realizada a partir das 05:00, a teor de art. 22, § 1º, inciso III, da Lei 13.869/2019, verbis [...]
> >
> > Feitas tais considerações, não se vislumbra qualquer violação à inviolabilidade do domicílio do paciente, pois atendido o critério cronológico adotado pela Lei 13.869/2019."
>
> [...] Ante o exposto, em acolhimento de parte do fundamentos consignados no parecer da Procuradoria-Geral da República, NEGO PROVIMENTO ao recurso ordinário em habeas corpus. (RHC 168319, RELATORA MINISTRA LAURITA VAZ, Monocrática de 07/06/2023)[32]

---

31 Habeas Corpus. Estelionatos, associação criminosa e lavagem de capitais. Trancamento da ação penal. Alegação de que a exordial acusatória se apoia em provas ilícitas, colhidas durante diligência de busca e apreensão realizada no período noturno. Inocorrência. Paciente que franqueou a entrada dos agentes policiais na residência, sendo, por isso, irrelevante o horário do cumprimento do mandado. Ademais, o ato teve início depois das 05h da manhã, ou seja, em horário em que é legalmente permitida a diligência. Com o advento da Lei 13.869/2019, estancou-se a celeuma acerca dos conceitos de 'dia' e 'noite' para a realização de busca domiciliar, estabelecendo-se como lícito o interregno entre as 05h e 21h (art. 22, § 1º, III). Critério que melhor homenageia os primados da segurança jurídica e da legalidade. Interpretação sistemática do ordenamento jurídico. Lei que é fonte primária do Direito e, por isso, afasta os critérios jurisprudenciais e doutrinários anteriores ao novel diploma, pois decorrentes de fonte mediata. Ausência de comprovação de prejuízo concreto, sem o que não se declara qualquer nulidade. Constrangimento ilegal não caracterizado. Ordem denegada.
(TJSP, HC 2011655-66.2022.8.26.0000 – PD, 9ª Câmara Criminal, Relator: Desembargador Sérgio Coelho, j. 28/04/2022)

32 Ocorre que o Legislador ordinário, ao incluir na Lei de Abuso de Autoridade norma regulamentadora do art. 5.º, inciso XI, da Constituição da República, permitiu a realização de buscas e apreensões domiciliares a partir das 5h (cinco horas). Vale reproduzir, a propósito, o que no ponto destacou o Ministério Público Federal no parecer que ofereceu para instruir estes autos (fls. 266-268):

> "Na análise precípua do habeas corpus, não há maiores digressões acerca da matéria, haja vista a notícia nos autos de que houve autorização do paciente para o ingresso em sua residência, bem como que, ainda que assim não fosse, a jurisprudência entende ser lícita a busca e apreensão realizada a partir das 05:00, a teor de art. 22, § 1º, inciso III, da Lei 13.869/2019, verbis:
>
> > 'Art. 22. Invadir ou adentrar, clandestina ou astuciosamente, ou à revelia da vontade do ocupante, imóvel alheio ou suas dependências, ou nele permanecer nas mesmas condições, sem determinação judicial ou fora das condições estabelecidas em lei:
> > Pena - detenção, de 1 (um) a 4 (quatro) anos, e multa.
> > § 1º Incorre na mesma pena, na forma prevista no caput deste artigo,
> > quem:
> > I - coage alguém, mediante violência ou grave ameaça, a franquear-lhe o acesso a imóvel ou suas dependências;
> > II - (VETADO);
> > III - cumpre mandado de busca e apreensão domiciliar após as 21h

E cita o decisório prévio julgado da Corte em igual sentido:

PROCESSO PENAL. AGRAVO REGIMENTAL NO HABEAS CORPUS. TRÁFICO DE DROGAS. ILICITUDE DA PROVA. BUSCA VÁLIDA. RECURSO DESPROVIDO.

1. O termo "dia", presente no art. 5º, XI, da Constituição da República, nunca foi objeto de consenso na doutrina. Há quem trabalhe com o critério físico (entre a aurora e o crepúsculo), outros que prefiram o critério cronológico (entre 6 e 18 h) e há também quem trabalhe com um critério misto (entre 6 e 18 h, desde que haja luminosidade). Atualmente, a Lei 13.869/2019 (Abuso de Autoridade) estipula a possibilidade de cumprimento dos mandados judiciais durante o período entre as 5h e 21h.

2. Na hipótese, não se verifica a ilicitude da prova recolhida no domicílio do acusado, pois o registro da ocorrência policial indica o cumprimento do mandado de busca às 18:20 h, e, como posto no acórdão impugnado, "o horário constante no Boletim de Ocorrência trata-se de período aproximado, como sabemos, na prática a confecção deste documento ocorre à posteriori dos fatos." Ademais, o Tribunal de origem ressaltou a existência de justa causa para adoção da busca domiciliar e a legitimidade de atuação dos policiais militares, o que dispensaria a apresentação do mandado, uma vez que o réu era acompanhado há semanas, tendo sido constatado frequente entrada e saída de pessoas em sua residência, em movimentação típica de traficância, o que justificou a representação policial pela medida cautelar.

3. Recurso desprovido.

(AgRg no RHC 166.418/MG, relator Ministro Ribeiro Dantas, Quinta Turma, julgado em 6/9/2022, DJe de 15/9/2022.)

(vinte e uma horas) ou antes das 5h (cinco horas).

[...].'

Feitas tais considerações, não se vislumbra qualquer violação à inviolabilidade do domicílio do paciente, pois atendido o critério cronológico adotado pela Lei 13.869/2019."

Cito ainda o seguinte julgado, mutatis mutandis:

"PROCESSO PENAL. AGRAVO REGIMENTAL NO HABEAS CORPUS. TRÁFICO DE DROGAS. ILICITUDE DA PROVA. BUSCA VÁLIDA. RECURSO DESPROVIDO.

1. O termo 'dia', presente no art. 5º, XI, da Constituição da República, nunca foi objeto de consenso na doutrina. Há quem trabalhe com o critério físico (entre a aurora e o crepúsculo), outros que prefiram o critério cronológico (entre 6 e 18 h) e há também quem trabalhe com um critério misto (entre 6 e 18 h, desde que haja luminosidade). Atualmente, a Lei 13.869/2019 (Abuso de Autoridade) estipula a possibilidade de cumprimento dos mandados judiciais durante o período entre as 5h e 21h.

2. Na hipótese, não se verifica a ilicitude da prova recolhida no domicílio do acusado, pois o registro da ocorrência policial indica o cumprimento do mandado de busca às 18:20 h, e, como posto no acórdão impugnado, 'o horário constante no Boletim de Ocorrência trata-se de período aproximado, como sabemos, na prática a confecção deste documento ocorre à posteriori dos fatos.' Ademais, o Tribunal de origem ressaltou a existência de justa causa para adoção da busca domiciliar e a legitimidade de atuação dos policiais militares, o que dispensaria a apresentação do mandado, uma vez que o réu era acompanhado há semanas, tendo sido constatado frequente entrada e saída de pessoas em sua residência, em movimentação típica de traficância, o que justificou a representação policial pela medida cautelar.

3. Recurso desprovido." (AgRg no RHC 166.418/MG, relator Ministro RIBEIRO DANTAS, Quinta Turma, julgado em 6/9/2022, DJe de 15/9/2022; sem grifos no original.)

Ante o exposto, em acolhimento de parte do fundamentos consignados no parecer da Procuradoria-Geral da República, NEGO PROVIMENTO ao recurso ordinário em habeas corpus.

(RHC 168319, RELATORA MINISTRA LAURITA VAZ, Monocrática de 07/06/2023)

Tratam-se de precedentes que possuíam razões adicionais de validação do ato, mas que acabaram por também reconhecer um critério cronológico e já com amparo na nova Lei de abuso de autoridade – das 05h às 21h.

É caminho de segurança e objetivo. Mas, como se destacou no tópico anterior, perde-se na garantia ao cidadão e à sociedade, de justamente poder fiscalizar a ação policial – essa deve ser a principal razão de existir a vedação da busca domiciliar noturna.

Não se faz proteção ao sono do cidadão, mas se lhe garante – e a todos – que a busca judicial domiciliar seja realizada de modo adequado, sob vistas claras.

Se para o tipo penal é realmente recomendável a objetiva segurança de impedir o que é inaceitável – buscas domiciliares em horários certamente escuros e de paz familiar (das 05h às 21h) –, à proteção do cidadão contra a devassa o período temporal de limitação é menor, aquele da ação dentro de um tempo razoável (das 6h às 18h) e claro. O tempo do crime (abuso de autoridade pela invasão noturna) pode e deve ser diferente do tempo de validade processual do ato (busca diurna).

Essa distinção por vezes se verifica entre o direito privado (onde a permissão do lícito ao cidadão é mais ampla, só encontrando limite na vedação legal) e o direito público (onde a ação estatal é limitada na lei expressa).

Assim é que pode dar-se a busca domiciliar ilícita porque realizada às 20h, no escuro, mas não configurar crime. O crime é de critério cronológico, pela segurança jurídica exigida pelo tipo penal; a proteção ao direito fundamental ao domicílio é melhor atendida pelo critério misto, com permissão do ato de busca domiciliar em período mais restrito (claro, das 6h às 18h).

A distinção é de objeto e de efeito. A Lei de abuso de autoridade é norma penal incriminadora, onde o servidor público é punido pelo absurdo: buscas domiciliares da 21h às 05h – não há preocupação de validade processual da busca, mas de punir o grave abuso. A Constituição e as normas processuais permitem a ação estatal excepcional (invasão domiciliar por ordem judicial), excepcionando a proteção do domicílio – norma de restrição a direito fundamental, interpretada restritivamente para a máxima efetividade do direito.

Não é necessária discussão de inconstitucionalidade da Lei de abuso de autoridade no ponto, por aparentemente criar autorização de buscas domiciliares em período maior do que o restrito (para o crime o período é de 8 horas, das 24 horas do dia). É que não veio essa norma a tratar de processo, de autorização da ação estatal suprimindo garantia do cidadão, mas sim visa a punir o grave abuso estatal da violação em altas horas da noite.

5. A NECESSÁRIA CONFORMIDADE PROTETIVA

A norma penal incriminadora trazida Lei de abuso de autoridade tipifica crimes de agente público[33] no exercício funcional, estipulando nessa categoria graves danos. Não é porque o fato não é crime (busca domiciliar às 20:30h), que será ele admitido como processualmente válido: a lei penal não pune a conduta do agente, mas isto não acarreta direta conclusão de que estaria o ato validado pela norma processual ou constitucional.

Outro exemplo similar pode ser visto na mesma Lei de abuso de autoridade, na coação para depor sob ameaça de prisão (art. 15[34]), É crime "Constranger a depor, sob ameaça de prisão" quem tenha dever de sigilo. É punido nesse tipo apenas a gravíssima constrição do depoimento com ameaça de prisão; significa essa regra que outras ameaças pelo servidor manteriam válido o ato de oitiva com violação ao sigilo profissional? Evidentemente que não.

Testemunho com violação a sigilo profissional já é em si inválido – discutindo-se eventualmente a mera omissão da advertência, prejuízos... Testemunha proibida que depõe (como é o caso daquela com sigilo profissional[35]) por ameaça é caso ainda mais grave de nulidade, porque provocado o ato por ilícita ação do servidor público... E se pretenderia dizer que como a Lei de abuso de autoridade não previu qualquer ameaça como crime, mas apenas a ameaça de prisão, as demais ameaças permitiriam manter válido o testemunho com violação a sigilo profissional?

Não. A limitação da conduta típica (na norma penal incriminadora) não implica automática consequência de validade a ato processual.

Desse modo, até pode ainda ser discutido o melhor critério para a categoria "dia": se o cronológico, o físico-astronômico ou o misto (o que preferimos). Mas não há, *concessa venia*, sentido em admitir validade a ato processual simplesmente porque não previsto como crime do servidor público. Não há, *concessa venia*, sentido em admitir-se validade a busca domiciliar realizada no escuro, às 20h – ou mesmo após 18h...

A proteção constitucional e processual ao domicílio do cidadão é virtuosa demais, necessária demais, para ser afastada por devassas na escuridão. O ato de busca domiciliar judicialmente autorizada precisa ser realizado em horário adequado e às claras.

O sentido finalístico das normas de proteção ao domicílio do cidadão não pode ser restringido por lei penal incriminadora destinada ao servidor que

---

33 O conceito de agente público é bastante amplo. Conforme a Lei 13.869/19, a Lei de abuso de autoridade abuso de autoridade abrange agentes públicos, servidores ou não, bastando a atividade funcional estatal.

34 Art. 15. Constranger a depor, sob ameaça de prisão, pessoa que, em razão de função, ministério, ofício ou profissão, deva guardar segredo ou resguardar sigilo: Pena - detenção, de 1 (um) a 4 (quatro) anos, e multa.

35 CPP, Art. 207. São proibidas de depor as pessoas que, em razão de função, ministério, ofício ou profissão, devam guardar segredo, salvo se, desobrigadas pela parte interessada, quiserem dar o seu testemunho.

efetiva a cautelar de busca. Somente a ação policial no claro, sob as vistas de todos, pode representar a efetiva garantia de controle pleno do invasivo ato de busca domiciliar.

6. CONSIDERAÇÕES CONCLUSIVAS

A busca domiciliar é meio de obtenção de prova, como cautelar destinada à instrução do processo e à proteção social.

Princípios de necessidade e adequação, além da motivação concreta, ao par das regras definidoras de modo da cautelar e seu mandado, exigem cumprimento. Não é válida a busca domiciliar em desrespeito aos princípios das cautelares processuais penais, com motivação inidônea ou abstrata, com mandado judicial que desrespeite às delimitações expressas de local, objeto e condições da apuração e colheita da coisa.

A autorização judicial para a busca domiciliar é desde a Constituição Federal admitido apenas durante o dia – como regra de privacidade e paz familiar, mas, talvez mais importante ainda, com o fim de transparência dessa gravosa devassa:

> Consagra nisto o dever administrativo de manter plena transparência em seus comportamentos. Não pode haver em um Estado Democrático de Direito, no qual o poder reside no povo (art. 1º, parágrafo único, da Constituição), ocultamento aos administrados dos assuntos que todos interessam, e muito menos em relação aos sujeitos individualmente afetados por alguma medida. (MELLO, 2013, p. 117)

A partir de critérios de claro/escuro ou de hora presumida do claro, divergem doutrinadores na definição da categoria "dia". Como norma protetiva a direito fundamental, porém, sua interpretação deve expressar a máxima proteção de garantia ao domicílio privado.

Ao criminalizar a gravíssima invasão domiciliar em altas horas e escuridão (21h às 5h), a Lei de abuso de autoridade pune o abuso desse servidor; não pretendia – e nem poderia – essa norma penal incriminadora disciplinar horário de atos processuais. A Lei de abuso de autoridade serviu ao fim apenas de, objetivamente, tornar certo o ato abusivo de invasão domiciliar noturna, através do muito razoável (aqui, como norma penal, pela taxatividade) critério cronológico.

Segue a categoria "dia" sem expressa definição legal, em nada alterada pela lei incriminadora do abuso de autoridade.

Norma penal incriminadora de agente público não configura validação processual a atos nela não contidos – diversos são os objetos e efeitos dessas leis.

REFERÊNCIAS BIBLIOGRÁFICAS:

BADARÓ, Gustavo. **10.1. Teoria Geral da Prova In: BADARÓ, Gustavo. Processo Penal - Ed. 2022.** São Paulo (SP): Editora Revista dos Tribunais. 2022.

BRASIL, **Constituição da República Federativa do Brasil de 1988.** Brasília, DF: Presidente da República. Disponível em http://www.planalto.gov.br/ccivil_03/constituicao/constituicao.htm. Acesso em: 16 de abril de 2023.

BRASIL, **Código de Processo Penal. Decreto Lei 3689 de 3 de outubro de 1941.** Disponível em http://www.planalto.gov.br/ccivil_03/decreto-lei/del3689.htm. Acesso em 16 de abril de 2023.

BRASIL, **Código Penal, Decreto Lei nº2848 de 7 de setembro de 1940.** Disponível em http://www.planalto.gov.br/ccivil_03/decreto-lei/del2848compilado.htm. Acesso em 16 de abril de 2023.

BRASIL**, Lei 13.869 de 5 de setembro de 2019. Dispões sobre os crimes de abuso de autoridade.** Disponível em http://planalto.gov.br//ccivil_03/_ato2019-2022/2019/lei/L13869.htm

BRASIL, Supremo Tribunal Federal, **HC 73338/RJ**, 1ª T., Relator: Min. Celso de Mello, j. 13.8.96, v.u.

BRASIL, Supremo Tribunal Federal, **RE 603616**, Relator (a): GILMAR MENDES, Tribunal Pleno, julgado em 05/11/2015, ACÓRDÃO ELETRÔNICO REPERCUSSÃO GERAL - MÉRITO DJe-093 DIVULG 09-05-2016 PUBLIC 10-05-2016.

BRASIL, Supremo Tribunal Federal, **HC 180709/SP**, 2ª T., Relator: Min. Gilmar Mendes, j. 5.5.2020, m.v.

BRASIL, Superior Tribunal de Justiça, **Habeas Corpus 762932 SP 2022/0248543-0**, Relator: ROGERIO SCHIETTI CRUZ, Data de Julgamento: 22/11/2022, T6 - SEXTA TURMA, Data de Publicação: DJe 30/11/2022.

BRASIL, Superior Tribunal de Justiça**, Habeas Corpus 598051 SP 2020/0176244-9**, Relator: Ministro ROGERIO SCHIETTI CRUZ, Data de Julgamento: 02/03/2021, T6 - SEXTA TURMA, Data de Publicação: DJe 15/03/2021.

BRASIL, Superior Tribunal de Justiça, **Habeas Corpus 616.584/RS**, Relator: Ministro Ribeiro Dantas, Quinta Turma, julgado em 30/3/2021, DJe de 6/4/2021.

BRASIL, Superior Tribunal de Justiça, **AgRg no RHC** 166.418/MG, Relator Ministro Ribeiro Dantas, Quinta Turma, julgado em 6/9/2022, DJe de 15/9/2022.

BRASIL, Superior Tribunal de Justiça, **RHC** 168319, Relatora: Ministra Laurita Vaz, Monocrática de 07/06/2023.

BRASIL, Tribunal de Justiça do Estado de São Paulo, **Habeas Corpus** 2011655-66.2022.8.26.0000 – PD, 9ª Câmara Criminal, Relator: Desembargador Sérgio Coelho, j. 28/04/2022.

CUNHA JR., Dirley. **Curso de direito constitucional**. Salvador: JusPodivum, 2008, 689.

KLAUS Begri Costa, FÁBIO Roque Araújo. **Processo Penal Didático** – 4. Ed., rev., ampl. e atual. – Salvador. Editora Jus Podivm, 2021.

LIMA, Renato Brasileiro de. **Legislação Criminal Especial Comentada**. Volume único. 8º Edição, rev. atual e amp. Salvador: Editora JusPodivm, 2020. pg. 146.

LOPES JR, Aury. **Direito Processual Penal**. 18ª ed. São Paulo: Saraiva, 2021, pág. 568.

MELLO FILHO, José Celso de. **Constituição Federal Anotada**. São Paulo: Saraiva: 1984.

MENDES, Gilmar Ferreira. BRANCO, Paulo Gustavo Gonet. **Curso de Direito Constitucional**. 6. ed. rev. e atual. São Paulo: Saraiva, 2011, pág.153.

MORAES, Alexandre. **Direito constitucional**. 33ª ed. São Paulo: Atlas, 2017. P. 59

MOREIRA, José Carlos Barbosa. **Temas de direito processual. Segunda série**. 2 ed. São Paulo: Saraiva, 1988.

NUCCI, Guilherme de Souza. **Código Penal Comentado**. São Paulo: Revista dos Tribunais. 2000. P. 398.

PITOMBO, Cleunice A. Valémtim Bastos. **Da busca e da apreensão no processo penal.** 2. ed. rev., atual. e ampl. São Paulo: RT, 2005.

PRADO, Geraldo. **Estudos de Direito Criminal.** Rio de Janeiro: Lumen Juris, 2023.

ROXIN, Claus. **Derecho Penal - Parte General** - Tomo I. Madrid: Civitas, 1997.

SARAIVA. George Dantas. Jus.com.br. **O conceito de "dia" e a execução de mandado de busca e apreensão domiciliar**. Lei 13.869/19 (abuso de autoridade). https://jus.com.br/artigos/93268/o-conceito-de-dia-e-a-execucao-de-mandado-de-busca-e-apreensao-domiciliar. Acesso em 28/06/2023.

SILVA, Vivian Ghizoni da. SILVA, Philipe Benoni Melo e. ROSA, Alexandre Morais da. **Fishing expedition e encontro fortuito na busca e na apreensão: um dilema oculto no processo penal**. 2. ed. Florianópolis: Emais, 2022.

SILVA, José Afonso. **Comentário contextual à Constituição**. São Paulo: Malheiros, 2006, p. 103.

Perda de uma chance probatória no processo penal e a sua aplicação pelo Superior Tribunal de Justiça

Alejandro César Rayo Werlang[1]
Isadora Milani[2]

1. INTRODUÇÃO

Um agente, em uma praça de uma determinada cidade, quando havia grande fluxo de pessoas, acerta duas facadas em seu desafeto, que, apesar de socorrido pelo serviço médico, não consegue resistir e falece. O fato é visualizado por várias pessoas, mas nenhuma delas é chamada a depor como testemunha, nem na fase inquisitorial, nem na fase processual. Somente são ouvidas como testemunhas os policiais militares que atenderam a ocorrência e os profissionais da saúde que prestaram socorro para a vítima, todos depondo pelo que ouviram dizer. O acusado alega legítima defesa.

É nesse contexto que se insere a perda de uma chance probatória, pois a acusação poderia, no caso acima, ter produzido outros elementos, mas não o fez, extirpando a chance da construção de provas fundamentais para a elucidação do caso. Se a acusação se contenta em produzir um mínimo de provas, quando possível produzir mais, perde a chance de provar a sua tese e, consequentemente, não terá atuado no sentido de satisfazer o ônus probatório necessário para uma condenação.

A teoria da perda de uma chance não foi criada para o Processo Penal, mas, sim, para o Direito Civil. Em concreto, essa teoria, na sua origem, é uma abordagem jurídica que permite a possibilidade de uma pessoa ser compensada por danos quando ela perde uma oportunidade real e legítima de obter um benefício devido à ação negligente ou ilícita de outra parte, mesmo que não

1 Juiz de Direito no Estado do Rio Grande do Sul, atualmente exercendo a função de Juiz-Corregedor. Professor da graduação e da pós-graduação da Universidade Regional Integrada do Alto Uruguai e das Missões. Professor da graduação da Faculdade Verbo Jurídico. Professor da Escola da Magistratura do Rio Grande do Sul. Doutorando pela Universidade de Salamanca, Espanha. Mestre em Direito pela Universidade Regional Integrada do Alto Uruguai e das Missões (2014). Especialista pela UNISUL (2009). Graduado em Direito pela Pontifícia Universidade Católica do Rio Grande do Sul (2006). Foi Juiz-Auxiliar da Presidência do Superior Tribunal de Justiça (2016), Defensor Público (2009-2010) e Advogado (2006- 2009).

2 Advogada. Pós-graduanda em Processo Penal e Legislação Penal Especial

seja possível provar, com certeza, que a oportunidade teria resultado no benefício desejado. Ou seja, a parte será indenizada por perder a chance de concretizar algo que lhe traria benefício econômico.

A análise da perda de uma chance transportada para o Processo Penal é o objetivo deste trabalho, com especial ênfase para como o Superior Tribunal de Justiça vem aplicando essa teoria. Para tanto, parte-se, inicialmente, da análise da perda de uma chance no Direito Civil, para, depois, verificar como a teoria deve ser aplicada na seara penal. Por fim, apresentar-se-ão casos concretos nos quais o Tribunal da Cidadania aplicou a teoria, a fim de compreender como, na prática, deve a perda de uma chance probatória incidir.

2. ORIGEM DA TEORIA DA PERDA DE UMA CHANCE NO DIREITO CIVIL

A teoria da perda de uma chance teve seu surgimento no direito francês, com a apreciação de um caso envolvendo a negligência de um oficial ministerial, que resultou na impossibilidade de continuação de um processo e prejudicou a procedência do pedido contido demanda. O caso ocorreu em 17 de julho de 1889 e foi apreciado no direito francês pela Corte de Cassação. Daí surgiu a teoria denominada de “la perte d’une chance”, a qual parte da ideia de que a perda de uma chance corresponde à reparação devida àquele que tivera frustrada uma probabilidade. Em outras palavras, é uma forma de compensar o indivíduo lesado por tê-lo impedido de obter um proveito determinado ou evitado uma perda[3].

Contudo, essa teoria não traz somente o reconhecimento de uma nova espécie de prejuízo, pois, em verdade, é uma técnica decisória que busca superar as barreiras da responsabilidade civil. Essa nova abordagem permite que os magistrados profiram um veredito apesar das incertezas, considerando que a natureza de uma chance é intrinsecamente imprevisível. A reparação, portanto, adota a incerteza para integrá-la ao julgamento. Desse modo, o valor devido pelo prejuízo corresponderá não ao valor total do benefício esperado, mas, sim, ao valor da própria chance de ganhá-lo. Considera-se a própria chance perdida como objeto que enseja a reparação[4].

Em síntese, criou-se uma maneira para concessão de indenização quando há uma expectativa de vantagem, de um ganho ou de um sucesso, seguido de uma frustração indevida dessa expectativa. Responsabiliza-se aquele que privou alguém da possibilidade de receber a vantagem. Nota-se que não é exigida a certeza do ganho; a indenização é devida tão somente

3 SANSEVERINO, Paulo de Tarso Vieira. Princípio da Reparação Integral. São Paulo: Saraiva, 2010. E-book.
4 CARNAÚBA, Daniel A. Responsabilidade Civil pela perda de uma chance. São Paulo: Editora Método, 2013. E-book.

porque a vítima perde a chance de obter certa vantagem esperada, ou seja, dá-se pela retirada da probabilidade de êxito[5].

Importante pontuar, também, conforme ensina Paulo de Tarso Sanseverino, que a perda de uma chance para o requerente não constitui somente um prejuízo hipotético, na verdade há um prejuízo certo com a completa frustração de uma possibilidade. Em outras palavras, reconhece-se a existência de um dano certo e específico. A reparação recai sobre a chance perdida e não sobre o dano final. Reconhece-se a existência de um prejuízo real oriundo da perda de uma chance, estabelecendo, no entanto, que o valor da compensação seja calculado com base na probabilidade maior ou menor de um resultado favorável em juízo[6].

O Brasil, conforme Carnaúba, começou a utilizar a técnica de reparação de chances em 1990. Essa abordagem foi adotada sob forte influência do Direito francês, particularmente após uma conferência ministrada pelo professor François Chabas em 23 de maio de 1990, na Universidade Federal do Rio Grande do Sul, com o título "La perte d'une chance en Droit français". Alguns meses após a palestra, o Tribunal de Justiça do Rio Grande do Sul emitiu a primeira decisão judicial brasileira referindo-se ao conceito de perda de uma chance, relacionada a um caso de responsabilidade médica. No entanto, na situação específica, o conceito foi apenas mencionado, e não aplicado diretamente ao caso concreto. Somente um ano depois é que o Tribunal gaúcho fez uso desta teoria para condenar um advogado negligente a reparar as chances perdidas por seu cliente[7].

Quinze anos após o referido julgado, o Superior Tribunal de Justiça enfrentou um caso emblemático. Tratava-se do Recurso Especial 788.459-BA, que julgou caso relacionado ao programa televisivo "Show do Milhão", exibido pelo SBT. A controvérsia surgiu quando uma participante do programa foi privada da possibilidade de ganhar um prêmio significativo devido a uma pergunta mal formulada. A participante argumentou que o erro na formulação da pergunta resultou em um prejuízo material significativo, uma vez que ela perdeu a chance de obter o prêmio de um milhão de reais, o qual poderia ter ganho se a pergunta tivesse sido bem formulada[8].

O Superior Tribunal de Justiça, no caso, adotou a teoria da perda de uma chance como fundamentação para o caso. Os Ministros entenderam que a falha na formulação da pergunta constituiu uma violação do dever de informação

5 RIZZARDO, Arnaldo. Responsabilidade Civil. 8ª edição. São Paulo: Editora Método, 2019. E-book.
6 SANSEVERINO, Paulo de Tarso Vieira. Princípio da Reparação Integral. São Paulo: Saraiva, 2010. E-book.
7 CARNAÚBA, Daniel A. Responsabilidade Civil pela perda de uma chance. São Paulo: Editora Método, 2013. E-book.
8 BRASIL. Superior Tribunal de Justiça. Recurso Especial 788.459-BA. Rel. Ministro Hélio Quaglia Barbosa, Julgado em 17/03/2011.

e cuidado que o programa tinha para com a participante, caracterizando um dano indenizável. A decisão inovadora reconheceu que a participante havia perdido uma oportunidade real e concreta de ganhar o prêmio, e essa perda de chance foi diretamente atribuída à conduta inadequada do programa.

Assim, no contexto jurídico brasileiro, a compensação pela perda de uma chance se baseia tanto na probabilidade quanto na certeza de que a oportunidade perdida poderia se concretizar e gerar um benefício, ou evitar um prejuízo, como nos casos de responsabilidade por erro médico.

Outra importante análise reside na quantificação do prejuízo a ser reparado. A indenização deve ser calculada com base na perda da chance de ganhar um benefício, e não sobre o benefício em si que não foi obtido. É essencial diferenciar o benefício que foi perdido da oportunidade de tê-lo alcançado. A chance de sucesso tem sempre um valor inferior ao do próprio sucesso, o que influência o valor da indenização. O que realmente se perde é a chance, e não o benefício que se esperava. A indenização se direciona à chance que foi perdida, não ao prejuízo concreto. Portanto, na perda de uma chance, existe um prejuízo real e concreto, e não apenas teórico, pois há certeza na possibilidade de ter obtido um benefício que foi impedido pelo ato que causou o dano. Compensa-se pela chance que se perdeu, não pelo dano final[9].

Nessa mesma linha de pensamento, Daniel Amaral Carnaúba complementa que o resultado numérico obtido por meio deste cálculo corresponde à quantia média que seria esperada como fruto do evento aleatório, caso esta fosse sujeita a repetições múltiplas. Tal valor constitui a quantia que a parte lesada poderia, de maneira lógica, antecipar em relação à chance em questão, isto é, a expectativa fundamentada que emerge dessa possibilidade. A execução desse cálculo deve ocorrer em um processo bifásico. Inicialmente, estabelece-se qual seria o benefício auferido ou o prejuízo evitado caso a parte prejudicada tivesse logrado o desfecho aleatório pretendido. Posteriormente, esse valor é ajustado pelo percentual da probabilidade que a parte lesada deixou de ter em virtude da conduta atribuída ao demandado. A cifra final apurada representa a quantia passível de compensação em virtude da perda da chance. Sublinha-se que este montante é, por definição, inferior ao valor da vantagem integral inicialmente vislumbrada[10].

Em resumo, a teoria da perda de uma chance, originária do direito francês, constitui-se como um instrumento jurídico fundamental para a reparação de danos quando não é possível estabelecer um nexo causal direto e certo entre a ação do agente e o prejuízo final. Essa teoria reconhece a frustração de uma

9 FILHO, Sergio C. Programa de Responsabilidade Civil. São Paulo: Método, 2023. E-book.
10 CARNAÚBA, Daniel A. Responsabilidade Civil pela perda de uma chance. São Paulo: Editora Método, 2013. E-book.

expectativa legítima de ganho ou de evitar uma perda como um dano indenizável. No Brasil, a adoção desse conceito pelo sistema jurídico foi gradual, começando com referências em julgamentos e evoluindo para a aplicação prática, como no caso paradigmático do programa "Show do Milhão". Esse marco jurídico reflete a evolução da responsabilidade civil ao incorporar o dano potencial para além dos danos materiais e morais concretamente comprovados.

Influenciado por decisões como a do Superior Tribunal de Justiça, tem-se reconhecido a perda de uma chance como um dano passível de indenização, o qual não se baseia no benefício integral que poderia ter sido obtido, mas, sim, no valor proporcional à chance perdida. A jurisprudência brasileira segue, portanto, consolidando a perda de uma chance como uma categoria de dano indenizável, reforçando a responsabilidade do agente causador do dano e a proteção ao indivíduo lesado.

3. TEORIA DA PERDA DE UMA CHANCE PROBATÓRIA NO PROCESSO PENAL

Uma vez analisada a perda de uma chance sob a ótica civilista, compete, agora, ser feita a condução dessa teoria para o Processo Penal. Obviamente, há diferenças na adoção em uma e outra seara, o que será abordado a partir daqui, mas há contornos que permitem a utilização profícua da perda de uma chance no âmbito criminal.

A aplicação da referida teoria no Processo Penal se dá sob o seguinte raciocínio: "em um processo democrático, não pode o acusador se dar por satisfeito na produção da prova *do* e *pelo* Estado, eximindo-se das demais possíveis, que estavam ao seu pleno alcance, mormente diante das tecnologias ora disponíveis"[11].

Nota-se que a teoria da perda de uma chance probatória é relativamente diferente do contexto civil. No Processo Penal, pode ser usada para argumentar que a conduta negligente ou ilícita de um órgão de aplicação da lei, como a polícia ou o Ministério Público, resultou na perda de uma oportunidade significativa para o acusado obter um resultado diferente.

Parte-se da ideia, óbvia, por sinal, de que o ônus probatório recai sobre a acusação, já que vige em nosso ordenamento o princípio da presunção de inocência (art. 5º, inciso LVII, da Constituição Federal). Daí porque, se a acusação não é suficiente, porque não trouxe ao processo elementos que eram possíveis de serem trazidos, a consequência não pode ser outra que não a absolvição por insuficiência probatória. Não se pode admitir que o "Estado deixe

11 ROSA, Alexandre Morais da; RUDOLFO, Fernanda Mambrini. A teoria da perda de uma chance probatória aplicada ao processo penal. Revista Brasileira de Direito, V. 13, n. 3, p. 455-471, 2017.

de produzir provas acusatórias e presuma a culpa do acusado"[12], sob pena de completo desvirtuamento do sistema.

Ora, a presunção de inocência estabelece que qualquer pessoa acusada de um crime é considerada inocente até que sua culpabilidade seja comprovada por meio de um processo legal e justo. Se um sujeito é acusado de um crime, ele não é automaticamente considerado culpado, pois goza da presunção de não culpabilidade, que permanecerá até que a acusação prove, de maneira irrefutável, o contrário e, com base nisso, sobrevenha uma sentença condenatória transitada em julgado.

Verifica-se, nesse princípio, uma regra de tratamento, extensível a todos os suspeitos e acusados. Estes não podem ser tratados como se já fossem culpados e, tão somente, pelo fato de serem réus ou investigados, não podem ser colocados cautelarmente no cárcere.

Para além, verifica-se uma regra probatória, porquanto, é inexigível, a partir do estado de inocência, qualquer atividade ativa do suspeito, indiciado ou acusado para demonstrar a sua inocência. Não é o estado de inocência que necessita de prova no processo penal. Diante disso, decorre importante conclusão: se não houver provas da culpabilidade, o magistrado deverá proferir uma sentença de absolvição, confirmando o *status* de inocência[13].

O Ministério Público "assume seu verdadeiro papel de órgão fiscalizador da Lei dentro de um Estado Democrático de Direito, recaindo, sobre si, o ônus de uma acusação feita sem o suporte probatório mínimo que deve lastrear toda acusação penal[14]. Ou seja, o ônus da prova cabe à acusação e não à defesa. As pessoas nascem inocentes, sendo esse o seu estado natural, razão pela qual, para quebrar tal regra, torna-se indispensável que o Estado-acusação evidencie, com provas suficientes, ao Estado-juiz a culpa do réu[15].

Em outras palavras, o encargo probatório imputacional é exclusivo da acusação no processo penal, bastando à defesa tornar crível a sua alegação, na medida em que a exigência demonstrativa é da culpa e não do estado de inocência[16].

Assim, deve-se partir da inocência do sujeito, e não da culpabilidade, fato que faz recair sobre a acusação a incumbência de afastar esse o estado de inocência, e não à defesa demonstrá-lo. Caberá a acusação, em todas as dimensões processuais (autoria, existência do delito, suficiência de provas), dar suporte a um juízo condenatório[17].

---

12 ROSA, Alexandre Morais da; RUDOLFO, Fernanda Mambrini. A teoria da perda de uma chance probatória aplicada ao processo penal. Revista Brasileira de Direito, V. 13, n. 3, p. 455-471, 2017.

13 GIACOMOLLI, Nereu José. O Devido Processo Penal. 3ª edição. São Paulo: Atlas, 2016. E-book.

14 RANGEL, Paulo. Direito Processual Penal. 29ª edição. São Paulo: Atlas, 2021. E-book.

15 NUCCI, Guilherme de S. Curso de Direito Processual Penal. 20ª edição. São Paulo: Forense, 2023. E-book.

16 GIACOMOLLI, Nereu José. O Devido Processo Penal. 3ª edição. São Paulo: Atlas, 2016. E-book.

17 GIACOMOLLI, Nereu José. O Devido Processo Penal. 3ª edição. São Paulo: Atlas, 2016. E-book.

Isso nos permite voltar a perda de uma chance probatória. Ora, se é ônus do Estado-acusação comprovar a culpabilidade do acusado, deve ele produzir todas as provas possíveis para comprovar a sua tese. Se o Estado se omite e não produz provas que estavam ao seu alcance, o acusado perde a chance de que essas provas não produzidas levassem à comprovação da sua inocência ou, mesmo, que trouxessem dúvida apta a absolvição. A pergunta que fica é: "como ter certeza de que a prova que não foi produzida não colocaria abaixo a tese acusatória?"[18]. Se não há certeza, em nome da presunção de inocência, deve ocorrer a absolvição.

Por outro viés, importante notar que a teoria da perda de uma chance probatória vai ao encontro de outros dois princípios muito caros ao ordenamento jurídico brasileiro: o contraditório e a ampla defesa (art. 5º, inciso LV, da Constituição Federal).

A ampla defesa é um princípio fundamental no processo penal que garante ao acusado a oportunidade de se defender de forma abrangente e eficaz durante todo o procedimento. Esse princípio é um componente essencial do devido processo legal. Como leciona Alexandre de Moraes[19], "por ampla defesa entende-se o asseguramento que é dado ao réu de condições que lhe possibilitem trazer para o processo todos os elementos tendentes a esclarecer a verdade".

Na mesma linha, Mendes e Cavalcante Filho afirmam que "a ampla defesa traduz o direito que tem o interessado de, quando acusado, defender-se das acusações da maneira mais ampla e livre possível"[20]. Decorrem desse princípio os direitos de presença (direito de o imputado estar presente quando da prática dos atos judiciais), de audiência (direito de o acusado ser ouvido, pessoalmente, pela autoridade judiciária, o que ocorre, especialmente, no interrogatório) e de petição (direito de se manifestar apresentando os seus argumentos e provas).

Da ideia de ampla defesa, conclui-se que, no momento em que a acusação não traz aos autos todos os elementos que poderia trazer, não há como a defesa ser abrangente, efetiva, pois está agindo com base em material probatório deficiente, parcial. Não há como afastar a veracidade da constatação de que a produção das provas que não foram produzidas (e poderiam ter sido) enfraquece a tese acusatória[21]. É absolutamente possível concluir que uma filmagem que não veio aos autos, por exemplo, pudesse demonstrar que o acusado não era o

---

18 ROSA, Alexandre Morais da; RUDOLFO, Fernanda Mambrini. A teoria da perda de uma chance probatória aplicada ao processo penal. Revista Brasileira de Direito, V. 13, n. 3, p. 455-471, 2017.

19 MORAES, Alexandre. Direito Constitucional. 39ª edição. São Paulo: Atlas, 2022. E-book.

20 MENDES, Gilmar Ferreira; CAVALCANTE FILHO, João Trindade. Manual de Direito Constitucional. 8ª edição. São Paulo: Saraiva, 2021. E-book.

21 ROSA, Alexandre Morais da; RUDOLFO, Fernanda Mambrini. A teoria da perda de uma chance probatória aplicada ao processo penal. Revista Brasileira de Direito, V. 13, n. 3, p. 455-471, 2017

autor do delito ou que a abordagem policial não atendeu aos ditames legais e, portanto, era ilícita. Esses fatos poderiam levar o imputado a ser absolvido.

Já o contraditório é a exteriorização da ampla defesa, impondo, conforme o Moraes[22], "a condução dialética do processo (*par conditio*), pois a todo ato produzido pela acusação caberá igual direito da defesa de opor-se-lhe ou de dar-lhe a versão que melhor lhe apresente".

Indubitavelmente, é um princípio essencial ao próprio Estado Democrático de Direito. Possui tanta importância que o conceito de processo está construído sobre a sua base. Um processo, para ser justo, deve ter o seu exercício baseado no direito ao contraditório ao longo de todo o procedimento[23].

Como afirma Rangel[24], a instrução contraditória é inerente ao próprio direito de defesa, pois não se concebe um processo legal, buscando a verdade processual dos fatos, sem que se dê ao acusado a oportunidade de desdizer as afirmações feitas pelo Ministério Público (ou seu substituto processual) em sua peça exordial.

Em definitivo, o contraditório estabelece que as partes envolvidas em um processo, ou seja, acusação e defesa, tenham o direito de apresentar seus argumentos, provas e contestar os argumentos e evidências da outra parte, garantindo um processo judicial justo e equitativo.

Nota-se que, para efetivação do contraditório, não basta somente a parte ter ciência do que foi produzido no processo; é necessário que ela possa influenciar na decisão que será proferida pelo magistrado. Dizendo de outra forma, contraditório também significa participar do processo e influir nos seus rumos.

Daí pode-se concluir que, se a acusação traz somente uma parcela da prova, não haverá como o acusado influenciar adequadamente na decisão judicial. Terá ele acesso às informações dos autos, mas a sua possibilidade de influência estará comprometida, já que há outros elementos que ficaram de fora, os quais poderiam, si tivessem vindo, servir de fundamento para a defesa do acusado.

Ora, "nas hipóteses em que o Estado se omite e deixa de produzir provas que estavam ao seu alcance, julgando suficientes aqueles elementos que já estão à sua disposição, o acusado perde a chance (...) de que a sua inocência seja afastada"[25].

Pelo exposto, há que se concluir, que, nas hipóteses em que for possível a produção de outras provas, ou seja, quando for factível e razoável que venham aos autos, "é possível ponderar que as garantias do contraditório, da ampla

22 MORAES, Alexandre. Direito Constitucional. 39ª edição. São Paulo: Atlas, 2022. E-book.

23 SARLET, Ingo Wolfang; MARINONI, Luiz Guilherme; MITIDIERO, Daniel. Curso de Direito Constitucional. 11ª edição. São Paulo: Saraiva, 2022. E-book.

24 RANGEL, Paulo. Direito Processual Penal. 29ª edição. São Paulo: Atlas, 2021. E-book.

25 ROSA, Alexandre Morais da; RUDOLFO, Fernanda Mambrini. A teoria da perda de uma chance probatória aplicada ao processo penal. Revista Brasileira de Direito, V. 13, n. 3, p. 455-471, 2017.

defesa e da presunção de inocência podem justificar a absolvição do réu pela perda de uma chance real de defesa efetiva"[26].

Essa situação é perfeitamente constatada quando o processo judicial está baseado somente nas palavras dos policiais que atuaram no flagrante. Em hipótese nenhuma se quer dizer que o depoimento de tais servidores públicos não possui relevância, pois são, sim, importantes para composição do quadro que se coloca perante o magistrado. No entanto, em inúmeras ocasiões, é possível que se produzam outras provas, que não só as palavras dos policiais. Exemplificadamente, podem se citar filmagens que poderiam ter sido feitas pelos agentes, outras testemunhas que estavam no local e visualizaram os fatos, imagens de câmeras de vigilância públicas ou privadas, etc. Para além, com o aparato tecnológico que a sociedade tem ao seu dispor na atualidade, é possível imaginar inúmeras outras provas que poderiam ser utilizadas para trazer certeza acerca do fato ocorrido.

Se poderiam ser produzidas provas e não foram, como ter certeza que a prova que não foi produzida não seria definitiva para a absolvição? O Estado teve a chance de trazer outros elementos, mas perdeu a chance para tanto. Essa perda da chance probatória não pode recair sobre o imputado, que, como já dito, é presumidamente inocente. Se a não produção de elementos que poderiam ter sido produzidos coloca em cheque à acusação, a saída não poderá ser outra que não a absolvição, já que *in dubio pro reo*.

E não se pode entender como argumento válido que isso implicaria em mais gastos para o Estado, o qual teria que ter, por exemplo, um maior aparato tecnológico à sua disposição. Ora, se é um direito fundamental do indivíduo a presunção de inocência, deve o Estado utilizar todos os meios que possui para derrubar tal presunção. É seu ônus. Se não o faz, deve arcar com as consequências. Não pode, assim, a acusação "eximir-se de sua responsabilidade, quando o ônus de afastar a inocência presumida lhe incumbe integralmente"[27].

4. TEORIA DA PERDA DE UMA CHANCE PROBATÓRIA NA JURISPRUDÊNCIA DO SUPERIOR TRIBUNAL DE JUSTIÇA

A teoria da perda de uma chance probatória, como visto, baseia-se na lógica de que, em um contexto de justiça democrática, o acusador não pode simplesmente contentar-se com as provas produzidas por e através do Estado, negligenciando outras evidências acessíveis, especialmente, considerando as atuais tecnologias disponíveis.

---

26 OLIVEIRA, Amanda Matias C. de. Aplicação da teoria da perda de uma chance no processo penal: os dois lados da mesma moeda. Boletim Científico Da Escola Superior do Ministério Público da União. Ano 21, número 59 - Julho/Dezembro 2022.

27 ROSA, Alexandre Morais da; RUDOLFO, Fernanda Mambrini. A teoria da perda de uma chance probatória aplicada ao processo penal. Revista Brasileira de Direito, V. 13, n. 3, p. 455-471, 2017.

A responsabilidade de provar a culpabilidade do acusado cabe à parte acusadora, pois nosso sistema jurídico adota o princípio de que uma pessoa é considerada inocente até que se prove o contrário. Assim, se a acusação falhar em apresentar todas as provas possíveis e disponíveis, o resultado lógico deve ser a absolvição do réu por falta de evidências suficientes. Não é aceitável que o Estado deixe de lado a obrigação de obter provas acusatórias e assuma a culpa do réu, pois isso resultaria em uma distorção grave do sistema de justiça.

É nesse contexto que se observam algumas decisões do Superior Tribunal de Justiça, que, aos poucos, vem aceitando a teoria da perda de uma chance probatória. Ainda não se verifica uma ampla aplicação dessa teoria no processo penal, mas os seus contornos já estão postos e já se verificam, também, que alguns julgados de Tribunais de Justiças estaduais vem incorporando a ideia.

Um primeiro julgado do Tribunal da Cidadania, oriundo da sua Quinta Turma, em processo de relatoria do Ministro Ribeiro Dantas, entendeu pela aplicação da teoria da perda de uma chance probatória[28]. O caso envolvia ato infracional análogo ao homicídio tentado. Segundo consta, o adolescente representado teria tentado matar a vítima com um golpe de paralelepípedo após uma discussão decorrente do consumo de bebida alcoólica. O adolescente alega que agiu em legítima defesa.

O problema nesse caso surge em razão de que somente foram ouvidas no processo duas testemunhas, quais sejam, um bombeiro e um policial militar, sendo que nenhum deles visualizou o fato, depondo, desse modo, com base no que ouviram dizer das pessoas que estavam no local. A vítima e outras duas testemunhas oculares não depuseram, pois, apesar de arroladas, não foram localizadas, motivo pelo qual o Ministério Público desistiu das suas oitivas. Outra falha na produção probatória ocorreu do fato de que a vítima não foi submetida a exame de corpo de delito.

Em primeiro e segundo graus de jurisdição, foi acolhida a tese ministerial, sendo imposta ao adolescente medida socioeducativa de internação. Basearam-se as decisões na confissão do adolescente (isso sem levar em conta a alegação de legítima defesa) e nas palavras de um bombeiro (que somente ouviu histórias de populares não identificados) e de um policial militar (que prestou auxílio à vítima e não visualizou os fatos, somente tendo informações com base nas palavras de populares que, em tese, viram o que ocorreu).

Com base nisso, o Ministro Ribeiro Dantas lança os seguintes questionamentos: (I) é lícito que a condenação se baseie apenas nos depoimentos indiretos de pessoas que não assistiram aos fatos? E (II) havendo possíveis meios de prova não explorados pela acusação, pode ela contentar-se com a produção

28 BRASIL. Superior Tribunal de Justiça. Agravo em Recurso Especial 1.940.381-AL. Rel. Ministro Ribeiro Dantas, Julgado em 14/12/2021.

de uma prova incompleta, deixando de perseguir as demais linhas probatórias e transferindo à defesa esse ônus.

Respondendo a primeira pergunta, disse o referido Ministro que a testemunha indireta (*hearsay testimony*), aquela que narra os fatos dos quais teve ciência por meio de terceiros, não traz a segurança necessária para aproximar o processo do fato ocorrido. Nesse contexto, não é admissível empregar para comprovar a presença de qualquer componente do delito. Caso a decisão de condenação se baseie exclusivamente em testemunhos indiretos para estabelecer certeza a respeito de algum aspecto do crime, ocorrerá uma invalidade processual, o que exigirá a absolvição do acusado.

Quanto à segunda pergunta, ingressa-se no campo da perda de uma chance probatória. Diz o ilustre Ministro Ribeiro Dantas que, quando o Ministério Público contenta-se em apresentar a menor quantidade de evidências, acaba por subtrair da defesa a oportunidade de contestar a acusação de forma eficaz. Por essa razão, não cabe à acusação negligenciar uma investigação aprofundada do caso, imputando à defesa a tarefa de fazê-lo.

Dizendo de outra forma, se possível, deve a acusação produzir as provas que estão ao seu alcance. Nas palavras do Ministro

> Diversos exemplos práticos ilustram (...) a aplicabilidade da teoria. Para mencionar alguns: (I) se há testemunhas oculares do delito, a condenação não pode prescindir de sua prévia ouvida em juízo e fundamentar-se em testemunhos indiretos, como no caso ora julgado; (II) existindo câmeras de vigilância no local de um crime violento, a juntada da filmagem aos autos é necessária para aferir as reais condições em que ocorreu o delito e avaliar sua autoria ou excludentes de ilicitude; (III) sendo possível a consulta aos dados de geolocalização de aparelho celular do réu, a fim de verificar se estava na cena do crime, a produção da prova é necessária; e (IV) havendo coleta de sêmen do agressor em um caso de estupro, deve ser realizado exame de DNA para confirmar sua identidade[29].

Conclui-se assim ser inaceitável que, diante da existência de uma prova que poderia absolver o acusado (e estando ao alcance do Estado), o Ministério Público opte por descartá-la como tática processual, satisfazendo-se com as provas básicas previamente fornecidas, mesmo que a prova adicional pudesse contribuir para o esclarecimento da verdade. Em outras palavras, se a prova estiver relacionada a um fato mencionado na denúncia e, dependendo do resultado de sua obtenção, possa teoricamente levar à absolvição ou condenação do acusado, o Ministério Público não tem o direito de ignorá-la, pois isso representaria o risco de perder uma oportunidade crucial de comprovação.

29 BRASIL. Superior Tribunal de Justiça. Agravo em Recurso Especial 1.940.381-AL. Rel. Ministro Ribeiro Dantas, Julgado em 14/12/2021.

Diante disso, o citado julgado aplicou a teoria da perda de uma chance, já que havia outras pessoas no local do fato que não foram identificadas pela polícia, as quais seriam testemunhas oculares e poderiam corroborar para o deslinde do feito (absolvição ou condenação). Como só foram ouvidos o bombeiro e o policial militar, houve a perda de uma chance de ouvir outras pessoas, que efetivamente tenham visualizado o ocorrido. Concluiu o Ministro Ribeiro Dantas que, diante da perda de tantas chances probatórias, somada à imprestabilidade dos depoimentos indiretos, não haveria outra saída que não a absolvição do representado, o que efetivamente ocorreu, pois provido o recurso interposto pelo adolescente.

Entendimento semelhante ocorreu no julgamento, pela 5ª Turma do Superior Tribunal de Justiça, do AgRg no Agravo em Recurso Especial 2.203.435[30]. Conforme explicitado pelo Relator, Ministro Ribeiro Dantas, o caso demonstrava, "claramente, a perda da chance probatória por parte da acusação, a inviabilizar a condenação do acusado, pois o *Parquet* deixou de produzir provas fundamentais à elucidação da controvérsia". Notou-se que a vítima havia narrado que o autor do crime havia sido alvejado por disparos de arma de fogo no rosto, no entanto, não houve a confirmação desse fato, pois nenhuma prova foi feita nesse sentido. Além disso, foi localizado sangue no local, mas nenhum exame foi feito para verificar se era compatível como o do acusado.

Essas omissões levaram o órgão fracionário do Superior Tribunal de Justiça a concluir pela aplicação da citada teoria. Conforme consta do voto, "a omissão do Estado extirpou a chance da produção de provas fundamentais para a elucidação da controvérsia", sendo que "essa postura viola o art. 6º, III, do CPP, que impõe à autoridade policial a obrigação de colher todas as provas que servirem para o esclarecimento do fato e suas circunstâncias"[31].

A Sexta Turma do Superior Tribunal de Justiça também aplicou a teoria da perda de uma chance probatória no Habeas Corus 706.365[32]. Nesse julgado, afirmou a Relatora, Ministra Laurita Vaz, que ocorreu grave deficiência no tocante à colheita de elementos probantes. Isso porque os delitos em apreciação teriam transcorrido no âmbito interno de um ônibus, no qual outros viajantes se faziam presentes no instante dos episódios delituosos. Essas pessoas poderiam servir como testemunhas em potencial do delito, porém, nenhuma delas, salvo a vítima, fora inquirida, seja perante o judiciário ou perante a autoridade policial. Outrossim, no curso da averiguação preambular, o delegado solicitou à empresa responsável pelo ônibus dados acerca da viabilidade de registros de

30 BRASIL. Superior Tribunal de Justiça. AgRg no Agravo em Recurso Especial 2.203.435-SP. Rel. Ministro Ribeiro Dantas, Julgado em 06/12/2022.

31 BRASIL. Superior Tribunal de Justiça. AgRg no Agravo em Recurso Especial 2.203.435-SP. Rel. Ministro Ribeiro Dantas, Julgado em 06/12/2022.

32 BRASIL. Superior Tribunal de Justiça. Habeas Corpus 706.365-RJ. Rel. Ministra Laurita Vaz, Julgado em 23/05/2023.

imagens do fato. A entidade em questão revelou a ausência de detecção de comportamentos atípicos em qualquer dos seus veículos no lapso temporal elencado pela autoridade, e colocou-se à disposição para encaminhar os vídeos, mas os órgãos estatais permaneceram inertes e abstiveram-se de requerer a anexação dos registros videográficos ao compêndio de provas.

Afirmou a Ministra Laurita Vaz que causa perplexidade o fato, uma vez que, sob um panorama de vulnerabilidade probatória, o testemunho dos demais ocupantes do meio de transporte coletivo e as gravações do sistema de vigilância interna do ônibus poderiam desmantelar o quadro de ambiguidade, corroborando a argumentação acusatória ou, até mesmo, corroborando a presunção de não culpabilidade do Réu.

Diante dessa falha na acusação, aplicou-se a teoria da perda de uma chance probatória, a fim de absolver o acusado.

Esses três julgados demonstram que essa teoria encontra sustentação na jurisprudência do Superior Tribunal de Justiça e começa a ter sua aplicação replicada nos Tribunais de Justiça dos Estados. De modo exemplificativo, cita-se o Recurso em Sentido Estrito 5005926-89.2023.8.21.0039, julgado pela 3ª Câmara Criminal do Tribunal de Justiça do Rio Grande do Sul, tendo como Relator o Desembargador Luciano André Losekann[33]. Resultou dito que, além da prova testemunhal de "ouvi dizer", não houve apreensão de aparelhos telefônicos e análise de seu conteúdo, interceptações telefônicas ou produção de outros meios de prova capazes de demonstrar a autoria do crime contra a vida", fatos que ensejaram a aplicação da perda de uma chance probatória e a consequente impronúncia do imputado.

O Tribunal de Justiça do Mato Grosso do Sul também aplicou a teoria, por meio da sua 3ª Câmara Criminal, em apelação de Relatoria do Desembargador Luiz Claudio Bonassini da Silva[34]. Entendeu-se pela absolvição do acusado porque haveria prova que poderia ser produzida e não o foi. Tal prova consistiria em uma perícia técnica com informações claras, objetivas e imparciais, que a acusação poderia ter produzido, mas quedou-se inerte.

Diante do exposto, a teoria da perda de uma chance probatória surge como um importante marco na evolução do Processo Penal, atuando como instrumento de garantia de um julgamento justo e equitativo. As decisões citadas estabelecem precedentes valiosos para a prática penal, destacando que a omissão na busca e na integração de provas ao processo não pode ser um expediente aceitável. O veredicto de tais julgados é claro: quando o

---

33 RIO GRANDE DO SUL. Tribunal de Justiça do Rio Grande do Sul. Recurso em sentido estrito 5005926-89.2023.8.21.0039, julgado em 19/10/2023.

34 MATO GROSSO DO SUL. Tribunal de Justiça do Mato Grosso do Sul. Apelação Criminal 0012350-22.2014.8.12.0001, julgada em 14/09/2023.

Ministério Público e os órgãos investigativos deixam de lado provas acessíveis e relevantes, criam-se lacunas que comprometem a integridade da decisão judicial. Portanto, a perda de uma chance probatória não é apenas uma oportunidade perdida para a justiça; é um aviso de que o sistema penal deve estar em constante vigilância contra a falta de diligência, assegurando a confiabilidade e a legitimidade do processo judicial em sua totalidade.

5. CONCLUSÃO

A presente análise evidencia a crescente relevância da teoria da perda de uma chance probatória no âmbito do Processo Penal brasileiro, refletindo um avanço interpretativo dos tribunais na busca pela justiça e respeito aos direitos fundamentais do acusado. O dever do Estado em empregar todos os meios probatórios acessíveis, sobretudo diante das tecnologias disponíveis, é uma extensão lógica do princípio da presunção de inocência e do ônus probatório da acusação. A negligência na colheita de provas substanciais não só compromete a estrutura do devido processo legal, mas também desafia a própria integridade do sistema jurídico.

A presunção de inocência e os princípios do contraditório e da ampla defesa constituem a espinha dorsal do processo penal democrático. Esses princípios impõem à acusação o ônus de demonstrar a culpabilidade do réu sem sombra de dúvidas e com a máxima eficácia probatória. Qualquer falha ou omissão neste aspecto leva à perda de uma chance de provar o alegado e, consequentemente, deve inclinar a balança em favor da absolvição do acusado, visto que a dúvida opera em seu benefício.

As decisões do Superior Tribunal de Justiça, bem como as de Tribunais Estaduais, que começam a incorporar essa teoria, demonstram um movimento jurisprudencial de proteção ao acusado contra a insuficiência investigativa e acusatória. A aplicação da teoria da perda de uma chance probatória nos casos analisados ilustra um compromisso com o processo penal constitucional e uma recusa em aceitar a condenação baseada em evidências frágeis ou incompletas. Este é um passo importante rumo a um processo mais justo e equitativo.

A teoria da perda de uma chance probatória, conforme aplicada pelos tribunais superiores e estaduais, é uma ferramenta jurídica que busca remediar as falhas na produção de provas e prevenir injustiças. Enfatiza-se, portanto, a necessidade de uma atuação diligente por parte dos órgãos de acusação e a importância da preservação de direitos como o contraditório, a ampla defesa e a presunção de inocência. O Estado, ao falhar em sua obrigação de produzir prova cabal, não pode transferir a consequência dessa falha ao acusado, sob pena de desvirtuar o sistema penal.

Em suma, a jurisprudência atual sinaliza uma tendência de fortalecimento da teoria da perda de uma chance probatória como um contrapeso à insuficiência de esforços investigativos e acusatórios. Ainda que a aplicação dessa teoria seja incipiente, os casos destacados apontam para um horizonte onde a profundidade e a qualidade da prova são pilares inegociáveis para a administração da justiça penal. Assim, estabelece-se um novo patamar de rigor e responsabilidade na condução do processo penal, alinhado aos mais elevados padrões de justiça e à proteção dos direitos individuais.

REFERÊNCIAS

BRASIL. Superior Tribunal de Justiça. Recurso Especial 788.459-BA. Rel. Ministro Hélio Quaglia Barbosa, julgado em 17/03/2011.

_____. Superior Tribunal de Justiça. Agravo em Recurso Especial 1.940.381-AL. Rel. Ministro Ribeiro Dantas, julgado em 14/12/2021.

_____. Superior Tribunal de Justiça. AgRg no Agravo em Recurso Especial 2.203.435-SP. Rel. Ministro Ribeiro Dantas, julgado em 06/12/2022.

_____. Superior Tribunal de Justiça. Habeas Corpus 706.365-RJ. Rel. Ministra Laurita Vaz, julgado em 23/05/2023.

CARNAÚBA, Daniel A. **Responsabilidade Civil Pela Perda de Uma Chance**. São Paulo: Editora Método, 2013. *E-book*.

FILHO, Sergio C. **Programa de Responsabilidade Civil**. São Paulo: Método, 2023. *E-book*.

GIACOMOLLI, Nereu José. **O Devido Processo Penal**. 3ª edição. São Paulo: Atlas, 2016. *E-book*.

MATO GROSSO DO SUL. Tribunal de Justiça do Mato Grosso do Sul. Apelação Criminal 0012350-22.2014.8.12.0001, julgada em 14/09/2023.

MENDES, Gilmar Ferreira; CAVALCANTE FILHO, João Trindade. **Manual de Direito Constitucional**. 8ª edição. São Paulo: Saraiva, 2021. *E-book*.

MORAES, Alexandre. **Direito Constitucional**. 39ª edição. São Paulo: Atlas, 2022. *E-book*.

NUCCI, Guilherme de S. **Curso de Direito Processual Penal**. 20ª edição. São Paulo: Forense, 2023. *E-book*.

OLIVEIRA, Amanda Matias C. de. **Aplicação da teoria da perda de uma chance no processo penal: os dois lados da mesma moeda**. Boletim Científico Da Escola Superior do Ministério Público da União. Ano 21, número 59 – Julho/Dezembro 2022.

RANGEL, Paulo. **Direito Processual Penal**. 29ª edição. São Paulo: Atlas, 2021. *E-book*.

RIO GRANDE DO SUL. Tribunal de Justiça do Rio Grande do Sul. Recurso em sentido estrito 5005926-89.2023.8.21.0039, julgado em 19/10/2023.

RIZZARDO, Arnaldo. **Responsabilidade Civil.** 8ª edição. São Paulo: Editora Método, 2019. *E-book*.

ROSA, Alexandre Morais da; RUDOLFO, Fernanda Mambrini. **A teoria da perda de uma chance probatória aplicada ao processo penal**. Revista Brasileira de Direito, V. 13, n. 3, p. 455-471, 2017.

SANSEVERINO, Paulo de Tarso Vieira. **Princípio da Reparação Integral**. São Paulo: Saraiva, 2010. *E-book*.

SARLET, Ingo Wolfang; MARINONI, Luiz Guilherme; MITIDIERO, Daniel. **Curso de Direito Constitucional**. 11ª edição. São Paulo: Saraiva, 2022. *E-book*.

A cadeia de custódia dos vestígios digitais como instrumento para se alcançar a verdade possível no Processo Penal

Rodrigo Casimiro Reis[1]

1. LOCAL DE CRIME E A CADEIA DE CUSTÓDIA DOS VESTÍGIOS

Constatada a prática de uma infração penal, deve o Estado diligenciar, com o escopo de identificar a autoria e preservar a materialidade do delito, a fim de que o *ius puniendi* possa ser exercido, ao final da *persecutio criminis in iudicio*, com observância do devido processo legal e dos postulados do contraditório e da ampla defesa[2].

Nos crimes que deixam vestígios[3], verifica-se que, nos termos do art. 158-A, §1°, do Código de Processo Penal, o agente do órgão de investigação que, primeiro chegar ao local de crime (referido *locus* é geralmente denominado de local de crime – art. 158-A, §1° e art. 158-B, II e III, ambos do CPP; sendo também empregada a expressão local do crime – art. 164 do CPP; ou simplesmente, local – arts. 6°, I e 169, ambos do citado diploma legal), tem o dever legal de preservar a área até a chegada dos peritos criminais.

Depreende-se, ainda, que, embora não regrada expressamente pelo CPP (editado durante o regime ditatorial do Estado Novo, em 1941), o legislador ordinário já demonstrava, antes da entrada em vigor da Lei 13.964/2019, preocupação com a cadeia de custódia dos vestígios (prevendo, no art. 6°, I, do CPP, que a autoridade policial deve dirigir-se ao local de crime e providenciar para que não se alterem o estado das coisas).

Neste ponto, Gustavo Badaró[4] assevera que "A documentação da cadeia de custódia é de responsabilidade das pessoas que têm contato com a fonte de prova custodiada".

---

1 Defensor Público do Estado do Maranhão. Chefe de Gabinete de Ministra do Superior Tribunal de Justiça. Mestrando em Direito Constitucional (IDP). Especialista em Direito Constitucional (Unisul). Ex-Assessor Especial da Presidência do STJ, da Corregedoria Nacional de Justiça e ex-Analista Judiciário do STJ.

2 Art. 5°, LIV e LV, da CF/88

3 Art. 158, *caput*, do CPP

4 BADARÓ, Gustavo Henrique. Processo Penal. 8. Ed. São Paulo: Thomson Reuters Brasil, 2020. P. 511.

Insta ressaltar que o instituto da cadeia de custódia não configura meio de obtenção de prova, mas visa preservar a autenticidade e a integridade da prova material do delito apurado ("uma prova sobre a prova"[5]), garantindo-se que aquele objeto de prova utilizado pela acusação, submetido a contraditório diferido e examinado pelo órgão julgador quando da sentença seja o mesmo (princípio da mesmidade[6]) reconhecido e coletado pelos peritos criminais quando da ciência da possível prática delitiva.

Sobre o conceito de local de crime, Eraldo Rabello[7] define como sendo "(...) a porção do espaço, contínua ou descontínua, onde a infração se materializou por atos e onde, consequentemente, existem ou podem existir vestígios materiais da mesma, denunciadores, a serem pesquisados.".

Segundo Cláudio Saad Neto[8], "É, portanto, a partir da visão ampliada ou alargada do conceito de local de crime que a doutrina da criminalística passou a classificá-lo sob diversas perspectivas".

Ocorre que referido conceito deve ser interpretado à luz das inovações tecnológicas pelas quais vem passando a sociedade contemporânea, com a digitalização das informações, armazenamento de dados em nuvem e expansão das atividades humanas para além dos limites geográficos, razão pela qual Amilcar da Serra Netto e Alberi Espindula[9] definem local de crime como sendo "(...) o espaço físico, ou físico-virtual, onde foram produzidos vestígios de um crime, compreendendo uma ou mais áreas físicas ou locais virtuais, que abranjam desde o possível planejamento, a consumação do fato, até atos posteriores, tudo relacionado ao mesmo delito".

A preservação da cadeia de custódia dos vestígios guarda, pois, estrita relação com a carga probatória do que aquela evidência pretende provar, já que, uma vez observado o princípio da mesmidade, o magistrado poderá reputar válida a prova coletada pelo Estado e valorá-la (epistemologia da prova) à luz dos demais elementos indiciários colhidos na fase pré-processual (desde que confirmados em Juízo) e judicial[10].

---

5 BADARÓ, Gustavo Henrique. Op. Cit. P. 519.

6 Expressão cunhada pelo Tribunal Supremo espanhol, em sentença proferida no dia 03/12/2009: "*En relación a la cadena de custodia el problema que se plantea es garantizar que dado que se recogen los vestigios relacionados con el delito hasta que llegan a concretarse como pruebas en el momento del juicio, aquello sobre lo que recaerá la inmediación, publicidad y contradicción de las partes y el juicio de lo juzgado es lo mismo. Es a través de la cadena de custodia como le satisface la garantía de la "mismidad" de la prueba*". (TRIBUNAL SUPREMO. SALA DE LO PENAL. STS 7710/2009. Ponente: Juan Ramon Berdugo Gomez de la Torre. Disponível em: <http://www.poderjudicial.es/search/index.jsp#>. Acesso em 06 nov. de 2023). Referido princípio foi inserido na doutrina brasileira por Geraldo Prado. PRADO, Geraldo. A cadeia de custódia da prova no processo penal. 2. Ed. São Paulo: Marcial Pons, 2021. P. 150.

7 RABELLO, Eraldo. Curso de Criminalística. Porto Alegre: Sagra Luzzato, 1996. P. 44.

8 SAAD NETO, Cláudio. O direito à prova pericial no processo penal. Cláudio José Langroiva Pereira, Cláudio José Saad Neto, Eurico Monteiro Montenegro, José Viana Amorim. São Paulo: Thomson Reuters, 2023. P. 257.

9 SILVA NETTO, Amilcar da Serra; ESPINDULA, Alberi. Manual de atendimento a locais de morte violenta: investigação policial e pericial. Campinas: Millennium, 2016. P. 62.

10 Art. 155, caput, do CPP

2. A BUSCA DA VERDADE POSSÍVEL NO PROCESSO PENAL

Segundo lição de Aury Lopes Jr.[11], o processo penal materializa um paradoxo temporal, no qual se produzem, no presente, provas acerca de fatos passados, com o escopo de projetar consequências para o futuro (eventual sanção penal). Confira-se:

> "O processo penal é um instrumento de retrospecção, de reconstrução aproximativa de um determinado fato histórico. Como ritual, está destinado a instruir o julgador, a proporcionar o conhecimento do juiz por meio da reconstrução histórica de um fato.".

As provas pretendem, portanto, proporcionar ao juiz (que ignora a forma como se deu o *iter criminis* investigado) conhecer a realidade do fato delitivo e decidir acerca da acusação oferecida com base em elementos probatórios judicializados, colhidos em observância aos preceitos constitucionais e aos direitos fundamentais dos acusados.

Registro que o postulado da pretensa verdade real, sustentado por Bettiol[12] e Manzini[13], configura, segundo nossa visão, uma quimera, cabendo ao juiz, no momento da prolação da sentença, exercer a atividade recognitiva a partir da reconstrução da verdade possível, carreada aos autos pelo órgão de acusação[14] (e submetida ao *cross examination*), gerando uma imagem que represente com maior fidedignidade (*standard* probatório que supere qualquer dúvida razoável[15]) o fato histórico analisado (crime).

Nesse sentido, Aury Lopes Jr.[16] afirma que:

> "O mito da verdade (real) está intimamente relacionado com a estrutura do sistema inquisitório; com o "interesse público" (cláusula geral que serviu de argumento para as maiores atrocidades); com sistemas políticos autoritários; com a busca de uma "verdade" a qualquer custo (chegando a legitimar a tortura em determinados momentos históricos); e com a figura do juiz-ator (inquisidor)".

No mesmo diapasão, Salah Khaled Jr.[17]:

> "(...) a verdade não pode ocupar um lugar hegemônico no processo, devido à existência de uma série de limites à atividade probatória, que lhe são característicos em função de sua configuração formal, como a recusa da prova ilegal, por exemplo. (...)

11 LOPES JR., Aury. Direito Processual Penal. 20. Ed. São Paulo: Saraivajur, 2023. P. 164.
12 BETTIOL, Giuseppe. Instituciones de derecho penal y procesual. Barcelona: Bosch, 1973. P. 250.
13 MANZINI, Vicenzo. Tratado de derecho procesual penal: tomo I. Buenos Aires: EJEA, 1951. P. 250.
14 Art. 156 do CPP
15 BARD, art. 66.3 do Estatuto de Roma, norma promulgada pelo Decreto 4.388/2002
16 Op. Cit. P. 165.
17 KHALED JR., Salah H. A busca da verdade no Processo Penal. Belo Horizonte: Livramento: Casa do Direito, 2020. P. 166.

> A operação de reconstrução narrativa do passado é, por excelência, uma operação de interpretação, de busca de restabelecimento retrospectivo de um percurso que foi apagado pela passagem do tempo."

Na mesma toada, Piero Calamandrei[18] preceitua que:

> "(...) mesmo para o juiz mais escrupuloso e atento, vale o limite fatal da relatividade próprio da natureza humana: o que enxergamos, só é o que nos parece que enxergamos. Não verdade, senão verossimilitude: é dizer, aparência (que pode ser também ilusão de verdade) (...) fica entendido que todo juízo a respeito dos fatos, não pode ser psicologicamente mais que um juízo de verossimilitude".

O dogma da verdade real, emoldurado e cristalizado como cláusula pétrea nos bancos das faculdades de Direito, precisa ser questionado, a fim de deslegitimar práticas arbitrárias e que não são admitidas pelo legislador (art. 157, *caput*, do CPP e art. 5º, LVI, da CF/88).

Amilcar Bueno de Carvalho[19] ressalta que "(...) insuportavelmente se lê e se ouve essa máxima – o fim do processo penal é a busca da exibida verdade real que deve estar escondida em algum lugar. Mais uma vez o jurídico vulgar incorpora frases soltas, mágicas (...) é a verdade na qual não adianta duvidar, não se permite dela duvidar. E que se ouse dela duvidar: até os mortos se sentem ofendidos e escandalizados".

Conforme retromencionado, ação penal instaurada para apurar suposta prática delitiva trata, ao fim e ao cabo, da reconstrução de um fato da vida (tarefa deveras complexa, já que está ligada diretamente à falibilidade humana - falsas memórias, idiossincrasias que podem repercutir na veracidade de depoimentos, desparecimento de vestígios etc) que culmina com a prolação de sentença que, se condenatória, impõe graves consequências ao cidadão acusado.

Eventual condenação nos autos de um processo penal, por implicar em possível restrição a um direito fundamental de primeira dimensão (liberdade), deve estar respaldada por substrato probatório idôneo e indene de dúvidas, restando descabida a tentativa de remediar eventual ineficiência estatal com a adoção de providências que não encontrem amparo no sistema de garantias insculpido na Constituição da República e que é resultado de lento e gradual processo histórico de conquistas no âmbito dos direitos humanos.

Conforme adverte Rogerio Schietti[20], "Justiça penal não se faz por atacado e sim artesanalmente, examinando-se atentamente cada caso para dele extraírem-se todas as suas especificidades, a torná-lo singular e, portanto, a merecer providência adequada e necessária".

---

18 CALAMANDREI, Piero. Direito processual: volume III. Campinas: Bookseller, 1999. P. 271/273.
19 CARVALHO, Amilcar Bueno de. Direito Penal a marteladas. 2. Ed. Rio de Janeiro: Lumen Juris. P. 145.
20 SCHIETTI, Rogerio. Prisão cautelar. Salvador: Juspodivm, 2018. P. 266.

Sobre o tema, Nestor Tavora *et al*[21] lecionam que "O processo deve ser instrumento de garantia contra os excessos do Estado, visto como ferramenta de implementação da Constituição Federal, como garantia suprema do *ius liberatis*".

Neste ponto, destaco, ainda, trecho de voto exarado pelo Min. Gilmar Mendes, nos autos do HC 164.493[22], no qual Sua Excelência consigna que "(...) pode-se afirmar que o fundamento do processo penal, sua razão de existir, é o reconhecimento de que, em um Estado Democrático de Direito, uma sanção penal somente pode ser imposta após a obtenção de uma condenação definitiva com total respeito às regras do devido processo".

A cadeia de custódia dos vestígios configura, portanto, requisito indispensável para que se confira lisura às provas que serão valoradas pelo julgador, maximizando-se o devido processo legal, tanto sob a ótica das obrigações penais positivas[23] (necessária apuração dos fatos com eficiência[24]) quanto das obrigações penais negativas (visando evitar a violação de direitos dos investigados/acusados e proporcionar o pleno exercício do contraditório e da ampla defesa).[25]

3. A CADEIA DE CUSTÓDIA DOS VESTÍGIOS DIGITAIS

A Lei 13.694/2019 promoveu uma série de alterações no CPP, dentre as quais a inserção, de forma expressa, da necessidade de observância da cadeia de custódia da prova, visando (i) garantir o registro do caminho percorrido pelos vestígios coletados no local de crime e (ii) proporcionar lisura, credibilidade e confiança[26] à sentença penal.

Maria Eduarda Azambuja Amaral[27] define cadeia de custódia como:

> "(...) um processo sistematizado e contínuo, aplicado por um conjunto de pessoas, que deve ser documentado de modo pormenorizado, possibilitando a rastreabilidade do vestígio desde o seu reconhecimento até o trânsito em julgado do mérito processual, buscando garantir a identidade, integridade e

---

21 Curso de Direito Processual Penal. 9. Ed. Salvador: Juspodivm, 2014. P. 75/76.

22 BRASIL. SUPREMO TRIBUNAL FEDERAL. HC 164493, Relator(a): EDSON FACHIN, Relator(a) p/ Acórdão: GILMAR MENDES, Segunda Turma, julgado em 23-03-2021, DJe 04-06-2021.

23 Segundo Douglas Fischer, "(...) o processo penal deve ser concebido sempre como um instrumento de garantia dos imputados e também da busca da realização das consequências previstas na lei penal". (FISCHER, Douglas. Lei anticrime: comentários à Lei 13.964/2019/Renee do Ó Souza. 2. Ed. Belo Horizonte: D'Plácido, 2021. P. 162).

24 AgRg na ReCoAp 183/DF, relatora Ministra Nancy Andrighi, Corte Especial, DJe de 14/12/2022; RHC 106.041/TO, Rel. Ministro Sebastião Reis Júnior, Sexta Turma, DJe 10/08/2020.

25 PACELLI, Eugenio; FISCHER, Douglas. Comentários ao Código de Processo Penal e sua jurisprudência. 12. Ed. São Paulo: Atlas, 2020. P. 497.

26 Geraldo Prado é crítico à extrema confiabilidade devotada ao que provém das perícias em geral, sustentando que "Os princípios da mesmidade e da desconfiança são fundamentais para garantir o juízo mediante a redução dos riscos de erro judiciário, consistindo no fundamento lógico e epistemológico da cadeia de custódia das provas (...)". PRADO, Geraldo. A cadeia de custódia da prova no processo penal. 2. Ed. São Paulo: Marcial Pons, 2021. P. 153.

27 AMARAL, Maria Eduarda Amabuja. Entre a ciência forense e o processo penal: um modelo interdisciplinar da cadeia de custódia. Belo Horizonte: D'Plácido, 2023. P. 134.

autenticidade da fonte de prova e tendo como objetivo-fim assegurar que o laudo apresentado na corte se revista das mesmas propriedades probatórias que o vestígio coletado".

Aury Lopes Jr.[28] define o citado instituto como "um conjunto de procedimentos concatenados, como elos de uma corrente, que se destina a preservar a integridade da provam sua legalidade e confiabilidade. Uma corrente que liga duas pontas, que vai da identificação dos vestígios até o seu descarte. A quebra equivale ao rompimento de um dos elos da corrente".

No julgamento do AgRg no HC 615.321/PR[29], a Quinta Turma do STJ definiu que "(...) o instituto da quebra da cadeia de custódia diz respeito à idoneidade do caminho que deve ser percorrido pela prova até sua análise pelo magistrado, sendo certo que qualquer interferência durante o trâmite processual pode resultar na sua imprestabilidade".

Referido instituto está regulado nos arts. 158-A a 158-F, todos do CPP, dispositivos inspirados na Portaria 82, de 26/2/2014 da SENASP[30] (Secretaria Nacional de Segurança Pública do Ministério da Justiça), que estabelece diretrizes sobre os procedimentos a serem observados no tocante à cadeia de custódia de vestígios.

Consta dos considerandos da mencionada Portaria, que a cadeia de custódia é fundamental para garantir a idoneidade e rastreabilidade dos vestígios, conferindo-lhes certificação de origem e destinação e atribuindo à prova pericial credibilidade para permanecer no acervo probatório.

De acordo com os itens 2.2. e 2.3. do referido ato infralegal, a cadeia de custódia compreende as fases externa (preservação do local de crime, busca, reconhecimento, fixação, coleta, acondicionamento, transporte e recebimento do vestígio) e interna (recepção e conferência do vestígio, classificação e guarda do vestígio, análise pericial, devolução do vestígio de prova, guarda dos vestígios para contraperícia e registro da cadeia de custódia). Tais fases da cadeia de custódia estão disciplinadas no art. 158-B do CPP.

Da leitura cotejada entre o item 1.1 da referida Portaria e o art. 158-A, *caput*, do CPP, abaixo transcritos, verifica-se que o texto da Portaria possui redação mais abalizada, prevendo que os vestígios podem ser coletados em locais diversos daquele classificado como cena do crime, como sói acontecer v.g. nos casos em que a arma utilizada em crime de homicídio praticado em via pública é apreendida na residência do investigado e nos vestígios digitais de prática delitiva, que são coletados em serviços de armazenamento em nuvem:

---

28 Op. Cit. P. 460.

29 Rel. Ministro RIBEIRO DANTAS, Quinta Turma, julgado em 03/11/2020, DJe 12/11/2020

30 Disponível em: <https://diariofiscal.com.br/ZpNbw3dk20XgIKXVGacL5NS8haIoH5PqbJKZaawfaDwCm/legislacaofederal/portaria/2014/senasp82.htm> Acesso em 17 dez. 2023

1.1 Denomina-se cadeia de custódia o conjunto de todos os procedimentos utilizados para manter e documentar a história cronológica do vestígio, para rastrear sua posse e manuseio a partir de seu reconhecimento até o descarte.

...

Art. 158-A. Considera-se cadeia de custódia o conjunto de todos os procedimentos utilizados para manter e documentar a história cronológica do vestígio coletado em locais ou em vítimas de crimes, para rastrear sua posse e manuseio a partir de seu reconhecimento até o descarte. (grifei)

Embora o conceito de cadeia de custódia da aludida Portaria seja mais abrangente, o fato é que nem o mencionado ato infralegal e nem o CPP cuidaram de regular o instituto da cadeia de custódia em relação aos vestígios digitais, prova material de delito de importância inquestionável (notadamente em delitos envolvendo a macrocriminalidade organizada, objeto das Convenções de Caracas, de Palermo e de Mérida[31]) e que tende a ser mais cada vez mais relevante à medida que avança o processo de digitalização pelo qual vem passando a sociedade.

O art. 158, §3º, do CPP define vestígio como "todo objeto ou material bruto, visível ou latente, constatado ou recolhido, que se relaciona à infração penal."

Observa-se que o legislador ordinário brasileiro (quase 02 (dois) séculos após a vigência do Código de Processo Criminal de Primeira Instância (1832)) conceituou vestígio, mas, ainda assim, o fez de forma incompleta e em dissonância com a realidade digital experimentada pela coletividade.

Em sede de direito comparado, o art. 275 do Código de Procedimiento Criminal Colombiano[32] prevê uma redação mais atualizada de vestígio, abarcando tanto os materiais quanto os imateriais (*e-evidence*).

Verifica-se que, apesar de não regulamentado expressamente pelo legislador, é inquestionável, do ponto de vista processual constitucional, que o instituto cadeia de custódia se aplica aos vestígios digitais, pois constituem

31 Convenção Interamericana contra a Corrupção, Convenção das Nações Unidas contra o Crime Organizado Transnacional e Convenção das Nações Unidas contra a corrupção, promulgadas, respectivamente, pelos Decretos de nºs 4.410/2002, 5.015/2004, e 5.687/2006.

32 ARTÍCULO 275. ELEMENTOS MATERIALES PROBATORIOS Y EVIDENCIA FÍSICA. Para efectos de este código se entiende por elementos materiales probatorios y evidencia física, los siguientes: a) Huellas, rastros, manchas, residuos, vestigios y similares, dejados por la ejecución de la actividad delictiva; b) Armas, instrumentos, objetos y cualquier otro medio utilizado para la ejecución de la actividad delictiva; c) Dinero, bienes y otros efectos provenientes de la ejecución de la actividad delictiva; d) Los elementos materiales descubiertos, recogidos y asegurados en desarrollo de diligencia investigativa de registro y allanamiento, inspección corporal y registro personal; e) Los documentos de toda índole hallados en diligencia investigativa de inspección o que han sido entregados voluntariamente por quien los tenía en su poder o que han sido abandonados allí; f) Los elementos materiales obtenidos mediante grabación, filmación, fotografía, video o cualquier otro medio avanzado, utilizados como cámaras de vigilancia, en recinto cerrado o en espacio público; g) El mensaje de datos, como el intercambio electrónico de datos, internet, correo electrónico, telegrama, télex, telefax o similar, regulados por la Ley 527 de 1999 o las normas que la sustituyan, adicionen o reformen; h) Los demás elementos materiales similares a los anteriores y que son descubiertos, recogidos y custodiados por el Fiscal General o por el fiscal directamente o por conducto de servidores de policía judicial o de peritos del Instituto Nacional de Medicina Legal y Ciencias Forenses, o de laboratorios aceptados oficialmente. Disponível em: < https://www.oas.org/juridico/spanish/mesicic2_col_Ley_906_2004.pdf> Acesso em 17 dez. 2023.

fontes de prova extremamente revelantes em um mundo que caminha, a passos largos, para uma maior virtualização das relações interpessoais, revelando-se imperioso que todo e qualquer elemento de prova coletado pelo Estado tenha sua autenticidade preservada.

Sobre a necessidade da observância da cadeia de custódia em relação aos vestígios digitais, confira-se: HC 796.338/RS, relator Ministro Reynaldo Soares da Fonseca, Quinta Turma, DJe de 18/9/2023.

No mesmo sentido, Gustavo Badaró[33] aduz que "(...) também se poderá pensar na cadeia de custódia nos casos de coleta ou apreensão de elementos imateriais, registrados eletronicamente, (...) sendo necessário a documentação da cadeia de custódia".

Recorrendo à doutrina da criminalística, Claudio Saad Neto[34] *et al* afirmam que "(...) são considerados vestígios quaisquer elementos materiais ou digitais que resultam da prática do suposto delito".

No que tange aos locais de crime, esses podem ser classificados como de crimes físicos e de crimes de informática.

Nos locais de crimes físicos, os vestígios materiais da infração penal são reconhecidos e observáveis pela visão humana.

Já nos locais de crimes de informática, os vestígios são imateriais, apresentados na forma de "0" e "1" (sistema binário) e que poderão estar contidos em sites da *internet, deepweb, darkweb*, serviços de correio eletrônico, plataformas de redes sociais, podendo ser localizados, ainda, em mais de um ambiente (serviços de armazenamento em nuvem, por exemplo).

De acordo com o Glossário de Ciências Forenses[35], elaborado pela Diretoria Técnico-Científica da Polícia Federal, o local de crime de informática diz respeito ao local "onde se encontram vestígios em ambientes computacionais que demandam profissionais de perícia especializados para a sua constatação, exame, coleta e preservação".

Segundo Cláudio Saad Neto *et al*[36], local de crime de informática preservado "(...) é aquele em que, além do isolamento físico natural, é realizado o isolamento contra acessos remotos, via transmissão de dados, e observados os cuidados inerentes aos aspectos de volatilidade e sensibilidade dos vestígios digitais."

Verifica-se, portanto, que os agentes públicos incumbidos da investigação devem, quando se depararem com eventual local de crime de

33 Op. Cit. P. 505.
34 Op. Cit. P. 260.
35 Disponível em: <https://bdjur.stj.jus.br/jspui/bitstream/2011/113368/glossario_ciencias_forenses_DPF.pdf> Acesso em 17 dez. 2023
36 Op. Cit. P. 267.

informática, providenciar o isolamento físico da área, identificar o indivíduo responsável pelo local, documentar a cena com todos os equipamentos em sua posição original (por meio de registro fotográfico, por exemplo) e desligar equipamentos que permitam o acesso remoto ao dispositivo que possa conter vestígio digital (aparelho celular, computador etc), a fim de que se evite a limpeza/comprometimento dos dados, sob pena de prática de crime de fraude processual (art. 158-C, §2°, do CPP).

Nessa toada, Rodrigo Figaro Caldeira[37] afirma que "O ideal é que as máquinas que estejam desligadas sejam assim mantidas, para evitar alterações de dados".

Identificadas possíveis fontes de prova digital, é indispensável que se colete e acondicione o equipamento (aparelho celular, computador, *tablet* etc)[38], encaminhando-o ao Instituto de Criminalística, a fim de que seja realizada a cópia por espelhamento dos dados, utilizando-se a função *hash*, que cria um algoritmo alfanumérico capaz de comprovar que a cópia gerada é idêntica àqueles vestígios digitais contidos no dispositivo eletrônico apreendido.

Neste ponto, verifica-se que a Quinta Turma do STJ já teve a oportunidade de examinar situação na qual constatou-se a quebra da cadeia de custódia (*break on the chain of custody*), concluindo-se pela nulidade de vestígios digitais de prática delitiva supostamente existentes em dispositivo computacional. Confira-se: AgRg no RHC 143.169/RJ, Quinta Turma, julgado em 7/2/2023, DJe de 2/3/2023.

Naquela oportunidade, extrai-se do voto proferido pelo e. Min. Ribeiro Dantas (designado Relator para acórdão), que Sua Excelência destacou a relevância da geração do código *hash* como condição de validade para valoração judicial dos arquivos digitais periciados:

> "Em que pese a intrínseca volatilidade dos dados armazenados digitalmente, já são relativamente bem delineados os mecanismos necessários para assegurar sua integridade, tornando possível verificar se alguma informação foi alterada, suprimida ou adicionada após a coleta inicial das fontes de prova pela polícia. (...)
>
> Aplicando-se uma técnica de algoritmo *hash*, é possível obter uma assinatura única para cada arquivo – uma espécie de impressão digital ou DNA, por assim dizer, do arquivo. Esse código *hash* gerado da imagem teria um valor diferente caso um único bit de informação fosse alterado em alguma etapa da investigação, quando a fonte de prova já estivesse sob a custódia da polícia. Mesmo alterações pontuais e mínimas no arquivo resultariam numa *hash* totalmente diferente (...)

37 CALDEIRA, Rodrigo de Andrade Figaro. Pacote Anticrime: análise crítica à luz da Constituição Federal. São Paulo: Thomson Reuters, 2020. P. 216.
38 Art. 158-B, IV, V, VI, VII e VIII, do CPP

> Disso resulta uma conclusão talvez contraintuitiva: uma fonte de prova que armazena dados imateriais, se coletada de maneira profissional e técnica pela polícia, pode oferecer garantias de mesmidade superiores àquelas de uma fonte corpórea (como um cadáver ou armamento de fogo), dada a precisão e objetividade do algoritmo de *hash*."

Na situação examinada pela Quinta Turma, verifica-se que o computador apreendido, antes de ser periciado pela Polícia, foi analisado pela própria instituição financeira vítima dos crimes investigados, não tendo o Estado adotado quaisquer providências, com o escopo de documentar o histórico dos vestígios eletrônicos eventualmente contidos no citado equipamento.

Não foi efetuado o registro da coleta e do armazenamento do computador, tampouco indicados os agentes incumbidos de manipular o dispositivo apreendido, dados que retiraram a credibilidade sobre a integridade dos vestígios que levaram o *parquet* estadual a denunciar os pacientes como possíveis *hackers* dirigentes de organização criminosa.

Dissertando sobre a coleta de arquivos digitais, Cláudio Saad Neto *et al*[39] preconizam que "(...) é imprescindível para a sua preservação, como parte do processo de garantia da cadeia de custódia, a submissão desses arquivos à geração do código *hash*, realizada por meio de algoritmo próprio, com o escopo de assegurar a autenticidade e, especialmente a integridade de seus dados originais (...)".

No mesmo diapasão, Stanley Gusmão Paiva[40] assevera que:

> "Coleta: Considerada uma fase de grande importância, tem início no isolamento da área, da coleta das evidências, da garantia da integridade do material coletado, prosseguindo para as fases futuras, as coletas não devem sofrer nenhum tipo de alteração durante todo o processo, devendo ser criada uma cópia idêntica a original *bit* a *bit*, efetuando a extração do código de verificação conhecido como *hash*."

Neste ponto, Geraldo Prado[41] adverte para a grave possibilidade de inserção, modificação e exclusão de arquivos digitais contidos em dispositivo eletrônicos, consignando que:

> "Na atualidade, toda a literatura sobre provas digitais alerta para os graves riscos de manipulação ou perda da integridade dos elementos probatórios, com prejuízo à autenticidade (...)
> Um dispositivo de telefone móvel digital que ao ser apreendido pela Polícia é mantido ligado, não é selado e dele não se produz uma imagem forense por

39 Op. Cit. P. 300.
40 PAIVA, Stanley Gusmão. Técnicas avançadas de extração de dados. Revista Brasileira de Execução Penal, 2022. P. 133.
41 Op. Cit. P. 192/194.

meio da obtenção de um único arquivo que possua a totalidade da informação contida no dispositivo apreendido, calculando-se o valor *hash* (...), pode ser manipulado (...).".

Conforme apontado por Fernanda Lopes Baqueiro e Luís Eduardo Colavolpe[42], "(...) o código *hash* consiste na impressão digital da evidência, possibilitando a constatação se o dado foi alterado ou não durante a cadeia de custódia da prova.".

Verifica-se que, embora a Portaria 82/2014 da SENASP e o CPP não tenham tratado especificamente dos procedimentos a serem observados pelo Estado com relação à cadeia de custódia dos vestígios digitais, a Norma ABNT ISO/IEC 27037:2013 estabelece diretrizes internacionais com o fim objetivo de preservar a autenticidade da prova eletrônica.

Neste ponto, vale transcreve trecho de parecer ofertado pela Procuradoria-Geral da República, nos autos do HC 198.013/DF (*writ* impetrado contra investigação criminal em curso no âmbito do STJ), no qual destaca-se a necessidade da observância da referida Norma ABNT como requisito de manutenção da integridade dos arquivos digitais utilizados como fontes de prova:

> "Assim, mencionadas características somente estarão presentes em relação a determinado dado digital caso seja possível identificar e documentar a sua cronologia de movimento e manuseio, seguindo as etapas previstas nos arts. 158-A a 158-F do CPP, bem como na Norma ABNT ISO/IEC 27037:2013, que não tem caráter de lei formal, mas reflete metodologias internacionalmente consagradas, dirigidas à preservação da prova eletrônica. Do contrário, tal dado digital não poderá ser valorado como prova para o processo criminal".

Fixadas essas premissas, tem-se que a prova da cadeia de custódia não se confunde com a cadeia de custódia da prova, já que "É ônus do Estado comprovar a integridade e confiabilidade das fontes de prova por ele apresentadas." (AgRg no RHC 143.169/RJ, Quinta Turma, DJe de 2/3/2023).

A prova da regularidade da cadeia de custódia pode ser demonstrada por meio da auditabilidade, aspecto do tratamento da evidência digital regulado pela Norma ABNT ISO/IEC 27037:2013, que prevê a documentação de todas as etapas empregadas no manuseio da *e-evidence*, assegurando a verificação da fidelidade do percurso metodológico empregado.

Releva-se imperioso que se assegure à defesa, em contraditório diferido, o acesso à integralidade da suposta prova material do delito coletada pelo

---

42 BAQUEIRO, Fernanda Ravazzano Lopes; COLAVOLPE, Luis Eduardo Lopes Serpa. A Prova e o Processo Penal Constitucionalziado: estudos em homenagem ao Ministro Sebastião Reis. Belo Horizonte: D´Plácido, 2020. P. 180.

Estado-acusação[43], possibilitando-se, eventualmente, a efetivação da contraperícia, nos termos do art. 158-B, IX, do CPP, por meio de peritos oficiais e de assistentes técnicos que afiram a repetibilidade[44] da extração da prova digital e que o código *hash* foi calculado a partir da fonte original da informação digital e não a partir de simples cópia.

4. CONSEQUÊNCIAS DA INOBSERVÂNCIA DA CADEIA DE CUSTÓDIA À LUZ DA JURISPRUDÊNCIA DO SUPERIOR TRIBUNAL DE JUSTIÇA

Detectada a quebra da cadeia de custódia, surgem, em síntese, 03 linhas teóricas de raciocínio acerca das consequências jurídicas que deverão incidir sobre os vestígios colhidos pelo Estado.

Para Geraldo Prado[45], Aury Lopes Jr.[46] e Alexandre Morais da Rosa[47], a violação da cadeia de custódia implica, nos termos do art. 157, *caput*, do CPP, na ilicitude da prova, devendo se providenciar o desentranhamento dos vestígios dos autos, restando vedada a valoração probatória.

Gustavo Badaró, por seu turno, sustenta que as irregularidades observadas na cadeia de custódia não se revelam aptas a causar a ilicitude da prova, devendo tais fatos ser examinados quando da valoração da prova[48]. De acordo com Maria Eduarda Azambuja Amaral, essa foi a linha adotada pelo *Código de Procedimiento Penal da Colômbia*[49].

Por fim, há corrente que defende que a quebra da cadeia de custódia deve ser analisada à luz da teoria das nulidades do CPP. Nessa toada, Renato Brasileiro de Lima[50].

Sobre o tema, confira-se Antonio Magalhães Gomes Filho[51]:

> "Deve ser excluída desde logo a ideia da inadmissibilidade da prova por vício da documentação da cadeia de prova, pois não existe em princípio ilicitude que possa impedir o ingresso da prova no processo e sua valoração final pelo juiz. (...) a questão deve ser resolvida à luz do regime das nulidades processuais do Código de Processo Penal."

43 O STJ, nos autos do HC 160.662/RJ (relatora Ministra Assusete Magalhães, Sexta Turma, DJe de 17/3/2014), concedeu a ordem e anulou as provas produzidas nas interceptações telefônica e telemática, sob o fundamento de que, embora não haja a obrigatoriedade da transcrição integral dos áudios interceptados com ordem judicial, as conversas telefônicas captadas devem ser disponibilizadas integralmente à defesa, a fim de que se permita atestar a integridade da prova e a regularidade da cadeia de custódia, sob pena de violação aos princípios do contraditório e da paridade de armas.

44 De acordo com a Norma ABNT ISO/IEC 27037:2013, a repetibilidade é um aspecto do tratamento da evidência digital, restando comprovada quando os mesmos resultados de testes são produzidos utilizando os mesmos procedimentos e métodos de medição, utilizando os mesmos instrumentos e sob as mesmas condições; e pode ser repetido a qualquer tempo depois do teste original.

45 Op. Cit. P. 209.

46 LOPES JR., Aury. Direito Processual Penal. 18. Ed. São Paulo: Saraivajur, 2021. P. 467.

47 DA ROSA, Alexandre Morais. Guia do Processo Penal Estratégico. Florianópolis: Emais, 2021. P. 406.

48 Op. Cit. P. 519.

49 Op. Cit. P. 215.

50 LIMA, Renato Brasileiro. Manual de Processo Penal. 8. ed. Salvador: JusPodivm, 2020. P. 722-723.

51 GOMES FILHO, Antonio Magalhães; TORON, Alberto Zacharias; BADARÓ, Gustavo Henrique (coords.). Código de Processo Penal comentado. 3. Ed. São Paulo: Thomson Reuteres Brasil, 2020. P. 505.

Feitas essas considerações de ordem doutrinária e considerando o quanto já foi exposto neste ensaio acerca do entendimento firmado pela Quinta Turma do STJ[52] no que tange à ilicitude (e consequente inadmissibilidade) de prova digital colhida e armazenada sem registro documental que comprove os procedimentos adotados para preservar a autenticidade e confiabilidade dos elementos informáticos, verifica-se que a Sexta Turma do STJ, em julgado relatado pelo Min. Rogerio Schietti Cruz (HC 653.515/RJ, DJe de 1/2/2022), definiu que a quebra da cadeia de custódia de vestígios materiais não gera nulidade obrigatória da prova, devendo tal fato ser avaliado no campo da valoração probatória.

Confira-se trecho do voto proferido pelo Relator:

> "Com a mais respeitosa vênia àqueles que defendem a tese de que a violação da cadeia de custódia implica, de plano e por si só, a inadmissibilidade ou a nulidade da prova, de modo a atrair as regras de exclusão da prova ilícita, parece-me mais adequada aquela posição que sustenta que as irregularidades constantes da cadeia de custódia **devem ser sopesadas pelo magistrado com todos os elementos produzidos na instrução, a fim de aferir se a prova é confiável.** Assim, à míngua de outras provas capazes de dar sustentação à acusação, deve a pretensão ser julgada improcedente, por insuficiência probatória, e o réu ser absolvido."

No mesmo sentido: AgRg no HC 828.321/TO, relatora Ministra Laurita Vaz, Sexta Turma, julgado em 25/9/2023, DJe de 28/9/2023; AgRg no HC 665.948/MS, relator Ministro Olindo Menezes (Desembargador Convocado do TRF 1ª Região), Sexta Turma, julgado em 24/8/2021, DJe de 30/8/2021.

Destaque-se, ainda, que a Sexta Turma do STJ[53] considerou regular a cadeia de custódia em situação na qual houve concisão dos documentos que armazenaram material genético necessário para fins de comparação de DNA.

Constata-se, portanto, que, embora o instituto da cadeia de custódia não tenha surgido no direito brasileiro com a Lei 13.964/2019[54], foi somente a partir da entrada em vigor do citado diploma legal que referido tema passou a ser objeto de maiores questionamentos junto ao Tribunal da Cidadania, que vem, paulatinamente, amadurecendo seu entendimento à luz das normas processuais e constitucionais, examinadas em cotejo com doutrina nacional e estrangeira, tudo com vistas a posicionar o Brasil na vanguarda do cenário jurídico internacional.

---

52 AgRg no RHC 143.169/RJ, relator Ministro Messod Azulay Neto, relator para acórdão Ministro Ribeiro Dantas, Quinta Turma, julgado em 7/2/2023, DJe de 2/3/2023.

53 HC 574.103/MG, relator Ministro Nefi Cordeiro, Sexta Turma, julgado em 4/8/2020, DJe de 14/8/2020

54 Conforme apontamos neste artigo, o STJ, nos autos do HC 160.662/RJ (Sexta Turma, DJe 17/3/2014), reconheceu a quebra da cadeia de custódia de prova obtida mediante interceptação telefônica judicialmente autorizada, relevando destacar que o art. 6º, I, do CPP já disciplinava, ainda que pontualmente, a matéria, que guarda estrita relação com a noção de corpo de delito (art. 158 do CPP).

5. CONCLUSÃO

O presente artigo teve por escopo demonstrar a relevância do tema da cadeia de custódia no âmbito processual penal e os recentes estudos que vêm sendo desenvolvidos no campo das provas digitais, evidências que, em razão de sua grande volatilidade, devem ser tratadas com observância estrita dos ritos previstos nas normas mencionadas neste texto, a fim de que se possa conferir credibilidade à atividade investigativa desenvolvida pelo Estado e confiança à sentença penal proferida pelo Poder Judiciário.

REFERÊNCIAS

AMARAL, Maria Eduarda Amabuja. Entre a ciência forense e o processo penal: um modelo interdisciplinar da cadeia de custódia. Belo Horizonte: D´Plácido, 2023.

BETTIOL, Giuseppe. Instituciones de derecho penal y procesual. Barcelona: Bosch, 1973.

BADARÓ, Gustavo Henrique. Processo Penal. 8. Ed. São Paulo: Thomson Reuters Brasil, 2020.

BAQUEIRO, Fernanda Ravazzano Lopes; COLAVOLPE, Luis Eduardo Lopes Serpa. A Prova e o Processo Penal Constitucionalziado: estudos em homenagem ao Ministro Sebastião Reis. Belo Horizonte: D´Plácido, 2020.

BRASIL. SUPERIOR TRIBUNAL DE JUSTIÇA. HC 574.103/MG, relator Ministro Nefi Cordeiro, Sexta Turma, julgado em 4/8/2020, DJe de 14/8/2020.

BRASIL. SUPERIOR TRIBUNAL DE JUSTIÇA. AgRg no HC 615.321/PR. Rel. Ministro Ribeiro Dantas, Quinta Turma, julgado em 03/11/2020, DJe 12/11/2020.

BRASIL. SUPERIOR TRIBUNAL DE JUSTIÇA. HC 160.662/RJ, Rel. Ministra Assusete Magalhães, Sexta Turma, DJe de 17/3/2014.

BRASIL. SUPERIOR TRIBUNAL DE JUSTIÇA. AgRg na ReCoAp 183/DF, relatora Ministra Nancy Andrighi, Corte Especial, DJe de 14/12/2022.

BRASIL. SUPERIOR TRIBUNAL DE JUSTIÇA. RHC 106.041/TO, Rel. Ministro Sebastião Reis Júnior, Sexta Turma, DJe 10/08/2020.

BRASIL. SUPERIOR TRIBUNAL DE JUSTIÇA. HC 653.515/RJ, relator Ministro Rogerio Schietti Cruz, Sexta Turma, julgado em 23/11/2021, DJe de 1/2/2022.

BRASIL. SUPERIOR TRIBUNAL DE JUSTIÇA. AgRg no RHC 143.169/RJ, relator Ministro Messod Azulay Neto, relator para acórdão Ministro Ribeiro Dantas, Quinta Turma, julgado em 7/2/2023, DJe de 2/3/2023.

BRASIL. SUPREMO TRIBUNAL FEDERAL. HC 164493, Relator(a): EDSON FACHIN, Relator(a) p/ Acórdão: GILMAR MENDES, Segunda Turma, julgado em 23-03-2021, DJe 04-06-2021.

CALAMANDREI, Piero. Direito processual: volume III. Campinas: Bookseller, 1999.

CALDEIRA, Rodrigo de Andrade Figaro. Pacote Anticrime: análise crítica à luz da Constituição Federal. São Paulo: Thomson Reuters, 2020.

CARVALHO, Amilcar Bueno de. Direito Penal a marteladas. 2. Ed. Rio de Janeiro: Lumen Juris.

DA ROSA, Alexandre Morais. Guia do Processo Penal Estratégico. Florianópolis: Emais, 2021.

FISCHER, Douglas. Lei anticrime: comentários à Lei 13.964/2019/Renee do Ó Souza. 2. Ed. Belo Horizonte: D'Plácido, 2021.

GOMES FILHO, Antonio Magalhães; TORON, Alberto Zacharias; BADARÓ, Gustavo Henrique (coords.). Código de Processo Penal comentado. 3. Ed. São Paulo: Thomson Reuteres Brasil, 2020.

LOPES JR., Aury. Direito Processual Penal. 18. Ed. São Paulo: Saraivajur, 2021.

LOPES JR., Aury. Direito Processual Penal. 20. Ed. São Paulo: Saraivajur, 2023.

MANZINI, Vicenzo. Tratado de derecho procesual penal: tomo I. Buenos Aires: EJEA, 1951.

PACELLI, Eugenio; FISCHER, Douglas. Comentários ao Código de Processo Penal e sua jurisprudência. 12. Ed. São Paulo: Atlas, 2020.

PAIVA, Stanley Gusmão. Técnicas avançadas de extração de dados. Revista Brasileira de Execução Penal, 2022.

PRADO, Geraldo. A cadeia de custódia da prova no processo penal. 2. Ed. São Paulo: Marcial Pons, 2021.

RABELLO, Eraldo. Curso de Criminalística. Porto Alegre: Sagra Luzzato, 1996.

SAAD NETO, Cláudio. O direito à prova pericial no processo penal. Cláudio José Langroiva Pereira, Cláudio José Saad Neto, Eurico Monteiro Montenegro, José Viana Amorim. São Paulo: Thomson Reuters, 2023.

SILVA NETTO, Amilcar da Serra; ESPINDULA, Alberi. Manual de atendimento a locais de morte violenta: investigação policial e pericial. Campinas: Millennium, 2016.

KHALED JR., Salah H. A busca da verdade no Processo Penal. Belo Horizonte: Livramento: Casa do Direito, 2020.

SCHIETTI, Rogerio. Prisão cautelar. Salvador: Juspodivm, 2018.

Tráfico de drogas e o *standard* probatório para busca domiciliar na perspectiva dos Tribunais Superiores

João Paulo Santos Schoucair[1]
Tatiane Rodrigues Leal[2]
Wanessa Rezende Silva[3]

1. INTRODUÇÃO

As organizações criminosas têm seu norte magnético na busca pelo poder e o tráfico de drogas é uma das vigas de sustentação dessa engenharia financeira a margem da lei, devastando a sociedade e dilacerando o Estado, bem como seus mecanismos normais de funcionamento. Assim sendo, o crime organizado se globaliza mundialmente, dando aparência de licitude aos seus assombrosos ganhos financeiros, de modo desfrutar da certeza da impunidade.

As mudanças experimentadas pelo mundo, com as revoluções industriais, inovações tecnológicas, crises econômicas, dentre outros fatos relevantes, encobriram, assim, uma realidade onde a matriz era individual, trazendo a lume, hodiernamente, bens jurídicos sem sujeitos determinados que precisam de proteção (meio ambiente, ordem financeira, ordem econômica etc), impondo-se o redimensionamento do enfrentamento ao crime organizado, numa equação que equilibre a preservação dos direitos fundamentais e a proteção à segurança pública.

Feitas tais considerações, objetiva o presente trabalho abordar a busca domiciliar em situação de flagrância de tráfico de drogas, seu tratamento normativo e contornos jurisprudenciais, sendo certo que não se tem o desiderato de estabelecer qualquer tipo de axioma em derredor da temática, mas reafirmar o compromisso do Estado em combater o crime e proteger à sociedade.

1 João Paulo Santos Schoucair é Conselheiro do Conselho Nacional de Justiça, Promotor de Justiça do Ministério Público do Estado da Bahia e Membro Auxiliar do Procurador-Geral da República na Assessoria Criminal no Superior Tribunal de Justiça. Pós-graduado em Ciências Criminais pela Fundação Faculdade de Direito da Universidade Federal da Bahia, Mestre pela Universidade Federal da Bahia e Doutorando pelo Instituto Brasileiro de Desenvolvimento, Ensino e Pesquisa – IDP.

2 Tatiane Rodrigues Leal é Analista do Ministério Público da União, em exercício na Chefia de Gabinete do Vice-Procurador-Geral Eleitoral. Especialista em Direito Processual Civil e Mestranda em Direito pelo Instituto Brasileiro de Ensino Desenvolvimento e Pesquisa – IDP.

3 Wanessa Rezende Silva é Assessora Jurídica da Procuradoria-Geral da República. Especialista em Direito Aplicado ao Ministério Público na Escola Superior do Ministério Público da União e Mestranda em Direito pelo Instituto Brasileiro de Ensino Desenvolvimento e Pesquisa – IDP.

2. O MANDADO CONSTITUCIONAL DE CRIMINALIZAÇÃO DO TRÁFICO DE DROGAS

O Brasil, ao aquecer sua economia e se inserir no mundo global, passou, a partir da década de noventa, a ser um promissor porto seguro para negócios ilícitos e palco para fortalecimento de organizações criminosas, não se olvidando a fragilidade dos órgãos estatais de controle e a desestruturação de seu sistema de defesa social.

O resultado dessa equação criminosa foi calculado pelo Instituto de Pesquisa Econômica Aplicada – IPEA e pelo Fórum Brasileiro de Segurança Pública – FBSP, numa análise de inúmeros indicadores, encartados no Atlas da Violência 2020[4], feito para melhor compreender o processo de acentuada violência no país, com a constatação de que há uma concentração do problema dos homicídios nos países latino-americanos, sendo que o Brasil, lamentavelmente, entra sempre na lista das nações mais violentas do planeta.

Em 2018, o país registrou uma taxa de 27,8 mortes intencionais por cada 100 mil habitantes, em 2016 e 2015, esse índice foi de 30,3 e 28,9, respectivamente, sendo mister ressaltar que a maior taxa já medida no Brasil tinha sido registrada em 2014, quando alcançou 29,8 mortes, totalizando entre os anos de 2006 a 2016, a assustadora marca de 533.000 (quinhentos e trinta e três mil) mortes violentas.

Conclusão semelhante foi apresentada pela Organização Mundial de Saúde5, registrando que o Brasil tem cinco vezes mais homicídios que a média global, ostentando a nona maior taxa de homicídio das Américas, com um índice de 30,5 mortes para cada 100 mil habitantes, segundo dados de 2015, ao passo que, das 50 cidades mais violentas do mundo, 17 estão no Brasil6.

Adicione-se a esse ambiente de guerra, a fortificação das organizações criminosas com atuação no tráfico de drogas e armas, que se imiscuem, ainda, no cometimento de crimes patrimoniais violentos e execuções sumárias de seus desafetos, estimuladas pela suposição da impunidade e exacerbada lucratividade.

Nesse ponto específico, merece registro o fato de que, numa análise amplificada, a taxa de homicídios no Brasil caiu 18,3% entre 2011 e 2021, segundo Atlas da Violência 2023, com a indicação de que, em 2021, foram registrados 47.847 homicídios no Brasil pelo Sistema de Informação sobre Mortalidade do Ministério da Saúde, o que corresponde a uma taxa de 22,4 mortes por 100 mil habitantes, não se olvidando, no entanto, que, na região Norte, a

---

4 Disponível em: https://www.ipea.gov.br/atlasviolencia/publicacoes. Acesso em: 29 dez. 2023.

5 Disponível em: http://apps.who.int/iris/bitstream/handle/10665/255336/9789241565486-eng.pdf;jsessionid=560096612A8CAFD22895034C200707DE?sequence=1. Acesso em: 29 dez. 2023.

6 Disponível em: https://www.bbc.com/portuguese/brasil-43309946. Acesso em: 29 dez. 2023.

violência acentuou-se ante a tensão com a regularização fundiária, crimes ambientais diversos e o narcotráfico[7].

No outro flanco, recente estudo divulgado pela Transparência Internacional[8], coloca o Brasil na 106ª posição em relação ao índice de percepção da corrupção, mais antiga e abrangente ferramenta para monitoração do referido fenômeno, ficando empatado com Albânia, Costa do Marfim, Argélia e Egito. O descontrole brasileiro com o correto gerenciamento da coisa pública gera um prejuízo estimado de 1,38% e 2,3%, por ano, no Produto Interno Bruto - PIB[9].

Tem-se, assim, que a sociedade de risco trouxe novos desafios e precisa, sem se descuidar dos princípios básicos do Direito Penal, estar preparada para uma eficiente proteção ao seu normal funcionamento, numa dinâmica normativa modernizadora, cujo "objetivo é restaurar e preencher os espaços de impunidade surgidos com a sociedade de risco."[10]

O Estado brasileiro não pode ficar impotente diante da criminalidade organizada, cuja atuação delitiva traz o medo e o pânico àqueles que estão sob sua alça de mira, fazendo o silêncio (*omertá) imperar ao seu redor, enquanto as instâncias superiores de controle não se organizam ou são abduzidas pelo endêmico fenômeno da corrupção.*

Em outro vértice, o movimento reativo legislativo, por si só, não tem o condão de aplacar a macrocriminalidade, que se ramifica nos mais variados setores da sociedade, sob pena de ser taxado como destruidor de garantias fundamentais, numa formatação estatal policialesca, como vaticina Luiz Regis Prado:

> "A criminalidade econômica está inserida em um contexto mais amplo de tutela dos chamados bens jurídicos supra ou metaindividuais, e a intervenção penal nesse âmbito é de particular complexidade, uma vez que a matéria tratada é repleta de tecnicismo e a noção de bem jurídico é de difícil delimitação e percepção.
>
> A criminalidade organizada, amplamente considerada, não está ligada apenas à criminalidade econômica em sentido estrito, mas manifesta-se também nas atividades políticas (nos esquemas de corrupção), no terrorismo, no tráfico de drogas e de pessoas etc. As formas de manifestação desse tipo de criminalidade sofrem variações também no espaço em que se desenvolvem nas realidades nacionais em que atuam. Na Itália, por exemplo, a criminalidade

---

7 Disponível em: https://www.cnnbrasil.com.br/nacional/brasil-reduz-taxa-de-homicidios-em-183-em-uma-decada-aponta-atlas-da-violencia/. Acesso em: 29 dez. 2023.

8 Disponível em: https://www.bbc.com/portuguese/internacional-51216388. Acesso em: 29 dez. 2023.

9 Disponível em: http://brasil.elpais.com/brasil/2014/01/28/politica/1390946330_078051.html. Acesso em: 29 dez. 2023.

10 NEVES, Eduardo Viana Portela. **A atualidade de Edwin H. Sutherland.** *In*: Inovações no Direito Penal Econômico. SOUZA, Artur de Brito Gueiros Souza (Org.). Brasília: Escola Superior do Ministério Público da União, 2011, p. 45.

organizada é comumente identificada com a máfia ou outras organizações similares; em Portugal, está associada aos crimes contra o mercado financeiro; na Alemanha caracteriza-se basicamente pela lavagem de dinheiro e corrupção, enquanto na Espanha tem uma identidade mais acentuada com o terrorismo.

Além disso, a afirmação de que a característica essencial de qualquer atividade delitiva organizada é a finalidade de lucro indevido não leva em conta o fato de que muitas estruturas ilícitas organizadas prescindem da influência por elas exercida sobre as atividades econômicas, assim como se ignora a própria realidade variável da criminalidade econômica, que abarca tanto espécies de delinquência na empresa, de conotação individual, no que respeita as formas de criminalidade mais complexas da empresa. Indicam-se como elementos caracterizadores principais da criminalidade organizada os seguintes: associação de uma pluralidade de pessoas; estrutura organizada e hierarquizada; permanência temporal, atividade centrada em negócios ilegais, utilização de tecnologia e certos meios para a delinquência, aspiração de obter ou estender âmbitos de poder político, social ou econômico, internacionalidade, mobilidade e versatilidade, disciplina interna, lucro econômico como objetivo principal e corrupção das esferas de controle estatal - Administrativo, Legislativo e Judiciário."[11]

Por conseguinte, não se perdendo de vista a imprescindível estruturação e articulação das agências de controle do sistema de defesa social para a qualificada persecução em derredor da lavagem de dinheiro, essencial se faz também a responsabilização de uma das matrizes da cadeia produtiva do crime organizado, qual seja o tráfico de drogas, cujo mandado de criminalizado está constitucionalmente previsto, numa arquitetura que contempla matérias sobre as quais o legislador ordinário não tem a faculdade de legislar, mas a obrigatoriedade de tratar, protegendo determinados bens ou interesses de forma adequada e, dentro do possível, integral.

De igual modo, o mandado constitucional de criminalização obriga o Poder Judiciário, em especial a Suprema Corte, a analisar a legitimidade constitucional de uma lei penal que possa ser qualificada como *excedente* ou, igualmente, como *deficiente* na tutela dos bens jurídicos escolhidos pelo Poder Constituinte.

A tutela penal que aplaca a conduta de tráfico de drogas visa assegurar bem jurídico difuso, consistente na defesa à saúde pública, e encontra sua matiz, no Brasil, com a Convenção Única sobre Entorpecentes[12], que previu

11 PRADO, Luiz Regis. **ASSOCIAÇÃO CRIMINOSA - CRIME ORGANIZADO (LEI 12.850/2013). Doutrinas Essenciais Direito Penal e Processo Penal, São Paulo, Vol. 5, p. 241-297, jan. 2015.**

12 A Convenção Única sobre Entorpecentes, assinada em Nova York, no dia 30 de março de 1961, foi ratificada pelo Brasil, em 27 de agosto de 1964, pelo Decreto Legislativo 5, de 1964.

medidas de controle e fiscalização, sendo sequenciada pela Convenção Internacional sobre as Substâncias Psicotrópicas[13], que resultou na edição da Lei 6.368/76[14], estabelecendo-se, em 1988, a punição ao tráfico de drogas como mandado constitucional de criminalização, crime equiparado ao hediondo, vedando-se a concessão de fiança, graça ou anistia (art. 5°, XLIII, da CF/88).

Sobre a temática, imprescindível se traduz a exortação das ponderações de Aguiar, Gomide e Tabak:

> O mandado de criminalização ao qual aqui se refere deu-se de expressamente no artigo 5°, inciso XLIII da Constituição Federal de 1988, segundo o qual "a lei considerará crimes inafiançáveis e insuscetíveis de graça e anistia a prática de tortura, o tráfico ilícito de entorpecentes e drogas afins, o terrorismo e os definidos como crimes hediondos, por eles respondendo os mandantes, os executores e os que, podendo evitá-los, se omitirem".
>
> A partir da leitura do inciso XLIII acima transcrito é possível perceber que a preocupação do Constituinte, ou a vontade constitucional de combater severamente o tráfico de entorpecentes, não se limitou com o simples mandamento de criminalização. Ao contrário, avançou ao equiparar o tráfico ilícito de entorpecentes e drogas afins aos crimes hediondos e, ainda, determinou que tal crime fosse inafiançável e insuscetível de graça e de anistia. De maneira ainda mais incisiva, o Poder Constituinte, no inciso L de do artigo 5° da Carta Magna Brasileira, deu ao tráfico ilícito de entorpecentes e de drogas afins um tratamento especial, diverso de qualquer outro crime, ao estabelecer que o brasileiro naturalizado sera extraditado, na forma da lei, caso cometa o crime de tráfico de drogas, mesmo que a conduta tenha ocorrido após a naturalização. Isso significa dizer que se um brasileiro naturalizado cometer, no país, mesmo após sua naturalização, um ato de terrorismo não podera ser extraditado, mas ser for condenado por tráfico de drogas, a extradição ocorrerá nos termos da lei.
>
> Por fim, também de maneira expressa, a Constituição Federal de 1988 voltou a tratar do tráfico de entorpecentes e de drogas afins no artigo 243, ao estabelecer a expropriação de terras rurais e urbanas que venham a ser utilizadas para a plantação de droga, bem como o confisco de "todo e qualquer bem de valor econômico apreendido em decorrência do tráfico ilícito de entorpecentes e drogas afins".[15]

Anote-se, por essencial, que as agências criminais *(law enforcement agencies)*, densificando o princípio da proibição da proteção deficiente, dotando

13 A Convenção Contra o Tráfico Ilícito de Entorpecentes e Substâncias Psicotrópicas foi concluída em Viena, em 20 de dezembro de 1988 e ratificada pelo Brasil, em 26 de junho de 1991, pelo Decreto Legislativo 164, de 1991.

14 Enfatize-se que as Leis 10.409/02 e 11.343/06 modernizaram o tratamento do tráfico de drogas no Brasil, seguindo as diretrizes internacionais.

15 Aguiar, J. C., Gomide Alves, T., & Tabak, B. M. (2018). A não equiparação do tráfico de drogas privilegiado a crime hediondo: uma análise comportamental / The non-equipment of privileged drug trafficking to hexed crime: a behavioral analysis. *REVISTA QUAESTIO IURIS*, *11*(04), 3371-3392. https://doi.org/10.12957/rqi.2018.34990.

o Estado de ferramentas para tutelar os direitos fundamentais à segurança pessoal (art. 5º da CF) e à segurança pública (art. 6º e art. 144, ambos da CF) de forma eficiente (art. 37 da CF), tem a obrigação de reprimir o tráfico de drogas, com a qualificada investigação criminal ou, como será detalhado adiante, prendendo em flagrante quem esteja acondicionando ou mantendo em depósito substância entorpecente para sua lucrativa comercialização.

Em arremate, grife-se que não se desconhece que o tráfico de drogas tem suas atividades segmentadas e organizadas de modo a blindar aqueles que estão no controle da cadeia de comando e, dificilmente, custodiam qualquer tipo de entorpecente para venda, no entanto, a apreensão em situação de flagrância da valiosa mercadoria ilícita[16] pelos agentes policiais é matéria que está na pauta do dia e sua análise *desapaixonada*, por certo, contribuirá para o aperfeiçoamento da atividade policial.

3. BUSCA DOMICILIAR EM SITUAÇÃO DE FLAGRÂNCIA DE TRÁFICO DE DROGAS

A Constituição Federal reza, no seu art. 5º, XI, que *a casa é asilo inviolável do indivíduo ninguém nela podendo penetrar sem consentimento do morador, salvo em caso de flagrante delito ou desastre, ou para prestar socorro, ou, durante o dia, por determinação judicial,* dispondo, ademais, serem *inadmissíveis, no processo, as provas obtidas por meio ilícitos.* (art. 5º, LVI, da CF).

Por sua vez, o crime de tráfico de entorpecentes tem natureza permanente, de modo que o agente persiste em estado de flagrância enquanto durar a conduta criminosa prevista no tipo penal, autorizando, assim, a entrada dos policiais no imóvel que guarnece a substância entorpecente, sem mandado judicial, desde que presentes **fundadas razões** (justa causa) acerca da ocorrência de crime em momento anterior à invasão do domicílio.

Sobreleve-se, nessa toada, que o risco da atividade policial, em especial envolvendo a violenta narcotraficância organizada, cuja força e poder intimidativo são exibidos na rede mundial de computadores[17], associado à dinâmica e volatilidade do crime, por vezes, impõe a rápida tomada de decisões, sendo provável que qualquer movimento equivocado pode custar a vida daqueles que se colocam em risco para garantir a paz social e ordem pública.

Tem-se, assim, a tensão entre o **interesse público,** que obriga o Estado a manter a ordem, investigar e punir ilícitos, e as **garantias individuais**, como

---

16 Estima-se que o Primeiro Comando da Capital - PCC fatura, desde 2020, cerca de US$ 1 bilhão ao ano – o que equivale a mais de R$ 4,9 bilhões, na cotação atual, traficando em São Paulo e comercializando cocaína para países da Europa. Disponível em: https://noticias.uol.com.br/cotidiano/ultimas-noticias/2023/09/04/pcc-faturamento-trafico-internacional-drogas.htm#:~:text=O%20PCC%20fatura%20desde%202020,comercializada%20para%20pa%C3%ADses%20da%20Europa. Acesso em: 29 dez. 2023.

17 Disponível em: https://www.gazetadopovo.com.br/vida-e-cidadania/narcoestado-escalada-violencia-ameaca-brasil/. Acesso em: 29 dez. 2023.

a intimidade, a privacidade e a inviolabilidade do domicílio, situação que se suaviza com a existência de mandado judicial, mas que se agrava quando a entrada dos agentes não é precedida de autorização judicial, como em situações de flagrante.

Postas tais premissas, em ambiência de democracia processual penal, é natural que os pedidos de anulação das provas obtidas na diligência, sem mandado judicial, questionem a falta de consentimento do morador ou a inexistência de investigações prévias credenciando a ação policial, cabendo, assim, ao Poder Judiciário, porto seguro de um Estado que seja almeja social e de direito, estabelecer as balizas para tanto.

Destarte, repise-se que a busca e apreensão domiciliar, à luz do disposto no art. 5º, XI, da Carta Magna, poderá ser realizada em qualquer dia e hora, independentemente de ordem judicial, nos casos de flagrante, desastre, socorro ou, em qualquer hipótese, havendo o consentimento do morador, como assevera Norberto Avena:

> Relativamente ao *flagrante*, como escusa permissiva da invasão domiciliar desautorizada, é preciso ter em mente que este se classifica em *próprio, impróprio e presumido.* Por *flagrante próprio* (ou *verdadeiro*), compreende-se a hipótese em que o agente é surpreendido cometendo a infração penal ou quando acabou de cometê-la (art. 302, I e II, do CPP); por *flagrante impróprio* (ou *quase flagrante*), entende-se a situação em que o agente é perseguido ininterruptamente, logo após a prática do crime, em situação que faça presumir ser o autor da infração; por fim, por *flagrante presumido* (ou *ficto*), entende-se o caso de ter sido encontrado o sujeito, logo depois da ocorrência de um delito, com instrumentos, armas, objetos ou papéis que façam presumir ter sido ele o autor da infração (art. 302, IV, do CPP). Pois bem, para fins de ser realizada a busca domiciliar sem ordem judicial, basta que se considere o agente como em situação de flagrância, não importando qual a modalidade de flagrante tenha se operado na espécie concreta, visto não fazer a Constituição Federal nenhuma ressalva a respeito.[18]

No ponto que interessa ao presente trabalho, é mister assinalar que o Supremo Tribunal Federal, no julgamento do Recurso Extraordinário 603.616/TO, apreciando o Tema 280 da Repercussão Geral, fixou a tese de que *a entrada forçada em domicílio sem mandado judicial so é lícita, mesmo em período noturno, quando amparada em fundadas razões, devidamente justificadas a posteriori, que indiquem que dentro da casa ocorre situação de flagrante delito, sob pena de responsabilidade disciplinar, civil e penal do agente ou da autoridade, e de nulidade dos atos praticados.*

18 AVENA, Norberto Cláudio Pâncaro. **Processo Penal**. *Rio de Janeiro: Método, 2023, p. 1.156.*

Paira sedimentado, outrossim, que o crime de posse de drogas para fins de tráfico, de associação para o tráfico, de associação criminosa, impõe, como requisito de validade para a atividade policial, a prévia existência de fundadas razões para tanto, como sinaliza o art. 240, do CPP, ao dispor que se *procederá à busca domiciliar quando fundadas razões a autorizarem.*

Em outro vértice, consigne-se que a dispensa do mandado judicial, em caso de flagrância, não afasta o controle judicial, o qual será feito a posteriori, analisando todos os contornos da (i)legalidade da diligência e, por corolário, (in)validade da prisão efetuada, quando do recebimento do auto de prisão em flagrante.

A *vexata quaestio* gravita em torno da (in)existência de fundadas razões para que a diligência sem mandado possa ser chancelada pelo Poder Judiciário e dos ingredientes que apimentam o aludido debate, sendo razoável colocar em xeque a voluntariedade do consentimento e/ou a denúncia anônima desacompanhada de qualquer tipo de diligência preliminar, sendo tarefa, em especial, do titular da ação penal decantar os excessos e conter os abusos.

Nesse contexto, a Constituição Federal, de forma inovadora e vanguardista, conferiu ao Ministério Público atribuição para exercer o controle externo da atividade policial, cabendo à legislação complementar federal a regulamentação da matéria, numa gramatura que decorreu, como entende Walter Sabella, da falta de comunicação entre as instituições, do elevado poder da polícia, da falta de controle do Ministério Público sobre o fato criminoso e da absoluta independência policial na apuração de crimes[19].

Sublinhe-se, dessa forma, que não foi intenção do legislador, todavia, criar uma nova via correcional para a Polícia, mas sim outorgar ao Ministério Público a fiscalização sobre a atividade fim da polícia, no intuito de melhorar o trabalho da investigação e atenuar omissões e irregularidades na atividade policial[20], merecendo realce o fato de que o CNMP, buscando uniformizar a atuação dos representantes do *Parquet* em relação ao controle externo da atividade policial, deu importante contribuição para a regulamentação da matéria com a edição da Resolução 20/07.

Ao fim, a jurisprudência tem cumprido seu papel de sinalizar parâmetros importantes para validade da busca e apreensão (e licitude da prova obtida), exigindo mudança na cultura no *múnus* policial, de modo a reduzir os abusos praticados, sobretudo contra as camadas marginalizadas da sociedade, que vivem nas periferias, reafirmando-se, assim, a garantia a inviolabilidade do domicílio, como direito fundamental sagrado, não se tratando, por outro lado, de obstar

19 SABELLA, Walter Paulo apud SANTIN, Valter Foleto. **O Ministério Público na investigação criminal**. 2. ed., rev. e ampl. Bauru, SP: EDIPRO, 2007, p. 86.
20 CHOUKR, Fauzi Hassan. **Garantias Constitucionais na Investigação Criminal**. 2. ed. Rio de Janeiro: Lumen Juris, 2001, p. 108.

ou dificultar a atuação estatal, que, doravante, tem suas balizas demarcadas pela legalidade, punindo os transgressores, dentro da estrita legalidade.

3.1 Paradigmas do Superior Tribunal de Justiça para busca domiciliar sem mandado judicial

A premissa de que a casa é asilo inviolável do indivíduo, ninguém nela podendo penetrar sem consentimento do morador, exige, na hipótese de suspeita de crime em flagrante, como *standard* probatório para ingresso no domicílio do suspeito sem mandado judicial, **a existência de fundadas razões (justa causa), aferidas de modo objetivo e devidamente justificadas**, de maneira a indicar que, dentro da casa, ocorre situação de flagrante delito.

Nesse ponto específico, sopese-se que *standards* de prova, modelos (ou critérios) de controle do juízo podem, na dicção de Paolo Tonini e Carlotta Conti, ser definidos como enunciações teóricas capazes de ensejar o controle da convicção judicial objeto de uma determinada decisão e que expressam uma gradação, quantitativa e qualitativa, exigível para a formação do convencimento judicial.[21]

Na mesma sintonia, trilha seu entendimento Aury Lopes:

> **2.1. *Standard* Probatório**
>
> Mas afinal, o que é *standard* de prova?
>
> Podemos definir como os critérios para aferir a suficiência probatória, o "quanto" de prova é necessário para proferir uma decisão, o grau de confirmação da hipótese acusatória. É o preenchimento desse critério de suficiência que legitima a decisão.
>
> O *standard* é preenchido, atingido, quando o grau de confirmação alcança o padrão adotado. É um marco que determina "o grau mínimo de prova" exigido para considerar-se provado um fato. Susan HAACK acrescenta ainda que *standard* probatório está relacionado com o "grau de confiança que a sociedade cre que o juiz deveria ter ao decidir".
>
> E prossegue a autora explicando que *standards* de prova são graus de "aval", confiabilidade, credibilidade, confiança (sempre subjetivo, portanto). Esses graus de "aval" não são probabilidades matemáticas.
>
> E quais são os principais padrões probatórios (*standard*) adotados?
>
> Basicamente, a partir da matriz teórica mais bem elaborada, que é a anglo-saxa, são estabelecidos os seguintes padrões:
>
> prova clara e convincente (*clear and convincing evidence*)
>
> prova mais provável que sua negação (*more probable than not*) preponderância da prova (*preponderance of the evidence*)
>
> prova além de toda a dúvida razoável (*beyond a/any reasonable doubt* – BARD)

21 TONINI, Paolo; CONTI, Carlotta. **Il diritto delle prove penali. Seconda edizione. Milano: Giuffrè, 2014, p. 72.**

> O mais exigente deles é o *beyond a reasonable doubt* (BARD), sendo, portanto, o utilizado na sentença penal e os demais no âmbito civil e administrativo. Como adverte HAACK, não é suficiente que uma parte produza "melhores provas" que a outra. O *standard* é mais rigoroso: a prova deve ser suficiente para avalizar a conclusão no grau exigido. Deve ser uma prova robusta e que seja além de qualquer dúvida razoável. Trataremos desse *standard* probatório, na perspectiva do processo penal brasileiro, a continuação.
>
> E por que se adota um *standard* ou outro? É uma decisão de política pública com base na gestão do "erro judiciário", ou, como define VÁZQUEZ, "uma decisão de política pública sobre o benefício da dúvida que se pretende dar a cada uma das partes implicadas e, com isso, a distribuição de erros, entre as mesmas que se busca conseguir em um processo judicial". E a epistemologia se relaciona com a construção do *standard* de prova, mas não com a sua escolha, com a definição do grau mínimo de preenchimento. Esta última é uma escolha de política processual.[22]

Numa escala crescente, Gustavo Badaró e Pierpaolo Bottini apresentam os seguintes *standards*: a) preponderância de provas *(preponderance evidence ou balance of probabilities)*, que se expressa pela **mera probabilidade de o fato ter ocorrido**; b) prova clara e convincente *(clear and convincing evidence)*, **probabilidade elevada**; c) prova além de dúvida razoável *(beyond a reasonable doubt)*, probabilidade elevadíssima, **próxima da certeza**.[23]

Por conseguinte, o Superior Tribunal de Justiça, ao julgar o *Habeas Corpus* 598.051/SP, de relatoria do e. Min. Rogerio Schietti, no dia 02/03/2021, pacificou o entendimento no sentido de que o *consentimento do morador, para validar o ingresso de agentes estatais em sua casa e a busca e apreensão de objetos relacionados a crime, precisa ser voluntário e livre de qualquer tipo de constrangimento ou coação.*

Mas não é só. O aludido *leading case* firmou posição assentando que, em caso de dúvida da legalidade e voluntariedade da autorização de ingresso, cabe ao Estado provar a legitimidade de sua intervenção, acostando documentação de quem autorizou e possíveis testemunhas da incursão policial, com o registro em áudio-vídeo.

Adicione-se a isso o fato de que, no caso do tráfico de drogas, outro elemento foi acrescentado nessa gradação probatória, para amparar a atuação policial, sem ordem judicial, qual seja a situação de urgência, *quando se concluir que do atraso decorrente da obtenção do respectivo mandado possa objetiva e concretamente inferir que a prova do crime (ou a própria droga) será destruída ou ocultada.*

---

22 LOPES JÚNIOR, Aury. **Direito Processual Penal.** 19. Ed. São Paulo; SaraivaJur, 2022, p. 467-468.
23 BADARÓ, Gustavo Henrique Righi Ivahy; BOTTINI, Pierpaolo Cruz. **Lavagem de Dinheiro: aspectos penais e processuais penais. 3. ed. São Paulo: Revista dos Tribunais, 2017, p. 357.**

Sobre a temática em comento, valiosas são as lições de Janaína Matida e Alexandre Moraes da Rosa:

> Neste cenário, a aplicação séria de *standards* probatórios representa um considerável desafio. Para recuperar o início de nossas reflexões sobre *standards* a partir do salto com vara, fica evidente que o sarrafo não está posicionado em altura condizente à fase final do processo; não se se quer garantir uma distribuição que dificulta a condenação de inocentes. A genuína adoção de um *standard* probatório exigente em matéria penal faz necessário alguns ajustes.[24]

A tarefa judicial de analisar os fatos postos em mesa em derredor da busca domiciliar sem mandado judicial deve ser guiada por racionalidade, considerando as circunstâncias da diligência e o *quantum* alegado pelos agentes policiais e a versão dada pelo flagranteado, de modo que não se esteja inviabilizando a atividade policial, muito menos chancelando a barbárie para punição dos culpados, como tonifica, com maestria, Michele Taruffo:

> Pelo contrário, sendo destinada à apuração da verdade dos fatos," a decisão deve constituir o resultado de um procedimento racional, que se desenvolva segundo regras e princípios, ou seja, segundo um método que permita seu controle e determine sua validade. Aqueles que visam estabelecer a verdade *make informed conjectures about the possible explanation of the phenomena that concern them, check out how well these conjectures stand up to the evidence they already have and any further evidence they can lay hands on, and use their judgment whether to stick with their conjecture, drop it, modify it, or what. They need imagination, to think up plausible potential explanations of problematic phenomena, to devise ways to get the evidence they need, and to figure out potential sources of error; care, skill and persis-tence, to seek out any relevant evidence no one yet has, as well as relevant evidence others have; intellectual honesty, the moral fiber to resist the temptation to stay out of the way of evidence that might undermine their conjectures, or to manipulate unfavorable evidence they can't avoid; rigorous reasoning, to figure out the consequences of their conjectures; and good judgment in assessing the weight of evidence, unclouded by wishes or fear or hopes of getting tenure or resolving a case quickly or pleasing a patron or mentor or becoming rich and famous.* Essa definição, proposta em uma perspectiva epistemológica de caráter geral com o fim de traçar uma espécie de retrato do bom pesquisador, adapta-se nos mínimos detalhes também ao juiz: é, aliás, passível de ser interpretada como uma espécie de manual para o juiz que se vê no dever de apurar a verdade dos fatos a fim do processo.[25]

---

24 MATIDA, Janaína; ROSA, Alexandre Moraes da. Para entender standards probatórios a partir do salto com vara. Disponível em: **https://www.conjur.com.br/2020-mar-20/limite-penal-entender-standards-probatorios-partir-salto-vara/Acesso** em: 29 dez. 2023.

25 TARUFFO, Michele. **Uma simples verdade: o juiz e a construção dos fatos. Tradução: Vitor de Paula Ramos. São Paulo: Marcial Pons, 2016, p. 224-225.**

Em acréscimo, não se pode perder de vista que as decisões do Superior Tribunal de Justiça também estão passíveis de sindicabilidade, competindo tal missão ao Supremo Tribunal Federal que, por vezes[26], diverge do tratamento dado a (i)legalidade da busca domiciliar sem mandado judicial levado ao seu crivo, como se infere do recente julgado da lavra do e. Min. Gilmar Mendes:

> Agravo regimental no recurso ordinário em *habeas corpus*. 2. Agravante, reincidente, preso com drogas, arma e balança. **3. A Constituição que assegura o direito à intimidade, à ampla defesa, ao contraditório e à inviolabilidade do domicílio é a mesma que determina punição a criminosos e o dever do Estado de zelar pela segurança pública. O policiamento preventivo e ostensivo, próprio das Polícias Militares, a fim de salvaguardar a segurança pública, é dever constitucional.** 4. Fugir ao avistar viatura, pulando muros, gesticular como quem segura algo na cintura e reagir de modo próprio e conhecido pela ciência aplicada à atividade policial, objetivamente, justifica a busca pessoal em via pública. 5. Alegação de violação a domicílio. Caso concreto. Inocorrência. 6. Agravo improvido.[27] (Grifou-se)

Assevere-se, assim, que o Supremo Tribunal Federal reafirma a existência dos mandados constitucionais de criminalização, bem como sua posição de garantidor da Carta Maior, não considerando os direitos fundamentais apenas como proibições de intervenção, senão também como um postulado de proteção, expressando proibição de excesso (*Übermassvertbote*) e de proteção insuficiente ou imperativos de tutela (*Unternassverbote*), ao passo que o combate ao tráfico de drogas, como se posiciona Ballan **Júnior,** exige aperfeiçoamento, principalmente, no que toca ao aprofundamento das investigações para que se possa alcançar os agentes que atuam nos andares mais altos, promovendo-se, também, uma atuação mais eficiente no enfrentamento da lavagem de dinheiro e sua asfixia financeira[28].

4. CONSIDERAÇÕES FINAIS

O enfrentamento ao tráfico de drogas encontra respaldo na Constituição Federal, sendo certo que, ante o fenômeno da globalização e sofisticação das organizações criminosas, as atividades econômicas ligadas ao aludido negócio expandiram-se sendo marcadas pela violência e compartimentação da cadeia produtiva.

---

26 Nesse sentido: STF, Tribunal Pleno, RE 603616, Rel. Min. Gilmar Mendes, DJe 10/05/2016 e STF, 2ª T., RHC 86082, Rel. Min. Ellen Gracie, DJe 22/08/2008.

27 STF, 2ª T., RHC 229.514, Rel. Min. Gilmar Mendes, DJe 02/10/2023.

28 BALLAN JUNIOR, Octahydes. **Segurança pública: os desafios da pós-modernidade. Rio de Janeiro: Lumen Juris, 2019, v.1. p. 343.**

Assim sendo, curial o aperfeiçoamento da persecução penal para amealhar os proveitos do crime e/ou qualificar a investigação demandando deflagrações de medidas cautelares ostensivas sincronizadas para apreensão da valiosa matéria prima que dilacera os pilares da sociedade.

De outro lado, não se pode perder de vista que a velocidade da cadeia criminosa e a dinâmica da atividade policial em derredor do tráfico resultam em apreensões em flagrante, com a imposição de buscas domiciliares sem ordem judicial, desde que haja justa causa para tanto.

Desse modo, não se pode afastar a ocorrência do abuso de poder por parte dos agentes policiais, tarefa que será fiscalizada pelo *Parquet*, o qual ostenta o papel constitucional de titular da ação penal, fiscal da lei e agente de transformação social, numa postura que preserve os direitos humanos, reformatando a política criminal, como política pública que proteja o bem e desenvolvimento da comunidade.

Por certo, a (i)legalidade da atuação policial passará pelo crivo do Poder Judiciário, o qual, ao analisar o flagrante, enfrentará todos os detalhes da diligência policial, guiado pela normativa vigente e posições encartadas pelo Superior Tribunal de Justiça e Supremo Tribunal Federal, numa perspectiva de que cada caso deverá ser analisado racionalmente, de modo que o *standard* probatório apresentado seja satisfatório para credenciar ou não a flexibilização da garantia fundamental da inviolabilidade do domicílio, em detrimento da segurança pública da sociedade.

Fincadas tais pontuações, buscou o presente trabalho abordar a busca domiciliar em situação de flagrância de tráfico de drogas, seu tratamento normativo e contornos jurisprudenciais, ficando evidente que a atividade policial vem passando por criteriosa fiscalização e se aperfeiçoando, a fim de que o Estado cumpra, efetivamente, sua obrigação de combater o crime e proteger à sociedade.

REFERÊNCIAS

AGUIAR, J. C., GOMIDE ALVES, T., & TABAK, B. M. (2018). A não equiparação do tráfico de drogas privilegiado a crime hediondo: uma análise comportamental / The non-equipment of privileged drug trafficking to hexed crime: a behavioral analysis. *REVISTA QUAESTIO IURIS*, *11*(04), 3371-3392. https://doi.org/10.12957/rqi.2018.34990.

AVENA, Norberto Cláudio Pâncaro. **Processo Penal**. Rio de Janeiro: Método, 2023.

BADARÓ, Gustavo Henrique Righi Ivahy; BOTTINI, Pierpaolo Cruz. **Lavagem de Dinheiro: aspectos penais e processuais penais. 3. ed. São Paulo: Revista dos Tribunais, 2017.**

BALLAN JUNIOR, Octahydes. **Segurança pública: os desafios da pós-modernidade. Rio de Janeiro: Lumen Juris, 2019, v.1. p. 343.**

CHOUKR, Fauzi Hassan. **Garantias Constitucionais na Investigação Criminal**. 2. ed. Rio de Janeiro: Lumen Juris, 2001.

LOPES JÚNIOR, Aury. **Direito Processual Penal.** 19. Ed. São Paulo; SaraivaJur, 2022.

MATIDA, Janaína; ROSA, Alexandre Moraes da. Para entender *standards* probatórios a partir do salto com vara. Disponível em: **https://www.conjur.com.br/2020-mar-20/limite-penal-entender-standards-probatorios-partir-salto-vara/Acesso** em: 29 dez. 2023.

NEVES, Eduardo Viana Portela. **A atualidade de Edwin H. Sutherland.** *In: Inovações no Direito Penal Econômico. SOUZA, Artur de Brito Gueiros Souza (Org.). Brasília: Escola Superior do Ministério Público da União, 2011.*

PRADO, Luiz Regis. **ASSOCIAÇÃO CRIMINOSA - CRIME ORGANIZADO (LEI 12.850/2013)**. Doutrinas Essenciais Direito Penal e Processo Penal, São Paulo, Vol. 5, p. 241-297, jan. 2015.

SABELLA, Walter Paulo apud SANTIN, Valter Foleto. **O Ministério Público na investigação criminal**. 2. ed., rev. e ampl. Bauru, SP: EDIPRO, 2007.

TARUFFO, Michele. **Uma simples verdade: o juiz e a construção dos fatos.** Tradução: Vitor de Paula Ramos. São Paulo: Marcial Pons, 2016.

TONINI, Paolo; CONTI, Carlotta. **Il diritto delle prove penali. Seconda edizione**. Milano: Giuffrè, 2014.

Aqui jaz o *in dubio pro societate*: Qual o *standard* probatório necessário à pronúncia?

Helena Morgado[1]

1. INTRODUÇÃO

A Constituição Federal estabeleceu, no rol de direitos e garantias individuais, a competência do Tribunal do Júri para apreciar e julgar os crimes dolosos contra a vida, assegurando a plenitude de defesa, o sigilo das votações e a soberania dos vereditos (art. 5°, XXXVIII).

Diante da ausência de fundamentação das decisões do Conselho de Sentença, que julga de acordo com sua íntima convicção, o procedimento foi dividido em duas fases: a primeira, intitulada *judicium accusationis*, ocorre perante o juiz togado, com a finalidade de submeter ao Tribunal do Júri apenas os casos nos quais exista prova, produzida sob o contraditório e a ampla defesa, da ocorrência dos fatos descritos na denúncia. Em outras palavras, o juiz precisa estar "convencido da materialidade do fato e da existência de indícios suficientes de autoria ou de participação" (CPP, art. 413, *caput*).

Ao fim da primeira fase, o magistrado, mediante decisão fundamentada, envia ao plenário, juiz natural da causa, apenas as acusações idôneas, com o intuito de reduzir os erros judiciários e assegurar que o Tribunal de Júri se corporifique, de fato, como uma garantia do cidadão, e não como um *locus* de julgamento arbitrário, capaz de proferir vereditos condenatórios descolados de qualquer prova. Isso, porque, como mencionado alhures, não são exteriorizadas as razões que levaram os jurados a decidir favoravelmente às teses defensivas ou acusatórias.

A decisão de pronúncia, portanto, funciona como um importante filtro de contenção do exercício do poder punitivo: inexistindo prova judicializada apta a corroborar as alegações ministeriais, não há como submeter o caso a julgamento pelo Conselho de Sentença.

Em face dessa pletora de motivos, não se admite a pronúncia do réu calcada exclusivamente em elementos informativos colhidos no inquérito policial ou em testemunhos por ouvir dizer, diante da evidente vulneração ao

1 Defensora Pública do Estado do Rio de Janeiro. Mestre em Direito Penal pela Universidade do Estado do Rio de Janeiro.

devido processo legal que implica a inobservância dos direitos e das garantias fundamentais dos réus.

A despeito de tais constatações, ainda existem decisões judiciais que fundamentam a pronúncia no suposto "princípio" do *in dubio pro societate*, segundo o qual, existindo dúvidas acerca da autoria delitiva, incumbiria ao magistrado submeter o julgamento da causa ao tribunal popular.

É nesse cenário que se localiza este trabalho: é, de fato, possível falar em *in dubio pro societate* na decisão de pronúncia? E mais: uma vez rechaçado esse "postulado", qual o *standard* probatório mínimo para a submissão de alguém a julgamento pelo Tribunal do Júri?

Primeiro, será alinhavada a compatibilidade entre o princípio constitucional da motivação das decisões judiciais com o postulado - de igual hierarquia - da soberania dos vereditos e com o sistema da íntima convicção dos jurados. Ato contínuo, o foco será direcionado ao adágio do *in dubio pro societate*.

O tópico seguinte será destinado à análise do *standard* probatório necessário para a decisão de pronúncia e para o consequente encaminhamento da pessoa investigada ao Conselho de Sentença.

Pretende-se, com isso, contribuir para a racionalidade do sistema processual penal e para a construção de um modelo mais democrático, em consonância com o sistema de proteção que a Constituição confere ao acusado, notadamente no que tange à presunção de inocência.

2. A MOTIVAÇÃO DAS DECISÕES JUDICIAIS E O TRIBUNAL DO JÚRI

Em um Estado Democrático e de Direito, a garantia de motivação das decisões judiciais (CF, art. 93, IX) constitui imprescindível instrumento para reprimir o arbítrio da toga, na medida em que viabiliza o controle popular sobre os parâmetros usados pelo Poder Judiciário em sua atividade valorativa. Nessa perspectiva, o postulado em tela é considerado a "garantia das garantias" por Luigi Ferrajoli[2], porquanto permite inferir, a partir do exame das razões de decidir, se os demais direitos e garantias do acusado foram respeitados.

No Tribunal do Júri, precisamente a instituição mais democrática do sistema de justiça, porém, é "que se instala um paradoxo aparentemente antidemocrático: formado por representantes da sociedade civil das mais diversas origens, o Tribunal do Júri – no exame fático que incumbe aos jurados – não motiva suas decisões"[3].

---

2 FERRAJOLI, Luigi. Direito e Razão: Teoria do garantismo penal. São Paulo: Revista dos Tribunais, 2002, p. 492.
3 REsp 2.091.647/DF, Rel Ministro Rogerio Schietti, 6ª T., DJe 03/10/2023.

Michele Taruffo[4], em crítica tecida ao modelo do "livre convencimento" do julgador – que pode, perfeitamente, ser transportada para o sistema da íntima convicção dos jurados - assevera que "o uso degenerativo que às vezes se faz desse princípio abre caminho para a legitimação da arbitrariedade subjetiva do juiz ou, no melhor dos casos, a uma discricionariedade que não se submete a critérios e pressupostos". Jordi Ferrer Beltrán, a seu turno, ensina que a livre apreciação da prova não deve ser vista dentro de uma concepção persuasiva, mas racionalista, que apenas concebe a decisão quando, a despeito das crenças ou preconceitos do julgador, puder ser corroborada e justificada com base nas provas dos autos[5].

Todavia, se é verdade que, por um lado, o sistema da íntima convicção dos jurados dificulta o controle epistêmico das deliberações, por outro, não o inviabiliza por completo[6]: a motivação das decisões judiciais precisa ocorrer previamente, no decreto interlocutório que encerra a primeira fase do procedimento especial e submete o acusado ao Conselho de Sentença.

Nas palavras de Gilmar Mendes[7], "tal sistemática busca estabelecer um mecanismo de verificação dos fatos imputados criminalmente pela acusação em que um julgador togado, técnico e com conhecimentos em Direito, analisa a acusação e as provas produzidas para determinar se há base mínima para autorizar o juízo pelos jurados leigos".

É na decisão de pronúncia, pois, que o magistrado togado precisa explicitar, fundamentadamente, a materialidade do crime e a existência de indícios suficientes de autoria delitiva, indicando as provas produzidas sob o crivo do contraditório e da ampla defesa que embasam a decisão – sem incorrer, todavia, em (vedado) excesso de linguagem, o que poderia influenciar a lisura do julgamento pelos juízes leigos.

Conforme leciona Álvaro Sagulo, "como despacho saneador que é, a pronúncia deve desempenhar uma função garantidora, evitando que o acusado seja submetido a um julgamento injusto e garantindo ao Estado exercer o *jus puniendi* "[8].

Deveras, essa inegável função garantidora da pronúncia é verificada na (i) limitação do campo de atuação do Ministério Público em plenário, (ii) no filtro de eventuais excessos constantes da denúncia (*overcharging*) e (iii) no fato de que apenas as acusações idôneas podem ser enviadas a julgamento pelo Tribunal popular.

---

4 TARUFFO, Michele. La prueba de los hechos. Madrid: Trotta, 2011. p. 387, tradução livre.

5 BELTRÁN, Jordi Ferrer. La valoración racional de la prueba. Rio de Janeiro: Marcial Pons, 2007, p. 152.

6 NARDELLI, Marcella Mascarenhas. A Garantia da Motivação das Decisões Judiciais à Luz do Direito ao Processo Justo e da Jurisprudência da Corte Europeia de Direitos Humanos. Revista Eletrônica de Direito Processual, v. 15, p. 349-376, 2015

7 ARE 1.067.392, Rel. Ministro Gilmar Mendes, 2ª T., DJe 26/03/2019.

8 AQUINO, Álvaro Antonio Sagulo Borges. A função garantidora da pronúncia. Rio de Janeiro: Lumen Juris, 2004, p. 114.

É perfeitamente possível, assim, compatibilizar o princípio constitucional da motivação das decisões judiciais com a garantia, também de cariz constitucional, do Tribunal do Júri para julgamento dos crimes dolosos contra a vida.

3. O MITO DO *IN DUBIO PRO SOCIETATE*

Estabelece o art. 413 do Código de Processo Penal que o juiz precisa estar "convencido da materialidade do fato e da existência de indícios suficientes de autoria ou de participação" para pronunciar a pessoa denunciada.

A mera interpretação literal do referido dispositivo permite concluir que o legislador estabeleceu dois *standards* probatórios diversos, um para a materialidade, outro para a autoria ou participação. É dizer, faz-se necessária a *certeza* de que o fato existiu, mas prescinde-se da demonstração plena quanto à autoria ou participação, exigindo-se apenas a presença de "indícios *suficientes*".

A desnecessidade da plena comprovação de autoria delitiva fez com que nascesse, na doutrina e na jurisprudência, o adágio do *in dubio pro societate* para a decisão de pronúncia: "se é possível se contentar com a existência de indícios suficientes – e não de prova razoável – da autoria, é óbvio que esta fórmula traz consigo a possiblidade de haver uma parcela razoável de dúvida que, não obstante, não é capaz de impedir o prosseguimento do processo para julgamento no Tribunal do Júri"[9], afirmam, por todos, Rogério Sanchez e Ronaldo Batista.

Algumas observações precisam ser tecidas acerca dessas ponderações.

Em primeiro lugar, é imperioso consignar que "o fato de não se exigir um juízo de certeza quanto à autoria nessa fase não significa legitimar a aplicação da máxima *in dubio pro societate* – que não tem amparo no ordenamento jurídico brasileiro – e admitir que toda e qualquer dúvida autorize uma pronúncia" (STJ, 6ª T., Rel. Ministro Rogerio Schietti, REsp 2.091.647/DF, DJe 29/09/2023).

Além da ausência de previsão legal do aforismo *in dubio pro societate*, não há qualquer ressalva convencional, constitucional ou legal à aplicação da máxima do *in dubio pro reo*, consectário do princípio da presunção de inocência, nos procedimentos afetos ao Tribunal do Júri. E, em ulterior análise, aplicar o aforisma em tela significa impor *ao réu* a carga probatória de comprovar que não existe nenhuma dúvida sobre sua inocência, única hipótese que o livraria de ser submetido a julgamento pelo Conselho de Sentença. Como lecionam Rodrigo Faucz e Daniel Avelar[10], "ao contrário do milenar princípio do *in dubio pro reo*,

9 CUNHA, Rogério Sanches. PINTO, Ronaldo Batista. Tribunal do Júri: procedimento especial comentado por artigos, Salvador: JusPodvim, 2021, p. 98.

10 SILVA, Rodrigo Faucz Pereira, AVELAR, Daniel Ribeiro Surdi de. Manual do Tribunal do Júri. São Paulo: Revista dos Tribunais, 2023, p. 319.

utiliza-se uma anomalia jurídica criada para retirar a responsabilidade do juiz togado e remeter um caso duvidoso ao exame popular".

Ao fim e ao cabo, assiste razão a Rafael Fecury Nogueira quando aduz que se trata "de um critério de decisão que, em um claro eufemismo, significa *in dubio contra reo*, que foi criado pela escola positiva de Enrico Ferri para oposição ao *in dubio pro reo* para certos casos, pessoas ou situações específicas"[11].

Faz-se oportuno reiterar que o julgamento pelos juízes leigos consiste em uma *garantia* individual – tendo em vista que se permite aos jurados julgar com clemência e compaixão -, e não em restrição de direitos: ora, se nos procedimentos comuns, a dúvida pende a favor do réu, mister concluir, *a fortiori*, que, até com mais razão, deve vigorar no Tribunal do Júri o *favor rei*. Nenhuma sociedade democrática se favorece pela possível condenação duvidosa e injusta de pessoas inocentes[12], ainda que a acusação se dê no âmbito dos crimes dolosos contra a vida.

Em suma: é desleal invocar-se a soberania dos vereditos como escudo para legitimar acusações infundadas e condenações arbitrárias, desprovidas de qualquer acervo probatório válido. Em verdade, a soberania dos vereditos representa um óbice para que o juiz togado profira um *decisum* condenatório no julgamento de crimes dolosos contra a vida, sendo perfeitamente compatível com a impronúncia, com a desclassificação e com a absolvição sumária, como preconizado pelo legislador ordinário no Código de Processo Penal.

Nas palavras de Aury Lopes Jr.[13], "não se pode admitir que juízes pactuem com acusações infundadas, escondendo-se atrás de um princípio não recepcionado pela Constituição, para, burocraticamente, pronunciar réus, enviando-lhes para o Tribunal do Júri e desconsiderando o imenso risco que representa o julgamento nesse complexo ritual judiciário". Na verdade, o *in dubio pro societate*, na conhecida frase de Pitombo, corporifica "um absurdo lógico jurídico"[14].

Foi com base nesse raciocínio que, em 2017, a 6ª Turma do Superior Tribunal de Justiça, no REsp 1.674.198/MG, relatado pelo Ministro Rogerio Schietti, consignou que, "muito embora a análise aprofundada dos elementos probatórios seja feita somente pelo Tribunal Popular, não se pode admitir, em um Estado Democrático de Direito, a pronúncia baseada, exclusivamente, em testemunho indireto (por ouvir dizer) como prova idônea, *de per si*, para submeter alguém a julgamento pelo Tribunal Popular".

---

11 NOGUEIRA, Rafael Fecury. Pronúncia: valoração da prova e limites à motivação. Dissertação de Mestrado, Universidade de São Paulo, 2012. p. 216.

12 DEOCLECIANO, Pedro Rafael Malveira; LOBO, Júlio César Matias; VIANA, Janile Lima. A aplicação do princípio do dubio pro societate à luz da virada hermenêutica filosófica. Revista Brasileira de Ciências Criminais. vol. 186. ano 29. p. 259-281. São Paulo: Revista dos Tribunais, dez./ 2021.

13 LOPES JR., Aury. Direito processual penal. Saraiva, 2018. p. 799.

14 PITOMBO, Sérgio Marcos de Moraes. Obras em processo penal. Rio de Janeiro: Singular, 2018, p. 431.

Além disso, como bem pontua Rodrigo Casimiro Reis, "se o legislador ordinário previu a existência de um juízo positivo de admissibilidade a ser realizado por magistrado togado quando do encerramento do *iudicium accusationis*, é porque entendeu necessário avaliar as acusações formuladas pelo *parquet*, reservando ao julgamento dos juízes de fato (sem formação jurídica) somente os casos nos quais tenham sido reunidos 'indícios suficientes de autoria ou de participação[15]".

Na mesma esteira, sintetiza Rafael Fecury Nogueira[16]:

> Ao se delimitar a análise da legitimidade do *in dubio pro societate* no espaço atual do direito brasileiro não há como sustentá-la por duas razões básicas: a primeira se dá pela absoluta ausência de previsão legal desse brocardo e, ainda, pela ausência de qualquer princípio ou regra orientadora que lhe confira suporte político-jurídico de modo a ensejar a sua aplicação; a segunda razão se dá em face da existência expressa da presunção de inocência no ordenamento constitucional brasileiro, conferindo, por meio de seu aspecto probatório, todo o suporte político-jurídico do in dubio pro reo ao atribuir o ônus da prova à acusação, desonerando o réu dessa incumbência probatória.

Nem se diga que esse proceder usurparia a competência dos jurados, a qual só é inaugurada na segunda fase do procedimento especial – tanto que o próprio Código de Processo Penal autoriza ao magistrado togado absolver o acusado ou desclassificar a conduta para um crime não doloso contra a vida. Ora, é evidente que, se o congressista optou por utilizar a expressão "indícios suficientes de autoria delitiva", torna-se defeso interpretar a locução como "ausência de indícios válidos de autoria" – que é o que ocorre, em última análise, com o uso do *in dubio pro societate.*

4. *STANDARD* PROBATÓRIO PARA A DECISÃO DE PRONÚNCIA

É preciso, portanto, conferir maior racionalidade à decisão de pronúncia. Isso, porque, como afirma Rodrigo Casimiro Reis[17]:

> [a] pronúncia ancorada exclusivamente em elementos indiciários colhidos na fase extrajudicial desnatura a própria razão de ser do *iudicium accusationis*, acarreta em rebaixamento do *standard* probatório necessário para uma decisão de tamanha relevância (equiparando-a a uma decisão de recebimento de

15 REIS, Rodrigo Casimiro. O descabimento da pronúncia a la Pilatos. In: AKERMAN, William; REIS, Rodrigo Casimiro; MAIA, Maurílio Casas. Debates contemporâneos da justiça penal: estudos em homenagem ao Ministro Reynaldo Soares da Fonseca. Brasília: Sobredireito, p. 64.

16 NOGUEIRA, Rafael Fecury. Pronúncia: valoração da prova e limites à motivação. Dissertação de Mestrado, Universidade de São Paulo, 2012. p. 215

17 REIS, Rodrigo Casimiro. O descabimento da pronúncia a la Pilatos. In: AKERMAN, William; REIS, Rodrigo Casimiro; MAIA, Maurílio Casas. Debates contemporâneos da justiça penal: estudos em homenagem ao Ministro Reynaldo Soares da Fonseca. Brasília: Sobredireito, p. 62.

> denúncia; essa, sim, amparada em indícios *coletados na fase inquisitorial) e viola o due process of law*, revelando-se inconstitucional e em descompasso com o modelo de processo penal adotado pelo constituinte.

De fato: se a pronúncia não servisse como filtro para conter os casos desprovidos de prova judicializada, de nada serviria a primeira fase do procedimento bifásico. Afinal, se o *standard* probatório para a pronúncia fosse o mesmo do recebimento da denúncia, melhor seria suprimir essa fase inicial, até mesmo com fundamento na duração razoável do processo, e designar a sessão plenária tão logo a denúncia fosse recebida e o réu citado.

Em primoroso ensaio, Janaina Matida e Alexandre Morais da Rosa propõem uma analogia com a modalidade esportiva do salto com vara. Veja-se: "a hipótese fática acusatória (saltador) precisa superar o *standard* (saltar mais alto que o sarrafo) com a observância de limites predeterminados (não há vale-tudo probatório)"[18]. Transportando a referida metáfora para o tema ora em discussão, é preciso estabelecer a altura do sarrafo para que a versão acusatória seja submetida ao Tribunal do Júri.

Da mesma forma como ocorre na mencionada modalidade esportiva, em que o obstáculo é elevado, gradualmente, ao longo da competição, no processo penal há uma tendência progressiva e ascendente em relação aos *standards* probatórios de acordo com as etapas da persecução criminal. Significa dizer que, para a instauração do inquérito policial, por exemplo, a barra horizontal estaria localizada rente ao chão, não encontrando o saltador nenhuma dificuldade em superá-la; para o recebimento da denúncia, a barra é posicionada em uma altura um pouco superior; já no momento da decisão de pronúncia, o sarrafo deve estar situado em um nível suficientemente alto, para que nem todos os competidores consigam ultrapassá-lo, mas ainda inferior ao que se impõe no momento da prolação de uma sentença condenatória.

A premissa fundamental, portanto, é a de que o substrato para o recebimento da denúncia deve, necessariamente, ser inferior ao da pronúncia.

Em 26/03/2019, por ocasião do julgamento do Agravo em Recurso Extraordinário 1.067.391/CE, de relatoria do Ministro Gilmar Mendes, a 2ª Turma do Supremo Tribunal Federal consignou que "a submissão de um acusado ao julgamento pelo Tribunal do Júri pressupõe a existência de um lastro probatório consistente no sentido da tese acusatória. Ou seja, requer-se um *standard* probatório um pouco inferior, mas ainda assim dependente de uma preponderância de provas incriminatórias".

18 MATIDA, Janaina; ROSA, Alexandre Morais da. Para entender os standards probatórios a partir do salto com vara. Revista Consultor Jurídico. Disponível em: https://www.conjur.com.br/2020-mar-20/limite-penal-entender-standards-probatorios-partir--salto- vara.

No emblemático voto, que representou o início da mudança de paradigma acerca do *standard* probatório necessário para a pronúncia, a Corte Suprema concluiu que, "se houver uma dúvida sobre a preponderância de provas, deve então ser aplicado o *in dubio pro reo*, imposto nos termos constitucionais (art. 5º, LVII, CF), convencionais (art. 8.2, CADH) e legais (arts. 413 e 414, CPP) no ordenamento brasileiro".

Em sentido similar, a 6ª Turma do Superior Tribunal de Justiça, em acórdão relatado pelo Ministro Sebastião Reis Jr. em 22/03/2021, asseriu "ser ilegal a sentença de pronúncia com base exclusiva em provas produzidas no inquérito [...] sob pena de igualar em densidade a sentença que encera o *jus accusationis* à decisão de recebimento de denúncia. Todo o procedimento delineado entre os arts. 406 e 421 do Código de Processo Penal disciplina a produção probatória destinada a embasar o deslinde da primeira fase do procedimento do Tribunal do Júri. Trata-se de arranjo legal, que busca evitar a submissão dos acusados ao Conselho de Sentença de forma temerária, não havendo razão de ser em tais exigências legais, fosse admissível a atividade inquisitorial como suficiente" (HC 589.270/GO).

Uma vez afastado, portanto, o mito do *in dubio pro societate*, cumpre aferir qual o *standard* probatório exigido para a submissão do acusado a julgamento pelo júri, ou seja, qual o grau de confirmação probatória necessário[19] para que o juiz togado repute comprovada a expressão "indícios *suficientes* de autoria ou de participação", estampada no art. 413 do CPP.

A *quaestio*, em realidade, reside na significação do termo "suficientes", discussão localizada no âmbito dos *standards* probatórios – denominados por Danilo Knijnik[20] de *modelos de constatação* – os quais representam o grau de exigência probatória necessário para a decisão de pronúncia. Trata-se, irrefutavelmente, de decisão de cunho ético e político: é preciso, a partir de uma análise dos custos sociais e individuais, decidir o grau de erro que a sociedade está disposta a tolerar a partir da inegável possibilidade de condenações injustas. Quanto mais rigoroso for o *standard* probatório, menor será a chance de responsabilização de pessoas inocentes (falsos positivos) – embora aumente o número de falsos negativos, isto é, de absolvições de pessoas "culpadas".

Seja como for, é incontroverso que não se exige, nesta etapa, a certeza além da dúvida razoável necessária à prolação de uma sentença condenatória por parte do juiz togado nos crimes comuns. Todavia, exige-se um lastro probatório mínimo para a submissão do acusado a julgamento pelo Tribunal do Júri.

---

19 BADARÓ, Gustavo Henrique Righi Ivahy. Epistemologia judiciária e prova penal. 2 ed. São Paulo: Thomson Reuters Brasil, 2023, p. 241.
20 KNIJNIK, Danilo. A prova nos juízos cível, penal e tributário. Rio de Janeiro: Forense, 2007. p. 37.

É neste contexto que Gustavo Badaró[21] sustenta que:

> Não se exige, pois, que haja certeza de autoria. Bastará a existência de elementos de convicção que permitam ao juiz concluir, com bom grau de probabilidade, que foi o acusado o autor do delito. Isso não se confunde, obviamente, com o *in dubio pro societate*. Não se trata de uma regra de solução para o caso de dúvida, mas sim de estabelecer requisitos que, do ponto de vista do convencimento judicial, não se identificam com a certeza, mas com a probabilidade. Quando a lei exige para uma medida qualquer que existam 'indícios de autoria', não é preciso que haja certeza da autoria, mas é necessário que o juiz esteja convencido de que estes 'indícios' estão presentes. Se houver dúvida quanto à existência dos 'indícios suficientes de autoria', o juiz deve impronunciar o acusado, como consequência inafastável do *in dubio pro reo*.

Vinicius Vasconcellos defende a tese da "preponderância de provas" para a pronúncia, isto é, deve haver "mais provas incriminatórias do que absolutórias"[22]. O autor afirma, ainda, que, "se houver dúvida em relação à existência de tal preponderância, ou seja, quanto ao cumprimento desse *standard* já inferior ao 'além da dúvida razoável' para condenação, pensa-se que deve vigorar o in dubio pro reo como critério para resolução da dúvida em prol da presunção de inocência, mesmo no caso da decisão intermediária no procedimento do Júri"[23].

Na mesma esteira, Renato Brasileiro arremata que "a submissão de um acusado a julgamento pelo tribunal do júri pressupõe a existência de lastro probatório consistente no sentido da tese acusatória, ou seja, requer-se um *standard* probatório um pouco inferior, mas, ainda assim, dependente da preponderância de provas incriminatórias. Logo, constatada a preponderância de provas no sentido da não participação de determinado acusado na prática de um crime doloso contra a vida, a impronúncia é de rigor"[24].

Essa posição foi acolhida pela segunda turma do Supremo Tribunal Federal, por ocasião do julgamento do ARE 1.067.392/CE, relatado pelo Ministro Gilmar Mendes em 02/07/2020, que asseverou, já na ementa, o seguinte: "Pronúncia e *standard* probatório: a decisão de pronúncia requer uma preponderância de provas, produzidas em juízo, que sustentem a tese acusatória, nos termos do art. 414 [...]. Dúvida e impronúncia: diante de um estado de dúvida,

21 BADARÓ, Gustavo Henrique Righi Ivahy. Ônus da prova no processo penal. São Paulo: RT, 2004, pp. 390-391.
22 VASCONCELLOS, Vinícius Gomes de. Standard probatório para a decisão de pronúncia ao Tribunal do Júri e a inadmissibilidade do in dubio pro societate. In: Denis Andrade Sampaio Junior. (Org.). Manual do Tribunal do Júri: a reserva democrática da justiça brasileira. Florianópolis: EMais, 2021, p. 238.
23 VASCONCELLOS, Vinícius Gomes de. Standard probatório para a decisão de pronúncia ao Tribunal do Júri e a inadmissibilidade do in dubio pro societate. In: Denis Andrade Sampaio Junior. (Org.). Manual do Tribunal do Júri: a reserva democrática da justiça brasileira. Florianópolis: EMais, 2021, p. 240.
24 LIMA, Renato Brasileiro de. Manual de Processo Penal. Salvador: Juspodivm, 2020, p. 1.470.

em que há uma preponderância de provas no sentido da não participação dos acusados nas agressões e alguns elementos incriminatórios de menor força probatória, impõe-se a impronúncia dos imputados, o que não impede a reabertura do processo em caso de provas novas (art. 414, parágrafo único, CPP). Primazia da presunção de inocência (art. 5º, LVII, CF e art. 8.2, CADH)".

Trata-se, sem dúvidas, de corrente progressista, porquanto, além de rechaçar a falácia do *in dubio pro societate*, avança ao exigir não apenas *algum* indício de autoria delitiva, mas sim uma *preponderância* de provas judicializadas para submissão da pessoa acusada a julgamento pelo Tribunal Popular. Ao assim procederem, os adeptos desta corrente observam, inegavelmente, a tendência ascendente que deve nortear o *standard* de provas durante a persecução penal.

Contudo, em um sistema penal racista, violento e seletivo, marcado pela interferência das classes dominantes sobre a configuração de seu funcionamento - o qual, ao fim e ao cabo, configura-se como parte de uma feroz engrenagem criada para perpetuar uma ordem social seletiva e estigmatizante -, é preciso dar um passo além.

Mais do que uma preponderância de provas, é imperioso que haja uma *elevada probabilidade* da versão acusatória para amparar a pronúncia. O grau de confirmação deve ser de tal ordem que afaste qualquer dúvida razoável acerca da autoria e participação do réu: existindo probabilidade de o acusado não haver integrado a empreitada criminosa, ainda que em menor grau do que a chance de ter participado, deve ser impronunciado.

Isso não significa asseverar que o estado de dúvidas impõe a rejeição *definitiva* da versão acusatória, e sim a não submissão, *por ora*, do acusado a julgamento pelo Tribunal popular, com esteio no corolário do *favor rei*. A decisão de impronúncia, longe de revelar que o magistrado esteja absolutamente seguro acerca da ausência de autoria, denota que o juiz possui dúvidas; nada impede que, em momento futuro, caso existam novas provas, o réu venha a ser pronunciado.

Como ensina Mauricio Zanoide, "o juiz não poderá pronunciar em caso de "dúvida" fática sobre a demonstração de materialidade e de autoria. Dúvida não é convencimento. Convencimento é certeza, quanto à materialidade e à autoria ou participação, para legitimar o envio do caso ao juiz natural do Tribunal do Júri, superando-se, assim, mais um degrau cognitivo e anterior ao mérito"[25].

Em outras palavras: para justificar a decisão de pronúncia, a acusação precisa demonstrar, durante a primeira fase do procedimento bifásico, com *alto grau* de segurança, que o acusado possa haver cometido o crime. Partindo da

---

25 MORAES, Maurício Zanoide de. Presunção de inocência no processo penal brasileiro: análise de sua estrutura normatica para a elaboração legislativa e pena a decisão judicial. 2008. Tese (Livre Docência) - Universidade de São Paulo, São Paulo, 2008. Acesso em: 26 ago. 2023.

premissa de que recai sobre o Ministério Público o ônus probatório, na medida em que a defesa não precisa provar nada, cumpre-lhe atestar a viabilidade de prosseguir na acusação ao fim do sumário da culpa. O *standard*, portanto, corresponde ao da prova "clara e convincente" do direito norte-americano.

Nessa linha, aduz Gustavo Badaró ser "necessário uma prova ou mesmo um certo conjunto de prova que indique, com elevada probabilidade, a autoria, embora não se trate de certeza da autoria. Trata-se do que, na doutrina norte-americana, se identifica com o *standard* probatório da *clear and convincing evidence*"[26].

Rafael Fecury Nogueira[27], com maestria, apresenta similar conclusão:

> Vislumbrando-se o espaço existente entre os *standards* da preponderância da prova e o da prova além da dúvida razoável, i.e, entre a mera probabilidade e a prova plena, respectivamente, vê-se que o critério de probabilidade proposto pelo *standard* da prova clara e convincente atende a juízo pretendido com decisão de pronúncia. Isso porque, como afirmado, ao operar entre a mera probabilidade e a certeza, o *standard* da prova clara e convincente reclama a alta probabilidade para a sua verificação, estando na linha intermediária entre a preponderância da prova e a prova além da dúvida razoável. Nesse sentido, TARUFFO confirma a *clear and convincing evidence* "para particulares hipóteses em que o fato deva ser acertado com um grau elevado de confirmação". A probabilidade da prova da autoria ou da participação para a pronúncia não pode ser outra senão a probabilidade elevada ou a alta probabilidade, diferente da mera probabilidade, devendo se aproximar mais do juízo de certeza.
>
> [...]
>
> Somente com a exigência de uma alta probabilidade da autoria é que a pronúncia pode cumprir com a sua relevante função no procedimento, pois, quanto mais esse juízo sobre a autoria se afastar da mera probabilidade e de seus corolários, como o *in dubio pro societate*, tão consagrados na jurisprudência atual, mais estará cumprindo essa função. Não resta, assim, outra solução à prova da autoria para a pronúncia, pois essa decisão apenas pode ser verificada se o quadro probatório inicial se robusteceu com a instrução processual e isso só ocorre se a acusação produz as provas necessárias para confirmar o que descrevera na denúncia.

Essa também foi a posição adotada pela 6ª Turma do Superior Tribunal de Justiça no julgamento do REsp 2.091.647/DF: "[...] o *standard* probatório para a decisão de pronúncia, quanto à autoria e à participação, situa-se entre o da simples preponderância de provas incriminatórias sobre as absolutórias (mera probabilidade ou hipótese acusatória mais provável que a defensiva)

---

26 BADARÓ, Gustavo Henrique Righi Ivahy. Da impronúncia e o ne bis in idem. In: Renato de Mello Jorge Silveira. (Org.). Estudos em homenagem a Vicente Greco Filho. São Paulo: LiberArs, 2014, v. 1, p. 177.

27 NOGUEIRA, Rafael Fecury. A decisão da pronúncia no processo penal brasileiro. São Paulo: Lumen Juris, 2018, p. 184.

– típico do recebimento da denúncia – e o da certeza além de qualquer dúvida razoável (*BARD* ou outro *standard* que se tenha por equivalente) – necessário somente para a condenação. Exige-se para a pronúncia, portanto, elevada probabilidade de que o réu seja autor ou partícipe do delito a ele imputado"[28].

Assim, o Ministério Público precisa indicar a elevada probabilidade de suas alegações na fase no *jus accusationis*, e não na sessão plenária, que deve servir apenas como *locus* de reforço e de complementação, e não como espaço inédito para a acusação provar sua hipótese.

5. CONCLUSÃO

Nessas breves páginas, procurou-se demonstrar que o princípio da motivação das decisões judiciais é compatível com a garantia constitucional do Tribunal do Júri. Isso se viabiliza por intermédio do controle judicial exercido na pronúncia, decisão interlocutória que encerra a primeira fase do procedimento especial e submete a pessoa acusada a julgamento pelo Conselho de Sentença.

Nesse sentido, já é passada a hora de sepultar o adágio do *in dubio pro societate*, que, além de desprovido de base normativa, significa, em verdade, *in dubio contra o réu*, na medida em que desconsidera o risco de condenações injustas ao enviar pessoas a julgamento pelo Tribunal popular ao arrepio do *favor rei*.

Partindo da premissa de que o substrato para a pronúncia deve, logicamente, ser superior ao do recebimento da denúncia, mas inferior ao da condenação, o ensaio analisou duas das principais correntes sobre o *standard* probatório necessário à submissão do acusado ao Conselho de Sentença. A primeira vertente, que reputa indispensável a preponderância de provas incriminatórias, a despeito de observar a tendência ascendente que deve nortear o *standard* de provas durante a persecução penal, parece tolerar um grau de erro – com "falsos positivos" e condenações de pessoas inocentes - acima do aceitável em sociedades verdadeiramente republicanas.

Diante dessa assertiva, faz-se essencial um maior rigor na etapa que encerra o sumário de culpa, exigindo-se a *elevada probabilidade* da versão acusatória para amparar a pronúncia. O grau de confirmação deve ser de tal ordem que afaste qualquer dúvida razoável acerca da autoria e participação do réu, em sentido similar à prova "clara e convincente" do direito norte-americano.

É dizer, para justificar a decisão de pronúncia, a acusação precisa demonstrar, durante a primeira fase do procedimento bifásico, com *alto grau* de segurança, que o acusado possa haver cometido o crime. Apenas dessa forma a presunção de inocência será levada a sério nos casos submetidos ao Tribunal do Júri.

---

28 REsp 2.091.647/DF, 6ª T., Rel. Ministro Rogerio Schietti, DJe 03/10/2023.

REFERÊNCIAS

AQUINO, Álvaro Antonio Sagulo Borges. *A função garantidora da pronúncia.* Rio de Janeiro: Lumen Juris, 2004.

BADARÓ, Gustavo Henrique Righi Ivahy. *Processo penal.* Rio de Janeiro: Elsevier, 2012.

______. *Epistemologia judiciária e prova penal.* 2ª ed. São Paulo: Thomson Reuters Brasil, 2023.

______. *Ônus da prova no processo penal.* São Paulo: Revista dos Tribunais, 2004.

______. *Da impronúncia e o ne bis in idem.* In: Renato de Mello Jorge Silveira. (Org.). Estudos em homenagem a Vicente Greco Filho. São Paulo: LiberArs, 2014, v. 1, p. 177-181.

BELTRÁN, Jordi Ferrer. *La valoración racional de la prueba.* Rio de Janeiro: Marcial Pons, 2007, p. 152.

CUNHA, Rogério Sanches. PINTO, Ronaldo Batista. *Tribunal do Júri: procedimento especial comentado por artigos,* Salvador: JusPodvim, 2021.

DEOCLECIANO, Pedro Rafael Malveira; LOBO, Júlio César Matias; VIANA, Janile Lima. *A aplicação do princípio do dubio pro societate à luz da virada hermenêutica filosófica.* Revista Brasileira de Ciências Criminais. vol. 186. ano 29, pp. 259-281. São Paulo: Ed. RT, dez./ 2021.

FERRAJOLI, Luigi. *Direito e Razão: Teoria do garantismo penal.* São Paulo: RT, 2002.

LIMA, Renato Brasileiro de. *Manual de Processo Penal*: Volume Único, Salvador: Juspodivm, 2020.

LOPES JR., Aury. *Direito processual penal.* Saraiva, 2018. p. 799.

MATIDA, Janaina; ROSA, Alexandre Morais da. *Para entender os standards probatórios a partir do salto com vara.* Revista Consultor Jurídico. Disponível em: https://www.conjur.com.br/2020-mar-20/limite--penal-entender-standards-probatorios-partir-salto-vara.

MORAES, Maurício Zanoide de. *Presunção de inocência no processo penal brasileiro: análise de sua estrutura normatica para a elaboração legislativa e pena a decisão judicial.* 2008. Tese (Livre Docência) - Universidade de São Paulo, São Paulo, 2008. Acesso em: 26 ago. 2023.

NARDELLI, Marcella Mascarenhas. A Garantia da Motivação das Decisões Judiciais à Luz do Direito ao Processo Justo e da Jurisprudência da Corte Europeia de Direitos Humanos. *Revista Eletrônica de Direito Processual,* v. 15, pp. 349-376, 2015.

NOGUEIRA, Rafael Fecury. *Pronúncia: valoração da prova e limites à motivação.* Dissertação de Mestrado, Universidade de São Paulo, 2012.

______. *A decisão da pronúncia no processo penal brasileiro.* São Paulo: Lumen Juris, 2018.

PITOMBO, Sérgio Marcos de Moraes. *Obras em processo penal.* Rio de Janeiro: Singular, 2018.

REIS, Rodrigo Casimiro. *O descabimento da pronúncia a la Pilatos.* In: AKERMAN, William; REIS, Rodrigo Casimiro; MAIA, Maurílio Casas. Debates contemporâneos da justiça penal: estudos em homenagem ao Ministro Reynaldo Soares da Fonseca. Brasília: Sobredireito, 2023.

SILVA, Rodrigo Faucz Pereira, AVELAR, Daniel Ribeiro Surdi de. *Manual do Tribunal do Júri.* São Paulo: Revista dos Tribunais, 2023.

TARUFFO, Michele. *La prueba de los hechos.* Madrid: Trotta, 2011.

VASCONCELLOS, Vinícius Gomes de. *Standard probatório para a decisão de pronúncia ao Tribunal do Júri e a inadmissibilidade do in dubio pro societate.* In: Denis Andrade Sampaio Junior. (Org.). Manual do Tribunal do Júri: a reserva democrática da justiça brasileira. Florianópolis: EMais, 2021.

Reconhecimento de pessoas no processo penal: análise do impacto do *Habeas Corpus* 598.886 do STJ na jurisprudência do TJGO entre outubro de 2020 a abril de 2023

Ana Raquel Batista de Urzêda[1]
Vinícius Gomes de Vasconcellos[2]

1. INTRODUÇÃO E METODOLOGIA

A prova obtida a partir do reconhecimento de pessoas, seja por meio fotográfico ou presencial, é uma fonte constantemente utilizada para atribuir autoria a fatos delituosos e, nesse cenário, indicada como uma das principais causas de erros judiciais.[3] Diante disso, o debate científico tem apresentado diversos fatores que incidem sobre o procedimento de obtenção da referida prova, tornando-a passível de falhas que, por sua vez, resultam na denúncia e/ou condenação de pessoas inocentes e alheias ao processo delituoso em questão.

Nessa perspectiva, Magalhães cita, a título de exemplo, as falsas memórias, o reconhecimento *cross-racial*, que é a dificuldade em diferenciar indivíduos de grupos étnicos diferentes do seu, o stress no momento do delito, o decurso de tempo entre o fato e o reconhecimento. Além disso, a própria condução inadequada do reconhecimento pode sugestionar a memória da vítima e levá-la a indicar a pessoa errada como responsável pelo delito investigado, assim como sabe-se que os preconceitos sociais são fatores determinantes no momento de etiquetamento do desvio e do desviante.[4]

O texto legal preceitua sobre o referido instituto em seu art. 226 do Código de Processo Penal, o qual determina parâmetros que, se observados

---

1 Pós-graduanda em Direito Público (PROORDEM, Goiás). Graduada em Direito pela Universidade Estadual de Goiás. Advogada.

2 Doutor em Direito pela Universidade de São Paulo, com período de sanduíche na Universidad Complutense de Madrid (bolsa PDSE/CAPES) e estágio de pós-doutoramento pela Universidade Federal do Rio de Janeiro. Mestre em Ciências Criminais pela PUCRS. Professor permanente do Instituto Brasileiro de Ensino, Desenvolvimento e Pesquisa – IDP/DF (mestrado/doutorado) e da Universidade Católica de Brasília (mestrado). Professor efetivo da Universidade Estadual de Goiás. Editor-chefe da RBDPP. Advogado. orcid.org/0000-0003-2020-5516. Contato: vinicius.vasconcellos@ueg.br

3 Sobre erros judiciais e suas relações com reconhecimento de pessoas: DUCE, Mauricio; FINDLEY, Keith A. Editorial of dossier "Wrongful convictions and prosecutions: current status, causes, correction and reparation mechanisms": Wrongful convictions and prosecutions: an introductory overview. *Revista Brasileira de Direito Processual Penal*, v. 8, n. 2, 2022; BRAGA DAMASCENO, Fernando. Pensando a qualidade do juízo fático-probatório: um modelo de evolução baseado no aprendizado com erros. *Revista Brasileira de Direito Processual Penal*, v. 9, n. 3, 2023; RIBAS ORTIGOSA LEITE, Sara; AMARAL BAHIA, Claudio José. O erro judiciário e a injustiça epistêmica no reconhecimento de pessoas. *Revista Brasileira de Direito Processual Penal*, v. 9, n. 2, 2023.

4 MAGALHÃES, Marina Trindade. O reconhecimento pessoal e a psicologia judiciária: falibilidade do testemunho como reforço do etiquetamento e violação ao in dubio pro reo. *Revista Brasileira de Direito Processual Penal*, vol. 6, n. 3, 2020. p. 1724.

e estritamente cumpridos, podem atenuar os espaços de contaminação do procedimento. Contudo, tradicionalmente a jurisprudência afirmava que tal dispositivo se tratava de "mera recomendação", que não precisava necessariamente ser cumprida e, assim, sua inobservância não geraria nulidade do ato.

Entretanto, o HC 598.886/SC do STJ marcou uma mudança de posição no Superior Tribunal de Justiça, de modo a afirmar a obrigatoriedade de atenção ao procedimento previsto no art. 226 do CPP, sob pena de nulidade da prova e a proibição de sua consideração pelo juízo em razão de desentranhamento por ilicitude.[5] Tal virada jurisprudencial foi marcante nos Tribunais Superiores, mas é necessário verificar seu efetivo impacto nas instâncias inferiores.

Para atingir o objetivo estabelecido por este trabalho, que envolve a análise do impacto do HC 598.886 do STJ na jurisprudência do Tribunal de Justiça de Goiás, desde a data da publicação da decisão no Diário de Justiça da União em 27 de outubro de 2020 até em abril de 2023, a metodologia de pesquisa empregada foi a documental, baseada no levantamento de dados obtidos por meio da análise de acórdãos judiciais.

Iniciando com a problematização do tema em questão, a pesquisa foi conduzida no site eletrônico "Consulta de Publicação" do TJGO[6] utilizando as expressões "Art. 226 e HC 598.886" em 27 de março de 2023. Como resultado, foram encontrados 21 processos relacionados. Na análise individual desses processos, foi observada a presença de casos ainda em andamento no primeiro grau de jurisdição. Esses resultados foram excluídos da pesquisa, uma vez que o foco deste estudo está nas decisões colegiadas do Tribunal de Justiça de Goiás em instância recursal.[7]

Adicionalmente, foram excluídas decisões relacionadas a *habeas corpus* preventivos e repressivos, uma vez que a análise dessas decisões vai além da simples avaliação da legalidade da prova de autoria obtida por meio do procedimento de reconhecimento de pessoas em discordância com o art. 226 do Código de Processo Penal. Também foram identificados processos em tramitação no Tribunal de Justiça, mas que estavam aguardando decisão, o que os excluiu da amostra de análise.

Por fim, um processo foi excluído da análise, pois citava um julgado que mencionava o HC 598.886 para ressaltar a importância da prova obtida a partir do depoimento da vítima em crimes contra a dignidade sexual. Nesse

5 Sobre a relevância de tal julgado: CECCONELLO, William W.; STEIN, Lilian M.; DE AVILA, Gustavo N. Novos rumos para o reconhecimento de pessoas no Brasil? Perspectivas da Psicologia do Testemunho frente à decisão HC 598.886-SC. *Revista Brasileira de Ciências Criminais*, v. 177, p. 359-368, 2021.

6 Disponível em: https://projudi.tjgo.jus.br/ConsultaJurisprudencia. Acesso em 09 de abril de 2023.

7 Dados disponíveis em: BATISTA DE URZÊDA, Ana Raquel; VASCONCELLOS, Vinicius. Dados de "Reconhecimento de pessoas no processo penal: análise jurisprudencial do impacto do Habeas Corpus 598.886 do STJ na jurisprudência do TJGO entre outubro de 2020 a abril de 2023". *figshare*. Dataset. 2023. https://doi.org/10.6084/m9.figshare.24746643

processo, não ocorreu o reconhecimento do réu por meio fotográfico, e a nulidade dessa prova não foi objeto das razões de apelação que resultaram no acórdão. Isso justifica sua exclusão da amostra da pesquisa.

Portanto, dos 21 processos inicialmente identificados, após a exclusão conforme detalhado acima, a amostra final da pesquisa consistiu em 14 acórdãos que mencionam tanto o HC 598.886 quanto o art. 226 do CPP, e que abordam a análise da legalidade da prova constituída a partir do reconhecimento de pessoas sem a observância do procedimento estabelecido pela legislação.

Após a definição da amostra a ser utilizada na pesquisa, os dados que se pretendia adquirir foram listados, e em seguida, foi elaborado um formulário na plataforma *Google Forms*. Para a organização dos dados, foram coletados os números dos processos judiciais em análise. Além disso, foram formuladas as seguintes perguntas: ano de publicação da decisão, câmara julgadora, tipo de crime envolvido, se a nulidade foi reconhecida ou não; se reconhecida, os argumentos utilizados para conceder a nulidade; se negada, os argumentos para negar; se o HC 598.886 foi de fato citado no acórdão e em qual contexto, e se o reconhecimento de pessoas realizado no processo (conforme descrito no acórdão) respeitou os procedimentos estipulados no art. 226 do CPP.

Assim, o questionário continha perguntas com opções de respostas objetivas predefinidas, como a câmara criminal responsável pela decisão (Pergunta: Qual Câmara Criminal proferiu a decisão? Opções de respostas: 1ª, 2ª ou 3ª Câmara). Outras perguntas tinham opções predefinidas, mas também permitiam a inserção de respostas diferentes na opção "outros". Além disso, algumas perguntas eram abertas, permitindo respostas livres, baseadas nas especificidades de cada processo analisado.[8]

2. RESULTADOS E DADOS DA PESQUISA JURISPRUDENCIAL

Conforme já relatado, no período entre 27 de outubro de 2020 e 11 de abril de 2023, foram identificados 21 processos na pesquisa empírica jurisprudencial que mencionavam o HC 598.886 e o art. 226 do Código de Processo Penal. Após a aplicação dos critérios de exclusão explicados no capítulo anterior, restaram 14 processos para análise.

Quanto ao ano em que as decisões dos acórdãos foram proferidas, observa-se o seguinte resultado: A maioria das decisões (64,3%) foi proferida no ano de 2022, enquanto as decisões até abril de 2023 já igualaram o total daquelas proferidas em 2021. Além disso, foram coletados dados sobre a Câmara Criminal

8 Tabela de análise disponível em: BATISTA DE URZÊDA, Ana Raquel; VASCONCELLOS, Vinicius. Dados de "Reconhecimento de pessoas no processo penal: análise jurisprudencial do impacto do Habeas Corpus 598.886 do STJ na jurisprudência do TJGO entre outubro de 2020 a abril de 2023". *figshare*. Dataset. 2023. https://doi.org/10.6084/m9.figshare.24746643

responsável pelas decisões. O Tribunal de Justiça de Goiás possui uma Seção Criminal dividida em três Câmaras Criminais, compostas por um total de cinco desembargadores cada. Os resultados relacionados à Câmara Criminal que proferiu as decisões foram os seguintes:

Gráfico 1 – Câmara julgadora do acórdão (14 respostas)

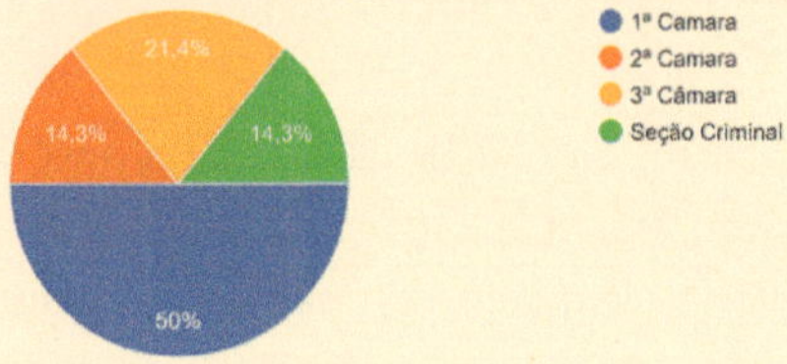

Fonte: Autoria própria (2023)

Aqui, importa mencionar que na amostra analisada, há dois processos que tratam de revisão criminal, sendo eles os processos 5500035-88 e 5723747-60. Observou-se que os processos que se baseiam em revisão criminal são julgados na Seção Criminal, e não pela Câmara. Quanto ao crime praticado, os resultados obtidos foram:

Gráfico 2 - Crime praticado (14 respostas)

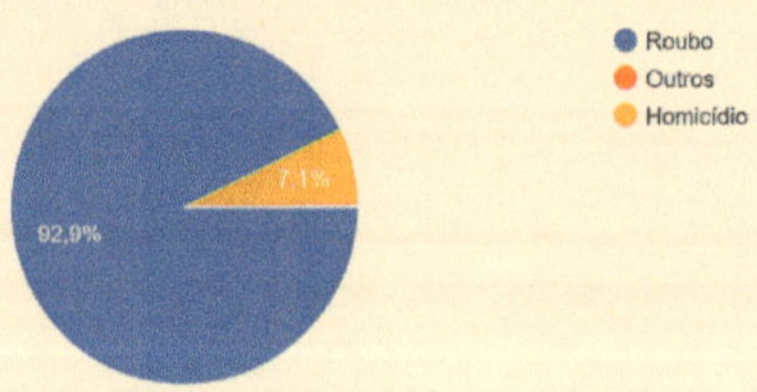

Fonte: Autoria própria (2023)

A expressividade do crime de roubo corrobora uma perspectiva experimentada no Brasil como um todo: a prevalência da prova de reconhecimento de pessoas nos crimes contra o patrimônio. A esse respeito, Rogério Schietti afirma que:

> a prova do crime de roubo, nas hipóteses em que não se haja flagrado e prendido o seu autor, consiste, eminentemente, em um ato a que o Código de Processo Penal denomina "reconhecimento formal de pessoa", tal qual positivado no art. 226 daquele diploma legal. Isso ocorre porque, quando ao crime não sucede uma prisão em flagrante, o trabalho de investigação se direciona a tentar identificar o autor da ação, contando com o auxílio da vítima, quer por declarações, quer por descrição do assaltante, para elaboração de um

retrato falado, quer, ainda, por identificação de um suspeito que a Polícia lhe apresente como tal.[9]

Entre os acórdãos analisados, observou-se que em 92,9% dos casos, a prova de reconhecimento de pessoas não seguiu o procedimento determinado pelo ordenamento jurídico. Para tanto, considerou-se a descrição do procedimento que constava no acordão analisado.

Gráfico 3 - O reconhecimento fotográfico seguiu o disposto o art. 226 CPP? (14 respostas)

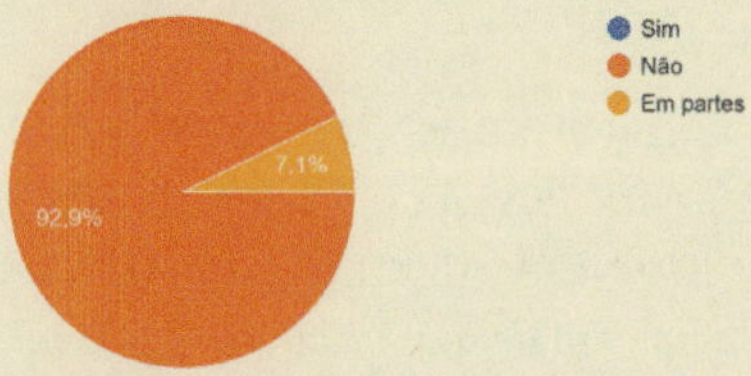

Fonte: Autoria própria (2023)

Em relação ao questionamento central desta pesquisa, o resultado obtido é que em 78,6% dos processos da amostra, não houve o reconhecimento de nulidade no procedimento de reconhecimento de pessoas, conforme evidenciado no gráfico abaixo.

Gráfico 4 - Foi reconhecida a nulidade da prova de reconhecimento de pessoas? (14 respostas)

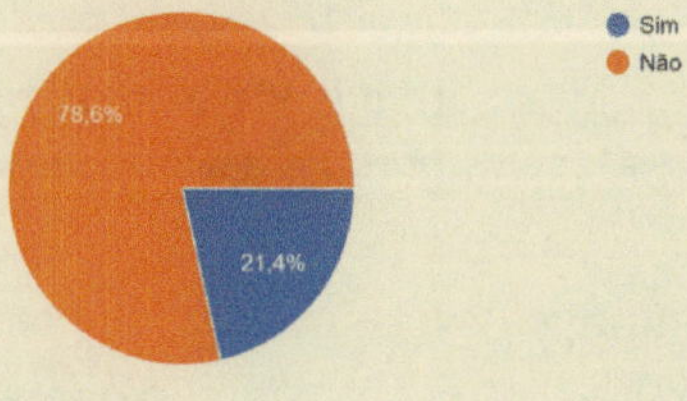

Fonte: Autoria própria (2023)

Portanto, dos 14 (quatorze) acórdãos analisados, apenas 3 (três) reconheceram a nulidade da prova obtida em desacordo com o preceituado no art. 266 do CPP. Além disso, ressalta-se que, em 92% dos acórdãos analisados, a prova do reconhecimento de pessoas foi produzida em desconformidade ao

9 CRUZ, Rogerio Schietti. Investigação criminal, reconhecimento de pessoas e erros judiciais: considerações em torno da nova jurisprudência do Superior Tribunal de Justiça. *Revista Brasileira de Direito Processual Penal*, v. 8, n. 2, 2022. p. 573.

procedimento determinado por lei. No acórdão restante, que representa os 8% restantes, o procedimento foi seguido apenas parcialmente, o que por si só já justificaria o reconhecimento da nulidade.

Esses resultados podem ser explicados pelo entendimento existente de que o procedimento estabelecido no art. 266 do CPP é considerado uma mera recomendação. Tanto é verdade que, em um dos acórdãos analisados, o argumento usado para não reconhecer a nulidade afirma que "o vício no procedimento de reconhecimento pessoal do agente por inobservância do art. 226 do CPP não tem o poder de causar a anulação do processo, sendo apenas uma irregularidade», conforme mencionado no processo 0054574-14, cuja ementa é a seguinte:

> APELAÇÃO CRIMINAL. ROUBO MAJORADO PELO EMPREGO DE ARMA DE FOGO E CONCURSO DE PESSOAS. RECONHECIMENTO FOTOGRÁFICO. NULIDADE. INOCORRÊNCIA. ABSOLVIÇÃO. IMPOSSIBILIDADE. *1. A alegação de vício no procedimento de reconhecimento pessoal do agente por suposta inobservância ao disposto no art. 226 do CPP não tem o condão de acarretar a nulidade do feito, tratando-se de mera irregularidade,* mormente quando corroborado por provas jurisdicionalizadas que demonstrem a autoria delitiva. 2. Comprovado nos autos a materialidade e autoria do crime descrito no artigo 157, § 2º, incisos I e II, do Código Penal, a condenação é medida impositiva. APELAÇÃO CRIMINAL CONHECIDA E DESPROVIDA. (TJ-GO 0054574-1420178090175, Rel. Des. Camila Nina Erbetta Nascimento, 3ª Câmara Criminal, publ. 8.3.2023)

No mesmo sentido, outro argumento frequentemente utilizado para não reconhecer a nulidade da prova resultante de um procedimento distinto do instituído em lei é que "o reconhecimento fotográfico na fase investigativa é um elemento meramente informativo e não acarreta nulidade processual quando corroborado por provas judicializadas", conforme mencionado no processo 5122363-90.

Entre os argumentos empregados para validar as provas obtidas em desacordo com o preceito legal, 45,5% dos processos que não reconheceram a nulidade da prova de reconhecimento alegaram que as condenações não se baseavam exclusivamente nessa prova. Além disso, em 36,4% dos processos foi argumentado que a prova obtida durante o inquérito foi confirmada em juízo, como pode ser observado no gráfico a seguir:

Gráfico 5 - Argumentos utilizados para não reconhecer a nulidade do reconhecimento de pessoas (11 respostas)

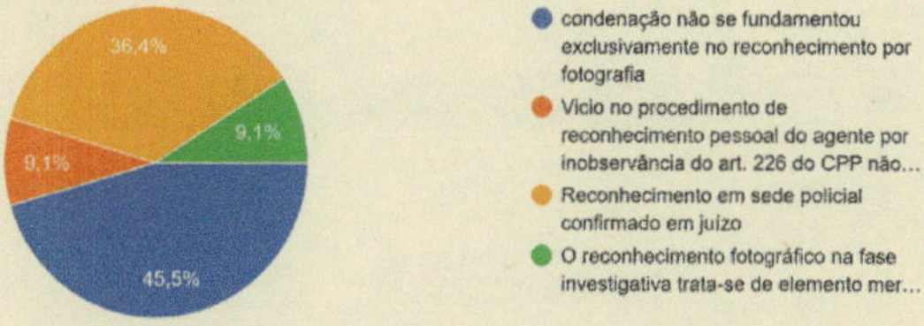

Fonte: Autoria própria (2023)

Importa mencionar que, dos 14 processos analisados, três obtiveram decisões favoráveis e reconheceram a nulidade decorrente da produção da prova do reconhecimento de pessoas em desconformidade com o preceito legal. Os argumentos utilizados nestes processos foram os seguintes:

Quadro 1 - Argumentos utilizados para fundamentar a declaração de nulidade da prova de reconhecimento de pessoas (3 respostas)

O reconhecimento pessoal do acusado realizado pela vítima na Delegacia de Polícia não obedeceu ao que preconiza o art. 226 do CP e não foi ratificado em juízo, devendo ser considerado prova nula para fins de condenação.
Não merece prosperar um juízo condenatório fundado, exclusivamente, em reconhecimento fotográfico realizado pela vítima e sem nenhum outro elemento probatório idôneo.
Portanto, o reconhecimento de pessoas deve observar o procedimento previsto no art. 226 do Código de Processo Penal, cujas formalidades constituem garantia mínima para quem se vê na condição de suspeito da prática de um crime, de sorte que a inobservância de tal procedimento enseja a nulidade de prova e, portanto, não pode servir de lastro para a condenação, a menos que outras provas, por si mesmas, conduzam o magistrado a convencer-se acerca da autoria delitiva, o que não é o caso dos autos.

Fonte: Autoria própria (2023)

As argumentações utilizadas para reconhecer a nulidade das provas constituídas de forma ilegal estão em consonância com o entendimento jurisprudencial do Superior Tribunal de Justiça, e, portanto, deveriam ter maior expressividade nas decisões do TJGO. No entanto, constituem menos de 22% das decisões dos acórdãos analisados como visto no gráfico 4.

Por fim, coletaram-se informações acerca da referência à jurisprudência do HC 598.886/SC do STJ. Com isso, foi possível observar que, somando os acórdãos que citam o HC no relatório (em geral, relatando pedido da defesa pela nulidade com base no julgado) com aqueles que o citam por meio da jurisprudência utilizada no voto, temos a citação desse julgado em onze dos quatorze processos:

Gráfico 6 - Verifica se os acórdãos citam o HC 598.886/SC (14 respostas)

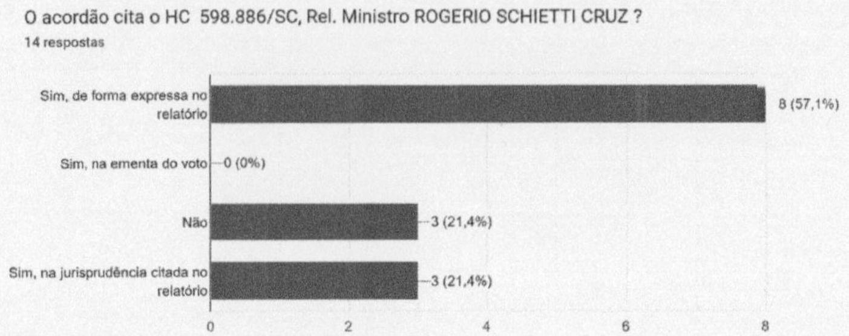

Fonte: Autoria própria (2023)

3. DISCUSSÃO

Esta pesquisa foi conduzida para examinar o entendimento predominante sobre a matéria de reconhecimento de pessoas no TJGO e o impacto do HC 598.886/SC do STJ. Embora tal julgado não se trate de precedente em sentido estrito, de modo que não possui força vinculante obrigatórias às instâncias inferiores, não se pode negar a relevância no caso na virada de posição do STJ. Contudo, os dados da pesquisa demonstram o seu baixo impacto, tendo em vista o número expressivo de casos em que não houve atenção ao art. 226 do CPP e, ainda assim, a nulidade não foi reconhecida.

Trata-se de hipótese já aventada em outras pesquisas empíricas. A partir de análise de julgados do TJRS, Baldasso e Noronha verificaram que "apesar de a tese da presença de falsas memórias na prova oral estar sendo frequentemente suscitada no âmbito recursal, o fenômeno não tem tido grande repercussão no resultado do processo, haja vista o número de decisões que o afastaram sem qualquer embasamento técnico científico que o tema exige".[10]

Entretanto, na doutrina, é crescente a relevância do tema e a importância dos parâmetros legais para redução de riscos de erros judiciais.[11] Isso se deve ao fato de que elementos como a falibilidade da memória, as emoções experimentadas pelas vítimas e as condições físicas dos eventos são fatores que, por si só, comprometem significativamente a validade da prova de reconhecimento de pessoas. Em resultados de pesquisa empírica, verificou-se que "os resultados obtidos neste e em outros estudos reforçam a

10 BALDASSO, Flaviane; ÁVILA, Gustavo N. A Repercussão do Fenômeno das Falsas Memórias na Prova Testemunhal: uma análise a partir dos Julgados do Tribunal de Justiça do Rio Grande do Sul. *Revista Brasileira de Direito Processual Penal,* v. 4, n. 1, 2018. p. 406.
11 CECCONELLO, William Weber; STEIN, Lilian Milnitsky. Prevenindo injustiças: como a psicologia do testemunho pode ajudar a compreender e prevenir o falso reconhecimento de suspeitos. *Avances en Psicología Latinoamericana,* Bogotá, v. 38, n. 1, p. 172-188, 2020.

concepção de que testemunhas oculares são facilmente suscetíveis a erros devido a efeitos de influência social e sugestionabilidade".[12]

No âmbito da literatura, o campo da Psicologia do Testemunho tem ampliado seus horizontes, investigando o que hoje é compreendido como falsas memórias e como elas podem afetar os depoimentos e identificações em um contexto legal. Conforme Cecconello e Stein:[13]

> Os processos psicológicos envolvidos na memória de uma testemunha podem alterar a prova testemunhal de forma permanente e o mesmo ocorre para os procedimentos utilizados pelo sistema de justiça. Assim, tão importante quanto a resposta da testemunha é o modo como esta foi obtida.

A forma como a prova de reconhecimento de pessoas é obtida é de extrema importância, pois está diretamente ligada à sua confiabilidade, o que pode resultar na acusação e condenação de pessoas inocentes. Um aspecto relevante é que fatores como a maneira como o suspeito é apresentado para o reconhecimento podem influenciar no resultado. Por exemplo, um suspeito algemado tem mais chances de ser falsamente reconhecido em comparação com um suspeito apresentado de forma neutra.[14]

De acordo com o Relatório Técnico elaborado por Vaz e Nunes, para o Grupo de Trabalho (GT) Reconhecimento de Pessoas do Conselho Nacional de Justiça (CNJ),[15] as "falsas memórias" não são mentiras deliberadas. Elas são originadas de processos inconscientes, muitas vezes espontâneos, que resultam dos processos internos da memória. A construção de "falsas memórias" não é um processo voluntário e não é motivado por má-fé. A vítima ou testemunha realmente acredita que a "falsa memória" corresponde a um evento real e pode expressá-la detalhadamente.[16]

Em relação ao reconhecimento fotográfico, o Relatório sobre o Reconhecimento Fotográfico em Sede Policial elaborado pela Defensoria Pública do Estado do Rio de Janeiro (2020) revela que, entre os acusados reconhecidos, a maioria (83%) era composta por indivíduos negros. Isso contrasta com a representação demográfica da população total, onde negros e pardos constituem 56% da população brasileira (IBGE, 2022). Isso ressalta a vulnerabilidade da população negra no processo de reconhecimento de pessoas, uma vez que eles representam a

---

12 SARAIVA, Renan B. et al. Conformidade entre testemunhas oculares: efeitos e falsas informações nos relatos criminais. *Psico-USF*, v. 20, n. 4, p. 87-96, jan./abr. 2015.

13 CECCONELLO, William Weber; STEIN, Lilian Milnitsky. Prevenindo injustiças: como a psicologia do testemunho pode ajudar a compreender e prevenir o falso reconhecimento de suspeitos. *Avances en Psicología Latinoamericana*, Bogotá, v. 38, n. 1, p. 172-188, 2020. p. 174.

14 WELLS, Gary L.; SEELAU, Eric P. Eyewitness identification: Psychological research and legal policy on lineups. *Psychology, Public Policy, and Law*, v. 1, n. 4, p. 765, 1995.

15 VAZ, Lívia; NUNES, Pablo. Relatório do comitê técnico I. In. SCHIETTI, Rogério (ORG.). *Grupo de trabalho de reconhecimento de pessoas*. Brasília: CNJ, 2022.

16 Sobre falsas memórias, ver também: ÁVILA, Gustavo N. Falsas Memórias e Sistema Penal. Lumen Juris, 2013; STEIN, Lilian Milnitsky. *Falsas memórias*: fundamentos científicos e suas aplicações clínicas e jurídicas. Artmed, 2010.

maioria dos reconhecidos, mas são minoria na população total do Brasil. Em um contexto de racismo estrutural, isso se torna ainda mais preocupante.[17]

A aplicação correta do ordenamento jurídico no procedimento de reconhecimento de pessoas é fundamental para evitar que pessoas inocentes, muitas delas pertencentes a grupos vulneráveis, sejam criminalizadas com base em provas ilícitas ou contaminadas. No Estado Democrático de Direito, a lei é uma salvaguarda, e sua completa observância é essencial para evitar ilegalidades. A interpretação que atribui meramente irregularidade à inobservância do procedimento previsto no art. 266 do CPP é questionável, prejudicando a segurança jurídica e a dignidade da pessoa humana.

Quando se analisa os resultados da pesquisa, percebe-se que, entre os 14 acórdãos examinados, apenas 3 reconheceram a nulidade da prova obtida em desacordo com o dispositivo legal. Ou seja, 11 acórdãos mantiveram a validade da prova de reconhecimento mesmo quando o procedimento legal não foi seguido. Isso muitas vezes ocorre porque a narrativa dos fatos é construída com base em reconhecimentos falhos, que frequentemente são confirmados posteriormente em juízo.

Sendo assim, é impositiva a ordem de que a prova de reconhecimento de pessoas seja realizada em observância integral ao procedimento disposto no art. 226 do CPP, a fim de que narrativas não sejam construídas em juízo, em desfavor de um acusado indicado por meio de um reconhecimento falho e, portanto, equivocado. Para tanto, a construção de procedimentos legais orientados por evidências científicas é primordial e, nesse sentido, os parâmetros previstos no art. 226 do CPP são um passo inicial que precisa ser consolidado.

Ademais, na doutrina, apontam-se diversas outras recomendações, como: "a) um número mínimo de *fillers* (pessoas semelhantes ao investigado apresentadas juntamente a ele no momento do reconhecimento, mas que se sabe inocentes); b) as instruções que devem ser dadas ao reconhecedor antes do procedimento, como a informação de que o autor do fato pode ou não estar entre as pessoas exibidas, e a vedação a feedbacks confirmatórios depois do ato; c) idealmente, deve-se adotar procedimento duplo-cego, em que os servidores que organizam o reconhecimento também não sabem quem é o suspeito em identificação; d) devem ser estabelecidos "critérios de 'suspeita razoável' para realizar o procedimento, ou seja, as investigações devem levar ao reconhecimento, não partir deste".[18]

17 Sobre isso: DIAS, Camila C. "Olhos que condenam": uma análise autoetnográfica do reconhecimento fotográfico no processo penal. *Revista AJURIS*, v. 47, n. 148, jun./2020.

18 CECCONELLO, William W.; STEIN, Lilian M.; DE AVILA, Gustavo N. Novos rumos para o reconhecimento de pessoas no Brasil? Perspectivas da Psicologia do Testemunho frente à decisão HC 598.886-SC. *Revista Brasileira de Ciências Criminais*, v. 177, p. 359-368, 2021.

4. CONCLUSÃO

Este artigo pretendeu verificar o impacto do HC 598.886/SC do STJ, que versa sobre a nulidade da prova de reconhecimento de pessoas realizadas em inobservância com o procedimento preceituado no art. 226 do Código de Processo Penal, nos julgados do Tribunal de Justiça do Estado de Goiás. Para tanto, foi realizada pesquisa empírica jurisprudencial aplicando o recorte temporal do período compreendido entre 27 de outubro de 2020 a 11 de abril de 2023. Neste período, foram identificados 21 processos que envolviam referência ao HC 598.886 e ao art. 226 do Código de Processo Penal. Após as exclusões justificadas na metodologia, restaram 14 processos para análise.

Observou-se que a prova de reconhecimento de pessoas ocorreu majoritariamente nos casos de crimes de roubo. A partir da descrição contida nos acórdãos, verificou-se que procedimento determinado pelo art. 226 do CPP não foi respeitado em sua integralidade em 92,9% dos casos analisados. Constatou-se que a nulidade da prova foi reconhecida em apenas 3 dos 14 processos analisados, representando apenas 21,4% dos casos. Em 78,6% dos processos, a nulidade não foi reconhecida, mesmo diante da produção da prova em desconformidade com a lei.

Dentre os argumentos utilizados para não reconhecer a nulidade da prova, destaca-se a alegação de que o vício no procedimento de reconhecimento pessoal não acarreta a nulidade do feito, sendo apenas uma irregularidade, e o argumento de que o reconhecimento fotográfico na fase investigativa é meramente informativo e não implica nulidade processual quando corroborado por provas judicializadas.

A pesquisa também revelou que em 11 dos 14 processos analisados houve citação do HC 598.886/SC do STJ, seja no relatório (em geral, indicando a tese defensiva levantada) ou por meio da jurisprudência citada no voto. Isso demonstra a relevância desse julgado nas decisões do Tribunal de Justiça de Goiás.

Contudo, a baixa taxa de reconhecimento da nulidade da prova sugere que ainda existe uma percepção de que o procedimento do art. 226 do CPP é apenas uma recomendação e não uma exigência legal. Isso evidencia que o impacto do HC 598.886/SC ainda não está consolidado e precisa ser aprimorado por meio de medidas ativas dos tribunais, como formação de pessoal ou a redação de precedente com força vinculante sobre a temática.

REFERÊNCIAS

ÁVILA, Gustavo Noronha de. *Falsas Memórias e Sistema Penal*. Rio de Janeiro: Lumen Juris, 2013.

BALDASSO, Flaviane; ÁVILA, Gustavo N. A Repercussão do Fenômeno das Falsas Memórias na Prova Testemunhal: uma análise a partir dos Julgados do Tribunal de Justiça do Rio Grande do Sul. *Revista Brasileira de Direito Processual Penal*, v. 4, n. 1, 2018. https://doi.org/10.22197/rbdpp.v4i1.129

BATISTA DE URZÊDA, Ana Raquel; VASCONCELLOS, Vinicius. Dados de "Reconhecimento de pessoas no processo penal: análise jurisprudencial do impacto do Habeas Corpus 598.886 do STJ na jurisprudência do TJGO entre outubro de 2020 a abril de 2023". *figshare*. Dataset. 2023. https://doi.org/10.6084/m9.figshare.24746643

BRAGA DAMASCENO, Fernando. Pensando a qualidade do juízo fático-probatório: um modelo de evolução baseado no aprendizado com erros. *Revista Brasileira de Direito Processual Penal*, v. 9, n. 3, 2023. https://doi.org/10.22197/rbdpp.v9i3.900

CECCONELLO, William Weber; STEIN, Lilian Milnitsky. Prevenindo injustiças: como a psicologia do testemunho pode ajudar a compreender e prevenir o falso reconhecimento de suspeitos. Avances en Psicología Latinoamericana, Bogotá, v. 38, n. 1, p. 172-188, 2020. http://dx.doi.org/10.12804/revistas.urosario.edu.co/apl/a.6471

CECCONELLO, William W.; STEIN, Lilian M.; DE AVILA, Gustavo N. Novos rumos para o reconhecimento de pessoas no Brasil? Perspectivas da Psicologia do Testemunho frente à decisão HC 598.886-SC. *Revista Brasileira de Ciências Criminais*, v. 177, p. 359-368, 2021.

CRUZ, Rogerio Schietti. Investigação criminal, reconhecimento de pessoas e erros judiciais: considerações em torno da nova jurisprudência do Superior Tribunal de Justiça. *Revista Brasileira de Direito Processual Penal*, v. 8, n. 2, 2022. https://doi.org/10.22197/rbdpp.v8i2.717

DI GESU, Cristina. *Prova penal e falsas memórias*. 2. ed. ampl. e rev. Porto Alegre: Livraria do Advogado, 2014.

DIAS, Camila C. "Olhos que condenam": uma análise autoetnográfica do reconhecimento fotográfico no processo penal. *Revista AJURIS*, v. 47, n. 148, jun./2020.

DUCE, Mauricio; FINDLEY, Keith A. Editorial of dossier "Wrongful convictions and prosecutions: current status, causes, correction and reparation mechanisms": Wrongful convictions and prosecutions: an introductory overview. *Revista Brasileira de Direito Processual Penal*, v. 8, n. 2, 2022. https://doi.org/10.22197/rbdpp.v8i2.746

LOPES, Mariângela. *O reconhecimento como meio de prova*: necessidade de reformulação do direito brasileiro. São Paulo: RT, 2023.

MAGALHÃES, Marina Trindade. O reconhecimento pessoal e a psicologia judiciária: falibilidade do testemunho como reforço do etiquetamento e violação ao in dubio pro reo. *Revista Brasileira de Direito Processual Penal*, v. 6, n. 3, p. 1699–1731, 2020. https://doi.org/10.22197/rbdpp.v6i3.339

MATIDA, Janaina; CECCONELLO, William Weber. Reconhecimento fotográfico e presunção de inocência. *Revista Brasileira de Direito Processual Penal*, v. 7, n. 1, p. 409, 2021. https://doi.org/10.22197/rbdpp.v7i1.506

RIBAS ORTIGOSA LEITE, Sara; AMARAL BAHIA, Claudio José. O erro judiciário e a injustiça epistêmica no reconhecimento de pessoas. *Revista Brasileira de Direito Processual Penal*, v. 9, n. 2, 2023. https://doi.org/10.22197/rbdpp.v9i2.815

SARAIVA, Renan B. et al. Conformidade entre testemunhas oculares: efeitos e falsas informações nos relatos criminais. *Psico-USF*, v. 20, n. 4, p. 87-96, jan./abr. 2015. https://doi.org/10.1590/1413-82712015200108

STEIN, Lilian Milnitsky. *Falsas memórias*: fundamentos científicos e suas aplicações clínicas e jurídicas. Artmed, 2010.

STEIN, Lilian Milnitsky; ÁVILA, Gustavo Noronha de. *Entrevistas forenses e reconhecimento pessoal nos processos de criminalização:* um diagnóstico brasileiro. Brasília: IPEA. Boletim de Análise Político-Institucional, n. 17, p. 45-51, 2018.

VAZ, Lívia; NUNES, Pablo. Relatório do comitê técnico I. In. SCHIETTI, Rogério (ORG.). *Grupo de trabalho de reconhecimento de pessoas.* Brasília: CNJ, 2022.

WELLS, Gary L.; SEELAU, Eric P. Eyewitness identification: Psychological research and legal policy on lineups. *Psychology, Public Policy, and Law*, v. 1, n. 4, p. 765, 1995. https://psycnet.apa.org/doi/10.1037/1076-8971.1.4.765

Autoincriminação na jurisprudência dos Tribunais Superiores: dever de advertência (aviso de Miranda) e direito ao silêncio seletivo no âmbito do interrogatório judicial

Bruno Barcellos de Almeida[1]
Max Akira Senda de Brito[2]

1. INTRODUÇÃO

O direito ao silêncio, previsto na Constituição Federal de 1988 como direito de permanecer calado (art. 5º, LXIII), apresenta-se com um dos desdobramentos do princípio da não auto-incriminação (*nemo tenetur se detegere*[3]), pelo qual ninguém é obrigado à produção probatória contra si mesmo.

Trata-se, como bem define BRASILEIRO (2023), de uma modalidade de autodefesa passiva, que é exercida pelo acusado de uma imputação penal por meio da inatividade, com o objetivo de proteger o indivíduo contra excessos cometidos pelo Estado, detentor do *ius puniendi*.

Essa é a temática do presente trabalho, que pretende, para além disso, pormenorizar questões reflexas concernentes ao direito ao silêncio que vem ecoando no âmbito da jurisprudência dos Tribunais Superiores e, sobretudo, trazendo implicações práticas para a condução do interrogatório formal presidido pelo magistrado no exercício diário da jurisdição criminal.

Delinear-se-ão, pois, notas introdutórias acerca do princípio da não auto-incriminação e sobre o instituto processual do interrogatório judicial. No cerne do trabalho, à luz da jurisprudência dos Tribunais Superiores, no que se refere especificamente ao interrogatório judicial formalizado, adentrar-se-á no estudo acerca da imposição legal atinente à advertência quanto ao direito de não produzir prova contra si mesmo que assiste ao imputado (Aviso de Miranda), assim como no exame do direito do réu ao exercício do silêncio parcial (silêncio fragmentário), com o fito de desnudar-se o estado atual do pensamento pretoriano

1 Especialista em Direito Penal e Criminologia (2020) e Mestrando em Ciências Criminais pela Pontifícia Universidade Católica do Rio Grande do Sul (2022) - PUCRS. Juiz de Direito do Tribunal de Justiça do Estado do Rio Grande do Sul (TJRS). E-mail: bruno.barcellos84@edu.pucrs.br.

2 Especialista em Direito Processual Civil pela Faculdade Damásio. Juiz de Direito do Tribunal de Justiça do Estado do Rio Grande do Sul (TJRS). E-mail: maxdebrito@yahoo.com.br

3 Aforismo que pode ser traduzido como "ninguém é obrigado a se descobrir".

sobre essas temas e, demais disso, as consequências procedimentais possíveis dentro do contexto do sistema de nulidades vigente no processo penal brasileiro.

2. PRINCÍPIO DA NÃO AUTOINCRIMINAÇÃO MANIFESTADO NO DIREITO AO SILÊNCIO

Quando se fala em silêncio do acusado, não se pode perder de vista que ele decorre do princípio da não autoincriminação (*nemo tenetur se detegere*), segundo o qual ninguém pode ser obrigado a produzir provas contra si ou se declarar culpado, garantindo-se, para tanto, o exercício do direito ao silêncio (art. 5º, LXIII, da CF/88[4]), notadamente por ocasião do interrogatório policial ou judicial.

Na linha do escólio de CANOTILHO et al (2018), tem fundamento na proibição de o acusado depor contra si mesmo, que vem estabelecida no art. 8º, n. 2, letra g, da Convenção Americana Sobre Direitos Humanos[5] (Pacto de San José da Costa Rica), da qual o Brasil é signatário por meio do Decreto 678, de 6 de novembro de 1992 e no art. 14, n. 3, "g" do Pacto Internacional sobre Direitos Civis e Políticos[6], que foi adotado na XXI Sessão da Assembleia Geral das Nações Unidas, em 16 de dezembro de 1966, e que entrou em vigor no Brasil no dia 24 de abril de 1992, por força do Decreto 592, de 6 de julho de 1992. Decorre, ademais, dos princípios maiores da presunção de inocência e da dignidade da pessoa humana, possuindo, no direito comparado, forte influência norte-americana, em especial a Quinta Emenda à Constituição daquele país, que veda qualquer espécie de constrangimento que tenha por objetivo compelir a pessoa a se autoincriminar. A respeito, inúmeras foram as decisões da Suprema Corte norte-americana sobre o tema, até o estágio em que o direito a não produzir provas contra si mesmo foi consolidado no acórdão Miranda vs Arizona, em 1966.

Demais disso, importante destacar que o direito ao silêncio, como manifestação do *nemo tenetur se detegere* e realização da garantia da ampla defesa, além de não obrigar o acusado a responder a qualquer indagação feita em sede de interrogatório formal, também não poderá ensejar ao indivíduo restrição em sua esfera jurídica em virtude do exercício, sempre legítimo, dessa especial prerrogativa.

Sobre o ponto, leciona NUCCI (2022) que, a partir do momento em que toda decisão deverá ser fundamentada, o silêncio jamais poderá compor o

---

4 No Brasil, o direito ao silêncio como manifestação do princípio da não autoincriminação está previsto no art. 5º, inciso LXIII, da Constituição Federal de 1988, *in verbis: "[...] o preso será informado de seus direitos, entre os quais o de permanecer calado, sendo-lhe assegurada a assistência da família e de advogado". Cumpre anotar que, não obstante o dispositivo constitucional tenha se restringido a tratar sobre o direito ao silêncio do preso, por certo deve ser estendido a todo o investigado no processo criminal, ainda que não custodiado, em atendimento aos princípios da ampla defesa e da presunção de inocência.*

5 *(...) Toda pessoa acusada de delito tem direito a que se presuma sua inocência enquanto não se comprove legalmente sua culpa. Durante o processo, toda pessoa tem direito, em plena igualdade, às seguintes garantias mínimas (...) direito de não ser obrigado a depor contra si mesma, nem a declarar-se culpada.*

6 *toda pessoa acusada de um delito terá direito, em plena igualmente, a, pelo menos, as seguintes garantias (...)* De não ser obrigada a depor contra si mesma, nem a confessar-se culpada.

contexto argumentativo do julgador na sentença para sustentar a condenação do acusado. É necessário ao julgador abstrair, por completo, o silêncio do réu, caso o exerça, porque o processo penal deve ter instrumentos suficientes para comprovar a culpa do réu, independentemente de ter de se valer das declarações do próprio interessado para compor o quadro probatório.

Outra vertente pertinente ao direito ao silêncio que merece breve digressão diz respeito à ausência de previsão legal no sistema jurídico brasileiro do crime de perjúrio. A respeito do tema, há de se ponderar que, em que pese isso não retrate um direito à mentira em favor do acusado no interrogatório judicial – mas sim uma irrelevância jurídica na mentira do acusado, já que de tal ato não lhe poderão ensejar consequências negativas, como bem explica BADARÓ (2021) – , vê-se que tamanha é a dimensão do direito ao silêncio no ordenamento pátrio, como manifestação do princípio da não autoincriminação, ao ponto de também se estender ao direito de apresentar versão para encobrir fatos sobre os quais deseja se calar.

Nesse contexto, há vozes doutrinárias (PEDROSO, 2005) que defendem que, se o increpado criminalmente atribuir a outrem a autoria de um delito, sabendo ser esse inocente, não cometerá o crime de denunciação caluniosa, se assim o fizer para o fim exclusivo de autodefesa, atuando, pois, albergado pela excludente de ilicitude do exercício regular de um direito.

3. PANORAMA GERAL SOBRE O INSTITUTO PROCESSUAL DO INTERROGATÓRIO JUDICIAL

Importa que sejam tecidas algumas considerações sobre a natureza jurídica do interrogatório, já que se trata do ato processual sobre o qual recairá a discussão que se segue, adstrita a desdobramentos do instituto.

Como se sabe, previamente ao advento da Constituição Federal de 1988, o interrogatório judicial possuía compreensão diversa da atual, notadamente porque o princípio da não autoincriminação não tinha agasalho na norma processual penal positivada, de modo que o silêncio do processado poderia lhe gerar prejuízo, tanto que a redação original do art. 186 do CPP dizia expressamente que o silêncio do réu poderia ser interpretado em prejuízo de sua defesa. Preponderava, pois, um sistema inquisitório puro, em que o interrogatório era meio de prova, por meio do qual o juiz que presidia o processo, na busca da "verdade real", formulava questionamentos que não poderiam deixar de ser respondidos pelo acusado.

Com a constitucionalização do processo penal, os atos processuais precisaram ser revisitados e vistos pelas lentes dos direitos e garantias fundamentais assegurados pelo legislador constituinte, inclusive o interrogatório, na medida em que o rol do art. 5º da Carta Magna trouxe expressa previsão do princípio do *nemo tenetur se detegere*. Vale dizer, como lembra LOPES JUNIOR (2023), ao assegurar o direito ao silêncio como direito fundamental sem fazer reservas, fica evidente que o sistema normativo infraconstitucional não pode atribuir nenhum prejuízo a quem o exercita.

Não por outra razão a redação original do art. 186 do Código de Processo Penal foi alterada pela Lei 10.792/2003, passando a prever, *in verbis*: *Art. 186. Depois de devidamente qualificado e cientificado do inteiro teor da acusação, o acusado será informado pelo juiz, antes de iniciar o interrogatório, do seu direito de permanecer calado e de não responder perguntas que lhe forem formuladas. Parágrafo único. O silêncio, que não importará em confissão, não poderá ser interpretado em prejuízo da defesa.*

Diante desse novo panorama constitucional, passou a prevalecer na doutrina e na jurisprudência o entendimento de que o interrogatório possui natureza mista, sendo meio de prova e, também, meio de defesa, tendo em vista que será o momento em que o acusado poderá dar sua versão dos fatos ou, não o querendo, ficar em silêncio sem que isso importe qualquer prejuízo à culpabilidade. Não se olvide, porém, que boa parte da doutrina tem se inclinado no sentido de que o interrogatório é, essencialmente ou predominantemente, meio de defesa (TÁVORA e ALENCAR, 2018).

De todo o modo, parece-nos correta a conclusão de AURY LOPES JUNIOR quando, reportando-se a DUCLERC, referiu que a controvérsia é estéril, pois as alternativas não são excludentes e, ao potencializá-lo como meio de defesa, acaba por utilizá-lo como meio de prova, na medida em que *ingressa na complexidade do conjunto de fatores psicológicos que norteiam o sentire judicial materializado na sentença* (2023, p. 524).

O que releva para o estudo proposto é que a natureza jurídica do interrogatório passa, necessariamente, a ser considerado ato de defesa[7] e, como tal, deve ser visto sob a ótica do direito fundamental a não autoincriminação, notadamente pelo seu viés negativo, qual seja, do exercício do direito ao silêncio sem qualquer prejuízo ao acusado.

4. DO INTERROGATÓRIO JUDICIAL E DO DEVER DE INFORMAÇÃO QUANTO AO DIREITO AO SILÊNCIO (AVISO DE MIRANDA)

Destaca com propriedade AVENA (2022) que, anteriormente às inovações trazidas pela Lei 10.792/2003 ao CPP, o interrogatório era considerado como um ato personalíssimo do juiz, na forma da antiga redação do art. 188 do diploma processual penal, de modo que somente ao juiz caberia a formulação

7 A saber, ostenta como característica basilar a sua obrigatoriedade, de modo que o aprazamento do ato solene no curso do processo penal revela-se imprescindível, sob pena de nulidade processual (art. 564, III, "e", do CPP).

de perguntas ao acusado. Hodiernamente, o art. 188 do CPP passou a contemplar às partes a faculdade de realização de perguntas ao réu, mantendo hígido, todavia, o sistema presidencialista de inquirição, no sentido de que os questionamentos deverão ser realizados por intermédio do magistrado, o qual poderá indeferir as indagações impertinentes ou irrelevantes ao esclarecimento do fato criminoso, não sendo dado às partes, pois, dirigirem a palavra diretamente ao acusado no interrogatório.

Nesse diapasão, como desdobramento do delineado princípio da não auto-incriminação, afigura-se de elevada importância na realização do interrogatório judicial o dever de informação ao acusado previamente ao ato processual – que recai, primordialmente, sobre o juiz, presidente da solenidade – concernente ao direito ao silêncio que lhe assiste, conhecido como Aviso de Miranda (*Miranda Warnings*, originário do citado *case* da Suprema Corte norte-americana Miranda vs Arizona[8], em 1966), imposto pelo art. 186 do Código de Processo Penal, com a redação dada pela Lei 10.792/2003, o qual estabelece que, *depois de devidamente qualificado e cientificado do inteiro teor da acusação, o acusado será informado pelo juiz, antes de iniciar o interrogatório, do seu direito de permanecer calado e de não responder perguntas que lhe forem formuladas*.

Em comentário ao aludido dispositivo processual penal, LOPES JUNIOR (2023) delineia que o direito de calar também estabelece um dever para a autoridade policial ou judicial que realiza o interrogatório, qual seja, o de advertir o sujeito passivo de que não está obrigado a responder as perguntas que lhe forem realizadas, sob pena de nulidade do ato por violação de garantia constitucional.

PACELLI e FISCHER (2021), demais disso, bem observam que o direito ao silêncio tem o condão de tutelar não somente a consciência moral daquele que, pelo fato de correr risco a uma condenação, se vê compelido a falsear a verdade em seu favor, mas, também, de trazer guarida ao acusado contra juízos de convencimentos lastreados em percepções subjetivas indignas de grau aceitáveis de certeza.

A questão concernente ao *Aviso de Miranda* é, pois, garantia ao regular exercício do direito de permanecer calado ao ponto de ser examinada pela jurisprudência dos Tribunais Superiores como controle de validade do processo penal constitucional de há muito. A saber, ainda em 2001, no julgamento do Habeas Corpus de 80.949/RJ, de Relatoria do saudoso Min. Sepúlveda Pertence, Primeira Turma, DJe 14/12/2001, o Supremo Tribunal Federal (STF)

---

8 Como bem historia CAPEZ (2021), em março de 1963, nos Estados Unidos da América, após ter sido identificado por uma testemunha, Ernesto Miranda foi preso em casa e levado à polícia em Phoenix, Estado do Arizona. Após interrogatório de duas horas, os policiais obtiveram sua confissão. Mais tarde, no entanto, esses policiais admitiram que não o alertaram quanto ao seu direito ao silêncio. O processo, dessa forma, foi anulado. O Aviso de Miranda consiste na obrigação de informar o acusado de seu direito ao silêncio, isto é, de que tudo o que disser poderá ser usado contra si e da garantia de assistência jurídica, sob pena de nulidade.

consignou que a falta da advertência ao direito ao silêncio, no momento em que o dever de informação se impõe, torna ilícita a prova, sob o fundamento de que *o privilégio contra a auto-incriminação nemo tenetur se detegere, erigido em garantia fundamental pela Constituição além da inconstitucionalidade superveniente da parte final do art. 186 C.Pr.Pen., importou compelir o inquiridor, na polícia ou em juízo, ao dever de advertir o interrogado do seu direito ao silêncio: a falta da advertência - e da sua documentação formal - faz ilícita a prova que, contra si mesmo, forneça o indiciado ou acusado no interrogatório formal e, com mais razão, em conversa informal gravada, clandestinamente ou não.*

Mais recentemente, o Supremo Tribunal Federal (STF), no Recurso Ordinário em Habeas Corpus de 192.798 AgR/SP, de relatoria do Min. Gilmar Mendes, Segunda Turma, DJe 02/03/2021, assentou que a Constituição Federal de 1988 impõe ao Estado não somente a obrigação de informar ao preso seu direito ao silêncio no interrogatório formal, mas, para além disso, no chamado interrogatório informal, consistente naquele realizado no momento da abordagem policial, quando o suspeito recebe voz de prisão por parte do agente de segurança pública em situação de flagrante delito.

Como asseverou o relator, *o direito ao silêncio, que assegura a não produção de prova contra si mesmo, constitui pedra angular do sistema de proteção dos direitos individuais e materializa uma das expressões do princípio da dignidade da pessoa humana. Como se sabe, na sua acepção originária conferida por nossa prática institucional, este princípio proíbe a utilização ou a transformação do homem em objeto dos processos e ações estatais. O Estado está vinculado ao dever de respeito e proteção do indivíduo contra exposição a ofensas ou humilhações.*

No mesmo norte, o Ministro Gilmar Mendes decidiu no Recurso Ordinário em Habeas Corpus de 170.843 AgR/SP, DjE de 01/09/2021, consignando que a todos os órgãos estatais dotados de poderes normativos, judiciais ou administrativos, impõe-se a importante tarefa de realização dos direitos fundamentais, sobretudo o direito ao silêncio como decorrência do princípio da não auto-incriminação, de modo que se tornará ilícita a prova colhida caso o interrogado não seja comunicado do direito de permanecer calado que lhe assiste a Constituição Federal de 1988.

Por sua vez, no que concerne à jurisprudência do Superior Tribunal de Justiça (STJ), intérprete máximo da legislação infraconstitucional, a orientação da Quinta Turma é no sentido de que a garantia ao acusado da informação prévia acerca do direito ao silêncio somente é exigível para a realização do interrogatório formal, como determina a lei processual regente.

A respeito, cita-se trecho da ementa do Agravo Regimental no Habeas Corpus 809.283/GO, de relatoria do Ministro Reynaldo Soares da Fonseca, julgado em 22/5/2023, DJe de 24/5/2023, *in verbis*: (...) *4. A legislação processual penal não exige que os policiais, no momento da abordagem, cientifiquem o abordado quanto ao seu direito em permanecer em silêncio (Aviso de Miranda), uma vez que tal prática somente é exigida nos interrogatórios policial e judicial.*

Demais disso, a Quinta Turma do Tribunal da Cidadania vem entendendo que eventual inobservância do Aviso de Miranda no interrogatório formal constituiria uma nulidade de natureza relativa, e, portanto, dependente da demonstração de prejuízo ao interrogado (brocardo *pas de nullité sans grief* - CPP art. 563), ponderadas as demais circunstâncias do caso concreto para se verificar se houve ou não o constrangimento ilegal para que se possa inquinar de írrito o ato processual e consequentemente ilícita a prova colhida (v.g., acusado, não advertido do direito ao silêncio, confessa espontaneamente o fato criminoso que lhe é imputado).

Nesse norte é o Agravo Regimental no Habeas Corpus 506.975/RJ, julgado em 6/6/2019, DJe de 27/6/2019; o Habeas Corpus 614.339/SP, julgado em 9/2/2021, DJe de 11/2/2021, ambos de relatoria Ministro Reynaldo Soares da Fonseca, e, mais recentemente, o Recurso Ordinário em Habeas Corpus 148.036/SC, de relatoria do Ministro Jesuíno Rissato (Desembargador Convocado do TJDFT), julgado em 18/10/2022, DJe de 28/10/2022, em que a defesa pretendia a invalidação de um Acordo de Não Persecução Penal quanto ao pressuposto da confissão extrajudicial por ausência de formalização do Aviso de Miranda antes de sua aceitação por parte do acusado.

Restou consignado no voto do Ministro relator no citado Recurso Ordinário em Habeas Corpus ser *cediço o entendimento de que eventual descumprimento do "Aviso de Miranda" é causa de nulidade relativa, que demanda a comprovação de prejuízo, o que não ocorreu na espécie, tanto que os acusados celebraram com assistência de seus advogados o referido acordo não podendo agora alegar nulidade que, ainda que de forma tácita, aquiesceram (...).*[9]

5. INTERROGATÓRIO JUDICIAL DO ACUSADO E O DIREITO AO SILÊNCIO SELETIVO

A jurisprudência dos Tribunais Superiores é rica quando se fala do direito ao silêncio pelo investigado e/ou acusado de fatos tidos como criminosos, podendo-se citar, dentre outros, com destacado, em linhas gerais, alhures (i) a própria regularidade de seu exercício[10], (ii) seu alcance nos

9 Diversamente, por exemplo, do entendimento jurisprudencial alemã, trazida por Karl Heinz. Gössel, no sentido de que a violação do dever de informação concernente ao direito ao silêncio na fase pré-processual é mera irregularidade, enquanto, na fase judicial, importa em proibição de valoração do interrogatório (As Proibições de Prova no Direito Processual Penal da República Federal da Alemanha, p. 409, Revista Portuguesa de Ciência Criminal, ano 2, fasc. 3, julho-setembro 1992, Aequitas Editorial Notícias).

10 *(...). Regularidade do interrogatório em que o custodiado se negou a responder as perguntas (RE 103266, Relator(a): RAFAEL MAYER, Primeira Turma, julgado em 04/12/1984, DJ 19- 12-1984 PP-21919 EMENT VOL-01363-05 PP-00777 RTJ VOL-00112-02 PP-00903)*

depoimentos prestados em Comissão Parlamentar de Inquérito[11], (iii) que, do direito ao silêncio, decorre o direito do acusado de negar a prática da infração, ainda que falseando com a verdade[12], e a obrigação do Estado de informar ao preso seu direito ao silêncio não apenas no interrogatório formal, mas logo no momento da abordagem, quando recebe voz de prisão por policial, em situação de flagrante delito[13].

O objeto de nosso estudo nesse ponto específico, entretanto, se resume ao direito (ou não) ao silêncio seletivo no momento do interrogatório judicial, compreendido como a situação em que o acusado se manifesta ao julgador, por ocasião de sua oitiva, que pretende responder apenas aos questionamentos formulados pelo seu defensor.

Sobre esse silêncio seletivo, a controvérsia jurisprudencial que começou a aportar nos Tribunais Superiores ocorre no tocante à interpretação do art. 186 do Código de Processo Penal, resumindo-se, basicamente, em dois aspectos: (i) a possibilidade de perguntas pela defesa, quando o acusado informa o direito ao silêncio seletivo ao magistrado que preside o ato e (ii) a viabilidade de consignação das perguntas, em especial da acusação, quando utilizado esse direito.

Nessa contorno, evidente que o silêncio é direito público subjetivo do acusado e, conquanto não seja absoluto[14], sua violação pura e simples gera nulidade. Resta, no entanto, controversa a extensão desse direito, ou seja, se a pessoa a quem se imputa fato criminoso pode se furtar a responder às perguntas do juiz e da acusação, optando por se manifestar apenas quanto aos questionamentos da defesa técnica, por meio do chamado silêncio seletivo. Pode, nesses termos, o juiz, diante da negativa em responder suas perguntas, dar por encerrado o interrogatório?

---

11 *(...) a garantia contra a autoincriminação se estende a qualquer indagação por autoridade pública de cuja resposta possa advir à imputação ao declarante da prática de crime, ainda que em procedimento e foro diversos (HC 79244, Relator(a): SEPÚLVEDA PERTENCE, Tribunal Pleno, julgado em 23/02/2000, DJ 24-03-2000 PP-00038 EMENT VOL-01984-01 PP-00190 RTJ VOL-00172- 03 PP-00929); O direito à não autoincriminação abrange a faculdade de comparecer ao ato, ou seja, inexiste obrigatoriedade ou sanção pelo não comparecimento quando convocado por CPI (HC 171438, Relator(a): GILMAR MENDES, Segunda Turma, julgado em 28/05/2019, PROCESSO ELETRÔNICO DJe-204 DIVULG 14-08-2020, PUBLIC 17-08-2020).*

12 *Mutatis mutandis, disse haver um direito de mentir ao acusado (HC 68929, Relator(a): CELSO DE MELLO, Primeira Turma, julgado em 22/10/1991, DJ 28-08-1992 PP-13453 EMENT VOL-01672-02 PP-00270 RTJ VOL-00141-02 PP-00512).*

13 RHC 207459, Relator(a): GILMAR MENDES, Segunda Turma, julgado em 25/04/2023, PROCESSO ELETRÔNICO DJe-s/n DIVULG 17-05-2023 PUBLIC 18-05-2023.

14 Conforme decidido pelo STF, "(...) a evolução jurisprudencial consolidou-se por esta Corte Constitucional no julgamento, em 22.09.2011, da repercussão geral da questão constitucional debatida no RE 640139, de relatoria do Min. Dias Toffoli, oportunidade em que se reafirmou que o princípio constitucional da vedação à autoincriminação não alcança aquele que atribui falsa identidade perante autoridade policial com o intuito de ocultar maus antecedentes, o que torna típica, sem qualquer traço de ofensa ao disposto no art. 5°, LXIII, da CF, a conduta prevista no art. 307 do CP; d) o paradigmático julgamento do RE 640139 adotou a premissa de que a garantia contra a autoincriminação não pode ser interpretada de forma absoluta, admitindo, em consideração a sua natureza principiológica de direito fundamental, a possibilidade de relativização justamente para viabilizar um juízo de harmonização que permita a efetivação, em alguma medida, de outros direitos fundamentais que em face daquela eventualmente colidam" (RE 971959, Relator(a): LUIZ FUX, Tribunal Pleno, julgado em 14/11/2018, PROCESSO ELETRÔNICO REPERCUSSÃO GERAL - MÉRITO DJe-190, DIVULG 30-07-2020, PUBLIC 31-07-2020).

A questão, aparentemente simples, gera calorosos debates na doutrina e jurisprudência, notadamente porque o art. 188 do CPP dispõe que "*Após proceder ao interrogatório, o juiz indagará das partes se restou algum fato para ser esclarecido, formulando as perguntas correspondentes se o entender pertinente e relevante*", cuja literalidade conduz à interpretação de que o ato processual segue sendo personalíssimo do juiz, que somente daria a palavra às partes para complementação e, se nada foi respondido ao magistrado, nada haveria a ser complementado.

Nessa linha, a 6ª Turma do Superior Tribunal de Justiça (STJ), em recente julgado[15], deparou com a seguinte situação: finda a instrução, foi iniciado o interrogatório dos acusados, oportunidade em que um deles, por orientação de seu advogado, disse que não responderia aos questionamentos do juízo e do Ministério Público. O magistrado, por essa razão, decidiu por encerrar o ato, momento em que a defesa técnica se insurgiu, dizendo querer formular perguntas ao seu cliente, o que restou indeferido, sob o argumento de que no ato processual do interrogatório, se o acusado optar por não responder às perguntas do juiz, não haveria por que serem formulados esclarecimentos pela defesa. A decisão *a quo* foi mantida em grau recursal, oportunidade em que se referiu, ainda, que a seletividade nas respostas desconfiguraria o interrogatório, que passaria a ser uma espécie de jogral entre o advogado e seu cliente.

No entanto, por unanimidade, o colegiado da Corte Superior discordou da decisão de origem, assentando que inexiste previsão legal que permite o encerramento do interrogatório sem possibilidade de indagações pela defesa, após a opção pelo silêncio seletivo do acusado, mas, ao revés, que "*A letra da lei é clara ao dizer que serão formuladas perguntas, às quais o réu pode ou não responder. Significa que o interrogatório, como meio de defesa, permite a possibilidade de responder a todas, nenhuma ou a algumas perguntas direcionadas ao acusado, que tem direito de poder escolher a estratégia que melhor lhe aprouver*" e, por isso, foi cassada a sentença de pronúncia, a fim de que fosse realizado novo interrogatório.

O referido julgado seguiu aquela que, aparentemente, vem sendo a orientação que se desenha majoritária na doutrina, na medida em que reafirmou que o direito ao silêncio, inclusive seletivo, reflete, ao fim e ao cabo, como valorização da autodeterminação e da liberdade moral do acusado, que pode decidir se colabora ou não com a persecução penal, notadamente porque o direito ao silêncio nada mais é do que expressão da autodefesa, podendo, portanto, representar uma estratégia defensiva de não autoincriminação (QUEIJO, 2012).

---

15 HC 703.978/SC, relator Ministro Olindo Menezes (Desembargador Convocado do TRF 1ª Região), Sexta Turma, julgado em 5/4/2022, DJe de 7/4/2022.

Restaria, nessa linha, deferido ao acusado o direito de não responder a nenhuma pergunta, responder a apenas algumas delas e silenciar quanto a outras que entendam lhe serem prejudiciais (BRASILEIRO, 2023). Por outro lado, caberia ao magistrado - quem preside o interrogatório - examinar a relevância e pertinência das perguntas defensivas, podendo, no exercício do seu poder discricionário, indeferi-las, "mas não suprimir a oportunidade de que acusação e defesa os façam, mesmo que as suas indagações tenham, inicialmente, sido recusadas, retirando do réu a possibilidade de exercer a autodefesa, de acordo com a estratégia defensiva"[16].

A posição, aparentemente, encontra entendimento diverso no âmbito da 5ª Turma daquela Corte, quando instada a enfrentar situação idêntica, oportunidade em que, *obiter dictum*, afirmou inexistir ao acusado direito de escolher por quem quer ser interrogado[17]. Essa decisão foi objeto de recurso ao Supremo Tribunal Federal, no qual o Ministro Ricardo Lewandowski, em decisão monocrática[18], decidiu que, uma vez manifestado o direito ao silêncio, o interrogatório deve ser encerrado, sem existir ao interrogando direito de escolher quem irá interrogá-lo[19].

Fundamenta-se a posição em duas premissas: (i) a escolha do interrogando viola a paridade de armas e (ii) manifestado o direito ao silêncio, o interrogatório deve ser imediatamente encerrado.

A paridade de armas, derivado do princípio maior do contraditório, determina que seja garantida a participação em simétrica paridade, possibilitando acesso pleno ao direito à informação de qualquer fato ou alegação contrária ao interesse das partes, bem como também garante que a oportunidade de a resposta possa ser realizada na mesma intensidade e extensão (PACELLI, 2017).

Transportando-o para o interrogatório, significaria dizer que o silêncio quanto às indagações da acusação afronta o contraditório, tendo em vista que no sistema acusatório o magistrado não pode substituir a função do

16 Habeas Corpus Criminal 51224853820228217000, Oitava Câmara Criminal, Tribunal de Justiça do RS, Relatora: Desa. Fabianne Breton Baisch, Julgado em: 31-08-2022. Em sentido semelhante: Habeas Corpus Criminal 51992488020228217000, Terceira Câmara Criminal, Tribunal de Justiça do RS, Relator: Des. Rinez da Trindade, Julgado em: 17-11-2022.

17 AGRAVO REGIMENTAL NO HABEAS CORPUS. TRÁFICO DE DROGAS E ASSOCIAÇÃO PARA O TRÁFICO. ALEGAÇÃO DE NULIDADE NO INTERROGATÓRIO. INOCORRÊNCIA. ADVERTÊNCIA DIREITO DE PERMANCER EM SILÊNCIO REALIZADA. ACUSADO QUE RESPONDE VOLUNTARIAMENTE ÀS PERGUNTAS. DIREITO DE ESCOLHER QUEM IRÁ REALIZAR PERGUNTAS NÃO ABARCADO PELO PRINCÍPIO NEMO TENETUR SE DETEGERE. ATO QUE CONTINUA PRESIDIDO PELO MAGISTRADO. AGRAVO DESPROVIDO. 1. Com as alterações da Lei 10.792/2003, foram assegurados a intervenção das partes no procedimento e ao interrogado o direito de permanecer em silêncio, decorrência do princípio nemo tenetur se detegere, todavia o ato continuou sob controle do Magistrado, não tendo a alteração legislativa em momento algum assegurado ao interrogado o direito de escolher quem irá interrogá-lo. 2. Não há falar em direito do interrogado em escolher quem irá realizar as perguntas no interrogatório, ato que é de competência exclusiva do Magistrado. Tendo sido assegurado ao interrogado o direito de permanecer em silêncio e de não produzir provas contra si, inexiste nulidade no fato de ter optado por responder voluntariamente aos questionamentos feitos. 3. Agravo regimental desprovido. (AgRg no HC 640.952/SC, relator Ministro Joel Ilan Paciornik, Quinta Turma, julgado em 15/2/2022, DJe de 18/2/2022).

18 RHC 213.849, Relator(a): RICARDO LEWANDOWSKI, Segunda Turma, julgado em 06/04/2022, PUBLIC 08-04-2022.

19 Ressalte-se que a referida decisão monocrática foi objeto de agravo regimental, pendente de redistribuição em razão da aposentadoria do relator e posterior julgamento em sessão presencial, após ter sido pedido destaque pelo Ministro Gilmar Mendes.

Ministério Público, violando, em última análise, as garantias do justo processo, razão pela qual se o réu, de antemão, não quiser responder à nenhuma pergunta do juiz e somente de seu advogado, não haveria necessidade alguma de interrogatório presidido pelo juiz (PACELLI; FISCHER, 2022).

De outra parte, a segunda premissa se relaciona com a própria forma do interrogatório, notadamente quando o Estatuto Processual Penal, em seus arts. 187 e 188, apresentam uma fórmula legal em que as perguntas são feitas pelo magistrado que conduz a inquirição e, subsidiariamente, pelas partes técnicas, que serão indagadas se restou algum fato a ser esclarecido. Por essa lógica, se nada foi respondido ao magistrado, nada restaria a ser esclarecido.

Pode-se dizer que essa conclusão encontra amparo, em alguma medida, na Lei 13.869/2019, em cujo art. 15, parágrafo único, "I", prevê ser crime o prosseguimento do interrogatório daquele que decide exercer o direito ao silêncio. É dizer, pela literalidade da norma, uma vez exercido o direito ao silêncio, a postura aparentemente correta do magistrado seria interromper imediatamente a inquirição, pena de responder como autor, coautor ou partícipe de infração penal.

6. CONSIDERAÇÕES FINAIS

A não produção de provas contra si mesmo (*nemo tenetur se detegere*) é direito fundamental elevado ao status constitucional (art. 5°, LXIII) no direito brasileiro, estando albergada, para além disso, por tratados internacionais de direitos humanos internalizados pelo ordenamento jurídico pátrio, como é o caso do Pacto Internacional dos Direitos Civis e Políticos (art. 14.3, "g") e da Convenção Americana sobre Direitos Humanos (art. 8°, § 2°, "g").

Tanto no que diz respeito ao Aviso de Miranda quanto à temática referente ao silêncio seletivo procuramos mostrar as posições existentes e seus fundamentos normativos por um prisma pragmático.

Se de um lado, a previsão do direito ao silêncio decorre de previsão contida no rol dos direitos e garantias fundamentais, possuindo inequívoca natureza jurídica de um direito público subjetivo, de outro lado, já restou assentado pelas Cortes que esse direito não é absoluto, podendo ser ponderado com outros direitos e garantias igualmente assegurados pela Carta de 1988.

A solução, assim, não prescinde de maturação e pacificação na jurisprudência dos Tribunais Superiores, já que ainda incipiente a discussão sobre o tema nos precedentes pesquisados.

REFERÊNCIAS

BRASIL. Decreto-Lei 3.689, de 3 de outubro de 1941 - Código de Processo Penal. Brasília, DF [1941]. Disponível em: https://www.planalto.gov.br/ccivil_03/decreto-lei/del3689.htm. Acesso em: 31/05/2023.

BRASIL. Constituição da República Federativa do Brasil de 1988. Brasília, DF [1988]. Disponível em: https://www.planalto.gov.br/ccivil_03/constituicao/constituicao.htm. Acesso em: 18/07/2023.

BRASIL. Decreto 678, de 6 de novembro de 1992 – Convenção Americana de Direitos Humanos. Brasília. DF. Disponível em: https://www.stf.jus.br/arquivo/cms/jurisprudenciaInternacional/anexoSTF_ConvencaoAmericanaSobreDireitosHumanos_SegundaEdicao.pdf. Acesso em: 18/07/2023.

BRASIL. Lei 13.869, de 5 de setembro de 2019. Brasília, DF [2019]. Disponível em: https://www.planalto.gov.br/ccivil_03/_ato2019-2022/2019/lei/l13869.htm. Acesso em: 21/07/2023.

BRASIL. Supremo Tribunal Federal (STF). Recurso Extraordinário 103.266. Primeira Turma. Relatoria Ministro Rafael Mayer, Dezembro de 1984.

BRASIL. Supremo Tribunal Federal (STF). Habeas Corpus 68.929. Primeira Turma. Relatoria Ministro Celso de Mello. Outubro de1991.

BRASIL. Supremo Tribunal Federal (STF). Habeas Corpus 79.244. Tribunal Pleno. Relatoria Ministro Sepúlveda Pertence. Fevereiro de 2000.

BRASIL. Supremo Tribunal Federal (STF). Habeas Corpus de 80.949/RJ. Primeira Turma. Relatoria Ministro Sepúlveda Pertence. Dezembro de 2001.

BRASIL. Supremo Tribunal Federal (STF). Recurso Extraordinário 971.959. Tribunal Pleno. Relatoria Ministro Luiz Fux. Novembro de 2018.

BRASIL. Supremo Tribunal Federal (STF). Habeas Corpus 171.438. Segunda Turma. Relatoria Ministro Gilmar Mendes. Maio de 2019.

BRASIL. Supremo Tribunal Federal (STF). Recurso Ordinário em Habeas Corpus de 192798 AgR/SP. Segunda Turma. Relatoria Ministro Gilmar Mendes. Março de 2021.

BRASIL. Supremo Tribunal Federal (STF). Recurso Ordinário em Habeas Corpus de 170843 AgR/SP. Relatoria Ministro Gilmar Mendes. Setembro de 2021.

BRASIL. Supremo Tribunal Federal (STF). Recurso em Habeas Corpus 213.849. Segunda Turma. Relatoria Ministro Ricardo Lewandowski. Abril de 2022.

BRASIL. Supremo Tribunal Federal (STF). Recurso em Habeas Corpus 207.459. Segunda Turma. Relatoria Ministro Gilmar Mendes. Abril de 2023.

BRASIL. Superior Tribunal de Justiça (STJ). Agravo Regimental no Habeas Corpus 506.975/RJ. Relatoria Ministro Reynaldo Soares da Fonseca. Fevereiro de 2021.

BRASIL. Superior Tribunal de Justiça (STJ). Agravo Regimental no Habeas Corpus 640.952/SC. Quinta Turma. Relatoria Ministro Joel Ilan Paciornik. Fevereiro de 2022.

BRASIL. Superior Tribunal de Justiça (STJ). Habeas Corpus 703.978/SC. Sexta Turma. Relatoria Ministro Olindo Menezes (Desembargador Convocado do TRF 1ª Região). Abril de 2022.

BRASIL. Superior Tribunal de Justiça (STJ). Recurso Ordinário em Habeas Corpus 148.036/SC. Relatoria do Ministro Jesuíno Rissato (Desembargador Convocado do TJDFT). Outubro de 2022.

BRASIL. Superior Tribunal de Justiça (STJ). Agravo Regimental no Habeas Corpus 809.283/GO. Relatoria Ministro Reynaldo Soares da Fonseca. Maio de 2023.

RIO GRANDE DO SUL. Tribunal de Justiça do Estado do Rio Grande do Sul (TJRS). Habeas Corpus Criminal 51224853820228217000. Oitava Câmara Criminal. Relatoria Desembargadora Fabianne Breton Baisch. Agosto de 2022.

RIO GRANDE DO SUL. Tribunal de Justiça do Estado do Rio Grande do Sul (TJRS). Habeas Corpus Criminal 51992488020228217000. Terceira Câmara Criminal. Relatoria Desembargador Rinez da Trindade. Novembro de 2022.

AVENA, Norberto. Processo Penal. 14 ed., rev., atual. e ampl. Rio de Janeiro: Método, 2022.

BADARÓ, Gustavo Henrique. Processo Penal. 9ª ed. rev. atual e ampl. São Paulo: Thomson Reuters Brasil, 2022.

CANOTILHO, J. J. GOMES [et al]. Coordenação Ingo Wolfgang Sarlet, Lenio Luiz Streck e Gilmar Ferreira Mendes. Comentários à Constituição do Brasil. 2ª ed. São Paulo: Saraiva Educação, 2018.

CAPEZ, Fernando. Miranda Rights e o processo penal constitucional. Consultor Jurídico, 2021. Disponível em: https://www.conjur.com.br/2021-jun-24/controversias-juridicas-miranda-rights-processo-penal-constitucional#_ftn11. Acesso em: 11/07/2023.

LIMA. Renato Brasileiro de. Manual de Processo Penal. 12. ed. revista, atualizada e ampliada. Salvador: Juspodivm, 2023.

LOPES JR. Aury. Direito Processual Penal. 20. ed. São Paulo: SaraivaJur, 2023.

NUCCI. Guilherme de Souza. Código de Processo Penal comentado. 21 ed. Rio de Janeiro: Forense, 2022.

PACELLI, Eugênio. Curso de Processo Penal. 21. ed. revista, atualizada e ampliada. São Paulo: Atlas, 2017. E-book.

PACELLI, Eugenio; FISCHER, Douglas. Comentários ao Código de Processo Penal e sua jurisprudência. 14 ed. rev. atual e ampl. São Paulo: Editora Juspodivm, 2022.

PEDROSO, Fernando de Almeida. Prova penal: doutrina e jurisprudência. 2.ed. São Paulo: Ed. RT, 2005.

QUEIJO, Maria Elizabeth. O direito de não produzir prova contra si mesmo: o princípio nemo tenetur se detegere e suas decorrências no processo penal. 2. ed. São Paulo: Saraiva, 2012.

Processo penal e violência doméstica e familiar: dilemas e caminhos na jurisprudência do Superior Tribunal de Justiça

Carolina Costa Ferreira[1]

1. INTRODUÇÃO

O presente texto discutirá as relações entre Processo Penal e Gênero, por meio da interpretação de temas repetitivos associados à interpretação da Lei 11.340/2006 pelo Superior Tribunal de Justiça (STJ), de 2006 a 2023. Numa primeira seção, será apresentada a discussão teórica promovida por Katherine Bartlett, em relação à "pergunta pela mulher". A metodologia de pesquisa baseada na perspectiva de gênero é um elemento já bastante presente na atividade jurisdicional, em especial após a publicação da Resolução 492/2023 do Conselho Nacional de Justiça[2], que tornou obrigatória a adoção da perspectiva de gênero em decisões judiciais em todas as instâncias; desde dezembro de 2023, o mesmo CNJ organizou banco de sentenças e decisões que tenham aplicado o protocolo, repositório que funciona tanto como banco de dados como reforço institucional para a continuidade das boas práticas[3]. Referidas medidas têm inspirações para outros atores do sistema de justiça criminal, como o Ministério Público e a Defensoria Pública, a fim de discutir protocolos com perspectiva de gênero para suas respectivas atuações.

O texto está dividido em três seções: na primeira, as perspectivas teóricas em torno das relações entre Gênero e Direito serão observadas; na segunda,

1 Doutora e Mestra em Direito, Estado e Constituição pela Universidade de Brasília (UnB). Professora do Programa de Pós-Graduação em Direito Constitucional do Instituto Brasileiro de Ensino, Desenvolvimento e Pesquisa (IDP). Pesquisadora do Pesquisadora do Grupo Interuniversitário e Interdisciplinar de Pesquisas sobre Criminalidade (Universidade Pablo de Olavide Espanha). Advogada criminalista.

2 BRASIL. Conselho Nacional de Justiça. Resolução 492, de 17 de março de 2023. Estabelece, para adoção de Perspectiva de Gênero nos julgamentos em todo o Poder Judiciário, as diretrizes do protocolo aprovado pelo Grupo de Trabalho constituído pela Portaria CNJ 27/2021, institui obrigatoriedade de capacitação de magistrados e magistradas, relacionada a direitos humanos, gênero, raça e etnia, em perspectiva interseccional, e cria o Comitê de Acompanhamento e Capacitação sobre Julgamento com Perspectiva de Gênero no Poder Judiciário e o Comitê de Incentivo à Participação Institucional Feminina no Poder Judiciário. Disponível em: https://atos.cnj.jus.br/atos/detalhar/4986 Acesso em 17 fev. 2024.

3 Disponível em https://paineisanalytics.cnj.jus.br/single/?appid=f3bb4296=6-88c4-1cf-3bbb8-51a4268e58a&sheet-03bb002c-6256-4b1d-9c93-a421f1bf8833&theme=horizon&lang=pt-BR&opt=ctxmenu,currsel Acesso em 17 fev. 2024. Ainda não há, nessa base de dados, decisões do Superior Tribunal de Justiça.

serão apresentados os fundamentos das decisões do Supremo Tribunal Federal (STF) na Ação Direta de Inconstitucionalidade 4.424 e na Ação Declaratória de Constitucionalidade 19, do Superior Tribunal de Justiça (STJ) a respeito da aplicação da Lei Maria da Penha; na terceira, apresentar-se-ão possibilidades de análise para o avanço da agenda de pesquisa.

2. A "PERGUNTA PELA MULHER": O CONVITE A NOVAS FORMULAÇÕES ENTRE DIREITO E GÊNERO

Antes de apresentar os marcos teóricos e metodológicos que serão utilizados no presente texto, é importante indicar que o Brasil é signatário de Convenções Internacionais, por meio das quais o país se compromete a combater as desigualdades de gênero. Além disso, nunca é demais lembrar que se trata de compromisso da República Federativa do Brasil, disposto no art. 3º, IV da Constituição, a promoção do bem de todos, "sem preconceitos de origem, raça, sexo, cor, idade e quaisquer outras formas de discriminação" e no art. 5º, I, a expressão mais direta do princípio da igualdade[4]. Dessa forma, firma-se o compromisso constitucional em relação à promoção da igualdade de gênero.

A Convenção para a Erradicação de Todas as Formas de Discriminação contra as Mulheres, aprovada pela Assembleia Geral das Nações Unidas em 1979 e ratificada pelo Brasil em 1984, é considerada o documento internacional mais relevante no combate à violência contra as mulheres, tendo sido recepcionada em 186 países do mundo[5]. São princípios da convenção a igualdade material ou substantiva, a não discriminação e o compromisso integral dos Estados partes no desenvolvimento de políticas públicas que se articulem aos objetivos de erradicação da violência contra meninas e mulheres, de todas as idades[6].

A Convenção Interamericana para Prevenir, Punir e Erradicar a Violência contra a Mulher, também conhecida como Convenção de Belém do Pará, foi promulgada no Brasil por meio do Decreto 1.973, de 1º de agosto de 1996[7] e se trata de um primeiro compromisso, pós-Constituição de 1988, no sentido de se promover a igualdade de gênero. Na sequência, em razão de uma série de circunstâncias que as teorias em políticas públicas chamariam de "janela de oportunidades" – momento institucional, a circunstância das recomendações da Comissão Interamericana de Direitos Humanos no caso Maria da Penha

---

4 BRASIL. Constituição da República Federativa do Brasil de 1988. Disponível em: https://www.planalto.gov.br/ccivil_03/constituicao/constituicao.htm Acesso em 17 fev. 2024.

5 BRASIL. Convenção CEDAW. Disponível em: https://www.gov.br/mdh/pt-br/navegue-por-temas/politicas-para-mulheres/arquivo/assuntos/acoes-internacionais/Articulacao/articulacao-internacional/onu-1/o%20que%20e%20CEDAW.pdf Acesso em 17 fev. 2024.

6 ANGOLA. Direção Nacional dos Direitos da Mulher. Disponível em: https://www.undp.org/sites/g/files/zskgke326/files/migration/ao/UNDP_AO_GUIA-A-CONVENCAO-DA-CEDAW.pdf Acesso em 20 fev. 2024.

7 BRASIL. Decreto 1.973, de 1º de agosto de 1996. Disponível em: https://www.planalto.gov.br/ccivil_03/decreto/1996/d1973.htm Acesso em 17 fev. 2024.

Fernandes[8], a articulação do movimento feminista em ações de *advocacy*[9] *e um acompanhamento de avaliação legislativa mobilizado pela sociedade civil*[10].

Considerando-se o cenário de direitos individuais e coletivos garantidos às mulheres no Brasil, é importante pensar em como os mecanismos de tutela dos direitos são suficientes – ou não – para a concretização destes. Uma interpretação fundada no que Katherine T. Bartlett[11] chamou de "a pergunta pela mulher"; assim, é uma das alternativas à disposição para que se pense no Direito como instrumento de realização da igualdade de gênero.

Em texto-referência sobre os chamados "métodos feministas no Direito", Bartlett tomou por objetivo identificar e questionar elementos da doutrina legal existente que excluem ou põem em desvantagem as mulheres e membros de outros grupos excluídos; propor uma espécie de racionalização prática-feminista, para que o lugar das mulheres possa ser facilmente visualizado por aqueles que compõem os sistemas de justiça, e buscar conhecimentos profundos e perspectivas ampliadas através de compromissos colaborativos ou interativos com outros, baseados em experiências e narrativas pessoais (aumento de consciência). Essa pergunta é a reafirmação da importância do método feminista, no sentido de que a promoção de igualdade de gênero é um imperativo à busca de sentido para o próprio Direito. Para Bartlett:

> Los métodos legales tradicionales dan una enorme importancia a la predictibilidad, certeza y firmeza de las reglas. En contraste, los métodos legales feministas, los cuales han emergido a partir de la crítica de que las reglas existentes, sobrerepresentan las estructuras de poder existentes, valoran la flexibilidad de las reglas y la habilidad de identificar los puntos de vista ausentes[12].

A primeira mudança pensada por Bartlett foi o rechaço a uma comum separação entre métodos de pesquisa e, também, de interpretação jurídica: o "dedutivo" seria ligado ao masculino, enquanto que o "indutivo", o raciocínio contextualizado daquilo que é individual para o geral, seria uma característica ligada ao feminino.

---

8 COMISSÃO INTERAMERICANA DE DIREITOS HUMANOS. Relatório 54/01. Caso 12.051. Caso Maria da Penha Fernandes. Disponível em: https://assets-compromissoeatitude-ipg.sfo2.digitaloceanspaces.com/2012/08/OEA_CIDH_relatorio54_2001_casoMariadaPenha.pdf Acesso em 20 fev. 2024.

9 BARSTED, Leila Linhares. Lei Maria da Penha: uma experiência bem-sucedida de advocacy feminista. Disponível em: https://assets-compromissoeatitude-ipg.sfo2.digitaloceanspaces.com/2014/02/1_2_advocacy-feminista.pdf Acesso em 19 fev. 2024.

10 CARONE, Renata Rodrigues. A atuação do movimento feminista no Legislativo federal: o caso da Lei Maria da Penha. Lua Nova, n. 105, 2018. Disponível em: https://www.scielo.br/j/ln/a/Qc3SyHMX7tycGfYqVdr3hdp/?lang=pt# Acesso em 20 fev. 2024.

11 BARTLETT, Katherine T. Métodos jurídicos feministas. In: FERNÁNDEZ, Marisol; MORALES, Félix. *Métodos feministas en el Derecho:* aproximaciones críticas a la jurisprudencia peruana. Lima: Palestra Editores, 2011, p. 19-116.

12 "Os métodos legais tradicionais dão enorme importância à previsibilidade, certeza e firmeza das regras. Em contrapartida, os métodos legais feministas, que têm emergido a partir das críticas de que as regras existentes sobrerrepresentam as estruturas de poder existentes, valoram a flexibilidade das regras e a habilidade de identificar pontos de vista ausentes". BARTLETT, Katherine T. Métodos jurídicos feministas. In: FERNÁNDEZ, Marisol; MORALES, Félix. *Métodos feministas en el Derecho:* aproximaciones críticas a la jurisprudencia peruana. Lima: Palestra Editores, 2011, p. 24, tradução nossa.

Nesse sentido, Bartlett propõe uma análise do Direito com a formulação de perguntas sobre a consideração da mulher na definição das normas (e, acreditamos, tal interpretação possa ter lugar no campo das políticas públicas). Para exemplificar sua teoria, a autora examina precedentes da Suprema Corte Americana que, nos anos 1970, discutiu uma série de questões associadas ao papel da mulher no trabalho, na educação, em relação aos direitos sexuais e reprodutivos, além de outros campos de direitos individuais e sociais.

No Brasil, o Poder Judiciário tem sido cada vez mais provocado a se movimentar para interpretar questões ("problemas" ou "tensões") relacionadas aos direitos das mulheres. Como exemplo emblemático, a Lei 11.340/2006, mais conhecida como Lei Maria da Penha, foi objeto de análise de sua constitucionalidade pelo Supremo Tribunal Federal por meio do julgamento, em conjunto, da Ação Direta de Inconstitucionalidade 4.424[13] e da Ação Declaratória de Constitucionalidade 9, em 9 de fevereiro de 2012[14]. Ambos os acórdãos são bons exemplos para demonstrar o que Bartlett chama de "perguntar pela mulher":

> A substância de formular a pergunta pela mulher reside em *o que* busca descobrir: a desvantagem baseada no gênero. A natureza política deste método surge só porque o mesmo busca informação que se supõe não existir[15].

Para Bartlett, apresentar uma metodologia feminista de interpretação do Direito (e de seus mais diversos fenômenos) implica em: (i) identificar e questionar elementos da doutrina legal existente, apontando suas invisibilidades ou fatores de exclusão; (ii) pensar em critérios racionais de estabelecimento de "respostas pragmáticas a dilemas concretos", reconhecendo a dimensão estrutural da desigualdade de gênero; (iii) a busca de conhecimentos aprofundados e de cooperação com outros grupos de mulheres, ampliando a consciência para a necessidade da igualdade de gênero[16].

---

13 BRASIL. Supremo Tribunal Federal. Ação Direta de Inconstitucionalidade 4.424. AÇÃO PENAL - VIOLÊNCIA DOMÉSTICA CONTRA A MULHER - LESÃO CORPORAL - NATUREZA. A ação penal relativa a lesão corporal resultante de violência doméstica contra a mulher é pública incondicionada - considerações. Relator: Ministro Marco Aurélio. Julgado em 9 de fevereiro de 2012. Diário de Justiça Eletrônico de 28 de abril de 2014.

14 BRASIL. Supremo Tribunal Federal. Ação Declaratória de Constitucionalidade 19. VIOLÊNCIA DOMÉSTICA - LEI 11.340/06 - GÊNEROS MASCULINO E FEMININO - TRATAMENTO DIFERENCIADO. O art. 1° da Lei 11.340/06 surge, sob o ângulo do tratamento diferenciado entre os gêneros - mulher e homem -, harmônica com a Constituição Federal, no que necessária a proteção ante as peculiaridades física e moral da mulher e a cultura brasileira. COMPETÊNCIA - VIOLÊNCIA DOMÉSTICA - LEI 11.340/06 - JUIZADOS DE VIOLÊNCIA DOMÉSTICA E FAMILIAR CONTRA A MULHER. O art. 33 da Lei 11.340/06, no que revela a conveniência de criação dos juizados de violência doméstica e familiar contra a mulher, não implica usurpação da competência normativa dos estados quanto à própria organização judiciária. VIOLÊNCIA DOMÉSTICA E FAMILIAR CONTRA A MULHER - REGÊNCIA - LEI 9.099/95 - AFASTAMENTO. O art. 41 da Lei 11.340/06, a afastar, nos crimes de violência doméstica contra a mulher, a Lei 9.099/95, mostra-se em consonância com o disposto no § 8° do art. 226 da Carta da República, a prever a obrigatoriedade de o Estado adotar mecanismos que coíbam a violência no âmbito das relações familiares. Relator: Ministro Marco Aurélio. Julgado em 9 de fevereiro de 2012. Diário de Justiça Eletrônico de 28 de abril de 2014.

15 BARTLETT, Katherine T. Métodos jurídicos feministas. In: FERNÁNDEZ, Marisol; MORALES, Félix. *Métodos feministas en el Derecho:* aproximaciones críticas a la jurisprudencia peruana. Lima: Palestra Editores, 2011, p. 47, tradução livre.

16 ,Katherine T. Métodos jurídicos feministas. In: FERNÁNDEZ, Marisol; MORALES, Félix. *Métodos feministas en el Derecho:* aproximaciones críticas a la jurisprudencia peruana. Lima: Palestra Editores, 2011, p. 23.

Bartlett alerta que não se deve pensar em uma perspectiva essencializante ou singular do conceito de mulher, que deve levar em conta questões de classe, raça e orientação sexual, por exemplo. Assim, o conceito de "mulher" como categoria de análise (singular) não seria o mais adequado, ganhando mais projeção o sentido pós-estruturalista de gênero. Para fins metodológicos, Bartlett – e este singelo artigo, também – adota a dimensão de "mulher" como categoria analítica, preservando os Feminismos como horizonte de projeção, como uma etiqueta (e, por isso, usa-se a terminologia "metodologia feminista no Direito"), para que se compreenda o *fazer feminista no Direito, sem desconsiderar sua perspectiva interseccional.*

Pergunta pela mulher, e sempre dizer "que mulher?", de forma a não indicar que se trata da predominância de pensamento de uma mulher branca, cissexual, heterossexual e rica a regular o que se entende por Direito. Esse ponto ganha especial destaque nos debates sobre interseccionalidade, já que uma série de categorias são consideradas: sexo, identidade de gênero, orientação sexual, classe, raça, dentre outras intersecções possíveis. A fim de não se essencializar a discussão, Elizabeth Spelman indica que enunciar a mulher é importante: assim, sempre que houver um apontamento sobre uma norma, uma política pública ou qualquer outra ação institucional, é necessário que se evidencie a "que mulher" tal ação se dirige[17].

A título de conclusão deste item, pode-se dizer que perguntar pela mulher significa problematizar a chamada função "neutra" do Direito, que invisibiliza tantas desigualdades; é reconhecer os sentidos de desigualdade e de diferença na interpretação da norma jurídica e, assim, buscar um tratamento digno para homens e mulheres que procurem o sistema de justiça.

3. A LEI MARIA DA PENHA, DE 2006 A 2023: A VISÃO DO SUPREMO TRIBUNAL FEDERAL E DO SUPERIOR TRIBUNAL DE JUSTIÇA

Como já visto, a Lei Maria da Penha configura como importante marco legislativo ordinário para a promoção da igualdade de gênero. Nesse sentido, importante apresentar o posicionamento do Supremo Tribunal Federal e do Superior Tribunal de Justiça em relação à interpretação de pontos importantes da Lei Maria da Penha.

Começando pela análise dos argumentos sobre gênero levantados pelo Supremo Tribunal Federal, quando da análise da constitucionalidade – e da

17 "This way of trying to get as what is true about women is quite different from the two ways we have already explored: (1) To look within a single racial os ethnic or religious or cultural group for the effects of gender, eliminating other differences in an individual's development or treatment. (2) To examine the effects of gender on women not otherwise subject to oppression. Both of these methods are based on the unwarranted assumption that what is constant doesn't affect what is variable, that race or class disappear because they are held constant or because they are not a factor in a woman's oppression. Neither method requires us to investigate differences among women or to go beyond a single group of women" (SPELMAN, Elizabeth V. *Inessential Woman:* problems of exclusion in Feminist Thought. Washington: Beacon Press, 1988, p. 137).

inconstitucionalidade, já que houve julgamento conjunto da ADC 19 e da ADI 4424 –, serão analisados os posicionamentos de cada Ministro que tenha proferido voto nas duas sessões de julgamento, realizadas em 9 de fevereiro de 2012.

O Ministro Marco Aurélio Mello, Relator das ações, defendeu que a ação penal, em casos de violência doméstica, passasse a ser pública incondicionada, ao invés da ação penal pública condicionada à representação, prevista na Lei Maria da Penha. Para o Ministro, seria uma forma de garantir que a persecução penal seja levada a cabo, uma vez que as mulheres que estão em situação de violência tendem a se retratar da representação, ou até mesmo sequer apresentar, a *notitia criminis*. Seja por medo da gradação da violência, ou por medo de quebrar o círculo familiar no qual está inserida. Para o relator, é dever do Estado interferir em situações da vida privada que impliquem risco à integridade das pessoas, nesse caso, da mulher. Destaca, reiteradamente, a condição desigual na qual está a mulher dentro do contexto familiar, em decorrência da forma patriarcal como se estrutura a nossa sociedade. Para ele, deixar a cargo dela a representação significa ignorar o temor, a pressão e a assimetria de poder aos quais ela está submetida. Portanto, defende a representação possa ser feita também por um terceiro, por qualquer pessoa, dando dimensão pública à violência de gênero:

> Não se coaduna com a razoabilidade, não se coaduna com a proporcionalidade, deixar a atuação estatal a critério da vítima, a critério da mulher, cuja espontânea manifestação de vontade é cerceada por diversos fatores da convivência no lar, inclusive a violência a provocar o receio, o temor, o medo de represálias. [...] Deixar a cargo da mulher autora da representação a decisão sobre o início da persecução penal significa desconsiderar o temor, a pressão psicológica e econômica, as ameaças sofridas, bem como a assimetria de poder decorrente de relações histórico-culturais, tudo a contribuir para a diminuição de sua proteção e a prorrogação da situação de violência, discriminação e ofensa à dignidade humana[18].

A Ministra Rosa Weber também entendeu que a ação condicionada fere a dignidade da mulher como pessoa humana, afronta o princípio da isonomia e o art. 226, § 8º da Constituição. A Ministra reconheceu que existem fatores que extrapolam os previstos que se tornam obstáculo para que as vítimas denunciem a violência, dependência emocional, financeira ou o medo de que se agrave a situação, uma vez que a reincidência da violência não só é regra, como é gradativa[19]. Para validar o seu argumento, a Ministra se valeu de tanto

18 BRASIL. Supremo Tribunal Federal. Ação Direta de Inconstitucionalidade 4.424. Relator: Ministro Marco Aurélio. Julgado em 9 de fevereiro de 2012. Diário de Justiça Eletrônico de 28 de abril de 2014.
19 BRASIL. Supremo Tribunal Federal. Ação Direta de Inconstitucionalidade 4.424. Relator: Ministro Marco Aurélio. Julgado em

de acordos internacionais firmados pelo Brasil, como casos exemplares tratados em cortes internacionais. Além disso, ressalta o papel destacado da Constituição de zelar pela igualdade e proteção dos indivíduos vulnerabilizados:

> A situação de desequilíbrio de fato enfrentada pela mulher, e que a Lei Maria da Penha veio enfrentar, justifica o discrímen. E, à segunda, respondeu que o art. 41 da Lei Maria da Penha não colide com o art. 98, I, da CF, porque esse dispositivo constitucional se limita a prever a competência dos juizados especiais para a conciliação, o julgamento e a execução de infrações penais de menor potencial ofensivo, sem, no entanto, prefixar o seu conteúdo.[20]

O Ministro Luiz Fux também defendeu a ação penal pública incondicionada, sob o argumento de preservar a dignidade da pessoa humana e da obrigação do Estado em garantir a igualdade entre as pessoas. Ressaltou que 63% das agressões contra mulheres são efetuadas dentro de casa e por pessoas com as quais elas têm relações pessoais e afetivas:

O condicionamento da ação penal à representação da mulher se revela um obstáculo à efetivação do direito fundamental à proteção da sua inviolabilidade física e moral, atingindo, em última análise, a dignidade humana feminina.[21]

O Ministro Dias Toffoli ressaltou que estamos em um constante processo civilizatório e que o ordenamento jurídico é partícipe ativo desse momento. Por isso, as leis precisam evoluir à medida em que se apresentam situações injustas:

> É um processo civilizatório e o Estado é partícipe hoje dessa promoção, ao contrário do que foi no passado, quando discriminava. Sem dúvida nenhuma, que, no caso, se aplica, igualmente, o princípio da dignidade da pessoa humana, independentemente de sexo, origem, raça, cor etc, como está no nosso texto constitucional[22]

A Ministra Cármen Lúcia defendeu que a ação passasse a ser incondicionada pública. Entende que este é um passo importante para que o Estado possa ser efetivo no combate à violência doméstica. Ressalta que, muito embora estejam tratando de um assunto que aparentemente contraria o previsto pelo legislador, são enfrentamentos necessários para que a mudança possa ser percebida no espaço público. Além disso, defende que a dimensão privada da violência de gênero não deve excluir a competência do Estado.

9 de fevereiro de 2012. Diário de Justiça Eletrônico de 28 de abril de 2014.

20 BRASIL. Supremo Tribunal Federal. Ação Direta de Inconstitucionalidade 4.424. Relator: Ministro Marco Aurélio. Julgado em 9 de fevereiro de 2012. Diário de Justiça Eletrônico de 28 de abril de 2014.

21 BRASIL. Supremo Tribunal Federal. Ação Direta de Inconstitucionalidade 4.424. Relator: Ministro Marco Aurélio. Julgado em 9 de fevereiro de 2012. Diário de Justiça Eletrônico de 28 de abril de 2014.

22 BRASIL. Supremo Tribunal Federal. Ação Direta de Inconstitucionalidade 4.424. Relator: Ministro Marco Aurélio. Julgado em 9 de fevereiro de 2012. Diário de Justiça Eletrônico de 28 de abril de 2014.

> Como poderíamos aumentar a proteção, interpretando a lei, se a escolha já foi feita pelo legislador? (...) mas tenho a impressão que nós temos que completar mudanças no espaço público em que escutávamos "em briga de marido e mulher, ninguém mete a colher[23].

O Ministro Ricardo Lewandowski chamou a atenção para algo que chamou de "vício da vontade": como a mulher está sempre em constante medo pela sua segurança, dos seus filhos e familiares, ela não faz representação, porque a sua vontade é viciada em razão da submissão ao ciclo de violência[24].

O Ministro Gilmar Mendes defendeu que a ação passasse a ser incondicionada pública, sem deixar de ponderar que a própria ação poderia se tornar um fator que reinstala um ciclo de violência que pode ter sido acalmado em algum momento. Ressalva ainda do ponto de vista de que aquilo que é decidido pela Corte Constitucional dificilmente é revisto, como é feito no Legislativo, suas decisões são mais estáveis:

> [...] às vezes, a própria ação penal pública incondicionada vai ser um elemento de tensão familiar e, eventualmente, de desagregação familiar. E o texto constitucional quer um mínimo de integração, daí eu não estar, realmente, seguro de que essa fórmula que nós estamos a eleger como aquela que de fato condiz com o princípio da proteção insuficiente, como em relação à alternativa, é de fato a adequada, para dizer então que há uma inconstitucionalidade[25].

Para o Ministro Joaquim Barbosa, a Constituição, na verdade, se volta para a defesa e proteção de grupos vulnerabilizados, porque os direitos dos privilegiados sempre foram assegurados. Assim, ainda que o Congresso Nacional realize o seu trabalho para garantir o acesso a direitos para esses grupos, é preciso fazer mostrar o dever constitucional, para que a política pública tome o curso devido.

> [...] é dever desta Corte Constitucional, tomando em conta esse fracasso da norma votada pelo legislador e levando em conta esses dados sociais que são inegáveis, são tão inegáveis que a própria Constituição os toma em conta, é dever desta Corte reverter essas políticas na busca de uma outra direção que vá, esta, sim, no sentido da proteção[26].

O Ministro Ayres Britto destacou que o ciclo de violência no qual a mulher está inserida, que inclusive a torna refém de uma cultura que a ensina a se

23 BRASIL. Supremo Tribunal Federal. Ação Direta de Inconstitucionalidade 4.424. Relator: Ministro Marco Aurélio. Julgado em 9 de fevereiro de 2012. Diário de Justiça Eletrônico de 28 de abril de 2014.

24 BRASIL. Supremo Tribunal Federal. Ação Direta de Inconstitucionalidade 4.424. Relator: Ministro Marco Aurélio. Julgado em 9 de fevereiro de 2012. Diário de Justiça Eletrônico de 28 de abril de 2014.

25 BRASIL. Supremo Tribunal Federal. Ação Direta de Inconstitucionalidade 4.424. Relator: Ministro Marco Aurélio. Julgado em 9 de fevereiro de 2012. Diário de Justiça Eletrônico de 28 de abril de 2014.

26 BRASIL. Supremo Tribunal Federal. Ação Direta de Inconstitucionalidade 4.424. Relator: Ministro Marco Aurélio. Julgado em 9 de fevereiro de 2012. Diário de Justiça Eletrônico de 28 de abril de 2014.

autorresponsabilizar pela violência da qual é vítima. Enfatiza a importância do ordenamento jurídico para a mudança na cultura e quebra de paradigmas ultrapassados. Essas normas almejam, no fundo, mudar as mentalidades, inclusive da própria vítima que, não raro, estando submetida às mesmas estruturas patriarcais tende a ser condescendente com o agressor.

> Há leis, há normas que são estruturantes, estruturais, porque, mais do que regular condutas topicamente, pontualmente consideradas, elas querem mudar uma cultura, (...), elas querem quebrar paradigmas, porque são paradigmas ultrapassados que boicotam o processo civilizatório de emancipação, de libertação de mentes e de espíritos, sabido que o preconceito realmente atua no sentido de escravização mental[27].

O decano da Corte, Ministro Celso de Mello, defendeu que a ação penal passasse a ser incondicionada pública. Destaca o caráter discriminatório da sociedade, a partir da manutenção de preceitos culturais, políticos e religiosos que subjugam a mulher. Enfatiza, ainda, a importância do movimento feminista em romper com esta barreira. Vale-se também de tratados internacionais para mostrar os avanços na necessidade de se incorporar plenamente as mulheres na sociedade e romper com o ciclo de violência e submissão no qual elas estão inseridas.

> [...] mediante incompreensível resistência de natureza ideológica, um inaceitável tratamento discriminatório e excludente, que lhe negava a possibilidade de protagonizar, como ator relevante, e fora do espaço doméstico, os papéis que até então lhe haviam sido recusados. [...] O Brasil, fiel aos compromissos assumidos na ordem internacional e reconhecendo que toda mulher tem direito a uma vida livre de violência, de pressões, de opressão e de constrangimentos, tanto na esfera pública quanto no âmbito privado, veio a editar a Lei 11.340/2006, a denominada "Lei Maria da Penha", que criou mecanismos destinados a coibir a violência doméstica e familiar contra a mulher[28].

O único voto contrário à consideração de a ação penal ser considerada pública incondicionada foi do Ministro Cezar Peluso. O Ministro acredita que houve "um motivo" para a lei ter explicitado o caráter condicionado, uma vez que ela foi formulada após a realização de várias audiências públicas. Supõe que algumas mulheres também deixem de fazer a denúncia por escolha própria, como cada indivíduo é capaz de escolher como traçar o seu caminho. E que talvez o contexto de violência possa ser pacificado e uma ação penal

27 BRASIL. Supremo Tribunal Federal. Ação Direta de Inconstitucionalidade 4.424. Relator: Ministro Marco Aurélio. Julgado em 9 de fevereiro de 2012. Diário de Justiça Eletrônico de 28 de abril de 2014.

28 BRASIL. Supremo Tribunal Federal. Ação Direta de Inconstitucionalidade 4.424. Relator: Ministro Marco Aurélio. Julgado em 9 de fevereiro de 2012. Diário de Justiça Eletrônico de 28 de abril de 2014.

surpresa só poderia resultar em reinício do ciclo de violência. E que é preciso levar em conta também a situação do contexto familiar como um todo, priorizar a manutenção do ordenamento familiar:

> a necessidade da proteção da condição da mulher e a necessidade da manutenção da situação familiar, em que está envolvida não apenas a condição da mulher ou a condição do parceiro, mas também filhos, netos, outros parentes, e que constituem elemento fundamental na mecânica da sociedade[29].

Interessante observar que não houve discussão, no momento da análise de constitucionalidades e inconstitucionalidades da Lei Maria da Penha, sobre a competência híbrida dos Juizados de Violência Doméstica e Familiar.

Os votos dos Ministros também indicam um caráter paternalista do Estado – "o Estado precisa proteger as mulheres", "a lei protege as mulheres"[30]. Ou seja, percebe-se que, por mais que a Lei Maria da Penha tenha, em si, uma base feminista, se "a pergunta pela mulher" não for feita em todas as esferas de sua aplicação, não haverá o sentido pensado por suas formuladoras.

No Superior Tribunal de Justiça, foram analisados os resultados de pesquisa feita por meio da "Consulta de Jurisprudência", com o argumento "Lei 11.340/2006" no campo de indexação da legislação, de 2015 a 2023. De 2006 a 2015, a Jurisprudência foi consultada por meio do documento publicado pelo próprio STJ, denominado "Jurisprudência em Teses"[31]. A pesquisa – de cunho qualitativo – foi atualizada até 31 de dezembro de 2023, com a análise dos julgados do Superior Tribunal de Justiça que mencionam expressamente a Lei Maria da Penha[32]. Com estes filtros, a pesquisa retornou 431 (quatrocentos e trinta e um) resultados, sendo 5 (cinco) súmulas e 426 (quatrocentos e vinte e seis) acórdãos.

Do universo das decisões, muitas não se referem à aplicação em si da lei, e sim pedem a revogação da prisão ou o trancamento da ação penal (em especial, no caso dos Habeas Corpus). Para o presente levantamento, importa investigar se está presente "a pergunta pela mulher": investigar se há argumentos que se ocupem de uma interpretação da lei com perspectiva de gênero, com fundamento em dispositivos internacionais (como a Convenção de Belém do Pará, as Regras de Bangkok, o Protocolo de Istambul, etc) e que tenham alterado a produção de jurisprudência em Tribunais estaduais.

---

29 BRASIL. Supremo Tribunal Federal. Ação Direta de Inconstitucionalidade 4.424. Relator: Ministro Marco Aurélio. Julgado em 9 de fevereiro de 2012. Diário de Justiça Eletrônico de 28 de abril de 2014.

30 BRASIL. Supremo Tribunal Federal. Ação Direta de Inconstitucionalidade 4.424. Relator: Ministro Marco Aurélio. Julgado em 9 de fevereiro de 2012. Diário de Justiça Eletrônico de 28 de abril de 2014.

31 BRASIL. Superior Tribunal de Justiça. Jurisprudência em teses. Violência Doméstica e Familiar contra a Mulher. Brasília, 16 de setembro de 2015. Disponível em: https://scon.stj.jus.br/SCON/jt/doc.jsp?livre=%2741%27.tit. Acesso em 19 fev. 2024.

32 Gostaria de agradecer o apoio da pesquisadora Mariana de Souza Fonseca, na análise e na discussão dos acórdãos encontrados na pesquisa.

Dentre os resultados encontrados, destacamos, por razões óbvias, os Temas Repetitivos. O mais recente é o Tema 1189, a respeito do art. 17 da Lei Maria da Penha. A Terceira Seção estabeleceu o entendimento no sentido de que, nos casos criminais em que o bem jurídico tutelado é a integridade física ou psicológica das mulheres, haveria a "intenção clara do legislador em maximizar a função de prevenção geral das penas decorrentes de crimes perpetrados no contexto de violência doméstica e familiar contra as mulheres", não sendo possível, assim, a fixação apenas de pena de multa.

Outro tema foi afetado ao Plenário, mas ainda não julgado: trata-se do Tema 1.197, em que se objetiva "verificar se a aplicação da agravante do art. 61, II, f, do Código Penal, em conjunto com as disposições da Lei Maria da Penha (Lei 11.340/2006), configuraria bis in idem"[33].

4. PROBLEMAS E LIMITES DA APLICAÇÃO DA LEI MARIA DA PENHA: UM CASO DE TENSÃO COM O DIREITO PENAL

A interpretação da Lei Maria da Penha gera muitas discussões no campo jurídico: a proibição de institutos advindos dos Juizados Especiais Criminais, como é o caso da suspensão condicional do processo, somada à interpretação, pelo STF, de que a ação penal em casos de lesão corporal praticada na hipótese do art. 129, §4° do Código Penal é pública incondicionada[34], tem levantado os debates sobre a ausência de um espaço de conciliação nos Juizados de Violência Doméstica e Familiar.

Estudos recentes indicam que as mulheres, ao realizarem a *notitia criminis, se deparam com uma única solução ao problema: a via do Direito Penal. Esta, infelizmente, por ser muito restrita – a resposta penal é a imposição de uma sanção de sua natureza –, não soluciona questões mais complexas, típicas do contexto de violência doméstica. Os estudos de Marília Montenegro Pessoa de Mello*[35] e Nayara Magalhães[36] são importantes para apontar essas questões.

Marília Montenegro demonstra que a mudança de esfera dos Juizados Especiais Criminais para os Juizados de Violência Doméstica, após a aprovação da Lei Maria da Penha, trouxe muitos empecilhos para os componentes do sistema de justiça e não trouxe as respostas necessárias para que as mulheres em situação de violência doméstica se sentissem acolhidas e empoderadas o suficiente para saírem de referida situação:

---

33 BRASIL. Superior Tribunal de Justiça. ProAfR no REsp 2.026.129/MS, relator Ministro Jesuíno Rissato (Desembargador Convocado do TJDFT), Terceira Seção, julgado em 25/4/2023, DJe de 8/5/2023.

34 Questão que já é tema da Súmula 542 do Superior Tribunal de Justiça: "A ação penal relativa ao crime de lesão corporal resultante de violência doméstica contra a mulher é pública incondicionada" (BRASIL, 2015).

35 MELLO, Marília Montenegro Pessoa de. *Lei Maria da Penha: uma análise criminológico-crítica. Rio de Janeiro: Revan, 2018.*

36 MAGALHÃES, Nayara Teixeira. Gênero e violência conjugal: olhares de um sistema de justiça especializado. Revista de Estudos Empíricos em Direito. 2015, v. 2, n.2. Disponível em: https://reedrevista.org/reed/article/view/73 Acesso em 20 fev. 2024.

> Em todos os casos narrados, na primeira parte da pesquisa, os agressores eram pessoas comuns, que conviviam e, muitas vezes, ainda convivem com a vítima. Outra situação que merece destaque é que os laços entre agressor e vítima não se extinguem, nem quando ocorre a separação, pois, em quase todos os casos analisados, há filhos. Os agressores, de uma maneira geral, independentemente da classe social a que pertençam, nunca tinham frequentado uma delegacia ou um Juizado Criminal; são, como eles mesmos alegam, "trabalhador honesto", "pai de família", "cumpridores de seus deveres". Quase todos são primários para o Direito Penal, pois nunca foram condenados com trânsito em julgado por um crime ou contravenção. Porém, é importante destacar que, em quase todos os casos, a vítima afirma que não foi a primeira vez que foi agredida moral ou fisicamente[37].

Assim, percebe-se que a resposta esperada pela mulher em situação de violência doméstica e familiar, em muitos casos, não é o rompimento típico do Direito Penal, com a imposição de uma pena privativa de liberdade: a mulher, quando procura o Poder Judiciário, busca o que a Lei Maria da Penha chamou, em atendimento aos documentos internacionais ratificados pelo Estado Brasileiro, de uma *"vida sem violência". Aqui se coloca uma questão de permanente discussão entre os movimentos feministas e as criminólogas críticas: o Direito Penal é/pode ser um espaço de diálogo para a questão da violência doméstica e familiar?*

Outra tensão percebida recentemente se dá, por exemplo, na interpretação do conceito de violência patrimonial, disposto no art. 7º, IV da Lei Maria da Penha (ver nota de rodapé anterior). Tal dispositivo tem sido confrontado, em algumas experiências práticas vistas no exercício da advocacia feminista no Distrito Federal, em relação às chamadas "escusas absolutórias" dos crimes patrimoniais, previstas no art. 181 do Código Penal[38].

Pensando num exemplo concreto, imagine-se que, em um contexto de violência doméstica, um homem danifique o telefone celular ou o computador de uma mulher com quem mantenha convívio doméstico e familiar, nos termos do art. 5º da Lei Maria da Penha. Além dos danos em objetos de propriedade alheia, o sujeito ativo pratica o crime de lesão corpora, incidindo na hipótese prevista no art. 199, §4º do Código Penal. Configurada, então, a situação de violência doméstica ao caso.

Continuando o caso hipotético, imaginemos que esta mulher procure a Delegacia Especializada no Atendimento a Mulheres em situação de violência doméstica (DEAM) para a realização da *notitia criminis, levando, consigo, os objetos danificados. Em sequência, imagine-se que a delegada plantonista se recuse*

37 MELLO, Marília Montenegro Pessoa de. Lei Maria da Penha: uma análise criminológico-crítica. Rio de Janeiro: Revan, 2018, p. 170.
38 Art. 181 - É isento de pena quem comete qualquer dos crimes previstos neste título, em prejuízo:
I - do cônjuge, na constância da sociedade conjugal;
II - de ascendente ou descendente, seja o parentesco legítimo ou ilegítimo, seja civil ou natural (BRASIL. Código Penal. Disponível em: https://www.planalto.gov.br/ccivil_03/decreto-lei/del2848compilado.htm Acesso em 20 fev. 2024).

a apreender tais objetos, alegando a aplicação da escusa absolutória. Nesses termos, questiona-se: deve ser aplicada a escusa absolutória em crimes de dano praticados em contexto de violência doméstica e familiar? Qual seria, nesse sentido, o bem jurídico tutelado da situação – ou o que Franz von Liszt[39] (1899, p. 93) chamaria de "interesse juridicamente relevante"?

Analisando-se a ideia a partir do conceito de bem jurídico, não faz sentido pensar-se na tutela do patrimônio – bem jurídico tutelado nos crimes de dano – dissociada da ideia de violência de gênero, especialmente no sentido de violência patrimonial. Em um contexto de violência doméstica, o bem jurídico tutelado, nesse sentido, é a integridade física e psíquica da mulher. Logo, deve-se considerar que, quando o sujeito ativo pratica a conduta de danificar algo que possa ser até de patrimônio comum – como um computador, ou um móvel de sua casa –, sua intenção ultrapassa os limites de definição patrimonial do bem e, sim, promover risco à integridade da mulher em situação de violência doméstica e familiar. Assim, não faz sentido que se pense no cabimento da escusa absolutória no caso desses crimes, pois sua finalidade – e, também, seu resultado – atingem um bem jurídico muito mais relevante, que é a integridade física da mulher. Além disso, se "tranquilidade social" e "sentimentos que alimentam o vínculo familiar" seriam os fundamentos para aceitar o cabimento das escusas absolutórias em matéria penal, a violência doméstica oferece exatamente o cenário oposto: não se pode invisibilizar um contexto de violência patrimonial, que se reflete no ciclo de violência doméstica, pela interpretação literal de um dispositivo que não se presta a tal finalidade.

Por último, merece destaque a Lei 13.505, de 8 de novembro de 2017, que inseriu o art. 10-A à Lei Maria da Penha, para definir como direito das mulheres em situação de violência doméstica e familiar o atendimento policial e pericial especializado, ininterrupto e prestado por servidores preferencialmente do sexo feminino. A lei dispõe que a inquirição da mulher em situação de violência doméstica e familiar ou testemunha de um fato desta natureza deve ser feita de forma que garantidos a manutenção de sua integridade física dessas pessoas, o acolhimento necessário à realização do depoimento e a "não revitimização da depoente, evitando sucessivas inquirições sobre o mesmo fato nos âmbitos criminal, cível e administrativo, bem como questionamentos sobre a vida privada"[40].

Retomando o referencial teórico de Bartlett, percebe-se que a "pergunta pela mulher" deve ser feita, agora, em todos os atos de investigação de casos relacionados à violência doméstica e familiar, com a preocupação de não se propagar a revitimização das mulheres.

---

39 LISZT, Franz von. *Tratado de Direito Penal Allemão. Trad. José Hygino Duarte Pereira. Rio de Janeiro: Briguiet & Co., 1899.*
40 BRASIL. Lei 13.505, de 8 de novembro de 2017. Disponível em: https://www.planalto.gov.br/ccivil_03/_ato2015-2018/2017/lei/l13505.htm Acesso em 20 fev. 2024.

Considerando-se a limitação dos instrumentos do sistema de justiça criminal para lidar com as questões de gênero, algumas experiências estão sendo realizadas com o objetivo de promover espaços de diálogo, que permitam respeitar o que Ana Luísa Schmidt Ramos[41] dividiu em dois sentidos: a autonomia da vítima ("a mulher não é objeto, mas sujeito, e portanto fala e é ouvida") e as garantias do acusado ("o processo é penal e bem por isso devem ser observadas as garantias constitucionais e processuais daquele que for acusado"). Assim, a esfera do uso de institutos como a suspensão condicional do processo em casos de violência doméstica – possibilidade, *prima facie, impedida após o julgamento da ADI 4.424 e da ADC 19 pelo STF, que entenderam não caber nenhum dispositivo da Lei 9.099/95 no âmbito do Juizado de Violência Doméstica e Familiar –, em uso comum no Distrito Federal.*

Izis Morais realizou uma etnografia no Juizado de Violência Doméstica de Samambaia e percebeu a seguinte situação:

> [...] parece existir a vinculação desse dispositivo jurídico [*suspensão condicional do processo]* aos outros previstos na Lei Maria da Penha, como a manutenção das medidas protetivas de urgência e o encaminhamento dos homens aos grupos de reflexão. Essas são maneiras de buscar o que poderia ser a melhor forma de proteção das mulheres diante da dúvida sobre o caminho criminal comum (ocorrência, produção de provas, denuncia, aceitação pelo juiz, audiências, condenaçãoo ou absolvição). A preocupação se dá especialmente porque os promotores de justiça entrevistados acreditam que as penas aplicadas não serão de reclusão[42].

Outra questão que tem ganhado muito espaço no sistema de justiça é a aplicabilidade de institutos como a Justiça Restaurativa em casos de violência doméstica e familiar. Recentemente, o Conselho Nacional de Justiça publicou o sumário executivo de duas pesquisas: a primeira mapeou todas as experiências de Justiça Restaurativa em curso no Brasil, a fim de identificar suas formas de atuação, marcos teóricos e problemas[43]. Nota-se que o que se chama de "Justiça Restaurativa" no Brasil não é, de fato, um conjunto de instrumentos que reflitam um marco teórico ou uma escola já conhecida da Justiça Restaurativa; há um misto de conciliação com técnicas de matriz psicológica – com especial atenção aos projetos que querem implementar as "constelações familiares" para a discussão de casos complexos nas Varas de Família. Portanto, o

41 RAMOS, Ana Luiza Schmidt. *Violência psicológica contra a mulher: o dano psíquico como crime de lesão corporal comum. 2 ed. Florianópolis: Emais Editora, 2019.*

42 REIS, Izis Morais Lopes dos. Diálogos e conflitos entre campos de conhecimento: o Ministério Público após a Lei Maria da Penha. Tese de Doutorado em Antropologia. 2019, p. 299. Disponível em: http://icts.unb.br/jspui/handle/10482/22895 Acesso em 20 fev. 2024.

43 BRASIL. Conselho Nacional de Justiça. Pilotando a Justiça Restaurativa: o papel do Poder Judiciário. Brasília, 2018. Disponível em: https://bibliotecadigital.cnj.jus.br/jspui/handle/123456789/284 Acesso em 20 fev. 2024.

que as recentíssimas pesquisas nos indicam é que é necessário ter cuidado com a "importação" de determinados conceitos, sem que se aposte seriamente na especialização e capacitação dos atores do sistema de justiça que estarão à frente destes projetos.

5. A REPRESENTAÇÃO DOS INTERESSES DA VÍTIMA DE VIOLÊNCIA DE GÊNERO

Katherine Bartlett[44] explica que, na prática do sistema de justiça, "feministas analisam casos como todos as outras pessoas não-feministas": examinam os fatos de um caso judicial, identificam suas características fundamentais, definem as teses jurídicas mais adequadas ao caso, de forma a melhor representar os interesses de suas clientes. Porém, como a Lei Maria da Penha não foi muito específica em relação a várias questões processuais, a prática forense vai se conformando de acordo com as possibilidades institucionais de cada localidade.

Nesse sentido, a chamada "advocacia criminal defensiva", sobretudo representada pela figura da assistente de acusação, ganha especial destaque na advocacia feminista. Além disso, a atuação interdisciplinar é fundamental, reunindo, para a compreensão completa das dimensões de violência de gênero, a atuação no âmbito cível e criminal.

Além disso, é possível que advogadas feministas sejam instadas a atuar em matéria difusa ou coletiva, na representação de associações, pequenas comunidades ou grupos de mulheres que reportem casos de assédio sexual, assédio moral ou problemas com a divisão sexual no trabalho. Assim, o campo da advocacia feminista é amplo, como a perspectiva de gênero permite sê-lo.

No Brasil, a advocacia orientada para o interesse das vítimas de violência de gênero tem se desenvolvido muito nos últimos anos; há redes de mulheres organizadas, em formatos de coletivos feministas, da advocacia popular e de formatos como o "Mapa do Acolhimento"[45], o grupo "Femijuris"[46] e a associação com organizações não-governamentais já conhecidas pela defesa dos direitos das mulheres[47]. Esse movimento é muito importante, pois, apesar de a Lei Maria da Penha dispor, em seu art. 27[48], que a mulher em situação de violência doméstica deve ser acompanhada de advogado/a em todos os atos

44 BARTLETT, Katherine T. Métodos jurídicos feministas. In: FERNÁNDEZ, Marisol; MORALES, Félix. *Métodos feministas en el Derecho:* aproximaciones críticas a la jurisprudencia peruana. Lima: Palestra Editores, 2011, p. 30-31.

45 "Somos uma plataforma que conecta mulheres que sofreram violência a uma rede de terapeutas e advogadas dispostas a ajudá-las de forma voluntária". Disponível em: http://www.mapadoacolhimento.org Acesso em 14 mar. 2019.

46 "A Femijuris é uma rede jurídica para advogadas. A Comunidade é formada através do engajamento de nossas advogadas inscritas que compartilham conhecimento, trocam experiências e atendem de forma acolhedora as mulheres que possuem demandas jurídicas". Disponível em: http://www.femijuris.com.br Disponível em 14 fev. 2024..

47 Dentre eles, pode-se citar o Coletivo Margarida Alves (MG), as ONGs Artemis (SP) e Anis Instituto de Bioética (DF) e a Associação das Advogadas pela Igualdade de Gênero e Raça (DF).

48 BRASIL. Lei 11.340, de 7 de agosto de 2006. Disponível em http://www.planalto.gov.br/ccivil_03/_Ato2004-2006/2006/Lei/L11340.htm Acesso em 14 fev. 2024.

processuais cíveis e criminais, a Defensoria Pública não possui, em muitas Unidades da Federação, condições de atender a todas as mulheres que demandam atendimento. Advogados e advogadas, assim, precisam compreender que, no exercício de sua função essencial à justiça e em razão do compromisso com a defesa dos direitos e das garantias fundamentais, os direitos das mulheres devem ganhar especial destaque.

Pesquisa financiada pelo Conselho Nacional de Justiça revelou que as mulheres em situação de violência doméstica e famíliar acessaram os Juizados de Violência Doméstica e Familiar em busca da cessação do ciclo de violência e, não necessariamente, em busca do encarceramento de seus companheiros ou ex-companheiros[49]. Como as respostas previstas pela Lei Maria da Penha são muito mais amplas do que a simples prisão do autor e, como as respostas dadas pela prática dos Tribunais orbitam, majoritariamente, no máximo da supressão da liberdade, a frustração das mulheres que acessam o sistema de justiça criminal é grande e até mesmo esperada, já que elas acabam se sentindo isoladas e desinformadas sobre os passos do processo judicial. É exatamente nesse hiato, cheio de silêncios e dores de mulheres que passaram pelas mais diversas formas de violência de gênero, que uma defesa feminista, empática e estratégica precisa surgir.

A proteção dos interesses das mulheres vítimas de violência de gênero requer múltiplas habilidades: conhecimentos jurídicos sobre Direito Penal, Direito de Família, Processo Administrativo, preparação psicológica (no sentido técnico) para a promoção de uma escuta qualificada, senso crítico para interpretar os conceitos legais com perspectiva de gênero[50], articulação com os integrantes da rede de apoio do sistema de justiça criminal. Para que isso aconteça, uma série de práticas destes atores, típicos de uma estrutura patriarcal e de uma lógica punitiva, precisam ser constantemente tensionados, com o objetivo de promover mudanças que beneficiem as mulheres e, assim, toda a sociedade.

A interpretação das normas penais, nas questões de gênero, merece comentários mais intensos. Enquanto a tradução de conceitos muito conhecidos como bem jurídico, políticas criminais e processos de criminalização, a perspectiva androcêntrica não pode ser a via de interpretação em contextos de violência doméstica e familiar. E os processos criminais, infelizmente, ainda são a principal porta de entrada para estas disputas em torno da "pergunta pela mulher".

Um exemplo que ilustra essa dissociação entre as noções de bem jurídico e a interpretação sem qualquer perspectiva de gênero é o caso de colisão entre crimes contra o patrimônio, previstos nos arts. 155 a 182 do Código

49 . BRASIL, Conselho Nacional de Justiça. Entre práticas retributivas e restaurativas: a Lei Maria da Penha e os avanços e desafios do Poder Judiciário. Brasília, 2017.

50 CASTILHO, Ela Wiecko; CAMPOS, Carmen Hein de. Sistema de justiça criminal e perspectiva de gênero. *Revista Brasileira de Ciências Criminais. São Paulo, n. 146, 2018.*

Penal[51], e o conceito de violência patrimonial, previsto no art. 7º, inciso IV da Lei Maria da Penha[52]. O art. 181, inciso I do Código Penal estabelece excludente de punibilidade ao cônjuge que pratique qualquer crime patrimonial na constância da sociedade conjugal.

Mulheres atendidas em Delegacias Especializadas de Atendimento à Mulher, quando relatam crimes de dano a objetos pessoais, tais como celulares e computadores, foram informadas por agentes de polícia de que a notícia do crime de dano não poderia ser registrada sob a forma de boletim de ocorrência, pois tais crimes não seriam puníveis em razão da redação do art. 181, I do Código Penal, e que o relato da violência deveria se ater a lesões corporais ocorridas.

Esperar que uma mulher em situação de violência doméstica e familiar possa confiar nos serviços da justiça criminal quando esta recebe negativas ilegais e imperitas – no sentido do desconhecimento do alcance do conceito de violência doméstica, que alcança a violência patrimonial –, é projetar nela uma força descomunal para compreender tal ilegalidade, enfrentando-a ou a questionando. Para isso – que nos parece impossível a quem acabou de enfrentar mais uma fase difícil do ciclo da violência de gênero –, também se espera que as mulheres tenham um mínimo conhecimento sobre os sentidos de violência de gênero contidos no art. 7º da Lei Maria da Penha. Infelizmente, não é isso o que ocorre: apesar de a Lei Maria da Penha ser uma das mais conhecidas do Brasil[53], tal conhecimento é superficial, e o domínio sobre regras processuais e, em determinados casos, sobre protocolos de serviço[54] ou procedimentos operacionais padrão[55] não é geral. Assim, a presença de uma advogada, em todas as fases da investigação ou da aproximação com o sistema de justiça, é muito importante.

Além disso, uma resposta "técnica" – no sentido jurídico-penal, muitas vezes esvaziada de sentido para a vítima de violência de gênero – dada por agentes policiais, Promotores e Juízes que não atuem com perspectiva de gênero, ainda que atuem em órgãos que deveriam ser especializados, revela a falta de capacitação e/ou de sensibilidade de tais pessoas para lidar com questões de gênero; mais ainda, o discurso jurídico-penal pode levar a interpretações fundadas apenas em uma dogmática que se diz "neutra" e "objetiva"

---

51 BRASIL. Decreto-Lei 2.848, de 7 de dezembro de 1940. Disponível em httw://www.planalto.gov.br/ccivil_03/decreto-lei/Del-2848compilado.htm Acesso em 20 fev. 2024.

52 BRASIL. Lei 11.340, de 7 de agosto de 2006. Disponível em: http://www.planalto.gov.br/ccivil_03/_Ato2004-2006/2006/Lei/L11340.htm Acesso em 20 fev. 2024.

53 BRASIL. Senado Federal. Data Senado. Pesquisa Data Senado: Violência Doméstica contra a Mulher. Disponível em https://www12.senado.leg.br/institucional/datasenado/arquivos/aumenta-numero-de-mulheres-que-declaram-ter-sofrido-violencia Acesso em 20 fev. 2024.

54 Como é o caso, por exemplo, do Distrito Federal, que adota a presunção de que toda morte de mulher será investigada, desde o primeiro momento, como feminicídio.

55 Cite-se, aqui, também, como exemplo, o Procedimento Operacional Padrão alinhado entre Polícia Civil do Distrito Federal, Núcleo de Direitos Humanos do Ministério Público do Distrito Federal e Territórios, para atendimento a mulheres transgênero que realizem *notitia criminis de violência doméstica, em ajuste com a Delegacia Especial de Repressão aos Crimes por Discriminação Racial, Religiosa ou por Orientação Sexual ou Contra a Pessoa Idosa ou com Deficiência (DECRIN) do Distrito Federal.*

reforça apenas as funções não declaradas da pena, afastando-se completamente do que as mulheres podem esperar ou considerar uma atuação justa[56] e, para falar com Bartlett, que resultem em um aumento de consciência sobre as questões de gênero submetidas ao sistema de justiça criminal[57].

Nesses casos específicos, requer-se o conhecimento sobre as questões de gênero dos profissionais que atuem nos setores especializados; infelizmente, tal especialização não é a regra dos atendimentos, como já constataram o Conselho Nacional de Justiça[58] e as pesquisadoras Marília Montenegro, Fernanda Rosenblatt e Carolina Salazar Medeiros[59].

Situações como a tradução de conceitos "tradicionais" do Código Penal, como a previsão contida no art. 181, I do Código Penal, sem a devida interpretação baseada na perspectiva de gênero, podem causar extrema injustiça e desconsiderar parte importante dos relatos de violência de gênero. O Poder Legislativo já identificou essa questão e houve, no Senado Federal, proposição legislativa no sentido de se revogar o inciso I ou, em medida alternativa, estabelecer ao art. 181 uma ressalva de que tais escusas absolutórias não podem se aplicar aos casos de violência de gênero, que, atualmente, encontra-se arquivada, aguardando eventual desarquivamento caso algum Senador ou alguma Senadora se interesse em continuar a discussão jurídica[60].

Uma outra iniciativa importante, para uma efetiva defesa da mulher em situação de violência doméstica, é apresentar a importância de outras esferas para a responsabilização dos agressores. Para exemplificar, caso ocorra um caso de violência de gênero em casos em que vítima e agressor trabalhem ou estudem num mesmo local, e em casos que agreguem violência psicológica, violência moral e violência física, nos termos do art. 7º da Lei Maria da Penha, os reforços institucionais para o real cumprimento das medidas protetivas de urgência pode vir de grupos, órgãos ou composições administrativas, como os Comitês de Igualdade de Raça e Gênero, presentes em órgãos públicos, ou em Diretorias como a DIV – Diretoria de Diversidade Sexual da Universidade de Brasília, que recebe as comunicações de medidas protetivas de urgência e, com base no que foi relatado, instaura processo administrativo disciplinar para a apuração da conduta do profissional ou do estudante.

---

56 SANTOS, Juarez Cirino dos. *Direito Penal: parte geral. Florianópolis: Tirant lo Blanch, 2018.*

57 BARTLETT, Katherine T. Métodos jurídicos feministas. In: FERNÁNDEZ, Marisol; MORALES, Félix. *Métodos feministas en el Derecho:* aproximaciones críticas a la jurisprudencia peruana. Lima: Palestra Editores, 2011, p. 19-116.

58 BRASIL, Conselho Nacional de Justiça. Entre práticas retributivas e restaurativas: a Lei Maria da Penha e os avanços e desafios do Poder Judiciário. Brasília, 2017.

59 MELLO, Marília Montenegro Pessoa de; ROSENBLATT, Fernanda Fonseca; MEDEIROS, Carolina Salazar. O que pensam os juízes e as juízas sobre a aplicação da Lei Maria da Penha: um princípio de diálogo com a magistratura de sete capitais brasileiras. *Revista Brasileira de Políticas Públicas, Brasília, 2018, v. 8, p. 422-448.*

60 BRASIL. Senado Federal. Projeto de Lei 71, de 2018. Disponível em: https://legis.senado.leg.br/sdleg-getter/documento?dm=7639213&disposition=inline Acesso em 14 mar. 2019.

Esse tipo de prática reforça a ideia de responsabilização, de exposição do caso, sem expor a vítima e sem apostar, única e exclusivamente, na punição penal do agressor. Trata-se de um ganho institucional, que pode ser movimentado pelas advogadas da vítima, que podem informar aos órgãos públicos e aos comitês ou outros grupos, em formato de notícia de crime ou de representação no campo administrativo, e gerar outros resultados possíveis, que impliquem na real discussão sobre os ganhos para a promoção da igualdade de gênero nessas situações, tanto para a vítima como para toda a coletividade.

A atuação em rede é muito importante. A defesa das mulheres precisa ser articulada, colaborativa, sem alcançar uma natureza adversarial, especialmente em relação ao Ministério Público. Nesse sentido, se no campo do processo penal a defesa atuará na condição de assistente de acusação, de forma complementar ao trabalho do MP, no campo cível a defesa das mulheres ganha projeção maior, sendo parte litigante, com mais voz e domínio dos atos processuais. Como demonstram pesquisas já citadas, as mulheres querem a interrupção do ciclo de violência, o que, para algumas, pode representar o afastamento total da pessoa com quem mantinha um relacionamento afetivo e, para outras, a revisão deste relacionamento, com o emprego de medidas não punitivas, como a frequência, do agressor, a grupos reflexivos, que já revelaram importante efetividade em relação ao processo de responsabilização dos homens que os frequentam[61]. O acompanhamento de tais decisões das mulheres pela rede de apoio, prevenção e enfrentamento à violência de gênero é muito importante para que novas ações de violência não venham a ocorrer e que todas as partes aprendam com o processo por que cada uma passou, no sentido da responsabilização, para o caso dos agressores, e do empoderamento das mulheres.

Os desenhos institucionais à disposição das mulheres não facilitam o seu acesso à Justiça: há pouca compreensão sobre o que acontece nas audiências, há pouco ou quase nenhum cuidado com a vítima de violência doméstica, sobretudo em relação a questões patrimoniais ou familiares. O reforço dos precedentes do STF e do STJ no sentido da promoção da igualdade de gênero é fundamental para o amadurecimento das instituições e do fortalecimento da democracia brasileira.

61 "A responsabilização dos homens agressores pelas violências cometidas é fundamental para viabilizar a compreensão do seu papel na dinâmica relacional, sem que isso sirva para justificar as suas ações e os seus comportamentos. Os atendimentos aos homens devem promover a responsabilização pelas violências praticadas em um contexto reflexivo que favoreça a construção de habilidades de comunicação e de alternativas ao uso das várias formas de violências na resolução de problemas familiares" (AGUIAR, Luiz Henrique Machado de; DINIZ, Gláucia Ribeiro Starling. Estudos sobre masculinidades e seus impactos no trabalho de homens autores de violência doméstica. *Gênero,* Niterói, v. 17, n. 2, p. 81-94, 2017).

REFERÊNCIAS

ANGOLA. Direção Nacional dos Direitos da Mulher. Disponível em: https://www.undp.org/sites/g/files/zskgke326/files/migration/ao/UNDP_AO_GUIA-A-CONVENCAO-DA-CEDAW.pdf Acesso em 20 fev. 2024.

BARSTED, Leila Linhares. Lei Maria da Penha: uma experiência bem-sucedida de *advocacy feminista. Disponível em:* https://assets-compromissoeatitude-ipg.sfo2.digitaloceanspaces.com/2014/02/1_2_advocacy-feminista.pdf Acesso em 19 fev. 2024.

BARTLETT, Katherine T. Métodos jurídicos feministas. In: FERNÁNDEZ, Marisol; MORALES, Félix. *Métodos feministas en el Derecho:* aproximaciones críticas a la jurisprudencia peruana. Lima: Palestra Editores, 2011, p. 19-116.

BRASIL. Código Penal. Disponível em: https://www.planalto.gov.br/ccivil_03/decreto-lei/del2848compilado.htm Acesso em 20 fev. 2024

BRASIL. Conselho Nacional de Justiça. Pilotando a Justiça Restaurativa: o papel do Poder Judiciário. Brasília, 2018. Disponível em: https://bibliotecadigital.cnj.jus.br/jspui/handle/123456789/284 Acesso em 20 fev. 2024.

BRASIL. Conselho Nacional de Justiça. Resolução 492, de 17 de março de 2023. Estabelece, para adoção de Perspectiva de Gênero nos julgamentos em todo o Poder Judiciário, as diretrizes do protocolo aprovado pelo Grupo de Trabalho constituído pela Portaria CNJ 27/2021, institui obrigatoriedade de capacitação de magistrados e magistradas, relacionada a direitos humanos, gênero, raça e etnia, em perspectiva interseccional, e cria o Comitê de Acompanhamento e Capacitação sobre Julgamento com Perspectiva de Gênero no Poder Judiciário e o Comitê de Incentivo à Participação Institucional Feminina no Poder Judiciário. Disponível em: https://atos.cnj.jus.br/atos/detalhar/4986 Acesso em 17 fev. 2024.

BRASIL. Convenção CEDAW. Disponível em: https://www.gov.br/mdh/pt-br/navegue-por-temas/politicas-para-mulheres/arquivo/assuntos/acoes-internacionais/Articulacao/articulacao-internacional/onu-1/o%20que%20e%20CEDAW.pdf Acesso em 17 fev. 2024.

BRASIL. Decreto 1.973, de 1º de agosto de 1996. Disponível em: https://www.planalto.gov.br/ccivil_03/decreto/1996/d1973.htm Acesso em 17 fev. 2024.

BRASIL. Lei 13.505, de 8 de novembro de 2017. Disponível em: https://www.planalto.gov.br/ccivil_03/_ato2015-2018/2017/lei/l13505.htm Acesso em 20 fev. 2024.

BRASIL. Superior Tribunal de Justiça. Jurisprudência em teses. Violência Doméstica e Familiar contra a Mulher. Brasília, 16 de setembro de 2015. Disponível em: https://scon.stj.jus.br/SCON/jt/doc.jsp?livre=%2741%27.tit. Acesso em 19 fev. 2024.

BRASIL. Superior Tribunal de Justiça. ProAfR no REsp 2.026.129/MS, relator Ministro Jesuíno Rissato (Desembargador Convocado do TJDFT), Terceira Seção, julgado em 25/4/2023, DJe de 8/5/2023.

BRASIL. Superior Tribunal de Justiça. REsp 2.049.327/RJ, relator Ministro Sebastião Reis Júnior, Terceira Seção, julgado em 14/6/2023, DJe de 16/6/2023.

BRASIL. Supremo Tribunal Federal. Ação Declaratória de Constitucionalidade 19. VIOLÊNCIA DOMÉSTICA – LEI 11.340/06 – GÊNEROS MASCULINO E FEMININO – TRATAMENTO DIFERENCIADO. O art. 1º da Lei 11.340/06 surge, sob o ângulo do tratamento diferenciado entre os gêneros – mulher e homem –, harmônica com a Constituição Federal, no que necessária a proteção ante as peculiaridades física e moral da mulher e a cultura brasileira. COMPETÊNCIA – VIOLÊNCIA DOMÉSTICA – LEI 11.340/06 – JUIZADOS DE VIOLÊNCIA DOMÉSTICA E FAMILIAR CONTRA A MULHER. O art. 33 da Lei 11.340/06, no que revela a conveniência de criação dos juizados de violência doméstica e familiar contra a mulher, não implica usurpação da competência normativa dos estados quanto à própria organização judiciária. VIOLÊNCIA DOMÉSTICA E FAMILIAR CONTRA A MULHER – REGÊNCIA – LEI 9.099/95 – AFASTAMENTO. O art. 41 da Lei 11.340/06, a afastar, nos crimes de violência doméstica contra a mulher, a Lei 9.099/95, mostra-se em consonância com o disposto no § 8º do art. 226 da Carta da República, a prever a obrigatoriedade de o Estado adotar mecanismos que coíbam a violência no âmbito das relações familiares. Relator: Ministro Marco Aurélio. Julgado em 9 de fevereiro de 2012. Diário de Justiça Eletrônico de 28 de abril de 2014.

BRASIL. Supremo Tribunal Federal. Ação Direta de Inconstitucionalidade 4.424. AÇÃO PENAL – VIOLÊNCIA DOMÉSTICA CONTRA A MULHER – LESÃO CORPORAL – NATUREZA. A ação penal relativa a lesão corporal resultante de violência doméstica contra a mulher é pública incondicionada – considerações. Relator: Ministro Marco Aurélio. Julgado em 9 de fevereiro de 2012. Diário de Justiça Eletrônico de 28 de abril de 2014.

CARONE, Renata Rodrigues. A atuação do movimento feminista no Legislativo federal: o caso da Lei Maria da Penha. *Lua Nova, n. 105, 2018. Disponível em:* https://www.scielo.br/j/ln/a/Qc3SyHMX7tycGfYqVdr3hdp/?lang=pt# Acesso em 20 fev. 2024.

COMISSÃO INTERAMERICANA DE DIREITOS HUMANOS. Relatório 54/01. Caso 12.051. Caso Maria da Penha Fernandes. Disponível em: https://assets-compromissoeatitude-ipg.sfo2.digitaloceanspaces.com/2012/08/OEA_CIDH_relatorio54_2001_casoMariadaPenha.pdf Acesso em 20 fev. 2024.

LISZT, Franz von. *Tratado de Direito Penal Allemão. Trad. José Hygino Duarte Pereira. Rio de Janeiro: Briguiet & Co., 1899.*

MAGALHÃES, Nayara Teixeira. Gênero e violência conjugal: olhares de um sistema de justiça especializado. Revista de Estudos Empíricos em Direito. 2015, v. 2, n.2. Disponível em: https://reedrevista.org/reed/article/view/73 Acesso em 20 fev. 2024.

MELLO, Marília Montenegro Pessoa de. *Lei Maria da Penha: uma análise criminológico-crítica. Rio de Janeiro: Revan, 2018.*

MELLO, Marília Montenegro Pessoa de; ROSENBLATT, Fernanda Fonseca; MEDEIROS, Carolina Salazar. O que pensam os juízes e as juízas sobre a aplicação da Lei Maria da Penha: um princípio de diálogo com a magistratura de sete capitais brasileiras. Revista Brasileira de Políticas Públicas, Brasília, 2018, v. 8, p. 422-448.

RAMOS, Ana Luiza Schmidt. Violência psicológica contra a mulher: o dano psíquico como crime de lesão corporal comum. 2 ed. Florianópolis: Emais Editora, 2019.

REIS, Izis Morais Lopes dos. Diálogos e conflitos entre campos de conhecimento: o Ministério Público após a Lei Maria da Penha. Tese de Doutorado em Antropologia. Disponível em: http://icts.unb.br/jspui/handle/10482/22895 Acesso em 20 fev. 2024.

SANTOS, Juarez Cirino dos. *Direito Penal: parte geral.* Florianópolis: Tirant lo Blanch, 2018.

SPELMAN, Elizabeth V. *Inessential Woman:* problems of exclusion in Feminist Thought. Washington: Beacon Press, 1988.

Limitação à atividade probatória e provas ilícitas: análise dos votos relatores no RE 603.616/RO e no AgRg no RHC 173.021- SP

Clara Welma Florentino e Silva[1]

1. INTRODUÇÃO

A Lei 11.690 de 2008 trouxe importantes alterações no Título VII do Código de Processo Penal (Decreto-lei 3.689, de 1941 - CPP), que trata "da prova" nos processos criminais. Entretanto, desde 1988, com o advento da atual Constituição Federal, os dispositivos daquele código precisam ser considerados à luz das orientações desta lei maior, e, quando incompatíveis com ela, devem ser tidos por não recepcionados[2].

Considerando a relevância de algumas decisões, sobretudo dos votos de seus relatores, este artigo analisa as discussões sobre atividade probatória no processo criminal trazidas no RE 603.616/RO e no AgRg no Recurso em Habeas Corpus 173.021/SP.

Esses recursos, julgados respectivamente pelo Supremo Tribunal Federal (STF) e pelo Superior Tribunal de Justiça (STJ), trazem importantes considerações que podem contribuir com o debate e orientar a atuação de operadores jurídicos em várias áreas.

Este artigo inicia com um tópico que traz a conceituação de prova e menciona alguns limites da atividade probatória, a partir dos dispositivos do Código de Processo Penal relativos ao tema e das considerações da literatura.

Em seguida, contextualiza uma provocação inicial a partir da realidade da atuação criminal da Defensoria Pública Estadual.

Nos dois tópicos seguintes, analisa a discussão travada jurisprudencialmente a partir da análise de dois julgados importantes: o Recurso Extraordinário 603.616/RO e no AgRg no Recurso em Habeas Corpus 173.021- SP.

Por fim, as análises trazidas nesse trabalho sugerem que, apesar de ter pressupostos normativos que datam de 1988 e 2008, a compreensão das possibilidades e limitações da atividade probatória ainda parecem em *disputa*

1 Defensora Pública do Estado do Maranhão. Mestre em Direito pela UnB. Especialista em Direito Penal e Criminologia pela Uninter.

2 Como explica Ingo Sarlet, o poder constituinte pode recepcionar (aproveitar no todo ou em parte) normas constitucionais (ou mesmo normas jurídicas) anteriores, mas não tem obrigação de fazer isso, e, mesmo que o faça, por se tratar de uma nova ordem constitucional, essas normas, mediante sua recepção, ganham um novo fundamento de validade e de legitimidade.

jurídica. Como se vê adiante, situações já discutidas pelos tribunais superiores em repercussão geral ainda são questionadas – ou talvez incompreendidas –, mesmo nos casos que se repetem na rotina judicial.

2. A PROVA E OS LIMITES À ATIVIDADE PROBATÓRIA

Aury Lopes Jr.[3] define prova a partir do conceito de processo penal, considerando este como um instrumento de reconstrução aproximada de um fato histórico.

Assim, esse ritual do processo, no caso, o procedimento, deve estar destinado a instruir o julgador, proporcionando-lhe o conhecimento de uma situação a partir de sua reconstrução histórica. Aury[4] explica que:

> Nesse contexto, as provas são os meios através dos quais se fará essa reconstrução do fato passado (crime). O tema probatório é sempre a afirmação de um fato (passado), não sendo as normas jurídicas, como regra, tema de prova (por força do princípio *iura novit curia*).

Essa atividade recognitiva do juiz, entretanto, possui limites. Como o Direito Penal e Processual Penal surgem para demarcar a atuação estatal, é dentro dessa lógica que o limite à produção de prova deve ser compreendido.

Um primeiro limite é a necessidade de contraditório judicial, pois o art. 155 do Código de Processo Penal determina que o juiz formará sua convicção pela livre apreciação da prova produzida em contraditório judicial. Referido dispositivo acrescenta que o julgador não poderá fundamentar sua decisão exclusivamente com os elementos informativos da investigação, ressalvadas as provas cautelares, não repetíveis e antecipadas.

Um outro limite são as normas constitucionais e legais, pois o mesmo código determina que as provas produzidas com violação a essas regras (provas ilícitas, nos termos do art. 157, CPP) não apenas devem ser consideradas inadmissíveis, como também devem ser desentranhadas do processo, para não interferir neste. O que também deve acontecer com as provas derivadas das ilícitas, salvo quando não evidenciado o nexo de causalidade entre umas e outras, ou quando as derivadas puderem ser obtidas por fonte independente das primeiras (art. 157, §1º, CPP).

Ainda para evitar a influência de provas ilícitas ou das derivadas destas, o art. 157, §5º, CPP determina que o juiz que conhecer do conteúdo da prova declarada inadmissível não poderá proferir sentença ou acórdão. E esta é também uma limitação legal da atividade probatória no processo penal.

---

3 LOPES JR., Aury. Direito Processual Penal. 19. ed. São Paulo: Saraiva Jur, 2022.
4 LOPES JR., Aury. Direito Processual Penal. 19. ed. São Paulo: Saraiva Jur, 2022.

Aury Lopes Jr.[5] acrescenta e analisa limites extrapenais[6] à produção de provas, limites das provas típicas (previstas em lei) e atípicas (não previstas em lei) e limites à admissibilidade da prova emprestada e à transferência de provas.

Referido autor[7] pontua que, excepcionalmente, provas atípicas podem ser admitidas no processo penal, como as que resultam da evolução tecnológica, desconhecidas à época da produção da norma. Entretanto, devem respeitar a base principiológica legal e constitucional, não podendo representar uma burla à sistemática normativa (provas típicas). Ele ressalta a necessidade de que essas provas atípicas tenham "fiabilidade epistêmica, confiabilidade científica e comprovação de sua idoneidade à luz dos critérios metodológicos estabelecidos", que impedem, por exemplo, o uso de "detector de mentiras" em interrogatórios.

Percebe-se, pois, que a produção de provas deve observar certos parâmetros normativos, que, por sua vez, não são um fim em si mesmo e visam garantir outros direitos materiais.

Embora pareça lógico que a atividade probatória deve observar essas balizas normativas, na prática, é comum pensar em flexibilizar a regra (admitindo sua violação), sobretudo quando a transgressão dessas normas possibilitou a comprovação de um crime.

A produção de provas sem essa limitação se mostra mais simples e célere. Por exemplo, entrar numa residência sem mandado judicial é muito mais fácil do que fundamentar um requerimento e aguardar provimento, vinculando-se a essa decisão e/ou aos resultados dos recursos dela interpostos. Assim, sem limites procedimentais, o agente estatal não teria por que recorrer à medida mais custosa se pudesse utilizar a mais simples.

3. PROVOCAÇÕES INICIAIS DA ATUAÇÃO NA DEFENSORIA PÚBLICA ESTADUAL

Em atuação na área criminal e socioeducativa, defensoras e defensores escutam diariamente narrativas processuais como essas:

> Policiais realizavam rondas na localidade, quando foi avistado o denunciado e realizada *revista pessoal* e apreendido 13 porções de maconha individualizadas e prontas para venda, além de R$ 11,00 em notas fracionadas. Testemunhas: 2 policiais.[8]

5 LOPES JR., Aury. Direito Processual Penal. 19. ed. São Paulo: Saraiva Jur, 2022.

6 Referência ao art. 155, parágrafo único, CPP, que diz que, quanto ao estado das pessoas serão observadas as restrições estabelecidas na lei civil.

7 LOPES JR., Aury. Direito Processual Penal. 19. ed. São Paulo: Saraiva Jur, 2022.

8 Dados de processo judicial tramitando no Tribunal de Justiça do Estado do Maranhão: Pje TJMA: 0013539-50.2018.8.10.0001. Acesso em: 05.12.2023.

> Policiais militares realizavam ronda ostensiva, quando perceberam, em uma residência, um morador em *atitude suspeita*, motivo que deflagrou uma diligência policial no sentido de verificar o que estava ocorrendo. Indagado sobre o que estava fazendo no local, o réu respondeu que estava urinando, sem, contudo, haver qualquer sinal de urina no local. Ato contínuo, os policiais se deslocaram para o interior da residência, onde encontraram 54 "petecas" de crack debaixo da cama. Ao tentar fugir, foi necessário um tiro de advertência para que parasse e fosse capturado[9].

> Policiais militares realizavam patrulhamento de rotina pelas imediações, quando *receberam denúncias* relatando que dois indivíduos com esses apelidos, *já conhecidos da polícia*, estavam comercializando entorpecentes. Chegaram ao local e depararam-se com os réus. Em revista pelo local, arrecadaram 40 porções de maconha, 8 porções de cocaína e 1 porção grande de crack, bem como a quantia de R$15,00 em dinheiro[10].

> Policiais militares *receberam informações* de que no endereço funcionava uma "boca de fumo". A guarnição se deslocou até o local e foi realizada *revista na residência* em que o réu se encontrava, sendo apreendidas 25 "trouxinhas" de maconha embaladas em papel insufilme, 1 porção média da mesma substância, além de 10 papelotes de crack, uma arma de fogo e 05 munições no interior do imóvel[11].

Os recursos que chegam aos tribunais superiores (como os que originaram as decisões adiante analisadas) indicam que as situações são similares em outras localidades.

Em audiência, é comum ouvir que o denunciado ou seus familiares "*franquearam a entrada*" da polícia, ainda que no local tivessem substâncias ilícitas e que a autoridade estatal não tivesse mandado de busca e apreensão. Também não é comum aprofundar essa informação.

Em atendimentos na Defensoria ou em conversas reservadas antes das audiências, são comuns relatos de uma realidade permeada de invasões domiciliares (às vezes com apreensões de objetos ilícitos, às vezes sem apreensões) e revistas pessoais rotineiras.

A amostra aleatória e sem quantidade significativa do universo investigado (4 dos 30 processos existentes no dia da análise[12]) busca, neste artigo, apenas pontuar a existência dessa realidade dos processos e das falas de

---

9 Dados de processo judicial tramitando no Tribunal de Justiça do Estado do Maranhão: Pje TJMA: 0000464-75.2017.8.10.0001. Acesso em: 05.12.2023.

10 Dados de processo judicial tramitando no Tribunal de Justiça do Estado do Maranhão: Pje TJMA: 0857117-25.2021.8.10.0001. Acesso em: 05.12.2023.

11 Dados de processo judicial tramitando no Tribunal de Justiça do Estado do Maranhão: Pje TJMA: 0001249-66.2019.8.10.0001. Acesso em: 05.12.2023.

12 Referência aos 30 processos observados em 05.12.2023, na caixa do Pje da Defensoria Criminal da DPE/MA, com atribuição para atuar na 1ª vara de entorpecentes de São Luís-MA.

familiares e assistidos da Defensoria Pública. Adiante, pretende-se triangular a situação à luz dos dispositivos legais e da interpretação judicial trazidas nos julgados paradigmas a seguir.

Não é objetivo desse trabalho analisar a ocorrência de ilegalidade nos processos mencionados, ou a licitude dos indícios considerados na denúncia, ou ainda se havia justa causa para apresentação de acusação criminal. Por não ser o escopo desse trabalho, não se aprofundou nessas questões, não sendo possível responder a qualquer dessas perguntas.

Esse artigo pretende analisar as situações abstratamente, conforme julgados a seguir. Entretanto, os excertos acima indicam que ainda hoje os processos judiciais trazem "revistas pessoais", "atitudes suspeitas" e "denúncias anônimas", sem que se preocupe muito em aprofundar se os direitos fundamentais dessas populações revistadas foram respeitados.

A maioria dos leitores deste trabalho talvez não se imagine sendo revistado frequentemente quando sai e retorna para casa. Tampouco espera encontrar sua casa (ou de seus vizinhos) revirada em decorrência de revistas policiais sem mandado judicial. Felizmente, pelo menos para uma parcela da população, não são comuns relatos de crianças assustadas com abordagens policiais. Entretanto, a população hipossuficiente (normalmente assistida pela Defensoria Pública) ainda apresenta relatos de abordagens ilegais, como os já mencionados.

Essas situações levantam suspeitas de que as determinações legais sobre busca pessoal e buscas domiciliares (art. 240 e seguintes do Código de Processo Penal) não estejam sendo sempre interpretadas à luz dos direitos e garantias fundamentais (art. 5°, II, III, X, XI, LVI, da Constituição Federal).

Ao admitir essas situações (seja recebendo denúncias que não fundamentam a legalidade dos indícios considerados, seja condenando com base apenas nestas provas), o Judiciário legitima essa atuação da polícia, que deixa de pedir autorização judicial para atuações em que seria necessário, mas, na prática, é dispensada.

E uma prova de que isso ocorre é justamente a chegada de recursos como os julgados a seguir. Mais ainda, a chegada deles com repercussão geral (RE 603.616/RO adianta trabalhado).

Com isso, revistas pessoais e buscas domiciliares sem mandado judicial e que não encontram nada ilícito *podem* simplesmente nem chegar ao conhecimento do Judiciário.

O debate avançou muito no RE 603.616/RO (Tema 280, relatoria do Ministro Gilmar Mendes) e nos *leading cases* vinculados a este recurso extraordinário

(STJ - HC 598.051/SP, HC 598.886/SC, AgRg no RHC 173.021/SP). Dessa forma, este artigo dedica um tópico ao referido RE 603.616/RO e outro ao AgRg no RHC 173.021/SP. Isso porque aquele, em 05/11/2015, amplia o debate, propondo novo entendimento, e este traz *leading case* mais recente, com acórdão de 14/08/2023.

4. COMEÇO DE UMA MUDANÇA DE ENTENDIMENTO? ANÁLISE DO VOTO DO RELATOR NO RE 603616/RO (TEMA 280, RELATORIA DO MINISTRO GILMAR MENDES)

Trata-se de recurso extraordinário representativo da controvérsia em que foi reconhecida repercussão geral, em 05/11/2015. E, segundo o próprio relatório do RE 603.616/RO, ele trata dos limites da cláusula da inviolabilidade do domicílio.

O requerente, pelo permissivo do art. 102, II, a, CF, impugnou acórdão da 1ª Câmara Cível do Tribunal de Justiça do Estado de Rondônia que manteve sua condenação. Ele buscava a reforma da decisão, alegando ofensa aos incisos LVI, XI e LV do art. 5º da Constituição Federal.

O RE 603.616/RO não foi admitido na origem. Somente após interposição de agravo de instrumento (AI 757.159) e contrarrazões ministeriais pelo seu conhecimento e não provimento, o ministro Cezar Peluso atendeu o pedido, determinando a conversão do agravo em recurso extraordinário.

Pela relevância do tema na atuação defensorial, as defensorias públicas estaduais do Rio de Janeiro e de São Paulo ingressaram como *amicus curiae*.

O ministro Gilmar Mendes começou pontuando o entendimento então vigente no Supremo Tribunal Federal[13] e no Superior Tribunal de Justiça[14] de que as autoridades podiam ingressar em domicílio, sem autorização do dono e sem mandado judicial, em hipóteses de flagrante delito de crime permanente.

No voto, ele diz propor uma evolução do entendimento, alegando que a tese vigente esvazia o direito à inviolabilidade domiciliar e contraria a interpretação sistemática da Constituição Federal e de tratados de direitos humanos de que o Brasil é signatário. Para tanto, faz um resgate da cláusula da inviolabilidade domiciliar no direito interno e comparado, observando as situações em que a entrada forçada em domicílio é tolerável.

O ministro identifica nas declarações de direito em vigor três grupos. Um primeiro, composto pelas constituições dos Estados Unidos, da Itália, da China e da Argentina, limita-se a afirmar a proteção contra buscas arbitrárias, determinando a necessidade de lei para regulamentar a competência para expedir

13 O voto relator exemplifica o entendimento com os seguintes julgados: RHC 91.189, Rel. Min. Cezar Peluso, 2ª Turma, julgado em 9.3.2010; RHC 117.159, Relator Min. Luiz Fux, 1ª Turma, julgado em 5.11.2013; RHC 121.419, Relator Min. Ricardo Lewandowski, 2ª Turma, julgado em 2.9.2014.

14 O voto relator exemplifica o entendimento com os seguintes julgados: RHC 40.796, Rel. Ministro Jorge Mussi, Quinta Turma, julgado em 8.5.2014; AgRg no AREsp 417.637, Rel. Ministro Sebastião Reis Júnior, 6ª Turma, julgado em 9.12.2014.

mandados e estabelecer hipóteses em que o ingresso forçado é admissível. Na oportunidade, transcreve excertos de cada um desses documentos.

Um segundo grupo seria composto apenas pelo Uruguai, cuja constituição cria uma reserva judicial para busca e apreensão, sem exceções. E, da mesma forma, o voto cita o dispositivo constitucional uruguaio, que tem o domicílio como um lugar sagrado e inviolável.

Um terceiro grupo criaria uma reserva judicial para expedição de mandado de busca e apreensão, estabelecendo exceções em que seria tolerado o ingresso sem autorização judicial. Alemanha excepciona os casos em que a demora implique perigo; Portugal, Espanha e Japão excepcionam os casos de flagrante delito. Paraguai, além do flagrante delito, excepciona as situações em que seria necessário para impedir a prática de crime ou evitar danos à pessoa ou à propriedade. Por fim, Angola, além do flagrante delito, excepciona as situações de emergência, para prestação de auxílio.

O voto do relator traz, ainda, uma "exceção de relevo", que seria a Constituição francesa, que remete à Declaração de Direitos do Homem e do Cidadão de 1789 e ao preâmbulo da Constituição de 27 de outubro de 1946, sem consagrar expressamente a inviolabilidade da casa.

E, por fim, aborda o direito pátrio, em que todas as constituições brasileiras trazem cláusula de defesa domiciliar. Para demonstrar, o documento transcreve trechos das constituições brasileiras de 1824, 1891, 1934, 1937[15], 1946 e 1967, bem como a Emenda Constitucional 1/69, até chegar na Constituição Federal de 1988.

Assim, o Ministro Gilmar Mendes alinha a Constituição brasileira de 1988 ao grupo de textos constitucionais que criam reserva judicial para expedição de mandados de busca e apreensão e estabelecem exceções em que se tolera o ingresso sem autorização judicial. As quatro exceções trazidas pelo art. 5º, XI, CF/1988 seriam os casos de *flagrante delito*, de *desastre*, de *necessidade de prestação de socorro* e de *determinação judicial*.

O voto analisado considera a busca e apreensão uma medida invasiva, mas de grande importância na repressão à prática de crimes e na investigação criminal. Ao mesmo tempo, reconhece que abusos podem ocorrer tanto na tomada de decisão de entrada forçada, quanto na execução da medida (como as práticas do que chama de "espólio de guerra", em que há furto de bens das residências adentradas). Ressalta ainda que as comunidades em situação de vulnerabilidade social são especialmente suscetíveis a sofrer ingerências arbitrárias em domicílios.

---

15 O voto detalha inclusive a declaração de estado de guerra de 1942 (Decreto 10.358, de 31.8.1942), que suspendeu a inviolabilidade domiciliar, retomada pela Constituição de 1946.

Para propor a superação do entendimento vigente, além de analisar as normativas existentes, o ministro retoma a linha de raciocínio adotada: os crimes permanentes, por definição, possuem um intervalo entre a consumação e o exaurimento, em que o crime se considera em curso. Assim, se, no local protegido pela norma, o crime permanente está ocorrendo, o agente está cometendo o ilícito, o que caracteriza o flagrante e a viabilizaria o ingresso forçado no domicílio.

O ministro observa que não se pode exigir certeza do policial quanto ao sucesso da medida, e que o Código de Processo Penal, em seu art. 240, §1º, exige apenas "fundadas razões" de que um crime esteja em curso no local. Para concluir a construção do raciocínio vigente, ele explica que:

> Considerado o entendimento atual, o policial ingressará na casa sem a certeza de que a situação de flagrante delito, de fato, ocorre. Se concretizar a prisão, poderá dar seu dever por cumprido. Em caso contrário, terá, ao menos em tese, incorrido no crime de violação de domicílio, majorado pela sua qualidade de funcionário público, agindo fora dos casos legais – art. 150, §2º, do CP.
>
> Ou seja, o policial estaria assumindo o risco de perpetrar um crime, salvo se tiver sucesso em sua diligência. Isso dá ao policial um perigoso incentivo. Ou desvenda o crime, ou responde pessoal e criminalmente pela violação de domicílio.
>
> Caso o policial não encontre a droga e venha a ser acusado criminalmente, transferir-se-á a escolha dramática para a fase de punição do agente público. A tese defensiva natural será o estrito cumprimento do dever legal putativo – o policial alegará que achava que havia um crime em andamento dentro da casa invadida.
>
> Se rejeitar a defesa, o julgador pune um policial que acreditava estar cumprindo seu dever.
>
> Se a acolher, aniquila a garantia da inviolabilidade do domicílio. Qualquer alegação por parte de policiais de que tinham informação de que havia um crime em andamento afastaria a inviolabilidade domiciliar.[16]

Assim, o relator conclui pela necessidade de uma interpretação que afirme (e não fragilize) a garantia da inviolabilidade domiciliar, e que, por outro lado, proteja os agentes da segurança pública, dando-lhes uma orientação mais segura sobre suas formas de atuação. Com isso, ele aponta que o caminho para essa interpretação é a própria Constituição Federal e os tratados de direitos humanos de que o Brasil é signatário[17].

---

16 BRASIL, Supremo Tribunal Federal. RE 603616/RO. Recorrente: Paulo Roberto Lima. Recorrido: Ministério Público do Estado de Rondônia, Relator: Min. Gilmar Mendes. Brasília, 5 nov. 2015. Disponível em: <https://redir.stf.jus.br/paginadorpub/paginador.jsp?docTP=TP&docID=10924027>. Acesso em 14/12/2023.

17 O voto em análise pontua ainda que esses tratados podem ampliar direitos e garantias fundamentais previstos na Constituição, mesmo para afastar as ressalvas expressas do texto constitucional, como foi reconhecido pelo STF para afirmar a impossibilidade de prisão civil do depositário infiel, expressamente previsto no art. 5º, LXVII, CF, mas incompatível com tratados internacionais de direitos humanos – vide RE 466.343, Rel. Min. Cezar Peluso, e RE 379.703, Red. Para Acórdão Min. Gilmar Mendes, julgados em 3.12.2008.

Nesse sentido, frisa que a entrada forçada em domicílio, *sem uma justificativa prévia conforme o direito*, é arbitrária, não podendo a situação de flagrância posterior ao ingresso justificar a medida. A situação ameaça o Pacto de São José da Costa Rica (art. 11,2) e o Pacto Internacional de Direitos Civis e Políticos (art. 17,1), que protegem o domicílio contra ingerências arbitrárias.

Com isso, enfatiza que a proteção contra a busca arbitrária exige que a diligência seja avaliada com base no que se sabia antes de sua realização, e não depois. Dessa forma, a ausência de mandado judicial prévio poderia ser contrabalanceada pela disponibilidade de um controle *ex post factum*, a exemplo da interpretação da Convenção Europeia dos Direitos do Homem pelo Tribunal Europeu dos Direitos do Homem[18].

O ministro propõe um controle judicial rígido, seja ele prévio (ao autorizar, por mandado judicial, a entrada policial em domicílio independente de autorização do morador) ou posterior (para analisar, ratificando ou retificando, a legalidade da entrada sem mandado). Entretanto, frisa-se, a regra é que seja anterior, sendo as exceções taxativamente enumeradas pela Constituição Federal.

Esse controle rígido, seja prévio ou posterior, deveria considerar as possibilidades fáticas existentes, ponderando os bens jurídicos em confronto (direito à liberdade ou interesse da segurança pública).

Importante momento do voto analisado é quando ele exemplifica o que *não* pode ser considerado justa causa para flexibilização da entrada domiciliar:

> Por outro lado, provas ilícitas, informações de inteligência policial – denúncias anônimas, afirmações de "informantes policiais" (pessoas ligadas ao crime que repassam informações aos policiais, mediante compromisso de não serem identificadas), por exemplo – e, em geral, elementos que não têm força probatória em juízo não servem para demonstrar a justa causa.
>
> A esse respeito, registro que a jurisprudência desta Corte não vê em elementos desprovidos de valor probatório força suficiente para adoção de medidas invasivas. Os precedentes vão no sentido de que nem mesmo investigações criminais podem ser instauradas sem um mínimo de indícios da ocorrência da infração[19].

Talvez considerando a recorrência dos casos de denúncia anônima, o voto cita jurisprudência firmada no STF[20] e no STJ[21] de que "nem mesmo investiga-

18 O voto cita esse entendimento como oriundo de análises do caso 56720/09 (Heino contra Finlândia), decisão de 15.2.2011 e caso 71362/01 (Smirnov contra Rússia), decisão de 7.6.2011.

19 BRASIL, Supremo Tribunal Federal. RE 603616/RO. Recorrente: Paulo Roberto Lima. Recorrido: Ministério Público do Estado de Rondônia, Relator: Min. Gilmar Mendes. Brasília, 5 nov. 2015. Disponível em: https://redir.stf.jus.br/paginadorpub/paginador.jsp?docTP=TP&docID=10924027. Acesso em 14/12/2023.

20 O voto, especificamente sobre denúncia anônima transcreve voto do Ministro Celso de Mello no Inq. 1957, relatado pelo Ministro Carlos Velloso, no Tribunal Pleno, publicado no DJ 11.11.2005.

21 O voto exemplifica o entendimento do STJ pelo AgRG no REsp 1521711/RS, Rel. Ministra Maria Thereza de Assis Moura, 6ª Turma, julgado em: 21.5.2015.

ções criminais podem ser instauradas sem um mínimo de indícios da ocorrência da infração", mas que "nada impede que essas informações venham a dar base a pesquisas e, uma vez robustecidas por outros elementos, embasem a busca".

Com isso, conclui que o entendimento que propõe é coerente com a jurisprudência firmada nas cortes superiores. E reconhece que, ainda que se avance nesse sentido, o termo "fundadas razões" demandará esforço de concretização e interpretação, podendo, em casos específicos, o policial julgar que dispõe de indícios suficientes para a medida, mas o juízo decidir em sentido contrário.

Entretanto, o avanço reside em algo que deveria ser muito simples, que é o fato de que a flexibilização do direito fundamental à inviolabilidade domiciliar deve ser analisada com base no contexto em que a medida foi tomada, com as informações disponíveis na época.

Trata-se não apenas de limitação à atuação policial – que deve respeitar as garantias fundamentais –, mas da construção de uma atuação conforme a constituição, já que há mecanismos legais para o agir investigativo. Entretanto, esses mecanismos acabam sendo preteridos diante da aceitação judicial de uma conduta mais simples (entrada sem mandado), apesar de violadora de direitos.

Por fim, um último ponto do voto que merece transcrição menciona outras situações correlatas que, pela complexidade e especificidade, não foram abrangidas pela discussão trazida, mas não foram esquecidas:

> Há também casos que apresentarão complexidades que ultrapassarão os limites do tema aqui apreciado.
>
> Por exemplo, numa investigação sigilosa, pode surgir a notícia do crime permanente dentro de residência. No entanto, dar acesso ao dono da casa a todos os dados da investigação pode comprometer o restante das pesquisas. Em tese, poder-se-ia realizar investigação independente, documentando indícios mínimos para a busca e retendo o restante da prova. Os limites dessa prática, no entanto, não são aqui debatidos.
>
> Também é comum que, no cumprimento de mandados de busca e apreensão, revelem-se situações de flagrante delito não previstas no objeto inicial. Numa busca por drogas, por exemplo, podem-se encontrar armas de uso proibido. Em princípio, o ingresso forçado está autorizado, pelo que não se cogita de vulneração da garantia da inviolabilidade de domicílio. No entanto, novamente, os limites da prática não são aqui debatidos.
>
> Tampouco se pretende aferir a validade de mandados de busca e apreensão coletivos. Esse expediente, que vem sendo usado em operações em favelas e comunidades conflagradas, testa os limites da garantia contra a inviolabilidade da

casa de formas que não comportariam análise no presente tema.

Outra questão não apreciada é a validade do consentimento do morador. As hipóteses concretas podem revelar desdobramentos complexos, seja quanto à prova do consentimento, seja quanto a sua validade e suficiência. A Suprema Corte dos Estados Unidos vê com desconfiança o consentimento do morador obtido pelo agente estatal "sob autoridade governamental" (*under government authority*) ou "sob as cores do uniforme" (*under color of office*) – respectivamente, casos Amos v. United States, 255 U.S. 313 (1921) e caso Johnson v. United States 333 U.S.10 (1948). Já houve algum debate sobre o assunto no HC 79.512, Rel. Min. Sepúlveda Pertence, julgado em 16.12.1999. O tema em julgamento, no entanto, não se presta a resolver a questão.

Como já mencionado, a maior parte das disposições gerais (Capítulo I) do título VII do Código de Processo Penal que trata "da prova" foi alterada pela Lei 11.690 de 2008.

Considerando que referido código data de 03 de outubro de 1941 (elaborado e publicado durante o Estado Novo), essa alteração pode ser considerada bem recente. Entretanto, somente sete anos depois, um julgamento[22] considera que a decisão de ingressar em domicílio sem mandado judicial, dentro das exceções admitidas pelo ordenamento jurídico, precisa considerar os elementos existentes no momento da decisão do ingresso, independente do resultado (encontro ou não de situação ilícita).

Essa constatação, por si só, traz o questionamento acerca da possibilidade de outra interpretação. Ou seja, como se poderia valorar a decisão de ingresso em domicílio sem autorização judicial e sem autorização do morador da residência? A partir do resultado? E se, apesar de fundada suspeita, nada de ilícito fosse encontrado no local? E se, em atividade aleatória em comunidade conhecida pelo tráfico, fossem realizadas buscas sem autorização em sete residências e apenas em uma delas fosse identificada situação de flagrante delito?

Como valorar as falas de agentes policiais que dizem ter recebido autorizações dos moradores para ingresso em residência, quando se encontram no interior do local substâncias ilícitas? Por que esse morador teria autorizado o ingresso se não era obrigado a fazê-lo? Da mesma forma, como valorar a fala do indivíduo, quando, após autorização judicial, a polícia ingressa em residência e encontra substância ilícita, mas o morador simplesmente nega o fato? Por que esse policial teria inventado fundadas suspeitas de ilícito e o próprio ilícito?

Observa-se a necessidade de ponderar a fé pública e a presunção de inocência, nenhuma dessas absolutas, mas que precisam ser analisadas (de maneira

22 Considerando que o voto em análise data de 05 de novembro de 2015.

prévia ou posterior) pela autoridade judicial, mas sempre com base nos elementos existentes no momento da tomada de decisão de ingresso domiciliar.

O contexto atual trazido no tópico anterior indica que de alguma forma o raciocínio trazido pelo julgado analisado neste item não foi inteiramente incorporado pela comunidade jurídica.

Retomando o elementar sobre as limitações ao direito à prova, desta vez sobre a visão de Renato Brasileiro,[23] observamos que o voto analisado trata, em síntese, apenas desta questão.

Para este autor[24], seria ao leigo a quem soaria desarrazoado permitir a absolvição de um culpado pelo fato de a prova contra ele produzida ter sido obtida por meios ilícitos. Ele explica que, em um Estado Democrático de Direito, a eficiência processual[25] não pode desrespeitar direitos e garantias fundamentais, sob pena de deslegitimação do próprio sistema punitivo.

Renato Brasileiro[26] enfatiza que, mesmo em prejuízo da apuração de um crime, seria contraditório que, em um processo destinado a apurar também à ocorrência de um ilícito penal, o próprio Estado se valesse de métodos violadores de direitos. Assim, além da proteção a direitos e garantias fundamentais, a vedação das provas ilícitas também funciona como controle da regularidade da persecução penal, desestimulando a adoção de práticas probatórias ilegais.

Percebe-se, pois, que os limites à produção de provas no Direito Penal inquietam não apenas os leigos e que entendimentos já firmados em dispositivos legais e reconhecidos em decisões judiciais ainda não parecem sedimentadas no cotidiano jurídico.

5. UM CAMINHO SENDO TRAÇADO? ANÁLISE DO VOTO RELATOR NO AGRG O RECURSO EM *HABEAS CORPUS* 173.021- SP

O voto analisado no tópico anterior cita decisão do Ministro Sebastião Reis Junior para exemplificar o entendimento vigente no Superior Tribunal de Justiça (AgRg no AREsp 417.637, Rel. Ministro Sebastião Reis Júnior, 6ª Turma, julgado em 9.12.2014), no momento de sua manifestação, em novembro de 2015.

O mesmo ministro, em recente julgado, em agosto de 2023, mudou seu entendimento, proferindo importante voto, ora analisado.

No caso, o Ministério Público de São Paulo interpôs recurso em *habeas corpus* com ordem concedida, e, naquele recurso julgado por decisão não

23 LIMA, Renato Brasileiro de. Manual de Processo Penal: volume único. 8. ed. Salvador: Ed. JusPodivm, 2020.

24 LIMA, Renato Brasileiro de. Manual de Processo Penal: volume único. 8. ed. Salvador: Ed. JusPodivm, 2020.

25 Para Renato Brasileiro, a *eficiência processual* deve ser compreendida como a "funcionalidade dos mecanismos processuais tendentes a alcançar a finalidade do processo, que é a apuração dos fatos e das responsabilidades".

26 LIMA, Renato Brasileiro de. Manual de Processo Penal: volume único. 8. ed. Salvador: Ed. JusPodivm, 2020.

unânime, foi interposto agravo regimental. Entretanto, referido voto manteve a decisão recorrida, reconhecendo a ilegalidade da prova.

Trata-se de busca pessoal *e* domiciliar por guardas municipais, cuja atribuição constitucional destina-se à proteção de bens, serviços e instalações municipais, nos termos do art. 144, §8°, CF. Na ocasião, diante da aproximação da viatura, o indivíduo teria dispensado subitamente uma sacola, o que teria desencadeado a ação dos guardas municipais.

O recurso pretendia validar as provas colhidas nesse contexto, alegando que a interpretação dada ao referido dispositivo constitucional limitaria a Guarda Municipal a um mero vigia, vigilante de bens, serviços e instalações municipais, que não pode agir quando chamado a intervir numa situação de flagrante de um crime contra o patrimônio que acabara de ocorrer. Alegava, ainda, que a atribuição constitucional deveria ser interpretada à luz do dever do Estado de garantir a segurança pública.

Inicialmente, precisa-se esclarecer que o fato investigado não envolvia crime contra o patrimônio. Tratava-se de crime de tráfico de drogas, segundo a própria ementa, e este delito, apesar de possível debate sobre o bem jurídico tutelado pela norma, certamente não seria o patrimônio municipal.

O voto manteve a decisão agravada por seus próprios fundamentos, transcrevendo alguns excertos.

Segundo a decisão agravada, o recorrente questiona supostas nulidades do acórdão impugnado, que, para este, deveria considerar lícita a ampliação das atribuições constitucionais dos guardas municipais, quando há justa causa para realização de revista pessoal por eles.

Percebe-se, pois, que o autor do recurso reconhece que a atribuição constitucional destes guardas não prevê essa atuação, mas entende que ela precisaria e deveria ser ampliada pelo intérprete.

Ademais, a insatisfação do recorrente é reiterada quando se insurge contra duas decisões judiciais: a que concedeu a ordem em *habeas corpus* e a que manteve esta decisão em acórdão não unânime.

Apesar de trazer contexto diferente do analisado no tópico anterior, o voto do Ministro Sebastião Reis Júnior, em complementação e ratificação daquele, mostra insatisfação com a impossibilidade de considerar elemento de prova trazido a partir de revista pessoal por autoridade sem competência para o ato.

Cada agente estatal tem sua atribuição legal, não se podendo cogitar que atue fora de suas competências sobretudo para restringir direitos e garantias fundamentais. Como dito, seria mais fácil a compreensão, se o resultado da atuação não tivesse encontrado prova (ilícita) de crime.

O excerto da decisão agravada transcrito no voto merece reprodução nesse trabalho, sobretudo porque fundamenta o seu entendimento no julgado acima tratado e no debate aqui analisado:

> Consoante reiterada jurisprudência dos Tribunais Superiores, entendia-se que o ingresso de policiais em domicílio sem o consentimento do morador ou ordem judicial estaria autorizado, notadamente quando se constatava a ocorrência de delito de natureza permanente, cuja consumação se protrai no tempo (art. 5º, inc. XI, segunda parte, da Constituição Federal, e art. 303 do Código de Processo Penal). Entretanto, a fim de delimitar esse entendimento, o Supremo Tribunal Federal, sob a ótica de repercussão geral, no julgamento do RE nº 603.616/RO, de relatoria do Ministro Gilmar Mendes, assentou a tese no sentido de que "a entrada forçada em domicílio sem mandado judicial só é lícita, mesmo em período noturno, quando amparada em fundadas razões, devidamente justificadas a posteriori, que indiquem que dentro da casa ocorre situação de flagrante delito, sob pena de responsabilidade disciplinar, civil e penal do agente ou da autoridade e de nulidade dos atos praticados" (Tema 280). Já o Superior Tribunal de Justiça, por ocasião do julgamento do REsp nº 1.574.681/RS, definiu parâmetros para avaliar se a entrada forçada em domicílio é tolerável, por entender que a constatação posterior da situação de flagrância não justificaria a medida invasiva. No julgado, a Turma concluiu que, para legitimar-se o ingresso em domicílio alheio, deveria haver fundadas razões para acreditar, com lastro em circunstâncias objetivas, no atual ou iminente cometimento de crime no local onde a diligência vai ser cumprida e não simples desconfiança que culmine numa situação de flagrância por mero acaso. Essas balizas, é claro, somente são aplicáveis na hipótese de ausência de consentimento do morador para a entrada em seu domicílio, parece ser o caso dos autos.
>
> (...)
>
> Realmente, conforme a jurisprudência desta Corte Superior, inexiste qualquer óbice à realização de prisão, em situação de flagrância, por guardas municipais ou qualquer outra pessoa, não havendo falar, em tais casos e somente por isso, em ilicitude das provas daí decorrentes. Contudo, quanto à realização de busca pessoal, o próprio §2º do art. 240 do CPP consagra que é necessária a presença de fundada suspeita para que esteja autorizada a medida invasiva, estando ausente de razoabilidade considerar que, por si só, o fato de ter demonstrado medo ao avistar a viatura da guarda, jogando para o lado uma sacola. Com efeito, assentou-se nesta Casa que a adequada interpretação do art. 244 do CPP é a de que a fundada suspeita de posse de corpo de delito é um requisito necessário, mas não suficiente, por si só, para autorizar a realização de busca pessoal, porque não é a qualquer cidadão que é dada a possibilidade de avaliar a presença dele; isto é, não é a todo indivíduo que cabe definir se, naquela oportunidade, a suspeita era fundada ou não e, por consequência, proceder a uma abordagem seguida de revista. Em outras palavras, mesmo se houver elementos concretos indicativos

de fundada suspeita da posse de corpo de delito, a busca pessoal só será válida se realizada pelos agentes públicos com atribuição para tanto, a quem compete avaliar a presença de tais indícios e proceder à abordagem do suspeito (REsp 1.977.119/SP, Ministro Rogerio Schietti Cruz, Sexta Turma, julgado em 16/8/2022, DJe 23/8/2022). Diante do cenário exposto, no caso, a diligência em questão está eivada de ilegalidade, pois a abordagem foi realizada por guardas municipais, em razão de suposta atitude suspeita do paciente, que dispensou uma sacola ao visualizar a presença da guarnição, o que, além de não consubstanciar fundadas suspeitas para a busca pessoal, não demonstrou relação com suas atribuições de proteção à integridade dos bens e instalações ou garantia da adequada execução dos serviços municipais (AgRg no HC 771.705/SP, Ministro Reynaldo Soares da Fonseca, Quinta Turma, DJe 4/10/2022). Com efeito, por não haver sido demonstrada concretamente a existência de relação clara, direta e imediata com a proteção do patrimônio municipal, não estavam os guardas municipais autorizados, naquela circunstância, a avaliar a presença da fundada suspeita, efetuar a busca pessoal no acusado e, além disso, estender a diligência no interior de seu domicílio para a realização de varredura. Assim, na espécie, porque a situação de flagrante delito só foi descoberta após a realização de diligências ostensivas e investigativas típicas da atividade policial e completamente alheias às atribuições da guarda municipal, deve ser reconhecida a ilicitude das provas colhidas com base nessas medidas e de todas as que delas derivaram (AgRg no RHC 173.998/SP, Ministro Rogerio Schietti Cruz, Sexta Turma, DJe 30/3/2023).

Da transcrita decisão destacam-se duas considerações. A primeira, que a decisão pela busca pessoal deve fundar-se em circunstâncias objetivas e não na simples desconfiança a culminar em uma flagrância por mero acaso. E a segunda, que não é todo indivíduo que pode definir se, naquela oportunidade, a suspeita era fundada ou não, estando apto a fazer a revista pessoal.

O art. 301 do CPP autoriza a prisão em flagrante por qualquer do povo, mas não há uma autorização legal para que qualquer indivíduo realize buscas pessoais indiscriminadamente. Aliás, é preciso refletir sobre o caos social que uma normativa dessa natureza poderia causar.

Além disso, a decisão agravada cita o julgado do STJ (REsp 1.574.861/RS), "que definiu parâmetros para avaliar se a entrada forçada em domicílio é tolerável, por entender que a constatação posterior da situação de flagrância não justificaria a medida invasiva".

Ao julgar a situação ocorrida em São Paulo, o STJ, além da decisão do STF analisada acima, considera seu julgado anterior, de caso ocorrido no Rio Grande do Sul, ratificando seu entendimento de que "para legitimar-se o ingresso em domicílio alheio, deveria haver fundadas razões para acreditar, com lastro em circunstâncias objetivas, no atual ou iminente cometimento de crime no local" e não em mera desconfiança que culmine numa situação de flagrância por acaso.

Os tribunais parecem caminhar nesse sentido agora, mas esse caminho está pavimentado?

6. CONSIDERAÇÕES FINAIS

A dinâmica dos fatos e os avanços e recuos nos entendimentos judiciais não permitem falar em um caminho com começo, meio e fim, quanto à aplicabilidade dos dispositivos em análise e reconhecimento dos limites à atividade probatória.

A existência ainda de ingressos domiciliares sem autorização (do morador ou do juiz) e sua ratificação (denúncias recebidas, condenações só com essas provas) sem considerar as circunstâncias em que a decisão de entrada foi tomada indicam que esses limites ainda não estão claros para a comunidade de operadores jurídicos.

É preciso caminhar (mais) para o momento em que o Judiciário vai discutir se aquelas razões eram fundadas e pautadas em elementos objetivos no momento da decisão, e não se é preciso um controle judicial delas.

As decisões analisadas se reforçam e complementam dentro da perspectiva de que é necessário um controle judicial (prévio ou posterior), o que somente é possível a partir da análise de circunstâncias objetivas.

E, como reconhecido nesses julgados, essas violações costumam atingir principalmente populações marginalizadas e hipossuficientes, que passam a ter um cotidiano marcado por revistas pessoais aleatórias e por suas residências reviradas constantemente sem mandado judicial (às vezes por autoridades estatais sem competência para o ato).

Isso produz um contexto em se viabilizam ações estatais que ignoram deliberadamente os casos em que não se encontram objetos ilícitos nas residências invadidas ou com as pessoas revistadas, como se não fosse relevante saber o contexto em que a decisão violadora de direitos foi tomada.

E, por conta dessa "ignorância deliberada" ou desinteresse judicial direcionado, o Judiciário acaba escolhendo um ilícito a punir (e outro a tolerar) e, de certa forma, incentivando que se violem direitos para que se possa (ou não) apurar um crime.

Somente o controle judicial das práticas abusivas pode garantir direitos e melhorar a atividade investigativa e probatória nas fases inquisitorial e judicial. A existência de um protocolo objetivo de atuação estatal nesses casos garantiria um maior respeito a direitos fundamentais e respaldaria a atuação policial.

Ainda que não haja um caminho linear, essas decisões ajudam a pavimentar uma estrada rumo a concretização desses Direitos Humanos, assim como as reflexões sobre esses temas contribuem com suas pedras ou ladrilhos.

REFERÊNCIAS

BRASIL. Código de Processo Penal. Decreto lei 3.689, de 03 de outubro de 1941. Disponível em: <http://www.planalto.gov.br/CCIVIL/Decreto-Lei/Del3689.htm.>. Acesso em: 16 de janeiro de 2024.

BRASIL. Constituição da República Federativa do Brasil de 1988. Brasília, DF: Senado Federal, 1988. Disponível em: <http://www.planalto.gov.br/ccivil_03/constituicao/constituicao.htm>. Acesso em: 16 de janeiro de 2024.

BRASIL, Superior Tribunal de Justiça. AgRg no RHC 173.021/SP. Recorrente: Ministério Público do Estado de São Paulo. Recorrido: Gustavo Figueredo dos Santos, Relator: Min. Sebastião Reis Júnior. Brasília, 14 ago. 2023. Disponível em: <https://scon.stj.jus.br/SCON/GetInteiroTeorDoAcordao?num_registro=202203501555&dt_publicacao=18/08/2023>. Acesso em 16/01/2024.

BRASIL, Supremo Tribunal Federal. RE 603616/RO. Recorrente: Paulo Roberto Lima. Recorrido: Ministério Público do Estado de Rondônia, Relator: Min. Gilmar Mendes. Brasília, 5 nov. 2015. Disponível em: https://redir.stf.jus.br/paginadorpub/paginador.jsp?docTP=TP&docID=10924027. Acesso em 14 de dezembro de 2023.

LIMA, Renato Brasileiro de. Manual de Processo Penal: volume único. 8. ed.Salvador: Ed. JusPodivm, 2020.

LOPES JR., Aury. Direito Processual Penal. 19. ed. São Paulo:Saraiva Jur, 2022

SARLET, Ingo W; MARINONI, Luiz G.; MITIDIERO, Daniel. Curso de Direito Constitucional. 8. ed. São Paulo: Saraiva Educação, 2019.

Buscas sem mandado judicial: uma comparação com o direito americano

Décio Alonso Gomes[1]
Rodrigo da Silva Brandalise[2]

1. INTRODUÇÃO

Em março de 2021, a Sexta Turma do Superior Tribunal de Justiça traz à lume decisão em *habeas corpus*[3] que acabou por impactar o tratamento relativo às buscas e apreensões sem mandado judicial realizadas pelas forças de segurança pública, notadamente quando relacionadas ao tráfico de drogas.

Da decisão em si, extrai-se a concepção de que o grau de exigência para o reconhecimento da justa causa (*fundada suspeita*) para a validade da entrada forçada em domicílio em ordem judicial prévia foi elevado, a ponto de estabelecer obrigações que não estão previstas no ordenamento jurídico brasileiro. A título exemplificativo, cita-se a necessidade de documentação, assinada por testemunhas do ato se possível, e registro audiovisual da diligência que comprova o consentimento do morador que franqueou o acesso ao domicílio.

Inclusive, foi estabelecido o prazo de 1 (um) ano para permitir o aparelhamento das polícias, treinamento e demais providências necessárias para a adaptação às diretrizes da presente decisão, de modo a evitar situações de ilicitude, que, entre outros efeitos, poderá implicar responsabilidade administrativa, civil e/ou penal do agente estatal que atuou na diligência[4].

Vários são os fundamentos elencados na referida decisão, desde (sem prejuízo de outros pontos) a inviolabilidade de domicílio, a dignidade da pessoa humana, discussões sobre a situação de flagrante em crimes permanentes

1 Doutor em Direito Processual Penal pela Faculdade de Direito da Universidade de São Paulo; Mestre em Ciências Penais pela Universidade Candido Mendes; Especialista em Inteligência Estratégica pela Escola Superior de Guerra, do Ministério da Defesa; Professor da Graduação em Direito do IBMEC/RJ, da ESMP/SP e da EMERJ; Promotor de Justiça do Ministério Público do Estado do Rio de Janeiro.

2 Mestre e doutorando em Ciências Jurídico-Criminais pela Faculdade de Direito da Universidade de Lisboa, Portugal; Professor da Graduação em Direito da Fundação Escola Superior do Ministério Público do Rio Grande do Sul; Promotor de Justiça do Ministério Público do Estado do Rio Grande do Sul.

3 BRASIL. Superior Tribunal de Justiça. Sexta Turma. **Habeas Corpus 598.051/SP**. Relator Ministro Rogerio Schietti Cruz. Brasília, 02 de março de 2021 (data do julgamento).

4 Inclusive, foi determinada ciência do inteiro teor do acórdão aos Presidentes dos Tribunais de Justiça dos Estados e aos Presidentes dos Tribunais Regionais Federais, bem como às Defensorias Públicas dos Estados e da União, ao Procurador-Geral da República e aos Procuradores-Gerais dos Estados, aos Conselhos Nacionais da Justiça e do Ministério Público, à Ordem dos Advogados do Brasil, ao Conselho Nacional de Direitos Humanos, ao Ministro da Justiça e Segurança Pública e aos Governadores dos Estados e do Distrito Federal para que fosse dado conhecimento do teor do julgado aos órgãos e agentes de segurança pública para que o desiderato exposto no texto fosse levado a termo.

até, e é o que nos importa no presente momento, a utilização de precedentes de direito estrangeiro, captados da França, da Espanha e dos Estados Unidos.

Desde então, inúmeros outros julgados do Superior Tribunal de Justiça e, porque não dizer, do Judiciário brasileiro como um todo, adotaram (e ainda adotam) as premissas elencadas para aferição da legalidade das mais variadas e presentes buscas e apreensões de entorpecentes que ocorrem em nosso País diuturnamente.

Muito se tem dito, escrito, palestrado, ensinado a favor e contra às percepções expostas no *habeas corpus* ali referido, sob os mais diversos matizes, sejam eles jurídicos, políticos, filosóficos e, inclusive, ideológicos.

O presente trabalho também quer se colocar no ambiente dos debates que daquela decisão decorrem. Para tanto, ele se dedicará a fazer uma análise acerca de um dos modelos estrangeiros usados pela Sexta Turma, qual seja, o direito americano, utilizando, para tanto, as próprias balizas indicadas no acórdão que restou publicado.

O objetivo é verificar se o recurso à técnica argumentativa embasada no direito americano é válido, na integralidade para o direito processual penal brasileiro. A fim de levar a pesquisa o trabalho a efeito, serão apresentados textos legais, doutrina e jurisprudência que se mostrarem pertinentes ao intuito.

2. A VIRAGEM JURISPRUDENCIAL CAUSADA PELO *HABEAS CORPUS* 598.051/SP

Além da forma de registro do consentimento que fora exposta na introdução do presente texto, o *habeas corpus* em comento trouxe outras consequências, das quais se citam as que seguem pela pertinência[5]:

i. a entrada em domicílio alheio, com mitigação do direito fundamental à inviolabilidade do domicílio (Constituição Federal, art. 5º, inc. XI[6]), depende da existência de fundadas razões;
ii. somente o flagrante delito com verdadeira urgência na cessação da conduta é que legitima o ingresso em domicílio alheio (não é a mera permanência que impõe a imediata atuação estatal);
iii. a regra deve ser a utilização de autorização judicial prévia para a busca domiciliar, de maneira a se evitar o uso da *simples desconfiança policial* apoiada em *mera atitude suspeita*, ou, então, *na fuga do indivíduo em direção a sal casa diante de uma ronda ostensiva* (discricionariedade policial).

5 BRASIL. Superior Tribunal de Justiça. Sexta Turma. **Habeas Corpus 598.051/SP**. Relator Ministro Rogerio Schietti Cruz. Brasília, 02 de março de 2021 (data do julgamento).

6 "A casa é asilo inviolável do indivíduo, ninguém nela podendo penetrar sem consentimento do morador, salvo em caso de flagrante delito ou desastre, ou para prestar socorro, ou, durante o dia, por determinação judicial".

Como consta na própria ementa do julgado, com base no texto constitucional antes citado, *a inviolabilidade de sua morada é uma das expressões do direito à intimidade do indivíduo, o qual, sozinho ou na companhia de seu grupo familiar, espera ter o seu espaço íntimo preservado contra devassas indiscriminadas e arbitrárias.*

De ser anotado que, ainda em 2017, já havia sido prolatada decisão com texto semelhante ao citado há pouco pela mesma Sexta Turma[7].

Para que seja entendida a viragem que a decisão em pauta causou, relevante fazer um resgate histórico dentro dos limites permitidos pelo presente trabalho. Anteriormente à decisão, era possível verificar as seguintes compreensões:

i) *prevalência da condição de permanência do flagrante frente à ordem judicial específica, primeira hipótese*: a partir de informações cedidas por pessoa não identificada ("delação de transeunte", não arrolado como testemunha da acusação), dando conta de que determinado agente estaria praticando tráfico de drogas, os policiais militares poderiam averiguar o local e, diante da localização da grande quantidade de substância entorpecente, apreender o material e capturar o agente em flagrante[8];

ii) *prevalência da condição de permanência do flagrante frente à ordem judicial específica, segunda hipótese*: na hipótese de comparecimento da força policial a uma residência, ação esta desprovida de mandado judicial, para elucidar um roubo ocorrido dias antes, e que não contou com a anuência do morador para seu ingresso. Tendo a polícia permanecido no local, o ocupante tentou fugir e foi capturado, sendo com ele encontrada substância entorpecente, o que ensejou o ingresso dos policiais na residência, a fim de apurar a possível prática do crime de tráfico de drogas[9];

iii) *prevalência da condição de permanência do flagrante frente à ordem judicial específica, terceira hipótese*: em caso de divergência sobre autorização para o ingresso no interior da residência (autorização alegadamente concedida por corréu, também morador), o debate sobre a legalidade da ação policial desprovida de prévio mandado judicial foi suplantado pela natureza permanente do

7 Da qual se extrai o seguinte trecho: "Tal compreensão não se traduz, obviamente, em transformar o domicílio em salvaguarda de criminosos, tampouco um espaço de criminalidade. Há de se convir, no entanto, que só justifica o ingresso no domicílio alheio a situação fática emergencial consubstanciadora de flagrante delito, incompatível com o aguardo do momento adequado para, mediante mandado judicial, legitimar a entrada na residência ou local de abrigo" [BRASIL. Superior Tribunal de Justiça. Sexta Turma. **Recurso Especial 1.574.681/RS**. Relator Ministro Rogerio Schietti Cruz. Brasília, 20 de abril de 2017 (data do julgamento)].

8 BRASIL. Superior Tribunal de Justiça. Quinta Turma. **Recurso em Habeas Corpus 51.704/SP**. Relator Ministro Jorge Mussi. Brasília, 18 de novembro de 2014 (data do julgamento). Dois itens chamam a atenção neste precedente: a) indica-se expressamente que não há nos autos quaisquer indícios de que o agente tenha sido preso em flagrante em decorrência de investigação conduzidas pelo Ministério Público; b) a identificação de um crime permanente, *ipso facto*, dispensaria a exigência de mandado judicial de busca e apreensão, permitindo, ainda, a realização da prisão, "sem que se fale em ilicitude das provas obtidas".

9 BRASIL. Superior Tribunal de Justiça. Quinta Turma. **Habeas Corpus 337.263/MS**. Relator Ministro Jorge Mussi. Brasília, 03 de novembro de 2015 (data do julgamento).

delito (tráfico de drogas), asseverando-se que, ainda que não houvesse autorização do morador, o ingresso dos policiais na residência estaria amparado no art. 5º, XI, da Constituição[10];

iv) *prevalência da condição de permanência do flagrante frente à ordem judicial específica, quarta hipótese*: receber informação de que o agente estaria traficando em sua residência, tendo os policiais, antes de ingressar na residência, tomado a cautela de verificar o que ocorria, registrando atitude suspeita do paciente e movimentação de pessoas compatível com a notícia de fato recebida[11];

v) *validação da entrada em domicílio a partir de "denúncias" recebidas combinada com o comportamento do preso*: na situação em que a força policial comparece ao local com base em diversas "denúncias" (notícias inqualificadas) de que ali seriam preparadas e comercializadas substâncias entorpecentes, bem como se percebe exacerbado nervosismo do agente quando da ocorrência, o que "comprovaria a necessidade da realização da busca na residência"[12];

vi) *validação da entrada em domicílio a partir de nervosismo do preso combinado com o comportamento do preso*: quando policiais abordam o agente na rua e, como ele estava sem documentos, dirigem-se à sua residência, localizada nas proximidades, com a entrada franqueada. Ao adentrarem a residência, sentiram forte odor de maconha, e tal circunstância, somada ao nervosismo apresentado pelo agente, ensejaram a realização de busca no imóvel, onde apreenderam grande quantidade de substâncias entorpecentes[13];

vii) *validação da entrada em domicílio a partir de "denúncias" anônimas combinada com a observação externa do comportamento no interior da residência*: após "denúncia anônima" (notícia inqualificada), o fato de que os policiais, de fora, avistarem o agente no interior da casa manipulando arma de fogo, traz o contexto fático que justifica a dispensa de investigações prévias ou do mandado judicial para a entrada dos agentes públicos na residência[14];

viii) *validação pela comunicação recebida, a presença de atitude suspeita e a fuga da abordagem para dentro da residência*: quando o agente, ao avistar a aproximação de policiais que se dirigiam ao local, em razão de prévia *delatio*

---

10 BRASIL. Superior Tribunal de Justiça. Quinta Turma. **Habeas Corpus 340.398/MG**. Relator Ministro Joel Ilan Paciornik. Brasília, 24 de outubro de 2017 (data do julgamento).

11 BRASIL. Superior Tribunal de Justiça. Quinta Turma. **Habeas Corpus 407.689/SP**. Relator Ministro Ribeiro Dantas. Brasília, 19 de setembro de 2017 (data do julgamento).

12 BRASIL. Superior Tribunal de Justiça. Sexta Turma. **Recurso em Habeas Corpus 86.285/MG**. Relator Ministro Sebastião Reis Júnior. Brasília, 01 de março de 2018 (data do julgamento).

13 BRASIL. Superior Tribunal de Justiça. Sexta Turma. **Agravo Regimental no Habeas Corpus 423.838/SP**. Relator Ministro Sebastião Reis Júnior. Brasília, 08 de fevereiro de 2018 (data do julgamento). Também nesta hipótese a fórmula do delito permanente foi empregada, sendo destacado que "em se tratando de crimes permanentes, é despicienda a expedição de mandado de busca e apreensão, sendo permitido à autoridade policial ingressar no interior de domicílio em decorrência do estado de flagrância, não estando caracterizada a ilicitude da prova obtida".

14 BRASIL. Superior Tribunal de Justiça. Sexta Turma. **Recurso Especial 1.708.422/RJ**. Relatora Ministra Maria Thereza de Assis Moura. Brasília, 27 de fevereiro de 2018 (data do julgamento).

criminis, adota atitude suspeita, empreendendo fuga da via pública para o interior da residência, o que evidenciaria a presença dos elementos fundados da possível prática de crime, a permitir a quebra da garantia da inviolabilidade de domicílio[15].

As datas de julgamento e publicação das decisões acima revelam que, em uma mesma Turma do Superior Tribunal de Justiça e por mais de um ano, posições contraditórias foram mantidas em casos essencialmente idênticos, ora reconhecendo-se que "atitudes suspeitas" serviriam de justa causa para dispensar a prévia ordem judicial de ingresso na residência para buscas, ora reconhecendo-se que nem toda conduta caracterizadora de delito permanente dispensa o prévio controle judicial[16].

Em que pese tal posicionamento sempre parecer baseado na casuística, vislumbra-se um denominador consistente na presença de um delito de tipo permanente, argumento até então utilizado como abonador das práticas policiais e da orientação da aplicação da garantia constitucional da exigência de prévia ordem judicial.

Facilmente se conclui, portanto, que as exigências expostas no *Habeas Corpus* 598.051/SP não eram exigidas nas diversas decisões que antecederam sua prolação. Neste *turnover*, há especial atenção à questão da natureza permanente do delito, estabelecendo critério diferenciador em relação ao entendimento até então predominante: se é certo que o art. 5º, inciso XI, da Constituição Federal, num primeiro momento, parece exigir a emergência da situação para autorizar o ingresso em domicílio alheio sem prévia autorização judicial, também é certo que nem todo crime permanente denota essa emergência.

Na esteira dessa alteração de orientação, o Superior Tribunal de Justiça passou a afirmar que *não excepcionam o postulado da inviolabilidade de domicílio*:

i) a delação (notícia inqualificada) acerca da ocorrência de tráfico de drogas em local conhecido como ponto de tráfico, onde, dias antes, ocorrera prisão em flagrante pelo mesmo motivo, e a fuga do agente, ao avistar a presença policial, pulando vários muros, sendo abordado e detido dentro de imóvel a ele não pertencente, pois esse conjunto de elementos "não quer dizer que a residência deixasse de ter a proteção constitucional, e que passasse a ser de entrada franca para os policiais"[17];

---

15 BRASIL. Superior Tribunal de Justiça. Sexta Turma. **Recurso Especial 1.647.020/RS**. Relatora Ministra Maria Thereza de Assis Moura. Brasília, 18 de maio de 2017 (data do julgamento).

16 Basta comparar as decisões elencadas acima com o conteúdo da decisão anteriormente citada no âmbito da Sexta Turma em 2017 e que já vinha que veio a ser estabelecida no *Habeas Corpus 598.051/SP* [BRASIL. Superior Tribunal de Justiça. Sexta Turma. **Recurso Especial 1.574.681/RS**. Relator Ministro Rogerio Schietti Cruz. Brasília, 20 de abril de 2017 (data do julgamento)].

17 BRASIL. Superior Tribunal de Justiça. Sexta Turma. **Agravo Regimental no Agravo em Recurso Especial 1.764.054/SP**. Relator Ministro Olindo Menezes (Desembargador Convocado do Tribunal Regional Federal da 1ª Região). Brasília, 15 de junho de 2021 (data do julgamento).

ii) a hipótese de crimes permanentes, tal como o tráfico de drogas, ainda que o estado de flagrância se protraia no tempo, quando da ausência de demonstração de indícios mínimos (elementos concretos) de que, no momento da ação policial, dentro da residência, se estaria em uma situação de flagrante delito, sendo certo que a fuga do agente, ao avistar os policiais, sem mais outras demonstrações de que, naquele momento, dentro da sua residência, estar-se-ia diante de uma situação de flagrante delito (de que estaria na posse de drogas ilícitas), não autoriza o ingresso domiciliar desprovido de mandado judicial[18];

iii) a abordagem do agente, em via pública, que confessa aos policiais que havia grande plantação de maconha em sua residência, levando-os ao local, com a demonstração de violência psicológica por parte dos agentes públicos, para obtenção do endereço[19];

iv) a ausência de prévia investigação, monitoramento, campanas no local ou diligências preliminares para atestar a veracidade das informações recebidas, bem como a inexistência de menção à eventual movimentação de pessoas na residência, típica de comercialização de drogas. No que pertine à notícia do fato, houve destaque para a não configuração de "denúncia" robusta e atual acerca da ocorrência de tráfico no local, limitando-se à narrativa de que, ao notar a presença da viatura policial, o agente tentou empreender fuga[20];

v) a ausência de contexto fático anterior à invasão que permita a conclusão acerca da ocorrência de crime no interior da residência, o que não se satisfaz pela "denúncia anônima" desacompanhada de elementos preliminares indicativos de crime, ainda que associada à visão do agente empreendendo fuga para o interior da sua residência; O precedente estabelece a indispensabilidade da realização de diligências preliminares para atestar a veracidade das informações recebidas sobre a suposta prática de delito, antes de ingressar na residência indicada, de modo a constatar movimentação atípica no local ou surpreender o agente comercializando drogas[21];

18 BRASIL. Superior Tribunal de Justiça. Sexta Turma. **Recurso em Habeas Corpus 147.408/PA**. Relator Ministro Olindo Menezes (Desembargador Convocado do Tribunal Regional Federal da 1ª Região). Brasília, 15 de junho de 2021 (data do julgamento).

19 Neste caso, a interpretação exposta acima é a leitura em sentido diverso do que fora decidido, pois, no caso concreto, *não foi provada a alegação defensiva que teria havido violência psicológica pela polícia para a obtenção do endereço do agente* [BRASIL. Superior Tribunal de Justiça. Quinta Turma. **Agravo Regimental em Habeas Corpus 669.577/SP**. Relator Ministro Reynaldo Soares da Fonseca. Brasília, 08 de junho de 2021 (data do julgamento)].

20 "Uma vez que não há nem sequer como inferir - de fatores outros que não a simples fuga do paciente - que ele, de fato, estivesse praticando delito de tráfico de drogas, ou mesmo outro ato de caráter permanente, no interior da residência onde se homiziou, não há razão bastante para a mitigação da inviolabilidade do domicílio, ainda que tenha havido posterior descoberta e apreensão, em sua residência 67,2 g de cocaína" [BRASIL. Superior Tribunal de Justiça. Sexta Turma. **Habeas Corpus 574.496/RJ**. Relator Ministro Rogerio Schietti Cruz. Brasília, 08 de junho de 2021 (data do julgamento)].

21 "2. Afere-se a justa causa para o ingresso forçado em domicílio a partir da análise objetiva e satisfatória do contexto fático anterior à invasão, considerando-se a existência ou não de indícios mínimos de situação de flagrante no interior da residência. 3. A denúncia anônima desacompanhada de elementos preliminares indicativos de crime, não constitui justa causa para o ingresso forçado de autoridades policiais, mesmo que se trate de crime permanente" [BRASIL. Superior Tribunal de Justiça. Quinta Turma. **Agravo Regimental em Habeas Corpus 638.543/SP**. Relator Ministro João Otávio de Noronha. Brasília, 01 de junho de 2021 (data do julgamento)].

vi) a fuga do paciente ao avistar patrulhamento não autorizaria, de forma estereotipada, a presunção de armazenamento de drogas e armas na residência, tampouco o ingresso dos policiais sem cobertura judicial, ainda que recebidas notícias anônimas de que ele teria efetuado disparo de armas de fogo no dia anterior[22];

vii) entrada em residência, na qual foram utilizados cães farejadores, após prisão por crime envolvendo arma de fogo em via pública, sem que tenha havido prévia investigação, monitoramento ou campanas no local[23].

A mudança radical de orientação do Superior Tribunal de Justiça, sobre os limites da atuação policial sob o pálio do estado de flagrância, revela uma grande discricionariedade judicial no entendimento acerca da existência de justa causa para a dispensa da prévia ordem judicial de busca e apreensão (e consequente ingresso no interior da residência).

Detecta-se, portanto, que a linha atual te entendimento do Superior Tribunal de Justiça passou a interpretar as situações fáticas muito além da mera condição de permanência. Aliás, apresenta caminhos no sentido de tornar a busca e apreensão sem mandado judicial uma exceção dentro do ordenamento jurídico brasileiro.

Como dito anteriormente, o objetivo é analisar referido contexto com um dos ambientes processuais indicados na decisão paradigma, qual seja, o americano[24]. É o próximo passo do trabalho.

3. A REFERÊNCIA AO DIREITO AMERICANO E UMA ANÁLISE NECESSÁRIA

No âmbito do *Habeas Corpus* 598.051/SP, o Superior Tribunal de Justiça faz alusão à proteção do domicílio prevista na Constituição Federal, art. 5°, inc. XI, que dispõe que a casa é asilo inviolável do indivíduo, ninguém nela podendo penetrar sem consentimento do morador, *salvo em caso de flagrante delito ou desastre, ou para prestar socorro, ou, durante o dia, por determinação judicial.*

Referido dispositivo foi interpretado pelo Supremo Tribunal Federal, guardião da nossa Constituição Federal[25], que esclareceu que não haveria de se exigir uma certeza acerca da prática delitiva para se admitir a entrada em domicílio, sendo bastante a demonstração, compatível com a fase de obtenção

22 BRASIL. Superior Tribunal de Justiça. Sexta Turma. **Recurso em Habeas Corpus 713.251/RS**. Relator Ministro Olindo Menezes (Desembargador Convocado do Tribunal Regional Federal da 1ª Região). Brasília, 05 de abril de 2022 (data do julgamento).

23 BRASIL. Superior Tribunal de Justiça. Sexta Turma. **Habeas Corpus 762.932/SP**. Relator Ministro Rogerio Schietti Cruz. Brasília, 22 de novembro de 2022 (data do julgamento).

24 No *Habeas Corpus* 598.051/SP, são citadas decisões da jurisprudência americana quando se fala na forma de obtenção do consentimento do morador para acesso à residência ou para justificar a inadmissibilidade da prova ilícita [pontos 6.1, 6.3 e 8.2 da ementa: BRASIL. Superior Tribunal de Justiça. Sexta Turma. **Habeas Corpus 598.051/SP**. Relator Ministro Rogerio Schietti Cruz. Brasília, 02 de março de 2021 (data do julgamento)].

25 Constituição Federal, art. 102, *caput*.

de provas, de que a medida foi adotada mediante justa causa, com amparo em elementos que indiquem a suspeita da ocorrência de situação autorizadora do ingresso forçado na casa[26].

Assim ficou estampada a tese de nossa Corte Maior[27]:

> A entrada forçada em domicílio sem mandado judicial só é lícita, mesmo que em período noturno, quando amparada em fundadas razões, devidamente justificadas a posteriori, que indiquem que dentro da casa ocorre situação de flagrante delito, sob pena de responsabilidade disciplinar, civil e penal do agente ou da autoridade, e de nulidade dos atos praticados.

O Supremo Tribunal Federal deixou claro que as fundadas razões devem ser justificadas pelas circunstâncias do caso concreto (conceito de justa causa ou flagrante *verificável*), em controle judicial posterior, sob pena de esvaziamento do núcleo fundamental da garantia contra a inviolabilidade da casa, deixando de proteger contra ingerências arbitrárias no domicílio. Note-se, por relevante, que a Corte faz referência à "certeza" de ocorrência de delito no interior da residência e não à situação de perseguição com ingresso na residência[28].

Portanto, se comparadas a tese do Supremo Tribunal Federal e a do *Habeas Corpus* 598.051/SP, ver-se-á que o Superior Tribunal de Justiça foi além, na interpretação infraconstitucional, do que for interpretada a Constituição Federal.

Mesmo que o trabalho não se destine a comparar uma decisão com o outra, ambas estão a discutir questões relacionadas a um meio de obtenção de prova, qual seja, a busca e apreensão em domicílio, regulada a partir do art. 240 do Código de Processo Penal. Diz-se ser meio de obtenção de prova porque sua preocupação principal é a de alcançar *fontes materiais de prova*, não os meios de prova em si[29].

É fácil verificar que o *Habeas Corpus* 598.051/SP parte da premissa do entendimento exposto pelo entendimento de nosso Supremo Tribunal Federal (aliás, nem poderia ser diferente, dada a hierarquia constitucionalmente estabelecida). Nas duas situações, expressa-se a preocupação com o que deve prevalecer: a forma de obtenção ou o resultado

---

26 BRASIL. Superior Tribunal de Justiça. Sexta Turma. **Recurso Especial 1.647.020/RS**. Relatora Ministra Maria Thereza de Assis Moura. Brasília, 18 de maio de 2017 (data do julgamento).

27 BRASIL. Supremo Tribunal Federal. Tribunal Pleno. **Recurso Extraordinário 603.616/RO** (Tema 280). Relator Ministro Gilmar Mendes. Brasília, 06 de novembro de 2015 (data do julgamento).

28 Como consta na decisão: "Do policial que realiza a busca sem mandado judicial não se exige certeza quanto ao sucesso da medida. Em verdade, dificilmente a certeza estará ao alcance da polícia. Se certeza do crime e de sua autoria houvesse, a diligência seria desnecessária" [BRASIL. Supremo Tribunal Federal. Tribunal Pleno. **Recurso Extraordinário 603.616/RO** (Tema 280). Relator Ministro Gilmar Mendes. Brasília, 06 de novembro de 2015 (data do julgamento)].

29 BRASILEIRO DE LIMA, Renato. **Manual de Processo Penal**. 12ª ed., rev., ampl. e atual., Salvador: JusPodivm, 2023, p. 705.

final. A escolha, na medida em que meio de obtenção de prova que é, está nas justificativas anteriores, não no resultado produzido[30].

Assim, nossas Cortes apresentam entendimento idêntico ao já expressado pela Suprema Corte americana. Já em 1948, foi decidido que não os agentes governamentais não podem, ao mesmo tempo, justificar uma prisão pela busca e a busca pela prisão. Deve estar demonstrada, por primeiro, a existência da chamada *probable cause* (causa provável) que justificava a busca para que o resultado seja legitimado[31].

Para entendermos um pouco melhor a razão da decisão da Suprema Corte americana, precisamos ter presente que a Constituição dos Estados Unidos, em sua Quarta Emenda, estabelece que a regra constitucional é que as buscas sejam feitas por mandado embasado por causa provável, apoiado por juramento ou por afirmações neste sentido[32]. Por tal razão, a jurisprudência americana tem de privilegiar a realização das buscas somente após ordem judicial, pois esta é a determinação constitucional[33].

Como também explicam tanto doutrina[34] como jurisprudência americana[35], a principal razão dos mandados em caráter prévio, nos termos constitucionais, é a de proteger os interesses de privacidade daqueles que estarão submetidos a uma busca. Mais uma vez, o pensamento de fundo é uma aproximação entre o direito brasileiro e o americano[36].

Entretanto, precisamos também reconhecer que o constituinte brasileiro garantiu que a casa é o asilo inviolável do ser humano, inviolabilidade esta que pode ser excepcionada. E, na descrição das exceções, deixou em caráter de igualdade de tratamento o flagrante e a ordem judicial (que deve ser

30 Ilustrativamente: "(...) A entrada forçada em domicílio, sem uma justificativa prévia conforme o direito, é arbitrária. Não será a constatação de situação de flagrância, posterior ao ingresso, que justificará a medida. Os agentes estatais devem demonstrar que havia elementos mínimos a caracterizar fundadas razões (justa causa) para a medida (...)" [BRASIL. Supremo Tribunal Federal. Tribunal Pleno. **Recurso Extraordinário 603.616/RO** (Tema 280). Relator Ministro Gilmar Mendes. Brasília, 06 de novembro de 2015 (data do julgamento)].

31 "1. Where officers detected the odor of burning opium emanating from a hotel room, entered without a search warrant and without knowing who was there, arrested the only occupant, searched the room and found opium and smoking apparatus, the search violated the Fourth Amendment to the Federal Constitution, and a conviction for a violation of the federal narcotic laws based on the evidence based on the evidence thus obtained cannot be sustained (...). 5. *The Government cannot at the same time justify an arrest by a search and justify the search by the arrest* (...)" [ESTADOS UNIDOS. United States Supreme Court. **Johnson v. United States, 333 U.S. 10 (1948)** - sem grifos no original]

32 Texto da Quarta Emenda (Fourth Amendment): "The right of the people to be secure in their persons, houses, papers, and effects, against unreasonable searches and seizures, shall not be violated, and no Warrants shall issue, but upon probable cause, supported by Oath or affirmation, and particularly describing the place to be searched, and the persons or things to be seized".

33 "The Supreme Court has made it clear on many occasions that because we would prefer that law enforcement officers not engage in warrantless searches, but rather that they search only after they have obtained a search warrant (...)" (WEAVER, Russell L.; BURKOFF, John M.; HANCOCK, Catherine; FRIEDLAND, Steven I. **Principles of criminal procedure.** 7th ed. St. Paul: West Academic, 2021, p. 72).

34 WEAVER, Russell L.; BURKOFF, John M.; HANCOCK, Catherine; FRIEDLAND, Steven I. **Principles of criminal procedure.** 7th ed. St. Paul: West Academic, 2021, p. 73.

35 ESTADOS UNIDOS. United States Supreme Court. **Skinner v. Railway Lab. Execs. Ass'n, 489 U.S. 602 (1989).**

36 "Tanto as liberdades quanto o próprio processo sujeitam-se a preceitos e finalidades éticas, daí a necessidade de imposição de limites às ingerências estatais e à própria atividade probatória das partes" (AVOLIO, Luiz Francisco Torquato. **Provas ilícitas.** Interceptações telefônicas, ambientais e gravações clandestinas. 8ª ed., rev., ampl. e atual.. São Paulo: Thomson Reuters, 2023, p. 28)

cumprida durante o dia). Ou seja, diferentemente do congênere americano, não privilegiou a ordem judicial frente ao flagrante, como quer fazer pensar a decisão do Superior Tribunal de Justiça[37]. Aliás, não ao acaso:

> (...) Muito embora o flagrante delito legitime o ingresso forçado em casa sem determinação judicial, a medida deve ser controlada judicialmente. A inexistência de controle judicial, ainda que posterior à execução da medida, esvaziaria o núcleo fundamental da garantia contra a inviolabilidade da casa (...). O controle judicial a posteriori decorre tanto da interpretação da Constituição, quanto da aplicação da proteção consagrada em tratados internacionais sobre direitos humanos incorporados ao ordenamento jurídico[38].

Nos termos do Código de Processo Penal, a busca domiciliar está condicionada a existências de fundadas razões que a justifique (art. 240, § 1º), o que foi reconhecido pelos dois Tribunais Superiores, inclusive quanto à desnecessidade de mandado judicial prévio. Isto porque há uma consideração deveras importante: quando se lê o texto constitucional, evidencia-se que a inviolabilidade do domicílio não é uma norma absoluta, e se relativiza pela ocorrência de prisão em flagrante, de maneira expressa[39].

E para entendermos o que é a situação de flagrante, precisamos ir ao texto legal, que vai definir as hipóteses chamadas pela doutrina de flagrante *próprio*, *impróprio* ou *presumido*. A figura *própria* é aquela que se dá quando o agente está cometendo o delito ou quando o agente acaba de cometê-lo; a figura *imprópria* se dá quando o agente é perseguido, logo após, pela autoridade, pelo ofendido ou por qualquer pessoa, em situação que faça presumir ser autor da infração; e a figura *presumida* é quando o agente é encontrado, logo depois, com instrumentos, armas, objetos ou papéis que façam presumir ser ele autor da infração[40,41].

37 "A autorização judicial para a busca domiciliar, mediante mandado, é o caminho mais acertado a tomar (...)" [BRASIL. Superior Tribunal de Justiça. Sexta Turma. **Habeas Corpus 598.051/SP**. Relator Ministro Rogerio Schietti Cruz. Brasília, 02 de março de 2021 (data do julgamento)].

38 BRASIL. Supremo Tribunal Federal. Tribunal Pleno. **Recurso Extraordinário 603.616/RO** (Tema 280). Relator Ministro Gilmar Mendes. Brasília, 06 de novembro de 2015 (data do julgamento).

39 Pode-se dizer da relativização com total certeza, pois o próprio Supremo Tribunal Federal assentou que a Constituição Federal não traz direitos absolutos. Pelo caráter paradigmático: "Não há, no sistema constitucional brasileiro, direitos ou garantias que se revistam de caráter absoluto, mesmo porque razões de relevante interesse público ou exigências derivadas do princípio de convivência das liberdades legitimam, ainda que excepcionalmente, a adoção, por parte dos órgãos estatais, de medidas restritivas das prerrogativas individuais ou coletivas, desde que respeitados os termos estabelecidos pela própria Constituição. O estatuto constitucional das liberdades públicas, ao delinear o regime jurídico a que estas estão sujeitas - e considerado o substrato ético que as informa - permite que sobre elas incidam limitações de ordem jurídica, destinadas, de um lado, a proteger a integridade do interesse social e, de outro, a assegurar a coexistência harmoniosa das liberdades, pois nenhum direito ou garantia pode ser exercido em detrimento da ordem pública ou com desrespeito aos direitos e garantias de terceiros" [BRASIL. Supremo Tribunal Federal. Tribunal Pleno. **Mandado de Segurança 23.452/RJ**. Relator Ministro Celso de Mello. Brasília, 16 de setembro de 1999 (data do julgamento)].

40 Código de Processo Penal, art. 302, incs. I e II (próprio), inc. III (impróprio) e inc. IV (presumido).

41 BRASILEIRO DE LIMA, Renato. **Manual de Processo Penal**. 12ª ed., rev., ampl. e atual., Salvador: Jus Podivm, 2023, p. 934-936. "Como facilmente se percebe, somente na hipótese do inciso I o agente encontra-se, realmente, em situação de flagrante delito. Em todas as demais circunstâncias, há uma equiparação legal de hipóteses fáticas em que o crime não está sendo cometido, mas foi cometido há pouco tempo, ao estado de flagrância" (BADARÓ, Gustavo Henrique. **Processo Penal**. 10ª ed., rev., ampl. e atual.. São Paulo: Thomson Reuters, 2022, p. 1195).

Não por acaso, nas infrações permanentes, entende-se o agente em flagrante delito enquanto não cessar a permanência[42]. Sempre com a percepção de que crime permanente é aquele que se prolonga no tempo, com sua consumação presente enquanto a consideração fática da permanência não se encerra[43].

Portanto, como se nota, o flagrante é uma decorrência de uma situação de fato que necessita ser resolvida no instante em que ela se apresenta[44], sendo que o retardo na realização do flagrante é a exceção, com a noção de que se precisa de uma autorização legal para tanto, já que as autoridades policiais possuem o dever legal de agir quando do flagrante[45,46].

E eis o ponto. Mesmo nos Estados Unidos, onde a regra constitucional é a necessidade de mandado judicial prévio, as situações de *warrantless* (não uso de mandados judiciais) também são aceitas, considerando, exatamente, a realidade fática apresentada.

Em Warden v. Hayden,[47] após roubo à mão armada a uma empresa de táxis, dois funcionários seguiram o suspeito, Bennie Joe Hayden, até determinada casa. Após breve lapso temporal, policiais convergiram para a casa e realizaram, sem mandado, uma extensa busca em todos os cômodos. Hayden foi localizado em um quarto no andar superior, oportunidade em que, no porão da residência, um policial encontrou roupas dentro de uma máquina de lavar, que foram admitidas como prova, posto correspondentes à descrição das vestimentas usadas pelo roubador. O Tribunal de Apelações reverteu a denegação do habeas corpus da Corte Distrital, estabelecendo que a roupa apreendida durante o curso da busca legal era "mera evidência" e inadmissível. A Suprema Corte dos Estados Unidos fixou que a Quarta Emenda não proíbe a apreensão de mera evidência. A busca instantânea foi legal, embora sem mandado, porque foi feita em "*hot pursuit*"[48] a um criminoso armado.

Ao reverter a regra da mera evidência, a Corte de Apelações sustentou a legalidade da busca na casa de Hayden, baseando-se em Harris vs. Estados

---

42 Código de Processo Penal, art. 303.

43 SILVA, David Medina da. **Direito penal**. São Paulo: Boutique Jurídica, 2021, p. 464.

44 Afinal, "(...) o próprio significado da palavra 'flagrante' indica uma situação de atualidade, pois 'flagrante' é o que arde, o que está em chamas" (SCARANCE FERNANDES, Antonio. **Processo penal constitucional**. 7. ed. São Paulo: Revista dos Tribunais, 2012, p. 296).

45 Código de Processo Penal, art. 301.

46 Ao falar sobre a figura do flagrante diferido ou retardado: "Ou seja, a autoridade ou agente policial pode deixar de realizar a prisão em flagrante no momento em que o crime está ocorrendo para obter maiores informações sobre o funcionamento e os membros da organização criminosa. Obviamente, a autoridade policial, no momento posterior, quando descobrir os elementos mais relevantes, não poderá realizar a prisão em flagrante, pelo ato pretérito que foi tolerado visando a eficácia da investigação, uma que não mais existirá qualquer das situações de flagrante do art. 302" (BADARÓ, Gustavo Henrique. **Processo Penal**. 10ª ed., rev., ampl. e atual.. São Paulo: Thomson Reuters, 2022, p. 1196).

47 ESTADOS UNIDOS. United States Supreme Court. **Warden v. Hayden, 387 U.S 294 (1967)**.

48 "*Hot pursuit*" consiste na perseguição imediata e contínua por policiais de um suspeito em fuga, cuja possível fuga justifique a omissão dos policiais em obter um mandado antes de efetuar a sua entrada, busca, apreensão ou prisão [a fim de consulta sobre outros detalhamentos que envolvem a chamada *hot pursuit*, ver ESTADOS UNIDOS. United States Supreme Court. **Lange v. California, 594 U.S ___ (2021)**, de onde a explicação anterior também fora retirada].

Unidos.[49] Neste caso, uma busca intensiva de cinco horas em apartamentos resultando na apreensão de provas totalmente não relacionadas ao crime pelo qual o suspeito foi preso foi considerado incidental à prisão legal. Em recurso, o peticionário argumentou que a busca em si era ilegal porque excedia os limites de Harris e instou a reexaminar o caso. A Suprema Corte confirmou a busca e apreensão, mas não confiou em Harris porque o suspeito estava sob custódia antes do início da busca. Em vez de basear sua decisão na natureza incidental da busca, a Corte enfatizou o fato de que a polícia estava perseguindo um criminoso armado, e raciocinou que a velocidade era essencial. Não se pode exigir que a polícia demore e coloque vidas em risco. Portanto, a entrada sem mandado e a busca foram justificadas porque, "as exigências da situação tornavam esse curso imperativo".

Na sequência, cita-se o caso *United States v. Santana*. Neste caso, quando da abordagem policial, Santana estava em um local público, considerando os propósitos da Quarta Emenda. Entretanto, quando percebeu a atuação policial, ele se dirigiu para um local considerado de natureza privada. Contudo, a Suprema Corte entendeu que, em circunstâncias com esta, presente a *probable cause*, o fato de ter acessado local privado não afasta a possibilidade de atuação policial, o que afasta a necessidade de obtenção de mandado judicial prévio[50].

Como visto, a Quarta Emenda normalmente exige que os policiais obtenham um mandado antes de entrar em uma casa sem permissão. Mas um policial pode fazer uma entrada sem mandado quando "as exigências da situação" criarem uma necessidade imperiosa de aplicação da lei, especialmente quando houver possibilidade de fuga ou destruição de provas. Especificamente neste caso julgado pela Suprema Corte, estavam presentes, como fundamento da atuação policial, o odor de maconha, que foi vista, igualmente durante a diligência, e que obrigavam pronta atuação policial[51].

O exemplo supra é bastante emblemático, pois há duas decisões bastante emblemáticas no contexto do Superior Tribunal de Justiça.

49 ESTADOS UNIDOS. United States Supreme Court. **Harris v. United States, 331 U.S 145 (1947)**.

50 "1. Santana, while standing in the doorway of her house, was in a "public place" for purposes of the Fourth Amendment, since she was not in an area where she had any expectation of privacy, and was not merely visible to the public, but was exposed to public view, speech, hearing, and touch as if she had been standing completely outside her house. Thus, when the police, who concededly had probable cause to do so, sought to arrest her, they merely intended to make a warrantless arrest in a public place upon probable cause, and did not violate the Fourth Amendment (...). 2. By retreating into a private place, Santana could not defeat an otherwise proper arrest that had been set in motion in a public place. Since there was a need to act quickly to prevent destruction of evidence, there was a true "hot pursuit," which need not be an extended hue and cry "in and about [the] public streets," and thus a warrantless entry to make the arrest was justified, as was the search incident to that arrest" [ESTADOS UNIDOS. United States Supreme Court. **United States v. Santana, 427 U.S 38 (1976)**].

51 "Assuming an exigency did exist, the officers' conduct–banging on the door and announcing their presence–was entirely consistent with the Fourth Amendment. Respondent has pointed to no evidence supporting his argument that the officers made any sort of "demand" to enter the apartment, much less a demand that amounts to a threat to violate the Fourth Amendment. If there is contradictory evidence that has not been brought to this Court's attention, the state court may elect to address that matter on remand. Finally, the record makes clear that the officers' announcement that they were going to enter the apartment was made after the exigency arose" [ESTADOS UNIDOS. United States Supreme Court. **Kentucky v. King, 563 U.S 452 (2011)**].

Na primeira, foi considerada válida a ação policial quando percebido o nervosismo do agente e o ingresso e busca na residência – sem mandado – se deu porque foi sentido forte odor de maconha[52]. Contudo, posteriormente, foi afastada a legalidade da prisão sem mandado pelo fato de que a visualização de estufa de fora da residência era justificativa de mandado judicial, não de entrada forçada, ainda que também presentes denúncias no sentido de que prática de tráfico no local[53].

Outra decisão também nesta linha reconheceu a ilegalidade da prisão já que o ingresso policial se deu *quando apoiado em mera denúncia anônima e no fato de que os policiais, de fora, avistaram os acusados no interior da casa manipulando material*[54].

Noutras palavras, o Superior Tribunal de Justiça chegou ao ponto de valorar e hierarquizar os sentidos humanos.

Por fim, em outubro de 2016, um policial rodoviário da Califórnia testemunhou Arthur Lange dirigindo enquanto tocava música alta e buzinava. Acreditando que Lange estava violando as leis de trânsito da Califórnia, o policial tentou interromper o trânsito. Lange dirigiu até sua garagem e então a fechou, mas o policial, que o seguiu até sua casa, entrou na garagem e começou a questionar Lange. Depois de sentir cheiro de álcool no hálito e conduzir um teste de sobriedade, o policial prendeu Lange e o acusou de dirigir alcoolizado e de infração sonora. Lange tentou argumentar no julgamento que a entrada do policial em sua garagem sem um mandado violou seus direitos da Quarta Emenda e, portanto, as evidências relacionadas ao caso tiveram que ser suprimidas. A promotoria argumentou que, de acordo com a "doutrina da perseguição", o policial tinha um *motivo provável (probable cause) para entrar na garagem porque Lange cometeu uma contravenção ao não parar para procurá-lo. O tribunal posteriormente negou a moção de Lange para suprimir as provas. Como resultado, a carteira de motorista de Lange foi suspensa por um período de um ano*[55].

Como se vislumbra, muitas ações policiais envolvem exigências que permitem a entrada sem justificativa. Os agentes estatais devem considerar todas as circunstâncias em um caso de perseguição para determinar se há uma

52 "Então, quanto ao pleito de relaxamento da prisão, em face da ilegalidade pela suposta invasão de domicílio, tal pedido fica prejudicado, uma vez que não houve constrangimento ilegal na hipótese em análise" [BRASIL. Superior Tribunal de Justiça. Sexta Turma. **Agravo Regimental no Habeas Corpus 423.838/SP**. Relator Ministro Sebastião Reis Júnior. Brasília, 08 de fevereiro de 2018 (data do julgamento)].

53 Como consta na própria decisão: "Após buscas na residência, foram apreendidos58 (cinqüenta e oito) pés grandes de maconha, 35 (trinta e cinco) mudas de maconha, 7 (sete) sacolas com maconha já seca e 1 balança de precisão, além de uma arma de pressão, entre outros objetos, conforme auto de exibição e apreensão (...)" [BRASIL. Superior Tribunal de Justiça. Sexta Turma. **Embargos de Declaração no Agravo Regimental nos Embargos de Declaração no Habeas Corpus 561.988/PR**. Relator Ministro Antônio Saldanha Palheiro. Brasília, 14 de setembro de 2021 (data do julgamento)].

54 BRASIL. Superior Tribunal de Justiça. Sexta Turma. **Agravo Regimental no Recurso Especial 1.865.363/SP**. Relator Ministro Antônio Saldanha Palheiro. Brasília, 22 de junho de 2021 (data do julgamento).

55 ESTADOS UNIDOS. United States Supreme Court. **Lange v. California, 594 U.S ___ (2021)**.

emergência policial. Em muitas ocasiões, a atuação se dá para evitar danos iminentes de violência, destruição de provas ou fuga de casa.

Não obstante, o que se vislumbra é que a utilização de parâmetros estrangeiros são utilizados para fundamentar uma determinada situação específica, mas os mesmos parâmetros estrangeiros não são seguidos quando se faz o devido confronto das realidades fáticas. Basta fazer-se a comparação entre os casos existentes no direito americano para ver-se que, em muitos deles, a jurisprudência brasileira não se justifica.

As noções de direito comparado devem ser utilizadas na sua amplitude.

4. CONCLUSÃO

Os temas relacionados às buscas e apreensões sem ordem judicial prévia não é matéria exclusiva do direito e da jurisprudência brasileira.

Afinal, toda a vez que uma busca é realizada, ela irá causar impactos na privacidade e na dignidade de qualquer pessoa. Não obstante, na medida em que os direitos não podem ser considerados de uma maneira absoluta, sempre será admissível alguma possibilidade de sopesamento para realização de diminuições de suas proteções.

Neste aspecto, as próprias Constituições que realizam a proteção já apresentam hipóteses nas quais haverá a possibilidade de que o Estado atue em prol de um interesse social, como quando surge a noção de *probable cause*, no direito americano, ou quando o direito brasileiro pondera que a inviolabilidade de domicílio pode ser reduzida pela ocorrência de flagrante.

Como há uma igualdade de interesse em proteção, nada mais correto que se busquem parâmetros externos para conscientizar os operadores nacionais do Direito, visto que os direitos individuais costumam apresentar notas bastante parecidas. Contudo, e aqui fica o alerta, necessário se mostra que a utilização de parâmetros internacionais também seja realizada para mostrar quando a atuação estatal na segurança pública merece ser reconhecida.

Analisar apenas sob uma ótica causa prejuízos enormes ao Direito, tanto por sua realidade fática a ser respeitada, como na sua percepção enquanto Ciência.

REFERÊNCIAS UTILIZADAS

AVOLIO, Luiz Francisco Torquato. **Provas ilícitas.** Interceptações telefônicas, ambientais e gravações clandestinas. 8ª ed., rev., ampl. e atual.. São Paulo: Thomson Reuters, 2023.

BADARÓ, Gustavo Henrique. **Processo Penal**. 10ª ed., rev., ampl. e atual.. São Paulo: Thomson Reuters, 2022.

BRASIL. **Constituição da República Federativa do Brasil de 1988.** Brasília, 1988. Disponível em: <http://www.planalto.gov.br/ccivil_03/constituicao/constituicao.htm>. Acesso em: 21 jul. 2023.

BRASIL. Decreto-Lei nº 3.689, de 3 de outubro de 1941. **Código de Processo Penal**. Diário Oficial da União de 13 de outubro de 1941. Disponível em: <http://www.planalto.gov.br/ccivil_03/Decreto-Lei/Del3689.htm>. Acesso em: 21 jul. 2023.

BRASIL. Superior Tribunal de Justiça. Quinta Turma. **Agravo Regimental em Habeas Corpus nº 669.577/SP**. Relator Ministro Reynaldo Soares da Fonseca. Brasília, 08 de junho de 2021 (data do julgamento). Brasília: Superior Tribunal de Justiça, 2021. Disponível em: <https://processo.stj.jus.br/processo/revista/documento/mediado/?componente=ITA&sequencial=2066673&num_registro=202101620011&data=20210614&peticao_numero=202100512354&formato=PDF>. Acesso em: 18 jul. 2023.

BRASIL. Superior Tribunal de Justiça. Quinta Turma. **Agravo Regimental em Habeas Corpus nº 638.543/SP**. Relator Ministro João Otávio de Noronha. Brasília, 01 de junho de 2021 (data do julgamento). Brasília: Superior Tribunal de Justiça, 2021. Disponível em: <https://processo.stj.jus.br/processo/julgamento/eletronico/documento/mediado/?documento_tipo=integra&documento_sequencial=128261545&registro_numero=202100010993&peticao_numero=202100476783&publicacao_data=20210607&formato=PDF>. Acesso em: 18 jul. 2023.

BRASIL. Superior Tribunal de Justiça. Quinta Turma. **Habeas Corpus nº 337.263/MS**. Relator Ministro Jorge Mussi. Brasília, 03 de novembro de 2015 (data do julgamento). Brasília: Superior Tribunal de Justiça, 2015. Disponível em: <https://processo.stj.jus.br/processo/revista/documento/mediado/?componente=ITA&sequencial=1460325&num_registro=201502439409&data=20151110&formato=PDF>. Acesso em: 18 jul. 2023.

BRASIL. Superior Tribunal de Justiça. Quinta Turma. **Habeas Corpus nº 340.398/MG**. Relator Ministro Joel Ilan Paciornik. Brasília, 24 de outubro de 2017 (data do julgamento). Brasília: Superior Tribunal de Justiça, 2017. Disponível em: <https://processo.stj.jus.br/processo/revista/documento/mediado/?componente=ITA&sequencial=1650644&num_registro=201502801064&data=20171109&formato=PDF>. Acesso em: 18 jul. 2023.

BRASIL. Superior Tribunal de Justiça. Quinta Turma. **Habeas Corpus nº 407.689/SP**. Relator Ministro Ribeiro Dantas. Brasília, 19 de setembro de 2017 (data do julgamento). Brasília: Superior Tribunal de Justiça, 2017. Disponível em: <https://processo.stj.jus.br/processo/revista/documento/mediado/?componente=ITA&sequencial=1634675&num_registro=201701684559&data=20170927&formato=PDF>. Acesso em: 18 jul. 2023.

BRASIL. Superior Tribunal de Justiça. Quinta Turma. **Recurso em Habeas Corpus nº 51.704/SP**. Relator Ministro Jorge Mussi. Brasília, 18 de novembro de 2014 (data do julgamento). Brasília: Superior Tribunal de Justiça, 2014. Disponível em: <https://processo.stj.jus.br/processo/revista/documento/mediado/?componente=ITA&sequencial=1366413&num_registro=201402367554&data=20141126&formato=PDF>. Acesso em: 18 jul. 2023.

BRASIL. Superior Tribunal de Justiça. Sexta Turma. **Agravo Regimental no Habeas Corpus nº 423.838/SP**. Relator Ministro Sebastião Reis Júnior. Brasília, 08 de fevereiro de 2018 (data do julgamento). Brasília: Superior Tribunal de Justiça, 2018. Disponível em: <https://processo.stj.jus.br/processo/revista/documento/mediado/?componente=ITA&sequencial=1672988&num_registro=201702889166&data=20180219&peticao_numero=201800009248&formato=PDF>. Acesso em: 18 jul. 2023.

BRASIL. Superior Tribunal de Justiça. Sexta Turma. **Agravo Regimental no Agravo em Recurso Especial nº 1.764.054/SP**. Relator Ministro Olindo Menezes (Desembargador Convocado do Tribunal Regional Federal da 1ª Região). Brasília, 15 de junho de 2021 (data do julgamento). Brasília: Superior Tribunal de Justiça, 2021. Disponível em: <https://processo.stj.jus.br/processo/revista/

documento/mediado/?componente=ITA&sequencial=2070502&num_registro=202002473338&data=20210618&peticao_numero=202100078546&formato=PDF>. Acesso em: 18 jul. 2023.

BRASIL. Superior Tribunal de Justiça. Sexta Turma. **Agravo Regimental no Recurso Especial nº 1.865.363/SP**. Relator Ministro Antônio Saldanha Palheiro. Brasília, 22 de junho de 2021 (data do julgamento). Brasília: Superior Tribunal de Justiça, 2021. Disponível em: <https://scon.stj.jus.br/SCON/GetInteiroTeorDoAcordao?num_registro=202000556863&dt_publicacao=29/06/2021>. Acesso em: 21 jul. 2023.

BRASIL. Superior Tribunal de Justiça. Sexta Turma. **Agravo Regimental no Habeas Corpus nº 423.838/SP**. Relator Ministro Sebastião Reis Júnior. Brasília, 08 de fevereiro de 2018 (data do julgamento). Brasília: Superior Tribunal de Justiça, 2018. Disponível em: <https://processo.stj.jus.br/processo/revista/documento/mediado/?componente=ITA&sequencial=1672988&num_registro=201702889166&data=20180219&peticao_numero=201800009248&formato=PDF>. Acesso em: 21 jul. 2023.

BRASIL. Superior Tribunal de Justiça. Sexta Turma. **Embargos de Declaração no Agravo Regimental nos Embargos de Declaração no Habeas Corpus nº 561.988/PR**. Relator Ministro Antônio Saldanha Palheiro. Brasília, 14 de setembro de 2021 (data do julgamento). Brasília: Superior Tribunal de Justiça, 2021. Disponível em: <https://processo.stj.jus.br/processo/revista/documento/mediado/?componente=ITA&sequencial=2095771&num_registro=202000376562&data=20210922&peticao_numero=202000810664&formato=PDF>. Acesso em: 21 jul. 2023.

BRASIL. Superior Tribunal de Justiça. Sexta Turma. **Habeas Corpus nº 598.051/SP**. Relator Ministro Rogerio Schietti Cruz. Brasília, 02 de março de 2021 (data do julgamento). Brasília: Superior Tribunal de Justiça, 2021. Disponível em: <https://processo.stj.jus.br/SCON/GetInteiroTeorDoAcordao?num_registro=202001762449&dt_publicacao=15/03/2021>. Acesso em: 18 jul. 2023.

BRASIL. Superior Tribunal de Justiça. Sexta Turma. **Habeas Corpus nº 762.932/SP**. Relator Ministro Rogerio Schietti Cruz. Brasília, 22 de novembro de 2022 (data do julgamento). Brasília: Superior Tribunal de Justiça, 2022. Disponível em: <https://scon.stj.jus.br/SCON/GetInteiroTeorDoAcordao?num_registro=202202485430&dt_publicacao=30/11/2022>. Acesso em: 18 jul. 2023.

BRASIL. Superior Tribunal de Justiça. Sexta Turma. **Habeas Corpus nº 574.496/RJ**. Relator Ministro Rogerio Schietti Cruz. Brasília, 08 de junho de 2021 (data do julgamento). Brasília: Superior Tribunal de Justiça, 2021. Disponível em: <https://processo.stj.jus.br/processo/revista/documento/mediado/?componente=ITA&sequencial=2067515&num_registro=202000904575&data=20210615&formato=PDF>. Acesso em: 18 jul. 2023.

BRASIL. Superior Tribunal de Justiça. Sexta Turma. **Recurso em Habeas Corpus nº 86.285/MG**. Relator Ministro Sebastião Reis Júnior. Brasília, 01 de março de 2018 (data do julgamento). Brasília: Superior Tribunal de Justiça, 2018. Disponível em: <https://processo.stj.jus.br/processo/revista/documento/mediado/?componente=ITA&sequencial=1681297&num_registro=201701568978&data=20180312&formato=PDF>. Acesso em: 18 jul. 2023.

BRASIL. Superior Tribunal de Justiça. Sexta Turma. **Recurso em Habeas Corpus nº 147.408/PA**. Relator Ministro Olindo Menezes (Desembargador Convocado do Tribunal Regional Federal da 1ª Região). Brasília, 15 de junho de 2021 (data do julgamento). Brasília: Superior Tribunal de Justiça, 2021. Disponível em: <https://processo.stj.jus.br/processo/revista/documento/mediado/?componente=ITA&sequencial=2070530&num_registro=202101464010&data=20210618&formato=PDF>. Acesso em: 18 jul. 2023.

BRASIL. Superior Tribunal de Justiça. Sexta Turma. **Recurso em Habeas Corpus nº 713.251/RS**. Relator Ministro Olindo Menezes (Desembargador Convocado do Tribunal Regional Federal da 1ª Região). Brasília, 05 de abril de 2022 (data do julgamento). Brasília: Superior Tribunal de Justiça, 2022. Disponível em: <https://processo.stj.jus.br/processo/revista/documento/mediado/?componente=ITA&sequencial=2157652&num_registro=202104001050&data=20220407&formato=PDF>. Acesso em: 18 jul. 2023.

BRASIL. Superior Tribunal de Justiça. Sexta Turma. **Recurso Especial nº 1.574.681/RS**. Relator Ministro Rogerio Schietti Cruz. Brasília, 20 de abril de 2017 (data do julgamento). Brasília: Superior Tribunal de Justiça, 2017. Disponível em: <https://processo.stj.jus.br/processo/revista/documento/mediado/?componente=ITA&sequencial=1575162&num_registro=201503076023&data=20170530&formato=PDF>. Acesso em: 18 jul. 2023.

BRASIL. Superior Tribunal de Justiça. Sexta Turma. **Recurso Especial nº 1.708.422/RJ**. Relatora Ministra Maria Thereza de Assis Moura. Brasília, 27 de fevereiro de 2018 (data do julgamento). Brasília: Superior Tribunal de Justiça, 2018. Disponível em: <https://processo.stj.jus.br/processo/revista/documento/mediado/?componente=ITA&sequencial=1672928&num_registro=201702857067&data=20180308&formato=PDF>. Acesso em: 18 jul. 2023.

BRASIL. Superior Tribunal de Justiça. Sexta Turma. **Recurso Especial nº 1.647.020/RS**. Relatora Ministra Maria Thereza de Assis Moura. Brasília, 18 de maio de 2017 (data do julgamento). Brasília: Superior Tribunal de Justiça, 2017. Disponível em: <https://processo.stj.jus.br/processo/revista/documento/mediado/?componente=ITA&sequencial=1605595&num_registro=201700043611&data=20170525&formato=PDF>. Acesso em: 18 jul. 2023.

BRASIL. Supremo Tribunal Federal. Tribunal Pleno. **Mandado de Segurança nº 23.452/RJ**. Relator Ministro Celso de Mello. Brasília, 16 de setembro de 1999 (data do julgamento). Brasília: Supremo Tribunal Federal, 1999. Disponível em: <https://redir.stf.jus.br/paginadorpub/paginador.jsp?docTP=AC&docID=85966>. Acesso em: 18 jul. 2023.

BRASIL. Supremo Tribunal Federal. Tribunal Pleno. **Recurso Extraordinário nº 603.616/RO** (Tema 280). Relator Ministro Gilmar Mendes. Brasília, 06 de novembro de 2015 (data do julgamento). Brasília: Supremo Tribunal Federal, 2015. Disponível em: <https://redir.stf.jus.br/paginadorpub/paginador.jsp?docTP=TP&docID=10924027>. Acesso em: 18 jul. 2023.

BRASILEIRO DE LIMA, Renato. **Manual de Processo Penal**. 12ª ed., rev., ampl. e atual.. São Paulo: Jus Podivm, 2023.

ESTADOS UNIDOS. Congress. Library of Congress. **Constitution of the United States.** Fourth Amendment. Disponível em <https://constitution.congress.gov/constitution/amendment-4/#:~:text=The%20right%20of%20the%20people,and%20the%20persons%20or%20things. Acesso em: 21 jul. 2023.

ESTADOS UNIDOS. United States Supreme Court. **Harris v. United States, 331 U.S 145 (1947).** Argued: December 12, 13, 1946. Decided: May 5, 1947. Disponível em <https://supreme.justia.com/cases/federal/us/331/145/>. Acesso em: 21 jul. 2023.

ESTADOS UNIDOS. United States Supreme Court. **Johnson v. United States, 333 U.S. 10 (1948).** Argued: December 18, 1947. Decided: February 2, 1948. Disponível em <https://supreme.justia.com/cases/federal/us/333/10/>. Acesso em: 21 jul. 2023.

ESTADOS UNIDOS. United States Supreme Court. **Kentucky v. King, 563 U.S 452 (2011).** Argued: January 12, 2011. Decided: May 16, 2011. Disponível em <https://supreme.justia.com/cases/federal/us/563/452//>. Acesso em: 21 jul. 2023.

ESTADOS UNIDOS. United States Supreme Court. **Lange v. California, 594 U.S ___ (2021).** Argued: February 23, 2021. Decided: June 22, 2021. Disponível em <https://supreme.justia.com/cases/federal/us/594/20-18/>. Acesso em: 21 jul. 2023.

ESTADOS UNIDOS. United States Supreme Court. **Skinner v. Railway Lab. Execs. Ass'n, 489 U.S. 602 (1989). Argued: November 2, 1989**. Decided: March 21, 1989. Disponível em <https://supreme.justia.com/cases/federal/us/489/602/>. Acesso em: 21 jul. 2023.

ESTADOS UNIDOS. United States Supreme Court. **United States v. Santana, 427 U.S 38 (1976).** Argued: April 27, 1976. Decided: June 24, 1976. Disponível em <https://supreme.justia.com/cases/federal/us/427/38/>. Acesso em: 21 jul. 2023.

ESTADOS UNIDOS. United States Supreme Court. **Warden v. Hayden, 387 U.S 294 (1967).** Argued: April 12, 1967. Decided: May 29, 1967. Disponível em <https://supreme.justia.com/cases/federal/us/387/294/>. Acesso em: 21 jul. 2023.

SCARANCE FERNANDES, Antonio. **Processo penal constitucional**. 7. ed. São Paulo: Revista dos Tribunais, 2012.

SILVA, David Medina da. **Direito penal**. São Paulo: Boutique Jurídica, 2021.

WEAVER, Russell L.; BURKOFF, John M.; HANCOCK, Catherine; FRIEDLAND, Steven I. **Principles of criminal procedure**. 7th ed. St. Paul: West Academic, 2021.

Ilicitude da prova processual penal e suas distinções

Diógenes V. Hassan Ribeiro[1]
Douglas Cunha Hassan Ribeiro[2]

1. INTRODUÇÃO

Este capítulo se justifica na necessidade de revisitar algumas distinções importantes no que concerne à prova processual penal. Para além disso, houve, nos últimos anos, importantes alterações legislativas, com novidades pela introdução de novos institutos processuais, inclusive revisões da jurisprudência dos tribunais superiores, tudo a impor essa análise que está no centro da dogmática sobre a prova processual penal. Evidentemente que a pretensão dos autores não é, simplesmente, apresentar os conceitos do que se compreende, por exemplo, por prova ilícita, mas, sobretudo, esclarecer o que significa prova ilícita no contexto contemporâneo do direito processual penal, com a análise crítica da jurisprudência, da legislação e da Constituição Federal.

Convém observar, de qualquer modo, diante da pretensão de apresentar uma análise que contenha complexas reflexões críticas, que certamente o tema não pode ser esgotado nos limites de um capítulo de livro. Entretanto, pela sua densidade, espera-se que os leitores possam refletir a respeito e dimensionar outras consequências e aplicações. E, havendo discordâncias, então que sinalizem aos autores, sobrelevando o debate acadêmico.

O capítulo pretende revisitar diversas distinções sobre a temática da prova processual penal, porém com a análise crítica da legislação, da Constituição e da jurisprudência dos Tribunais, tendo como ponto de partida noções, de certo modo, básicas, mas sempre com um olhar crítico. Compreende-se que as distinções são extremamente importantes, pois há diferenças na "coisa mesma", segundo Heidegger (2002), quando explica "o que

1 Desembargador TJRS aposentado. Advogado. Professor do PPGD Unilasalle/Canoas RS. Coordenador do Curso de Direito Unilasalle/Canoas RS. Mestre e Doutor em Direito Público (Unisinos 2001 e 2006). Pós-doutor em Direito (CES/FEUC- PT 2017).
2 Mestre em Direito e Sociedade (Unilasalle Canoas/RS). Doutor em Direito Público (Unisinos 2020).

é uma coisa", pelo método fenomenológico que deixa "a coisa mesma ser o que ela é", pois "cabe inserir a chave de tudo: pelo conceito se desvela, mas, ao mesmo tempo, se vela o ser" (Ribeiro, 2017, 68).

2. A ORIGEM DO PROCESSO PENAL BRASILEIRO

O Código de Processo Penal Brasileiro é um decreto (Decreto 3.689/1941) da época da ditadura Vargas, claramente inspirado no Código de modelo fascista italiano, de Alfredo Rocco. O Código Penal e o Código de Processo Penal da Itália, denominados Códigos Rocco, foram publicados em 19 de outubro de 1930[3]. Da obra *La dottrina del fascismo e il suo posto nella storia del pensiero politico*, publicada em 1925[4] por Alfredo Rocco, é indispensável citar uma passagem que identifica muito bem o sentido que norteou ambos os códigos italianos: "per liberalismo, la libertà, è un principio, per il fascismo è un metodo. Per il liberalismo la libertà è riconosciuta nell'interesse dell'individuo, per il fascismo è concessa nell'interesse sociale. O – in altri termini – per il fascismo l'individuo è fatto organo o strumento dell'interesse sociale; strumento che si adopera finchè serve allo scopo e si sostituisce quando non serve (Rocco, 1925, 16).

Essa transcrição mostra claramente o sentido do Código Rocco que inspirou o Código de Processo Penal de 1941, claramente inquisitorial, por exemplo, quanto à obtenção da prova processual. Percebe-se que o indivíduo não é um sujeito de direitos, mas um objeto, uma coisa a serviço do Estado, advinda das ideias de padronização da sociedade, próprias daquela época e de décadas seguintes, resultantes, certamente do pensamento vigente na Idade Média, como reação ao liberalismo da Revolução Francesa e ao socialismo da Revolução Bolchevique de 1917. Noutra passagem da sua obra, Alfredo Rocco menciona que o fascismo é "anzitutto azione e sentimento" (Rocco, s/d, 4). Assim, o fascismo dependia antes de tudo de ação, de engajamento, e de um sentimento de perda das individualidades.

Essa origem do Código de Processo Penal Brasileiro orienta tudo que vem a ocorrer no Brasil posteriormente no âmbito do Processo Penal e, por incrível que possa parecer, continua a orientar ainda atualmente. Vale registrar a arguta observação de Nereu José Giacomolli a respeito: "Essa estrutura ideológica ainda permanece na normatividade ordinária, no ensino jurídico, na jurisprudência e nas atividades dos sujeitos, na *law in action.*" (Giamocolli, 2015, 2).[5]

---

3 https://www.gazzettaufficiale.it/eli/gu/1930/10/26/251/sg/pdf (consulta em 29 de julho de 2023).
4 https://fc.cab.unipd.it/fedora/objects/o:112492/methods/bdef:Book/view?language=en#page/18/mode/2up (consulta em 29 de julho de 2023).
5 https://revista.ibraspp.com.br/RBDPP/article/view/8/19 (consulta em 27 de julho de 2023).

3. BREVE OBSERVAÇÃO SOBRE A PROVA NO DIREITO PROCESSUAL PENAL BRASILEIRO

Antes do Código de Processo Penal de 1941 o que havia no Brasil eram leis do Império e, inclusive, leis do Brasil Colônia que vigiam e orientavam a aplicação da legislação penal. Portanto, não se pode negar, considerando a era da codificação do direito, inaugurada com o Código Napoleônico, que houve um grande avanço em termos de sistematização do direito processual penal, não em termos de direitos, propriamente ditos. A inspiração fascista e a ditadura Vargas acabaram por modelar a formação jurídica, desde então meramente dogmática, sem quaisquer reflexões maiores do ponto de vista crítico. Esse caldo acabou por gerar uma plêiade de juristas de formação conservadora punitivista de acordo com o postulado da padronização da sociedade, caracterizada no "mito da sociedade jurídica como um projeto jurídico" (Ribeiro, 2014, 283).

Nesses termos, o problema da prova no direito processual penal se destaca não apenas, por exemplo, na produção da prova, mas, ainda e sobretudo, na interpretação da prova, na sua admissibilidade e no seu acolhimento ou na sua rejeição para efeito de sancionar determinadas imputações de fatos penais, entre outros inúmeros aspectos.

Quanto à produção da prova, desde as origens do Código de Processo Penal, é indispensável destacar o caráter inquisitorial e o protagonismo judicial. Os demais aspectos esbarram no excessivo subjetivismo de quem irá apreciar a prova, analisá-la para efeito de impor a sanção penal. Por um lado, há o subjetivismo que interpreta o aspecto da formação da prova, por outro lado há o subjetivismo que interpreta o acolhimento da prova em seu aspecto material, de impor sanção. Pretendemos voltar a esse ponto mais adiante.

4. INDÍCIOS, ELEMENTOS INFORMATIVOS, VESTÍGIOS, EVIDÊNCIAS OU PROVAS

Inicialmente, quanto à análise da prova, convém debruçar-se sobre elementos meramente básicos de compreensão e que produzem grande diferença em momentos posteriores quando instaurado o processo penal. Existe de fato um percurso mais ou menos cronológico de formação da prova e esse percurso se percebe claramente na compreensão do que são indícios. Indícios são meramente suspeitas da ocorrência de um fato penal, da possível materialidade de um fato penal e da sua autoria.

A respeito dos indícios, para exemplificar, o juiz, na pronúncia, não deve dizer que há prova da materialidade, mas deve dizer que há indícios da materialidade, porque há quesito específico a ser objeto de pergunta aos integrantes do Conselho de Sentença (art. 483, I, CPP). Assim, muito embora os arts. 413 e 414 atribuam ao juiz, na pronúncia, a análise da materialidade, aquela análise é de mera probabilidade, no convencimento dele, juiz, sobre a materialidade para pronunciar. Nesses termos, o juiz não pode pretender impor a sua vontade sobre a dos jurados. A análise judicial na pronúncia é de juízo de verossimilhança sobre os pontos que viabilizam a remessa do caso a julgamento pelo Tribunal do Júri. Portanto, o juiz vai dizer que está convencido da materialidade, mas que o definitivo julgamento da materialidade do fato fica, inarredavelmente submetido à decisão do Conselho de Sentença. Nesse caso, o que o juiz diz é que há indícios que o convenceram da materialidade do fato – da existência do fato penal.

Os indícios são dados iniciais perfunctórios, preliminares, sobre o caso e não constituem prova final para condenação. Já se disse que uma "soma" de indícios é suficiente para condenar, mas, na verdade, isso está absolutamente incorreto. Vários indícios sempre serão vários indícios e não caracterizam prova suficiente para condenar. Ter antecedentes, querer se vingar da vítima, ter estado no local do fato, tudo isso constituem indícios que dão margem à investigação, dão margem à instauração do processo penal, podem viabilizar o decreto de prisão preventiva ou de prisão em flagrante, mas não são suficientes para condenar. O art. 239 do Código de Processo Penal não autoriza entendimento diverso.

Elementos informativos são dados da investigação policial, são dados que mostram como a investigação policial foi e está sendo realizada. Integra o inquérito policial ou, tão-somente, as investigações determinadas diante de uma notícia-crime ou de um boletim de ocorrência policial. O delegado de polícia, ou seja, a autoridade policial, não está obrigado a determinar a instauração do inquérito policial, atividade administrativa vinculada, que deve atender ao princípio da legalidade e aos ditames do direito administrativo e normas processuais e legais. Fundamental sublinhar que a atividade de investigação é de direito administrativo, uma atividade realizada pela burocracia estatal especializada e qualificada para investigar fatos penais, por isso obedece ao princípio da legalidade, no sentido de que somente pode fazer o que a lei determina. Assim, os limites da legislação devem ser estritamente observados. Por isso, tanto os indícios, como os elementos informativos, são dados iniciais que podem favorecer, ou não, a investigação policial e, enfim, a formação futura da prova processual penal, **esta que somente existe no processo penal**.

Sobre os vestígios de prova, é notável que vieram a ficar esclarecidos com as normativas expedidas atinentes à cadeia de custódia dos vestígios de prova. Vestígios de prova são propriamente coisas obtidas no local do fato penal e, então, por isso mesmo, devem ser protegidos e mantidos sob absoluta vigilância quanto ao seu manuseio e utilização. São vestígios, na precisa definição da lei, não provas ainda. Consistem, por exemplo, em objetos ou coisas apreendidas no local do fato que tenham a possibilidade de conter o DNA das pessoas que estiveram no local do fato, ou impressões digitais, que serão submetidos a análise pericial, daí a necessidade de proteção e de cuidado no seu manuseio, para evitar que se percam e para evitar que não possam ser utilizados como prova do fato penal e da autoria no processo penal.

As evidências ou provas somente podem ser assim consideradas no momento do processo penal. Somente existem e podem ser assim consideradas na fase da instrução processual penal. Tudo o que existe antes não constitui prova, mas constituem indícios, elementos informativos, vestígios de prova. As evidências ou provas devem ter sido submetidas ao crivo do contraditório. Enquanto não houver o contraditório e decisão a respeito, não é possível dizer que há prova. A análise pericial não constitui prova e a compreensão de que se trata de prova com contraditório diferido é uma compreensão frágil. A conclusão de que só há prova no processo penal é conclusão de natureza lógica e racional, pois não há prova sem contraditório. Assim, um laudo pericial produzido na fase da investigação do inquérito policial é apenas um laudo pericial, não sendo possível concluir que se trata de prova, sem que tenha havido contraditório judicial.

A conclusão de que não há prova sem processo, certamente, é uma compreensão radical e, eventualmente, chocante, mas entendemos que deve ser assim. Existem momentos para que o judiciário estabeleça o que é prova, em um determinado processo. O primeiro momento é quando se inicia o contraditório e a defesa técnica, de acordo com a ampla defesa, quando se passa a examinar o que foi produzido contra o acusado. Ora, de acordo com o art. 396-A, do Código de Processo Penal, o acusado poderá, exercendo a sua defesa, "arguir preliminares e alegar tudo o que interessa à sua defesa". Este é um momento importante de abertura do processo penal em que o acusado pode impugnar determinado laudo pericial produzido na fase de investigação, o que poderá acarretar a inadmissibilidade de tal elemento investigativo que, por isso mesmo, não pode ser denominado de prova.

Existe, pelo ângulo que compreendemos, uma incorreção inclusive na Constituição Federal, no art. 5º, LVI, quando menciona que seriam provas aquelas obtidas por meios ilícitos. Não se trata de prova formal, processual, mas de algo que chegou ao processo com o intento de ser caracterizado como prova, mas foi eliminado, deixando de ser considerado e, então, para nada serve no âmbito daquele processo. Prova não é.

Em um sentido qualquer, ou vulgar, muitas coisas ou dados podem ser considerados provas tendentes a demonstrar algo. Mas esse sentido se relaciona a ideia material de demonstração. Uma noção formal de prova exige que, para assim ser considerada uma coisa ou um dado, deve ter passado pelo crivo do contraditório. Determinada prova ilícita, portanto, não pode ser considerada prova no sentido formal, processual, uma vez que não foi admitida. Em última análise, o juiz formará a sua convicção sobre o fato e a acusação formalizada apenas com base nas provas admitidas e existentes no processo.

5. FONTES DE PROVA, CORPO DE DELITO E MEIOS DE PROVA

As fontes de provas podem ser pessoas ou coisas que podem demonstrar algo de relevante e pertinente para o deslinde do fato em julgamento. Nesses termos, podem ser fontes de prova o corpo de delito e os vestígios de prova, assim como os indícios e, por que não, os elementos informativos. São fontes de provas, não são provas.

Sobre a história do corpo de delito e vários outros aspectos, impositivo remeter os leitores ao percuciente estudo elaborado Geraldo Prado (2021, 2ª ed., 63-88). Segundo Geraldo Prado na tradição romana "o *corpus mortuum* no crime de homicídio reclamava inspeção ocular, como parte do *verictas delicti*, dando origem à doutrina do *constare de corpore morto* que evoluirá para a do *constare de delicto*, mais abrangente em razão de estar relacionada a toda espécie de infrações penais." (PRADO, 201, p. 77).

Por sua vez, meios de prova são técnicas de obtenção das fontes de prova, a demonstração que é pretendida como, por exemplo, meio de prova testemunhal, meio de prova pericial, meio de prova documental. A prova testemunhal exige um procedimento especial e adequado para a sua produção judicial formal, o que ocorre, igualmente, em relação à prova pericial e à prova documental. Essa análise confirma a conclusão final do item 4, acima, pois, tanto que apresentado um documento no processo, por uma das partes, esse documento não pode ser, ainda, em que pese a sua materialidade, considerado prova no sentido formal, sendo um mero documento apresentado nos autos do processo por uma das partes. Somente será considerado prova em sentido formal após o contraditório e a eventual decisão judicial que se seguir sobre a sua admissão. Na praxe forense, quando o documento não é formal ou materialmente impugnado, acaba não havendo uma decisão expressa de admissão. Há um silêncio judicial que significa, em razão do silêncio da outra parte, que foi admitido.

6. LICITUDE, LEGITIMIDADE E ADMISSIBILIDADE DA PROVA

Aparentemente, no que concerne ao aspecto da licitude da prova, seria fácil a sua análise. Todavia, entre o terreno das meras palavras e o da dura realidade há um abismo. Para início, convém destacar as seguintes perguntas: a) é lícita a prova produzida judicialmente em contrariedade ao disposto no art. 212 do Código de Processo Penal? b) é lícita a revista íntima na mulher que ingressa em casa prisional para visitar parentes ou o marido/convivente? c) é lícita a invasão de domicílio mediante mera suspeita de tráfico de substâncias entorpecentes, sem qualquer base relevante de demonstração prévia, ou fundadas razões? d) é lícita a escuta/interceptação telefônica sem prévia autorização judicial ou renovada sistematicamente fora das situações expressamente permitidas na legislação? e) é lícita a busca e apreensão pessoal ausente qualquer motivação autorizada na legislação processual? É lícita a identificação de alguma pessoa acusada de um delito por mera fotografia?

As duas primeiras perguntas ainda **sofrem** – e aqui sofrer têm um peso especial – a análise da jurisprudência. O art. 212 do Código de Processo Penal, desde 2008, estabeleceu que o juiz não deverá ter protagonismo na coleta da prova em audiência. O Supremo Tribunal Federal, em votos do Ministro Celso de Mello, entre outros, já afirmou que o processo penal é um processo de partes, o que significa dizer que deve se submeter ao que se denomina de processo penal democrático – e constitucional – de garantias individuais, entre as quais a da imparcialidade e neutralidade do judiciário, que não tem – ou não deve ter – qualquer interesse na causa. Contudo, o artigo desafiou os juristas e o Judiciário a uma mudança radical que não foi aceita e que, infelizmente, passados 15 anos, ainda continua não sendo aceita. O procedimento instituído no art. 212 em 2008 estabelece que a produção da prova testemunhal deve ser realizada pelas partes, não pelo juiz e que a atuação do juiz deve ficar limitada, antes de encerrar o depoimento, a pedir alguns esclarecimentos eventuais de modo a dissipar algumas dúvidas, de modo excepcional. Grande parte dos magistrados – ou certamente a sua grande maioria – resistiram. A jurisprudência dos tribunais considera ser caso de nulidade relativa, devendo, então, ser demonstrado o prejuízo à defesa, não funcionando como prejuízo a eventual condenação. Todavia, no nosso entendimento, trata-se de prova ilícita, pois viola frontalmente a legislação processual penal de produção da prova e, sobretudo, produz a perda da imparcialidade do magistrado. E, sendo ilícita aquela prova, certamente não se trata de nulidade processual como quer a jurisprudência.

A propósito, sabe-se que as garantias da magistratura, ou predicamentos, da vitaliciedade, da irredutibilidade de vencimentos e da inamovibilidade protegem a imparcialidade do magistrado, verdadeira pilastra da magistratura. Todavia, temos nos manifestado há muitos anos e em muitos lugares[6],

6 Assim dissemos em acórdãos na 5ª e na 3ª Câmara Criminal do TJRS, quando lá estivemos entre 2011 e 2021. Temos um discurso mais longo, completo e fundamentado a respeito, com o qual nos manifestamos também em sala de aula.

que o procedimento é o que, efetivamente, garante a imparcialidade do magistrado em relação às partes. Seguir o procedimento estabelecido na legislação é o que deve ser observado pelos magistrados, por isso que o juiz não pode fazer pré-julgamentos, uma vez que o julgamento somente pode ser realizado no momento oportuno e tudo o que expressar em decisões intermediárias são e devem ser afirmados como juízos de verossimilhança, com a máxima cautela. O juiz não pode afirmar que houve um crime antes da sentença, pois o conceito de crime é racional e exige a composição de vários aspectos que devem ser analisados previamente. Não há crime, por exemplo, na legítima defesa ou no legítimo exercício de um dever legal, ou em situação excepcional de estado de necessidade. Também não haverá crime que possa ser imputado, na sentença, ao acusado, se não foram produzidas provas formais e materiais de participação no fato ou de que é seu autor, por isso o acusado não pode ser autor de um fato criminoso. Existiu, então a acusação de um fato penal, ou, mesmo, a acusação de um crime, que não se viu cristalizada em uma sentença condenatória irrecorrível penal.

Submeter alguém à revista íntima vexatória e indigna é, igualmente, conduta ilícita e, por isso mesmo, os dados materiais colhidos em tal procedimento não podem ser admitidos em juízo, devendo ser removidos. Não é demais dizer que tal conduta das autoridades públicas, especialmente do sistema penitenciário, se afiguram a tortura psicológica em mulheres submissas, revelando e reproduzindo uma cultura milenar machista. Nesse caso a mulher é submetida pelos parentes ou marido/convivente a se prostituir e a portar drogas para levar à prisão e, na sequência, o Estado reproduz a sua cultura machista ao prender a mulher eternamente submissa e frágil. Não pode ser lícita essa conduta das autoridades por nenhum olhar.

Questão importante, mas antiga, é sobre a busca pessoal, prevista no art. 240, § 2º, do Código de Processo Penal. O art. 244 estabelece que, para a busca pessoal, não há necessidade de mandado, mas reitera que deve haver "fundada suspeita", podendo ocorrer no curso de busca domiciliar, esta, então com mandado. Nesses termos, nos termos desse texto legal, não é possível a busca pessoal sem que haja fundada suspeita. Em outras palavras e sendo mais claro, não são lícitas as famosas blitzes, em que grupos de policiais militares param veículos rotineiramente em vias públicas de forma aleatória e arbitrária, abordando cidadãos no livre trajeto de seus trabalhos ou lazer, sem qualquer anterior "fundada suspeita". Também não é possível abordagem aleatória em via pública de jovens para submetê-los à revista, sobretudo vexatória, sem que haja fundada suspeita de prática de ilícitos penais, ou de porte de armas, nos termos do citado texto legal. Mesmo que se encontre algo ilícito, arma ou outra coisa, em poder de alguém, nessas condições, a prova será, necessariamente, considerada ilícita. Felizmente a jurisprudência[7] tem, atualmente, acalentado esse entendimento, o que não ocorria.

É necessário deixar que os leitores façam as demais reflexões sobre as outras perguntas inicialmente formuladas.

As últimas notas neste tópico procuram apresentar críticas à doutrina. Existe uma distinção entre prova ilícita e prova ilegítima, dizendo a maior parte da doutrina que ilegal seria o gênero e que as outras seriam as suas espécies. Ora, por mais que se queira fazer distinção entre prova ilícita e prova ilegítima, caracterizando esta como a prova produzida em violação à legislação processual, parece-nos inútil e descabida essa distinção. Partimos da ideia de que só há prova no processo penal e que para haver prova, em sentido formal, ou seja, no sentido mais restrito da expressão, no sentido que verdadeiramente interessa ao processo penal, só é possível considerar haver prova após o contraditório e decisão sobre a sua admissibilidade. Antes disso, são dados, coisas, elementos materiais que estão em análise, mesmo que sejam laudos periciais. Mesmo que seja difícil compreender ou aceitar essas conclusões, e mesmo que seja rejeitada, parece-nos que a distinção entre prova ilícita e prova ilegítima é inútil, na medida em que ambas seriam ilegais. E, por fim, a expressão ilegitimidade é uma má escolha para designar o que se pretende. Ilegitimidade é outra coisa, não algo que se fez contra as regras processuais penais.

7. NULIDADES PROCESSUAIS RELACIONADAS À PRODUÇÃO DA PROVA

O tema das nulidades convém ser revisitado nestas observações, porque, rigorosamente, cogitar de ilicitude não significa, diretamente, incorrer em nulidades. Assim, se o dado, coisa ou elemento material for admitido como prova é porque foi considerada lícita a sua obtenção. Por outro lado, se não houve a sua admissão nos autos do processo, é porque a sua obtenção foi ilícita. Todavia, a jurisprudência, especialmente no caso do art. 212 do Código de Processo Penal, como já foi analisado acima, em vez de inadmitir a prova produzida em audiência em violação ao art. 212 do Código de Processo Penal, considera que há nulidade relativa e exige a demonstração do prejuízo. O pior nisso é não admitir a eventual condenação como demonstração do prejuízo, o que revela um juízo paradoxal que estabelece regras inclusive de valoração do que seria prejuízo,

7 AgRg no AREsp 2457549 / SP, rel. Min. Reynaldo Soares Fonseca, j. 12.12.2023

mas não esclarece, precisamente, o que pode ser assim considerado, vedando que a condenação seja considerada como prejuízo para aquela finalidade. É, com todas as vênias, caminhar para o absurdo. Veja-se que o juiz não cumpriu a legislação, no caso o art. 212 do Código de Processo Penal, iniciando a sessão de perguntas às testemunhas e fazendo muitas perguntas, ou mesmo na ausência do representante do Ministério Público, supre a sua ausência e o substitui, fazendo perguntas. As respostas às perguntas conduzem à condenação, mas esta não pode ser considerada prejuízo. Trata-se de uma interpretação teratológica.

E esse é apenas um exemplo. Podem ser localizados outros exemplos na jurisprudência e na doutrina. O que se quer dizer é que não é possível – mais – confundir nulidade com a noção da inadmissibilidade de dados, fontes, vestígios ou coisas que possam vir a formar provas.

Pode-se pensar no caso da custódia dos vestígios de prova, cabendo analisar se houve a custódia e se foram observadas as cautelas que se exige para evitar que aqueles dados sejam violados, conspurcados, de modo a haver dúvidas sobre a sua idoneidade para demonstrar o que se pretendia demonstrar. Não haverá, nesse caso, qualquer nulidade e simplesmente haverá a rejeição de tais dados e elementos dos autos do processo uma vez que não foi observada a legislação que impunha que fosse resguardada a sua custódia. Mas aqui é importante observar que o só fato de ter havido alguma violação à custódia dos vestígios de prova não pode resultar, automaticamente, na inadmissibilidade do vestígio como prova. Fundamental dizer que tudo exige um esforço para motivar e para analisar o que de fato ocorreu. Por outro lado, determinado vestígio, ou determinados vestígios podem não ser admitidos, mas alguns podem ser admitidos, o que significa dizer que nem todos os vestígios podem deixar de ser admitidos. Enfim, exige-se trabalho dos profissionais do direito, especialmente dos magistrados, que emitirão decisões a respeito. Facilitar o trabalho com definições prévias, como, por exemplo, se não houve a demonstração da cadeia de custódia dos vestígios significa impor a inadmissibilidade da totalidade dos vestígios, é algo que não indica trabalho, esforço de interpretação e cuidado.

Impositivo relembrar que nulidades existem no processo penal, mas não há nulidade no inquérito policial, ou ao menos, no inquérito policial não se trata de nulidade processual, mas de nulidade administrativa. Seguidamente são inseridas alegações, especialmente em sede de habeas corpus, de ocorrência de nulidade na fase do inquérito policial, mas, se não há, nem houve, ainda, processo penal instaurado formalmente com a denúncia e com a angularização do processo pela chamada do acusado ao processo para se defender, não se pode cogitar de nulidade processual e tudo o que for realizado naquele momento de investigação será oportunamente examinado na fase processual ou, eventualmente, determinará a soltura do flagrado, se for o caso, mas não por nulidade processual, e sim por violação à legislação que rege as normas do inquérito policial ou da Constituição Federal. São no máximo nulidades administrativas, jamais nulidades processuais.

Assim, radicaliza-se: não há prova sem contraditório, sem processo penal e sem decisão judicial a respeito e não há nulidade processual fora do processo.

8. ANÁLISE E FINALIDADE DA PROVA

O tema da análise da prova, como já se disse mais acima, é altamente subjetivo na atualidade brasileira. Em muitas situações, dados e elementos são obtidos de forma ilícita e, mesmo assim, são admitidos no processo como prova, o que se deve ao desconhecimento do profissional do direito que faz a análise, ou à sua inclinação para entender contrariamente à aplicação racional da legislação, ou mesmo da jurisprudência. Com frequência a própria jurisprudência resiste à evolução da legislação, com base em entendimentos diversos.

Vale citar, a título de exemplo, a compreensão do Supremo Tribunal Federal a respeito da evolução da legislação processual, instituída com a Lei 13964, de 24 de dezembro de 2019, que instituiu o denominado juiz das garantias, alterando a redação do art. 3º do Código de Processo Penal. Existem tramitando no Supremo Tribunal Federal quatro ações diretas de inconstitucionalidade (ADIs 6298, 6299, 6300 e 6305). A primeira foi ajuizada pela AMB – Associação dos Magistrados Brasileiros e pela AJUFE – Associação dos Juízes Federais, a segunda pelos partidos PODEMOS e CIDADANIA, a terceira pelo Diretório Nacional do Partido Social Liberal e a quarta pela CONAMP – Associação Nacional dos Membros do Ministério Público. Todas as partes autoras são entidades respeitáveis e que representam associações de classe nacional dos integrantes da magistratura ou do ministério público ou são partidos políticos que representam determinadas ideologias. Depois de deferidas medidas liminares pelos Ministros Dias Toffoli, que deferiu em parte para suspender por determinado tempo a vigência do novel instituto, e pelo Ministro Luiz Fux, que passou a ser o relator, quando alterou a decisão substancialmente e deferiu a suspensão *sine die* da vigência, houve o ingresso de inúmeras entidades tituladas como *amicus curiae*. O julgamento foi retomado no mês de junho de 2023, quando o relator, Ministro Luiz Fux, julgou inconstitucionais alguns dos dispositivos da Lei 13.964 e, ainda, deu interpretação conforme a outros, mas, em seguida, foi suspenso novamente com o pedido de vista do Ministro Dias Toffoli.

Resumidamente, a modificação que se pretende introduzir com o juiz das garantias no direito brasileiro é uma alteração substancial na condução, deferimento e coleta dos elementos e fontes de provas, assim como nas medidas cautelares requeridas ao judiciário. O art. 157, parágrafo 5º, do Código de Processo Penal, também suspenso pelas liminares e ora em julgamento, originalmente estabeleceu que o juiz que teve contato com elementos ou vestígios que não foram admitidos como prova no processo penal não poderá proferir sentença ou acórdão, o que tem o intuito de evitar qualquer mínima contaminação do juiz ou juíza que proferir a sentença ou o acórdão.

Pretendeu-se, então, caracterizar, com o exemplo acima, o alto grau de subjetividade na interpretação da legislação. Todavia, conclusão idêntica é possível obter quando se trata da análise dos fatos, dos depoimentos e, enfim, dos elementos de prova e das provas propriamente ditas existentes nos autos.

Outro ponto digno de reflexão é a permanente tensão entre o velho e novo, que se verifica nas situações de confrontos de ideias e interpretações realizadas pelos juristas jovens e pelos juristas mais experientes, assim como entre os juízes mais jovens e os juízes que já estão nos tribunais há bastante tempo. Trata-se de uma tensão praticamente insolúvel e decorre da vivência e do aprendizado dos mais jovens, inspirados em outras obras, outras leituras, outras pesquisas, eventualmente mais atualizadas, do que as que foram lidas pelos juristas e pelos juízes mais antigos. Mas isso não se dá apenas no ambiente do judiciário, pois ocorre também no meio acadêmico e, enfim, nas demais profissões, sendo até natural que essa tensão ciclicamente ocorra.

Há, ainda, outro problema, que decorre do fato de o nosso sistema jurídico ter tido origem na *Civil Law*, diversamente dos países anglo-saxões, em que o sistema jurídico se originou da *Common Law*. No nosso regime há a legislação e alguns institutos que foram muito mal instituídos, copiados do regime da *Common Law*. De qualquer modo, enquanto há uma maior liberdade de interpretação do direito no nosso regime, isso não significa que no regime dos anglo-saxões não haja grandes dificuldades decorrentes das amarras dos precedentes, muitas vezes mal interpretados e mal aplicados, mesmo diante da evolução dos institutos que permitem a superação dos precedentes. Assim, não há uma saída adequada que seja diversa do estudo permanente e do debate e das críticas frequentes, sobretudo ter consciência de que a verdade defendida é apenas mais uma observação que pode ficar afastada com argumentos temporariamente irrefutáveis decorrentes de outras observações, o que faz lembrar do princípio da falseabilidade de Karl Popper, que mudou o paradigma científico sobre a verdade.

Por fim, convém repetir até cansar, a finalidade da prova não é, nem nunca foi, nem nunca será, reproduzir a verdade material, como querem os mais antigos e menos versados, ou menos atualizados que se julgam semideuses e que poderiam retornar no tempo e assistir de camarote o fato ocorrendo por todos os ângulos possíveis de visão, inclusive internamente nas cabeças e nas mentes dos atores do fato penal. A finalidade da prova é a de representar a verdade frágil, humana, limitada e, portanto, verdade processual, que fica submetida aos parâmetros da legislação e das garantias constitucionais e que não deve, como ocorria nas origens e na Idade Média, ser buscada por qualquer meio, inclusive por tortura, psicológica ou física. A verdade obtida sempre será uma conclusão parcial e frágil, limitada pelo conhecimento humano, falível e comprometida e condicionada pela humanidade. A finalidade da prova, no processo penal, é a de tentar reproduzir o fato penal de acordo com as condições humanas, limitadas e falhas, e que são invencíveis, na medida em que os seres humanos não são seres angelicais e perfeitos que poderiam, inclusive, retroceder no tempo. Sobretudo porque prestam jurisdição, uma instituição humana, juízes e juízas não são semideuses.

9. A LEGISLAÇÃO RECENTE E NOVOS INSTITUTOS PENAIS E DE PROCESSO PENAL SOBRE PROVA

A legislação que modificou o Código de Processo Penal e outras leis esparsas recentes procura atualizar, inclusive com tecnologia, a busca e obtenção de elementos e de vestígios tendentes a produzir prova processual. É importante que ocorra essa atualização legislativa, pois a criminalidade, ou seja, a prática de ilícitos de natureza penal também evolui intensamente, por isso a necessidade de que as instituições encarregadas da investigação e da própria persecução penal também sejam aparelhadas, com equipamentos tecnológicos de ponta e, ainda, com pessoal habilitado e treinado para fazer esse enfrentamento em prol da cidadania.

Exemplo dessa legislação recente é a Lei 12850, de agosto de 2013, que atualizou a tipificação do delito de organização criminosa e atualizou os meios obtenção de prova. Existem verdadeiras novidades nesse diploma legislativo sobre meios de obtenção de prova, como, por exemplo, a captação ambiental de sinais eletromagnéticos, óticos e acústicos, a ação controlada, a infiltração de policiais, a cooperação institucional, todos caracterizando, enfim, novos instrumentos e institutos com a finalidade investigar e produzir elementos de provas para a persecução penal.

Também serve de exemplo a Lei 12654/2013, que alterou a Lei 12.037/2009, inserindo a possibilidade de coleta do perfil genético do genoma humano nas hipóteses em que menciona. E, naturalmente, também é compreensível essa atualização legislativa, diante da necessidade, em algumas situações, de identificar perfeitamente o indivíduo acusado penalmente, considerando, inclusive, as modernas técnicas de alteração da identidade, com a possibilidade de cirurgias plásticas e, até, não se pode esquecer de mudança de sexo.

Todavia, muito embora seja indiscutível reconhecer a importância, a necessidade e a utilidade dessas atualizações legislativas, as decisões judiciais a respeito devem observar os limites e as restrições da própria legislação e da Constituição Federal. A lei em análise prevê a possibilidade de obter o perfil genético do acusado, mas, como costuma ocorrer noutros textos legislativos, estabelece restrições, como, por exemplo, a que consta no parágrafo 1º do art. 5ºA, no sentido de que as informações contidas em bancos de dados não poderão revelar traços somáticos ou comportamentais das pessoas. Nos mesmos termos, o art. 3º, IV, da Lei 12.037, estabelece que somente quando for essencial à investigação é que será possível obter os dados do perfil genético, o que significa dizer que isso não deve ocorrer em qualquer situação, ou caracterizar-se como prática usual e constante. E, além disso, deve haver decisão judicial fundamentada, que exponha e decida sobre a essencialidade para a investigação, conforme requerido pela autoridade policial ou pelo representante do Ministério Público. Qualquer outro sentido que se der a esse texto legal certamente incorrerá em ilegalidade, mormente se pretender dispensar fundamentação judicial, ou compreender que as restrições podem ser flexibilizadas e, nesse caso, eventual prova processual poderá ser considerada ilícita. Assim, nessa temática, todo o cuidado é pouco e, então, é preferível pecar por excesso de cautela do que por omissões.

10. CONSIDERAÇÕES FINAIS

O objetivo do capítulo foi o de refletir sobre determinados aspectos da prova ilícita no processo penal, reflexões feitas de modo exemplificativo, pois, como se viu, não é possível confundir determinados pontos importantes, como vestígios de prova com prova, elementos informativos com vestígios, ou, eventualmente, o que caracteriza, efetivamente, a prova processual penal. Ora, o que se protege com o novo instituto que trata da cadeia de vestígios, são estes, não as provas. As provas somente serão assim consideradas no bojo do processo penal em tramitação e, então, sendo, eventualmente, consideradas ilícitas, simplesmente não são admitidos e, portanto, para nada servem, inclusive devendo ser inutilizados, ao menos naquele processo e naqueles autos processuais.

Nos mesmos termos, houve reflexões sobre a grande dificuldade decorrente da subjetividade das intepretações, seja das intepretações dos fatos, dos depoimentos testemunhais, seja da própria legislação. Mas, quanto à interpretação da legislação, o que se percebe mesmo, em inúmeras situações, algumas delas acima mencionadas, é a resistência jurisdicional em cumprir e acatar a lei, produzindo, para tanto, interpretações nem um pouco confiáveis ou corretas. Uma das situações – e a crítica é forte mas deve ser feita no ambiente acadêmico – é confundir o instituto da prova ilícita com o tema das nulidades. Ora, a prova que o magistrado produz em audiência descumprindo o art. 212 do Código de Processo Penal é ilícita, não se tratando de nulidade, absoluta ou relativa. Aliás, não há no rol do art. 564 do Código de Processo Penal, ou alhures, qualquer hipótese de nulidade a respeito. Igualmente poderia ser ilícita até por falta de fundamentação, ou porque a fundamentação é absolutamente inadequada.

Numa situação, e ocorrem muitas situações dessas com frequência, em que o representante do Ministério Público não compareça, sem qualquer justificativa prévia ou a posteriori indicando caso de força maior, a audiência não pode ser adiada, nem, muito menos, que o juiz substitua o representante do Ministério Público e produza a prova que constitui ônus do órgão da acusação. Aliás, o art. 129, I, da Constituição Federal, atribui ao Ministério Público a promoção da ação penal pública, o que significa dizer que não pode existir acusação "ad hoc". Aí há inconstitucionalidade, não mera ilicitude. Pior de tudo seria anular a audiência, em grau recursal e, então, oportunizar àquele que deu causa, o benefício de poder, então, posteriormente, regularizar o ato processual comparecendo à audiência.

Não, o processo penal, desde, pelo menos, a Constituição Federal de 1988, obedece ao princípio do processo penal acusatório, que possui um órgão próprio titular da acusação estatal, erigindo-se como processo penal democrático e constitucional, que observa as garantias constitucionais e, por isso, é um processo penal de partes, que deve observar, ainda, a ideia de "paridade de armas", se é que o indivíduo/cidadão possa, ficticiamente, estar na mesma situação do Estado, este com todos os instrumentos que possui para aparelhar a ação penal acusatória estatal. Portanto, ao menos formalmente deve ser garantida essa paridade de armas, que se verifica no princípio do devido processo legal, também visto como princípio "guarda-chuva", uma vez que abarca a presença de várias garantias do cidadão acusado penalmente, ampla defesa, defesa técnica, contraditório, decisões por juiz competente e fundamentadas, entre outras. Trata-se de construir a noção de um processo penal democrático – e constitucional – não de reproduzir o modelo fascista de processo penal.

Essas eram as reflexões que poderíamos apresentar.

REFERÊNCIAS

BADARÓ, Gustavo Henrique. Epistemologia judiciária e prova penal. São Paulo: Thomson Reuters Brasil, 2019, 2ª tiragem.

BRASIL. Superior Tribunal de Justiça. AgRg no AREsp 2457549 / SP AGRAVO REGIMENTAL NO AGRAVO EM RECURSO ESPECIAL 2023/0303643-5 (relator Ministro Reynaldo Soares da Fonseca, Quinta Turma, julgado em 12/12/2023, DJe de 15/12/2023.)

GIACOMOLLI, Nereu José. Algumas marcas inquisitoriais do Código de Processo Penal brasileiro e a resistência às reformas. Revista Brasileira de Direito Processual Penal, Porto Alegre, vol. 1, n. 1, p. 143-165, 2015. http://dx.doi.org/10.22197/rbdpp.v1i1.8

GIORGI, Alessandro. Cinco teses sobre o encarceramento em massa. Trad. de Leandro Ayres França. Porto Alegre: Canal de Ciências Criminais, 2017.

LIMA, Renato Brasileiro de. Manual de Processo Penal. Salvador: Ed. JusPodvium, 2020.

LOPES JR., Aury. Direito Processual Penal. São Paulo: Saraiva, 2021.

NUCCI, Guilherme de Souza. Manual de Processo Penal e Execução Penal. Rio de Janeiro: Forense, 2016.

PRADO, Geraldo. A cadeia de custódia da prova no processo penal. Rio de Janeiro: Marcial Pons, 2021, 2ª ed.

REIS, Alexandre Cebrian Araújo, GONÇALVES, Victor Eduardo Rios, LENZA, Pedro (coordenador). São Paulo: Saraiva, 2016.

RIBEIRO, Diógenes V. Hassan Ribeiro. O mito da sociedade como um projeto jurídico. "in" MEDEIROS, Fernanda Luiza Fontoura de, SCHWARTZ, Germano André Doederlein (organizadores) O direito da sociedade: anuário. Canoas: Ed. Unilasalle

RIBEIRO, Diógenes V. Hassan. O acesso à justiça entre a dogmática e a hermenêutica. Canoas: Ed. Unilasalle, 2017.

VALENTE, Manuel Monteiro Guedes. Cadeia de custódia da prova. Coimbra/PT: Almedina, 2020.

Sítios da Internet:

https://portal.stf.jus.br/processos/detalhe.asp?incidente=5840274 (consulta em 27 de julho de 2023 – ADIs Juiz das Garantias)

ROCCO, Alfredo. *La dottrina del fascismo e il suo posto nella storia del pensiero politico.* Milano s/d.

https://fc.cab.unipd.it/fedora/objects/o:112492/methods/bdef:Book/view?language=en#page/1/mode/2up (consultado em 29 de agosto de 2023.

https://www.gazzettaufficiale.it/eli/gu/1930/10/26/251/sg/pdf (Código de Processo Penal e Código Penal Italiano – Códigos ROCCO – Diário Oficial Italiano) (consulta em 29 de agosto de 2023).

Guerra às drogas e *standard* probatório em processos criminais da Lei 11.343/06: uma análise crítica

Elainne Alves do Rêgo Barros Monteiro[1]

1. INTRODUÇÃO

O fenômeno da guerra às drogas, no Brasil e no mundo, tem sido responsável por discursos e práticas criminais autoritárias.

Mesmo sustentada por uma pseudo ciência de bases discriminatórias, a repressão às drogas tem servido para fomentar uma lógica de guerra que encarcera, mata e silencia a vida de milhares de pessoas todos os anos.

Do ponto de vista histórico e sociológico, sabe-se que o enfrentamento às drogas sempre esteve vinculado a argumentos de ordem e moral. A própria seleção de quais drogas devem ser objeto de repressão e quais serão aceitas socialmente obedecem a uma lógica ditada pelos interesses das classes dominantes. E, em um país de profundas desigualdades como o nosso, é evidente que a repressão selecionante tem endereço, cor de pele e dígitos bancários (ou melhor, a ausência destes últimos).

É o que demonstra o perfil dos encarcerados no país. De acordo com os dados estatísticos do sistema prisional (INFOPEN, 2023), 28% da população carcerária corresponde a tipos penais da Lei de Drogas, número inferior apenas ao de pessoas presas por crimes patrimoniais cujo percentual é de aproximadamente 40%. No que se refere ao perfil das pessoas presas, a maioria tem entre 28 e 25 anos (43%) e é negra ou parda (68,2%) (Anuário Brasileiro de Segurança Pública, 2023).

Aliado a isso, verifica-se a abissal desproporcionalidade das penas impostas. Com efeito, a pena máxima atribuída ao tráfico de drogas (com as majorações legais), alcança vinte anos de reclusão, somente encontrando paralelo com aquela atribuída a crimes graves, como de homicídio. Além disso, pela equiparação a crimes hediondos, os percentuais para progressão de regime, são muito mais rigorosos.

1 Defensora Pública do Estado do Maranhão. Diretora da Escola Superior da Defensoria Pública Estadual. Especialista em Direito Penal e Processo Penal (Uniderp-Anhanguera).

Em outras palavras, pune-se com maior rigor pessoas envolvidas em relações comerciais tidas como irregulares do que indivíduos que violam o corpo e a vida de outras pessoas. E, o mais grave, nem sequer se pune os reais responsáveis pela disseminação da droga, senão apenas meras peças descartáveis do sistema.

As razões para tal política falida passam por um falso entendimento, amplamente propagado na sociedade, a respeito da nocividade das drogas. Em realidade, a ciência tem contribuído para o entendimento de que as drogas tidas por ilegais não são tão piores assim que as drogas legais, sendo a repressão exacerbada, ao revés, o cerne do problema.

O fato é que, com esses fundamentos, injeta-se no sistema penitenciário todos os dias uma horda de miseráveis, deferindo-lhes pouco ou nenhum direito de defesa. Isto ocorre porque, na maioria absoluta das ações penais que apuram crimes dessa espécie, as únicas provas construídas em desfavor do denunciado são os depoimentos dos policiais que realizaram a apreensão, declarações cujo valor é admitido sem quaisquer questionamentos por parte do sistema de justiça, apesar de sua inequívoca parcialidade.

Cientes de que seus relatos a respeito da apreensão da droga serão acatados por parte do sistema de justiça como prova absoluta da autoria, não envidam os agentes da lei qualquer esforço investigativo no sentido de colher outras provas da prática do ilícito. Não há prévia ou posterior investigação, não são colhidos depoimentos de potenciais compradores ou usuários, nem tampouco se preserva a cadeia de custódia da droga.

Na verdade, não apenas por deliberado desleixo isto ocorre. Por deterem o poder de quem será ou não alvo da persecução penal, os agentes se beneficiam desse estado de coisas. Variadas são as utilizações desse poder, ou no dizer de Valois (2020), discricionariedade. Pode o agente fazer parte do sistema ilegal, recebendo honorários em contrapartida à sua não atuação. Pode obter a persecução de indivíduos cuja prisão era previamente desejada por crimes outros pelos quais não se produziu prova de maneira eficaz. Finalmente, há o próprio interesse do policial em respaldar a sua ação. À míngua de maiores condições, basta apresentar à justiça a substância proscrita e uma narrativa que a vincule ao réu e a este será atribuída a condenação, cerrando no poço de esquecimento quaisquer atos ilegais eventualmente praticados.

Uma análise crítica dos processos que apuram crimes relacionados ao consumo e tráfico de entorpecentes demonstra que a baixa exigência probatória está diretamente associada a este proibicionismo exacerbado. Este ancorado em escolhas sociais, políticas e econômicas discriminatórias que, como tais, buscam perpetuar uma hegemonia dominante e subalternizar sujeitos determinados.

2. DA GUERRA ÀS DROGAS (E A POPULAÇÃO PRETA, PARDA E POBRE)

A teoria jamais pode estar dissociada da realidade, porquanto antes de abordar o desrespeito aos princípios constitucionais que orientam o processo penal acusatório é preciso refletir criticamente sobre as razões pelas quais isto acontece.

A expressão droga está associada a diversas percepções, fazendo referência tanto a substâncias com propriedades terapêuticas como as que possuem características psicoativas.

Do ponto de vista biológico, a conceituação mais corrente é aquela adotada pela OMS (1993, p. 69-82), segundo a qual "droga é toda substância natural ou sintética que introduzida no organismo vivo, pode modificar uma ou mais de suas funções".

Sabe-se contudo que os efeitos produzidos pelas drogas são mais amplos do que as suas características farmacológicas. Dessa forma, avançando na dimensão sociocultural do consumo de drogas, Romaní (2007) propõe:

> Drogas son sustancias químicas que incorporadas al organismo humano, tienen capacidad de modificar varias funciones de éste (percepción, conducta, motricidad, etc.); pero cuyos efectos, consecuencias y funciones están condicionadas, sobre todo, por las definiciones sociales, económicas y culturales que las sociedades que las utilizan elaboran en el marco histórico en el que se sitúan sus prácticas" (Romaní, 2007:p.117-118).

Na mesma linha de pensamento, Olievenstein (1985) assevera que a dependência de drogas não deve ser considerada somente como um fenômeno psicoquímico, mas, sim, como um fenômeno ativo, voluntarista, um modo de existência, uma relação com a vida.

Sob a perspectiva legal, o termo "droga" geralmente está associado às substâncias psicoativas de uso regulado por lei ou consideradas ilícitas. Na legislação brasileira, drogas são definidas como "as substâncias ou produtos capazes de causar dependência, assim especificados em lei ou relacionados em listas atualizadas periodicamente pelo Poder Executivo da União." (art. 1º, parágrafo único, da Lei 11.343/2006).

Como se nota, o fator diferenciador utilizado pelo estatuto para definir o que é ou não considerado droga e, portanto, digno de repressão, é a dependência, sendo o rol de substâncias consideradas "causadoras de dependência" previamente listado em instrumentos legais.

Essa abordagem exclusivamente epidemiológica e positivista parte do entendimento de que todas as pessoas que usam drogas estabelecem uma relação de adição à substância, o que não corresponde à realidade uma vez ignorada a autonomia e a capacidade de decisão das pessoas.

O uso lesivo das drogas e a repressão dela decorrente são uma construção política, cunhada na relação da sociedade com as drogas ao longo da história. Sabe-se, neste ponto, que substâncias com propriedades psicoativas foram objeto de uso pelos seres humanos das mais variadas formas e em diversos contextos históricos.

O controle social antes exercido através da ritualística foi gradativamente substituído pela exploração comercial das substâncias, cada vez mais valorizadas na sociedade do capital. A transformação da droga em mercadoria e a sua consequente popularização associada a fatores de ordem econômica, política e social interrelacionam-se no momento de determinar quais drogas são proibidas e quais indivíduos são alvos da repressão.

Foi no século XX, inicialmente nos Estados Unidos, que se estabeleceu o atual modelo político de guerra às drogas. Nesse país, as campanhas contra certas drogas psicoativas foram, desde o início, mescladas a preconceitos, racismo e xenofobia. Drogas passaram a ser associadas a grupos sociais e minorias, considerados perigosos pela população branca e protestante, majoritária no país, mexicanos eram relacionados à maconha; o ópio vinculado aos chineses; a cocaína aos negros; e o álcool aos irlandeses. (Rodrigues, 2009, p.6 apud Ferrugem, 2019, p. 47).

Com o apoio determinante da Organização das Nações Unidas através das Convenções sobre Entorpecentes e atendendo aos interesses das elites locais de cada país, o paradigma proibicionista adotado pelo estado americano foi disseminado globalmente.

No Brasil, o controle estatal esteve ancorado, dentre outros fatores, em uma abolição inconclusa e em uma elite conservadora (Ferrugem, 2019, p. 47). A demonização de costumes e práticas de ex-escravos como o consumo da maconha, a capoeira e a umbanda possibilitava a manutenção do *status quo* e a marginalização da população negra.

Enquanto fenômeno sustentado pelo discurso moralizante da proibição de comportamentos ditos perigosos, o controle estatal esteve assim desde a sua gênese ligado a argumentos discriminatórios. Nesse sentido, Nina Rodrigues e Rodrigues Dória, expoentes brasileiros da teoria lombrosiana, já associavam o poder degenerativo da maconha sobre corpos racializados[2].

Ao longo do tempo, esse discurso patológico-criminológico foi sendo remodelado sob diferentes fundamentos a fim de justificar o controle estatal

2 A raça prêta, selvagem e ignorante, resistente, mas intemperante, se em determinadas circunstâncias prestou grandes serviços aos brancos, seus irmãos mais adiantados em civilização, dando-lhes, pelo seu trabalho corporal, fortuna e comodidades, estragando o robusto organismo no vicio de fumar a erva maravilhosa, que, nos êxtases fantásticos, lhe faria rever talvez as areias ardentes e os desertos sem fim de sua adorada e saudosa pátria, inoculou também o mal nos que a afastaram da terra querida, lhe roubaram a liberdade preciosa, e lhe sugaram a seiva reconstrutiva (...) (Dória, 1958, p. 13)

sobre (determinadas) drogas e (determinados) corpos. Há assim uma construção política dos conceitos, aliando medicina e Estado.

Ocorre que o consumo de drogas, como qualquer outra ação humana, se desenvolve em um contexto social e cultural, sendo o uso abusivo determinado por diversos fatores. Com o avanço do conhecimento científico, cada vez mais emerge a compreensão de que as drogas ilícitas não são tão piores assim que as drogas lícitas. Ao revés, grande parte da sua nocividade se sustenta em razões de ordem social e emocional.

Se é certo que determinadas drogas possuem fisiologicamente mecanismos ativadores de receptores de prazer no ser humano e, portanto, predisposição a comportamentos de adicção, não é menos verdade que o consumo controlado de tais substâncias está diretamente relacionado à existência de reforços concorrentes ao indivíduo.

> Quando as recompensas naturais, como contatos sociais e sexuais e condições agradáveis de vida - também conhecidas como reforços alternativos - estão ao alcance dos animais saudáveis, elas costumam ser as preferidas. Hoje há provas abundantes, testes realizados em animais e seres humanos, de que a disponibilidade de reforços alternativos que não seja droga diminui o uso das drogas em toda uma variedade de condições.3. (Hart, 2013, p. 124)

Dessa forma, embora os índices de utilização de drogas sejam semelhantes nas diferentes classes, o vício é um distúrbio decorrente da falta de oportunidades iguais (Hart, 2013).

Usuários afetados pelas consequências da exclusão social, na maioria das vezes, terão menos esforços concorrentes para resistir à dependência e, naturalmente, serão estes os principais alvos da justiça penal.

A dependência, portanto, enquanto critério adotado pelo estatuto proibicionista brasileiro, segue, ainda que sob nova roupagem, atendendo aos mesmos interesses de criminalização das classes sociais marginalizadas, em especial a preta e parda.

A Lei 11.343/06 aprofundou o problema. A partir da novel legislação, passou-se a definir como usuário todo aquele que porta a droga para consumo

---

3 No livro é mencionado, dentre diversos estudos, a abordagem da gestão contigencial: "Numa pesquisa aleatória, usuários de cocaína em busca de tratamento foram encaminhados para gestão contingencial associada a aconselhamento comportamental, ou então, de forma alternativa, para um tratamento tradicional de aconselhamento centrado em doze passos, envolvendo reuniões de grupos com este modelo, como os Alcoolicos Anônimos, e o eu esclarecimento quando às etapas necessárias. Os pacientes da gestão contingencial recebiam vales de mercadorias sempre que apresentavam resultados de urina livres de resíduos de drogas. Cinquenta e oito por cento do grupo de GC concluíram o tratamento ambulatorial de 24 semanas, porcentagem que baixava para 11% no grupo dos doze passos. Em termos de abstinência, 68% alcançaram pelo menos oito semanas sem cocaína, contra apenas 11% das pessoas dos doze passos. Após a suspensão das recompensas, as pessoas da GC não apresentaram maior probabilidade de recaída que as submetidas a outros tratamentos. Como é maior o número de pessoas que concluem um tratamento oem GC, diminuem também as recaídas. Mais de trinta pesquisas já foram realizadas no regime de gestão contigencial para tratamento de opióides, cocaína, álcool e múltiplas drogas. Elas demonstram que a GC costuma dar melhor resultado que os métodos que não recorrem a ela, e que as recompensas maiores e oferecidas mais prontamente são mais eficazes que os incentivos menores recebidos em tempo mais amplo. (Hart, 2013, p. 267)

pessoal e como traficante aquele que realiza a mesma conduta com o intuito voltado à comercialização. Ao primeiro grupo, a lei defere tratamento e ao segundo punição.

Apesar de, à primeira vista, parecer estar-se diante de avanço legislativo, a ausência de limites claros para a penalização serviu para escancarar a seletividade criminal existente nos processos envolvendo o uso e o tráfico de drogas. Como assevera Ferrugem:

> Para algumas pessoas, atribuímos a condição de usuário de drogas, para outras, a de traficantes. Se um ou outro, diz respeito à classe social e à raça. Há negação da relação com as drogas para ambos, mas algumas pessoas tem negado a sua própria condição de cidadania, e a partir daí desencadeia-se a negação de todas suas escolhas e sua própria existência invisibilizada (Ferrugem, 2019, p; 34).

Pelos números que produz, este modelo de enfrentamento às drogas é condizente com uma guerra. Somente em 2022, foram 47.508 registros de mortes violentas intencionais (Anuário Brasileiro de Segurança Pública, 2023, p.8) o que, segundo o documento, coloca o Brasil entre as dez nações com maiores taxas de homicídio do mundo. Entre as principais causas para as ocorrências, o documento aponta diretamente o narcotráfico, a partir de disputas de facções criminosas pelo controle desse mercado. Destaca, ainda, a letalidade policial e a letalidade decorrente da intervenção policial como fatores determinantes dos números encontrados. Aponta, por fim, que mais de 70% dos mortos eram pessoas negras e a maioria (50,3%) são jovens com idades entre 12 e 29 anos. Dados que revelam

Reconhecer que o modelo de enfrentamento às drogas adotado no Brasil reproduz uma dinâmica de guerra que ocasiona o genocídio da população jovem negra é, portanto, ponto de partida fundamental.

3. PROCESSO PENAL DEMOCRÁTICO, PROVA E *STANDARD* PROBATÓRIO

No processo penal, através das provas é realizado o processo de reconstrução dos fatos, visando à formação do convencimento quanto à hipótese acusatória. A suficiência probatória, o "quanto" de prova é necessário para proferir uma decisão, o grau de confirmação da hipótese acusatória é denominado de *standard* probatório (Rosa; Lopes, 2019).

Standards de prova são assim critérios que estabelecem o grau de confirmação probatória necessário para que o julgador considere um enunciado fático como provado (Badaró, 2019, p. 236).

Os principais padrões probatórios (*standard*) adotados são: a) prova clara e convincente (clear and convincing evidence); b) prova mais provável que sua negação (more probable than not); c) preponderância da prova (preponderance of the evidence); e d) prova além da dúvida razoável (beyond a reasonable doubt). (Rosa; Lopes, 2019).

A Constituição Federal, em seu art. 5º, LVII, enuncia a presunção de inocência como direito fundamental. De acordo com o postulado, ninguém será considerado culpado até o trânsito em julgado de sentença penal condenatória. Referido princípio se manifesta de diferentes formas e em diferentes etapas processuais. Pode ser entendido como norma de tratamento, o qual estabelece que ao acusado não incumbe o ônus de provar nada, como também norma probatória e de julgamento. Enquanto norma de juízo (julgamento), a presunção de inocência vincula-se ao princípio do *in dubio pro reo*, que determina a prevalência do direito à liberdade diante da ausência de prova robusta.

Ao consagrar, portanto, a presunção de inocência e seu subprincípio *in dubio pro reo*, a Constituição e a Convenção Americana apontam para a adoção do *standard* probatório "além da dúvida razoável" (Rosa; Lopes, 2019). Dessa forma, havendo dúvida, esta deve ser interpretada em favor da pessoa acusada, sendo, pois, a liberdade a regra e a prisão, exceção.

Sob essa perspectiva, o processo penal deixa de ser um instrumento a serviço do poder punitivo e passa a desempenhar o papel de limitador da intervenção estatal, (Lopes, 2023). Daí decorre a necessidade de um devido processo legal calcado nas premissas do contraditório e da ampla defesa, conforme expresso no art. 5º, LV, da Constituição Federal.

A ampla defesa, enquanto dimensão do direito ao contraditório, diz respeito à garantia ao acusado de se defender de todas as acusações contra si proferidas com o uso de todos os meios e recursos disponíveis. Abrange tanto a defesa técnica quanto a autodefesa. Por defesa técnica, compreende-se o direito de o réu ser representado por um profissional habilitado, seja ele advogado constituído, advogado dativo nomeado ou defensor público. Pressupõe, ademais, que esta defesa seja efetiva e não meramente formal, sob pena de nulidade dos atos praticados[4]. A autodefesa, por seu turno, consiste no direito de participação direta do acusado no processo, podendo mencionar-se, por exemplo, o direito ao interrogatório e a estar presente no momento da audiência.

O contraditório, por sua vez, consiste na garantia de que ninguém poderá sofrer os efeitos de uma decisão judicial sem que tenha tido a possibilidade de

4 Art. 497, Código de Processo Penal. São atribuições do juiz presidente do Tribunal do Júri, além de outras expressamente referidas neste Código: (Redação dada pela Lei 11.689, de 2008)
V - nomear defensor ao acusado, quando considerá-lo indefeso, podendo, neste caso, dissolver o Conselho e designar novo dia para o julgamento, com a nomeação ou a constituição de novo defensor; (Redação dada pela Lei 11.689, de 2008)

participar do processo. O princípio abrange originalmente duas dimensões: o *direito à informação*, consistente na ciência pelo acusado dos atos processuais praticados e o *direito à participação*, traduzido na possibilidade de as partes se manifestarem sobre estes atos. Modernamente, porém, com o reconhecimento do desequilíbrio existente entre acusado e Estado-acusação, passou-se a reconhecer o princípio da isonomia processual como nova dimensão do contraditório.

O princípio da isonomia processual ou da paridade de armas busca restabelecer a igualdade entre as partes, garantindo que ao acusado serão conferidas as condições necessárias para que contribua de forma igualitária na formação da decisão judicial. Implica, ainda, no dever de imparcialidade do julgador, que deverá permanecer em posição equidistante em relação às partes no processo. Apesar de não previsto expressamente, o princípio da igualdade se manifesta em diversas normas processuais penais[5], podendo ser compreendido sob a perspectiva da igualdade de oportunidades, como também regra de tratamento do julgador em relação às partes.

No âmbito probatório, a garantia do contraditório e, especificamente, da isonomia processual, assume posição de relevo, sendo pressuposto da própria validade do ato.

Como assevera Renato Brasileiro:

> A palavra prova só pode ser usada para se referir aos elementos de convicção produzidos, em regra, no curso do processo judicial e, por conseguinte, com a necessária participação dialética das partes, sob o manto do contraditório e da ampla defesa (Lima, 2014, p. 550).

Resta claro, portanto, que as balizas constitucionais que regem o processo penal democrático atuam como filtros relativamente à prova necessária para uma condenação, exigindo-se, em prol da liberdade individual, o mais elevado patamar possível.

De acordo com Rosa e Lopes (2019), a exigência probatória pode ser maior ou menor conforme a fase do processo. Assim, para decisões interlocutórias como o recebimento da denúncia, a decretação de prisão preventiva ou a pronúncia no júri, permite-se o rebaixamento de *standard*, bastando indícios suficientes ou razoáveis. Tal rebaixamento, no entanto, não é permitido em relação ao tipo do delito, até porque, conforme ponderam os autores, a presunção de inocência não é "maior ou menor", "mais robusta ou mais frágil" conforme a natureza do crime (Rosa; Lopes, 2019).

---

5 São considerados reflexos do princípio da paridade de armas as normas que estabelecem prerrogativas processuais para a Defensoria Pública como o prazo em dobro (art. 186, Código de Processo Civil), intimação pessoal do defensor público (art. 186, § 1°) e da parte patrocinada pela Defensoria, quando o ato processual depender de providência ou informação que somente por ela possa ser realizada ou prestada (art. 186, § 2°).

No contexto da guerra às drogas, porém, em que a repressão exemplar é um objetivo a ser alcançado, verifica-se que o padrão de provas exigido é muito inferior ao esperado para proferir uma condenação criminal.

4. A CENTRALIDADE DA NARRATIVA POLICIAL COMO ELEMENTO DE PROVA NOS PROCESSOS RELACIONADOS A CRIMES DE DROGAS E O INDEVIDO REBAIXAMENTO PROBATÓRIO

Em uma sociedade estruturada no racismo e na desigualdade social, é evidente que tais fatores estão presentes na persecução criminal, determinando desde as condutas que serão tipificadas até os indivíduos que sofrerão os efeitos da repressão.

Nos processos relacionados a crimes de drogas, em que se tem uma vítima imaginária (Abboud, Prata; 2018), a influência destas condições torna-se ainda mais determinante, na medida em que toda a persecução parece estar centrada no fazer policial e, obviamente, nas escolhas que este grupo, com o respaldo do sistema de justiça, realiza.

Nesse sentido, estudo realizado pelo Núcleo de Estudos da Violência de São Paulo (NEV-USP) identificou as principais circunstâncias que levam à prisão de pessoas por porte ou uso de drogas. De acordo com os dados levantados, a maioria relacionam-se ao patrulhamento de rotina (62,28%), seguido por prisões motivadas por denúncias (24%), em sua maioria anônimas, e 4% resultado de investigação promovida pela polícia civil. Relativamente à abordagem, em 69% dos casos a pessoa foi apreendida sozinha, ou seja, apenas ela foi conduzida à delegacia. Na maioria das vezes, não havia outra testemunha dos fatos além dos policiais que realizaram a abordagem. Em quase metade das apreensões (48%) dos casos, a droga não foi encontrada com o acusado, ou seja, o policial que realizou o flagrante capturou a pessoa e, ao fazer uma vistoria no local, encontrou as drogas e as atribuiu ao apreendido. Dentre estes casos estão aqueles em que a droga estava no carro, na residência, guardada num muro ou numa sacola próxima ao acusado. Reúne também casos em que o policial afirma que o acusado teria jogado fora a droga após ter avistado a viatura (Jesus, et al., 2011).

No que se refere ao patrulhamento de rotina ou o policiamento ostensivo, de atribuição da polícia militar, o ponto central da apreensão costuma ser a denominada 'atitude suspeita'. A expressão, carregada de subjetividade, comporta diversos significados. Por vezes é concebida como o que transborda à "esperada" normalidade. Assim, por exemplo, uma pessoa com aparência simples transitando em uma localidade onde predominam indivíduos com alto poder aquisitivo geralmente será alvo de abordagem. O receio ou medo em relação à presença policial e, ainda, o inverso, isto é, a demonstração de experiência com a abordagem, também é objeto de desconfiança por parte dos agentes.

Em geral, o que se percebe é que há uma identificação do indivíduo suspeito com determinados grupos sociais, sendo a filtragem racial um elemento determinante (Jesus, 2021). De fato, a análise das estatísticas criminais já mencionadas neste artigo permite traçar o perfil dos indivíduos que são colhidos nas circunstâncias listadas: residentes de bairros periféricos, predominantemente de pele negra ou parda e em condições de hipossuficiência financeira.

Relativamente às denúncias apócrifas, levantadas usualmente como justificativa para violação de domicílio, a ausência de registro formal não é vista, via de regra, como óbice à dispensa de mandado judicial, nem ao seu manejo como prova para condenação. Mesmo quando há registro, através, por exemplo, de "Disque Denúncia", a ausência de identificação do suposto delator inviabiliza a realização de qualquer controle e, portanto, do próprio exercício do contraditório pela parte acusada.

Em verdade, tais relatos são oriundos, na grande maioria das vezes, da própria polícia, seja para esquivar-se do controle judicial no que se refere à entrada em domicílio de alvos potenciais, seja para convalidar uma apreensão realizada sem observância ao procedimento legal. Trata-se de prova produzida unilateralmente, com graves consequências às garantias do acusado, e aceita sem reservas pelo sistema de justiça. Sendo certo, outrossim, que a repressão policial é direcionada a determinadas pessoas e locais, mais uma vez a seleção criminal se faz presente.

Uma vez que a maioria[6] dos processos criminais oriundos de tais apreensões resultam em sentenças condenatórias, pode-se dizer que as circunstâncias apresentadas, a despeito de sua fragilidade, tem sido acolhidas pelo sistema de justiça como prova suficiente para condenação.

Menciona-se, ainda, a cadeia de custódia da prova. O tema que há algum tempo vem sendo objeto de debate pela doutrina teve previsão legal específica a partir da Lei 13.964, de 24 de dezembro de 2019. De acordo com a definição legal, a cadeia de custódia é "o conjunto de todos os procedimentos utilizados para manter e documentar a história cronológica do vestígio coletado em locais ou em vítimas de crimes, para rastrear sua posse e manuseio a partir de seu reconhecimento até o descarte" (art. 158-A, caput, Código de Processo Penal).

Nos crimes envolvendo entorpecentes, tendo em vista o modelo positivista adotado, a prova da materialidade depende da constatação de que o

6 Para 60,43% dos réus as sentenças foram integralmente condenatórias nos termos da denúncia, para 19,54% foram parcialmente condenatórias e para 20,03% foram integralmente absolutórias (sempre considerando o art. 33 da Lei de Drogas). (HABER et al., 2018, p. 65)

vestígio apreendido enquadra-se nas substâncias previamente vedadas nas listas estatais. Assim, sobreleva a preocupação com o procedimento destinado a garantir a originalidade, a autenticidade e a integridade do vestígio.

Nessa linha, não obstante a cadeia de custódia estar descrita na prova pericial, a polícia também exerce papel determinante no procedimento destinado a garantir a idoneidade e transparência da prova técnica. À polícia ostensiva (militar), cabe a função de preservação e isolamento do local a ser analisado e/ou a coleta dos elementos sensíveis e relevantes para a prova de um fato criminoso e sua autoria. Já para a polícia civil, responsável pela investigação, haverá a atribuição de resguardar o início e a regularidade do procedimento da cadeia de custódia. Se no momento da preservação do local do fato houver qualquer atividade policial que tenha obstado a regularidade da atividade probatória, a cadeia de custódia estará comprometida e a sua quebra resultará na inadmissibilidade ou ausência de credibilidade da atividade probatória (Figueiredo; Sampaio, "A cadeia de custódia na produção probatória penal", 2020).

Apesar da determinação legal, denota-se a precariedade da cadeia de custódia da droga. A fragilidade dos institutos de perícia aliada à ausência de controle dos atos policiais continua dando azo a ilegalismos. São corriqueiros, nos processos, relatos de que substâncias foram forjadas de forma integral - imputação de material não encontrado em poder do acusado – ou parcial – adulteração da quantidade e/ou variedade de droga encontrada. Isto decorre, muitas vezes, da necessidade de justificar um ato ilegal – busca domiciliar sem mandado, por exemplo – ou, ainda, para obter a persecução de indivíduos por crimes outros para os quais não foi possível coletar prova bastante[7].

Este conjunto de fragilidades constatado nos processos relacionados aos crimes de drogas apresentam um ponto comum: a centralidade do inquérito e, mais precisamente, da narrativa policial na construção da verdade processual.

Resquício do sistema inquisitorial, o inquérito é o procedimento administrativo direcionado à colheita de elementos de informação sobre a autoria e materialidade de um crime. Trata-se de procedimento preliminar em que, a rigor e, a despeito da previsão constitucional, não se observa, a incidência do contraditório.

Dessa forma, para que possam influenciar na formação da decisão judicial, os elementos colhidos nessa fase devem ser submetidos à ciência e manifestação pelas partes e serem corroborados por outros elementos, conforme determina expressamente o art. 155 do Código de Processo Penal.

7 O PM 1 disse que algumas vezes os policiais não encontram droga na residência da pessoa suspeita, e esse é um problema grave, pois podem responder por abuso de autoridade. "Se o policial entrar num lugar e não achar a droga, ele será responsabilizado por abuso de autoridade [...] porque se o policial não achar nada, colocou sua profissão e sua liberdade em risco". Em alguns casos, o entrevistado disse que se os policiais não encontram drogas, "saem como loucos procurando droga até encontrar", nem que seja um pino". (JESUS, 2021, p. 104)

Nos crimes de drogas, porém, conforme apontam os dados (Jesus, et al., 2011), a única prova produzida, além da apreensão da substância, são os depoimentos dos agentes responsáveis pela apreensão.

De acordo com o Código de Processo Penal (art. 202), não há vedação à colheita do testemunho policial. Tais relatos, contudo, como preleciona Aury Lopes Jr., devem ser valorados com cautela:

> [...] não há que se falar em restrição ao depoimento dos policiais. Eles podem depor sobre os fatos que presenciaram e/ou dos quais têm conhecimento, sem qualquer impedimento. Obviamente, deverá o juiz ter muita cautela na valoração desses depoimentos, na medida em que os policiais estão naturalmente contaminados pela atuação que tiveram na repressão e apuração do fato. Além dos prejulgamentos e da imensa carga de fatores psicológicos associados à atividade desenvolvida, é evidente que o envolvimento do policial com a investigação (e prisões) gera a necessidade de justificar e legitimar os atos (e eventuais abusos) praticados. Assim, não há uma restrição ou proibição de que o policial seja ouvido como testemunha, senão que deverá o juiz ter muita cautela no momento de valorar esse depoimento. A restrição não é em relação à possibilidade de depor, mas sim ao momento de (des)valorar esse depoimento. (Lopes, 2020, p. 749/750)

Apesar de sua fragilidade, a prova testemunhal policial, sobretudo nos processos de crimes de drogas, é imunizada pelo sistema. Costuma-se articular, para fundamentar a sua utilização sem reservas, a presunção de legitimidade atribuída aos atos administrativos, o que conferiria ao depoimento dos agentes públicos o atributo denominado de "fé pública".

Sobre o desacerto de tal interpretação, Di Pietro (2005, p. 192) assevera:

> Alguns autores têm impugnado esse último efeito da presunção. Gordillo (1979, t. 3, cap. 5:27) cita a lição de Treves e de Micheli, segundo a qual a presunção de legitimidade do ato administrativo importa uma relevatio ad onera agendi, mas nunca uma relevatio ad onera probandi; segundo Micheli, a presunção de legitimidade não é suficiente para formar a convicção do juiz no caso de falta de elementos instrutórios e nega que se possa basear no princípio de que "na dúvida, a favor do Estado", mas sim no de que "na dúvida, a favor da liberdade"; em outras palavras, para esse autor, a presunção de legitimidade do ato administrativo não inverte o ônus da prova, nem libera a Administração de trazer as provas que sustentem a ação. Na realidade, não falta parcela de razão a esses autores; inverte-se, sem dúvida nenhuma, o ônus de agir, já que a parte interessada é que deverá provar, perante o Judiciário, a alegação de ilegalidade do ato; inverte-se, também, o ônus da prova, porém não de modo absoluto: a parte que propôs a ação deverá provar que os fatos em que se fundamenta a sua pretensão são verdadeiros; [...]

Não há que se falar, assim, em presunção de veracidade dos depoimentos prestados por policiais, sobretudo diante do natural interesse do agente em legitimar a sua atuação.

> Há uma relação de interesse evidente entre o policial e a causa para a qual serve de testemunha. Ao mesmo tempo, há a influência sofrida pelo modus operandi das polícias (e o papel que estas cumprem no sistema punitivo), que atuam reproduzindo as distorções do tecido político que lhe dão causa, abdicando da legalidade que formata a criminalização secundária, o que leva à necessidade de um discurso que distorça os fatos para que se adequem à racionalidade que os tornariam legítimos. Não por outro motivo a realidade nos informa sobre a atuação arbitrária destes órgãos repressivos, com altos índices de abusos de poder e violação dos direitos individuais. (Abboud, Prata; 2018)

A transposição do instituto de direito administrativo à seara processual penal é irracional sob diversos aspectos.

Em primeiro lugar, tem-se a inversão do ônus da prova. Se uma das facetas da presunção de inocência atribui à acusação o encargo exclusivo de demonstrar a autoria e a materialidade de um ato, ao admitir-se os depoimentos policiais sem questionamentos, transfere-se ao acusado a tarefa de provar a ilegitimidade de tal elemento de prova.

Esta desleal inversão de papéis implica, por óbvio, em violação ao princípio da paridade de armas, uma vez considerado o abismo existente entre o estado acusação e o acusado.

O aparato policial, é bom que se diga, tem a sua disposição um enorme rol de instrumentos que podem ser utilizados para comprovar a prática do ilícito, podendo valer-se, exemplificativamente, de campana, interceptação telefônica, uso de imagens de videomonitoramento, registros visuais da prática delituosa, etc.

De fato, rotineiramente é relatado por policiais em juízo, que recebem denúncias via *whatsapp* da guarnição e que compartilham entre si fotos de envolvidos com crimes através do telefone celular. Contudo, não utilizam o mesmo aparelho custeado pelos cofres públicos para fazer registros da suposta traficância ou da forma e local onde o entorpecente foi encontrado.

Em contrapartida a este grande aparato, o réu se encontra sozinho, ao lado de seu defensor com quem somente tem contato, via de regra, na audiência de instrução e julgamento, carregando em suas costas o peso de provar a corrupção estatal.

Por fim e, talvez a face mais problemática da blindagem da narrativa policial, reside na dispensa, pelo julgador, de outros elementos de prova. Ignorando a seletividade e os ilegalismos que orientam a atuação das forças públicas de segurança, rebaixa-se indevidamente o padrão probatório exigido para a condenação criminal, perpetuando o ciclo de violência que fundamenta a repressão irracional às drogas.

5. CONCLUSÃO

Como visto, os alarmados efeitos nocivos das drogas ilícitas e a necessidade daí decorrente de repressão exemplar encontram baixa aderência na realidade. A despeito disso, tais argumentos seguem fomentando uma política criminal de guerra, baseada no desrespeito ao devido processo legal e na perseguição das populações minorizadas.

É preciso superar este paradigma por diversas razões.

Se o menoscabo ao devido processo legal e o genocídio social em andamento não tem se afigurado fundamento suficiente, a persecução penal por crimes de tóxicos da forma como realizada ocasiona prejuízos não ignorados ao Estado.

Inicia-se pela estrutura das polícias. A incompatibilidade da demanda de trabalho com os recursos físicos e humanos disponíveis, por razões óbvias, não deixa de ser ditado pelo volume de pessoas conduzidas às delegacias. Trata-se de inexorável lógica matemática que atua em desfavor de uma investigação legal.

Referidas apreensões seguem seu fluxo e desembocam no sistema de justiça criminal, acarretando os custos não irrelevantes de um processo, como a remuneração dos agentes públicos envolvidos - juízes, promotores, defensores, servidores - e as despesas atinentes à série de atos necessários ao válido desenvolvimento da persecução penal[8].

Os prejuízos ao estado, as estatísticas assim demonstram, não se encerram com o fim do processo de conhecimento. Com efeito, cerca de 90% dos processos que apuram crimes previstos na Lei 11.343/06 levam à condenação dos réus (HABER et al., 2018). Números que seguem avultando a população carcerária: quase um terço das pessoas presas no Brasil teve a sua liberdade cerceada em razão de tráfico de drogas (INFOPEN, 2023).

Enquanto o Estado concentra esforços na realização de atos administrativos tendentes à persecução criminal de pessoas apreendidas com pequenas quantidades de entorpecentes sem prova incisiva da comercialização, a grande traficância permanece incólume, rapidamente substituindo as peças descartáveis da engrenagem. Disso decorre que não há efetividade na persecução e prisão de indivíduos com pequenas quantidades de entorpecentes, mas tão somente uma destruição indiscriminada de vidas. Existências desperdiçadas pela

8 O Centro de Estudos de Segurança e Cidadania lançou o estudo denominado "Um tiro no pé: Impactos da proibição das drogas do sistema de justiça criminal do Rio de Janeiro e São Paulo". De acordo com a publicação: "Em um único ano, Rio de Janeiro e São Paulo, juntos, gastaram cerca de R$ 5,2 bilhões para manter a proibição das drogas e travar guerra contra o varejo do tráfico nas favelas e periferias." (LEMGRUBER, 2022, p. 54)

morte e pela prisão, silenciamento pelo medo de se tornar mais uma vítima desta guerra. Nas irretocáveis palavras de Daniela Ferrugem (2019, p. 51):

> Com relação à perversidade, muito há que ser enunciado, mas o principal a ser denunciado, cada vez mais e com maior intensidade, é a letalidade desse sistema. A capacidade de provocar mortes, como a cessão da vida de forma objetiva e simbólica ao produzir encarceramentos em massa, buracos e ausências na vida das famílias e comunidades, mortes simbólicas que impactam objetivamente as pessoas. Resultados de uma guerra.

Um longo caminho ainda há de ser percorrido na construção de um processo penal legítimo, mas não se pode deixar de mencionar o relevante papel das cortes superiores na definição de balizas probatórias alinhadas ao regramento constitucional.

Assim, quanto à inviolabilidade de domicílio (art. 5º, XI, da Constituição Federal), tão menosprezada em crimes de drogas, decisões paradigmáticas tem sido proferidas tais como a exigência de fundadas razões para a entrada forçada em domicílio sem mandado judicial (Tema 280, STF). A necessidade de comprovação do consentimento válido para o ingresso em domicílio e o reconhecimento da relação de desigualdade entre o cidadão e o Estado (HC 598051, STJ). A vedação à ordem genérica contra moradores de comunidades pobres (HC 435.934, STJ) e ao desvio de finalidade após a invasão do domicílio (HC 663.055, STJ).

Da mesma forma, a denúncia anônima tem sido objeto de debate pelas cortes constitucionais. A jurisprudência de ambas as cortes firmaram entendimento no sentido da impossibilidade de instauração de inquérito policial exclusivamente com base em denúncia anônima (STJ, AgRg Inq 355 e STF, HC 84.827). Também decidiu-se que a mera denúncia anônima, desacompanhada de outros elementos indicativos de crime colhidos em investigação preliminar, não autoriza o ingresso da polícia no domicílio indicado, sob pena de ilicitude da prova obtida e de outras que derivem dela (STJ, HC 512.418 e AgRg no HC 698.199).

No que se refere à busca pessoal, já é possível encontrar decisões do Superior Tribunal de Justiça, reconhecendo a ilegalidade de violações baseadas na famigerada "atitude suspeita", inclusive reconhecendo a ilicitude das provas obtidas em desrespeito ao comando legal (HC 598.051, STJ).

A discussão mais recente é a que levanta explicitamente o perfilamento racial como elemento de prova (HC 208240, STF). O pedido levado ao Supremo Tribunal Federal pela Defensoria Pública de São Paulo debate o racismo institucional e, mais precisamente, a filtragem racial como fundamento para abordagem e prisão de um indivíduo negro supostamente flagrado com uma quantidade de entorpecentes. Dentre os argumentos levantados, a petição trouxe à baila decisão da Corte Interamericana de Direitos Humanos, proferida no caso "Acosta Martínez e outros versus Argentina", que reconheceu, de forma pioneira, o perfilamento racial. Na sentença, a Corte determinou, que o Estado condenado (Argentina) promovesse cursos de capacitação para a polícia sobre o tema da discriminação racial e a sensibilização sobre o uso dos perfis raciais. Além disso, foi fixada indenização por dano material, imaterial, despesas e custas processuais para a família da vítima.

O caso, ainda pendente de julgamento, tem o potencial inédito[9] de reconhecer e atacar as raízes do problema. Trata-se do reconhecimento, pelo Estado, de que o racismo é estrutural e, como tal, elemento determinante da atuação dos agentes estatais de repressão.

Somente o reconhecimento do viés seletivo da repressão criminal e o estabelecimento de um novo *standard* probatório serão capazes de provocar mudanças nas persecuções pelo crime de tráfico de drogas. A partir do momento que o sistema de justiça criminal, escorado em argumentos de autoridade, elevar o nível de exigência probatória é que poder-se-á falar em um processo penal como instrumento de efetivação de garantias fundamentais.

REFERÊNCIAS

ABBOUD, Gabriel; PRATA, Caio. Entre a farda e a toga: as contradições da utilização dos testemunhos policiais como elemento justificador da criminalização da pobreza. Disponível em: <http://www.salacriminal.com/home/entre-a-farda-e-a-toga-as-contradicoes-da-utilizacao-dos-testemunhos-policiais--como-elemento-justificador-da-criminalizacao-da-pobreza>. Acesso em: 01 jun. 2023.

BADARÓ, Gustavo H. Epistemologia judiciária e prova penal. São Paulo: RT, 2019, p. 236.

BRASIL. Infopen - Levantamento Nacional de Informações Penitenciárias. Disponível em: <https://www.gov.br/senappen/pt-br/servicos/sisdepen/relatorios/relatorios-analiticos/br/brasil-dez-2022.pdf >. Acesso em: 24 jul. 2023.

BRASIL, Superior Tribunal de Justiça, Habeas Corpus 598.051/SP, relator Ministro Rogério Schietti Cruz, julgado em 02/03/2021

BRASIL. Constituição da República Federativa do Brasil de 1988. Disponível em: < https://www.planalto.gov.br/ccivil_03/constituicao/constituicao.htm >. Acesso em: 06 mar. 2011.

_______. Decreto-lei 3.689, de 3 de outubro de 1941. Código de Processo Penal. Disponível em: < http://www.planalto.gov.br/ccivil_03/decreto-lei/del3689.htm >. Acesso em: 06 jun. 2023.

________. Lei 11.343, de 23 de agosto de 2006. Institui o Sistema Nacional de Políticas Públicas sobre Drogas - Sisnad; prescreve medidas para prevenção do uso indevido, atenção e reinserção social de usuários e dependentes de drogas; estabelece normas para repressão à produção não autorizada e ao tráfico ilícito de drogas; define crimes e dá outras providências. Disponível em: < https://www.planalto.gov.br/ccivil_03/_ato2004-2006/2006/lei/l11343.htm > . Acesso em: 06 jun. 2023.

DI PIETRO, Maria Sylvia Zanella. Direito administrativo. 25ª ed. São Paulo: Editora Atlas, 2012.

9 Em seu voto como relator, o Ministro Edson Fachin propôs a formulação de tese para coibir a abordagem com perfilamento racial e seu controle pelo Poder Judiciário.

DÓRIA, R. Os fumadores de maconha: efeitos e males do vício. In: MACONHA: coletânea de trabalhos brasileiros. 2. Ed. Rio de Janeiro: Serviço Nacional de Educação Sanitária. 1958. Disponível em: <https://bvsms.saude.gov.br/bvs/publicacoes/maconha_coletania_trabalhos_brasileiros_2ed.pdf >. Acesso em 6 mai. 2023.

FERRUGEM, Daniela. A guerra às drogas e a manutenção da hierarquia racial. Belo Horizonte: Letramento, 2019.

FIGUEIREDO, Daniel Diamantaras de; SAMPAIO, Denis. "A cadeia de custódia na produção probatória penal" in Primeiras impressões sobre a Lei 13.964/2019: pacote "anticrime": a visão da Defensoria Pública / Organização: Defensoria Pública do Estado do Rio de Janeiro, Centro de Estudos Jurídicos, Coordenação de Defesa Criminal - Rio de Janeiro: Defensoria Pública do Estado do Rio de Janeiro, 2020. 172 p.. Disponível em: <http://cejur.rj.def.br/uploads/arquivos/87b9030aeb6a4cca8dae-4fc6c822d347.pdf>. Acesso em: 01 jul. 2023.

Fórum Brasileiro de Segurança Pública. 17º Anuário Brasileiro de Segurança Pública [livro eletrônico] / Fórum Brasileiro de Segurança Pública. – São Paulo: FBSP, 2023. Disponível em: < https://forumseguranca.org.br/wp-content/uploads/2023/07/anuario-2023.pdf >. Acesso em: 24 jul. 2023.

ORGANIZAÇÃO MUNDIAL DE SAÚDE: Classificação de Transtornos Mentais e de Comportamento da CID-10: Descrições Clínicas e Diretrizes Diagnósticas. Tradução: Dorgival Caetano, 1ª ed. Porto Alegre: Artes Médicas, 69-82, 1993.

Olivenstein, C. (1985). Destino do toxicômano (M. D. Grandy, Trad.). São Paulo: Almed.

HABER, Carolina D. (Coord.). n/a et al. Relatório Final Pesquisa Sobre as Sentenças Judiciais por Tráfico De Drogas na Cidade e Região Metropolitana do Rio de Janeiro. Departamento de Pesquisa, Defensoria Pública Geral do Rio de Janeiro. Rio de Janeiro, RJ, Brasil. 2018.

HART, Carl. Um preço muito alto: a jornada de um neurocientista que desafia nossa visão sobre drogas. Tradução Clóvis Marques. - 1.ed. Rio de Janeiro: Zahar, 2014.

JESUS, Maria Gorete Marques de. A verdade jurídica nos processos de tráfico de drogas. 1. ed., 2. reimp. - Belo Horizonte, São Paulo: D'Plácido, 2021.

JESUS, Maria Gorete Marques; OI. Amanda Hilderand; ROCHA. Thiago Thadeu; LAGATTA. Pedro. Prisão provisória e Lei de Drogas: Um estudo sobre os flagrantes de tráfico de drogas na cidade de São Paulo. São Paulo: Núcleo de Estudos da Violência – Universidade de São Paulo, 2011.

LEMGRUBER, Julita (coord.). Um tiro no pé: Impactos da proibição das drogas no orçamento do sistema de justiça criminal do Rio de Janeiro e São Paulo. Relatório da primeira etapa do projeto "Drogas: Quanto custa proibir". Rio de Janeiro: CESeC, março de 2021. Disponível em: https://cesecseguranca.com.br/wp-content/uploads/2021/03/Um-Tiro-no-Pe_relatorio-completo.pdf. Acesso em: 29 jun 2023.

LIMA, Renato Brasileiro de. Manual de Processo Penal: Volume Único. 2ª Edição, revista, ampliada e atualizada. Salvador: Editora Juspodivm, 2014.

LOPES Jr, Aury. Direito processual penal - 17. ed. - São Paulo : Saraiva

Educação, 2020, págs. 749/750, epub.

ROMANI, O. Prohibicionismo y drogas: ¿un modelo de gestión social agotado? In: BERGALLI, R. (Org.). Sistema penal y problemas sociales. Valencia: Tirant lo Blanch, 2003. p. 429-50.

ROSA, Alexandre Morais da; LOPES JUNIOR, Aury Lopes. Sobre o uso do standard probatório no processo penal. Consultor Jurídico, 2019. Disponível em: <https://www.conjur.com.br/2019-jul-26/limite-penal-uso-standard-probatorio-processo-penal>. Acesso em: 01 jun. 2023.

VALOIS, Luís Carlos. O direito penal da guerra às drogas. 3ª edição. São Paulo: D'Plácido, 2020.

O *fishing expedition* e a sua implicação na persecução penal

Ruy Alves Henriques Filho[1]
João Rodolfo Siqueira[2]

1. INTRODUÇÃO

O Estado moderno é marcado por uma constante tensão entre os direitos fundamentais à segurança pública e à liberdade individual. Se por um lado, toda a sociedade anseia por um Estado ativo no combate à violência, por outro, nenhum cidadão espera ter seus direitos fundamentais devassados por condutas arbitrárias perpetradas por aqueles que deveriam assegurá-los.

Umas das questões que surge é: "quais são as fronteiras da atuação dos órgãos de persecução penal para a prestação de uma proteção eficiente sem sacrificar direitos fundamentais dos investigados?"

Embora a resposta possa parecer óbvia, a prática demonstra que a área de penumbra entre o *legalmente justificável* e o *abusivo de poderes* é um terreno fértil para arbitrariedades e excessos, todos eles sempre plenamente "justificados" pela necessidade de se combater o "mal da criminalidade" em prol de uma sociedade mais segura. Estaríamos diante da aplicação infeliz do Direito Penal do Inimigo?[3]

Com o avanço de sistemas tecnológicos aptos a viabilizar mecanismos cada vez mais eficazes de persecução penal e o atual discurso punitivista como trunfo político, há uma crescente – e preocupante – subversão da ordem

1 Professor e Magistrado. Possui graduação em Direito pela Universidade Estadual de Londrina (1995). Tem experiência na área de Direito, com ênfase em Direitos Fundamentais e Precedentes Judiciais no Processo Civil. Doutor pela Universidade de Lisboa (título reconhecido pela UFPR em 2020). Mestre pela Universidade Federal do Paraná (2008). Membro do Instituto Paranaense de Direito processual. Membro do Instituto Brasileiro de Direito Processual. Membro do Instituto Ibero-americano de Direito Processual. Diretor da Escola Judicial da América Latina. Professor do Centro Universitário Curitiba - UNICURITIBA, desde 2005 e da Escola da Magistratura do Paraná desde 1998. Foi Vice-diretor da Escola Judicial do Tribunal de Justiça do Estado do Paraná (gestão 2020/2022). Ouvidor do Tribunal de Justiça do Paraná.

2 Possui graduação em Direito pelo Centro Universitário Curitiba – UNICURITIBA (2017) e Pós-graduação em Direito Contemporâneo pela Academia Brasileira de Direito Aplicado – EBDA. Assessor Jurídico junto ao Tribunal de Justiça do Paraná.

3 A Teoria do Direito Penal do Inimigo, formulada por Gunther Jakobs, é um modelo controverso que propõe a separação dos indivíduos em "heróis" e "vilões". Os inimigos da sociedade, seriam privados de suas garantias e direitos fundamentais. É uma teoria extrema por contrariar os princípios de universalidade e igualdade de direitos.

investigatória no processo penal. A justa causa para o deferimento de medidas invasivas deixou de ser apriorística e passou a ser legitimada pelos elementos probatórios – eventualmente – encontrados no cumprimento dessas mesmas medidas. Não por outro motivo essa praxe passou a ser chamada de pescaria probatória (*fishing expedition*).

O presente artigo se volta a uma análise crítica, sistemática e jurisprudencial do *fishing expedition*, buscando demonstrar o impacto dessa prática nos direitos individuais dos investigados e na justiça criminal como um todo.

2. O SISTEMA ACUSATÓRIO COMO SALVAGUARDA DOS DIREITOS INDIVIDUAIS

O Estado democrático de Direito tem como premissa a separação das funções dos poderes constituídos[4], para que nenhum órgão de poder se sobreponha a outro. No Brasil, ao analisarmos o art. 129, inciso I da Constituição Federal[5] confere ao Ministério Público a legitimidade privativa para a propositura da ação penal pública e, garantindo ao acusado o contraditório e ampla defesa. Isso significa, em linhas gerais, que o ordenamento jurídico brasileiro adota o sistema acusatório[6], que se caracteriza pela separação entre as funções de acusar, defender e julgar.[7]

Essa separação faz com que o órgão julgador se distancie da fase de investigação pré-processual. Nas lições de Ada Pellegrini Grinover, o juiz não deveria ser uma figura distante do julgamento, uma vez que quanto mais o provimento jurisdicional se aproximar da vontade do direto substancial, mais perto se estará da verdadeira paz social[8]. Entretanto, a ideia mais difundida é a ideia de distanciamento do julgador, por mais que a iniciativa instrutória do juiz não se confunda com o conceito de sistema inquisitório.

4 "Sem dúvida, quando o mecanismo de racionalização do controle de constitucionalidade infere na problemática do conflito entre os órgãos supremos do Estado, nos deparamos com o estabelecimento da separação de poderes. Este mecanismo é, incontestavelmente, o que o próprio Montesquieu vislumbrou – um instrumento de garantia fundamental na figuração do regime constitucional. " SANTOS, Márcia Walquiria Batista dos. Separação de Poderes: Evolução até à Constituição de 1988 – Considerações. R. Inf. Legisl. Brasília. a. 29. n. 115 jul/set 1992.

5 Art. 129. São funções institucionais do Ministério Público: I - promover, privativamente, a ação penal pública, na forma da lei;

6 *"Inexiste controvérsia acerca do modelo acusatório conferido ao sistema penal brasileiro, caracterizado pela separação das atividades desempenhadas pelos atores processuais, pela inércia da jurisdição e imparcialidade do julgador, tampouco de que a cabe ao Ministério Público, na forma do artigo 129 da Constituição Federal, promover privativamente a ação penal pública"* STJ – HC: 640518 SC 2021/0015845-2, relator: ministro JORGE MUSSI, Data de Publicação: DJ 22/01/2021

7 "La superaciyn del procedimiento inquisitivo en el actual proceso penal constituye una piedra angular en el desarrollo hacia el estado de derecho. El jueinquisidor reunta en sus manos prácticamente todas las funciones del estado penante y se encontraba ampliamente a cubierto de controles y correcciones. El principio acusatorio, por el contrario, prohtbe a aquel que debe ju]gar una causa el atraerla para st, y a aquel que la trae a decisiyn, el decidirla. La separaciyn entre tribunales y¿scaltas, la atribuciyn de diferentes funciones, el equilibramiento práctico en el proceso de las diferentes competencias y derechos de intervenciyn concretan un momento importante de la división de poderes en el proceso penal". HASSEMER, Winfried. Crítica al derecho penal de hoy: norma, interpretación, procedimento. Ltmites de la prisiyn preventiva. Traducciyn de Patricia S. Ziffer. Buenos Aires: Ad-Hoc, 2003.

8 GRINOVER, Ada Pellegrini. A iniciativa instrutória do juiz no processo penal acusatório. Revista do Conselho Nacional de Política Criminal e Penitenciária. Brasília, 1 (18) – Jan/jul. 2005.

Tanto é assim que o Supremo Tribunal Federal reconheceu, através do julgamento da ADI 5.104[9], de relatoria do Ministro Luis Roberto Barroso, que deferiu a medida cautelar para suspender a eficácia do art. 8º da Resolução 23.396, de 17 de dezembro de 2013, do Tribunal Superior Eleitoral, que o Brasil possui uma estrutura de sistema acusatório, privilegiando a separação das tarefas de acusar e julgar.

Além disso, com o advento do pacote anticrime (Lei 13.964/2019), alguns dispositivos da lei processual penal foram alterados, reafirmando o sistema acusatório, através do art. 3º-A, afirmando que o processo penal terá estrutura acusatória, vedadas a iniciativa do juiz na fase de investigação e a substituição da atuação probatória do órgão de acusação. Essa alteração visa, justamente, reduzir o risco de parcialidade do juiz, considerando que o juiz das garantias atuará apenas na fase pré-processual, apenas decidindo sobre prisões provisórias ou medidas cautelares. Nesse sentido, destaca-se o entendimento de Nucci sobre este particular:

> "*O processo penal brasileiro ainda possui um juiz atuante, durante a instrução, a ponto de lhe ser possível a decretação da prisão cautelar de ofício. Essas distorções presentes no sistema legislativo ordinário precisam ser superadas pela própria consciência do magistrado, encarando sua função com o máximo de rigor no tocante à imparcialidade. Por isso, sem provocação, deve abster-se de tomar qualquer medida coercitiva contra o acusado*"[10].

Entretanto, em janeiro de 2020, o Min. Fux determinou a suspensão do juiz das garantias[11], um dia antes da entrada em vigor do pacote anticrime (que

9 Ementa: Resolução 23.396/2013, do Tribunal Superior Eleitoral. Instituição de controle jurisdicional genérico e prévio à instauração de inquéritos policiais. Sistema acusatório e papel institucional do Ministério Público. 1. Inexistência de inconstitucionalidade formal em Resolução do TSE que sistematiza as normas aplicáveis ao processo eleitoral. Competência normativa fundada no art. 23, IX, do Código Eleitoral, e no art. 105, da Lei 9.504/97. 2. A Constituição de 1988 fez uma opção inequívoca pelo sistema penal acusatório. Disso decorre uma separação rígida entre, de um lado, as tarefas de investigar e acusar e, de outro, a função propriamente jurisdicional. Além de preservar a imparcialidade do Judiciário, essa separação promove a paridade de armas entre acusação e defesa, em harmonia com os princípios da isonomia e do devido processo legal. Precedentes. 3. Parâmetro de avaliação jurisdicional dos atos normativos editados pelo TSE: ainda que o legislador disponha de alguma margem de conformação do conteúdo concreto do princípio acusatório – e, nessa atuação, possa instituir temperamentos pontuais à versão pura do sistema, sobretudo em contextos específicos como o processo eleitoral – essa mesma prerrogativa não é atribuída ao TSE, no exercício de sua competência normativa atípica. 4. Forte plausibilidade na alegação de inconstitucionalidade do art. 8º, da Resolução 23.396/2013. Ao condicionar a instauração de inquérito policial eleitoral a uma autorização do Poder Judiciário, a Resolução questionada institui modalidade de controle judicial prévio sobre a condução das investigações, em aparente violação ao núcleo essencial do princípio acusatório. 5. Medida cautelar parcialmente deferida para determinar a suspensão da eficácia do referido art. 8º, até o julgamento definitivo da ação direta de inconstitucionalidade. Indeferimento quanto aos demais dispositivos questionados, tendo em vista o fato de reproduzirem: (i) disposições legais, de modo que inexistiria fumus boni juris; ou (ii) previsões que já constaram de Resoluções anteriores do próprio TSE, aplicadas sem maior questionamento. Essa circunstância afastaria, quanto a esses pontos, a caracterização de periculum in mora.(ADI 5104 MC, Relator(a): ROBERTO BARROSO, Tribunal Pleno, julgado em 21/05/2014, PROCESSO ELETRÔNICO DJe-213 DIVULG 29-10-2014 PUBLIC 30-10-2014 RTJ VOL-00230-01 PP-00304)

10 NUCCI, Guilherme de Souza. Princípios penais e processuais penais. 2. ed. São Paulo: RT, 2012. p. 334

11 ADI *6298* MC PROCESSO ELETRÔNICO JULG-15/01/2020 UF-DF MIN-LUIZ FUX DJe-021 DIVULG 03/02/2020 PUBLIC 04/02/2020 ADI 6300 MC PROCESSO ELETRÔNICO JULG-15/01/2020 UF-DF MIN-LUIZ FUX DJe-019 DIVULG 31/01/2020 PUBLIC 03/02/2020. Disponível em: < https://jurisprudencia.stf.jus.br/pages/search?classeNumeroIncidente=6.298&base=decisoes&pesquisa_inteiro_teor=false&sinonimo=true&plural=true&radicais=false&buscaExata=true&page=1&pageSize=10&sort=_score&sortBy=desc&isAdvanced=true >

havia sido adiada por 180 dias pelo ministro Dias Toffoli), sob a fundamentação de que a lei entraria em vigor um mês após sua promulgação e, ainda, que isso ocorreria durante o recesso forense, causando caos na justiça criminal e não permitindo que o judiciário se estruturasse para implementar a medida.[12]

É certo que, para que seja, de fato, um sistema acusatório, as funções de acusar, defender e julgar devem ser separadas. Ou seja, o juiz, durante toda persecução penal, deve manter-se imparcial e, para isso, é necessário seu distanciamento da fase investigatória. A base do sistema acusatório é garantia do devido processo legal, reafirmando as bases democráticas trazidas na Constituição Federal (Art 5°, LIV).

Sendo assim, vale destacar o contido no art. 212, caput do CPP:

> "Art. 212. As perguntas serão formuladas pelas partes diretamente à testemunha, não admitindo o juiz aquelas que puderem induzir a resposta, não tiverem relação com a causa ou importarem na repetição de outra já respondida.
>
> *Parágrafo único. Sobre os pontos não esclarecidos, o juiz poderá complementar a inquirição.*"

Não restam dúvidas que a figura do juiz deve se distanciar ao máximo da figura do promotor e do defensor. A intervenção do juiz, segundo Fernando Capez, cabe apenas em dois casos: a) quando há evidenciada ilegalidade ou irregularidade na colheita do testemunho; ou b) para complementar a oitiva, caso persista alguma dúvida.[13]

Sendo assim, considerando as bases democráticas, bem como as garantias estabelecidas constitucionalmente, o Brasil adota a estrutura do sistema acusatório, privilegiando a "separação de poderes" dentro do processo penal, evitando, a todo custo, características inquisitoriais.

3. A PERSECUÇÃO PENAL E O *FISHING EXPEDITION*

Como é de conhecimento geral, a função investigativa desempenhada pela polícia judiciária – e em alguma medida pelo Ministério Público – enseja uma série de desafios aos seus operadores, tornando-se sempre tentador àqueles que buscam a verdade dos fatos justificar os meios investigatórios com os fins alcançados naquelas diligências. Ocorre, todavia, que, em um processo

12 "Com a devida vênia aos que militam em favor desse raciocínio, entendo que essa visão desconsidera que a criação do juiz das garantias não apenas reforma, mas refunda o processo penal brasileiro e altera direta e estruturalmente o funcionamento de qualquer unidade judiciária criminal do país. Nesse ponto, os dispositivos questionados têm natureza materialmente híbrida, sendo simultaneamente norma geral processual e norma de organização judiciária, a reclamar a restrição do art. 96 da Constituição. " Disponível em < https://www.stf.jus.br/arquivo/cms/noticiaNoticiaStf/anexo/ADI6298.pdf >. No momento da leitura deste escrito, provavelmente, haverá a decisão esperada por tantos atuadores do sistema de justiça.

13 CAPEZ, Fernando. Sistema Acusatório e garantias no processo penal. Disponível em: https://www.conjur.com.br/2021-out-07/controversias-juridicas-sistema-acusatorio-garantias-processo-penal#:~:text=O%20sistema%20acusat%C3%B3rio%20caracteriza%2Dse,livre%20convic%C3%A7%C3%A3o%2C%20desde%20que%20fundamentada.

penal acusatório, os meios devem formar a convicção do julgador a um fim não determinado de forma prévia, haja vista que, do contrário, estar-se-ia legitimando toda sorte de abusos sob uma única condição: que os resultados sejam "satisfatórios".

É justamente na inversão dessa ordem que reside o chamado *fishing expedition*, que, na definição de Viviani Ghiozoni da Silva, Philipe Benoni Melo e Silva e Alexandre Morais da Rosa, é "*a apropriação dos meios legais para, sem objetivo traçado, 'pescar' qualquer espécie de evidências, tendo ou não relação com o caso concreto. Trata-se de uma investigação especulativa indiscriminada, sem objetivo certo ou declarado, que, de forma ampla e genérica, "lança" suas redes com a esperança de "pescar" prova, para subsidiar uma futura acusação ou para tentar justificar a ação já iniciada. Por se tratar de meio (abusivo) de obtenção de prova, tem largo campo de ocorrência na cultura da prática penal, tais como nos mandados de busca e apreensão, interceptação telefônica, oitiva de testemunhas, interrogatório do acusado etc.*"[14]

O art. 240, do Código de Processo Penal é cristalino ao prever no seu §1º que "proceder-se-á à busca domiciliar, quando fundadas razões a autorizarem" e, no mesmo sentido, no § 2º que "proceder-se-á à busca pessoal quando houver fundada suspeita de que alguém oculte consigo arma proibida ou objetos mencionados nas letras b a f e letra h do parágrafo anterior". Em ambos os casos o legislador teve o cuidado de vincular as diligências necessárias à prévia justa causa que a enseja.

Em novembro de 2015 o Supremo Tribunal Federal julgou o RE 603616/RO em repercussão geral e firmou o seguinte tema:

> "*A entrada forçada em domicílio sem mandado judicial só é lícita, mesmo em período noturno, quando amparada em fundadas razões, devidamente justificadas* 'a posteriori', *que indiquem que dentro da casa ocorre situação de flagrante delito, sob pena de responsabilidade disciplinar, civil e penal do agente ou da autoridade, e de nulidade dos atos praticados*".[15]

Nesse ponto, é importante se destacar que, embora a comprovação da justa causa para a ação policial se dê, geralmente, *à posteriori*, a existência da fundada suspeita deve sempre ser anterior à atuação dos agentes de segurança. Sendo assim, não se pode admitir que a ação investigativa seja legitimada, após os fatos, por meio de elementos informativos colhidos na própria diligência. É dizer: não importa a natureza, a qualidade ou a dimensão dos fatos descobertos na diligência, nada terá o condão de convalidar o abuso perpetrado para obtê-los.

14 SILVA, Vivian Ghizoni da. SILVA, Philipe Benoni Melo e. ROSA, Alexandre Morais da. Fishing expedition e encontro fortuito na busca e na apreensão: um dilema oculto no processo penal. 2. ed. Florianópolis: Emais, 2022, pág. 50.

15 STF. Plenário. RE 603616/RO, Rel. Min. Gilmar Mendes, julgado em 4 e 5/11/2015 (repercussão geral - Tema 280).

O *fishing expedition* não acontece apenas quando uma ação investigativa ocorre sem uma autorização judicial. É possível que o mencionado vício se dê em meio ao cumprimento de uma ordem judicial absolutamente legal cujos meios utilizados pelos agentes de segurança resultam em claro desvio de finalidade.

A respeito do desvio de finalidade, Celso Antonio Bandeira de Mello ensina:

> "Em rigor, o princípio da finalidade não é uma decorrência do princípio da legalidade. É mais que isto: é uma inerência dele; está nele contido, pois corresponde à aplicação da lei tal qual é; ou seja, na conformidade de sua razão de ser, do objetivo em vista do qual foi editada. Por isso se pode dizer que tomar uma lei como suporte para a prática de ato desconforme com sua finalidade não é aplicar a lei; é desvirtuá-la; é burlar a lei sob pretexto de cumpri-la. Daí por que os atos incursos neste vício - denominado 'desvio de poder' ou 'desvio de finalidade' — são nulos. Quem desatende ao fim legal desatende à própria lei"[16].

Em março de 2023 o Superior Tribunal de Justiça julgou o AgRg no AgRg no HC 750.916/PI e, por meio do voto condutor do Magistrado Jesuíno Rissato (Desembargador Convocado do TJDFT) entendeu que "[...] não se pode admitir que a entrada na residência, especificamente para o cumprimento de mandado de prisão, sirva de salvo-conduto para que todo o seu interior seja vasculhado indistintamente, em verdadeira pescaria probatória ('fishing expedition'), sob pena de nulidade das provas colhidas por desvio de finalidade".

Em suma, àqueles que cumprem o mandado judicial, cabe a fiel e integral execução do seu *múnus* nos exatos termos em que lhes foi ordenada.

Por fim, é possível se pensar na ocorrência de *fishing expedition* até mesmo quando o cumprimento da decisão judicial se dá nos exatos termos nela fixados. Nesse caso é o próprio Poder Judiciário - e não os agentes de segurança - o causador da violação aos direitos do investigado.

Sem qualquer receio de anacronismos, se faz ainda assertiva a ideia de Beccaria: "todos os atos de autoridade de um homem sobre outro, que não derivam de absoluta necessidade, são tirânicos"[17]. Sob esse aspecto, cabe ao juiz do caso concreto sopesar cuidadosamente os elementos indiciários que foram levados ao seu conhecimento para que profira uma decisão apta a impactar os direitos individuais.

O juiz não decide por temor, logo, não é a gravidade do crime o fator propulsor da decisão, mas as provas da sua materialidade e os indícios de que o investigado foi o seu autor.

Ao Estado-Juiz não cabe o justiçamento ou o "combate à criminalidade". O magistrado deve despir-se de sentimentos revanchistas e vingativos ao se

---

16 BANDEIRA DE MELLO, Celso Antonio, Curso de Direito Administrativo, 27 ed., São Paulo: Malheiros, 2010, p. 106.
17 BECCARIA, Cesare. Dos Delitos e das Penas. Ed. Hunter. 2012. P. 13.

deparar com o caso concreto. No polo passivo do processo não há amigos ou inimigos da sociedade – para se rememorar a abandonada teoria de Günther Jakobs –, mas sim um jurisdicionado que, ainda que culpado seja, deve ter asseguradas todas as garantias e direitos de que faz jus por força constitucional.

Ainda a esse respeito, o legislador, atento à realidade das investigações e processos no país, tornou típica a conduta de "requisitar instauração ou instaurar procedimento investigatório de infração penal ou administrativa, em desfavor de alguém, à falta de qualquer indício da prática de crime, de ilícito funcional ou de infração"[18], crime cuja pena vai de 06 (seis) meses a 02 (dois) anos de detenção, e multa.

Lado outro, é possível que o cumprimento de uma diligência alcance elementos informativos de crimes dos quais sequer se conhecia a existência sem que isso configure *fishing expedition.*

Nesse ponto, cabe uma importante distinção entre duas formas de agir: se os órgãos de persecução penal, em cumprimento de um mandado de prisão, vasculham a residência do alvo da diligência e lá encontram elementos que indicam a materialidade de um outro crime, configurado estará o *fishing expedition*. Situação diversa, por outro lado, ocorreria se os agentes, ao ingressarem na casa, se deparassem com os elementos probatórios de crime diverso em local facilmente visível à primeira vista, caso em que não haveria que se falar em qualquer nulidade, posto que aplicar-se-ia a teoria dos campos abertos (*plan view doctrine*). A esse respeito leciona Ricardo Jacobsen Gloeckner:

> "Em suma, a limitação da teoria dos campos abertos trata basicamente da possibilidade de o agente apreender elementos de convicção que se encontram em poder do investigado quando tais coisas se encontram à vista do agente policial que realiza a diligência. Desta forma, a omissão do mandado de busca e apreensão quanto ao objeto da busca encontrado à vista pelo agente policial é suplantada por esta limitação, que trata de validar a apreensão do objeto pela autoridade. O leading case nesta limitação é o caso US vc Carty, em que houve a apreensão de arma de fogo equipada com silenciador encontrada no domicílio do acusado, muito embora o mandado não fizesse menção a ela. Pela aplicação da doutrina dos campos abertos, esta omissão do mandado foi suprida pelo objeto apreendido se encontrar à mostra da autoridade, sendo, portanto, considerada legítima. Algumas exceções são colocadas quanto à aplicação da doutrina dos campos abertos. A primeira delas reside na circunstância de não se aplica a plain view doctrine quando o agente policial já executou o objeto do mandado e a prova surge após a consumação daquele objeto. Num segundo momento, torna-se objetável a

18 Art. 27 da Lei 13.869/19 (Lei de Abuso de Autoridade).

referida limitação no momento em que o agente policial revista lugares nos quais o objeto do mandado jamais poderia se encontrar"[19].

Ocorre, todavia, que a referida teoria encontra guarida no fortuito e, portanto, deve ser justificada de forma clara e objetiva no caso concreto.

No julgamento do Habeas Corpus 663.055 o Min. Rogério Schietti Cruz, relator do caso, esboçou preocupação com a comprovação da palavra dos policiais que realizaram buscas na residência de um flagranteado. Na ocasião a 6ª Turma do STJ entendeu inaplicável a teoria dos campos abertos em razão de não ser possível aferir exatamente e de forma indene de dúvidas onde as drogas estavam quando foram apreendidas.

O Min. Rogério Schietti Cruz mencionou, inclusive, que o ideal seria que os policiais que efetivaram a prisão e a apreensão das drogas tivessem filmado a operação por meio de registro de áudio-vídeo[20], o que não ocorreu. Nas palavras do Ministro "Se, de um lado, se deve, como regra, presumir a veracidade das declarações de qualquer servidor público, não se há de ignorar, por outro lado, que o senso comum e as regras de experiência merecem ser consideradas quando tudo indica não ser crível a versão oficial apresentada, máxime quando interfere em direitos fundamentais do indivíduo e quando se nota um indisfarçável desejo de se criar uma narrativa amparadora de uma versão que confira plena legalidade à ação estatal. Essa relevante dúvida não pode, dadas as circunstâncias concretas – avaliadas por qualquer pessoa isenta e com base

19 GLOECKNER, Ricardo Jacobsen. Nulidades no Processo Penal: Introdução principiológica à teoria do ato processual irregular. Salvador: JusPodivm, 2015, p. 501-503.

20 Na ADPF 635 (ADPF das Favelas) o STF determinou que:

1) o Estado do Rio de Janeiro elabore e encaminhe ao STF, no prazo máximo de 90 dias, um plano para redução da letalidade policial e controle das violações aos direitos humanos pelas forças de segurança, que apresente medidas objetivas, cronogramas específicos e previsão dos recursos necessários para a sua implementação.

2) o emprego e a fiscalização da legalidade do uso da força sejam feitos à luz dos Princípios Básicos sobre a Utilização da Força e de Armas de Fogo pelos Funcionários Responsáveis pela Aplicação da Lei.

3) seja criado um grupo de trabalho sobre Polícia Cidadã no Observatório de Direitos Humanos localizado no Conselho Nacional de Justiça;

4) nos termos dos Princípios Básicos sobre a Utilização da Força e de Armas de Fogo pelos Funcionários Responsáveis pela Aplicação da Lei, só se justifica o uso da força letal por agentes de Estado quando, ressalvada a ineficácia da elevação gradativa do nível da força empregada para neutralizar a situação de risco ou de violência, exauridos os demais meios, inclusive os de armas não-letais, e necessário para proteger a vida ou prevenir um dano sério, decorrente de uma ameaça concreta e iminente.

5) as investigações de incidentes que tenham como vítimas crianças ou adolescentes terão a prioridade absoluta;

6) No caso de buscas domiciliares por parte das forças de segurança do Estado do Rio de Janeiro, devem ser observadas as seguintes diretrizes constitucionais, sob pena de responsabilidade:

(i) a diligência, no caso específico de cumprimento de mandado judicial, deve ser realizada somente durante o dia, vedando-se, assim, o ingresso forçado a domicílios à noite;

(ii) a diligência, quando feita sem mandado judicial, pode ter por base denúncia anônima;

(iii) a diligência deve ser justificada e detalhada por meio da elaboração de auto circunstanciado, que deverá instruir eventual auto de prisão em flagrante ou de apreensão de adolescente por ato infracional e ser remetido ao juízo da audiência de custódia para viabilizar o controle judicial posterior; e

(iv) a diligência deve ser realizada nos estritos limites dos fins excepcionais a que se destina.

7) seja obrigatória a disponibilização de ambulâncias em operações policiais previamente planejadas em que haja a possibilidade de confrontos armados, sem prejuízo da atuação dos agentes públicos e das operações;

8) o Estado do Rio de Janeiro, no prazo máximo de 180 dias, instale equipamentos de GPS e sistemas de gravação de áudio e vídeo nas viaturas policiais e nas fardas dos agentes de segurança, com o posterior armazenamento digital dos respectivos arquivos.

STF. Plenário. ADPF 635 MC-ED/RJ, Rel. Min. Edson Fachin, julgado em 2 e 3/02/2022 (Info 1042).

na experiência quotidiana do que ocorre nos centros urbanos – ser dirimida a favor do Estado, mas a favor do titular do direito atingido (*in dubio pro libertas*)".

Sendo assim, não se pode olvidar que há casos em que os policiais se deparam com provas de outros crimes de forma absolutamente acidental, entretanto é inegável que essa não é a regra-geral da maioria das diligências. Desse modo, considerando que a diferença entre o *plan view doctrine* e o *fishing expedition* é tão somente a amplitude de atuação daqueles que cumpriram a ordem legal, não restam dúvidas que é deles, e não do réu, o ônus de demonstrar concretamente como se deram os fatos.

4. CONCLUSÃO

O processo penal acusatório impõe uma série de desafios aos seus operadores, entretanto são necessários os esforços desprendidos. Tal como a civilização não pode sucumbir à barbárie, o processo penal não pode ceder aos ruidosos clamores daqueles que anseiam "combater o mal" a qualquer custo.

Sendo assim, direitos individuais como a intimidade (art. 5º, inciso X, CF), a vida privada (art. 5º, inciso X, CF) e a inviolabilidade do domicílio (art. 5º, inciso XI, CF), não devem ser suplantados em nome de um conceito abstrato de segurança pública.

O *fishing expedition* não se restringe a um dano "individual" causado ao particular que tem seus direitos suprimidos, ele também macula todo o sistema de persecução penal. Ao se retirar a previsibilidade e a segurança jurídica que o jurisdicionado deposita nas instâncias policiais o sustentáculo da segurança pública se esfacela.

De mesmo modo, o juiz das garantias também pretende defender da sociedade eventual contaminação do julgador. A esse respeito, na exposição de motivos, a comissão de juristas nomeados pelo Senador, Cid Gomes, autor da ementa que acrescentou ao Código de Processo Penal, justificou que: "impende salientar que o anteprojeto não se limitou estabelecer um juiz de inquéritos, mero gestor da tramitação de inquéritos policiais. Foi, no ponto, muito além. O juiz das garantias será responsável pelo exercício das funções jurisdicionais alusivas à tutela imediata e direta das inviolabilidades pessoais".[21]

Sendo assim, é de extrema necessidade que as regras processuais e os direitos individuais sejam integralmente observados na persecução penal, haja vista que apenas assim será possível se construir um processo penal justo, livre e humanitário.

---

21 https://legis.senado.leg.br/sdleg-getter/documento?dm=8006054&ts=1674175865506&disposition=inline&_gl=1*5d8vlb*_ga*MTUwMDUyMDY2My4xNjkwNzQ2MTMz*_ga_CW3ZH25XMK*MTY5MDc0ODU3MS4yLjEuMTY5MDc0ODYwMi4wLjAuMA

REFERÊNCIAS

BANDEIRA DE MELLO, Celso Antonio, Curso de Direito Administrativo, 27 ed., São Paulo: Malheiros, 2010, p. 106.

BECCARIA, Cesare. Dos Delitos e das Penas. Ed. Hunter. 2012. P. 13.

CAPEZ, Fernando. Sistema Acusatório e garantias no processo penal.

GRINOVER, Ada Pellegrini. A iniciativa instrutória do juiz no processo penal acusatório. Revista do Conselho Nacional de Política Criminal e Penitenciária. Brasília, 1 (18) – Jan/jul. 2005

HASSEMER, Winfried. Crítica al derecho penal de hoy: norma, interpretación, procedimento. Ltmites de la prisiyn preventiva. Traducciyn de Patricia S. Ziffer. Buenos Aires: Ad-Hoc, 2003.

NUCCI, Guilherme de Souza. Princípios penais e processuais penais. 2. ed. São Paulo: RT, 2012;

SANTOS, Márcia Walquiria Batista dos. Separação de Poderes: Evolução até à Constituição de 1988 – Considerações. R. Inf. Legisl. Brasília. a. 29. n. 115 jul/set 1992.

SILVA, Vivian Ghizoni da. SILVA, Philipe Benoni Melo e. ROSA, Alexandre Morais da. Fishing expedition e encontro fortuito na busca e na apreensão: um dilema oculto no processo penal. 2. ed. Florianópolis: Emais, 2022, pág. 50.

BRASIL, Supremo Tribunal Federal. Plenário. ADPF 635 MC-ED/RJ, Rel. Min. Edson Fachin, julgado em 2 e 3/02/2022 (Info 1042)

BRASIL, Supremo Tribunal Federal. Plenário. RE 603616/RO, Rel. Min. Gilmar Mendes, julgado em 4 e 5/11/2015 (repercussão geral – Tema 280).

BRASIL, Superior Tribunal de Justiça – HC: 640518 SC 2021/0015845-2, relator: ministro JORGE MUSSI, Data de Publicação: DJ 22/01/2021

Tema 1208 de Repercussão Geral/STF: Reflexões sobre os requisitos de validade do ingresso em domicílio para busca e apreensão domiciliar com consentimento do morador[1]

Mario Luiz Sarrubbo[2]
Olavo Evangelista Pezzotti[3]

1. INTRODUÇÃO

Pendente de julgamento no Supremo Tribunal Federal, o Recurso Extraordinário 1.368.160/RS é representativo da controvérsia correlata ao Tema 1208 de Repercussão Geral, que visa revelar os "requisitos de validade do consentimento do morador para a busca e apreensão domiciliar".

Deve-se ressaltar que o objeto do Tema 1208 não se confunde com a tese já fixada pelo Supremo Tribunal Federal, em regime de repercussão geral, quando da apreciação do Tema 280, nos seguintes termos:

> "A entrada forçada em domicílio sem mandado judicial só é lícita, mesmo em período noturno, quando amparada em fundadas razões, devidamente justificadas a posteriori, que indiquem que dentro da casa ocorre situação de **flagrante delito**, sob pena de responsabilidade disciplinar, civil e penal do agente ou da autoridade, e de nulidade dos atos praticados".

Como se nota, o Tema 280 versa especificamente sobre o ingresso forçado em domicílio alheio, em contexto de flagrância delitiva. O fator determinante à legalidade do ato, nessa hipótese, é a existência de fundadas razões, previamente à entrada no imóvel, que sejam aptas a indicar situação de flagrante delito no local da incursão. Nesses cenários, dispensa-se o consentimento do morador, fator irrelevante ao reconhecimento da licitude da diligência.

---

1 O presente artigo aproveita, parcialmente, linhas de argumentação empregadas pelo Procurador-Geral de Justiça do Ministério Público de São Paulo em recursos e manifestações dirigidos aos tribunais superiores.

2 Procurador-Geral de Justiça do Ministério Público do Estado de São Paulo

3 Promotor de Justiça. Membro auxiliar da Procuradoria-Geral da República junto ao Superior Tribunal de Justiça (Corte Especial). Integrante da assessoria do Procurador-Geral de Justiça de São Paulo (CAOCrim), com atuação preponderante em tribunais superiores. Doutorando e Mestre em Direito Processual Penal pela Faculdade de Direito da Universidade de São Paulo, Foi Visiting Scholar na Stanford Law School.

De modo distinto, a controvérsia atual diz respeito ao ingresso domiciliar justificado exatamente pelo consentimento do morador, independentemente da presença de elementos que denotem situação de flagrância delitiva. Visa-se à constituição de parâmetros que devem nortear o posterior controle judicial sobre a **validade do consentimento**, que permitiria a realização de busca e apreensão domiciliar.

Mais além, ao reconhecer a repercussão geral do Tema 1208, o Supremo Tribunal Federal suscitou questionamento sobre a legitimidade de o Poder Judiciário impor à Administração Pública obrigação de fazer, consistente na adoção de procedimentos e emprego de tecnologias não determinados por lei, que passariam a funcionar como requisitos à validade do consentimento dos morador para fins de ingresso em domicílio[4].

Posto esse recorte, este breve ensaio ocupa-se apenas de elementos que interessam ao debate desses dois aspectos: **a) constituição** e **valoração** de elementos de convicção que comprovem ter existido **consentimento válido** e livre de coação do morador, anteriormente ao ingresso do agente estatal em seu domicílio; **b) legitimidade** e **pertinência** da formulação de diretrizes, pelo Poder Judiciário, que imponham à Administração Pública o dever de promover aquisições e contratar serviços (armazenamento e processamento de dados, *v.g*), que tenham a finalidade específica de comprovar o consentimento do morador previamente ao ingresso em domicílio, a exemplo do registro audiovisual da diligência.

2. O CONSENTIMENTO DO MORADOR COMO FATOR DE LEGITIMAÇÃO DA BUSCA E APREENSÃO SEM MANDADO JUDICIAL (DELIMITAÇÃO DO OBJETO DO TEMA 1208 DE REPERCUSSÃO GERAL)

Não existe dissídio jurisprudencial quanto à legitimidade do ingresso domiciliar por agente estatal, sem mandado judicial, mediante consentimento válido do morador. Trata-se de possibilidade explicitamente reconhecida pelo art. 5º, XI, da Constituição Federal[5].

Na esteira do aludido dispositivo constitucional, reconhece-se a inviolabilidade domiciliar como regra geral, de sorte que ninguém pode ingressar em

4 É o que se extrai do inteiro teor do acórdão: "discute-se os requisitos de validade do consentimento do morador para busca e apreensão em domicílio, as balizas para o controle judicial da atuação do agente estatal, e, ainda, a possibilidade de o Poder Judiciário impor à Administração Pública obrigação de fazer, com vistas a dar efetividade à garantia da inviolabilidade de domicílio" (RE 1368160 RG, Relator(a): MINISTRO PRESIDENTE, Tribunal Pleno, julgado em 31/03/2022, PROCESSO ELETRÔNICO DJe-066 DIVULG 04-04-2022 PUBLIC 05-04-2022).

5 O residente pode sempre, de dia ou de noite, consentir que sua casa seja penetrada. Há, a propósito, precedente do STF tendo como legítima a prova, obtida em estabelecimento comercial, por agentes do Fisco, que ali entraram com o assentimento do dono da loja (MENDES, Gilmar Ferreira; BRANCO, Paulo Gustavo Gonet. Curso de Direito Constitucional. 17ª ed. São Paulo: Saraiva, 2022, p. 133).

casa alheia "sem consentimento do morador". Como é cediço, a garantia em questão tem por escopo a defesa da intimidade e da vida privada, tuteladas pelo reconhecimento da casa como reduto maior do indivíduo[6]. No espaço físico assim qualificado, deve se encontrar o cidadão protegido das intranquilidades do mundo externo; em especial, de atos estatais abusivos.

Há de se recordar que a cláusula constitucional de inviolabilidade domiciliar encontra raízes próximas na Constituição Norte-Americana, notadamente na Quarta Emenda, cuja leitura evidencia que a *ratio* da norma é precipuamente a de proteger o cidadão de intrusões de agentes do Estado para fins de busca e apreensão[7]. A norma protetiva, cujas origens remotas aludem ao *common law* inglês, projeta a experiência histórica com os excessos em atos de violação domiciliar, mormente no contexto de persecuções penais[8].

Sem prejuízo da cláusula de garantia, o texto constitucional brasileiro prevê hipóteses em que a inviolabilidade domiciliar pode sofrer reduções: a) por determinação judicial, exclusivamente em período diurno; b) para prestar socorro, em caso de flagrante delito ou de desastre, seja durante o dia ou em período noturno.

Da mesma maneira, dia ou noite, o consentimento válido do morador torna lícito o ingresso em domicílio por agentes do Estado, mesmo que para fins de busca e apreensão. Como a finalidade da norma é proteger a intimidade e a vida privada daqueles que detêm a posse direta do imóvel, é forçoso concluir que o titular do interesse pode dele dispor, para autorizar quem quer que seja a adentrar seu domicílio.

É exatamente nesse sentido a jurisprudência consolidada no Supremo Tribunal Federal. A propósito, sobre a licitude das medidas de busca e apreensão realizadas com consentimento do morador, o entendimento do STF encontra eco na jurisprudência da Suprema Corte dos Estados Unidos[9],

6 "O direito fundamental da inviolabilidade do domicílio visa conceder ao particular um 'espaço vital elementar' e, nele, o direito de 'ser deixado em sossego'. Domicílio significa, nessa perspectiva, 'esfera espacial privada' (PIEROTH, Bodo; SCHLINK, Bernhard. Direitos Fundamentais. São Paulo: Saraiva, 2012, p. 413).

7 É que se extrai da interpretação literal da Fourth Amendment, que assevera: "the right of the people to be secure in their persons, houses, papers, and effects, against unreasonable searches and seizures, shall not be violated; and no warrants shall issue, but upon probable cause, supported by oath or affirmation, and particularly describing the place to be searched, and the persons or things to be seized".

8 Nesse sentido: MACLIN, Tracey. The Central Meaning of the Fourth Amendment. In: William & Mary Law Review, Vol. 35, Issue 1, p. 197-249, 1993. Anota o autor que a Quarta Emenda tem raízes remotas no direito consuetudinário, anterior à formação do common law inglês. Existe, não se nega, certa imprecisão quanto às exatas origens do preceito que assegura a inviolabilidade domiciliar. Incontroverso, todavia, que os autores da Quarta Emenda tinham um único escopo de preocupação – o ingresso não autorizado, por agentes do Estado, em casa alheia (STEINBERG, David. E. The uses and misuses of the Fourth Amendment History. In: Journal of Constitutional Law. Vol. 10, Issue 3, mar. 2008, p. 583).

9 Expondo que a proibição da Quarta Emenda não se aplica aos casos em que os órgãos de persecução penal obtêm consentimento para ingresso no domicílio e para busca: "The Fourth Amendment generally prohibits the warrantless entry of a person›s home, whether to make an arrest or to search for specific objects. The prohibition does not apply, however, to situations in which voluntary consent has been obtained" (UNITED STATES. SUPREME COURT. Illinois v. Rodriguez, 497, U.S 177. J: 21 de junho de 1990. Destaques nossos). V., ainda: LIPPMAN, Matthew Ross. Criminal Procedure. Thousand Oaks: SAGE, 2014, p. 217.

cuja *Bill of Rights* serviu de inspiração às cláusulas constitucionais modernas que consagram à inviolabilidade domiciliar como direito fundamental[10].

O reconhecimento de repercussão geral no Tema 1208 não se afasta desses parâmetros. O ponto de controvérsia, em verdade, guarda consonância com esta premissa jurídica reconhecida pacificamente pelo Supremo Tribunal Federal: o consentimento do morador autoriza a incursão domiciliar e a realização de busca e apreensão pelas autoridades de persecução penal, independentemente de expedição prévia de mandado judicial[11].

Sob esse prisma, o ponto focal do Tema 1208 não é a **licitude** da busca e apreensão realizada com consentimento do morador, mas os **requisitos** que devem ser impostos aos órgãos de persecução para que o consentimento obtido seja reconhecido como válido.

Duas perspectivas podem emergir a partir do ponto central da controvérsia. A primeira, de **ordem material**: o consentimento só será válido se for prestado de forma *livre*, *consciente* e *voluntária*. Haverá consentimento prestado livre e voluntariamente quando o morador não for constrangido a franquear a entrada dos agentes de Estado em seu domicílio.

Voluntariedade, recorde-se, não se confunde com espontaneidade. Eventual diálogo estabelecido com o morador, com a finalidade de convencê-lo a franquear a entrada no imóvel, inclusive esclarecendo os motivos que levaram à solicitação, não é suficiente para afastar a validade do consentimento.

O discurso persuasivo, sem constrangimento, não vicia o consentimento, por não reduzir a capacidade de autodeterminação do ocupante do imóvel. É possível que o morador pondere as razões expostas pelos agentes policiais e, racionalmente, expresse o seu consentimento para ingresso em domicílio e realização de busca[12].

Há de se distinguir, contudo, o discurso persuasivo da insistência desmedida. Nos casos em que a equipe policial fizer transparecer que a investida não cessará até que o ocupante do imóvel expresse o desejado consentimento, pode parecer ao cidadão que não lhe resta alternativa, senão permitir o ingresso. As circunstâncias devem indicar, nesses moldes, que o morador

---

10 DOMICÍLIO – VIOLAÇÃO – CONSENTIMENTO. O art. 5º, inciso XI, da Constituição Federal, a versar a inviolabilidade domiciliar, pressupõe o ingresso indevido ou forçado de terceiros em domicílio alheio, razão pela qual o prévio consentimento do morador, por descaracterizar a situação de ilicitude da entrada, inviabiliza o reconhecimento de ilegalidade da diligência (HC 148965, Relator(a): MARCO AURÉLIO, Primeira Turma, julgado em 17/03/2020, PROCESSO ELETRÔNICO DJe-095 DIVULG 20-04-2020 PUBLIC 22-04-2020).

11 Vejam-se os precedentes: 1) RHC 143694, Relator(a): MARCO AURÉLIO, Primeira Turma, julgado em 08/09/2020, PROCESSO ELETRÔNICO DJe-228 DIVULG 14-09-2020 PUBLIC 15-09-2020; 2) HC 148965, Relator(a): MARCO AURÉLIO, Primeira Turma, julgado em 17/03/2020, PROCESSO ELETRÔNICO DJe-095 DIVULG 20-04-2020 PUBLIC 22-04-2020; 3) HC 199227 AgR, Relator(a): DIAS TOFFOLI, Primeira Turma, julgado em 12/05/2021, PROCESSO ELETRÔNICO DJe-119 DIVULG 21-06-2021 PUBLIC 22-06-2021; 4) HC 191508 AgR, Relator(a): ROBERTO BARROSO, Primeira Turma, julgado em 11/11/2020, PROCESSO ELETRÔNICO DJe-279 DIVULG 24-11-2020 PUBLIC 25-11-2020.

12 WHITE, Welsh S. Effective Consent to Search and Seizure. In: University of Pennsylvania Law Review, vol 113, 1964. p. 260 – 277.

tinha condições de adotar alternativas ao consentimento. Quem enxerga via única não se vê em condições de fazer escolhas racionais[13].

De modo similar, se o consentimento for obtido mediante coação física, moral ou fraudulentamente, não será válido. Por consectário, as provas eventualmente colhidas em busca e apreensão, nesse contexto, terão sido obtidas por meios ilícitos, motivo pelo qual restarão inadmissíveis no processo[14].

Não só atos coercitivos maculariam o ato, mas também atos enganosos que levem a um consentimento viciado, prestado diante de uma falsa percepção da realidade construída por ação ludibriosa do agente público. Exemplificativamente, se o órgão de persecução penal obtém consentimento para ingresso no imóvel sob o pretexto de averiguar situação de risco em verdade inexistente, a subsequente coleta de elementos de convicção, visada desde o princípio pelo agente, não será lícita[15].

Além disso, esse aspecto **material,** concernente aos requisitos de **validade** do consentimento prévio ao ingresso domiciliar, pode se apresentar em uma dimensão **subjetiva.** Quem são os titulares da garantia de inviolabilidade e quem ostenta legitimidade para consentir com o ingresso em domicílio?

Como ponto de partida, deve-se reforçar que a garantia de inviolabilidade domiciliar protege a intimidade e a vida privada, razão pela qual são irrelevantes questões acidentais como o caráter justo ou injusto da posse, dispensando-se igualmente que exista direito de propriedade sobre o imóvel[16].

Sem prejuízo de possíveis atos de tutela dos direitos típicos da propriedade, o objeto da proteção constitucional é a posse direta[17], justa ou injusta[18], do espaço compartimentado e não aberto ao público, mesmo nos casos ocupação temporária, como ocorre em quartos de hotel ou espaços fechados de habitações coletivas.

Nesses termos, não se admite que o locador, desprovido da posse direta do imóvel, autorize o ingresso de quem quer que seja no espaço ocupado

---

13 Welsh White, avaliando esses cenários, trata de dois casos com resultados distintos. Em um deles, os agentes apenas esclareceram, posteriormente à negativa de ingresso, a que fim se prestaria a busca. Pontuaram que, se não estivesse o morador em poder dos objetos furtados que procuravam, não haveria razões para outros atos de persecução penal. O consentimento foi considerado válido. Em ocasião distinta, a insistência dos policiais por tempo considerável indicou ao morador que os agentes não cessariam a insistência, até que a busca fosse autorizada. No último caso, reconheceu-se a invalidade do consentimento (WELSH, White S. Effective consent... p. 266).

14 Art. 5º, LVI, CF: LVI - são inadmissíveis, no processo, as provas obtidas por meios ilícitos.

15 Há, no direito comparado, precedentes de exclusão de provas obtidas por meios gravemente desleais, como ocorre em casos de apresentação de provas falsas ao imputado, com o objetivo de extrair-lhe confissão (PEZZOTTI, Olavo Evangelista. Colaboração Premiada: uma perspectiva de direito comparado. São Paulo: Almedina, 2020, p. 281-286). O parâmetro em questão é explícito no Codice di Procedura Penale Italiano, que veda que sejam utilizadas na persecução penal técnicas capazes de exercer influência sobre a capacidade de autodeterminação do indivíduo.

16 SARLET, Ingo Wolfgang; WEINGARTNER NETO, Jayme. A inviolabilidade do domicílio e seus limites: o caso do flagrante delito. In: Revista de Direitos Fundamentais e Democracia, Curitiba, v. 14, n. 14, jul/dez de 2013, p. 544-562.

17 Código Civil, art. 1.197: "A posse direta, de pessoa que tem a coisa em seu poder, temporariamente, em virtude de direito pessoal, ou real, não anula a indireta, de quem aquela foi havida, podendo o possuidor direto defender a sua posse contra o indireto".

18 Desde que violência ou clandestinidade tenham cessado, admitindo-se a caracterização da posse, nos termo do art. 1.200 c.c o art. 1.208, ambos do Código Civil.

exclusivamente pelo locatário. Tratar-se-ia de consentimento prestado por indivíduo que, nas circunstâncias, não ostenta a qualidade de titular da garantia de inviolabilidade concretamente renunciada. Desprovido da qualidade de titular do direito, não caberia a respectiva renúncia ao locador. As provas decorrentes de diligência empreendida nesse recorte fático seriam inadmissíveis para fins de persecução penal.

Situação distinta se verifica quando a autorização de acesso é concedida por terceiro[19] que detém autoridade concorrente sobre o domicílio. Na jurisprudência da Suprema Corte dos Estados Unidos, considera-se válido o consentimento, se este for prestado por coocupante do imóvel ou espaço não aberto ao público a ser objeto de busca[20]. A mesma linha tem sido adotada pelo Supremo Tribunal Federal. Em caso concreto, entendeu-se por lícito o consentimento prestado pela irmã do investigado[21].

Sem prejuízo dessas relevantes considerações, especificamente no âmbito do Tema 1208 não é sobre o **aspecto material** que se busca discutir a validade do consentimento do morador para fins de busca e apreensão domiciliar sem mandado judicial, mas sob uma perspectiva **formal**, de caráter preponderantemente **processual**. O preciso objeto da controvérsia pode ser extraído do acórdão impugnado pelo RE 1.368160/RS, de lavra do Superior Tribunal de Justiça:

> "AGRAVO REGIMENTAL EM HABEAS CORPUS. TRÁFICO DE DROGAS, ASSOCIAÇÃO PARA O TRÁFICO, CORRUPÇÃO DE MENOR E PORTE IRREGULAR DE ARMA DE FOGO. VIOLAÇÃO DE DOMICÍLIO. ENTRADA FRANQUEADA PELO MORADOR. AUSÊNCIA DE COMPROVAÇÃO. ILEGALIDADE RECONHECIDA. AGRAVO MINISTERIAL DESPROVIDO. 1. Conforme mais recente orientação jurisprudencial, traduzida em novel julgado da Sexta Turma (HC 598.051/SP, Rel. Ministro ROGERIO SCHIETTI CRUZ, SEXTA TURMA, julgado em 2/3/2021, DJe 15/3/2021), **o consentimento do morador para a entrada dos policiais no imóvel será válido apenas se documentado por escrito e, ainda, for registrado em gravação audiovisual**. Ausente **a comprovação de que a autorização do morador foi livre e sem vício de consentimento**, impõe-se o

19 Por "terceiro", entenda-se o indivíduo diverso daquele que restou sujeito à persecução penal como produto da diligência de busca e apreensão.

20 Nesse sentido, em United States v. Matlock, reconheceu-se que o consentimento de coocupante de imóvel ou compartimento habitado é suficiente para tornar lícita a medida de busca e apreensão em contexto de persecução penal (UNITED STATES. Supreme Court. United States v. Matlock, 415 U.S. 164 (1974), j: 20 de fevereiro de 1974). Em caso mais recente, decidiu-se que o consentimento valida a busca e apreensão até mesmo se prestado por quem ostenta mera autoridade aparente sobre o imóvel (UNITED STATES. SUPREME COURT. Illinois v. Rodriguez, 497, U.S 177. J: 21 de junho de 1990). Quanto ao último caso, não se recomenda a importação acrítica do entendimento. Nos Estados Unidos, a boa-fé do agente público pode afastar a ilicitude da prova e as consequências típicas das exclusionary rules. O direito brasileiro, no entanto, apenas acolheu a quebra de nexo de causalidade entre o ilícito praticado e o resultado probatório como fator capaz de excepcionar a inadmissibilidade das provas ilícitas no processo penal. Igualmente se pode afastar a inadmissibilidade da prova pela identificação de uma "fonte independente", apta a produzir resultado probatório equivalente ao questionado, seja pela perspectiva de "descoberta inevitável", pela análise das circunstâncias do caso concreto em juízo lógico (art. 157, §§, CPP)

21 HC 230856 AgR, Relator(a): ANDRÉ MENDONÇA, Segunda Turma, julgado em 02-10-2023, PROCESSO ELETRÔNICO DJe-s/n DIVULG 06-10-2023 PUBLIC 09-10-2023.

reconhecimento da ilegalidade da busca domiciliar e consequentemente de toda a prova dela decorrente (fruits of the poisonous tree). No mesmo sentido: HC 616.584/RS, Rel. RIBEIRO DANTAS, QUINTA TURMA, julgado em 30/3/2021, DJe 6/4/2021.

2. Na hipótese, embora **os policiais afirmem que a entrada no imóvel foi autorizada por morador**, a **defesa técnica nega** essa versão. Assim, na **ausência de provas** de que o consentimento foi livremente prestado, é caso de reconhecimento da ilegalidade, para declarar a invalidade das provas obtidas mediante violação domiciliar e todas aquelas dela decorrentes.

3. Agravo regimental desprovido" (STJ - AgRg no HC 685.305/RS, Relator: Ministro Ribeiro Dantas, Quinta Turma, Data de Julgamento: 19/10/2021, Data de Publicação DJe: 27/10/2021).

Discorda-se respeitosamente da articulação contida no acórdão, pois não se pode tratar como equivalentes: i) os requisitos de validade do consentimento; e ii) os elementos necessários à prova de que o consentimento foi prestado de forma livre e voluntária.

O elemento controvertido do Tema 1208 é bem delimitado. Não se questiona a validade da busca e apreensão realizada mediante consentimento prestado livre e voluntariamente. O que se questiona é a aptidão de **específicos meios de prova** para comprovar que, de fato, consentimento livre houve.

O acórdão recorrido ainda faz balizamento pouco usual entre as palavras de testemunhas que venham a atestar o consentimento do morador e as alegações prestadas nos autos por defesa técnica.

Ocorre que as argumentações das partes não ostentam natureza probatória. Em caso de eventual contradição, a simples negativa de fato em manifestação técnica seria suficiente para infirmar as provas testemunhais. É por isso que não se pode erigir uma regra geral de valoração de prova, a ser compulsoriamente observada pelos juízos naturais, como o produto de um sopesamento abstrato entre argumentações defensivas e provas testemunhais.

Isso porque, enquanto as versões dos policiais possuem natureza de elementos informativos[22] ou prova[23], as alegações lançadas por defensor técnico são meros elementos de argumentação correlatos às questões de fato e de direito delimitadas pelo objeto da ação, restando desprovidas de caráter probatório.

Para mais além, se não cabe ao Poder Judiciário estabelecer tarifação de provas à margem da Lei, não deve afastar abstratamente a validade de provas testemunhais diante de determinados **objetos** de prova, selecionados de forma subjetiva pelo julgador.

22 Se prestadas em procedimento investigatório, durante a fase preliminar de persecução penal, sem contraditório.
23 Se prestadas em juízo, sob o crivo do contraditório.

Portanto, dúvida não há quanto a controvérsia a ser solucionada pelo Supremo Tribunal Federal na apreciação do Tema 1208, em regime de repercussão geral: quais meios de prova e elementos de convicção são aptos a comprovar o consentimento livre e voluntário ao ingresso domiciliar, para a realização de diligências típicas de persecução penal? Ainda: é possível ao Poder Judiciário estabelecer, sem previsão legal, um regime de hierarquia ou tarifação de provas em relação à matéria, restringindo os espaços de persuasão racional do juiz natural?

A forma como o Supremo Tribunal Federal decidirá a questão terá grandes consequências práticas. A realização de buscas com o consentimento do morador é técnica policial amplamente difundida, não só no Brasil, mas no mundo. A prevalecer o entendimento do Superior Tribunal de Justiça, os órgãos policiais de diversas Unidades da Federação, se desprovidos de aparelhamento para registro audiovisual de diligências, restarão impossibilitados de conduzir buscas e apreensões com o consentimento dos ocupantes do imóvel, o que emprestaria um recorte não previsto pelo constituinte ao art. 5º, XI, da Constituição Federal[24].

3. CONSTITUIÇÃO E VALORAÇÃO DE ELEMENTOS DE CONVICÇÃO QUE COMPROVEM A VALIDADE DO CONSENTIMENTO DO MORADOR

Como consectário das cláusulas do devido processo legal, do contraditório e da ampla defesa, reconhece-se às partes o direito à prova, que ostenta a natureza de direito fundamental de índole processual.

O direito à prova ainda revela um elemento de cariz democrático: é pela atividade probatória que as partes exercem influência sobre o convencimento judicial e participam, efetivamente, do processo de tomada da decisão judicial -uma expressão de autoridade do Estado[25].

É nesse sentido que a atividade probatória deve ser desenvolvida pelas partes de forma livre e desembaraçada, de modo que não cabe ao juiz delimitar aprioristicamente e *in abstrato*, dentre todos os meios de prova lícitos, quais serão ou não aptos a influenciar o convencimento judicial. É direito da parte se valer de todos os meios de prova admitidos pelo direito para dar suporte a suas alegações.

24 Sobre o grande impacto prático das decisões correlatas à realização de buscas com consentimento do morador: "Although precise figures detailing the number of searches conducted pursuant to consent are not-and probably can never be-available,7 there is no dispute that these type of searches affect tens of thousands, if not hundreds of thousands, of people every year" (STRAUSS, Marcy. Reconstructing Consent. Journal of Criminal Law and Criminology. Vol. 92, Issue 1, 2011, p. 211-272). Ainda, conforme Dressler, citado por MarcyStrauss: "there are few areas of Fourth Amendment jurisprudence of greater practical significance than consent searches".

25 "No direito estrangeiro dos países da chamada civil law, predomina entendimento de que direito à prova tem natureza constitucional, mesmo não havendo previsões expressas nas Constituições de um direito à prova ou direito de produzir prova em juízo. [...]. No Brasil, como não poderia deixar de ser, prevalece o mesmo entendimento. Os argumentos em favor do reconhecimento do direito à prova, como aspecto insuprimível das garantias da defesa e do contraditório, encontram confirmação e reforço no texto constitucional" (BADARÓ, Gustavo Henrique Righi Ivahy. Epistemologia Judiciária e Prova Penal. São Paulo: RT, 2019, p. 42-43).

Diante desse recorte, o Poder Judiciário não pode pinçar, arbitrariamente, questões que usualmente se apresentam como objeto de prova no processo penal, para impor restrições: I) às partes, no exercício da atividade probatória, que deve ser livre e desembaraçado; II) ao juiz natural, na formação de seu convencimento pela análise concreta do quadro probatório que se lhe apresenta.

O sistema de provas no processo penal evoluiu gradualmente nos últimos séculos, até que se consagrasse o modelo de persuasão racional atualmente preponderante no ocidente. Em sistemas primitivos, na alta idade média, empregavam-se ordálias, métodos irracionais e aleatórios voltados à apuração da responsabilidade penal[26].

Em um estágio posterior, no procedimento inquisitivo canônico, preponderava o sistema de "prova legal ou tarifada"[27]. Com ele, estabelecia-se por lei o valor de cada prova, especificando-se "quais os meios de prova aptos a provar cada fato"[28]. Como uma regra geral de valoração de provas, o sistema de tarifação pode levar a injustiças nos casos concretos, diante de diferentes realidades apresentadas por particularidades do quadro probatório.

Por isso, o método foi substituído pelo da persuasão racional. Como consectário desse modelo, o juiz encontra liberdade na atividade de valoração da prova. É imprescindível, entretanto, que a apreciação do quadro probatório leve à construção de conclusões amparadas por padrões lógicos e racionais[29]. Para garantia de racionalidade e para tornar diminutas as margens de arbítrio judicial, as decisões oriundas do Poder Judiciário deverão ser sempre fundamentadas (art. 93, IX, CF)[30]. Pela motivação e pela publicidade da motivação, o raciocínio probatório estabelecido pelo julgador pode ser conhecido e escrutinado pelas partes, pelos destinatários da decisão e pela sociedade.

A adesão do direito brasileiro ao princípio da persuasão racional como sistema fundamental de valoração da prova foi positivada no âmbito processual penal pelo art. 155, CPP, ao expressar que "o juiz formará o seu convencimento pela livre apreciação da prova". Igualmente, ao impor ao Poder Judiciário o

---

26 "As ordálias e os juízos e deus não consistiam em um procedimento, mas em uma forma de se 'provar/julgar' a culpa de alguém, uma 'devolução a Deus da decisão sobre a controvérsia'". Acreditava-se que as ordálias "provocariam a proteção divina a quem tivesse razão" (MORAES, Mauricio Zanoide de. Presunção de Inocência no Processo Penal Brasileiro. Rio de Janeiro: Lumen Juris, 2010, p. 42). Por isso, as ordálias eram também conhecidas como "juízos de deus".

27 MORAES, Mauricio Zanoide de. Presunção de Inocência no Processo Penal Brasileiro... p. 64.

28 BADARÓ, Gustavo Henrique Righi Ivahy. Processo Penal. 7ª Ed. São Paulo, RT, 2019, p. 424.

29 "Admitido que a prova é um mecanismo para o conhecimento da verdade, a liberdade em sua valoração deve seguir parâmetros racionais, que permitam um controle intersubjetivo do ato decisório, apto a verificar o erro ou o acerto quanto ao juízo de fato. É possível afirmar que, num modelo cognitivista de exercício do poder, prova e valoração racional são termos inseparáveis" (BADARÓ, Gustavo Henrique Righi Ivahy. Epistemologia Judiciária e Prova Penal. São Paulo: RT, 2019, p. 136).

30 É por essa lógica que o dever judicial de motivação é compreendido como "garantia de segundo grau", por se prestar à tutela de todas as demais garantias processuais. A obscuridade no exercício da autoridade estatal poderia ceder margem larga à violação velada de direitos e garantias fundamentais. A motivação deve trazer luz ao raciocínio judicial, tornando-o público. Sobre a compreensão do dever de motivação e de publicidade como garantia de segundo grau (GOMES FILHO, Antonio Magalhães. A Motivação das Decisões Penais. 2ª Ed. São Paulo: RT, 2013, p. 41).

dever genérico de fundamentação, a Constituição Federal ampara o modelo referido – dado que a motivação se apresenta como garantia de que as decisões não seguirão padrões irracionais, arbitrários ou ocultos.

Sob esse diapasão, se a Lei Federal estabelece a persuasão racional como um princípio geral de valoração judicial da prova, eventual mitigação de sua incidência só pode decorrer de iniciativa legislativa. Impõe-se ressaltar que, atualmente, a legislação processual penal brasileira apresenta alguns resquícios do sistema de prova tarifada – afastando pontualmente a incidência da norma geral.

A prova sobre o estado de pessoas no processo penal só pode ser feita na forma determinada pela lei civil (art. 155, parágrafo único, CPP), a exemplo do casamento, cuja prova se faz por meio de certidão própria. Do mesmo modo, é indispensável a realização de exame de corpo de delito nos delitos não transeuntes (art. 158, CPP).

Igualmente, quando quis afastar a possibilidade de o juiz formar seu convencimento exclusivamente por meio de **prova testemunhal**, o legislador brasileiro foi expresso. Pelo art. 55, §3º, da Lei 8.213/91, não se admite que a comprovação de tempo de serviço, para fins previdenciários, ocorra exclusivamente por meio de prova testemunhal.

Neste ponto, há de se questionar, se, diante de determinados objetos de prova, cabe aos tribunais superiores afastar, sem previsão legal, o sistema de persuasão racional, impondo-se às partes, às instâncias inferiores e aos órgãos de segurança pública, hierarquia entre diferentes meios de prova, rejeitando-se genericamente a validade de prova testemunhal e determinando a produção de meio de prova específico.

O que fez o Superior Tribunal de Justiça na decisão recorrida foi justamente estabelecer uma hipótese abstrata de afastamento do sistema de persuasão racional, substituindo-o por uma regra de **tarifação de prova não acolhida pelo legislador**. No acórdão impugnado, a Corte estabelece que a única forma de se comprovar a aquiescência do morador ao ingresso em seu domicílio é por meio da captação audiovisual do consentimento, que deverá, ainda, ser documentado por escrito. É essa a principal tese de direito contida no *decisum*, *verbis:* "o consentimento do morador para a entrada dos policiais no imóvel será válido **apenas** se **documentado por escrito** e, ainda, for **registrado em gravação audiovisual**"[31].

É assim que, por decisão prolatada em *habeas corpus*, o Superior Tribunal de Justiça projetou sua jurisdição para além do caso concreto, ingressando indevidamente em campo de atuação privativo do Poder Legislativo. Houve

31 STJ - AgRg no HC 685.305/RS, Relator: Ministro Ribeiro Dantas, Quinta Turma, Data de Julgamento: 19/10/2021, Data de Publicação DJe: 27/10/2021.

imposição de requisitos abstratos, não previstos na Constituição ou em lei, ao ingresso em domicílio com consentimento do morador.

Em última análise, o Superior Tribunal de Justiça restringiu o âmbito de incidência da norma constitucional insculpida no art. 5º, XI, da Constituição Federal de 1988. Para prova de que o ingresso em domicílio ocorreu com consentimento do morador, a Constituição Federal não reclamou formalidades especiais, nem mesmo o registro audiovisual da declaração de anuência.

Recorde-se que o entendimento adotado pelo Superior Tribunal de Justiça no acórdão recorrido não se constitui em uma decisão pontual da Corte. Em verdade, o acórdão lançado no HC 685.305/RS invoca como precedente o o HC 598.051/SP. O *leading case* citado exige, para o fim específico de comprovar o consentimento do morador, declaração subscrita por quem autorizou o ingresso domiciliar. Mais além, impõe um dever genérico de registro audiovisual da operação[32].

Por meio do julgamento do HC 598.051, o Superior Tribunal de Justiça pretendeu não apenas solucionar o caso concreto, mas estabelecer uma diretriz **vinculante** aos órgãos judiciais e de segurança pública de toda a República Federativa do Brasil, impondo-se, adicionalmente, obrigação de fazer aos Chefes do Poder Executivo dos Estados e do Distrito Federal – aparelhamento de polícias com as ferramentas necessárias à captação audiovisual das diligências.

Sob o pretexto de suprir o que o órgão julgador denominou "lacuna da lei", a Corte produziu norma abstrata e genérica sobre matéria probatória em direito processual penal, usurpando competência **legislativa** privativa da União (art. 22, I, CF[33]). Não pode o Poder Judiciário, em julgamento de *habeas corpus* individual, produzir normas genéricas que substituam atuação que caberia ao Poder Legislativo[34].

O julgado foi muito além do desiderato de buscar a uniformização de interpretação da lei federal e de formar precedente voltado à orientação de julgamentos futuros. Impôs, reitere-se, obrigação de fazer ao Estado, inclusive **com fixação de prazo**[35], estabelecendo-se hipótese **ilegal de tarifação de**

32 Veja-se trecho do inteiro teor do acórdão: "A prova da legalidade e da voluntariedade do consentimento para o ingresso na residência do suspeito incumbe, em caso de dúvida, ao Estado, e deve ser feita com declaração assinada pela pessoa que autorizou o ingresso domiciliar, indicando-se, sempre que possível, testemunhas do ato. Em todo caso, a operação deve ser registrada em áudio-vídeo e preservada tal prova enquanto durar o processo" (STJ. HC 598.051/SP, Rel. Ministro ROGERIO SCHIETTI CRUZ, SEXTA TURMA, julgado em 2/3/2021, DJe 15/3/2021)

33 Art. 22. Compete privativamente à União legislar sobre:
I - direito civil, comercial, penal, processual, eleitoral, agrário, marítimo, aeronáutico, espacial e do trabalho;

34 Veja-se o seguinte trecho da decisão: "Ao Poder Judiciário, ante a lacuna da lei para melhor regulamentação do tema, cabe responder, na moldura do Direito, às situações que, trazidas por provocação do interessado, se mostrem violadoras de direitos fundamentais do indivíduo. E, especialmente, ao Superior Tribunal de Justiça compete, na sua função judicante, buscar a melhor interpretação possível da lei federal, de sorte a não apenas responder ao pedido da parte, mas também formar precedentes que orientem o julgamento de casos futuros similares" (STJ. HC 598.051/SP, Rel. Ministro ROGERIO SCHIETTI CRUZ, SEXTA TURMA, julgado em 2/3/2021, DJe 15/3/2021).

35 Ficou-se o o prazo de 1 (um) ano para permitir o aparelhamento das polícias, treinamento e demais providências necessárias para a adaptação às diretrizes da presente decisão.

provas, em detrimento da regra – reconhecida por lei federal – de valoração da prova por meio do livre convencimento motivado.

Não menos grave, a premissa adotada pelo Superior Tribunal de Justiça para afastar a validade de provas testemunhais que atestem o consentimento do morador toma a exceção – desvio policial – como se regra fosse, subvertendo a lógica da presunção de legitimidade inerente aos atos de agentes públicos. Pontuou-se ser "ingenuidade, academicismo e desconexão com a realidade conferir", em situações de ingresso em domicílio com consentimento do morador, "valor absoluto ao depoimento daqueles que são, precisamente, os apontados responsáveis pelos atos abusivos"[36].

Não se constroem normas jurídicas saudáveis com presunção de má-fé. Do mesmo modo que não se pode conferir "valor absoluto" ao depoimento policial, também não se pode presumir a ilegalidade dos atos praticados por agentes do Estado, sob pena de se inviabilizar completamente o desempenho de funções estatais básicas. Atos de agentes públicos se presumem legítimos, de sorte que o ônus de provar o abuso de poder recai sobre quem o alega.

Dado que o acórdão exarado no HC 598.051 violou os parâmetros constitucionais, especialmente os arts. 2º e 5º, XI, da Constituição Federal, o **Ministério Público do Estado de São Paulo** interpôs Recurso Extraordinário ao Supremo Tribunal Federal. Deu-se parcial provimento ao recurso, para anular a decisão atacada na parte em que impôs a necessidade de documentação e registro audiovisual das diligências policiais – preservando-se a autonomia judicial na valoração da prova. Igualmente, afastou-se a obrigação de aparelhamento imposta aos entes federativos, prestigiando-se o princípio da separação de poderes.

Não obstante o decido pelo Supremo Tribunal Federal, os parâmetros desenhados pelo Superior Tribunal de Justiça no *Habeas Corpus* 598.051 continuam a ser reproduzidos em julgados recentes do STJ, afastando-se do entendimento adotado pelo STF nos diversos precedentes citados acima. Continua-se a refutar a validade do testemunho policial para comprovar o consentimento do morador ao ingresso em domicílio[37]:

Por isso, é indispensável que o tema seja apreciado com brevidade pelo Supremo Tribunal Federal, para que o entendimento já prestigiado no RE 1.342.077 prevaleça. É imperioso reconhecer que a validade do consentimento do morador para ingresso domiciliar, em contexto de atos de persecução penal, pode ser provada por qualquer meio de prova admissível no processo penal, cabendo ao juiz emprestar aos elementos de convicção uma valoração condizente com as circunstâncias do caso concreto, no exercício do livre convencimento motivado.

---

36 STJ. HC 598.051/SP, Rel. Ministro ROGERIO SCHIETTI CRUZ, SEXTA TURMA, julgado em 2/3/2021, DJe 15/3/2021.

37 A título de exemplo: STJ. AgRg no HC 711.033/GO, relator Ministro Rogerio Schietti Cruz, Sexta Turma, julgado em 5/4/2022, DJe de 12/4/2022.

4. DA IMPOSSIBILIDADE DE SE IMPOR AOS ENTES FEDERATIVOS, POR DECISÃO JUDICIAL, O DEVER DE ADQUIRIR CÂMERAS COMO MEDIDA DE POLÍTICA DE SEGURANÇA PÚBLICA

Para a formulação e execução de políticas de segurança pública, os órgãos do Poder Executivo contam com recursos escassos. Por consectário, a alocação de verbas em tecnologia, aquisição de bens e contratação de serviços deve observar parâmetros de conveniência e oportunidade, fatores variáveis de acordo com o programa de política pública desenhado pelo administrador.

Por não ser possível o consumo desmedido de recursos, cada opção de alocação de verba implica a absoluta impossibilidade de se empregar o mesmo valor em bens e serviços diversos. É por isso que, na dinâmica imposta pelo princípio constitucional da separação de poderes (art. 2º, CF), a regra é que o Poder Judiciário não possa impor ao administrador a obrigação de implementar políticas onerosas de segurança pública em determinado sentido.

Sob esse prisma, ao determinar a gravação de todas as diligências que envolvam ingresso em domicílio com consentimento do morador, o Poder Judiciário, além de inovar a ordem jurídica, impõe obrigação onerosa ao Poder Executivo, direcionando a alocação massiva de recursos públicos à aquisição de câmeras e a contratação de serviços de captação e armazenamento de imagens.

Obviamente, para o registro de diligências policiais não se pode obrigar aos agentes públicos o emprego de equipamentos particulares. Ademais, não basta a captação das imagens, há de se garantir processamento e armazenamento, de modo que se preserve a cadeia de custódia de elementos eventualmente coletados.

O que se conclui é que, em última análise, a ilegal tarifação de prova tratada no item anterior implicaria impor à administração o dever de fazer aquisições e contratações excessivamente onerosas.

Não faltaria legitimidade à decisão que promovesse a efetivação direta de direitos assegurados pela Constituição ou de mandamentos legais. Coisa diversa é a decisão seleciona arbitrariamente - dentre todas as possíveis soluções que poderiam se aplicar ao problema - aquela que o julgador gostaria que fosse a determinação legal ou a diretriz administrativa.

Se, diante de diversos caminhos administrativos e normativos possíveis, o julgador puder optar por aquele que melhor satisfaz o seu sentimento pessoal de Justiça, o sistema de freios e contrapesos e o delicado equilíbrio do regime democrático sucumbirão ao arbítrio da vontade individual.

Sem prejuízo das questões de direito já tratadas, o Ministério Público de São Paulo adotou providências junto à Polícia Militar, com o objetivo de melhorar a atividade probatória em ações penais decorrentes da atuação de policiais militares – não só em casos de ingresso em domicílio alheio, mas em todas as intervenções que sejam relevantes à instrução de ações penais ou para aferir a legalidade da ação dos órgãos de segurança pública.

Não se nega a importância dos programas de câmeras corporais. A expansão da utilização das câmeras pelas polícias brasileiras é um ideal a ser perseguido pelos órgãos de segurança pública.

Conforme amplamente divulgado pela imprensa, a Polícia Militar do Estado de São Paulo promoveu a contratação de serviços de empresa especializada para fornecimento de solução integrada de captação, armazenamento, transmissão, custódia e gestão de evidências digitais – *Axon Evidence*.

Sem prejuízo da implantação parcial do programa, os promotores de Justiça do Ministério Público de São Paulo já fazem uso das imagens captadas em operações, como desdobramento de cooperação existente entre a instituição e a Polícia Militar. Para obtenção das imagens, o promotor de Justiça adota procedimento simples. Primeiro, cadastra-se no Sistema *Evidence*.

Em seguida, diante do caso concreto, o promotor extrai dos autos as informações sobre o local da ocorrência e o batalhão em que os policiais envolvidos estão lotados. Ato contínuo, o órgão do Ministério Público requisita à Seção de Justiça e Disciplina do Batalhão a remessa de imagens relacionados à ocorrência. As imagens são disponibilizadas ao promotor de Justiça por meio do Sistema *Evidence*, que faz a tutela da cadeia de custódia da prova, inclusive com geração de *código hash*, quando mantida a mídia no *data center* da *Axon*. O mesmo material deve ser disponibilizado às defesas dos imputados, em respeito à paridade de armas.

A questão aqui posta não versa sobre a conveniência do programa, de grande valia para a segurança pública e para a higidez da atividade probatória desempenhada pelos órgãos de persecução penal.

Reforça-se que as questões aqui controvertidas se limitam às análises delineadas na introdução: a) apreciar as circunstâncias diante das quais o consentimento do morador para ingresso em domicílio, em contexto de ato de persecução penal, pode ser considerado válido – tanto no aspecto material quanto no aspecto formal; b) aferir a validade de eventual determinação judicial, dirigida à administração pública, para aquisição de tecnologia ou procedimentos não previstos em lei, como consectário de uma tarifação de provas estabelecida abstratamente pelo órgão judicial.

Quanto a esses aspectos, não se pode admitir que o Poder Judiciário se substitua simultaneamente ao legislador - promovendo indevida tarifação de provas, e ao administrador – e ao administrador, determinando as contratações e aquisições que julga mais convenientes à implementação de uma "política judicial de segurança pública".

5. CONCLUSÃO

O Tema 1208 de Repercussão Geral, objeto do Recurso Extraordinário 1.368.160/RS, versa especificamente sobre os requisitos de validade do consentimento do morador para fins de realização de busca e apreensão domiciliar.

Dois aspectos controvertidos constituem o cerne da controvérsia: i) a eventual existência de regras específicas de produção e valoração da prova, voltadas a aferir a validade do consentimento ao ingresso do agente estatal em domicílio, prestado pelo ocupante do imóvel; ii) o questionamento sobre a legitimidade do Poder Judiciário para determinar à Administração Pública a contratação de serviços e aquisição de tecnologias dirigidos especificamente à prova do consentimento.

Adota-se a premissa de que o consentimento válido do ocupante do imóvel torna lícito o ingresso de agentes do Estado em seu domicílio, dia ou noite, mesmo que para fins de diligência correlata à persecução penal. Assim é, pois a finalidade da norma contida no art. 5º, XI, CF, é proteger a intimidade e a vida privada daqueles que detêm a posse direta do espaço compartimentado, não aberto ao público e de uso exclusivo.

Sem prejuízo da eficácia horizontal da norma protetiva, suas raízes históricos evidenciam que sua *ratio* precípua é a de proteger o cidadão de intrusões de agentes do Estado. Por outro lado, o texto constitucional prevê hipóteses em que a cláusula de inviabilidade domiciliar pode sofrer reduções.

Nesse cenário, não se questiona que o consentimento do morador torna lícita a busca e apreensão domiciliar sem prévia expedição de mandado judicial. Em evolução sobre a matéria, a doutrina reconheceu **requisitos de ordem material** para que o consentimento seja considerado válido. A aquiescência do ocupante do imóvel deve ser livre, consciente e voluntária.

Considera-se livre e voluntário o consentimento prestado sem constrangimentos capazes de suprimir ou reduzir a capacidade de autodeterminação do indivíduo. Não se exige espontaneidade. É possível que o consentimento seja solicitado pelo agente de Estado, inclusive por meio de diálogos persuasivos. Estes não inquinam o consentimento.

Por outro lado, não se pode confundir o discurso persuasivo com insistência que caracteriza coerção psíquica. Em circunstâncias tais, corrompe-se a voluntariedade, tornando-se ilícita a investida estatal.

Para além dos atos coercitivos, também a ações fraudulentas dos agentes de Estado, empregadas com o propósito de obter um consentimento motivado por uma falsa percepção da realidade, implicam a ilicitude das provas eventualmente obtidas.

Ainda quanto aos **requisitos de ordem material** para aferição da validade do consentimento, há uma **dimensão subjetiva** a ser considerada, consistente na identificação dos titulares da garantia de inviabilidade domiciliar, detentores de legitimidade para prestar consentimento válido. Acerca desse ponto, são irrelevantes apreciações como o caráter justo ou injusto da posse ou controvérsias sobre o direito de propriedade.

É a posse direta o fator que implica a proteção da norma constitucional, mesmo nos casos de ocupação temporária ou habitação coletiva. O consentimento prestado pelo possuidor, por isso, em um primeiro plano, satisfaz a dimensão subjetiva inerente aos requisitos materiais necessários à validade do consentimento. Nos casos de autoridade compartilhada sobre o imóvel, os compossuidores são concorrentemente legitimados a prestar o consentimento.

Ocorre que, para além desses temperamentos constitucionais, a jurisprudência do Superior Tribunal de Justiça tem se consolidado para impor **requisitos formais** à validade do consentimento, sem que haja disposição legal que lhes dê amparo.

Em diversos precedentes, registra-se a compreensão de que "consentimento do morador para a entrada dos policiais no imóvel será válido apenas se documentado por escrito e, ainda, for registrado em gravação audiovisual". No que diz respeito a esse entendimento, o que se questiona é quais específicos **meios de prova** se prestam a comprovar a validade do consentimento.

Ocorre que não cabe ao Poder Judiciário estabelecer tarifação abstrata de meios de prova, diante de objetos de prova selecionados pontualmente pelo julgador, afastando-se de maneira genérica a validade de provas testemunhais. Haveria indevida restrição às partes no exercício dos direitos probatórios e, mais além, restrição à livre apreciação judicial das provas, em detrimento do princípio da persuasão racional.

Em se tratando o sistema da livre apreciação das provas de um modelo positivado, conforme art. 155 do Código de Processo Penal, eventual mitigação da regra geral só pode ser imposta por determinação legislativa, jamais por escolha arbitrária de órgãos do Poder Judiciário quanto a particulares objetos de prova.

Do mesmo modo, não se admite que o Poder Judiciário imponha à administração pública o dever de contratar serviços e adquirir tecnologias que julga convenientes ao incremento da qualidade das provas no âmbito do processo penal.

Por esses fatores, quando da fixação da tese correlata ao Tema 1208 de repercussão geral, espera-se que o Supremo Tribunal Federal reconheça que a validade do consentimento do morador para ingresso domiciliar, em contexto de atos de persecução penal, pode ser provada por qualquer meio de prova admissível no processo penal, cabendo ao juiz emprestar aos elementos de convicção uma valoração condizente com as circunstâncias do caso concreto, no exercício do livre convencimento motivado.

REFERÊNCIAS

BADARÓ, Gustavo Henrique Righi Ivahy. Epistemologia Judiciária e Prova Penal. São Paulo: RT, 2019.

BADARÓ, Gustavo Henrique Righi Ivahy. Processo Penal. 7ª Ed. São Paulo, RT, 2019

BRASIL. SUPERIOR TRIBUNAL DE JUSTIÇA. AgRg no HC 685.305/RS, Relator: Ministro Ribeiro Dantas, Quinta Turma, Data de Julgamento: 19/10/2021, Data de Publicação DJe: 27/10/2021.

BRASIL. SUPERIOR TRIBUNAL DE JUSTIÇA. AgRg no HC 711.033/GO, Relator: Ministro Rogerio Schietti Cruz, Sexta Turma, julgado em 5/4/2022, DJe de 12/4/2022.

BRASIL. SUPERIOR TRIBUNAL DE JUSTIÇA. HC 598.051/SP, Relator: Ministro Rogerio Schietti Cruz, Sexta Turma, julgado em 2/3/2021, DJe 15/3/2021.

BRASIL. SUPREMO TRIBUNAL FEDERAL. RE 1368160 RG, Relator: Min. Presidente, Tribunal Pleno, julgado em 31/03/2022, DJe-066, D: 04-04-2022. P: 05-04-2022.

BRASIL. SUPREMO TRIBUNAL FEDERAL. HC 148965, Relato: Min. Marco Aurélio, Primeira Turma, julgado em 17/03/2020, DJe-095, D: 20-04-2020, P: 22-04-2020.

BRASIL. SUPREMO TRIBUNAL FEDERAL. HC 230856 AgR, Relator: André Mendonça, Segunda Turma, julgado em 02-10-2023, D: 06-10-2023, P: 09-10-2023.

GOMES FILHO, Antonio Magalhães. A Motivação das Decisões Penais. 2ª Ed. São Paulo: RT, 2013.

LIPPMAN, Matthew Ross. Criminal Procedure. Thousand Oaks: SAGE, 2014

MACLIN, Tracey. The Central Meaning of the Fourth Amendment. In: William & Mary Law Review, Vol. 35, Issue 1, p. 197-249, 1993.

MORAES, Mauricio Zanoide de. Presunção de Inocência no Processo Penal Brasileiro. Rio de Janeiro: Lumen Juris, 2010.

MENDES, Gilmar Ferreira; BRANCO, Paulo Gustavo Gonet. Curso de Direito Constitucional. 17ª ed. São Paulo: Saraiva, 2022

PEZZOTTI, Olavo Evangelista. Colaboração Premiada: uma perspectiva de direito comparado. São Paulo: Almedina, 2020

PIEROTH, Bodo; SCHLINK, Bernhard. Direitos Fundamentais. São Paulo: Saraiva, 2012.

SARLET, Ingo Wolfgang; WEINGARTNER NETO, Jayme. A inviolabilidade do domicílio e seus limites: o caso do flagrante delito. In: Revista de Direitos Fundamentais e Democracia, Curitiba, v. 14, n. 14, jul/dez de 2013.

STEINBERG, David. E. The uses and misuses of the Fourth Amendment History. In: Journal of Constitutional Law. Vol. 10, Issue 3, mar. 2008.

STRAUSS, Marcy. Reconstructing Consent. Journal of Criminal Law and Criminology. Vol. 92, Issue 1, 2011.

UNITED STATES. SUPREME COURT. Illinois v. Rodriguez, 497, U.S 177. J: 21 de junho de 1990.

UNITED STATES. SUPREME COURT. United States v. Matlock, 415 U.S. 164 (1974), j: 20 de fevereiro de 1974.

WHITE, Welsh S. Effective Consent to Search and Seizure. In: University of Pennsylvania Law Review, vol 113, 1964. p. 260 – 277.

Polícias e prova testemunhal no processo penal: um prisma no poliedro da *polis*

Jayme Weingartner Neto[1]

1. INTRODUÇÃO

Honrado com o convite dos eméritos organizadores da presente obra, e vai já um especial agradecimento ao Doutor Alejandro Werlang, com quem compartilho núcleo de estudos sobre ciências criminais no âmbito da Escola da Magistratura do Rio Grande do Sul, em face do amplo tema proposto – as provas no processo penal –, proponho-me a focar no **problema da prova policial**, mais propriamente no *valor do testemunho de agentes policiais em juízo*, a considerar tanto a decisiva relevância prática da abordagem, consabida a abundância de condenações que se ancoram, com predominância, nesta espécie probatória, como pela recente mudança de lentes, nomeadamente pelos Tribunais Superiores, que têm lançado uma série de reservas aos entendimentos mais tradicionais. Tenho duas premissas: a mais geral, é que (i) *descabe ao Poder Judiciário suprir lacunas e falhas do sistema de persecução penal para arrefecer o regime constitucional e legal de garantias processuais*; ainda, que (ii) *medo não é prova*, embora a justiça criminal esteja tensionada pelo que, noutro texto, chamei de o [natural] poder do medo, a acarretar, por outro lado, um [salutar] medo do poder.

No escopo delimitado, a questão que enfrento é descrever e avaliar as diversas facetas, várias convergentes, pelas quais se percebe que a "Palavra da Polícia", antes quase inconteste e naturalizada jurisprudencialmente, passa a ser ponderada, por fatores internos e externos à persecução penal, chegando-se a um sistema processual mais equilibrado, efetivamente vincado pela Constituição de 1988.

Procederei da seguinte forma: inicialmente, um registro da realidade que vivenciamos, dias e noites de crimes graves, em números impressivos, muita

1 Doutor em Direito Público pela PUCRS. Mestre em Ciências Jurídico-Criminais pela Universidade de Coimbra. Professor da Escola de Direito e do Programa de Pós-Graduação em Ciências Criminais - Mestrado e Doutorado - da Pontifícia Universidade Católica do Rio Grande do Sul. Desembargador do TJRS. Diretor da Escola Superior de Magistratura do Rio Grande do Sul, 2018/2021.

violência, a gerar medo e apoio social a soluções de força, cuja legalidade é preocupação secundária, o que se traduz em concomitante empoderamento das polícias (nada obstante as crescentes contestações por setores da sociedade) e afrouxamento das exigências probatórias, sempre em nome do "eficiente" (ainda que as evidências não o demonstrem) combate à criminalidade (*infra* 1); na sequência, exploro duas vertentes de reafirmação do farol constitucional, que de certo modo reagem ao *status quo* e arrefecem a sobrevaloração da prova policial: uma virada no suporte probatório considerado suficiente para a pronúncia, melhor lido e aplicado o art. 155 do Código de Processo Penal, o que representa uma guinada na práxis do Tribunal do Júri (*infra* 2); e uma relativização epistemologicamente realista a orientar *standard* de prova mais elevado para fazer preponderar a palavra dos policiais em situações cotidianas, das buscas e apreensões de drogas nas ruas ao reporte de "confissões informais" (*infra* 3); finalmente, verifico o estado da arte de um princípio que decorre da aceleração tecnocientífica e do vigilantismo, a separação organizacional e informacional de poderes, cogitando de alguns afloramentos na temática debatida (*infra* 4). Na conclusão, retomo, modo prudencial, as premissas anunciadas.

2. ENTRE MEDOS E EVIDÊNCIAS, OLHAR COM OLHOS DE VER

Uma díade clássica da ciência política percorre o "poder do medo e o medo do poder".[2] Já abordei tal imagem em evento de direitos humanos e dialogando com oficiais da Polícia Militar do Rio Grande do Sul, referindo que o medo é uma paixão sombria que brota no ser humano, enraíza-se na sociedade e, no que importa aqui, projeta-se no campo probatório. Possíveis dois campos semânticos do sentido de política (o deliberativo, prática coletiva da liberdade, na raiz da *polis* grega; e o weberiano, na disputa pela direção do Estado), nas reflexões da modernidade (Maquiavel, Hobbes) a política é vista como uma "prática fortemente associada à violência", frequentemente "relacionada a paixões sombrias, como o medo". Maquiavel, na célebre passagem, na impossibilidade de conjugar os dois sentimentos, recomendava ao governante melhor ser temido, do que amado. Hobbes, ao conceber o *Leviatã*, escreve transido pelo fratricídio da guerra civil-religiosa inglesa (1642-9) e contrapõe, à insegurança generalizada daqueles dias (a natureza em que seres humanos eram lobos recíprocos), uma "relativa segurança gerada, paradoxalmente, pelo medo disciplinador que a simples sombra do monstro desperta" – ordem e paz, preservar a vida, o freio estatal diante das paixões insociáveis. *Onde fundar a soberania do Estado Moderno*, que seria, nos primórdios, Monárquico-Absolutista?

2 Inspiro-me num item do terceiro capítulo (Por dentro do Leviatã) da seguinte obra: SINGER, André; ARAUJO, Cicero; BELINELLI, Leonardo. Estado e democracia: uma introdução ao estudo da política. 1ª ed. Rio de Janeiro: Zahar, 2021, pp. 130-4.

A resposta hobbesiana foi apontar (...) a paixão que denominou *medo da morte violenta*. Esta, ao contrário de outras variantes do medo, seria compatível com a ordem social, pois obrigaria os homens a ver os interesses de longo prazo e, portanto, passíveis de ação calculável, racional. Seria, assim, uma paixão construtiva, forte o suficiente e ligada a um instinto universal, favorável à vida. E também positiva, porque despertaria um desejo de "sair daquela mísera condição de guerra que é a condição necessária (conforme se mostrou) das paixões naturais dos homens, quando não há um poder visível capaz de os manter em respeito, forçando-os, por medo do castigo, ao cumprimento de seus pactos" e outros gestos condizentes com esse desejo. Assim, o **medo da morte violenta era forte candidato à fundação e preservação do Estado**[3]

As pessoas, vitalmente, não querem sofrer morte violenta. Para protegê-las, importa que haja um soberano, "acima de lutas entre grupos, facções" (não interessava tanto, naquele momento histórico, o que os soberanos faziam ou fariam, mas que houvesse um soberano). É dizer, centralizava-se o poder, superando a fragmentação feudal, aquele estado de coisas que Hegel chamou de *poliarquia*. O medo da morte violenta, reparo, além de instintivo, é canalizado como paixão construtiva e positiva, ancorando a construção, pactuada, do Estado.

O risco, como se viu nos séculos seguintes e sobre o qual Max Weber alertou ao descrever a burocracia, não deixa de ser uma consequência da proposta hobbesiana, qual seja: "deixar crescer sem controle o poder impessoal, a máquina indiferente a propósitos que acompanha o processo de construção do Estado Moderno". Na plástica imagem, "com o gume do dispositivo letal dessa máquina se afiando como nunca antes", **será que o perigo da morte violenta pelas mãos de um lobo-humano é tão maior do que o de cair nas engrenagens de um "Leviatã desatado"**? Para setores vulneráveis da população brasileira, respondo logo, o risco do erro judiciário, uma vez acionada a "máquina de moer carne" da persecução penal, não é insignificante, mormente a depender das respostas jurisdicionais.[4]

O Brasil da segunda década do século XXI, o horizonte do texto, vai muito bem sumarizado por Marchi Júnior: "O avanço indiscriminado da criminalidade violenta, o sucateamento da polícia judiciária e o desumano volume de carga a desafiar os atores do processo, entre outros fatores, contribuíram para o **rebaixamento paulatino da qualidade da prova no processo penal**, sendo comum se deparar com sentenças condenatórias e decisões de pronúncia fundadas **basicamente em depoimentos tomados dos próprios investigadores**".[5]

3 SINGER; ARAUJO; BELINELLI, Estado e democracia, p. 132 – destaquei.
4 Em boa medida, tal a ratio da recente Resolução CNJ 484, de 22/12/2022.
5 MARCHI JÚNIOR, Antônio de Padova. Dos diferentes balizamentos do standard probatório na decisão de pronúncia. In: MADEIRA, Guilherme; BADARÓ, Gustavo; SCHIETTI CRUZ, Rogério. Código de Processo Penal: estudos aos 80 anos de vigência. Volume 2. São Paulo: Thomson Reuters Brasil, 2021, p. 172 – grifei.

Daí que, em parte por legislação, outro tanto num saudável "movimento reativo dos tribunais superiores", há uma tendência de exigir melhor fundamentação das decisões [em geral], a par de revisitar respostas tradicionais, no acertamento de soluções constitucionalmente mais adequadas às garantias processuais, nomeadamente a imparcialidade, o contraditório e a ampla defesa.

Antes de focar num emblema do que se disse [a relação da pronúncia com a natureza da prova produzida no filtro do art. 155 do Código de Processo Penal, e, por conseguinte, no controle das condenações lavradas pelo Conselho de Sentença no Tribunal do Júri], devo **abrir um pouco mais a janela**. Pois que as *polícias*, um pouco por todo o mundo, embora imprescindíveis, encaram *contestações*, algumas **espetaculares.**[6] Parece proveitoso, brevemente, referir a "revolução das evidências" que perpassa o modelo tradicional de policiamento/investigação e impacta na sensível questão da violência policial e do racismo, decisivas para a legitimação da atividade.

Sigo, aqui, em sumária resenha, a obra recém publicada de Koppitke, certamente um marco, bastando referir que se trata da primeira revisão científica sistemática sobre o que funciona e o que não funciona para reduzir crimes violentos, com o respectivo rastreamento de evidências, feita na América Latina.[7] *Um olho no Leviatã pacificador/ordenador e, outro, no monstro desembestado*, fato é que o Poder Público, ao longo dos séculos XIX e XX, consolidou um modelo tradicional de segurança pública, assumindo a responsabilidade de atuar "para tentar controlar a violência" por meio de um **tripé institucional**: **polícia**, **justiça criminal** e **prisão** – tudo, ao menos em tese, orientado pelo direito penal, é dizer, a **persecução penal** "tornou-se a principal política de segurança pública implementada em quase todo o mundo".[8] A partir da década de 20 do século passado, as polícias profissionalizam-se, seja no trabalho ostensivo, seja no investigativo. Veículos motorizados, centrais de atendimento, papiloscopia etc., isso soa familiar. E as coisas, também com a adoção de modelos de gestão vindos da iniciativa privada iam bem, a produtividade

6 Do noticiário recente: "A França mobilizou nesta sexta-feira [30/6/2023] blindados e 45 mil policiais para conter os distúrbios provocados pela morte de um jovem baleado por um policial, que continuaram pela quarta noite, embora com menos intensidade, resultando em quase 1.311 detidos" - https://g1.globo.com/mundo/noticia/2023/07/01/franca-reforca-mobilizacao-policial-e-quase-500-pessoas-sao-detidas-em-mais-uma-noite-de-protestos.ghtml, acesso em 29/7/2023. Antes um pouco: "'I cant' breathe. Please, I can't breathe'. Há exato 1 ano, em 25 de maio de 2020, o mundo assistia atônito as imagens que registraram as súplicas de George Floyd, brutalmente assassinado pelo policial Derek Chauvin na cidade de Minneapolis, no estado de Minnesota (EUA). ... Mesmo em meio à pandemia da covid-19, foram cerca de dez dias consecutivos de massivas manifestações que reacenderam os gritos por justiça e de resistência, ecoados há anos pelo Movimento Black Lives Matter" - https://www.brasildefato.com.br/2021/05/25/george-floyd-um-ano-do-levante-global-que-entrou-para-historia-da-luta-antirracista, acesso em 29/7/2023.

7 KOPITTKE, Alberto. Manual de segurança pública baseada em evidências: o que funciona e o que não funciona na prevenção da violência. Passo Fundo: Conhecer, 2023. Vide, especialmente: 2. A revolução das evidências, o modelo tradicional e as três ondas, pp. 67 e ss.; 7 Policiamento, estratégias, técnicas de investigação e taxas de resolução, pp. 452 e ss.; 10. Violência policial, racismo e legitimidade policial, pp. 689 e ss.

8 KOPPITKE, p. 69.

da polícia melhorou e os "anos gloriosos" pós-Segunda Guerra experimentaram expressiva redução dos índices de violência nos países desenvolvidos.

Então, chegaram os turbulentos anos 60 do século XX: contestações, diversidade, novos atores sociais nas ruas (movimentos estudantis, feministas, negro, LGBT, hippie); além disso, em paralelo, por fatores diversos, "índices de violência começaram subitamente a crescer"; pior, a receita tradicional (rondas nas ruas, prisões, investigar crimes, prender suspeitos) se revelava incapaz de fazer frente ao fenômeno. Junte a crise fiscal dos anos 1970/1980, e *as polícias passam a ser vistas como onerosas e ineficientes*.[9] Para as polícias, uma **tripla crise**: os índices de criminalidade **não baixavam**, eram vistas como **muito caras** e criticadas por **abusar da força** contra muitos grupos sociais. Neste eixo, surge a "Revolução das Evidências" e diversos experimentos científicos mostram que muito do que se fazia, *tout court*, não funcionava: o modelo era reativo, desfocado, não integrado e "acreditava excessivamente no sistema penal como forma de reduzir os índices de violência".[10] Trata-se, na nova concepção, de utilizar evidências para formular estratégias eficazes, num leque mais amplo de abordagens (prevenção social, situacional e urbanismo) e com uma nova compreensão de policiamento, justiça criminal e redução da reincidência.[11]

Dito isso, os dados mostram um Brasil violento, há cerca de 50 anos puxado pelo grande aumento da violência urbana. Desde 1979, pelo menos um milhão e meio de pessoas foram vítimas de homicídio – com 2,8% da população mundial, temos mais de 11% dos homicídios do mundo; 17, dentre as 50 cidades mais violentas do mundo (2017), eram brasileiras; 9,6% da população brasileira sofre de ansiedade, um recorde planetário (OMS), em grande parte pelo medo da violência; feminicídios, risco incrementado para pessoas negras, crime organizado fortalecido, milícias; grande gasto para governos e iniciativa privada (estima-se 5,9% do PIB anual em 2016 – 10 vezes o orçamento do Bolsa Família), a calamidade prisional (um aumento de 700% no número de pessoas presas, num lapso de trinta anos; 730 presos a cada 100 mil habitantes, uma das taxas mais altas do mundo) que, aliás, o STF apodou de "estado de coisas inconstitucional" (ADPF 347).[12] Pese ligeira queda de um

9 KOPPITKE, p. 70, a ponto de grandes polícias do mundo lidarem com cortes de 30% nos seus efetivos, bem quando "a violência disparava nas grandes metrópoles ocidentais".

10 KOPPITKE, p. 87. E pouco aberto à inovação, mais atento a indicadores-meio (prisões, apreensões) do que à efetiva redução da violência.

11 KOPPITKE, idem. Apenas três exemplos: 2013 (Experimento "Plano Quadrantes", Bogotá; a Scotland Yard, polícia de Londres, "adota a segurança pública baseada em evidências em sua missão") e 2016 (Programa de Alta Dedicação Operativa – PADO, no Uruguai).

12 KOPPITKE, pp.94-7. E o investimento na área não resultou em queda da violência: entre 1995 e 2018, o aumento real do gasto em segurança pública foi de 116%. Sucedem-se, desde a redemocratização, Planos Nacionais de Segurança (ao menos quatro), Operações da Força Nacional e da Garantia da Lei e da Ordem e inúmeras outras, além de uma vistosa intervenção federal no Estado do Rio de Janeiro.

ano para o outro, o Brasil ostenta taxa de 23,4 mortes violentas intencionais para cada 100 mil habitantes em 2022.[13]

Ou seja, é compreensível o duplo medo: da violência14 e do Leviatã. Com tais lentes, procuro *olhar com olhos de ver*15 os reflexos do retrato acima no sistema de justiça penal, que, ademais, gradativamente beneficia-se de evidências que, recursivamente, também influenciam o quadro legislativo e a hermenêutica.[16] Começo pelo Júri, de certo modo um espetáculo a céu aberto.

3. UM BASTA À CIRCUNVENÇÃO DO ART. 155 DO CPP, FOCO NO TRIBUNAL DO JÚRI

Está sedimentada hoje, ao menos nos Tribunais Superiores, vencendo décadas de inércia jurisprudencial – e impulsionada a nova leitura por reforma legislativa que data de 2008 (Lei 11.690), a **impossibilidade de sustentar a pronúncia e a condenação do réu por crime doloso contra a vida exclusivamente em informes colhidos no inquérito policial**, pois a sentença que submete o réu a julgamento pelo Tribunal do Júri também está submetida ao regramento previsto no art. 155, *caput*, do Código de Processo Penal [*O juiz formará sua convicção* pela livre apreciação da prova produzida em contraditório judicial, *não podendo fundamentar sua decisão exclusivamente nos elementos informativos colhidos na investigação*, ressalvadas as provas cautelares, não repetíveis e antecipadas].[17]

---

13 Anuário Brasileiro de Segurança Pública 2023 – foram 47.508 vítimas em 2022 (uma redução de 2,4% em relação a 2021): 76,9% negras, 50,2% entre 12 e 19 anos, 91,4% do sexo masculino (https://forumseguranca.org.br/anuario-brasileiro-seguranca-publica/, acesso em 25/7/2023 – infográfico A4-V07). Também registrou-se o maior número de estupros da história (74.930 vítimas) e cresceram todos os indicadores de violência doméstica, a par dos feminicídios.

14 Para um "construtivismo moderado" que leva em conta os números assustadores da criminalidade contemporânea vide OLIVEIRA, Luciano. E se o crime existir?: teoria da rotulação, abolicionismo penal e criminologia crítica. Rio de Janeiro: Revan, 2018. O autor observa que a criminologia crítica "praticamente nada diz quando se trata de crimes igualmente abomináveis cometidos pela delinquência comum, aqueles praticados dentro do que se convencionou chamar de 'criminalidade urbana violenta'" (p. 76, sequestro, latrocínio, estupro, homicídio, "aqueles que metem medo e provocam indignação", p. 97); assim, o abolicionismo, uma "ideia generosa", diante dos níveis de "criminalidade e repressão assustadores" do Brasil, pode levar a impressão de ser "uma típica ideia fora do lugar" (pp. 93-4). Enfim, se é, "com certeza, verdade que o crime é em grande parte uma 'questão social', não é menos verdade que, depois de cometido, pelo menos alguns deles são também uma 'questão de polícia'" (p. 130).

15 Título do painel de que participei em 17/5/2023, em evento promovido pelo Departamento de Direitos Humanos da Associação dos Juízes do Rio Grande do Sul (Violência estrutural e sistema de justiça: discussão de dados e ferramentas).

16 Evidências, por exemplo, que mobilizam proposta legislativa: PL 4.373/2016 – Lei de Responsabilidade Político Criminal: Art. 1º A proposta legislativa que tratar da criação de novos tipos penais, aumentar a pena cominada ou tornar mais rigorosa a execução da pena deverá ser submetida à análise prévia de impacto social e orçamentário. Art. 2º A análise prévia de impacto social e orçamentário de propostas legislativas que tratem da questão penal deverá conter dados estatísticos e projeções de custos sociais e orçamentários. Art. 3º O impacto social deverá ter como referência o número estimado de novos processos de conhecimento e de execução no Poder Judiciário, o número de vagas necessárias no sistema prisional e as implicações que a criminalização e os aumentos de pena provocarão na vida coletiva. Evidências que sustentam Resoluções do CNJ (por todas, a Res. CNJ 484, de 22/12/2022, sobre o reconhecimento de pessoas, de cujos considerandos extraio dois tópicos: "que o reconhecimento de pessoas equivocado é uma das principais causas de erro judiciário, conforme demonstrado por ampla produção científica, nacional e internacional, que indica a existência de diversos fatores sensíveis no procedimento de reconhecimento"; "a vasta literatura científica existente, a qual aponta para as possíveis distorções da memória, bem como os casos de reconhecimentos irregulares realizados por agentes públicos a partir da apresentação informal ou inadequada de fotos ou investigados não vinculados aos fatos, ou ainda mediante sugestões, induções ou reforço às respostas apresentadas pelas vítimas ou testemunhas). Evidências que, crescentemente, estão no horizonte dos precedentes judiciais qualificados, como se verá.

17 HC 706.735/RS, relator Ministro Sebastião Reis Júnior, Sexta Turma, julgado em 14/2/2023, DJe de 17/2/2023. AgRg no HC 771.973/SC, relator Ministro Reynaldo Soares da Fonseca, Quinta Turma, julgado em 7/2/2023, DJe de 13/2/2023.

Cogito que, em parte, o medo (da morte violenta como fato bruto e, por conseguinte, da impunidade que "alimentaria" a epidemia de homicídios)[18] assombrou, talvez inconscientemente, o espírito da magistratura. A *práxis* permite afirmar que não eram/são raras as pronúncias/condenações, *amparadas apenas na prova policial* e, mesmo, diante da *fragilidade dos informes* que sustentariam a tese acusatória. Sim, é verossímil a suposição de que vítimas e testemunhas tenham justificado receio em depor [o que há de ser demonstrado, em concreto, por óbvio], mas tal ânimo não supre a falta de prova judicial e de informes que sustentem a culpa. **Medo não é prova.**

Neste horizonte, já se manifestou a egrégia Primeira Câmara Criminal:

> "Dificuldade de produção de prova e temor de testemunhas que não implicam afastar a incidência do citado art. 155, que substancia preceito reitor para avaliação da prova no processo penal brasileiro. O quadro legal e administrativo, ao estruturar programas especiais de proteção a vítimas e a testemunhas ameaçadas em razão de colaborarem com a investigação ou processo criminal (Lei Federal 9.807/1999; Decreto Estadual 40.027/2000), já indica o caminho a ser trilhado no escopo da efetividade probatória em juízo, tarefa que é dos agentes acusatórios. Se infrutífera, descabe legitimar condenações ancoradas em dados inquisitoriais" - RECURSO EM SENTIDO ESTRITO 70085212009, Tribunal de Justiça do RS, Primeira Câmara Criminal, unânime, j. 14/10/2021.

18 A taxa de resolução de crime depende muito das técnicas de investigação e da perícia forense, mas apenas nos últimos anos começaram a ser produzidas evidências mais robustas sobre o que gera maior impacto neste âmbito. Aumentar as taxas é desafio mundo afora. Nos EUA, estimativa do FBI (2019), de 1,2 milhões de crimes violentos denunciados à polícia (contra a vida, roubos e estupros), 54,5% não foram resolvidos - isolada, a taxa de homicídios resolvidos com prisão ou outras formas excepcionais, em 2017, foi de 61,6% (as taxas médias de resolução de crimes têm permanecido estáveis nos últimos 30 anos; no caso de homicídio, até diminuíram). No Brasil, o Instituto Sou da Paz realiza pesquisa para mensurar a proporção de homicídios dolosos que resulta em ações na justiça nas 27 unidades federativas - na edição de 2021, 17 estados informaram sobre homicídios ocorridos em 2018 e investigados até 2019: no conjunto, os estados esclareceram 44% dos homicídios. Entre 2003 e 2018, o Brasil teve mais de 860 mil homicídios; em 2020, havia 80.319 pessoas presas por homicídio - KOPPITKE, pp. 452-4. A quinta edição da pesquisa "Onde mora a impunidade" do Sou da Paz revela que estados brasileiros perderam capacidade de esclarecer homicídios, pois, dos ocorridos em 2019, apenas 37% dos homicídios geraram denúncias à Justiça até o final de 2020 (basta um autor denunciado); a pior taxa é do Rio de Janeiro, com 16% de taxa de elucidação - desta feita, houve 19 estados elegíveis; segundo o relatório, Ministérios Públicos e Tribunais de Justiça de oito estados ainda não conseguem produzir dados necessários para o cálculo do Indicador Nacional de Esclarecimento de Homicídios: Alagoas, Amazonas, Goiás, Maranhão, Rio Grande do Norte, Rio Grande do Sul, Sergipe e Tocantins; porque não havia data do homicídio ou porque havia um percentual acima de 20% de dados incompletos (https://soudapaz.org/wp-content/uploads/2022/08/OndeMoraAImpunidade.pdf, acesso em 16/7/2023). Por outro lado, a crença na capacidade da justiça criminal e da pena de prisão "enfrentarem" tal situação fundamenta-se nas ideias de prevenção geral e específica "provocadas pela punição dos autores de crimes". Todavia, o que dizem as evidências sobre isso? O que é eficiente como "exemplo" para que outros não cometam crimes? O que faz um indivíduo não prosseguir na trajetória criminal e retomar o convívio social? O que reduz a reincidência? Uma primeira grande revisão feita em estudos nos EUA (realizados entre 1945 e 1967) chegou à frustrante conclusão de que "nada funciona" (nothing works), o que reforçou o discurso do endurecimento e de que a única função do sistema prisional era incapacitar criminosos; isso, associado à política de guerra às drogas (1973), fez a taxa de encarceramento saltar de cerca de 100 presos para cada 100 mil habitantes para 754 presos por 100 mil pessoas em 2008. Entrementes, o Canadá tornou-se uma referência em programas de tratamento penal, produzindo uma revisão sistemática de impacto mundial, a indicar que alguns programas reduziam a reincidência, "mas curiosamente daqueles indivíduos que eram responsáveis pelo maior volume de crimes graves"; os mesmos programas "poderiam provocar uma piora da trajetória criminal de presos de baixo risco" - tudo a recomendar um programa RNR, um modelo risco-necessidade-responsividade (KOPPITKE, pp. 491-521 - no terceiro vetor, destaco o benefício da justiça procedimental dentro das prisões, isto é: decisões neutras, baseadas em regras claras e não preconceituosas; tratamento com respeito e dignidade; confiança nas autoridades; e "voz" para os presos, tudo a aumentar a legitimidade e a adesão aos programas de prevenção e provocar redução nas taxas de reincidência, p. 512).

Também o STJ:

> AGRAVO REGIMENTAL NO AGRAVO EM RECURSO ESPECIAL. PENAL E PROCESSUAL PENAL. HOMICÍDIO QUALIFICADO TENTADO. CORRUPÇÃO DE MENOR. IMPRONÚNCIA. ACUSAÇÃO AMPARADA APENAS EM ELEMENTOS DA FASE EXTRAJUDICIAL. IMPOSSIBILIDADE. PRECEDENTES. AGRAVO REGIMENTAL DESPROVIDO.
> **2. A simples alegação de que a prova judicial não foi produzida porque possíveis declarantes teriam medo de represálias não é suficiente para autorizar o rebaixamento do standart probatório necessário para a pronúncia, especialmente quando não há nenhuma investigação ou prova concreta no sentido de que o Acusado estivesse de algum modo ameaçando testemunhas ou criando obstáculos à instrução processual.**
> (AgRg no AREsp 2.229.416/RS, relatora Ministra Laurita Vaz, Sexta Turma, julgado em 20/6/2023, DJe de 27/6/2023.)

Gostaria de avançar. Eventualmente, tenho observado a tendência de produção, pela autoridade policial, de certidões "informais" (dando conta de uma suposta confissão no momento da prisão, quando não de um simples "ouvir dizer"), a par da convocação mais amiúde dos policias que colheram depoimentos para confirmarem em juízo as condições do ato e seu teor. Nada disso, segundo penso, supre a prova judicial.[19]

Trata-se de evitar *circunvenção* (tradução proposta por Luís Greco para o termo alemão *Umgehung* – **dar a volta** em algo, no contexto: **nas exigências legais**) do art. 155 do CPP, e neste escopo calha citar o § 252 do Código de Processo Penal alemão (StPO, *Strafprocessordnung*), em face da aplicação analógica extensiva levada a efeito pelo BGH (*Bundesgerichtshof*, o equivalente alemão ao nosso STJ) e o respectivo comentário de Luís Greco:[20]

> "§ 252. Proibição de leitura de protocolo após recusa a testemunhar. Não pode ser lida a declaração de uma testemunha interrogada na audiência que apenas então faz uso de seu direito de recusar testemunho.

---

19 Observo que a adoção do juiz de garantias (demarcado do juiz da instrução e julgamento), tendencialmente, resolverá boa parte desses problemas, cfe. CPP, art. 3º-C, § 3º: "Os autos que compõem as matérias de competência do juiz das garantias ficarão acautelados na secretaria desse juízo, à disposição do Ministério Público e da defesa, e não serão apensados aos autos do processo enviados ao juiz da instrução e julgamento, ressalvados os documentos relativos às provas irrepetíveis, medidas de obtenção de provas ou de antecipação de provas, que deverão ser remetidos para apensamento em apartado". Tal sistema, incluído pela Lei 13.964/2019, está com a vigência suspensa, em face das ADIs 6.298, 6.299, 6.300 e 6.305, ainda sub judice.

20 GRECO, Luís. O inviolável e o intocável no direito processual penal: Considerações introdutórias sobre o processo penal alemão (e suas relações com o direito constitucional, o direito de polícia e os direitos dos serviços de inteligência). In: WOLTER, Jürgen. O inviolável e o intocável no direito processual penal: reflexões sobre dignidade da pessoa humana, proibições de prova, proteção de dados (e separação informacional de poderes) diante da persecução penal. Organização, introdução e tradução Luís Greco; tradução Alaor Leite, Eduardo Viana. 1ª Ed. São Paulo: Marcial Pons, 2018 p. 82. Para maiores detalhes sobre o Caso Sedlmayr, decidido em 1994 pelo Primeiro Senado do BGH, vide pp. 73-4. Registro que o contexto da decisão alemã e a crítica referem-se à "circunvenção dos direitos de recusa a testemunhar", como analisa Wolter às pp. 115-20.

> Para uma explicação do dispositivo, que é entendido não apenas como **proibição** de que se leiam em voz alta na audiência os protocolos oriundos da investigação preliminar, mas **também que se interrogue, como testemunha de ouvir-dizer, o investigador que colheu esse depoimento, com base em um caso**, cf., acima, I., Caso Sedlmayr" (gizei).

Não vejo como considerar, neste quadro vacilante de informes e no vácuo de prova, satisfeitas as exigências para levar um cidadão ao Tribunal do Júri.Certo que **não se pode**, tenho ponderado, considerar que os **elementos produzidos no inquérito policial** foram **confirmados em juízo, *tout court*, pelo relato dos policiais que atuaram na investigação, *rectius*, que colheram os depoimentos.**

A credibilidade dos depoimentos dos agentes estatais, que não discuto em abstrato, está ligada aos relatos diretos relacionados à investigação do fato imputado na denúncia (referências ao local do crime, dados colhidos na vizinhança, eventuais identificações decorrentes de diligências próprias etc.). Diversamente, quando são questionados em relação à higidez do procedimento de investigação que auxiliaram a realizar ou formalizaram, por óbvio suas informações não vão diferir, via de regra, daquelas, protocolares, que levaram ao indiciamento, capazes de autorizar o recebimento da denúncia pelo juízo de origem, mas insuficientes, sem a produção de prova na instrução, para a pronúncia.

Basicamente, penso, o policial que vem a juízo confirmar o teor do depoimento que colheu reforça (no seu próprio interesse funcional, parece evidente) o invólucro formal, a embalagem do informe, mas tal adição não torna, aquela aludida narrativa, prova judicial. Vale reter: **uma narrativa policial não se torna prova judicial com a convocação do escrivão que tomou o depoimento na delegacia de polícia** para dar conta de que o ato ocorreu "normalmente" (aliás, o mínimo que se espera). Nem garante, a adição do "tomador" [ou seja, a versão redundante do policial que formalizou o ato], admitido que tornasse incontroverso o teor do depoimento policial (o que depende de circunstâncias concretas – pois bem o sujeito poderia estar sob pressão na delegacia de polícia, e pressão das mais variadas fontes), que naquele então [na delegacia de polícia] a vítima/testemunha falava a verdade.

Logicamente, não há como concluir que vítimas ou testemunhas, ao retratarem-se ou retificarem em juízo a narrativa policial, **estariam mentindo**. Pelo contrário, se alguma **presunção** deve incidir, recai **a favor dos depoimentos judiciais**. Trata-se, bem de ver, de valorizar o básico, é dizer, a conquista civilizatória de ser ouvido perante um juiz, em procedimento submetido ao contraditório, assegurada a ampla/plena defesa. O contrário é inverter a hierarquia axiológica do processo penal.

O tema pode ser espinhoso e exige autorreflexão acerca de uma **larga tradição de beneplácito quase automático à "Palavra da Polícia"**. Há vários **questionamentos**, e de distintas origens, sobre tal "estado da arte". Tangente ao valor probatório dos depoimentos dos policiais, em perspectiva prudencial, boa doutrina pondera:

> "Quanto ao testemunho dos policiais, há **correntes radicais, que, pelo seu próprio extremismo, devem ser descartadas.** Uma dessas correntes entende que o fato de a testemunha ser policial, por si só, não a torna impedida de depor, não havendo qualquer disposição legal neste sentido. Ao contrário, o policial não se enquadra nas hipóteses do art. 207 do CPP, devendo ser dado ao seu depoimento o mesmo valor de qualquer outra testemunha. De outro lado, há corrente oposta, no sentido de que os policiais, pela simples condição funcional, seriam suspeitos. Deve **prevalecer uma posição intermediária**: se os *policiais não podem ser considerados suspeitos, pelo simples fato de serem policiais*, por outro lado, é *inegável o seu interesse na demonstração da legalidade de sua atuação nos atos investigatórios praticados*, pelo que seus **depoimentos têm valor relativo**, devendo ser **cotejados com outros elementos de provas existentes nos autos, em especial o testemunho de pessoas estranhas aos quadros da polícia.** Não se pode esquecer que as *testemunhas são, por definição, terceiros imparciais, sem qualquer interesse no processo, o que não é exatamente o caso dos policiais em relação aos crimes por eles investigados.* Por tais motivos, **não se deve admitir que seja proferida uma sentença condenatória com base exclusiva no depoimento de policiais, ainda que estes se mostrem harmônicos entre si.**[21]

No mesmo sentido:

> Da mesma forma, não há que se falar em restrição ao depoimento dos policiais. Eles podem depor sobre os **fatos que presenciaram** e/ou **dos quais têm conhecimento**, sem qualquer impedimento. Obviamente, deverá o juiz ter muita **cautela na valoração** desses depoimentos, na medida em que os policiais estão **naturalmente contaminados pela atuação** que tiveram na repressão e apuração do fato. Além dos prejulgamentos e da imensa carga de fatores psicológicos associados à atividade desenvolvida, é evidente que o envolvimento do policial com a investigação (e prisão) **gera a necessidade de justificar e legitimar os atos** (e eventuais abusos) **praticados.** Assim, não há uma restrição ou proibição de que o policial seja ouvido como testemunha, senão que deverá o juiz ter muita cautela no momento de valorar esse depoimento. A restrição não é em relação à possibilidade de depor, mas sim ao momento de (des) valorar esse depoimento. Contudo, é **recorrente o Ministério Público arrolar**

21 BADARÓ, Gustavo Henrique. Processo Penal. 8ª ed. rev., atual. e ampl. São Paulo: Thomson Reuters Brasil/Revista dos Tribunais, 2020, pp. 565-566 – grifos meus – o autor refere-se, claro, aos depoimentos de policiais prestados em juízo. Muitas vezes, digo eu, o policial diretamente envolvido na operação apresenta o único relato fático do caso, além da versão do réu, o que é frequente nos processos de tráfico de drogas, por exemplo.

como testemunhas apenas os policiais que participaram da operação e da **elaboração do inquérito.** Busca, com isso, judicializar a palavra dos policiais **para driblar a vedação de condenação "exclusivamente"** (art. 155 do CPP) **com base nos elementos informativos colhidos na investigação** e também a obrigatória exclusão física dos autos (art. 3º-C, § 3º, infelizmente suspenso pela liminar do Min. FUX). No fundo, é um golpe de cena, um engodo, pois a condenação se deu, exclusivamente, com base nos atos da fase pré-processual e no depoimento contaminado de seus agentes, natural e profissionalmente comprometidos com o resultado por eles apontado, violando o disposto no art. 155 do CPP. **Portanto, se não há impedimento para que os policiais deponham, é elementar que não se pode condenar só com base nos seus atos de investigação e na justificação que fazem em audiência.**[22]

Segundo SEMER,[23] *não paira sobre a palavra policial alguma espécie de presunção de veracidade.* "No âmbito do direito administrativo, a presunção de legitimidade dos atos estatais permite que o Estado não tenha que ingressar em juízo para vincular particulares, mas a situação é diversa no processo penal, em que a única presunção possível, de estatura constitucional, milita em prol da inocência. Os **depoimentos dos policiais** têm a valia que a credibilidade lhes pode garantir, mas **não são presumivelmente verazes.** Isso significa que não é correto dizer que seus relatos serão incorporados como verdadeiros, salvo se contra eles se demonstrar alguma venalidade. Não, seus depoimentos serão incorporados à prova, com a análise de credibilidade que a todas as testemunhas são aplicáveis". Prossegue o Desembargador do TJSP, convocando o *especial escrutínio que o Min. Gilmar Mendes ressaltou deve merecer o testemunho do policial quando invocado para justificar suas próprias medidas* (STF. RE 603.616/RO):

> "Este **especial escrutínio** que as declarações dos agentes devem merecer não se dá por qualquer espírito discriminatório, mas porque a situação da autoridade que realiza a prisão e depois testemunha acerca de sua própria legalidade naturalmente a coloca em uma posição de grande poder. Todas as questões que envolvem esse poder devem ser levadas em conta para aquilatar a importância e a suficiência de seus depoimentos (...)".

Em confluência, ao tratar do princípio da melhor prova (já aplicado, por exemplo, pela Terceira Câmara Criminal do TJRS no RSE 5001047-44.2014.8.21.0010/RS, j. 19/5/2022, Rel. Des. Luciano André Losekann),

---

22 LOPES JR, Aury. Direito Processual Penal. 19 ed. São Paulo: Saraiva, 2022, p. 543 - grifos meus.

23 SEMER, Marcelo. Resgatando a presunção de inocência. In. Justiça Criminal na ótica dos juízes brasileiros. vol. 1 / Rogério Schietti Cruz, Américo Bedê Júnior e Guilherme Madeira Dezem, coord. São Paulo: Thomson Reuters Brasil, 2022. p. 94 - grifos meus, salvo o "especial escrutínio", do original.

WANDERLEY[24] preconiza uma **distinção restritiva quanto à idoneidade dos depoimentos policiais**:

> "a fim de considerar necessária a produção de meios de corroboração do depoimento policial sempre que estes estejam *razoavelmente disponíveis* ao aparato policial, a fim de incentivar a produção de tais meios e assim incrementar a qualidade da prova e a segurança do juízo de fato. (...) Nesse contexto, vale reiterar que a exigência de meios de corroboração do depoimento testemunhal do policial não tem por pressuposto o menor valor da palavra do policial em relação à da testemunha 'comum', mas sim a natureza *profissional* da atividade policial. (...) Tal exigência também pode ser correlacionada, ademais, ao princípio do contraditório. Com efeito, o contraditório compreende não só o direito de *informação*, mas também o direito de *reação* à pretensão formulada. Para viabilizar a reação, notadamente diante das provas pré-constituídas na fase inquisitorial, é indispensável que haja possibilidade efetiva de refutação da hipótese acusatória. Tal possibilidade é diminuta quando a prova da acusação se reduz à prova oral produzida pelo agente policial, sem a coleta de fontes de prova que permitam contradizer a versão oficial. Com efeito, o depoimento policial, conquanto relevante, configura prova produzida pelo próprio aparato estatal, por agente público que, por sua própria condição, tem interesse objetivo (sem necessidade exame de boa-fé subjetiva) na demonstração da idoneidade da sua própria conduta (a fim de evitar responsabilização por eventual ilícito, conforme reconhecido pelo STJ no julgamento do HC 598.051/SP – item XI do voto condutor). Assim, trata-se de meio de prova que reproduz a versão estatal, sem viabilizar a efetiva verificação e refutação de tal versão e que assim obstaculiza ou, no mínimo, dificulta o exercício do contraditório."

Por outro lado, eventual **condenação** pelos jurados, diante de quadros similares, **desampara-se de prova judicializada** e, por isso, é **contrária à evidência dos autos.** Noutras palavras, **não há como erigir e sustentar** – em tal substrato – que se evidenciam, no mínimo, "**teses divergentes acerca dos fatos**". Não, ao menos, teses juridicamente válidas, em termos de equivalência.

Aqui, precisamente, parece-me que **se tem instalado o erro**. Erro, faço questão de dizer, que decorre de criteriosa aplicação da jurisprudência tradicional, a combinar, como premissas genéricas, a suficiência da "prova policial" e uma certa recomendação de não "usurpar" a soberania do Júri, na bitola da fundamentação "limitada" da pronúncia – o *habitus* pelo qual, de um lado, se restringia

24 WANDERLEY, Gisela Aguiar. A investigação de rua à luz do princípio da melhor prova: a gravação audiovisual por câmeras corporais (body-worn cameras) como metaprova e meio de corroboração do depoimento policial. In. Justiça Criminal na ótica dos juízes brasileiros. vol. 1 / Rogério Schietti Cruz, Américo Bedê Júnior e Guilherme Madeira Dezem, coord. São Paulo: Thomson Reuters Brasil, 2022, pp. 208-209 – grifos no original.

o alcance do art. 155, *caput*, e, de outro, entronizava-se o § 1º do art. 413, ambos do CPP, sempre em prejuízo do réu. Para não falar da interpretação, leniente, que grassava acerca do art. 226 do CPP, esvaziado por tanto tempo como "mera recomendação", tudo a desembocar no que chamaria de **precarização da pronúncia** – *paradoxalmente, no procedimento ao qual se garante plenitude de defesa* (e no mesmo nível da proteção da coisa julgada e da soberania do Júri, diga-se de passagem, a pensar em eventual revisão criminal) – precarização, "horribile dictu", que se eternizava em condenações precaríssimas, com exigências, aí sim, altíssimas para reconhecer condenação manifestamente contrária à prova dos autos. E, fique claro, não me eximo pessoalmente de erros semelhantes acaso cometidos, resultado, no fundo, da engrenagem na qual a jurisprudência se movimenta (a imagem da máquina de moagem não é aleatória).

Aliás, não atino como alguém se defenderia plenamente de uma informalidade, que, neste campo, não pode passar de um boato, um rumor. Ancorar-se a pronúncia no "temor apresentado pela vítima e testemunhas do processo", mesmo que verossímil o estado subjetivo pela "folha de antecedentes do acusado", não se sustenta, à míngua de prova. No mundo da vida, que não desconheço, os antecedentes podem indicar "um indivíduo perigoso", diante do qual a vítima talvez tenha sentido pavor, pânico. **Mas há um fio vermelho, medo não é prova.** Não vejo como transpor a barreira lógica. O medo, quiçá, seria um **indício derrotado pelo conjunto probatório, que se conforma pela prova judicial.** E, muito importante, é *inviável controverter um simples "ouvi dizer"*, assim como é *impossível contestar o "informal"*; quanto ao medo, *ad nauseam*, pese possa ser explicação para a dificuldade em elucidar, com eficácia jurídico-probatória, o evento criminoso, não serve, parece óbvio, para suprir a lacuna e transmudar-se em prova judicial.

Neste sentido, a doutrina contemporânea liga prova e contraditório:

> "A praxe (teórica e prática) do **contraditório pressupõe fatos contrastáveis, dados concretos que permitam verificação ou refutação.** Por essa razão, meras assertivas desassociadas de dados empíricos ou juízos de valores (por exemplo, a assertiva de que o acusado "tem a personalidade voltada para o crime" ou a declaração de que o réu é "pervertido") são inábeis a influenciar no convencimento judicial, por não ser possível submetê-los ao crivo do contraditório. Uma vez que essas **afirmações sejam insuscetíveis de serem contestadas, por faltar-lhes qualquer substrato empírico e resultarem de puro sentimento do julgador, são igualmente inaptas para fundar um juízo de culpabilidade** ou influir na dosimetria da pena. No direito penal moderno, a culpabilidade deve resultar de um juízo sobre o fato, e não sobre o autor, única forma de atender ao princípio do contraditório. No campo probatório,

o mencionado princípio condiciona a validade da prova à impossibilidade das versões antagônicas e da contraprova acaso produzida, isso porque **a acusação**, em especial o conjunto de fatos atribuídos ao acusado, **deve se sujeitar à prova e à refutação**".[25]

Fato é que a atual jurisprudência do Superior Tribunal de Justiça consolidou o entendimento de que a pronúncia e, por consequência, a condenação pelo Tribunal do Júri, não podem estar exclusivamente amparadas em elementos informativos colhidos no inquérito policial. Para ilustrar:

> AGRAVO REGIMENTAL NO HABEAS CORPUS. HOMICÍDIO QUALIFICADO. PRONÚNCIA BASEADA EM ELEMENTOS DO INQUÉRITO POLICIAL E EM TESTEMUNHOS JUDICIAIS INDIRETOS (HEARSAY TESTIMONY). INADMISSIBILIDADE. VIOLAÇÃO DO DISPOSTO NO ART. 155 DO CPP. AGRAVO DESPROVIDO. ...
> 2. Na hipótese, observa-se que **não se vislumbram elementos probatórios aptos a demonstrar a existência de indícios suficientes de autoria** quanto ao paciente. Isso porque o **policial apenas narrou o que foi apurado nas investigações e as demais testemunhas**, bem como o **informante**, não presenciaram os fatos, tratando-se, pois, de testemunhas de **ouvir dizer**, ou seja, cuida-se de **testemunhos indiretos.** Convém ressaltar que a testemunha Vinícius **modificou seu depoimento em juízo, não sendo possível concluir**, portanto, **que ele teria reconhecido** o corréu Fábio como um dos autores do crime.
> **3. Essa Corte Superior possui entendimento de que a pronúncia não pode se fundamentar exclusivamente em elementos colhidos durante o inquérito policial, sem que estes tenham sido confirmados em juízo e, tampouco em depoimento de ouvir dizer. Precedentes. ...**
> (AgRg no HC 761.872/RS, relator Ministro Ribeiro Dantas, Quinta Turma, julgado em 13/3/2023, DJe de 17/3/2023.) – grifei.

Ao tratar de condenação emanada do Conselho de Sentença, há precedente que não só considerou a condenação manifestamente contrária à prova dos autos, como concedeu *habeas corpus* para anular o processo desde a decisão de pronúncia e, por conseguiste, acabou por impronunciar o acusado. Veja-se:

> HABEAS CORPUS. HOMICÍDIO QUALIFICADO. TRIBUNAL DO JÚRI. DECISÃO DOS JURADOS MANIFESTAMENTE CONTRÁRIA À PROVA DOS AUTOS. AUSÊNCIA DE PROVAS JUDICIALIZADAS PARA SUSTENTAR A AUTORIA. ELEMENTOS DE INFORMAÇÃO EXCLUSIVAMENTE PRODUZIDOS NO INQUÉRITO POLICIAL. PRONÚNCIA INCABÍVEL. ORDEM CONCEDIDA. 1. O recente entendimento adotado pela Sexta Turma do STJ, firmado com observância da atual orientação do Supremo Tribunal Federal, é de que **não se pode admitir a pronúncia do réu, dada a sua carga decisória, sem qualquer lastro probatório produzido em juízo, fundamentada**

25 TAVARES, Juarez; CASARA, Rubens. Prova e verdade. 1ª ed. São Paulo: Tirant lo Blanch, 2020, pp. 98-99 - gizei.

exclusivamente em elementos informativos colhidos na fase inquisitorial. ... 3. Consoante afirmou a Corte local, havia apenas fracos indícios de autoria presentes unicamente na fase pré-processual, além de **depoimentos judiciais prestados por policiais militares que não presenciaram os fatos e se limitaram a narrar o que teriam ouvido das vítimas e das testemunhas**, as quais **não corroboraram em juízo a versão supostamente apresentada aos agentes públicos**. Com efeito, os ofendidos negaram peremptoriamenteoenvolvimentodopacientenocrime.OTribunaldeJustiçaexplicitou, inclusive, haver "completa anemia de provas judicialmente constituídas". 4. A constatação de **evidente vulneração ao devido processo legal**, a incidir na inobservância dos direitos e das garantias fundamentais, habilita o reconhecimento judicial da **patente ilegalidade**, sobretudo quando ela enseja **reflexos no próprio título condenatório**. A decisão de pronúncia foi manifestamente despida de legitimidade, sobretudo porque, na espécie, o réu foi submetido a julgamento perante o Tribunal do Júri com base exclusivamente em elementos informativos produzidos no inquérito e não confirmados em juízo. 5. É necessário ponderar a fragilidade da investigação policial apoiada apenas em depoimentos testemunhais, facilmente suscetíveis a mudanças de rumos causadas, eventualmente, por receio de represálias, mormente em casos envolvendo disputa de poder ou atos de vingança entre grupos rivais. As **investigações precisam investir em outros meios probatórios** que, independentemente dos depoimentos ou de confissões, possam dar maior robustez à versão acusatória. **6. A solução mais acertada para o presente caso é não apenas desconstituir o julgamento pelo Conselho de Sentença, como também anular o processo desde a decisão de pronúncia - pois não havia como submeter o paciente ao Tribunal do Júri com base em declarações colhidas no inquérito policial e não corroboradas em juízo - e impronunciar o acusado** (HC 712.098/MG, relator Ministro Rogerio Schietti Cruz, Sexta Turma, julgado em 9/8/2022, DJe de 18/8/2022 - grifou-se).[26]

A injustificada sobrevaloração do testemunho dos policiais, a redundar em injustiças epistêmicas que não satisfazem o *standard* probatório do processo penal, tem sido objeto de preocupação e discussão no âmbito do STJ, o que será visto no próximo tópico.

4. A PALAVRA EM QUESTÃO: INGERÊNCIAS, CÂMERA/AÇÃO, INJUSTIÇAS EPISTÊMICAS

Começo por conhecido precedente que faz preponderar a negativa do morador, em juízo, em vez do alegado consentimento [amiúde formalizado em depoimentos policiais e esgrimido em audiência perante o juiz pelo

26 Há precedente da Primeira Câmara Criminal do TJRS neste sentido: HC 5194889-87.2022.8.21.7000, julgado em 15/12/2022.

agente policial], para ingresso na residência, resultando, no *standard* que se consolida, em reconhecimento de nulidade da prova por violação do domicílio[27] (HC 598.051/SP, Rel. Ministro ROGERIO SCHIETTI CRUZ, SEXTA TURMA, julgado em 02/3/2021, DJe 15/3/2021). O aresto relata o caminho trilhado por outros países e refere protocolos a serem adotados para que não restem dúvidas de que o consentimento foi "voluntário e livre de qualquer tipo de constrangimento ou coação", o que não deve ser visto como cerceamento da "ação das forças de segurança pública no combate ao tráfico de entorpecentes, muito menos em transformar o domicílio em salvaguarda de criminosos ou em espaço de criminalidade", mas, sim, como **providência que "resultará na diminuição da criminalidade em geral"**, bem como na **"intimidação a abusos, de um lado, e falsas acusações contra policiais, por outro"**. O ponto central do precedente supracitado é uma proposta de "nova e criteriosa abordagem sobre o controle do alegado consentimento do morador para o ingresso em seu domicílio por agentes estatais". Assim, são citados o registro em vídeo e áudio e, sempre que possível, a declaração por escrito. Metodologicamente, insere-se o precedente na pauta dos *standards* probatórios e da estrutura narrativa das decisões penais, ou seja, "critérios de decisão/modelos de constatação", para "além da dúvida razoável".[28]

Em suma, o onipresente "franqueou", nos depoimentos colhidos em audiência, passa por sindicância mais acurada, pois sua aceitação jurisdicional acrítica acabava reforçando uma até inconsciente naturalização da eventual (quiçá simbólica) violência policial.[29] Quanto ao tal "consentimento", temos apontado para a inverossímil figura com a qual convivemos tanto tempo: o *traficante altruísta*, que se imola em prol da persecução penal.[30]

---

27 Para exploração mais detalhada do tema, vide SARLET, Ingo/WEINGARTNER NETO, Jayme. Constituição e direito penal: questões polêmicas. 2ª ed. rev. atual. e ampl. São Paulo: Thomson Reuters, 2023, capítulo 5 (Inviolablidade de domicílio, privacidade/intimidade – limites à intervenção estatal na repressão penal), pp. 301-71.

28 Em face do tal julgado, sobreveio decisão monocrática do Ministro Alexandre de Moraes, de 02/12/2021, no RE 1342077/SP, interposto pelo Ministério Público do Estado de São Paulo, para anular o acórdão do STJ tão somente na parte que determinava a implementação de medidas aos órgãos de segurança pública [registro audiovisual das diligências policiais – item 13 da ementa do HC supracitado]. Posteriormente (decisão de 31/03/2022, publicada em 05/04/2022), o STF reconheceu Repercussão Geral no RE 1.368.160-RS (Rel. Min. Luiz Fux), cuja ementa é a seguinte: "RECURSO EXTRAORDINÁRIO. DIREITO PROCESSUAL PENAL. BUSCA E APREENSÃO DOMICILIAR. CONSENTIMENTO DO MORADOR. REQUISITOS DE VALIDADE. INTERPRETAÇÃO DO ARTIGO 5º, XI, DA CONSTITUIÇÃO DA REPÚBLICA. RELEVÂNCIA DA QUESTÃO CONSTITUCIONAL. MANIFESTAÇÃO PELA EXISTÊNCIA DE REPERCUSSÃO GERAL".

29 MUNIZ, Mariana Py. Polícia! Para quem precisa de justiça: como a magistratura representa a violência policial. 1. ed. Belo Horizonte: D'Plácido, 2021. Trata-se de tese de doutorado, com rigorosa pesquisa empírica, que buscou analisar as "práticas e os discursos judiciais, a partir de três metodologias: a observação das audiências de custódia; a análise de decisões judiciais, no âmbito colegiado, Tribunal de Justiça, e a realização de entrevistas semiestruturadas com Juízes e Desembargadores. O livro nos auxilia a compreensão da estruturalidade do fenômeno violência policial no Brasil, da internalização dessa estrutura via mediação operada pelo habitus no campo jurídico, o qual os Juízes ocupam em posição de centralidade, e a consequente legitimação operada pela complementariedade das práticas policiais ao sistema de justiça".

30 A crer nas frequentes declarações dos policiais, temos réus que, surpreendidos em via pública na posse de pequena quantidade de drogas (no mais das vezes, indicando porte para uso), modo espontâneo, permitem que os policiais ingressem nas respectivas residências mesmo sem mandado para tanto; mais que isso, sabem da existência de drogas (em grandes quantidades, não raro) ou de armas de grosso calibre e facilitam as buscas, as quais resultam exitosas.

Crescente, também, o **questionamento da *atitude suspeita* como legitimadora de abordagem policial**,[31] estampado noutro precedente persuasivo (STJ, RHC 158.580/BA, Sexta Turma, Min. Rogerio Schietti Cruz, j, em 19/04/2022), que aponta diretrizes [a incidirem sobre o art. 244 do CPP] para validar a busca pessoal/veicular sem mandado judicial, estabelecendo que a "fundada suspeita de posse de corpo de delito" seja aferida com base em elementos concretos e anteriores à diligência. O cerne do precedente é um novo e criterioso escrutínio da repetida fórmula, que ecoa nos depoimentos judiciais e até mesmo nas denúncias, de que o sujeito estava em "atitude suspeita", no intuito de "evitar o uso excessivo desse expediente", "garantir a sindicabilidade da abordagem" e evitar busca pessoal arbitrária ou enviesada por discriminação.

Outro *leading case* merece destaque: STJ, RE 2.037.491-SP, Sexta Turma, Rel. Min. Rogério Schietti Cruz, unânime, j. 06/6/2023. Veja-se a ementa: RECURSO ESPECIAL. TRÁFICO DE DROGAS. SILÊNCIO DO ACUSADO NA ETAPA INVESTIGATIVA SEGUIDO DE NEGATIVA DE COMISSÃO DO DELITO EM JUÍZO. VIOLAÇÃO DIRETA DO ART. 186 DO CPP. **RACIOCÍNIO PROBATÓRIO ENVIESADO.** EQUIVOCADA **FACILITAÇÃO PROBATÓRIA PARA A ACUSAÇÃO** A PARTIR DE **INJUSTIFICADA SOBREVALORAÇÃO DO TESTEMUNHO DOS POLICIAIS.** MÚLTIPLAS **INJUSTIÇAS EPISTÊMICAS CONTRA O RÉU.** INSATISFAÇÃO DO *STANDARD* PROBATÓRIO PRÓPRIO DO PROCESSO PENAL. RECURSO CONHECIDO E PROVIDO (grifos meus). Sobre a **confissão informal** alegada pelos policiais, quando da prisão, *verbis*: "Essa narrativa toma como verídica uma situação em que o investigado ofereceu àqueles policiais, desembaraçadamente, a verdade dos fatos, em retribuição à empatia com que fora tratado por eles; como se houvesse confidenciado um segredo a novos amigos, e não confessado a prática de um delito a agentes da lei. Com a devida vênia, esta sim é uma hipótese implausível. Se é que de fato o acusado confirmou para os policiais que traficava por passar por dificuldades financeiras, é ingenuidade supor que o tenha feito em cenário totalmente livre da mais mínima injusta pressão" (item 6 da ementa).

O julgado prossegue, trazendo à baila as **injustiças epistêmicas**, marcadas por preconceitos identitários, que redunda, na seara testemunhal, mesmo de forma inconsciente, por desconsiderar o sujeito como capaz de "conhecer o

31 Estudo realizado com policiais da região metropolitana de Porto Alegre peguntou "o que motiva as abordagens policiais". Ser negro, tatuado e jovem foram as justificativas mais apontadas, seguindo-se "ser home", "estar com vestimenta suspeita" e "estar de mochila" – os dois últimos fatores referidos foram "parecer estar usando drogas" e, finalmente, "parecer esta vendendo drogas". A pesquisa data de 2020 e também constatou que 72% dos respondentes se declararam favoráveis à instalação de câmeras juntos a viaturas ou à farda dos policiais como mecanismo de segurança pessoal e comunitária – Cartilha/Relatório final da cooperação técnica entre o UNODC e o Estado do RS no contexto do Programa de Oportunidades e Direitos (POD), Monitoramento da integridade do uso da força e índice de compliance da atividade policial (ICAP), 2022, pp. 16-8 - https://drive.google.com/file/d/1XTkJIuqnHOFLZs-cflALFrCUvWXLL9j0/view?pli=1, acesso em 31/7/2023.

mundo adequadamente pelo simples fato de ser quem é" (item 7 da ementa), a par do racismo estrutural (item 8). Assim, o "tribunal incorreu em injustiças epistêmicas de diversos tipos, seja por **excesso de credibilidade conferido ao testemunho dos policiais**, seja a injustiça epistêmica cometida **contra o réu**, *ao lhe conferir credibilidade justamente quando menos teve oportunidade de atuar como sujeito de direitos*. A **confissão informal** — se é que existiu — **não tem valor como prova, no sentido processual**, configurando-se equivocada a postura de aceitar acriticamente que o investigado fala a verdade em cenário carente das mínimas condições para atuar livre e espontaneamente" (item 10). Por outro lado, para aproveitar-se a palavra do policial, exige-se respaldo probatório que vá "além do silêncio do investigado ou réu", pois o silêncio não descredibiliza [fosse verdadeira a negativa do réu em juízo, argumentou o tribunal *a quo*, não teria se valido do silêncio perante a autoridade policial] o imputado e "não autoriza que magistrados concedam automática presunção de veracidade às versões sustentadas por policiais. Seguindo este raciocínio, de que é necessário corroborar a isolada palavra do policial, impõe asserir que, tivessem os policiais gravado toda a abordagem — do início ao fim —, ao menos seria possível saber como a confissão se deu". Daí um chamado à consciência jurisdicional: "tal como o tema do reconhecimento de pessoas pediu-nos reflexão acerca dos erros que o Judiciário cometeu no passado, o tema do silêncio também requer nossa atenta autocrítica" (item 11).[32]

Na mesma trilha, há da decisão da Primeira Câmara Criminal TJRS, HC 5104839-78.2023.8.21.7000/RS, Rel. Des. Jayme Weingartner Neto, unânime, j. 29/6/2023. No voto, consignei: "Permitam, colegas, observação derradeira, que registro junto com o lamento pelo 'sacrifício epistêmico'[33] que se faz neste feito, em prejuízo da ordem pública [tratava-se de 339,200kg de maconha]. A grande quantidade de droga apreendida, o que se verificou 'a posteriori', em nada altera o necessário e prévio respeito às diretrizes constitucionais. Aventa-se, inclusive, que eventual suspeita de envolvimento de organização criminosa em tráfico de larga escala deveria fazer com que a autoridade policial redobrasse as cautelas para produzir e preservar prova hígida para o processo penal, notadamente por meio de mandado judicial de busca e apreensão".[34]

32 Na Quinta Turma do STJ, o Min. Relator destacou, há importante voto vencido do Min. Ribeiro Dantas, no AResp 1.936.396/RJ (j. 12/2022), que se apoiou "em diversas pesquisas empíricas sobre a realidade brasileira e também de outros países e seus sistemas de justiça. A constatação da urgente necessidade de se repensar o valor probatório concedido ao testemunho de policiais decorre de uma cuidadosa análise de nada menos que 23 relatórios nacionais e internacionais". O voto do Min. Ribeiro Dantas também é analisado por MATIDA, Janaina. ""Bateu na trave": valor probatório da palavra do policial na decisão do STJ" (https://www.conjur.com.br/2022-dez-16/limite-penal-valor-probatorio-palavra-policial-decisao-stj, acesso em 16/7/2023).

33 "Como a prova no âmbito judicial está submetida a limitações e, mesmo no plano empírico, é sempre contingente, a busca dessa verdade real é meramente simbólica, nada valendo como argumentação jurídica. Pode-se dizer, então, que a prova é o instrumento de busca da verdade possível e juridicamente admissível no processo" (TAVARES; CASARA. Prova e verdade, p. 161).

34 Extraio, da ementa: AS DECLARAÇÕES DOS POLICIAIS E A NARRATIVA DA DENÚNCIA DEMONSTRAM, MESMO EM JUÍZO DE COGNIÇÃO SUMÁRIA, A ILICITUDE DAS PROVAS OBTIDAS COM BASE INICIAL NA BUSCA PESSOAL, BEM COMO DE TODAS

Para finalizar o tópico, menciono decisão lapidar lavrada por Juiz que orgulha a magistratura gaúcha, Pio Giovani Dresch.[35] Trata-se de rejeição de denúncia por crime de desacato que teria ocorrido no âmbito de abordagem policial em "patrulhamento de rotina" realizado em "ponto de tráfico de drogas". Vale citar alguns trechos da ementa: "1. Segundo jurisprudência do Supremo Tribunal Federal [ADPF 496, 2020], embora o crime de desacato tenha sido recepcionado pela Constituição Federal, o tipo penal deve ser interpretado de modo restritivo, limitando-se a casos graves e evidentes de menosprezo à função pública. (...) 4. Por exigir a lei que haja fundada suspeita da posse de arma proibida ou de objetos ou papéis que constituam corpo de delito, é ilegal a busca pessoal que se motive por critérios vagos, como "conduta suspeita" ou "ponto de tráfico". (...) 6. Com frequência, a acusação de desacato encobre o abuso de autoridade, consistente na busca pessoal que não obedece ao requisito da fundada suspeita. No entanto, são raras as ações criminais por abuso de autoridade. 7. Não é apta a ser recebida a denúncia que, ao afirmar a ocorrência de crime de desacato alegadamente praticado durante busca pessoal, deixa de informar no que consistiu a fundada suspeita que a motivou. 8. O recebimento de denúncia de desacato sem que haja clara descrição de ato legal da autoridade representa um gravame ao acusado e a aceitação de uma prática ilegal por parte do Poder Judiciário".[36]

Finalmente, reconheço que se trata de uma inflexão da forma como tradicionalmente temos avaliado os informes policiais, que vale, bem por isso, breve iluminura. Numa visada histórico-crítica, Gloeckner, ao observar os "múltiplos corpos do Código de Processo Penal", consigna que foi mais fácil ao Brasil alterar suas constituições do que "efetivamente aprovar um código de processo penal novo", ou seja, alterar a estrutura autoritária de processo, embora um discurso predominante de liberalismo entre ampla gama de processualistas, nada obstante um "sincretismo teórico incomum" e um construto de que nosso diploma de 1941 não continha os

AS DEMAIS QUE DELA DECORRERAM, A IMPLICAR A MEDIDA EXCEPCIONAL DE TRANCAMENTO DA AÇÃO PENAL PELA VIA DO HABEAS CORPUS. NO CASO, HOUVE A ABORDAGEM DO ACUSADO NA VIA PÚBLICA, QUE CULMINOU EM UMA REVISTA PESSOAL COM APREENSÃO DE DROGAS. POSTERIORMENTE, OCORREU O INGRESSO NO ESTACIONAMENTO. O MOTIVO DA DILIGÊNCIA FOI QUE, EM MONITORAMENTO AO LOCAL, O ACUSADO FOI VISTO SAINDO DE UM ESTACIONAMENTO, APARENTANDO AGUARDAR ALGUÉM E DEMONSTRANDO NERVOSISMO. NÃO HAVIA, NESTE CONTEXTO, SEQUER "MERA" SUSPEITA, MENOS AINDA "FUNDADA" SUSPEITA DE POSSE DE ARMA OU DE OBJETO ILÍCITO.

35 Ação Penal 5013516-92.2022.8.21.3001/RS, 10º Juizado Especial Cível e Criminal do Foro Regional do Partenon, Comarca de Porto Alegre, TJRS, Juiz Pio Giovani Dresch, 22.6.2023.

36 Aliás, recente decisão monocrática do Min. Gilmar Mendes (STF, HC 222.049, j. 04/7/2023) concedeu a ordem de ofício em caso de tráfico de drogas para anular o recebimento da denúncia, a fim de que o magistrado analise adequadamente os argumentos deduzidos em defesa prévia, nomeadamente a alegada nulidade da busca pessoal pelos agentes policiais – tese relevante da defesa, diz o Relator, que tem sido acolhida em posicionamentos recentes do STJ. Na decisão do Dr. Pio, ele afirma que se trata de uma "resposta de adesão de um juiz de primeiro grau, que tenta influir no âmbito de sua jurisdição, afirmando, com toda sua força, que o recebimento de denúncia nessas circunstâncias confirmaria o papel do Judiciário como parte da engrenagem que criminaliza os negros e os pobres"

excessos dos modelos autoritários clássicos de então (Alemanha e Itália). Numa frase: "Sem sombra de dúvidas, o liberalismo processual penal brasileiro tem uma imagem de si mesmo que além de ser autorreferente é incapaz – daí seus inúmeros pontos cegos – de observar nas práticas punitivas um correlato de suas empreitadas teóricas".[37]

A pensar no peso da tradição, e sendo pouco menos que evidente a associação do nosso CPP com o Código Rocco, menciono a atmosfera político-cultural então vivenciada na Itália. Seguem três trechos extraídos de uma recente e já célebre biografia de Mussolini,[38] a começar por um datado de 1° de fevereiro de 1927: trata-se de Arturo Bocchini, Comandante da Polícia Fascista, comentando a sessão que inaugura o "Tribunal Especial para a Defesa do Estado", réu um pedreiro que teria, inconformado com o fracasso de um atentado contra o Duce, exclamado algo como "Desgraçado... ninguém ainda matou esse catinguento!". Para Bocchini:

> "o fascismo deverá estar em tudo e em toda parte": "Não será nada fácil. Em primeiro lugar, é necessário permanecer atento. Já nesta primeira sessão, ficou claro que **a instrução dos processos do Tribunal Especial será baseada por completo nos relatórios policiais**. Se o resultado for condenações o mérito será dos juízes, se for absolvições, a culpa será dele".

O segundo é de março-abril de 1927, de lavra de Augusto Turati, Secretário do Partido Fascista (ele depois cairia em desgraça):

> "Assim deve ser. Todo o poder ao fascismo. O objetivo definitivo da revolução é que o fascismo consiga permear não apenas o espírito dos italianos, como também todos os centros e todos os gânglios nervosos da vida nacional. O regime só está completo quando houver em cada posto de comando – do general ao cabo – um camisa-negra com a mente e a vontade bem moldadas pela mente e pela vontade do Duce. O país deve ser fascistizado por completo. (...) Devem ser fascistizados a escola, a administração pública, a imprensa, a magistratura, a diplomacia, o Exército. Não apenas ministros fascistas, como também governadores de províncias fascistas, diplomatas fascistas, sindicalistas fascistas. A **magistratura deve ceder**: inaugurando o ano jurídico de 1927, o procurador-geral Appiani afirmou que 'o dever do juiz é aplicar as leis do Estado interpretando-as segundo o espírito que as molda'. Ou seja, o espírito fascista".[39]

No terceiro, com a palavra o próprio Duce, na Câmara dos Deputados, em 26 de maio de 1927:

---

37 GLOECKNER, Ricardo Jacobsen. Autoritarismo e processo penal: uma genealogia das ideias autoritárias no processo penal brasileiro. Florianópolis: Tirant lo Blanch, 2018, pp. 481-2.
38 SCURATI, Antonio. M, o homem da providência. Rio de Janeiro: Intrínseca, 2022, p. 235 – os destaques são meus.
39 SCURATI, p. 241.

> "O discurso de Mussolini no dia da Ascensão continua por quase duas horas. Os parlamentares da Câmara dos Deputados, transtornados e exaltados, são atingidos por uma chuva de frases e pronunciamentos concebidos para se tornar memoráveis. 'A oposição é tola, supérflua em um regime totalitário.' 'Hoje nós enterramos a mentira do sufrágio universal.' 'Senhores: é hora de dizer que **a polícia não deve apenas ser respeitada, mas homenageada**. Senhores: é hora de dizer que o homem, antes de sentir a necessidade de cultura, sentiu a necessidade de ordem. Em certo sentido, é possível dizer que o **policial precedeu na história o professor"**.[40]

Não estou, fique claro, nem de longe, a dizer que a jurisprudência majoritária até há pouco era fruto de uma mundivisão fascista. Seria, além de simplista, errado. Apenas trago o elemento histórico como mais um vetor para identificar, nas soluções que perduram há décadas, traços que não mais se harmonizam com a leitura constitucionalmente adequada do processo penal. Salta aos olhos que é preciso **deixar de gravitar em torno da "Palavra de Polícia"**. Por mais que razões históricas expliquem uma eventual deferência, muitas vezes tornou-se inescondível reverência que, simplesmente, contrariava a prova judicial.

Há ainda um ponto que, mesmo em acintosa síntese, há de ser enfrentado, a implicar mais um giro do nosso poliedro. O processo penal tem sido invadido por razões preventivas e, antes até, de precaução. Como segue.

5. SEPARAÇÃO ORGANIZACIONAL E INFORMACIONAL DE PODERES, OU POLÍCIA É UMA COISA; PROCESSO, OUTRA; INTELIGÊNCIA, ALGO DISTINTO

Tenha-se como pano de fundo o cenário mundial contemporâneo, que aponta para uma **onda de *autocratização*** de regimes democráticos em diferentes partes do globo (Hungria, Polônia, Turquia e Índia como exemplos). Neste contexto, há uma reconfiguração do espaço cívico que, no que interessa ao tema, se traduz em "vigilância e ataque a liberdades civis", isso em nome de "diversos imperativos abstratos, que vão desde a segurança nacional e o combate ao terrorismo até a transparência", uma estratégia que pode envolver, dentre diversas táticas "uso de softwares de espionagem".[41] No âmbito da segurança pública, identificou-se uma "tendência de implementação de mecanismos de vigilância que comprimem os direitos de privacidade do cidadão", que se desdobra, dentre outras medidas, na "ampliação da coleta de dados e a unificação do acesso a eles,

40 SCURATI, p. 262.

41 A sistematização é apresentada por BRITO, Adriane Sanctis de ... [et al.]. O caminho da autocracia: estratégias atuais de erosão democrática. São Paulo: Tinta-da-China Brasil, 2023, p. 17 – a atual seria a terceira onda autocrática; a primeira, ocorreu com a consolidação dos regimes nazista e fascista na Europa; a segunda (1960-80), deu-se com o espraiamento de regimes militares na América Latina – e p. 84 (espaço cívico).

e a **ampliação da criminalização e das competências de investigação da polícia**". Além disso, uma "estratégia baseada no populismo penal e na incitação do pânico moral", em cujo seio destaco: "o aumento do policiamento e da militarização (...) e o endurecimento das penas de condutas já criminalizadas".[42]

O **populismo penal** (Garland) e o **pânico moral** (Cohen) contaminam a segurança pública [e a justiça penal]. O primeiro, "um tipo de prática política que, ao propor soluções ou caminhos sobre os temas de segurança pública e política criminal, afasta evidências empíricas e opiniões de especialistas (...) apresenta propostas que supostamente representam os interesses do 'povo' em relação a tais temas. (...) uma forma de ação política (...) responsável por insuflar ações policiais e punitivistas"; o segundo, descreve um insuflamento, "momentos em que determinados indivíduos ou grupos são estereotipados e definidos (pela mídia e por atores políticos, por exemplo) como um risco à sociedade e seus valores". Por consequência, observa-se "aumento do policiamento e da militarização, em especial no tratamento direcionado aos grupos sociais construídos como inimigos internos".[43]

Mesmo na democrática Alemanha, que todavia lida eventualmente com ameaças terroristas e com significativo fenômeno migratório, vozes se levantam contra um certo **borramento de fronteiras que pareciam bem estabelecidas no horizonte constitucional**. Entretanto, como adverte Luís Greco na introdução de oportuníssima obra, "(...) o leitor encontrará importantes reflexões de Wolter, referências à posição mais difundida no direito alemão e poderá comprovar com os próprios olhos que **muito do que nós, no Brasil, por vezes aceitamos como natural** seria declarado **não apenas duvidoso**, mas **inconstitucional** e até mesmo **escandaloso** por uma multiplicidade de razões **até pela mais conservadora das opiniões** hoje defendidas na Alemanha".[44]

A **estrutura do processo penal alemão**, sigo Greco (pp. 51-3), **consagra um imperativo de separação entre o direito processual penal, o direito de polícia e o direito de inteligência**, mas, como dito, isso tem sido relativizado em face de exigências sociais que verberam contra organizações criminosas (a par do espectro do terrorismo). O **direito processual penal** tem como "ensejo" a **suspeita da ocorrência de um delito**, uma **orientação repressiva contra o "suspeito"**. Trata-se de *esclarecer algo já realizado*, na ideia básica da *notitia criminis*. Significa dizer que a persecução não pode, *a priori*, partir proativamente em

42 BRITO et. al., pp. 96-7. O uso de softwares de espionagem "também subsidia investigações policiais e prisões (...) um tipo de política criminal que, sem nenhum controle judicial prévio, legitima o monitoramento de pessoas ou grupos específicos por parte dos agentes de segurança e inteligência"; há ampliação da "coleta de dados pessoais dos cidadãos, como os dados biométricos, e a unificação do acesso a eles por diversas áreas do governo (inclusive policiais e de inteligência)" - pp. 98-9.

43 BRITO et. al., p. 111 - também a "multiplicação das formas de criminalização e endurecimento das penas para condutas relacionadas a esses mesmos grupos".

44 GRECO, Considerações introdutórias sobre o processo penal alemão, In: WOLTER, O inviolável e o intocável no direito processual penal, p. 25.

busca de delitos possivelmente cometidos [aqui, indago eu: isso valeria para o Ministério Público e a polícia civil, e até que ponto para a polícia militar?]. Já o **direito de polícia** repele **perigos**, dirige-se contra o "pertubardor", pois a **polícia tem a tarefa preventiva de proteção/defesa contra perigos**, só excepcional e subsidiariamente pode voltar-se contra o não-perturbador. Assim, a precaução contra perigos é uma tarefa da polícia [olhos no Brasil, o policiamento ostensivo, das polícias militares, parece um exemplo adequado]. Finalmente, o **direito de inteligência** *atua em momento prévio*, mesmo **antes da existência do perigo**. Os **serviços de inteligência** trabalham com **coleta de informações** e, ao dispensarem um "ensejo", movem-se em *campo prévio, anterior a delitos e a perigos*, o **campo da precaução**; há, portanto, uma mais elástica antecipação.

Em suma, **o direito de polícia permite mais que o direito processual penal**, ao passo que **os órgãos de inteligência não podem agir**, isto é, *não podem agir como polícia e não podem intervir em direitos fundamentais* – trata-se de uma experiência histórica de quem conviveu com a Gestapo, uma sabedoria prática consistente em "controlar olhos que tudo veem... amarrando-lhe os braços". Eis o **cerne do princípio da separação organizacional e informacional de poderes,** diretriz que, como referido, tem sofrido relativizações. Neste contexto – de princípios processuais solapados à luz dos direitos fundamentais, a advertência de Wolter: "Diante da bandeira do 'combate' à criminalidade organizada, não são mais levantadas questões sobre a legitimação do Estado para submeter cidadãos à vigilância sem qualquer *ensejo para a investigação* ou para uma transferência de dados sem uma suficiente suspeita inicial...". E o princípio da **proporcionalidade**, ao qual se recorre muitas vezes para ponderar a proteção de direitos fundamentais e interesses da justiça penal, "acaba por ser usado de forma abusiva ou por tornar-se supérfluo".[45]

Vale o destaque: não se pode derivar da dignidade da pessoa humana, do dever estatal de respeitá-la e protegê-la, "o interesse contraposto da *capacidade de funcionamento da justiça penal*, de *igual hierarquia*". O efeito primário da regra de proteção [art. 1 I GG, Lei Fundamental da Alemanha – *A dignidade do ser humano é intocável. Respeitá-la e protegê-la é obrigação de todo poder*

45 WOLTER, pp. 130 e 181-2, respectivamente. Usado abusivamente, pois os direitos fundamentais intocáveis não podem ser ponderados contra demandas de persecução penal. Supérfluo, pois as "necessidades de segurança da sociedade e dos indivíduos na luta contra a criminalidade grave possuem tal poder de convencimento que os direitos fundamentais necessariamente acabarão por perder". Movimentando-se entre um "Estado de bem-estar processual penal versus Estado de Direito liberal-absoluto", Wolter busca um balanço intermediário, ao recusar o "direito processual penal securitário" que passa por cima, dentre outros, do controle do Ministério Público sobre a investigação preliminar, da separação informacional de poderes...", embora haja espaço para o pensamento securitário na transferência de dados, mas "da persecução penal aos órgãos de segurança" [e não em sentido inverso], a par de métodos operativos (regulados em lei) como interceptação telefônica, vigilância secreta de imagem ou som fora da residência, agentes encobertos etc. – a par de uma preparação a futuras persecuções penais (com previsão legal), que permite "a tomada de fotos e impressões digitais não apenas com a finalidade de utilização em um processo penal concreto, mas também para fins gerais de identificação, em conformidade com o direito de proteção de dados" (especialmente para crimes graves previstos em um catálogo e com pessoas condenadas com trânsito em julgado), mediante uma série de condições para proteger "não-suspeitos" e acompanhantes (pp. 194-8).

estatal] "é fortalecer os direitos de defesa do imputado, da testemunha ou das pessoas do contato". O princípio da proporcionalidade "deriva dos direitos de liberdade dos envolvidos no processo (...) serve ao fortalecimento dos direitos de defesa e de participação dessas pessoas afetadas pelo processo penal".[46]

Voltando a ampliar o horizonte, Angelika Nussberger oferece a um tempo um panorama completo, didático e consistente sobre os direitos humanos. Ao destacar questões e desafios atuais, menciona **terrorismo e estado de exceção**, sendo que Executivo, Legislativo e Judiciário:

> "precisam dar respostas para evitar ataques no futuro e punir ataques no passado. Existe amplo consenso sobre os objetivos, mas não sobre os métodos. Decerto há concordância de que em situações de ameaça extrema os direitos humanos podem ser restringidos. Mas onde se devem traçar os limites?" – dentre os métodos controvertidos ou proscritos, a autora elenca "redução das garantias processuais em processos penais".[47]

Outro desafio é o que chama de "mundos paralelos digitais", em rigor um duplo desafio:

> "Enquanto antigamente era preciso interceptar e abrir cartas, ficar parado no outro lado da rua e observar quando alguém deixava a casa ou empregar informantes para identificar rapidamente opiniões 'perigosas', hoje em dia recursos digitais permitem uma vigilância ininterrupta. Ao mesmo tempo, as novas possibilidades tecnológicas podem ser usadas para preparar crimes".[48]

Assim, no "admirável" mundo novo, os direitos humanos enfatizam que "o indivíduo deve ser protegido contra a vigilância estatal", que se vai densificando como "direito à autodeterminação informacional"; mas, também, as pessoas devem ser protegidas de perigos que o Estado possa evitar – trata-se, em boa medida, de uma **corda bamba, na qual dança um Estado que, por um lado, sabe demais; e, por outro, que sabe de menos**. Daí que é preciso "regulamentar com exatidão onde, como e por quanto tempo dados podem ser armazenados, a quem podem ser repassados e sob que pressupostos precisam ser apagados. Isso

---

46 WOLTER, pp. 199-202. As pessoas envolvidas no processo têm direitos (indisponíveis) de participação contra o Estado (informação sobre dados existentes a seu respeito, notificação pelas autoridades após medidas investigativas, direito de recusar testemunho). Isso não exclui um dever estatal referente à justiça penal derivado do dever de proteger direitos fundamentais; o que o autor recusa (nota 179) é que a "eficiência da justiça penal seja colocada em patamar de igualdade com a dignidade humana", que o núcleo essencial dos direitos fundamentais e a dignidade possam ser "ponderados com a capacidade de funcionamento da justiça penal, que seja possível a investigação da verdade à custa de intervenções no núcleo...". Refração do direito de participação pode ser vista em SARLET/WEINGARTNER NETO, Constituição e direito penal, capítulo 4 (Nulidades e violações de nível constitucional), item 4.4 (Júri), 4.4.1 (Formação do Conselho de Sentença e a proteção de dados dos jurados), pp. 253 e ss., especialmente pp. 260-80.

47 NUSSBERGER, Angelika. Os direitos humanos: história, filosofia, conflitos. Porto Alegre: Fundação Fênix, 2022, pp. 84-6 – pondera que tais questões são colocadas sob a "perspectiva dos autores do crime", o que não quer dizer que se "possa esquecer a 'perspectiva das vítimas'. Os nomes das vítimas só entram raramente na história. Uma das características do terrorismo moderno é justamente que vítimas anônimas sejam atingidas e as massas sejam apavoradas". Ainda assim, caso "se negasse a terroristas a invocação de direitos humanos, o Estado trairia os ideais que alega proteger".

48 NUSSBERGER, pp. 93-5 – "A dark web é um submundo em que se realizam compras de armas, comercia-se pornografia infantil e fazem-se combinações para atentados terroristas".

se aplica à atividade policial e a investigações dos serviços secretos, que muitas vezes operam fora do radar do Estado de Direito". Diante de perguntas como "Os serviços secretos só podem entrar em ação quando há uma suspeita suficiente? Para uma vigilância em massa, eles precisam até mesmo de um juiz que examine a necessidade das medidas? O quanto devem ficar sabendo as pessoas que são vigiadas?", mesmo que as respostas não sejam unânimes, o "teor geral é que medidas de vigilância e armazenagem/conservação de dados só são admissíveis dentro de limites estreitos, em especial não sem um ensejo".[49]

Por tudo isso, observo com reticências e preocupação dois fenômenos, interligados, que demandam acurada resposta jurisdicional: a **avassaladora predominância das polícias militares no enfrentamento do tráfico**, pois responsáveis pela imensa maioria das prisões em flagrante (que, por sua vez, respondem por 80 a 90% dos processos por tráfico[50] – a acarretar enfraquecimento na qualidade da prova no processo judicial –; e a correlata **remissão à Inteligência** como fonte de certeza capaz de sustentar condenações. Pondero, olhos no chão da fábrica, que o fato de uma denúncia anônima passar pela "inteligência da Polícia Militar" [ou de outro qualquer órgão] não a torna, como se de uma espécie de banho lustral se tratasse, *ipso facto*, fundada suspeita capaz de sustentar a intervenção policial, menos ainda prova marcada pelo contraditório e [possibilidade de] ampla defesa. Empiricamente: "o setor" (a Inteligência) passa a ser uma entidade, impessoal, tão cheia de olhos quanto espectral e em relação ao qual, simplesmente, **impossível qualquer escrutínio judicial** – para não falar do quase olvidado **controle externo do Ministério Público** (CF, art. 129, inc. VII). E não se diga que não há meio investigativos idôneos, *ex vi* dos arts. 53 da Lei 11.343/2006 e 3º da Lei 12.850/2013. [51]

49 NUSSBERGER cita algumas decisões paradigmáticas do EGMR – Europäischer Menschengerichtshof [Tribunal Europeu de Direitos Humanos], tais como: EGMR, sentença de 06.09.1978, Klass et al. v. Alemanha, nº. 5029/71 et al. – Medidas na luta contra a espionagem e o terrorismo; EGMR, sentença de 13.09 2018, Big Brother Watch et al. v. Reino Unido, nº. 58170/13 et al. – Proteção contra vigilância por parte de serviço secreto (sem trânsito em julgado); e também, da Alemanha, do BVerfG – Bundesverfassungsgericht [Tribunal Constitucional Federal]: BVerfG, sentença de 19.05.2020, 1 BvR 2835/17, NJW 2020, 2235 – Medidas de vigilância no marco da lei sobre o Serviço Federal de Inteligência.

50 Num universo de 800 sentenças proferidas em processos relacionados ao crime de tráfico, 88, 75% dos casos se originaram de prisões em flagrante; apenas 11,25%, de investigações pretéritas (SEMER, Marcelo. Sentenciando tráfico: o papel dos juízes no grande encarceramento. São Paulo: Tirant lo Blanch. 2019, p. 158). Em visão ampla: "O sistema de justiça criminal brasileiro é ineficiente, seletivo e violento. As razões que conduzem a essas conclusões são bastante conhecidas. Em primeiro lugar, a intensa expansão da população carcerária no Brasil não tem sido capaz de reduzir a violência e tampouco a sensação de insegurança, mas tem produzido gravíssimas violações aos direitos fundamentais dos presos. Em segundo lugar, o sistema possui uma clientela preferencial específica. A principal porta de entrada do sistema criminal são as prisões em "flagrante de jovens negros, pobres e de baixa escolaridade pela prática de delitos contra o patrimônio ou de tráfico de drogas. Por fim, a legislação criminal brasileira tem sido orientada para o aumento da repressão criminal como saída para a superação da violência e da criminalidade. (...) A jurisdição constitucional pode contribuir para o processo de compatibilização do direito penal com a Constituição por meio de, pelo menos, quatro caminhos bastante claros. (...) Em quarto lugar, pela republicanização do sistema de justiça criminal, com a superação dos entraves e obstáculos ilegítimos para o seu regular funcionamento em relação a todos – subintegrados e sobreintegrados – que sejam investigados ou processados criminalmente, sem que isso signifique sacrificar as conquistas liberais civilizatórias do direito penal, as quais merecem ser aprofundadas e aperfeiçoadas" (SOUSA FILHO, Ademar Borges de. O controle da constitucionalidade de leis penais no Brasil: graus de deferência ao legislador, parâmetros materiais e técnicas de decisão. Belo Horizonte: Fórum, 2019).

51 Infiltração e não-atuação policial; para organizações criminosas, atualizado o dispositivo pela Lei 13.097/2015, todos os meios elencados nos incisos I a VIII do citado art. 3º.

6. CONCLUSÃO

Penso que vivemos numa sociedade imagética em crise de consciência. As sociedades são a imagem que têm de si, "vistas nos espelhos que constroem para reproduzir as identificações dominantes num dado momento histórico".[52] Nossas instituições serão espelhos da diversidade, iluminadas pelo prisma constitucional? Ou prevalecerá uma sociabilidade à beira do terror, pânico de sequer se ver refletida em nenhuma imagem, o olhar fixo e opaco, o espelho tornado estátua? O presente texto explorou alguns problemas oculares, focado na prova policial.[53]

Para superar pontos cegos, girando o poliedro, câmeras podem ajudar, mas não se escapa do paradoxo do vigilantismo. Neste ângulo, sociedades excessivamente utópicas [ou exaustas e desesperançadas?], que "acreditam conhecer o caminho direto para o sagrado", intentam "vigiar seus cidadãos, para seu próprio bem, obrigando-os ao caminho correto. O Deus mortal do Leviatã incorporou todos os predicados do Onisciente. Semelhança divina e desumanidade estão perigosamente próximas".[54]

Se as imagens podem ser o oposto da argumentação racional e acionar alegorias para incentivar o ódio e o preconceito, existe também uma dimensão de linguagem na instância da imagem ao vivo. Ao girar ainda uma vez o poliedro, devemos lembrar que o "olhar é mais" [do que mera janela por onde entram mensagens neutras], tem "função ativa na fabricação das significações imagéticas", pois os olhos dos *olhantes* "exercem uma força constitutiva para a fixação do significado de cada figura" – o ato de olhar consiste em "ato de linguagem".[55]

Uma justiça de olhos bem abertos, então, não pode nem quer ver tudo, mas tampouco é tartamuda e há de ajustar sua linguagem ao *chiaroscuro* que acontece nas ruas e nos processos, segurando uma modesta, mas focada, lanterna constitucional.

---

52 SANTOS, Boaventura de Sousa. A crítica da razão indolente: contra o desperdício da experiência. Porto: Afrontamento, 2000, pp. 45-6.

53 Um processo substancialmente centrado nos informes policiais, a mim lembra outro conto de Borges. No princípio, "há um Deus espectral (...) imutável, mas sua imagem projetou nove sombras (...) e assim [em sucessivas reproduções] até 999. O senhor do céu do fundo é o que nos rege - sombra de sombras de outras sombras - e sua função de divindade tende a zero." Jorge Luis Borges, "Os espelhos abomináveis", História Universal da Infâmia.

54 STOLLEIS, Michael. O olho da lei: história de uma metáfora. Belo Horizonte: Editora Doyen, 2014, pp. 90-1. Prossegue: "O olho radiante de Deus e o olho frontal de Polifemo, o devorador de homens que não tinha leis, são, em igual medida, projeções do ser humano, que vive temeroso e fraco no mundo e que tenta, na medida do possível, proteger-se de catástrofes por meio do Direito".

55 BUCCI, Eugênio. A Superindústria do Imaginário: como o capital transformou o olhar em trabalho e se apropriou de tudo que é visível. Belo Horizonte: Autêntica, 2021, pp. 238-41. O autor cita Saussure, um "falante só consegue lidar com os objetos que consiga nomear, isto é, se não tiver palavras para dar um nome ao que tem diante de si, nada verá. Logo, quem não nomeia, não vê (...) é o ponto de vista que cria o objeto" (pp. 252-3).

Provas ilícitas no processo penal – breves comentários conceituais, doutrinários e jurisprudenciais

Leandro Cadenas Prado[1]

1. INTRODUÇÃO

A nova Constituição brasileira, de outubro de 1988, apelidada "constituição-cidadã", inovou em vários aspectos concernentes às garantias deferidas aos seus destinatários, protegendo sobremaneira a vida dos súditos.

Nesse passo, limitou a atuação estatal, assegurando, entre outros, os direitos à intimidade, à vida privada, à honra, à imagem das pessoas, bem assim a livre manifestação do pensamento, as liberdades espirituais, intelectuais, artísticas e científicas, a inviolabilidade de domicílio, das correspondências, das comunicações telegráficas, telefônicas e de dados.

Contudo, não existem direitos absolutos, pois, numa vida em sociedade, há sempre a necessidade de serem compatibilizados direitos e deveres, cabendo ao Direito e à moral a estipulação de limites para uma convivência pacífica e tranqüila de toda coletividade.

A dicotomia entre a necessidade premente de entregar-se a prestação jurisdicional a um, e o respeito aos direitos do outro é que embasa o presente estudo, de forma que a confirmação de um não esbarre nas garantias do outro.

As provas ilícitas, nesse contexto, se sobressaem em face de sua relevância jurídica quando produzidas e utilizadas no processo.

Busca-se, com este trabalho, fazer uma análise desse instituto e suas variantes, com base no mandamento constitucional e na jurisprudência pátria.

PROVAS ILÍCITAS

A prova é a alma do processo. É ela que serve para formar o convencimento do julgador, ao tempo em que também justifica a decisão diante da sociedade.

A legislação pátria prevê direitos e deveres aos cidadãos, impondo limitações e regras para o exercício deles. No que concerne à produção das provas, deve-se ater às previsões legais, sendo mesmo inadmissível que o Estado possa condenar alguém com base numa prova que foi obtida por meios ilícitos.

1 Juiz Federal do TRF da 4ª Região.

2. CONCEITO

Provas ilícitas, *lato sensu*, são aquelas obtidas com violação à lei, como as efetivadas através de escuta clandestina, tortura, invasão de domicílio, violação de correspondência etc.

Então, genericamente, as provas ilícitas são as provas vedadas, proibidas, podendo ser divididas em provas ilícitas propriamente ditas e provas ilegítimas.

3. PROVAS ILÍCITAS, ILEGÍTIMAS E ILÍCITAS POR DERIVAÇÃO

A nomenclatura posta é bastante variada, fazendo menção a prova proibida, ilícita, ilegal, ilegítima, obtida por meio ilícito, ilegalmente obtida, ilicitamente obtida etc, faltando uniformidade. De modo genérico, pode-se conceituá-las como sendo aquelas inadmissíveis no processo.

De fato, deve-se analisar o caso concreto, havendo, pois, circunstâncias que podem justificar tal variedade na nomenclatura. Em determinadas situações, uma prova pode ser considerada lícita, ao passo que, noutras, obtida por meio ilícito, como é exemplo a escuta telefônica, lícita que é sempre que autorizada por ordem judicial para fins de investigação criminal ou instrução processual penal, nas hipóteses e na forma estabelecidas em lei (art. 5º, XII[2], CF/88). Da mesma forma, um documento, em geral, é prova lícita, mas não quando obtido através de furto no local onde se encontrava, tornando-se prova obtida por meio ilícito.

De outro lado, tem-se provas que sempre serão ilícitas, em qualquer situação, como um documento com assinatura falsificada, independente da forma como foi apresentado no processo.

Tradicionalmente, embora a CF não defina o que venha a ser uma prova ilícita, tem-se delimitado a distinção entre as provas ilícitas e ilegítimas nos termos seguintes: enquanto a prova ilícita seria aquela obtida por violação ao direito material, a prova ilegítima afrontaria o direito processual.

A própria lei processual impõe regras quanto à produção de provas que, quando desrespeitadas, geram a declaração de nulidade das mesmas, com conseqüências internas ao processo. Para exemplificar, podem ser citados alguns casos, como a oitiva o acusado sem devida intimação do seu defensor[3], ou daquelas pessoas que, em razão de função, ministério, ofício ou profissão, devam guardar segredo[4].

---

2 CF/88, art. 5º, XII: É inviolável o sigilo da correspondência e das comunicações telegráficas, de dados e das comunicações telefônicas, salvo, no último caso, por ordem judicial, nas hipóteses e na forma que a lei estabelecer para fins de investigação criminal ou instrução processual penal.

3 CPP, art. 185, com redação dada pela Lei 10.792, de 1º/12/2003. O acusado que comparecer perante a autoridade judiciária, no curso do processo penal, será qualificado e interrogado na presença de seu defensor, constituído ou nomeado.

4 CPP, art. 207. São proibidas de depor as pessoas que, em razão de função, ministério, ofício ou profissão, devam guardar segredo, salvo se, desobrigadas pela parte interessada, quiserem dar o seu testemunho.

Em qualquer caso, havendo a produção de uma prova ilegítima, haverá sanção prevista na própria lei processual, podendo ser decretada a nulidade da mesma[5], é dizer, seu regime jurídico é tratado através da Teoria das Nulidades.

Por outro lado, as provas obtidas com violação ao direito material são inadmissíveis no processo, a teor da regra constitucional inserta no inciso LVI do art. 5°, analisado adiante. São aquelas produzidas externamente, e com sanções específicas previstas no direito material.

Dessa forma, em havendo a produção de uma prova ilícita, como tortura, violação de correspondência ou de domicílio, ao infrator será imputada uma penalidade prevista na legislação penal.

Outra diferença significativa, apontada pela doutrina tradicional, entre provas ilícitas e ilegítimas, como conseqüência do que foi visto, está no momento da sua violação. No caso da prova ilícita, ocorre transgressão à lei no momento da sua produção, de sua colheita, de forma externa ao processo, podendo ser anterior ou concomitante a este. Quando se está diante de uma prova ilegítima, tal ilegalidade se consumou no momento de sua produção dentro do processo, sempre de forma concomitante.

A Lei 11.690/2008, no entanto, ao alterar o Código de Processo Penal quanto ao tema, assim previu:

> CPP, art. 157. São inadmissíveis, devendo ser desentranhadas do processo, as provas ilícitas, assim entendidas as obtidas em violação a normas constitucionais ou legais.

Seguindo as lições do mestre Denílson Feitoza[6], fazendo-se uma interpretação declarativa do artigo retro citado, ter-se-ia o seguinte:

a) com base no princípio da supremacia da Constituição, provas ilícitas são as que violam:
   a.1) normas constitucionais, de direito constitucional tanto material quanto processual;
   a.2) normas legais, de direito infraconstitucional material;

b) provas ilegítimas são as que violam normas legais de direito infraconstitucional processual[7];

c) provas ilícitas e ilegítimas simultaneamente, são as que violam, simultaneamente, normas constitucionais (materiais ou processuais) e normas infraconstitucionais processuais.

---

5 CPP, art. 564. A nulidade ocorrerá nos seguintes casos: (...)
IV - por omissão de formalidade que constitua elemento essencial do ato.

6 PACHECO, Denilson Feitoza. Direito processual penal: teoria, crítica, práxis: suplemento eletrônico da 5ª edição. Niterói: Impetus, 2008, p. 119.

7 Segundo o autor, "a expressão 'normas legais' deve ser entendida de maneira restritiva, pois, do contrário, não distinguiríamos entre prova ilícita e prova nula ('ilegítima'), portanto entre os regimes jurídicos da ilicitude (inadmissibilidade) e da nulidade".

Importante também destacar o magistério dos professores Eugênio Pacelli e Douglas Fischer[8], tem-se o seguinte:

> Há quem, em doutrina, faça uma distinção entre a prova obtida com violação às normas processuais e aquelas que contrariam a legislação material. A primeira espécie seria a da prova ilegítima, enquanto a segunda se denominaria prova ilícita.
>
> Temos para nós que a diferença de tratamento conceitual radica na questão atinente ao *momento* em que se examina a prova.
>
> As violações ao direito material, via de regra, ocorrem na fase de sua obtenção ou de sua produção, como se dá, por exemplo, com a interceptação telefônica desautorizada, em prejuízo do direito à intimidade e à privacidade. Já aquelas relativas ao direito processual ocorrem quando de sua introdução e valoração no processo. De fato, uma prova pode ser validamente produzida, como a elaboração de um documento, por exemplo, e não ser admissível a sua introdução no plenário do Júri (art. 479, CPP). Do mesmo modo, pode ser lícita a obtenção de cópia de determinadas provas, constantes de outros processos, e, ainda assim, não ser admissível a sua valoração no processo, por violação do contraditório.
>
> De todo modo, o nosso CPP não contemplou essa distinção. Afirma apenas serem *inadmissíveis as provas ilícitas, assim entendidas as obtidas em violação a normas constitucionais ou legais* (art. 157, CPP).

Com relação às provas ilícitas por derivação tem-se uma situação singular. Trata-se da prova lícita em si mesma, mas cuja produção decorreu, ou derivou de outra prova, tida por ilícita.

Assim, a prova originária, ilícita, contamina a prova derivada, tornando-a também ilícita.

A Teoria dos Frutos da Árvore Envenenada[9] explica adequadamente a proibição da prova ilícita por derivação. Se uma prova é ilícita, todas as que dela derivam também o são. Exemplificando, tem-se a apreensão de entorpecentes advinda de escuta telefônica clandestina. Se esta não existisse, a apreensão jamais ocorreria. Sendo a escuta ilegal, a apreensão também o será.

Com a alteração no CPP promovida pela Lei 11.690/2008, positivou-se no país a Teoria em comento:

> CPP, art. 157, § 1º. São também inadmissíveis as provas derivadas das ilícitas, salvo quando não evidenciado o nexo de causalidade entre umas e outras, ou quando as derivadas puderem ser obtidas por uma fonte independente das primeiras.

---

8 *Comentários ao Código de Processo Penal e sua jurisprudência*, 14. ed. rev. atual. e ampl., São Paulo: JusPodivm, 2022, p. 542.

9 No Direito norte americano, de onde origina-se, é conhecida como *"Fruits of the poisonous tree"*. Teria surgido pela primeira vez em 1920, no caso "Silverthorne Lumber Co. v. United States", no qual a Suprema Corte desconsiderou intimação expedida com base em informação havida em busca ilegal.

Naturalmente que, se não houver nexo entre as provas, não há se falar em uma derivada da outra, não havendo, portanto, contaminação. Usando da metáfora do nome da Teoria sob análise, é como se o fruto fosse colhido de uma árvore sadia. Se não existe vínculo entre o fruto e a árvore envenenada, aquele não se contaminou por esta.

Importante limitação à aplicação da doutrina dos frutos da árvore envenenada é a prevista na parte final do parágrafo transcrito. É a chamada limitação da fonte independente ("independent source limitation") ou exceção da fonte independente.

Para exemplificar, Denílson Feitoza[10] relembra precedente da Suprema Corte dos Estados Unidos, (*Bynum v. U.S*, 1960): por ocasião de uma prisão ilegal fez-se identificação dactiloscópica, posteriormente excluída do processo, em face da sua patente ilicitude. Posteriormente, usou-se um antigo conjunto de planilhas dactiloscópicas guardadas em arquivo, que já haviam sido colhidas antes, sem qualquer relação com o roubo investigado nesse processo. Como tais impressões digitais correspondiam às colhidas no local do crime, e como a fonte da prova foi independente da inicialmente colhida (que foi considerada ilícita), foi possível a condenação do réu.

A limitação aqui analisada está em consonância com a jurisprudência do STF, que já vinha aplicando-a, mesmo antes da novel previsão legal:

> A questão da fonte autônoma de prova ("an independent source") e a sua desvinculação causal da prova ilicitamente obtida. Se o órgão da persecução penal demonstrar que obteve, legitimamente, novos elementos de informação a partir de uma fonte autônoma de prova - que não guarde qualquer relação de dependência nem decorra da prova originariamente ilícita, com esta não mantendo vinculação causal –, tais dados probatórios revelar-se-ão plenamente admissíveis, porque não contaminados pela mácula da ilicitude originária.[11]
>
> ILICITUDE DA PROVA. INADMISSIBILIDADE DE SUA PRODUÇÃO EM JUÍZO (OU PERANTE QUALQUER INSTÂNCIA DE PODER). INIDONEIDADE JURÍDICA DA PROVA RESULTANTE DE TRANSGRESSÃO ESTATAL AO REGIME CONSTITUCIONAL DOS DIREITOS E GARANTIAS INDIVIDUAIS. A ação persecutória do Estado, qualquer que seja a instância de poder perante a qual se instaure, para revestir-se de legitimidade, não pode apoiar-se em elementos probatórios ilicitamente obtidos, sob pena de ofensa à garantia constitucional do "*due process of law*", que tem, no dogma da inadmissibilidade das provas ilícitas, uma de suas mais expressivas projeções concretizadoras no plano do nosso

10 PACHECO, Denilson Feitoza. *Direito processual penal: teoria, crítica, práxis:* suplemento eletrônico da 5ª edição. Niterói: Impetus, 2008, p. 124.
11 STF, RHC 90.376/RJ, relator Ministro Celso de Mello, publicação DJ 18/05/2007, Informativo 462.

sistema de direito positivo. A "*Exclusionary Rule*" consagrada pela jurisprudência da Suprema Corte dos Estados Unidos da América como limitação ao poder do Estado de produzir prova em sede processual penal. A Constituição da República, em norma revestida de conteúdo vedatório (CF, art. 5º, LVI), desautoriza, por incompatível com os postulados que regem uma sociedade fundada em bases democráticas (CF, art. 1º), qualquer prova cuja obtenção, pelo Poder Público, derive de transgressão a cláusulas de ordem constitucional, repelindo, por isso mesmo, quaisquer elementos probatórios que resultem de violação do direito material (ou, até mesmo, do direito processual), não prevalecendo, em conseqüência, no ordenamento normativo brasileiro, em matéria de atividade probatória, a fórmula autoritária do "*male captum, bene retentum*". (...) A QUESTÃO DA DOUTRINA DOS FRUTOS DA ÁRVORE ENVENENADA ("*FRUITS OF THE POISONOUS TREE*"): A QUESTÃO DA ILICITUDE POR DERIVAÇÃO. Ninguém pode ser investigado, denunciado ou condenado com base, unicamente, em provas ilícitas, quer se trate de ilicitude originária, quer se cuide de ilicitude por derivação. Qualquer novo dado probatório, ainda que produzido, de modo válido, em momento subseqüente, não pode apoiar-se, não pode ter fundamento causal nem derivar de prova comprometida pela mácula da ilicitude originária. A exclusão da prova originariamente ilícita – ou daquela afetada pelo vício da ilicitude por derivação – representa um dos meios mais expressivos destinados a conferir efetividade à garantia do "*due process of law*" e a tornar mais intensa, pelo banimento da prova ilicitamente obtida, a tutela constitucional que preserva os direitos e prerrogativas que assistem a qualquer acusado em sede processual penal. A doutrina da ilicitude por derivação (teoria dos "*frutos da árvore envenenada*") repudia, por constitucionalmente inadmissíveis, os meios probatórios, que, não obstante produzidos, validamente, em momento ulterior, acham-se afetados, no entanto, pelo vício (gravíssimo) da ilicitude originária, que a eles se transmite, contaminando-os, por efeito de repercussão causal. Hipótese em que os novos dados probatórios somente foram conhecidos, pelo Poder Público, em razão de anterior transgressão praticada, originariamente, pelos agentes estatais, que desrespeitaram a garantia constitucional da inviolabilidade domiciliar. Revelam-se inadmissíveis, desse modo, em decorrência da ilicitude por derivação, os elementos probatórios a que os órgãos estatais somente tiveram acesso em razão da prova originariamente ilícita, obtida como resultado da transgressão, por agentes públicos, de direitos e garantias constitucionais e legais, cuja eficácia condicionante, no plano do ordenamento positivo brasileiro, traduz significativa limitação de ordem jurídica ao poder do Estado em face dos cidadãos. Se, no entanto, o órgão da persecução penal demonstrar que obteve, legitimamente, novos elementos de informação a partir de uma fonte autônoma de prova – que não guarde qualquer relação de dependência nem decorra da prova originariamente ilícita, com esta não mantendo vinculação causal –, tais dados probatórios revelar-se-ão plenamente admissíveis, porque não contaminados pela mácula da ilicitude originária. A QUESTÃO DA FONTE AUTÔNOMA DE PROVA ("*AN INDEPENDENT SOURCE*") E A SUA DESVINCULAÇÃO CAUSAL DA PROVA ILICITAMENTE OBTIDA. DOUTRINA. PRECEDENTES DO SUPREMO TRIBUNAL FEDERAL (RHC 90.376/RJ, Rel. Min. CELSO DE MELLO, v.g.). JURISPRUDÊNCIA COMPARADA (A EXPERIÊNCIA DA SUPREMA CORTE AMERICANA): CASOS "*SILVERTHORNE LUMBER CO. V. UNITED STATES (1920); SEGURA V. UNITED STATES (1984); NIX V. WILLIAMS (1984); MURRAY V. UNITED STATES (1988)*", v.g..[12]

A reforma do processo penal levada a cabo pela Lei 11.690/2008, como se viu, contemplou a exceção da fonte independente, conceituando-a:

> CPP, art. 157. (...)
> § 1º São também inadmissíveis as provas derivadas das ilícitas, salvo quando não evidenciado o nexo de causalidade entre umas e outras, ou quando as derivadas puderem ser obtidas por uma fonte independente das primeiras.
> § 2º Considera-se fonte independente aquela que por si só, seguindo os trâmites típicos e de praxe, próprios da investigação ou instrução criminal, seria capaz de conduzir ao fato objeto da prova.

Segundo essa definição, no entanto, o que o legislador brasileiro conceituou como "fonte independente", nos Estados Unidos é dito "inevitable discovery", ou "descoberta inevitável", também a limitar a aplicação da Teoria dos frutos da árvore envenenada. O precedente paradigmático na Suprema Corte dos Estados Unidos é o caso *Nix v. Williams*, de 1984. Através de uma confissão ilicitamente obtida, chegou-se ao corpo da vítima de homicídio. Contudo, duas centenas de voluntários estavam procurando por ela nas redondezas, e certamente chegariam ao corpo, ainda que inexistisse a indicação do assassino. Então, como a descoberta do corpo da vítima teria resultado do desenvolvimento normal de investigação lícita, sem qualquer relação com a prova ilícita anterior, afastou-se a Teoria dos frutos da árvore envenenada.

Mais recentemente, após a alteração legislativa indicada, assim se pronunciou o e. STF:

> 2.4 À guisa de mera argumentação, mesmo que se pudesse reputar a prova produzida como ilícita e as demais, ilícitas por derivação, nos termos da teoria dos frutos da árvore venenosa (*fruit of the poisonous tree*), é certo que, ainda assim, melhor sorte não assistiria à defesa. É que, na hipótese, não há que se falar em prova ilícita por derivação. Nos termos da **teoria da descoberta inevitável**,

12 STF, HC 93.050/RJ, relator Ministro Celso de Mello, publicação DJ 01/08/2008, Informativo 514.

construída pela Suprema Corte norte-americana no caso Nix x Williams (1984), o curso normal das investigações conduziria a elementos informativos que vinculariam os pacientes ao fato investigado. Bases desse entendimento que parecem ter encontrado guarida no ordenamento jurídico pátrio com o advento da Lei 11.690/2008, que deu nova redação ao art. 157 do CPP, em especial o seu § 2°. 3. Ilicitude da prova das interceptações telefônicas de conversas dos acusados com advogados, ao argumento de que essas gravações ofenderiam o disposto no art. 7°, II, da Lei 8.906/96, que garante o sigilo dessas conversas. 3.1 Nos termos do art. 7°, II, da Lei 8.906/94, o Estatuto da Advocacia garante ao advogado a inviolabilidade de seu escritório ou local de trabalho, bem como de seus instrumentos de trabalho, de sua correspondência escrita, eletrônica, telefônica e telemática, desde que relativas ao exercício da advocacia. 3.2 Na hipótese, o magistrado de primeiro grau, por reputar necessária a realização da prova, determinou, de forma fundamentada, a interceptação telefônica direcionada às pessoas investigadas, não tendo, em momento algum, ordenado a devassa das linhas telefônicas dos advogados dos pacientes. Mitigação que pode, eventualmente, burlar a proteção jurídica. 3.3 Sucede que, no curso da execução da medida, os diálogos travados entre o paciente e o advogado do corréu acabaram, de maneira automática, interceptados, aliás, como qualquer outra conversa direcionada ao ramal do paciente. Inexistência, no caso, de relação jurídica cliente-advogado. 3.4 Não cabe aos policiais executores da medida proceder a uma espécie de filtragem das escutas interceptadas. A impossibilidade desse filtro atua, inclusive, como verdadeira garantia ao cidadão, porquanto retira da esfera de arbítrio da polícia escolher o que é ou não conveniente ser interceptado e gravado. Valoração, e eventual exclusão, que cabe ao magistrado a quem a prova é dirigida.[13] (grifou-se)

EXTRADIÇÃO INSTRUTÓRIA. GOVERNO DOS ESTADOS UNIDOS DA AMÉRICA. NULIDADE DO PROCESSO EM RAZÃO DE PROVA ILÍCITA. NÃO OCORRÊNCIA. PEDIDO INSTRUÍDO COM OS DOCUMENTOS NECESSÁRIOS À SUA ANÁLISE. ... 1. Não é ilícita a prova decorrente de colheita de objeto deixado livremente pelo extraditando em área comum do condomínio em que reside. Ausência de menoscabo a quaisquer das inviolabilidades constitucionais gozadas pelo súdito estrangeiro e de descompromisso com o seu direito à não autoincriminação, expresso pelo brocardo latino *nemo tenetur se detegere*. 2. A sanção processual cominada para o reconhecimento da ilicitude da prova é a sua inadmissibilidade nos autos, tendo o inciso LVI do art. 5° da Constituição Federal de 1988 contemplado o chamado direito de exclusão (*exclusionary rule*), gestado na jurisprudência da Suprema Corte norte-americana (e.g. Case Boyd v. United States, 116 U.S. 616, 1886). **Não há, pois, a contaminação de todo o processo, permanecendo válidas as provas lícitas dela não decorrentes**

13 STF, HC 91867, relator Ministro Gilmar Mendes, publicação DJ 20/9/2012.

ou que advieram de fontes autônomas, consoante o vetusto entendimento deste Supremo Tribunal (RHC 74.807-4/MT, Segunda Turma, Rel. Min. MAURÍCIO CORRÊA, DJ de 20/6/1997, p. 28.507; HC 74530/AP, Primeira Turma, Rel. Min. ILMAR GALVÃO, DJ de 13/12/1996; HC 75892/RJ, Segunda Turma, Rel. Min. MARCO AURÉLIO, DJ de 17/4/1998; HC 76.171/SP, Segunda Turma, Rel. Min. NELSON JOBIM, DJ de 27/2/1998). ...[14] (grifou-se)

... Condenação calcada em prova ilícita decorrente de quebra ilegal de sigilos fiscal e bancário. Não ocorrência. Existência de fonte autônoma de prova que não guarda relação de dependência com a suposta prova originariamente ilícita. Admissibilidade. Precedentes. ... 3. A Suprema Corte já assentou que, "**se (...) o órgão da persecução penal demonstrar que obteve, legitimamente, novos elementos de informação a partir de uma fonte autônoma de prova - que não guarde qualquer relação de dependência nem decorra da prova originariamente ilícita, com es[s]a não mantendo vinculação causal -, tais dados probatórios revelar-se-ão plenamente admissíveis, porque não contaminados pela mácula da ilicitude originária**" (HC 93.050/RJ, Segunda Turma, Relator o Ministro Celso de Mello, DJe 31/7/08). ...[15] (grifou-se)

Por fim, ressalte-se ainda que a simples presença de uma prova ilícita ou ilegítima no processo não o vicia de nulidade:

... INTERCEPTAÇÕES TELEFÔNICAS AUTORIZADAS POR DECISÃO JUDICIAL. ALEGAÇÃO DE "QUEBRA DA CADEIA DE CUSTÓDIA". PERDA OU SUBTRAÇÃO DE PARTE DAS GRAVAÇÕES. CONSTRAGIMENTO ILEGAL RECONHECIDO NAS INSTÂNCIAS ORDINÁRIAS. AUSÊNCIA DE ILEGALIDADE NA DETERMINAÇÃO DE REMESSA DOS AUTOS AO JUÍZO DE PRIMEIRA INSTÂNCIA. 1. **As provas ilícitas, bem como todas aquelas delas derivadas, são constitucionalmente inadmissíveis, mesmo quando reconduzidas aos autos de forma indireta, devendo, pois, serem desentranhadas do processo, não tendo, porém, o condão de anulá-lo, permanecendo válidas as demais provas lícitas e autônomas delas não decorrentes, ou ainda, que também decorreram de outras fontes, além da própria prova ilícita**; garantindo-se, pois, a licitude da prova derivada da ilícita, quando, conforme salientado pelo Ministro EROS GRAU, "arrimada em elementos probatórios coligidos antes de sua juntada aos autos". 2. Assentou o Superior Tribunal de Justiça que, em matéria de provas ilícitas, o art. 157, § 1º, do Código de Processo Penal, com a redação dada pela Lei 11.690/2008, excepciona a adoção da teoria dos frutos da árvore envenenada na hipótese em que os demais elementos probatórios não estiverem vinculados àquele cuja ilicitude foi reconhecida...[16] (grifou-se)

14 STF, Ext 1486, relator Ministro Alexandre de Moraes, publicação DJ 28/8/2017.
15 STF, RHC 121.496, relator Ministro Dias Toffoli, publicação DJ 16/12/2015.
16 STF, HC 156.157 AgR, relator Ministro Alexandre de Moraes, publicação DJ 26/11/2018.

A prova ilegítima, a depender das circunstâncias, pode ainda produzir efeitos, em face da aplicação, por exemplo, dos princípios do interesse, do prejuízo ("pas de nullité sans grief"[17]), da convalidação ou da instrumentalidade das formas.

De outra banda, a prova ilícita, por ser inadmissível, deve ser desentranhada dos autos, não lhe remanescendo qualquer resquício de eficácia[18]. Assim determina expressamente a nova redação do art. 157 do CPP, dada pela Lei 11.690/2008:

> CPP, art. 157. São inadmissíveis, devendo ser desentranhadas do processo, as provas ilícitas, assim entendidas as obtidas em violação a normas constitucionais ou legais. (...)
>
> § 3º Preclusa a decisão de desentranhamento da prova declarada inadmissível, esta será inutilizada por decisão judicial, facultado às partes acompanhar o incidente.

O desentranhamento, segundo Feitoza[19], à falta de previsão específica de recurso ou marco temporal, dar-se-á com o trânsito em julgado da sentença, ou por manifestação expressa da partes no sentido de que renunciam a eventual impugnação.

O restante do processo, por sua vez, desde que não contaminado pela prova ilícita, continua válido, devendo ter andamento sempre que restem outras provas autônomas e independentes, sendo perfeitamente válida eventual condenação, desde que apoiada em outras provas lícitas. Assim já se manifestou o STF, em acórdão proferido antes da LC 105/2001, que autorizou quebra do sigilo bancário, acrescentando-se também outros julgados, no mesmo sentido, desse mesmo Tribunal e do STJ:

> RECURSO DE *HABEAS CORPUS*. CRIMES SOCIETÁRIOS. SONEGAÇÃO FISCAL. PROVA ILÍCITA: VIOLAÇÃO DE SIGILO BANCÁRIO. COEXISTÊNCIA DE PROVA LÍCITA E AUTÔNOMA. INÉPCIA DA DENÚNCIA: AUSÊNCIA DE CARACTERIZAÇÃO. 1. A prova ilícita, caracterizada pela violação de sigilo bancário sem autorização judicial, não sendo a única mencionada na denúncia, não compromete a validade das demais provas que, por ela não contaminadas e delas não decorrentes, integram o conjunto probatório. 2. Cuidando-se de

---

17 Tradução livre: "não há nulidade sem prejuízo".

18 STF, RE 251.445/GO, relator Ministro Celso de Mello, publicação DJ 03/08/2000: A prova ilícita - por qualificar-se como elemento inidôneo de informação - é repelida pelo ordenamento constitucional, apresentando-se destituída de qualquer grau de eficácia jurídica. (...) No contexto do regime constitucional brasileiro, no qual prevalece a inadmissibilidade processual das provas ilícitas, impõe-se repelir, por juridicamente ineficazes, quaisquer elementos de informação, sempre que a obtenção e/ou a produção dos dados probatórios resultarem de transgressão, pelo Poder Público, do ordenamento positivo, notadamente naquelas situações em que a ofensa atingir garantias e prerrogativas asseguradas pela Carta Política (RTJ 163/682 - RTJ 163/709), mesmo que se cuide de hipótese configuradora de ilicitude por derivação (RTJ 155/508), ou, ainda que não se revele imputável aos agentes estatais o gesto de desrespeito ao sistema normativo, vier ele a ser concretizado por ato de mero particular.

19 PACHECO, Denilson Feitoza. *Direito processual penal: teoria, crítica, práxis:* suplemento eletrônico da 5ª edição. Niterói: Impetus, 2008, p. 129.

diligência acerca de emissão de "notas frias", não se pode vedar à Receita Federal o exercício da fiscalização através do exame dos livros contábeis e fiscais da empresa que as emitiu, cabendo ao juiz natural do processo formar a sua convicção sobre se a hipótese comporta ou não conluio entre os titulares das empresas contratante e contratada, em detrimento do erário. 3. **Não estando a denúncia respaldada exclusivamente em provas obtidas por meios ilícitos, que devem ser desentranhadas dos autos, não há porque declarar-se a sua inépcia porquanto remanesce prova lícita e autônoma, não contaminada pelo vício de inconstitucionalidade.**[20] (grifou-se)

EMBARGOS DE DECLARAÇÃO NO *HABEAS CORPUS*. PRETENSÃO DE EFEITO MODIFICATIVO COM FUNDAMENTO EM OMISSÃO. INEXISTÊNCIA DO VÍCIO ALEGADO. A questão da prova ilícita, decorrente da não-observância de formalidade na execução de mandado de busca e apreensão, foi debatida e rejeitada pela maioria, prevalecendo o voto divergente no sentido de **preservar a denúncia respaldada em prova autônoma, independente da que foi impugnada**. Embargos de declaração rejeitados.[21] (grifou-se)

... Dispõe o artigo 157 do Código de Processo Penal que são "inadmissíveis, devendo ser desentranhadas do processo, as provas ilícitas, assim entendidas as obtidas em violação a normas constitucionais ou legais" e que "são também inadmissíveis as provas derivadas das ilícitas, salvo quando não evidenciado o nexo de causalidade entre umas e outras, ou quando as derivadas puderem ser obtidas por uma fonte independente das primeiras". Para efeitos da lei, "considera-se fonte independente aquela que por si só, seguindo os trâmites típicos e de praxe, próprios da investigação ou instrução criminal, seria capaz de conduzir ao fato objeto da prova". Sabe-se que, como regra, **a consequência da declaração de nulidade da prova é o desentranhamento desta dos autos. Não a nulidade do processo, designadamente quando dela não derivam outras que não pudessem ser alcançadas.**[22] (grifou-se)

HABEAS CORPUS. CONDENAÇÃO BASEADA EM OUTROS ELEMENTOS DO CONJUNTO PROBATÓRIO. (...) Se a sentença se fundou em outros elementos do conjunto probatório, independentes e lícitos, não se reconhece a apontada imprestabilidade da interceptação telefônica para embasar a condenação, em especial quando tal prova não se mostra ilícita.[23]

Uma decisão ou processo, então, não necessariamente serão nulos quando houver uma prova ilícita nos autos. Em havendo outras provas a sustentar a decisão, será esta perfeitamente válida.

20 STF, RHC 74.807/MT, relator Ministro Maurício Corrêa, publicação DJ 20/06/1997.
21 STF, STF, HC-ED 84.679/MS, relator Ministro Eros Grau, publicação DJ 30/09/2005.
22 STJ, APn 843/DF, relator Ministro Herman Benjamin, publicação DJ 1/2/2018.
23 STJ, HC 43.234/SP, relator Ministro Gilson Dipp, publicação DJ 21/11/2005.

Como visto, assim, a jurisprudência é pacífica no sentido de não se anular um processo pela simples existência de uma prova ilícita nele inserta, quando estiverem presentes outros meios que embasem adequadamente a decisão.

A depender da situação concreta, por outro lado, outras conseqüências são também possíveis, a depender da fase em que se encontra o procedimento administrativo ou o processo quando da declaração de ilicitude da prova. Nessa toada, pode haver, por exemplo, o arquivamento judicial do inquérito policial, a rejeição da inicial acusatória ou a absolvição do réu[24].

3.1 *Provas ilícitas e a Constituição Federal de 1988*

A Magna Carta brasileira dedicou o Título II aos direitos e garantias fundamentais. Nesse, o Capítulo I cuidou dos direitos e deveres individuais e coletivos.

Entre as mais variadas garantias deferidas aos que se submetem a nossa Lei Maior está a da vedação das provas ilícitas, insculpida no inciso LVI, art. 5º: "são inadmissíveis, no processo, as provas obtidas por meios ilícitos".

Com isso, vem o constituinte originário vedar o uso desse tipo de prova pelo Estado, que fica impedido de punir qualquer pessoa com base nela.

Ressalte-se que o alcance dessa proibição abrange tanto o processo judicial, como o administrativo[25]:

> Repercussão geral em recurso extraordinário com agravo. Constitucional. Administrativo. Processo administrativo. Condenação imposta pelo Conselho Administrativo de Defesa Econômica – CADE, em face de empresa do ramo de gases industriais e medicinais, por suposta formação de cartel. ... 3. A experiência desta Suprema Corte permite que se avance nas discussões, para reafirmar a jurisprudência consolidada sobre o tema, no sentido da inadmissibilidade, em qualquer âmbito ou instância decisória, de provas declaradas ilícitas pelo Poder Judiciário. 4. Não é dado a nenhuma autoridade pública valer-se de provas ilícitas em prejuízo do cidadão, seja no âmbito de judicial, seja na esfera administrativa, independentemente da natureza das pretensões deduzidas pelas partes. ... 6. Jurisprudência do Tribunal no sentido da admissibilidade, em processos administrativos, de prova emprestada do processo penal, desde que produzida de forma legítima e regular, com observância das regras inerentes ao devido processo legal ... 11. Fixação da tese: "São inadmissíveis, em processos administrativos de qualquer espécie, provas consideradas ilícitas pelo Poder Judiciário". [26]

24 STF, RE 251.445/GO, relator Ministro Celso de Mello publicação DJ 03/08/2000: A cláusula constitucional do "due process of law" encontra, no dogma da inadmissibilidade processual das provas ilícitas, uma de suas mais expressivas projeções concretizadoras, pois o réu tem o direito de não ser denunciado, de não ser processado e de não ser condenado com apoio em elementos probatórios obtidos ou produzidos de forma incompatível com os limites ético-jurídicos que restringem a atuação do Estado em sede de persecução penal.

25 Nesse mesmo sentido é a previsão do art. 30, da Lei 9.784/99, que regula o processo administrativo no âmbito da Administração Pública Federal, assim redigido: "São inadmissíveis no processo administrativo as provas obtidas por meios ilícitos."

26 STF, ARE 1.316.369, relator Ministro Edson Fachin, redator do acórdão Ministro Gilmar Mendes, publicação DJ 22/03/2023.

Não engloba, por outro lado, o inquérito. Assim, eventuais provas ilícitas constantes do inquérito não viciam o processo. O inquérito é apenas uma peça informativa da denúncia ou queixa. Qualquer condenação do réu deve ser feita com base nas provas colhidas no processo, garantidos os direitos ao contraditório e à ampla defesa, inexistentes na fase inquisitorial. No entanto, alguns direitos devem sim ser respeitados:

> Inaplicabilidade da garantia constitucional do contraditório e da ampla defesa ao inquérito policial, que não é processo, porque não destinado a decidir litígio algum, ainda que na esfera administrativa; existência, não obstante, de direitos fundamentais do indiciado no curso do inquérito, entre os quais o de fazer-se assistir por advogado, o de não se incriminar e o de manter-se em silêncio.[27]

> Os vícios existentes no inquérito policial não repercutem na ação penal, que tem instrução probatória própria. Decisão fundada em outras provas constantes dos autos, e não somente na prova que se alega obtida por meio ilícito.[28]

Isto posto, em geral, as irregularidades no inquérito em nada interferem na fase processual.

A par dessa vedação, outras garantias foram asseguradas, como as já citadas inviolabilidades das correspondências, das comunicações telefônicas, telegráficas e de dados, da intimidade, do domicílio etc. Algumas dessas garantias nasceram já na Constituição do Império e foram sofrendo evolução a cada nova Constituição, bem assim a possibilidade de, excepcionalmente, serem afastadas. Nesses casos, aquela que inicialmente seria uma prova ilícita ganha contornos de legalidade.

Exemplificando, tem-se a garantia do sigilo das correspondências e das comunicações, desde nossa primeira Constituição, previsto de maneira absoluta. A primeira exceção veio com a Carta de 1937, que assim previu:

> Art 122 - A Constituição assegura aos brasileiros e estrangeiros residentes no País o direito à liberdade, à segurança individual e à propriedade, nos termos seguintes: (...)
> 6º) a inviolabilidade do domicílio e de correspondência, salvas as exceções expressas em lei.

Por sua vez, na CF/67 o direito à inviolabilidade do domicílio passou a ter a seguinte regra:

27 STF, HC 82.354/PR, relator Ministro Sepúlveda Pertence, publicação DJ 24/09/2004. No mesmo sentido: STF, RHC 191.384, relator Ministro Dias Toffoli, publicação DJ 1/7/2021.
28 STF, RHC 85.286/SP, relator Ministro Joaquim Barbosa, publicação DJ 24/03/2006. No mesmo sentido: STF, HC 173.814 AgR, relator Ministro Nunes Marques, publicação DJ 23/9/2021

> Art. 150, § 10 - A casa é o asilo inviolável do indivíduo. Ninguém pode penetrar nela, à noite, sem consentimento do morador, a não ser em caso de crime ou desastre, nem durante o dia, fora dos casos e na forma que a lei estabelecer.

Note-se que o próprio constituinte repassou ao legislador ordinário, em ambos os casos, a competência para fixar exceções a essa garantia.

Por outro lado, o § 9º desse mesmo artigo constitucional previa a inviolabilidade das correspondências e o sigilo das comunicações telegráficas e telefônicas sem, no entanto, fixar exceções. Assim estava redigido tal parágrafo: "são invioláveis a correspondência e o sigilo das comunicações telegráficas e telefônicas".

A Emenda 1, de 17/10/1969, por muitos considerada como verdadeiramente uma nova ordem constitucional, quase não alterou esses parágrafos.

A doutrina da época não era pacífica, sendo que alguns sustentavam a possibilidade de violação do sigilo telefônico, baseado no Código de Telecomunicações de então, enquanto outros sustentavam a absoluta inviolabilidade de tal sigilo. A jurisprudência contemporânea seguia o mesmo caminho de falta de consenso. Estudos anteriores à Constituição de 1988 citam que a maioria dos julgados resultava na não aceitação de escuta telefônica como prova possível.[29]

Hodiernamente, de acordo com a redação atual da Carta vigente, podem-se destacar algumas garantias, com as respectivas possibilidades de exceção, a saber:

> Art. 5º (...)
> XI - a casa é asilo inviolável do indivíduo, ninguém nela podendo penetrar sem consentimento do morador, salvo em caso de flagrante delito ou desastre, ou para prestar socorro, ou, durante o dia, por determinação judicial;
> XII - é inviolável o sigilo da correspondência e das comunicações telegráficas, de dados e das comunicações telefônicas, salvo, no último caso, por ordem judicial, nas hipóteses e na forma que a lei estabelecer para fins de investigação criminal ou instrução processual penal; (...)
> Art. 136. O Presidente da República pode, ouvidos o Conselho da República e o Conselho de Defesa Nacional, decretar estado de defesa para preservar ou prontamente restabelecer, em locais restritos e determinados, a ordem pública ou a paz social ameaçadas por grave e iminente instabilidade institucional ou atingidas por calamidades de grandes proporções na natureza.
> § 1º - O decreto que instituir o estado de defesa determinará o tempo de sua duração, especificará as áreas a serem abrangidas e indicará, nos termos e limites da lei, as medidas coercitivas a vigorarem, dentre as seguintes:
> I - restrições aos direitos de:
> a) reunião, ainda que exercida no seio das associações;

29 Como cita AVOLIO, Luiz Francisco Torquato. *Provas ilícitas* – interceptações telefônicas e gravações clandestinas. 2. ed. São Paulo: RT, 1999, p. 138.

> b) sigilo de correspondência;
> c) sigilo de comunicação telegráfica e telefônica; (...)
> Art. 139. Na vigência do estado de sítio decretado com fundamento no art. 137, I, só poderão ser tomadas contra as pessoas as seguintes medidas: (...)
> III – restrições relativas à inviolabilidade da correspondência, ao sigilo das comunicações, à prestação de informações e à liberdade de imprensa, radiodifusão e televisão, na forma da lei; (...)

Como se pode notar, variadas são as garantias elencadas pelo constituinte. Porém, esse mesmo constituinte fixou situações nas quais tais garantias deverão ser relevadas em prol do interesse público. Estando acobertadas por essas exceções, tais provas terão perfeita validade, e poderão ser usadas legitimamente nos processos que venham a impor alguma sanção ou obrigação aos súditos.

3.2 Princípios

Alguns dos mais relevantes princípios vinculados às provas ilícitas são a seguir esmiuçados:

I – **princípio da vedação das provas ilícitas**: como mencionado alhures, a Constituição Federal em vigor proíbe expressamente as provas obtidas por meios ilícitos (art. 5º, LVI, CF/88).

Duas correntes se formaram: uma que admitia o uso das provas ilícitas, outra que não a aceitava.

Os defensores do uso das provas ilícitas invocavam o princípio do livre convencimento do juiz, aliado ao da verdade real. Assim, o que importava era a busca incessante pela verdade real dos fatos, não importando se isso levasse à violação dos direitos dos investigados. Essa tese encontrou defensores entre os alemães e norte-americanos, para os quais o interesse da coletividade se sobrepunha a eventuais irregularidades na colheita das provas. Ademais, o raciocínio contrário levaria a tratar de forma indevida a autoridade policial que, na busca pelas provas, eventualmente se excedesse, em benefício do real criminoso. Porém, apesar de entenderem que a prova ilícita deveria sim ser considerada, propugnavam sempre pela responsabilização daquele que produzia de forma indevida tal prova.

Assim, a prova ilícita deveria ser utilizada, mas o responsável por ela também tinha de ser punido, de acordo com seu comportamento ilícito.

Ainda que sob outros argumentos, italianos também seguiam essa mesma linha, concluindo pela possibilidade de serem usadas no processo provas obtidas por meios ilícitos. Baseavam-se no axioma *male captum, bene retentum*.

Dessa forma, não seriam passíveis de uso no processo apenas as provas que a lei processual assim proibisse expressamente.

Por outro lado, a corrente em prol da inadmissibilidade das provas ilícitas ganhou adeptos em todo o mundo.

Na Itália, a Constituição buscou garantir os direitos da personalidade, declarando-os expressamente invioláveis:

> Art. 2 – La Reppublica riconosce e garantisce i diritti inviolabili dell'uomo, sai come singolo, sai nelle formazioni sociali ove si svolge la sua personalità, e richiede l'adempimento dedi doveri inderogabili di solidarietá política, econômica e sociale.[30]

Mas adiante, o art. 15 dessa mesma Carta prevê uma regra de exceção relativa às gravações clandestinas, assim asseverando:

> Art. 15 – La libertà e la segretezza della corrispondeenza e di ogni altra forma di comunicazione sono inviolabili. La loro limitazione può avvenire soltanto per atto dall'autorità giudiziaria com lê garanzie stabilite dalla legge.[31]

A maior parte da doutrina italiana já tendia para a impossibilidade de uso das provas ilícitas, devendo prevalecer, na busca pela verdade, a moral e a lealdade, respeitando-se os direitos individuais fundamentais.

Por fim, em 1988, com a promulgação do Código de Processo Penal italiano, previu-se expressamente a impossibilidade de uso de provas obtidas por meios ilícitos. Assim determinou o art. 191 desse Código:

> 1. Le prove acquisite in violazione dei divieti stabiliti dalla legge non possono essere utilizzate.[32]
> 2. L'inutilizzabilità è rilevabile anche di ufficio in ogni stato e grado del procedimento.[33]

Na Alemanha percebe-se uma atenção especial dada aos valores humanos. Já em 1950, o legislador constitucional proibiu quaisquer tipos de maus-tratos, bem assim formas de reduzir a capacidade intelectiva das pessoas, violência moral ou qualquer outra maneira indevida de se obter provas, considerando ilícitas, se assim produzidas. De início, alguns julgados, mal interpretando tal regra, limitavam sua validade aos atos praticados pelo Poder Público, relegando ao juiz a capacidade discricionária de valorar as provas assim obtidas por particulares.

---

30 Tradução livre: "A República reconhece e garante os direitos invioláveis do homem, seja como indivíduo [considerado em sua singularidade], seja nas formações sociais em que desenvolve sua personalidade [considerado coletivamente], e reclama o adimplemento dos deveres inderrogáveis de solidariedade política, econômica e social."

31 Tradução livre: "A liberdade e o segredo da correspondência e de todas as formas de comunicação são invioláveis. A limitação delas somente pode advir de ato motivado da autoridade judiciária com as garantias estabelecidas pela lei."

32 Tradução livre: "As provas obtidas mediante violação das proibições estabelecidas pela lei não podem ser utilizadas."

33 Tradução livre: "A inutilização é passível de percepção também de ofício em todo estado e grau do procedimento." Ou, tornando o texto mais adequado ao costume pátrio: "A declaração de nulidade pode-se dar de ofício, independentemente da fase em que se encontra o processo e do grau de jurisdição em que se encontra."

Poucos anos após, passou-se a admitir o princípio de que os direitos do homem devem ser respeitados por todos. Assim, tal regra tornou-se também obrigatória entre particulares, e aplicável com base constitucional, independentemente de previsão expressa na legislação ordinária, o que foi um grande avanço para a época.

Por sua vez, nos Estados Unidos da América, foi a partir de 1961 que se consolidou a impossibilidade de uso das provas ilícitas nos processos criminais nos Estados-Membros. A decisão, que revelou definitivamente essa nova posição, foi proferida pela Suprema Corte no caso envolvendo "Mapp v. Ohio", o qual cuidava de apreensão residencial sem ordem judicial, como relembra Avolio[34]. Ademais, acrescenta ainda que:

> De um modo geral, a jurisprudência da Suprema Corte Americana considera ilegalmente obtida a prova quando ocorrer violação às Emendas Constitucionais IV, V, VI e XIV, que tratam, em síntese, respectivamente: do direito do povo à segurança de suas pessoas, casas, papéis e pertences contra registros, arrestos e seqüestros 'desarrazoados'; da necessidade de acusação formalizada, das garantias da coisa julgada, do *habeas corpus*, do *nemo tenetur se detegere* e do *due process of law*; do direito a um julgamento rápido e público perante juiz imparcial e natural; e da liberdade dos Estados de reformarem suas leis procedimentais, vinculada ao respeito, no fundo e na forma, à garantia do devido processo legal."[35]

Tal inadmissibilidade leva o nome de *exclusionary rule*, ou princípio da exclusão, ou, ainda, regra de exclusão.

Antes, em 1914, no caso "Weeks v. United States", a Suprema Corte americana já havia fixado que esse princípio valia para processos no âmbito federal, já que, naquele ordenamento jurídico, há vários sistemas processuais, um federal e diversos estaduais. Mas, como se viu, foi somente a partir do caso suso citado, em 1961, que tal Corte definiu a proibição de provas obtidas com violação à Constituição também nas Cortes estaduais.

Segundo Pacheco[36]:

> O fundamento que se tornou prevalente foi o da dissuasão ou prevenção de futuras violações. O propósito do 'princípio da exclusão' é dissuadir, intimidar, prevenir – compelir ao respeito pelas garantias constitucionais da única maneira válida efetivamente – pela remoção do incentivo ao seu desrespeito. A finalidade primordial do 'princípio da exclusão', se não a única, é prevenir a conduta policial ilícita.

34 AVOLIO, Luiz Francisco Torquato. *Provas ilícitas* - interceptações telefônicas e gravações clandestinas. 2. ed. São Paulo: RT, 1999, p. 53.
35 Idem, p. 55.
36 PACHECO, Denilson Feitoza. *Direito Processual Penal - Teoria, Crítica e Práxis*. Rio de Janeiro: Impetus, 2005, p. 813.

Esse entendimento, ressalte-se, vale para ilegalidades praticadas por agentes públicos, pois se entende que a Emenda IV é dirigida ao Estado. No entanto, a tendência atual naquele país é de que tais vedações sejam estendidas às violações praticadas por particulares.

Além dessas duas correntes citadas, uma terceira tem tomado vulto, e tem encontrado respaldo na jurisprudência nacional, de forma excepcional. Trata-se do uso temperado dessas duas correntes, tendo como regra a impossibilidade do uso das provas ilícitas, mas com exceções, de acordo com o princípio da proporcionalidade visto adiante.

II – **princípio dos frutos da árvore envenenada**: é objeto da teoria, originária do Direito norte americano, conhecida como *fruits of the poisonous tree*. Segundo esse princípio, uma árvore envenenada não pode produzir bons frutos. Quando a prova originária é ilícita, ilícita também será a dela derivada, em vista de sua contaminação. Assim, diz-se que há ilicitude por derivação. A prova derivada é lícita por si só. Como exemplo, cite-se um documento qualquer, que, em geral, se consubstancia numa prova lícita. No entanto, se tal documento foi obtido através de uma busca domiciliar não autorizada, torna-se ilícito por derivação, e não poderá ser utilizada no processo.

III – **princípio da proporcionalidade**: através desse princípio, pode-se contrapor a vedação constitucional às provas ilícitas ao direito, também constitucional, ao devido processo legal e à ampla defesa. Assim, se o uso de uma prova ilícita configura-se na única possibilidade de alguém provar sua inocência, a mesma pode ser considerada. Nesse caso, interessante notar que tal prova, quando enquadrada nessa regra excepcional, perderia o caráter de ilicitude ou antijuridicidade, passando, então, a ser tida por prova lícita.

O princípio da proporcionalidade foi amplamente utilizado na Alemanha do pós-guerra, sob o argumento de que nenhuma garantia constitucional é absoluta, podendo ceder em situações excepcionais, quando se conclui por priorizar um princípio de maior relevância social em detrimento de outro, de menor valor.

Assim, tem como base o equilíbrio, a proporcionalidade entre valores contrastantes. Dessa forma, o princípio da vedação às provas ilícitas não deve ser visto como absoluto, sendo excepcionalmente relevado, sempre que estiver em jogo um valor significativo, podendo um princípio de menor importância ceder a um de maior relevância social.

Sabe-se que não existe hierarquia entre os princípios. Devem sempre ser analisados no caso concreto, atribuindo-se valor a cada um dos princípios envolvidos. Se existir alguma circunstância mais importante a ser protegida que a vedação ao uso das provas ilícitas, pode-se, aplicando-se este princípio da proporcionalidade, ser afastada aquela proibição.

Para exemplificar, tome-se um réu inocente, que possui como única prova de sua condição um documento obtido ilicitamente, seja de forma direta, seja derivada. Nesse caso, entre punir um inocente, e considerar tal prova como apta a garantir-lhe a absolvição, seguindo esse princípio, deve-se optar pelo segundo caminho.

Como se percebe, o princípio da proporcionalidade tem lugar em situações nas quais, usando-se validamente uma prova ilícita, possa ser absolvido um réu. Outro caminho não é possível. Assim, não pode o Estado fazer uso de uma prova ilícita para condenar um réu.

Então, poder-se-á admitir uma prova ilícita no processo, excepcionalmente, quando tal providência seja favorável ao réu. Essa posição é praticamente unânime na doutrina nacional.

No entanto, a aplicação desse mesmo princípio, quando a decisão é favorável à sociedade, não é assim tão pacífica.

Um de seus defensores é o Professor Fernando Capez, que assim já se manifestou sobre o assunto[37]:

> Entendemos que o princípio da proporcionalidade deve também ser admitido *pro societate*, pois o confronto que se estabelece não é entre o direito ao sigilo, de um lado, e o direito da acusação à prova, do outro. Trata-se de algo mais profundo. A acusação, principalmente a promovida pelo Ministério Público, visa a resguardar valores fundamentais para a coletividade, tutelados pela norma penal. Quando o conflito se estabelecer entre a garantia, o sigilo e a necessidade de se tutelar a vida, o patrimônio e a segurança, bens também protegidos por nossa Constituição, o juiz, utilizando de seu alto poder de discricionariedade, deve sopesar e avaliar os valores contrastantes envolvidos. Suponhamos uma carta apreendida ilicitamente, a qual seria dirigida ao chefe de uma poderosa rede de narcotráfico internacional, com extensas ramificações com o crime organizado. Seria mais importante proteger o direito do preso ao sigilo de sua correspondência epistolar, do qual se serve para planejar crimes, do que desbaratar uma poderosa rede de distribuição de drogas, a qual ceifa milhões de vidas de crianças e jovens? Certamente não. Nesse sentido, interessante acórdão do STF: 'A administração penitenciária, com fundamento em razões de segurança pública, pode, excepcionalmente, proceder à interceptação da correspondência remetida pelos sentenciados, eis que a cláusula da inviolabilidade do sigilo epistolar não pode constituir instrumento de salvaguarda de práticas ilícitas' (STF, HC 70.814-5, rel. Min. Celso de Mello, DJU, 24 jun. 1994, p. 16649).

37 CAPEZ, Fernando. *Curso de Processo Penal*. 15. ed. São Paulo: Saraiva, 2008, p. 269.

> A prova, se imprescindível, deve ser aceita e admitida, a despeito de ilícita, por adoção ao princípio da proporcionalidade, a qual deve ser empregada *pro reo* ou *pro societate*. Ressalvamos apenas a prática de tortura, a qual, por afrontar normas de direito natural, anteriores e superiores às próprias Constituições, jamais podem ser admitidas, seja para que fim for.

Assim, o uso do princípio da proporcionalidade não seria exclusivamente a favor do réu. Pode-se fazer uso dessa mesma teoria em prejuízo de alguém, mas em favor da sociedade, e sempre pela via excepcional, levando-se em conta o caso concreto, com atenção à razoabilidade da medida, e o adequado temperamento entre a violação de um direito e o atendimento a outro de maior importância.

No entanto, veja-se o seguinte julgado:

> II. Provas ilícitas: sua inadmissibilidade no processo (CF, art. 5º, LVI): considerações gerais. 2. Da explícita proscrição da prova ilícita, sem distinções quanto ao crime objeto do processo (CF, art. 5º, LVI), resulta a prevalência da garantia nela estabelecida sobre o interesse na busca, a qualquer custo, da verdade real no processo: conseqüente impertinência de apelar-se ao princípio da proporcionalidade – à luz de teorias estrangeiras inadequadas à ordem constitucional brasileira – para sobrepor, à vedação constitucional da admissão da prova ilícita, considerações sobre a gravidade da infração penal objeto da investigação ou da imputação.[38]

Como se observa da transcrição retro, para o STF, não cabe relevar a proibição das provas ilícitas em face de possível gravidade da conduta do agente, ou do grande prejuízo causado, no caso de processo administrativo:

> Repercussão geral em recurso extraordinário com agravo. Constitucional. Administrativo. Processo administrativo. Condenação imposta pelo Conselho Administrativo de Defesa Econômica – CADE, em face de empresa do ramo de gases industriais e medicinais, por suposta formação de cartel. ... 3. A experiência desta Suprema Corte permite que se avance nas discussões, para reafirmar a jurisprudência consolidada sobre o tema, no sentido da inadmissibilidade, em qualquer âmbito ou instância decisória, de provas declaradas ilícitas pelo Poder Judiciário. 4. Não é dado a nenhuma autoridade pública valer-se de provas ilícitas em prejuízo do cidadão, seja no âmbito de judicial, seja na esfera administrativa, independentemente da natureza das pretensões deduzidas pelas partes. 5. Impossibilidade de valoração e aproveitamento, em desfavor do cidadão, de provas declaradas nulas em processos judiciais. Precedentes. ... 8. Flagrante ilicitude das provas utilizadas no julgamento realizado pelo CADE. Acórdão recorrido reconhece que a condenação imposta no âmbito

38 STF, HC 80.949/RJ, relator Ministro Sepúlveda Pertence, publicação DJ 14/12/2001.

administrativo baseou-se em provas que tiveram origem, direta ou indiretamente, em interceptações telefônicas declaradas ilícitas pelo Superior Tribunal de Justiça. 9. Não há espaço para acolher as teses defendidas pela autarquia, as quais conduziriam a um indevido aproveitamento de provas ilícitas em processo de fiscalização inaugurado para apuração de suposta formação de cartel. Acolher semelhante raciocínio corresponderia a um grave atentado contra a literalidade do art. 5º, inciso LVI, da Constituição da República, que preconiza a inadmissibilidade, no processo, de provas obtidas com violação a normas constitucionais ou legais. Além disso, ensejaria uma afronta ao entendimento sedimentado nesta Corte, que estabelece limites rígidos para o uso de prova emprestada em processos administrativos. ... 11. Fixação da tese: "São inadmissíveis, em processos administrativos de qualquer espécie, provas consideradas ilícitas pelo Poder Judiciário".[39]

4. CONCLUSÕES

Vistas essas breves considerações acerca do instituto das provas, em especial aquelas ilícitas, percebe-se que a legislação e a jurisprudência caminham unidas no propósito de não admitir seu uso no processo, seja judicial, seja administrativo.

Um estado democrático de direito deve sempre prestigiar o império da lei, controle da atuação estatal e garantia da convivência pacífica no seio da sociedade, em especial, como aqui visto, nas relações entre Estado e cidadão.

A segurança jurídica é um valor essencial para um ambiente harmônico, no qual todos sabem o que esperar da atuação estatal, e o Estado se comporta nos limites impostos pelo legislador.

39 STF, ARE 1.316.369, relator Ministro Edson Fachin, redator do acórdão Ministro Gilmar Mendes, publicação DJ 22/03/2023.

Prova pericial em processos de tráfico: a importância da preservação da cadeia de custódia da droga para a correta determinação dos fatos

Marcos César da Silva Fort[1]

1. INTRODUÇÃO

A cadeia de custódia da prova passou a chamar mais atenção dos estudiosos do direito com a introdução da temática no Código de Processo Penal por intermédio da Lei 13.964/2019.

A prova pericial tem recebido maior importância no direito processual penal, sendo considerada imprescindível em processos relacionados a supostos delitos do art. 33 da Lei 11.343/2006.

Em que pese os laudos periciais serem admitidos sem maiores controvérsias nos feitos criminais de drogas, mostra-se relevante a realização de mais rigoroso crivo desses elementos de prova sob a ótica de um processo penal em que se prezam pelas garantias individuais.

O presente artigo foi estruturado da seguinte forma com o objetivo de garantir a melhor compreensão dos leitores sobre os assuntos: (i) conexão entre prova e verdade desde a ótica de um processo penal garantista; (ii) prova pericial nos processos de tráfico; (iii) cadeia de custódia da droga.

A base metodológica do presente artigo se deu a partir de pesquisa bibliográfica na doutrina e em artigos científicos. Busca-se, portanto, salientar a relevância de se preservar a cadeia de custódia da droga como forma de se assegurar decisões judiciais mais condizentes com a realidade dos fatos.

2. PROVA E VERDADE NO PROCESSO PENAL GARANTISTA

O objetivo do processo, segundo Michele Taruffo, é produzir decisões justas, sendo pressuposto de uma decisão justa o embasamento em correta determinação dos fatos. Não há justiça em decisões fundadas em determinações errôneas ou inaceitáveis dos fatos.[2]

1 Mestrando em Direito Constitucional - UFF
2 Taruffo, Michele. La prueba de los hechos. Trad. Jordi Ferrer-Beltrán. 2ª ed. Bolonha: Editorial Trotta, 2005, pp. 63-64.

No direito processual, verdade e prova possuem vínculos estreitos, pois esta é o que viabiliza a entrada dos fatos no ambiente processual, permitindo a correta aplicação do direito material.

Existem três acepções para o termo prova: prova como meio, prova como atividade e prova como resultado. Nos dizeres de Carmen Vásquez:

> O termo "prova" é ambíguo. Com esse podemos fazer referência aos elementos de juízo, à produção probatória e ao resultado probatório. Com essas distinções é possível classificar as normas que regulam em: regras sobre os meios de prova, regras sobre a produção das provas admitidas e regras sobre o resultado das provas admitidas e produzidas.[3]

Há na doutrina quatro entendimentos sobre o sentido da atividade probatória: a) uma que sustenta estar ela voltada à demonstração objetiva da verdade; b) a que defende ser ela destinada à fixação formal dos fatos aduzidos; c) a que reduz a atividade a mera argumentação; e d) a que prega que a atividade probatória busca o convencimento do juiz.[4]

A primeira das correntes é refutada por Salah Khaled Júnior por ser impossível o alcance de uma verdade real, exatamente como aconteceram os fatos, dando amplos poderes ao juiz para produzir provas de ofício, deixando sua posição de imparcialidade de lado.[5]

A segunda recebe a crítica do professor gaúcho porque, de acordo com ele, a prova seria instituição meramente artificial. Para os adeptos dessa concepção, como a atividade probatória processual possui inúmeras regras, diversamente do que ocorre no campo probatório em geral, não haveria como correlacioná-la com o passado. Assim, Khaled Júnior diz que, a prevalecer essa vertente, a decisão judicial é produto do decisionismo.[6]

O terceiro posicionamento é rechaçado por Khaled Júnior por reduzir a atividade probatória a um mero "jogo de argumentação construído com efeito de sedução".[7] Portanto, a decisão seria produto de uma completa desvinculação com o passado, o que é inaceitável.

O quarto entendimento sustenta que a atividade probatória "se destina a informar ao julgador acerca da validade do enunciado proposto na acusação ou no pedido de prestação jurisdicional".[8]

---

3 Vásquez, Carmen. Prova pericial: da prova científica à prova pericial. Trad. Vitor de Paula Ramos. Salvador: JusPodivm, 2021, p. 53.

4 Khaled Júnior, Salah. A busca da verdade no processo penal: para além da ambição inquisitorial. 3ª ed. Belo Horizonte: Letramento/Casa do Direito, 2020, p. 335.

5 Ibidem, pp. 335-336.

6 Khaled Júnior, Salah. A busca da verdade no processo penal: para além da ambição inquisitorial. 3ª ed. Belo Horizonte: Letramento/Casa do Direito, 2020, p. 339.

7 Ibidem, p. 343.

8 Tavares, Juarez; Casara, Rubens. Prova e verdade. São Paulo: Tirant lo Blanch, 2020, p. 20.

O último dos posicionamentos, chamado por Marina Gascón Abellán de concepção persuasiva da prova, sofre diatribes pois seria impossível sindicar a convicção judicial, já que a persuasão corresponde a um estado psicológico do sujeito, o que tornaria a atividade probatória algo irracional e incontrolável.[9]

Para Abellán, adepta da concepção chamada cognitivista, a prova se destina "a conhecer ou averiguar a verdade sobre fatos controvertidos ou litigiosos, sendo um instrumento de conhecimento, um conhecimento que é frágil e cujos resultados são meramente prováveis".[10]

Taruffo afirma ser objeto de prova a base empírica da valoração conjecturada pela norma.[11]

Giovanni Tuzet, em complementação, divide o objeto da prova em imediato, que seria a afirmação ou o enunciado, e mediato, que seriam os fatos.[12]

O ato de provar, então, vincula-se ao pressuposto fático que permite sua incidência, não ao aspecto valorativo da norma.

Sob o prisma garantista, há entrelaçamento entre prova e verdade, com a adoção do conceito de verdade como correspondência.

Essa ideia pressupõe que o que se prova verdadeiro ou falso não são os fatos, mas o enunciado que tem por objeto um fato.[13] Há verdade quando um enunciado corresponde à realidade fática versada por ele.

Abellán, que também defende o sentido de verdade como correspondência, aparta as ideias de *verdadeiro* e de *provado*, já que verdadeiro ou falso são os enunciados analisados à luz do que ocorreu na realidade. Provado ou não provado são os enunciados confirmados ou não pelas provas produzidas. Logo, uma afirmação pode ser verdadeira (do ponto de vista realístico), todavia não estar provada. Pode, ainda, ocorrer o oposto, ou seja, um enunciado ser falso (sob o prisma da realidade), todavia, pelas provas produzidas, ser considerado provado.[14]

Em sentido semelhante, Tuzet aparta *verdade* e *conhecimento*, porque, para ele, o conceito de verdade não depende do conhecimento, portanto não é epistêmico.[15] Pode um enunciado ser verdadeiro, mas não haver conhecimento bastante para se saber se é ou não verdadeiro. Para ele, conhecimento é uma crença verdadeira e justificada.[16]

---

9 Abellán, Marina Gascón. O problema de provar. Trad. Lívia Moscatelli; Caio Badaró Massena. Coordenação científica da tradução Janaína Matida. 1ª ed. Rio de Janeiro: Marcial Pons, 2022, p. 19.
10 Ibidem, p. 19.
11 Taruffo, Michele. La prueba de los hechos. Trad. Jordi Ferrer-Beltrán. 2ª ed. Bolonha: Editorial Trotta, 2005, p. 129.
12 Tuzet, Giovanni. Filosofía de la prueba jurídica. Trad. Diego Dei Vecchi. Madri: Marcial Pons, 2021, pp. 162-163.
13 Taruffo, Michele. La prueba de los hechos. Trad. Jordi Ferrer-Beltrán. 2ª ed. Bolonha: Editorial Trotta, 2005, p. 117.
14 Abellán, Marina Gascón. O problema de provar. Trad. Lívia Moscatelli; Caio Badaró Massena. Coordenação científica da tradução Janaína Matida. 1ª ed. Rio de Janeiro: Marcial Pons, 2022, p. 20.
15 Tuzet, Giovanni. Filosofía de la prueba jurídica. Trad. Diego Dei Vecchi. Madri: Marcial Pons, 2021, p. 79.
16 Ibidem, p. 80.

As colocações de Tuzet coincidem com as de Abellán no sentido de que se o conhecimento deve ser justificado, as provas servem ao julgador para alcançar um conhecimento sobre enunciados de maneira justificada, o que não significa que seja necessariamente verdadeiro. Não se garante a verdade no campo processual.

O raciocínio probatório, tanto na esfera jurídica como fora dela, se dá em condições de incerteza e de informação incompleta,[17] sendo aceito o caráter relativo e falível da decisão judicial[18] por razões epistemológicas – afinal o raciocínio probatório é realizado a partir de inferências indutivas baseadas em probabilidades e conhecimentos gerais -, institucionais – há regras processuais limitadoras da investigação – e humanas – a valoração é influenciada por aspectos subjetivos do juiz.

Ao se dizer que um fato está provado, o que se quer dizer é que, diante das informações disponíveis, está justificada a crença em admitir como existente ou inexistente um fato.

A verificação da verdade é o objetivo fundamental da atividade probatória no processo judicial, contudo não é o único.[19]

As regras jurídicas processuais impõem uma série de limitações à produção probatória, sendo essas regras sobre a prova divididas em três tipos pelo autor espanhol: a) regras sobre a atividade probatória; b) regras sobre os meios de prova e c) regras sobre o resultado probatório.[20] Essas regras impõem restrições à ampla pesquisa probatória em geral. O processo, como dito acima, tutela não apenas o valor verdade, mas outros valores, que implica a existência de limitações à busca da verdade.

Se canonizar a verdade é um equívoco, expulsá-la do âmbito jurídico também o é.

Taruffo assevera a insustentabilidade de uma ideia de verdade processual dissociada da verdade *tout court*. A existência de regras jurídicas exclui a possibilidade de verdades absolutas, mas não pode diferenciar completamente a verdade do processo da verdade que habita fora dele.[21] As limitações e as peculiaridades processuais são, *a priori*, incompatíveis com a busca da verdade absoluta, mas o processo não trata desta verdade.[22]

As regras jurídicas, embora restrinjam as possibilidades de se buscar a verdade, por si sós, não a alijam por completo. Não há absoluta incompatibilidade entre processo e verdade.

17 Ibidem, p. 129.
18 Abellán, Marina Gascón. O problema de provar. Trad. Lívia Moscatelli; Caio Badaró Massena. Coordenação científica da tradução Janaína Matida. 1ª ed. Rio de Janeiro: Marcial Pons, 2022, p. 21.
19 Ferrer-Beltrán, Jordi. Valoração racional da prova. Trad. Vitor de Paula Ramos. Salvador: JusPodivm, 2021, pp. 46-47.
20 Ibidem, p. 52.
21 Taruffo, Michele. La prueba de los hechos. Trad. Jordi Ferrer-Beltrán. 2ª ed. Bolonha: Editorial Trotta, 2005, pp. 23-24.
22 Ibidem, p. 46-47.

A impossibilidade de se chegar a uma verdade absoluta em qualquer área é uma das razões pelas quais alguns entendem que a noção de verdade deva ser expurgada do campo jurídico-processual.[23]

Os que albergam uma visão pragmática advogam contrariamente à busca da verdade na esfera jurídica pois o processo não seria o *locus* adequado para isso, mas para a solução de conflitos.[24] Em contrariedade a esse argumento, Taruffo diz ser inconcebível uma resolução de controvérsia descolada da realidade fática, pois configuraria puro arbítrio.[25]

Há também os que afirmam a irrelevância do debate sobre a verdade, pois no processo o importante é a narrativa.[26]

A redução do debate processual a um jogo retórico conduz à arbitrariedade, em antagonismo ao que se pretende em uma democracia. Não se tolera uma disputa argumentativa como critério de definição factual.

A conexão do processo com algum grau de verdade é necessária em um estado de direito, sob pena de, ao invés de se reduzir o poder do Estado, agigantá-lo.

Os atos judiciais devem ser revestidos de motivação para haver possibilidade de controle das decisões, as quais devem ser produtos da racionalidade. Do contrário, o direito à prova se torna despiciendo.

O direito à prova, para Ferrer-Beltrán, é decomposto em quatro elementos: 1) direito a utilizar todas as provas disponíveis; 2) direito à produção probatória no processo; 3) direito à valoração racional das provas; 4) direito à motivação das decisões judiciais.

A epistemologia garantista de Luigi Ferrajoli defende a busca pela verdade na esfera processual. Os princípios garantistas por ele formulados visam assegurar maior nível de racionalidade e confiabilidade do juízo, o que contém o poder punitivo e a arbitrariedade.[27]

Ferrajoli, assim como Taruffo, entende ser aplicável ao campo jurídico a ideia de verdade defendida por Tarski, segundo a qual uma proposição é verdadeira se e somente se designa um estado de coisas existente.[28]

Ferrajoli sustenta a existência do princípio da estrita jurisdicionariedade, o qual exige duas condições: verificabilidade ou refutabilidade das hipóteses acusatórias.[29] As teses acusatórias devem ser suscetíveis a verificação ou falseamento a partir de provas.

---

23 Taruffo, Michele. La prueba de los hechos. Trad. Jordi Ferrer-Beltrán. 2ª ed. Bolonha: Editorial Trotta, 2005, p. 28.
24 Ibidem, p. 37.
25 Ibidem, p. 65.
26 Ibidem, pp. 49-52.
27 Ferrajoli, Luigi. Direito e razão: teoria do garantismo penal. 2ª ed. rev. e ampl. São Paulo: Editora Revista dos Tribunais, 2006, p. 38.
28 Idem. Epistemología jurídica y garantismo. 1ª ed. México, DF: Distribuiciones Fontamara, 2004, p. 26.
29 Ferrajoli, Luigi. Direito e razão: teoria do garantismo penal. 2ª ed. rev. e ampl. São Paulo: Editora Revista dos Tribunais, 2006, p. 40.

Em contraposição à concepção de verdade real, absoluta, Ferrajoli acolhe a ideia de uma verdade processual correspondente, aproximada, que não tem pretensão de ser inquestionável.[30]

Assim como Ferrer-Beltrán, Ferrajoli reconhece limitações à verdade no campo processual, contudo, diversamente do que pensa o espanhol, que defende o dever de o juiz também perseguir a verdade e, assim, produzir provas de ofício,[31] o italiano entende não ser possível o juiz deter protagonismo na instrução, com a assunção de funções da acusação.[32]

Apesar do interesse em se buscar conhecer a verdade dos fatos no processo, ela não pode ser perquirida por quaisquer meios e em desrespeito a valores outros também resguardados pelo ordenamento jurídico.

A sanção penal só pode ser legítima em um estado de direito quando respeitadas as garantias penais e processuais previstas na Constituição e nas leis, afinal a legalidade é imposta ao próprio estado.

3. PROVA PERICIAL NOS PROCESSOS DE TRÁFICO

Com a evolução da ciência, a prova pericial tem sido cada vez mais utilizada em processos judiciais. O uso mais comum de provas periciais decorre do maior crédito conferido ao saber científico em comparação ao conhecimento originado por outros meios, considerados mais suscetíveis a erros.

Os benefícios trazidos pela aplicação da ciência ampliaram sua confiança perante a sociedade, como afirma Carlos Augusto de Proença Rosa:

> As extraordinárias realizações no campo industrial, resultantes do conhecimento e da aplicação da Ciência, teriam como consequência inevitável a elevação, ainda mais, de seu prestígio junto à opinião pública. A nova e marcante situação desse desenvolvimento no mundo contemporâneo se traduziria no triunfo definitivo da Ciência sobre a ignorância, o preconceito e o dogmatismo, permitindo à comunidade científica uma grande liberdade de pesquisa. Na evolução do conhecimento científico, ficaria, assim, cada vez mais patente, a importância da afirmação do espírito científico, o qual seria responsável pelo correto encaminhamento das pesquisas conducentes ao melhor entendimento dos fenômenos.[33]

Ainda de acordo com Rosa, houve avanço em novos campos do conhecimento no século XX, aplicando-se a divisão do trabalho também na área

---

30 Ibidem, p. 53.

31 Ferrer-Beltrán entende que o objetivo das partes não é necessariamente a busca da verdade, mas seus próprios interesses. Por isso, poderia o juiz produzir provas de ofício, para fazer prevalecer a verdade, não os interesses das partes. Ver Ferrer-Beltrán, Jordi. Valoração racional da prova. Trad. Vitor de Paula Ramos. Salvador: JusPodivm, 2021, pp. 57-58.

32 Ferrajoli, Luigi. Direito e razão: teoria do garantismo penal. 2ª ed. rev. e ampl. São Paulo: Editora Revista dos Tribunais, 2006, p. 562.

33 Rosa, Carlos Augusto de Proença. História da ciência: da antiguidade ao renascimento científico. vol. 3. 2ª ed. Brasília: FUNAG, 2012, p. 18.

científica, ficando o cientista mais restrito a um nicho específico, o que levou a uma ligação de sucesso da ciência com a tecnologia. O conhecimento deixa de ser meramente contemplativo e passa a ter caráter pragmático.[34]

O termo ciência apresenta, segundo Carlos Augusto de Proença Rosa, concepções diversas, podendo ser designada como o conjunto do conhecimento humano ou como conjunto de conhecimento teórico sobre fenômenos naturais baseado em metodologia e fundamentação experimental. A ciência, quando aplicada em prol do ser humano, é chamada de técnica ou tecnologia.[35]

Tomando por base as lições de Rosa, pode se dizer ser a prova pericial uma prova técnica, consistente no conhecimento científico aplicado na resolução de problemas humanos.

Nesse contexto, a prova pericial ganha peso em processos judiciais, afinal trata-se de prova produzida por quem é considerado especialista em um determinado segmento.

Quem vem a ser o perito? Essa é uma pergunta relevante para se responder antes de darmos prosseguimento.

Mauricio Duce responde a esse questionamento da seguinte maneira:

> En términos generales, los peritos son personas que cuentan con una experticia especial en un área de conocimiento derivada de sus estudios o especialización professional, del desempeño de ciertas artes o del ejercicio de un determinado oficio.[36]

O direito à produção probatória processual é dependente de critérios de relevância, devendo ser inadmitida pelo órgão jurisdicional provas irrelevantes.

Arrimada em Laudan, Carmen Vasquez defende ser a relevância o único critério, do ponto de vista epistemológico, para regulação da admissibilidade de provas.[37]

Taruffo ensina que o princípio da relevância possui dupla função: uma econômica e outra epistêmica. A econômica consiste em se evitar a realização de atos processuais inservíveis; a epistêmica está atrelada à noção de que todas as provas potencialmente úteis devem ser admitidas.[38]

Outros critérios para admissão da prova são incluídos por normas jurídicas, o que significa ser a relevância condição necessária, no entanto não suficiente para a produção de prova.

---

34 Ibidem, pp. 20-21.
35 Ibidem, pp. 21-22.
36 Duce, Mauricio. La prueba pericial en los sistemas procesales penales acusatorios en America Latina. 2ª ed. Buenos Aires: Didot, 2013, p. 29.
37 Vásquez, Cármen. Prova pericial: da prova científica à prova pericial. Salvador: Editora JusPodivm, 2021, p. 58.
38 Taruffo, Michele. Simplesmente la verdad: el juez y la construcción de los hechos. Trad. Daniela Accatino Scagliotti. Madri: Marcial Pons, 2010, p. 163.

As regras de exclusão probatória são segregadas por Taruffo em duas categorias, sendo a primeira delas a que compreende as normas que pretendem desempenhar uma função epistêmica. Estas objetivam a prevenção de equívocos ou mal-entendidos na determinação do valor probatório de certas provas, o que é valioso para a correta fixação dos fatos. Já as normas da segunda categoria não possuem vinculação com a finalidade epistêmica, mas buscam atingir objetivos de natureza distinta, limitando o conhecimento do julgador.[39]

Ao passo em que são úteis do ponto de vista epistêmico, por protegerem contra uma valoração equivocada de um elemento probatório sem ou com pouca confiabilidade, normas que visam evitar erros, segundo Taruffo, impedem o juiz de utilizar-se de um elemento de informação útil. Entre o perigo de uma valoração errada e a chance de uma decisão com menos elementos informativos, opta-se pela segunda via, o que, para Taruffo, justifica se colocar em xeque argumentos para existência desse tipo de normas.[40]

Duce afirma que, no caso das provas periciais, há outras três exigências a serem preenchidas para sua admissão: necessidade do conhecimento do experto, idoneidade do experto e confiabilidade da informação do experto.[41]

Quanto à primeira exigência apontada pelo professor chileno, a prova pericial deve ser aceita quando houver necessidade de se contar com o conhecimento do experto para se entender um fato ou uma circunstância que esteja alheio ao campo da experiência comum, do entendimento do julgador ou insuscetível de compreensão sem ajuda de um *expert*. Não é suficiente a prova pericial ser útil, mas necessária.[42]

A prova pericial sobre o material supostamente tido como droga ilícita deve ser considerada relevante, porque o Superior Tribunal de Justiça entende, em regra, pela indispensabilidade da realização de exame pericial definitivo sobre a droga para fins de comprovação de materialidade do delito.[43] Como apenas a análise por métodos científicos é hábil à demonstração de que consta naquele material periciado substância listada na Portaria 344/1998 da ANVISA, fica preenchido o requisito da necessidade do conhecimento do experto apontado por Duce.

No tocante à idoneidade do perito, Duce posiciona-se contrariamente a regras de pré-acreditação de idoneidade apenas pelo fato de pertencer a uma

39 Ibidem, p. 167.

40 Taruffo, Michele. Simplesmente la verdad: el juez y la construcción de los hechos. Trad. Daniela Accatino Scagliotti. Madri: Marcial Pons, 2010, p. 173.

41 Duce, Mauricio. La prueba pericial en los sistemas procesales penales acusatorios en America Latina. 2ª ed. Buenos Aires: Didot, 2013, p. 53.

42 Ibidem, pp. 65-66.

43 STJ, EResp 1.544.057/RJ, 3ª Seção, Rel. Min. Reynaldo Soares da Fonseca, Julgado em 26/10/2016, Publicado no DJe em 09/11/2016.

lista oficial de peritos. Caberia às partes demonstrar que aquela pessoa apontada detém o conhecimento necessário para ser considerada perita.[44]

A última exigência concerne à conformidade das informações apresentadas pelo perito em relação à aceitação perante a comunidade científica.[45]

A Lei Federal 11.343/2006 prevê uma análise pericial para elaboração de laudo de constatação provisório e outra para a confecção de laudo definitivo.

Jesus Antonio Velho *et al* asseveram ser:

> ...o laudo pericial é o documento mais completo, pois materializa o resultado do exame que realizou e corresponde aos quesitos que lhe foram propostos pelo juiz, delegado etc., descrevendo em detalhes tudo o que foi examinado e seguindo uma metodologia adequada ao caso para, ao final, chegar a uma conclusão.[46]

Ao menos os seguintes itens básicos devem constar no laudo: título, preâmbulo, histórico (facultativo), objetivo dos exames e conclusão ou resposta aos quesitos.[47]

Conforme ensinam os professores Mauricio Leite Vieira e Jesus Antonio Velho, "Apesar de os laudos de constatação da natureza e quantidade de droga apreendida e o laudo definitivo serem peças jurídicas previstas em lei, a maneira como esses laudos criminais devem ser elaborados não é regulamentada".[48]

São utilizados nesses casos modelos sugeridos por entidades internacionais como Scientific Working Group for the Analysis of Seized Drugs (SWG-DRUG), Escritório das Nações Unidas sobre Drogas e Crime (UNODC) e Drug Enforcement Administration (DEA), a partir de publicações conceituadas pela comunidade científica (há, inclusive, referências indicadas pela SWG-DRUG na Parte II, item 5, das recomendações).

Para exames preliminares, UNODC recomenda determinados testes colorimétricos, os quais são mais simples e possuem mais chances de equívoco.

Análises definitivas, dotadas de maior nível de confiabilidade quanto ao resultado, são realizadas também de acordo com as recomendações da SWG-DRUG.

A análise dos *experts* sobre o material suspeito de ser droga não ocorrem necessariamente sobre todo o elemento apreendido, podendo ser feita por

---

44 Duce, Mauricio. La prueba pericial en los sistemas procesales penales acusatorios en America Latina. 2ª ed. Buenos Aires: Didot, 2013, pp. 75-76.

45 Ibidem, p. 79.

46 Velho, Jesus Antônio et al. Polícia científica: transformando vestígios em evidências à luz da cadeia de custódia. Curitiba: InterSaberes, 2020, p. 152.

47 Velho, Jesus Antônio et al. Polícia científica: transformando vestígios em evidências à luz da cadeia de custódia. Curitiba: InterSaberes, 2020, p. 152.

48 Vieira, Maurício Leite; Velho, Jesus Antonio. Exame preliminar e definitivo de drogas em abuso. In: Bruni, Aline Thaís; de Oliveira, Marcelo Firmino; Velho, Jesus Antonio (orgs.) Fundamentos de química forense: uma análise prática da química que soluciona crimes. Campinas: Millennium Editora, 2012, p. 18-32.

amostragem, conforme critérios estabelecidos nas diretrizes da Associação Brasileira de Normas Técnicas NBR 5426 e 5427. Outras diretrizes a respeito de amostragem de drogas são também recomendadas pela SWG-DRUG e outros órgãos.

Provas técnicas costumam ser recepcionadas sob uma aura de objetividade e infalibilidade, já que produzidas por profissionais especialistas, muitas das vezes pertencentes a quadros de órgãos oficiais, o que leva a não se fazer uma reflexão crítica sobre o material probatório.[49]

No ponto, convém trazer a lição de Abellán:

> Esta creencia ciega en la validez y valor de las pruebas científicas es algo que llama particularmente la atención si se considera que nada es menos "científico" que asumir como válido un conocimiento sin un previo control de sus postulados ajustado a una metodología científica. Pero sobre todo entraña un peligro, pues propicia que las decisiones probatorias apoyadas en este tipo de pruebas se asuman como incuestionables o irrefutables, y, de paso, descarga al juez de hacer un especial esfuerzo por fundar racionalmente la decisión: basta con alegar que hubo prueba científica y que ésta apuntaba justamente en la dirección de la decisión probatoria final.[50]

O comportamento deferente dos magistrados acaba por tornar as provas científicas imune a questionamentos, existindo uma valorização excessiva desses meios probantes.

Abellán divide a sobrevalorização da prova pericial em duas classes: epistemológica e semântica. A primeira diz respeito à aceitação da infalibilidade dos resultados; a segunda remete-se à interpretação equivocada do que dizem os resultados.[51]

Quanto à sobrevalorização semântica, existe, segundo a autora, o que se chama de paradigma da individualização, que equivale à crença na capacidade de se identificar exatamente um indivíduo ou um objeto a partir de vestígios, como se os resultados periciais não tivessem que ser interpretados a partir de adequadas ferramentas estatísticas.

Já pelo paradigma da verossimilhança, ao perito cabe a interpretação dos dados obtidos à luz das hipóteses aventadas. Interpretados os dados e reportados no informe pericial, são incumbências do juiz avaliar a veracidade das hipóteses disponíveis, inclusive cotejando a prova pericial com outras provas, e adotar a medida jurídica cabível.

---

49 Vásquez, Carmen. Conocimientos expertos y deferência del juez: apunte para la superación de un problema. Doxa. Cuadernos de Filosofía del Derecho, Alicante, n. 39, p. 347-365, jul./set. 2016.

50 Abellán, Marina Gascón. Prueba científica. Un mapa de retos. In: VÁZQUEZ, Cármen (ed.). Estandares de prueba y prueba científica: ensayos de epistemologia jurídica. Madrid: Marcial Pons, 2013, p 181-202.

51 Idem. Prueba científica: mitos y paradigmas. Anales de la Cátedra Francisco Suárez, v. 44, p. 81-103, 2010.

Em relação à sobrevalorização epistemológica, Abellán assevera ser a qualidade epistêmica da prova científica atrelada à validade científica ou metodológica adotada. Outrossim, ressalta a autora que a fiabilidade e o valor probatório de uma prova científica também se associam a sua qualidade técnica.

A qualidade técnica a que se refere a professora de Castilla-La Mancha, por sua vez, reparte-se em duas: qualidade técnico-científica e qualidade técnico-procedimental.

A primeira vincula-se ao correto treinamento dos profissionais, às estruturas laboratoriais e ao cumprimento de rigorosos protocolos de análises e estudos dos objetos da perícia.

Já a segunda está relacionada a todo o processo desde a descoberta do vestígio ou amostra e sua análise em laboratório. Para se garantir fiabilidade à prova, é imprescindível checar a correção técnico-procedimental: quem manuseou o vestígio, onde e sob quais condições foi acondicionado etc.

Ainda que se confie na competência, na imparcialidade e na seriedade dos profissionais laboratoriais, não se pode perder de vista que o elemento material processado nos laboratórios é coletado fora dele.

Os controles a serem empregados pelos julgadores permitem maior probabilidade de decisões acertadas. Só quando se tem desconfiança a respeito da infalibilidade da prova científica é possível reduzir a chance de erro.

Em se tratando de drogas, em geral são elas apreendidas nos locais de crimes por policiais militares, que as transmitem para polícia civil até se chegar aos laboratórios.

Como se afiançar ser o objeto material recolhido pela polícia o mesmo periciado? Como se assegurar não ter havido adulteração (ainda que não intencional) da matéria e que suas propriedades permanecem adequadas à realização do exame técnico? É possível confiar que não houve equívoco na identificação do material, especialmente considerando a carga de trabalho a que estão submetidos profissionais da segurança?

Com vistas a garantir a autenticidade da prova que se impõe o rigoroso cumprimento das etapas da cadeia de custódia da prova.

4. CADEIA DE CUSTÓDIA DA DROGA

A verdade estabelecida na esfera processual deve ser controlável, articulada e justificada, resultado de um processo cognitivo complexo.[52]

Ao falar na questão probatória no processo penal brasileiro, tradicionalmente se defende o princípio do livre convencimento do juiz, pois todas as

52 Taruffo, Michele. La prueba de los hechos. Trad. Jordi Ferrer-Beltrán. 2ª ed. Bolonha: Editorial Trotta, 2005, p. 69.

provas possuiriam valor relativo, o que abre margem para decisões sem controle de racionalidade.

O ato de convencimento judicial não pode estar calcado em provas cuja confiabilidade não seja confirmada, sob pena de comprometer-se a qualidade da prestação jurisdicional.

Albergando-se uma concepção racionalista da prova, a liberdade do julgador "não é absoluta, encontrando-se limitada pelas regras gerais da epistemologia".[53]

Neste sentido, afirma Taruffo que:

> Un procedimento epistémico válido requiere que la identificación o la creación de los conocimientos y de las informaciones necesarias para formular conclusiones fiables sean accesibles y controlables, además de – si es posible – repetibles.[54]

O estudo das provas tem sido pouco explorado pela doutrina jurídica, que se limita a tratar das normas processuais a respeito do tema, deixando de lado questões epistemológicas, que extravasam o direito.

É preciso, num sistema que pretende conter o poder punitivo, que a persuasão do juiz seja justificada racionalmente.[55]

A cadeia de custódia da prova funciona, nesse contexto, como controle epistêmico de entrada do elemento probatório no processo. Isso significa, portanto, que ele precede a valoração dos elementos probatórios.[56] [57]

A temática da cadeia de custódia da prova foi introduzida no código processual penal por intermédio da Lei 13.964/2019, apesar de ela já ser exigível mesmo antes da entrada em vigor da lei.[58]

Na conceituação de Geraldo Prado, cadeia de custódia da prova é "método do qual se pretende preservar a integridade do elemento probatório e assegurar sua autenticidade em contexto de investigação e processo".[59]

Para Claudemir Rodrigues Dias Filho, cadeia de custódia é:

> Uma sucessão de eventos concatenados, em que cada um proporciona a viabilidade ao desenvolvimento do seguinte, de forma a proteger a integridade de um vestígio do local de crime ao seu reconhecimento como prova

---

53 Ferrer-Beltrán, Jordi. Valoração racional da prova. Trad. Vitor de Paula Ramos. Salvador: JusPodivm, 2021, p. 98.

54 Taruffo, Michele. Simplesmente la verdad: el juez y la construcción de los hechos. Trad. Daniela Accatino Scagliotti. Madri: Marcial Pons, 2010, p. 176.

55 Badaró, Gustavo Henrique Ivahy. A cadeia de custódia e sua relevância para a prova penal. In: Sidi, Ricardo; Lopes, Anderson Bezerra (orgs.) Temas atuais de investigação preliminar no processo penal. Belo Horizonte: D'Plácido, 2017. p. 517-538.

56 Menezes, Isabela A.; Borri, Luiz A.; Soares, Rafael J. A quebra da cadeia de custódia da prova e seus desdobramentos no processo penal brasileiro. Revista Brasileira de Direito Processual Penal, Porto Alegre, v. 4, n. 1, p. 277-300, jan./abr. 2018.

57 Há, contudo, corrente no sentido de que a quebra da cadeia de custódia repercute na valoração probatória. Ver Badaró, Gustavo Henrique Ivahy. A cadeia de custódia e sua relevância para a prova penal. In: Sidi, Ricardo; Lopes, Anderson Bezerra (orgs.) Temas atuais de investigação preliminar no processo penal. Belo Horizonte: D'Plácido, 2017. p. 517-538.

58 Prado, Geraldo. A cadeia de custódia da prova no processo penal. 2ª ed. Rio de Janeiro: Marcial Pons, 2021, p. 172.

59 Ibidem, p. 162.

material até o trânsito em julgado do mérito processual; eventos estes descritos em um registro documental pormenorizado, validando a evidência e permitindo sua rastreabilidade, sendo seu objetivo-fim garantir que a evidência apresentada na corte se revista das mesmas propriedades probatórias que o vestígio coletado no local de crime.[60]

O cumprimento da cadeia de custódia serve ao controle epistêmico do elemento probatório que pode vir a ingressar em uma persecução criminal, com vistas a se garantir sua autenticidade e sua integridade.

Nereu Giacomolli e Maria Eduarda Azambuja Amaral distinguem função e finalidade da cadeia de custódia: sua função é assegurar a autenticidade da prova; sua finalidade é permitir maior grau de precisão à decisão judicial.[61]

O respeito às normas relativas à cadeia de custódia é o pilar da fiabilidade probatória.

A fiabilidade de uma prova é condição necessária para sua valoração. Significa, então, não se poder valorar uma prova produzida sem a observância da cadeia de custódia.

O controle da cadeia de custódia configura uma prova sobre a prova, ou seja, uma confirmação da confiabilidade da prova, que, assim, torna-se apta a ser utilizada pelo juiz.

Convém trazer as lições de Ferrer-Beltrán sobre o assunto:

> A prova sobre a prova, por outro lado, pressupõe um controle sobre a confiabilidade das provas existentes, que as confirme ou as infirme. Trata-se de provas que não versam direta nem indiretamente sobre os fatos do caso, mas sobre outras provas, sendo essenciais em muitos casos para uma correta valoração individual da prova, com vistas a determinar o grau de confiabilidade que oferece.[62]

De acordo com Andrés Baytelman e Mauricio Duce, produção de prova material em juízo obedece a duas lógicas: a da desconfiança e a do sentido comum.[63]

Segundo a lógica da desconfiança, objetos e documentos que venham a ser introduzidos no processo devem ser acreditados, ou seja, necessária é uma confirmação de que aquele objeto é aquilo que a parte diz ser.

Por outro lado, pela lógica do sentido comum, há objetos ou documentos cuja necessidade de acreditação é diminuta ou inexistente em função de sua natureza ou autenticidade.

---

60 Dias Filho, Claudemir Rodrigues. Cadeia de custódia: do local do crime ao trânsito em julgado; do vestígio à evidência. Revista dos Tribunais, São Paulo, v. 98, n. 883, p. 436-451, maio 2009.

61 Giacomolli, Nereu José; Amaral, Maria Eduarda Azambuja. A cadeia de custódia da prova pericial na Lei 13.964/2019. Revista Duc In Altum, Cadernos de Direito, v. 12, n. 27, p. 67-100, mai./ago. 2020.

62 Ferrer-Beltrán, Jordi. Valoração racional da prova. Trad. Vitor de Paula Ramos. Salvador: JusPodivm, 2021, p. 130.

63 Baytelman, Andrés; Duce, Mauricio. Litigación penal: Juicio oral y prueba. 1ª ed. Santiago: Universidad Diego Portales, 2004, p. 164.

A cadeia de custódia tem em seu fundamento o princípio da mesmidade: a prova valorada pelo juiz é produzida a partir do material encontrado no local de crime.[64]

As etapas da cadeia de custódia trazidas no Código de Processo Penal devem ser esmiuçadas por intermédio de atos dos órgãos encarregados da segurança pública ou responsáveis pelas perícias oficiais, com respeito a critérios técnicos amplamente aceitos pela comunidade científica.

Quanto a drogas apreendidas, salienta-se a importância da atuação dos policiais na preservação da cadeia de custódia, pois, em casos de prisões em flagrante por tráfico de drogas, os próprios militares que atendem as ocorrências são aqueles que capturam o material e deflagram a cadeia, sendo que a substância ainda passa pela polícia civil antes de adentrar o órgão pericial.

Sendo assim, é importante se realizar constantes treinamentos dos policiais para que cumpram com todas as regras técnicas de conservação e registro da cadeia de custódia, além de serem fornecidos equipamentos adequados à sua preservação, a fim de não acarretar a inutilização do que se pretende trazer aos autos como prova por quebra da cadeia de custódia.

A possibilidade de rastreamento da possível prova é imprescindível ao exercício do contraditório e do direito de defesa, inclusive para se verificar se os métodos aplicados desde o momento da apreensão do material tido como droga foram os corretos e se não há ilicitude nos meios de obtenção da prova.

Além do princípio da mesmidade, fundamenta-se a cadeia de custódia no princípio da desconfiança.

Conforme Abellán, quanto maior a expectativa de valor probatório depositada em uma prova, mais rigorosos devem ser os controles. A qualidade epistêmica da prova científica depende da validade metodológica e da qualidade técnica, a qual deve permear todo o processo, desde o descobrimento ou registro do vestígio ou da amostra até sua análise em laboratório.[65]

Assim, o Estado-Persecutor, ao pretender introduzir uma prova pericial em um processo afirmando ser aquele o laudo pericial do objeto encontrado no local de crime, deve comprovar o que afirma, sendo inaceitáveis no processo penal presunções outras que não a de inocência, como a presunção de veracidade ou de boa-fé dos agentes públicos, oriunda do direito administrativo.

Prado diz que "Uma presunção genérica de boa-fé dos envolvidos no processo de arbitramento da responsabilidade penal é incompatível com as legítimas expectativas de proteção das pessoas no e pelo processo penal".[66]

---

64 Prado, Geraldo. A cadeia de custódia da prova no processo penal. 2ª ed. Rio de Janeiro: Marcial Pons, 2021, p. 151.

65 Abellán, Marina Gascón. Prueba científica. Un mapa de retos. In: Vásquez, Cármen (ed.). Estandares de prueba y prueba científica: ensayos de epistemologia jurídica. Madrid: Marcial Pons, 2013. p. 184.

66 Prado, Geraldo. A cadeia de custódia da prova no processo penal. 2ª ed. Rio de Janeiro: Marcial Pons, 2021, p. 19.

Duce e Baytelman, na mesma linha, lecionam: "Nadie, incluidos los jueces, tiene por qué depositar ninguna confianza especial en la afirmación realizada por la parte. En el juicio no hay confianzas preestabelecidas".[67] Prosseguem os autores:

> por fuera del mundo de la prueba, no tiene por qué haber concesiones para nadie (tanto al fiscal como al defensor les pagan para decir lo que están diciendo...), y eso incluye también a las proposiciones fácticas que dicen "este objeto (o documento) es aquello que yo afirmo que es...[68]

No entanto, os mesmos professores discordam do excesso de formalismo no tocante à cadeia de custódia, pois objetos muito particulares podem ser reconhecidos como aqueles existentes no local de crime por testemunha, acreditando aquele objeto e permitindo sua entrada no processo, ainda que a cadeia de custódia não tenha sido rigorosamente observada, contanto que demonstrada a fidelidade e as condições de conservação.[69] O debate ficaria em torno da credibilidade, não da admissibilidade.

Esse posicionamento é repudiado por Giacomolli e Amaral, que entendem que a prova pericial perderia seu caráter objetivo e, portanto, o registro escrito seria insubstituível pelo depoimento oral.[70]

Em um processo penal acusatório, a confiança no material probatório não advém da autoridade de quem o produz, mas do que é demonstrado a partir da conformidade com os procedimentos estabelecidos para a cadeia de custódia da prova que se pretende inserir no processo.

O controle da cadeia de custódia constitui uma prova sobre a prova, ou seja, uma demonstração de que a prova produzida é provida de confiabilidade, logo pode vir a ser utilizada em juízo.

Apenas provas submetidas ao escorreito procedimento de cadeia de custódia podem ser consideradas válidas para fins de admissão e posterior valoração no processo, de modo a permitir uma decisão judicial com maior grau de racionalidade e segurança.

5. CONCLUSÃO

O presente artigo buscou abordar a relevância da cadeia de custódia da droga em processos de tráfico como forma de se assegurar decisões judiciais revestidas de maior confiabilidade quanto ao acertamento dos fatos.

---

67 Baytelman, Andrés; Duce, Mauricio. Litigación penal. Juicio oral y prueba. 1ª ed. Santiago: Universidad Diego Portales, 2004, p. 164.

68 Baytelman, Andrés; Duce, Mauricio. Litigación penal. Juicio oral y prueba. 1ª ed. Santiago: Universidad Diego Portales, 2004, p. 164.

69 Ibidem, p. 172-173.

70 Giacomolli, Nereu José; Amaral, Maria Eduarda Azambuja. A cadeia de custódia da prova pericial na Lei 13.964/2019. Revista Duc In Altum, Cadernos de Direito, v. 12, n. 27, p. 67-100, mai./ago. 2020.

Foram apresentadas considerações teóricas sobre conceitos de verdade e prova no âmbito de um processo penal garantista.

Mostrou-se a importância de não se eliminar a noção de verdade do campo processual, uma vez que ela é necessária para se atingir uma decisão justa, considerando-se a ideia de verdade como correspondência, a qual deve ser buscada somente dentro dos limites traçados pelas normas jurídicas.

Em seguida, tratou-se da prova pericial e de seus critérios de admissibilidade, além de se discorrer sobre os laudos toxicológicos e das necessárias cautelas para admissão e posterior valoração da prova pericial.

Foi, então, abordado o método para assegurar a autenticidade e a integridade do elemento apreendido, de modo a se sustentar que a perícia tenha sido realizada sobre o mesmo elemento localizado no local de crime e que ele permanece com suas propriedades íntegras e aptas a serem analisadas pelos expertos.

É indispensável que os órgãos de perícia e de segurança pública disciplinem as etapas de cadeia de custódia dos materiais apreendidos como suposta droga, capacitando policiais e peritos, além de fornecerem suprimentos para a preservação do elemento, com a finalidade de se cumprir fielmente as etapas da cadeia de custódia da substância.

A observância da cadeia de custódia é condição necessária à introdução da prova pericial no processo, pois, em não comprovado o correto cumprimento das etapas, o elemento probatório perde fiabilidade, torna-se incontrolável e, por conseguinte, não pode ser admitido nos autos.

Conclui-se, pois, que uma vez demonstrado que o laudo pericial se refere à substância localizada no local de crime e que foram adotadas as medidas adequadas de acordo com padrões acolhidos pela comunidade científica, torna-se mais confiável a decisão judicial que determina a verdade ou a falsidade das alegações de um fato criminoso objeto do processo.

REFERÊNCIAS

ABELLÁN, Marina Gascón. Prueba científica. Un mapa de retos. In: Vásquez, Cármen (ed.). Estandares de prueba y prueba científica: ensayos de epistemologia jurídica. Madrid: Marcial Pons, 2013.

________________________. O problema de provar. Trad. Lívia Moscatelli; Caio Badaró Massena. Coordenação científica da tradução Janaína Matida. 1ª ed. Rio de Janeiro: Marcial Pons, 2022.

BADARÓ, Gustavo Henrique Ivahy. A cadeia de custódia e sua relevância para a prova penal. In: SIDI, Ricardo; LOPES, Anderson Bezerra (orgs.) Temas atuais de investigação preliminar no processo penal. Belo Horizonte: D'Plácido, 2017.

BAYTELMAN, Andrés; DUCE, Mauricio. Litigación penal. Juicio oral y prueba. 1ª ed. Santiago: Universidad Diego Portales, 2004.

DIAS FILHO, Claudemir Rodrigues. Cadeia de custódia: do local do crime ao trânsito em julgado; do vestígio à evidência. Revista dos Tribunais, São Paulo, v. 98, n. 883, p. 436-451, maio 2009.

DUCE, Mauricio. La prueba pericial en los sistemas procesales penales acusatorios en America Latina. 2ª ed. Buenos Aires: Didot, 2013.

FERRAJOLI, Luigi. Direito e razão: teoria do garantismo penal. 2ª ed. rev. e ampl. São Paulo: Editora Revista dos Tribunais, 2006.

____________. Epistemología jurídica y garantismo. 1ª ed. México, DF: Distribuiciones Fontamara, 2004

FERRER-BELTRÁN, Jordi. Valoração racional da prova. Trad. Vitor de Paula Ramos. Salvador: JusPodivm, 2021.

GIACOMOLLI, Nereu José; AMARAL, Maria Eduarda Azambuja. A cadeia de custódia da prova pericial na Lei 13.964/2019. Revista Duc In Altum, Cadernos de Direito, v. 12, n. 27, p. 67-100, mai./ago. 2020.

KHALED JÚNIOR, Salah. A busca da verdade no processo penal: para além da ambição inquisitorial. 3ª ed. Belo Horizonte: Letramento/Casa do Direito, 2020.

MENEZES, Isabela A.; BORRI, Luiz A.; SOARES, Rafael J. A quebra da cadeia de custódia da prova e seus desdobramentos no processo penal brasileiro. Revista Brasileira de Direito Processual Penal, Porto Alegre, v. 4, n. 1, p. 277-300, jan./abr. 2018.

ROSA, Carlos Augusto de Proença. História da ciência: da antiguidade ao renascimento científico. vol. 3. 2ª ed. Brasília: FUNAG, 2012.

PRADO, Geraldo. A cadeia de custódia da prova no processo penal. 2ª ed. Rio de Janeiro: Marcial Pons, 2021.

TARUFFO, Michele. La prueba de los hechos. Trad. Jordi Ferrer-Beltrán. 2ª ed. Bolonha: Editorial Trotta, 2005.

______________. Simplesmente la verdad: el juez y la construcción de los hechos. Trad. Daniela Accatino Scagliotti. Madri: Marcial Pons, 2010.

TAVARES, Juarez; CASARA, Rubens. Prova e verdade. São Paulo: Tirant lo Blanch, 2020.

TUZET, Giovanni. Filosofía de la prueba jurídica. Trad. Diego Dei Vecchi. Madri: Marcial Pons, 2021.

VÁSQUEZ, Carmen. Prova pericial: da prova científica à prova pericial. Trad. Vitor de Paula Ramos. Salvador: JusPodivm, 2021.

_______________. Conocimientos expertos y deferência del juez: apunte para la superación de un problema. Doxa. Cuadernos de Filosofía del Derecho, Alicante, n. 39, p. 347-365, jul./set. 2016.

VELHO, Jesus Antônio et al. Polícia científica: transformando vestígios em evidências à luz da cadeia de custódia. Curitiba: InterSaberes, 2020.

VIEIRA, Maurício Leite; VELHO, Jesus Antonio. Exame preliminar e definitivo de drogas em abuso. In: Bruni, Aline Thaís; de Oliveira, Marcelo Firmino; Velho, Jesus Antonio (orgs.) Fundamentos de química forense: uma análise prática da química que soluciona crimes. Campinas: Millennium Editora, 2012.

Teoria da atenuação do nexo causal (mancha purgada): uma limitação à teoria dos frutos da árvore envenenada

Munir Saleh Silva[1]

1. INTRODUÇÃO

O presente estudo tem por objetivo analisar a teoria da atenuação do nexo causal (*attenuation doctrine*) ou da mancha purgada (*purged taint*)[2], a fim de definir se ela é compatível com o direito brasileiro e os critérios a serem observados na sua aplicação, a partir de uma análise crítica e qualitativa da doutrina estadunidense e dos principais casos da Suprema Corte dos Estados Unidos relativos ao tema, bem como do ordenamento jurídico, da doutrina e da jurisprudência brasileira.

Há muito se consolidou o entendimento de que o direito à prova não é absoluto, podendo ser restringido, considerando que "o processo só pode fazer-se dentro de uma escrupulosa regra moral, que rege a atividade do juiz e das partes"[3]. Nessa linha de pensamento, consagrou-se a tese de que não se pode admitir a prova produzida por meios ilícitos, desenvolvendo-se, posteriormente, a ideia de que também devem ser inadmissíveis as provas derivadas das ilícitas, embora lícitas em si.

A teoria da atenuação do nexo causal (*attenuation doctrine*) foi concebida originalmente pela Suprema Corte dos Estados Unidos como uma limitação à teoria da inadmissibilidade das provas ilícitas por derivação (*derivative evidence doctrine*), também conhecida como teoria dos frutos da árvore envenenada (*fruit of the poisonous tree doctrine*)[4].

A compreensão da teoria em exame tem relevância para o direito brasileiro, na medida em que a inadmissibilidade das provas ilícitas tem previsão na Constituição Federal (art. 5º, LVI) e no Código de Processo Penal (art. 157),

1 Assessor de Ministra do Superior Tribunal de Justiça. Graduado em Direito pela Universidade Federal de Pelotas/RS (UFPEL).
2 A doutrina também atribui outros nomes a essa teoria, tais como: "limitação dos vícios sanados, do nexo causal atenuado ou da tinta diluída" (LIMA, Renato Brasileiro de. **Manual de processo penal: volume único. 8. ed. Salvador: JusPodivm, 2020, p. 695) ou até apenas "mancha"** (*"taint") (RE, Richard M. The due process exclusionary rule.* ***Harvard Law Review***, v. 127, n. 7, pp. 1885-1966, *may.* 2014, p. 1953. Tradução livre).
3 GRINOVER, Ada Pellegrini; *et al.* **As nulidades no processo penal.** 12. ed. São Paulo: Revista dos Tribunais, 2011, p. 123.
4 PITLER, Robert M. *The fruit of the poisonous tree revisited and shepardized.* ***California Law Review***, v. 56, n. 3, pp. 579-651, *may.* 1968, p. 627.

no qual, inclusive, foi positivada a teoria dos frutos da árvore envenenada e suas limitações, com inspiração no direito estadunidense.

Ademais, por se tratar de uma teoria que aborda vários conceitos abrangentes, é imprescindível um estudo cuidadoso da sua extensão e critérios de aplicação, notadamente a partir dos casos que lhe deram origem, atentando-se, ainda, à sua intrínseca relação com a noção de nexo causal. Do contrário, seria possível justificar a aplicação da presente teoria em qualquer situação de prova derivada da ilícita, com base em conceitos ambíguos e indefinidos, praticamente inutilizando a teoria dos frutos da árvore envenenada e fragilizando os direitos fundamentais que ela objetiva proteger.

O estudo foi dividido em três partes. Primeiro, será exposto o tratamento jurídico a respeito das provas ilícitas e das provas derivadas das ilícitas no direito estadunidense e no direito brasileiro, a fim de delimitar conceitos importantes para compreender a teoria em exame. Será analisado, assim, o fundamento para a exclusão de provas produzidas por meios ilícitos e como se desenvolveu a teoria dos frutos da árvore envenenada, elencando as suas principais limitações.

Na segunda parte, demonstrar-se-á a compatibilidade da teoria da atenuação com o direito brasileiro e a sua recepção expressa pelo Código de Processo Penal, mediante a reforma feita pela Lei 11.690/2008, examinando, ainda, importante precedente do Superior Tribunal de Justiça que adotou e aplicou a presente teoria no caso concreto.

Por fim, a terceira parte consiste em um estudo detalhado da teoria da atenuação do nexo causal, examinando a sua origem e desenvolvimento até resultar em sua definição tradicional, para, então, detalhar os critérios que devem ser observados na sua aplicação, dentre eles, a atenuação necessária, a sua abrangência e as circunstâncias capazes de atenuar o nexo causal, incluindo o teste de três etapas criado pela Suprema Corte estadunidense e adotado pela doutrina.

2. TRATAMENTO DA PROVA ILÍCITA E DERIVADA NO DIREITO ESTADUNIDENSE E BRASILEIRO

2.1 Da regra de exclusão à teoria dos frutos da árvore envenenada

No direito estadunidense, a origem da discussão a respeito da inadmissibilidade das provas ilícitas é atribuída ao caso *Boyd v. United States (1886)*[5], no qual a Suprema Corte dos Estados Unidos decidiu pela exclusão das provas decorrentes de apreensão forçada e em ofensa à Quarta e à Quinta Emenda da Constituição dos Estados Unidos.

5 ***Boyd v. United States***, 116 *U.S.* 616 (1886).

Esse entendimento deu origem à regra posteriormente denominada como regra da exclusão (*exclusionary rule*), que foi melhor desenvolvida6 pela Suprema Corte no caso *Weeks v. United States* (1914)[7]. A sua aplicação, no entanto, era restrita às autoridades federais, passando a ser aplicada também no âmbito estadual a partir do julgamento do caso *Mapp v. Ohio (1961)*[8].

Segundo a doutrina estadunidense, a *exclusionary rule* é atualmente compreendida como a necessidade de excluir as provas obtidas mediante violação à Quarta, Quinta ou Sexta Emenda da Constituição dos Estados Unidos, sendo, portanto, uma consequência direta dessas ofensas constitucionais[9].

A regra da exclusão foi ampliada pela Suprema Corte no julgamento do caso *Silverthorne Lumber Co., Inc. v. United States* (1920)[10], no qual se desenvolveu a doutrina ou teoria dos frutos da árvore envenenada (*fruit of the poisonous tree doctrine*).

A conclusão pela inadmissibilidade das provas derivadas das ilícitas foi compreendida como uma consequência lógica da inadmissibilidade da prova ilícita em si, aplicando-se, assim, a regra da exclus*ão (exclusionary rule)* em ambas as hipóteses[11].

Como consignado na decisão da Suprema Corte, entender em sentido contrário "reduz a Quarta Emenda a meras palavras. A essência de uma disposição que proíbe a obtenção de provas de certa maneira é que não apenas as provas assim adquiridas não devem ser usadas perante o tribunal, mas que não devem ser usadas de forma alguma"[12].

Desse modo, o verdadeiro ponto de partida de todo o raciocínio acerca da inadmissibilidade das provas ilícitas é a previsão de um direito individual que limita a atuação da autoridade investigativa. Por exemplo, a Quarta Emenda da Constituição dos Estados Unidos prevê o direito do povo à inviolabilidade pessoal, de casas, papéis e pertences contra buscas e apreensões desarrazoadas. Assim, a fim de assegurar a efetividade da norma em sua maior amplitude, extrai-se a conclusão de que as provas obtidas em violação ao referido direito constitucional (de forma direta ou indireta) não podem

---

6 Registra-se que no meio tempo entre os casos *Boyd v. United States (1886) e Weeks v. United States (1914), houve um retrocesso pela Suprema Corte no julgamento do caso Adams v. New York (1904), admitindo-se a inclusão de provas obtidas em ofensa à Constituição. No entanto, a exceção prevista nesse caso não prevaleceu em casos futuros, notadamente a partir do julgamento do caso Weeks v. United States (1914). Nesse sentido, confira-se: TAKAYANAGI, Fabiano Yuji.* **Críticas às exceções legais às provas ilícitas por derivação no processo penal brasileiro e análise da jurisprudência após a reforma da Lei 11.690/08. 2014. Dissertação (Mestrado em Direito Processual) - Faculdade de Direito, Universidade de São Paulo, São Paulo, 2014, p. 62.**

7 ***Weeks v. United States***, 232 *U.S.* 383 (1914).

8 ***Mapp v. Ohio***, 367 *U.S.* 643 (1961).

9 BLOOM, R. M; BRODIN, M. S. ***Criminal Procedure***: *The Constitution and the police. New York: Aspen Publishers*, 2006, p. 192.

10 ***Silverthorne Lumber Co., Inc. v. United States***, 251 *U.S.* 385 (1920).

11 ACKER, James R.; BRODY, David C. ***Criminal Procedure***: *a contemporary perspective*. 2. ed. *Jones and Bartlett Publishers: Sudbury, Massachusetts*, 2004, p. 96.

12 ***Silverthorne Lumber Co., Inc. v. United States***, 251 *U.S.* 385 (1920). Tradução livre.

ser admitidas, sob pena de reduzir demasiadamente a proteção que a Constituição buscou conferir ao cidadão.

No direito brasileiro, a Constituição Federal de 1988 foi expressa ao prever que "são inadmissíveis, no processo, as provas obtidas por meios ilícitos" (art. 5º, LVI). Registra-se, contudo, que, a partir do raciocínio descrito acima, seria possível extrair essa conclusão da própria previsão constitucional de direitos fundamentais do indivíduo em oposição ao Estado.

De igual modo, embora não haja menção expressa à inadmissibilidade das provas derivadas das ilícitas, trata-se de entendimento que decorre diretamente da vedação de utilização das provas ilícitas.

Nessa linha, interpretando o art. 5º, LVI, da CRFB, o Supremo Tribunal Federal brasileiro, com inspiração expressa nos precedentes da Suprema Corte estadunidense, adotou, em 1996[13], a teoria dos frutos da árvore envenenada, no julgamento do HC 73.351[14].

Como bem afirmado pelo Min. Sepúlveda Pertence, em trecho citado pelo Min. Ilmar Galvão, "estou convencido de que essa doutrina da invalidade probatória do 'fruit of the poisonous tree' é a única capaz de dar eficácia à garantia constitucional da inadmissibilidade da prova ilícita"[15]. Realmente, do contrário, haveria um encorajamento do uso de meios ilícitos para, a partir das provas ilícitas obtidas, buscar provas secundárias que seriam de difícil acesso pelas vias legais[16].

Por fim, a teoria dos frutos da árvore envenenada foi positivada pela Lei 11.690/2008, a qual incluiu no art. 157, § 1º, do CPP a previsão de que "são também inadmissíveis as provas derivadas das ilícitas salvo quando não evidenciado o nexo de causalidade entre umas e outras, ou quando as derivadas puderem ser obtidas por uma fonte independente das primeiras".

Nota-se que as limitações à teoria foram também positivadas na segunda parte do parágrafo primeiro e no parágrafo segundo do dispositivo mencionado, que serão abordadas na sequência.

2.2 Limitações à teoria dos frutos da árvore envenenada

São três as principais limitações: fonte independente, atenuação do nexo causal e descoberta inevitável. É fundamental compreender que as duas primeiras são apenas *limitações* à teoria dos frutos da árvore envenenada, não

13 Esse entendimento superou o que havia sido decidido pela Corte quase dois anos antes, no sentido da inaplicabilidade da teoria dos frutos da árvore envenenada (BRASIL. Supremo Tribunal Federal. Tribunal Pleno. **AP 307. Relator: Min. Ilmar Galvão. Julgamento: 13 dez. 1994).**

14 BRASIL. Supremo Tribunal Federal. Tribunal Pleno. **HC 73.351. Relator: Min. Ilmar Galvão. Julgamento: 9 mai. 1996.**

15 BRASIL. Supremo Tribunal Federal. Tribunal Pleno. **HC 73.351. Relator: Min. Ilmar Galvão. Julgamento: 9 mai. 1996.**

16 LIMA, Renato Brasileiro de. **Manual de processo penal: volume único.** 8. ed. Salvador: JusPodivm, 2020, p. 689-690.

devendo ser vistas como *exceções* propriamente ditas, isto é, como hipóteses em que são admitidas provas contaminadas pela ilicitude. As limitações são hipóteses nas quais uma prova aparentemente derivada, na realidade, não está contaminada por uma ilicitude anterior.

Destaca-se que as limitações são extraídas da própria teoria dos frutos da árvore envenenada que, por sua vez, é extraída da regra da exclusão das provas ilícitas *(exclusionary rule)*, que, por fim, é extraída da própria previsão constitucional de direitos fundamentais[17].

De acordo com a limitação da fonte independente (*independent source)*, a teoria dos frutos da árvore envenenada não se aplica às provas que foram obtidas a partir de uma fonte independente em relação à ilicitude originária, não estando na mesma linha de desdobramento causal[18].

No Brasil, a limitação da fonte independente foi expressamente prevista na parte final do art. 157, § 1°, do CPP, ao ressalvar que a inadmissibilidade da prova derivada da ilícita não se aplica "quando as derivadas puderem ser obtidas por uma fonte independente das primeiras".

Embora o § 2° do referido dispositivo legal[19] tenha sido redigido de modo a parecer conceituar a expressão "fonte independente" mencionada no parágrafo anterior, ele prevê, na realidade, a definição conferida à teoria da descoberta inevitável[20].

Nesse sentido, entende o STJ que "a teoria da descoberta inevitável está prevista em nosso ordenamento no art. 157, § 2°, do CPP [...]. Embora confusa a redação do dispositivo, que parece se referir ao § 1° do mesmo artigo, como explicação da teoria da fonte independente, é consolidado na doutrina o entendimento de que se trata de situações diversas"[21].

Em síntese, para a teoria ou exceção da descoberta inevitável (*inevitable discovery exception)* ou fonte independente hipotética, "caso se demonstre que a prova derivada da ilícita seria produzida de qualquer modo, independentemente da prova ilícita originária, tal prova deve ser considerada válida"[22].

Por fim, de acordo com a limitação ou teoria da atenuação do nexo causal (*attenuation doctrine)*, cujos contornos serão mais bem definidos nos tópicos

17 STRATTON, Brent D. *The attenuation exception to the exclusionary rule: a study in attenuated principle and dissipated logic.* ***The Journal of Criminal Law and Criminology***, v. 75, n. 1, pp. 139-165, *spring*, 1984, p. 140.

18 LIMA, Renato Brasileiro de. **Manual de processo penal: volume único.** 8. ed. Salvador: JusPodivm, 2020, p. 692. Confira-se, ainda: PITLER, Robert M. *The fruit of the poisonous tree revisited and shepardized.* ***California Law Review, v. 56, n. 3, pp. 579-651,*** *may. 1968, p. 627.*

19 "Considera-se fonte independente aquela que por si só, seguindo os trâmites típicos e de praxe, próprios da investigação ou instrução criminal, seria capaz de conduzir ao fato objeto da prova" (art. 157, § 2°, do CPP).

20 Nesse sentido: BADARÓ, Gustavo Henrique. **Processo penal [livro eletrônico]. 9. ed. São Paulo: Thomson Reuters Brasil, 2023, p. RB-10.14.**

21 BRASIL. Superior Tribunal de Justiça. Sexta Turma. **HC 695.895/MS. Relator: Min. Rogerio Schietti Cruz. Julgamento: 8 nov. 2022. Publicação: 16 nov. 2022.**

22 LIMA, Renato Brasileiro de. **Manual de processo penal: volume único.** 8. ed. Salvador: JusPodivm, 2020, p. 693.

subsequentes, uma ilicitude anterior não contamina uma prova produzida posteriormente, quando a suposta relação de causalidade entre elas for suficientemente atenuada por circunstâncias intervenientes, de modo a dissipar a contaminação (purgar a mancha da ilicitude)[23].

3. COMPATIBILIDADE E RECEPÇÃO DA TEORIA DA ATENUAÇÃO DO NEXO CAUSAL PELO DIREITO BRASILEIRO

3.1 Análise à luz do direito brasileiro positivo

De início, é importante deixar claro que a presente teoria, *na concepção aqui adotada,* é compatível com o direito brasileiro e foi recepcionada pelo Código de Processo Penal.

Essa ressalva quanto à concepção é imprescindível por dois principais motivos. O primeiro é que esta teoria, por não ser de aplicação tão recorrente, costuma ser mencionada de forma breve pela doutrina, que, ao conceituá-la, acaba por, muitas vezes, gerar variações não propositais. Nota-se que uma simples leitura de seu conceito, sem a necessária contextualização com os casos que lhe deram origem, pode gerar a falsa conclusão de que esta teoria justificaria a admissão de uma prova *efetivamente* derivada de uma ilicitude originária.

No entanto, como será visto, a presente teoria foi desenvolvida para situações nas quais há apenas uma *aparente* relação causal entre determinada prova secundária e uma ilicitude anterior. A teoria cuida, assim, de um estudo sobre o nexo de causalidade, buscando avaliar quando a *aparente* relação não é suficiente para justificar a aplicação da regra da exclusão (*exclusionary rule*) à prova examinada.

O segundo motivo da referida ressalva se deve ao fato de que o presente estudo adota a concepção "tradicional" da teoria da atenuação, isto é, na forma em que foi originalmente desenvolvida pela Suprema Corte estadunidense e bem adotada pela doutrina na época. Isso porque, embora não pareça haver uma divisão entre uma vertente tradicional e outra moderna, há doutrina minoritária que defende outra abordagem[24], além de julgado recente daquela Corte[25] que se distanciou do rigor técnico de aplicação da teoria da atenuação, fazendo o seu uso para justificar situações que exigiram,

23 Nesse sentido: JACKSON, Heather A. *Arizona v. Evans: expanding exclusionary rule exceptions and contracting Fourth Amendment protection.* **The Journal of Criminal Law and Criminology**, v. 86, n. 4, pp. 1201-1227, *summer* 1996, p. 1209; e WARD, Bryan H. *Restoring causality in attenuation: establishing the breadth of a fourth amendment violation.* **West Virginia Law Review**, v. 124, n. 1, pp. 147-202, *set.* 2021, p. 201.

24 RE, Richard M. *The due process exclusionary rule.* **Harvard Law Review**, v. 127, n. 7, pp. 1885-1966, *may.* 2014, p. 1954.

25 Trata-se do caso *Utah v. Strieff (2016) que será examinado posteriormente.*

em verdade, a aplicação de outras exceções, como a da boa-fé, o que foi criticado pela doutrina estadunidense[26].

Como será visto, a teoria da atenuação tem uma origem muito clara relacionada com o exame do nexo de causalidade, ficando bem definida pela Suprema Corte dos Estados Unidos após, principalmente, o julgamento dos casos *Wong Sun v. United States* (1963)[27] e *Brown v. Illinois* (1975)[28].

Foi nessa época que a atenuação do nexo causal (*attenuation doctrine*) se consolidou na jurisprudência e na doutrina estadunidense como uma das três tradicionais limitações à teoria dos frutos da árvore envenenada, ao lado da fonte independente e da descoberta inevitável.

Nesse sentido, merece destaque o fato de que a Lei 11.690/2008, com assumida influência na doutrina estadunidense sobre o tema[29], positivou não apenas a teoria dos frutos da árvore envenenada, como também as suas *três limitações clássicas*, referentes, respectivamente, ao nexo causal, à fonte independe e à descoberta inevitável.

Dispõe o art. 157, § 1°, do CPP, "são também inadmissíveis as provas derivadas das ilícitas, *salvo quando não evidenciado o nexo de causalidade entre umas e outras*, ou quando as derivadas puderem ser obtidas por uma fonte independente das primeiras".

Em uma primeira leitura, o referido dispositivo poderia parecer redundante e desnecessário. Redundante porque teria tratado da mesma limitação (fonte independente) em duas redações diversas. Desnecessário porque seria lógico concluir que a prova não derivada da ilícita é admissível[30].

No entanto, a adequada interpretação do trecho legal que prevê "salvo quando não evidenciado o nexo de causalidade entre umas e outras" perpassa pela análise da origem e da finalidade desse dispositivo, notadamente, a fonte que serviu de inspiração ao legislador quanto à teoria das provas ilícitas por derivação e suas limitações: o direito estadunidense.

---

26 SWEET, Matthew E. *Stretching the attenuation doctrine to its limits: how the Supreme Court erred in Utah v. Strieff and what can be done to preserve the doctrine*. **George Mason Law Review**. v. 25, n. 3, pp. 861-883, 2018; e WARD, Bryan H. *Restoring causality in attenuation: establishing the breadth of a fourth amendment violation*. **West Virginia Law Review**, v. 124, n. 1, pp. 147-202, *set.* 2021, p. 180-181.

27 ***Wong Sun v. United States***, 371 *U.S.* 471 (1963).

28 ***Brown v. Illinois***, 422 *U.S.* 590 (1975).

29 Nesse sentido, consta na justificativa da emenda que conferiu a atual redação ao art. 157 do CPP: "Também as provas ilícitas por derivação não poderão ser utilizadas, consagrando a posição já adotada no Supremo Tribunal Federal sobre os frutos envenenados ("the fruits of the poisonous tree"), *ressalvados os caso [sic] em que não há necessária correlação de causa e efeito entre a prova ilícita e a derivada ou, ainda, quando esta puder ser obtida por uma fonte independente das primeiras. Essa regulamentação é fundamental para fixar os parâmetros legais dentro dos quais não se poderá alegar nulidades" (BRASIL. Câmara dos Deputados.* **Emenda de Plenário 6 ao PL 4205/2001. Sessão deliberativa: 17 mai. 2007. Disponível em: < https://www.camara.leg.br/proposicoesWeb/prop_mostrarintegra?codteor=461499&filename=EMP+6/2007+%3D%3E+PL+4205/2001>. Acesso em: 19. nov. 2023).**

30 Na época, houve crítica nesse sentido pela doutrina brasileira: GRINOVER, Ada Pellegrini; GOMES FILHO, Antonio Magalhães; FERNANDES, Antonio Scarance. **As nulidades no processo penal. 12. ed. São Paulo: Revista dos Tribunais, 2011, p. 135.**

O estudo do direito comparado deve sempre ser feito com muito cuidado, para não importar normas e teorias incompatíveis com o direito nacional. Na hipótese, contudo, a compreensão do direito estadunidense se mostra fundamental porque é fato que o legislador brasileiro se baseou nas teorias desenvolvidas pela Suprema Corte dos Estados Unidos quanto ao tema, ao positivar as regras quanto à inadmissibilidade da prova derivada da ilícita e suas limitações. Diante disso, o estudo do direito comparado auxilia de sobremaneira na compreensão do objetivo da norma ao prever a limitação quanto ao nexo causal no art. 157, § 1º, do CPP, devendo-se lembrar, ainda, a máxima interpretativa de que a lei não contém palavras inúteis[31].

A compreensão do objetivo da norma ganha ainda mais relevância, ao se considerar a imprecisão da redação adotada no referido dispositivo legal, confundindo, por exemplo, as teorias da fonte independente e da descoberta inevitável, como já demonstrado. Em verdade, a Lei 11.690/2008 não buscou inovar no tratamento da matéria, mas apenas conferir maior segurança jurídica ao positivar interpretações que a doutrina constitucional já fazia a respeito dos direitos fundamentais.

Sob esse enfoque, evidencia-se que o legislador recepcionou a teoria da atenuação do nexo causal (*attenuation doctrine*), ao prever, na primeira parte do § 1º do art. 157 do CPP, uma limitação à teoria dos frutos da árvore envenenada relacionada, especificamente, ao nexo causal e distinta da limitação da fonte independente[32].

Reitera-se que todas as teorias acerca da inadmissibilidade das provas ilícitas e desdobramentos foram originalmente desenvolvidas pela Suprema Corte estadunidense a partir da interpretação de normas constitucionais que, em sua literalidade, apenas previam, em suma, os direitos individuais contra atos do Estado, como buscas arbitrárias. A inadmissibilidade das provas produzidas em violação a essas normas surgiu como forma de garantir a proteção efetiva desses direitos fundamentais. Esse raciocínio seria plenamente aplicável na interpretação da Constituição Federal brasileira, de modo que nem seria necessária a previsão do art. 5º, LVI, da CRFB e do art. 157 do CPP, ainda que importantes para conferir maior segurança jurídica.

---

31 Como adverte Carlos Maximiliano, em obra clássica sobre a interpretação das normas, *"commodissimum est, id accipi, quo res de qua agitur, magis valeat, quam pereat: 'prefira-se a inteligência dos textos que torne viável o seu objetivo, ao invés da que os reduza à inutilidade'"* (SANTOS, Carlos Maximiliano Pereira dos. **Hermenêutica e aplicação do direito. Rio de Janeiro: Forense, 2003, p. 203).**

32 Também adotam esse entendimento: LIMA, Renato Brasileiro de. **Manual de processo penal: volume único. 8. ed. Salvador: JusPodivm, 2020, p. 695-696; DEZEM, Guilherme Madeira. Curso de processo penal [livro eletrônico]. 8. ed. São Paulo: Thomson Reuters Brasil, 2022, p. RB-11.33.**

3.2 Análise da adoção e aplicação da teoria pelo Superior Tribunal de Justiça

Em precedente paradigmático, a Corte Especial do STJ adotou expressamente a teoria em exame, nos seguintes termos:

> De acordo com a teoria do nexo causal atenuado ou da mancha purgada, i) o lapso temporal decorrido entre a prova primária e a secundária; ii) as circunstâncias intervenientes na cadeia probatória; iii) a menor relevância da ilegalidade; ou iv) a vontade do agente em colaborar com a persecução criminal, entre outros elementos, atenuam a ilicitude originária, expurgando qualquer vício que possa recair sobre a prova secundária e afastando a inadmissibilidade de referida prova[33].

Embora a aplicação da teoria da atenuação tenha sido feita de maneira correta nesse precedente, houve uma imprecisão na forma em que foram elencados os quatro elementos acima mencionados como capazes de atenuar "a ilicitude originária" (na realidade, o nexo causal), o que será objeto de análise no tópico seguinte.

Em suma, no referido julgamento, a Corte Especial, por unanimidade, afastou a preliminar de ilicitude das provas e recebeu a denúncia oferecida pelo MPF contra o réu (Conselheiro de Tribunal de Contas) pela suposta prática dos crimes de corrupção passiva e lavagem de dinheiro. Houve divergência apenas quanto ao período de afastamento do réu do respectivo cargo.

A hipótese versava sobre uma investigação ocorrida na Suíça de possível prática do crime de lavagem de dinheiro pelo suspeito conhecido como Holenweger, na qual o Judiciário estrangeiro reconheceu a ilicitude no meio de obtenção de prova por meio de agente infiltrado, o que teria contaminado todas as provas derivadas, inclusive em relação ao réu da Ação Penal então em julgamento pelo STJ.

Em síntese, tem-se a seguinte cadeia de eventos:

I) nas investigações do caso Holenweger na Suíça, houve a participação de um agente infiltrado (VE-Diemers), que, em seus relatórios, registrou informações dando conta de possível envolvimento criminoso no contexto do Grupo Alstom;

II) a partir da suspeita iniciada com os relatórios do agente infiltrado, iniciou-se a investigação do caso Alstom, na qual foram ouvidas testemunhas;

III) dentre as testemunhas ouvidas está a identificada como B17, uma funcionária do então acusado, que, além de responder as perguntas formuladas pela autoridade policial estrangeira, tomou a iniciativa de prestar informações sobre ações suspeitas do acusado, inclusive o seu envolvimento com um terceiro identificado como B19;

33 BRASIL. Superior Tribunal de Justiça. Corte Especial. **APn 856/DF. Relatora: Ministra Nancy Andrighi. Julgamento: 18 out. 2017. Publicação: 6 fev. 2018.**

IV) a testemunha B17, ainda, informou que o acusado lhe pediu para guardar pastas de documentos recebidas de B19 e, após o interrogatório, por iniciativa própria, retornou e entregou toda documentação às autoridades;

V) as autoridades suíças encaminharam as provas relativas ao caso Alstom ao Ministério Público Federal brasileiro, que apurou o suposto recebimento pelo réu, em razão de seu cargo de Conselheiro de Tribunal de Contas, de propina da Alstom e de suas coligadas, para que defendesse os interesses destas dentro do Poder Público.

Diante desse cenário, concluiu a Corte Especial do STJ: "mesmo que se considerasse ilegal a atuação do agente infiltrado segundo o padrão legal brasileiro, a atitude da pessoa 'B17' de contribuir espontaneamente com a investigação – transferindo aos investigadores documentação que estava em sua posse e que pertenceria à pessoa investigada na Suíça – é circunstância interveniente na cadeia probatória que atenua a o nexo causal com a prova tida por ilícita pelo julgado suíço"[34].

Dito isso, uma vez estabelecida a compatibilidade e recepção da teoria da atenuação do nexo causal pelo direito brasileiro, passa-se à análise mais específica dessa teoria, ressaltando que todas as considerações dogmáticas feitas adiante se aplicam ao direito brasileiro.

4. TEORIA DA ATENUAÇÃO DO NEXO CAUSAL: ORIGEM, DEFINIÇÃO E CRITÉRIOS DE APLICAÇÃO

4.1 Origem e desenvolvimento da teoria

A teoria tem origem no julgamento do caso *Nardone v. United States* (1939) pela Suprema Corte dos Estados Unidos, no qual é mencionada a possibilidade da atenuação do nexo causal, sem aplicar a teoria na espécie. Posteriormente, ela foi efetivamente aplicada[35] no caso *Wong Sun v. United States* (1963) e teve seus contornos mais bem desenvolvidos no caso *Brown v. Illinois* (1975)[36] que norteia a sua aplicação até hoje[37].

---

34 BRASIL. Superior Tribunal de Justiça. Corte Especial. **APn 856/DF. Relatora: Ministra Nancy Andrighi. Julgamento: 18 out. 2017. Publicação: 6 fev. 2018.**

35 Considerando que a teoria somente se concretizou no julgamento do caso *Wong Sun v. United States* (1963), alguns autores até se referem a esse julgamento como o marco originário da teoria. Nesse sentido: LIMA, Renato Brasileiro de. **Manual de processo penal: volume único. 8. ed. Salvador: JusPodivm, 2020, p. 695.**

36 Para uma análise detalhada destes casos e outros subsequentes aplicando a teoria: WARD, Bryan H. *Restoring causality in attenuation: establishing the breadth of a fourth amendment violation.* ***West Virginia Law Review****, v. 124, n. 1, pp. 147-202, set. 2021. Na doutrina brasileira: ROSSETTO, Patrícia Carraro. A prova ilícita e seu tratamento na jurisprudência penal estadunidense: uma abordagem sobre a teoria da exclusão e da exceção da boa-fé. In: RAMOS, João Gualberto Garcez; ESQUIVEL, Carla Liliane Waldow [oorg.].* **Ciência penal em perspectiva comparada: ensaios & reflexões. Birigui: Boreal, 2016; TAKAYANAGI, Fabiano Yuji. Críticas às exceções legais às provas ilícitas por derivação no processo penal brasileiro e análise da jurisprudência após a reforma da Lei 11.690/08. 2014. Dissertação (Mestrado em Direito Processual) - Faculdade de Direito, Universidade de São Paulo, São Paulo, 2014.**

37 No próprio julgamento do caso *Utah v. Strieff (2016), a Suprema Corte estadunidense se preocupou a observar os critérios definidos no caso Brown v. Illinois (1975), embora o tenha feito de maneira equivocada, como se verá.*

No caso *Nardone v. United States* (1939), a Suprema Corte reforçou o entendimento firmado de que não apenas a prova diretamente decorrente da ilicitude é inadmissível, mas também as provas que delas são derivadas. Todavia, pela primeira vez, ressalvou abstratamente que "argumentos sofisticados podem até provar uma conexão causal entre as informações obtidas através de escutas ilícitas e as provas do Governo. Por uma questão de bom senso, contudo, *tal conexão pode ter se tornado tão atenuada a ponto de dissipar a mácula*"[38].

No caso *Wong Sun v. United States* (1963), a teoria finalmente foi aplicada em uma situação concreta, apreciando a principal circunstância capaz de atenuar o nexo causal: a colaboração voluntária. Na hipótese, policiais entraram em um domicílio sem causa provável e prenderam ilegalmente Toy, que, ao ser ouvido em seu próprio quarto no momento da prisão, acusou Johnny de possuir drogas. Em sequência, os policiais encontraram Johnny em sua casa, que entregou a droga armazenada em seu quarto aos agentes e foi preso. Uma hora depois, na delegacia, Johnny acusou Wong Sun de ter lhe entregado a droga, que foi encontrado e preso na sequência. Todos foram libertados mediante fiança. Vários dias depois, Wong Sun retorna à delegacia e confessa voluntariamente o crime aos policiais.

Desse modo, a Suprema Corte decidiu que (I) devem ser excluídas as provas derivadas da invasão e prisão ilegal de Toy, por serem "frutos da ação ilícita dos policiais"; (II) "não é razoável inferir que a resposta de Toy foi suficientemente um ato de livre arbítrio para purgar a mancha primária da invasão ilegal"; (III) como Wong Sun foi solto e retornou voluntariamente após vários dias para prestar depoimento, "a conexão entre a prisão e o depoimento se tornou tão atenuada que dissipou a mancha", logo, "não foi fruto da prisão ilegal e, portanto, foi devidamente admitida como prova"[39].

No caso *Brown v. Illinois* (1975), a Suprema Corte elencou alguns fatores para apurar se a confissão foi suficientemente voluntária a ponto de atenuar a possível relação de causalidade com a ilicitude primária, que serão examinados posteriormente.

4.2 Definição e critérios de aplicação da teoria

Em especial observância aos casos que lhe deram origem, é possível afirmar, em linhas abstratas, que, segundo a teoria da atenuação do nexo causal (*attenuation doctrine*), uma ilicitude anterior não contamina uma prova

38 ***Nardone v. United States***, 308 *U.S.* 338 (1939). Tradução livre.
39 ***Wong Sun v. United States***, 371 *U.S.* 471 (1963). Tradução livre.

produzida posteriormente, quando a suposta relação de causalidade entre elas for suficientemente atenuada por circunstâncias intervenientes, de modo a dissipar a contaminação (purgar a mancha da ilicitude)[40].

Esse conceito, contudo, não pode ser empregado de maneira genérica, sob pena de qualquer fato superveniente justificar a admissão de uma prova realmente derivada da ilícita, praticamente inutilizando a teoria da inadmissibilidade da prova ilícita por derivação.

Nesse contexto, os critérios de aplicação da presente teoria podem ser obtidos a partir do exame das seguintes questões, que serão abordadas na sequência: I) o quão atenuado precisa ser o nexo causal para haver a dissipação da contaminação; II) qual é a abrangência da atenuação, isto é, quais provas não ficam contaminadas pela ilicitude primária; e III) qual ou quais circunstâncias podem atenuar o nexo e como fazer essa verificação.

A aplicação da teoria em exame sem esses cuidados pode levar à admissão de qualquer "ginástica argumentativa para 'salvar' a prova (contaminada)", o que não se admite, como alerta Aury Lopes Jr. ao criticar a subjetividade na interpretação do nexo causal[41].

4.2.1 Compreensão de uma relação de causalidade atenuada

Em relação à primeira questão, o nexo causal entre a ilicitude primária e prova secundária tem que ser tão atenuado por uma circunstância interveniente entre eles a ponto de a primeira não produzir *influência razoável* na obtenção da segunda.

Assim, a atenuação estará caracterizada se, por meio do exame da linha de desdobramento causal a partir da ilicitude primária, for evidenciado que a relação de causa e consequência entre a ilicitude e a prova secundária é tão fraca que chega a ser uma mera probabilidade, de modo que a aplicação da *exclusionary rule* perde a sua razão de ser[42].

Não se trata de uma análise pura e simples de razoabilidade da exclusão da prova derivada da ilícita, tampouco de suposta menor gravidade da ilicitude ou da boa-fé dos policiais. A teoria aborda um *estudo do nexo causal,* para analisar se determinada prova deve ser considerada derivada da ilícita ou se

---

40 Nesse sentido: JACKSON, Heather A. *Arizona v. Evans: expanding exclusionary rule exceptions and contracting Fourth Amendment protection.* ***The Journal of Criminal Law and Criminology***, v. 86, n. 4, pp. 1201-1227, *summer* 1996, p. 1209; e WARD, Bryan H. *Restoring causality in attenuation: establishing the breadth of a fourth amendment violation.* ***West Virginia Law Review,*** *v. 124, n. 1, pp. 147-202, set. 2021, p. 201.*

41 LOPES JR, Aury. **Direito processual penal**. 15. ed. São Paulo: Saraiva, 2018, p. 407.

42 Como ponderado pela Suprema Corte estadunidense, "A noção de 'dissipação da mancha' ['dissipation of the taint'] tenta marcar o ponto em que as consequências prejudiciais da ilegal ação policial se tornam tão atenuadas que o efeito dissuasor da regra de exclusão já não justifica o seu custo" (***Brown v. Illinois, 422*** *U.S. 590 (1975). Tradução livre).*

é suficientemente derivada de uma circunstância interveniente na cadeia de eventos, a ponto de não manter uma forte relação causal com a ilicitude[43].

Por exemplo, policiais em patrulhamento na rua observam que uma loja acabou de ser furtada e, na sequência, prendem um suspeito sem causa provável, caracterizando uma prisão ilegal. O suspeito é solto e, semanas depois, ele retorna à delegacia por sua própria vontade e, voluntariamente, confessa a prática do crime naquele dia e devolve os bens furtados à polícia.

Questiona-se: a colaboração voluntária do suspeito foi *realmente causada* pela prisão ilegal ou foi causada por uma circunstância interveniente entre os dois eventos?

Como alerta Bryan H. Ward, seria muito fácil cair na armadilha lógica representada pela expressão *post hoc ergo propter hoc* (depois disso, logo, causado por isso) para analisar o nexo de causalidade[44]. Trata-se de uma falácia lógica, segundo a qual um evento posterior seria, necessariamente, consequência de um evento anterior, tão somente em razão da sequência temporal. No exemplo acima mencionado, esse raciocínio poderia levar à falsa conclusão de que a colaboração voluntária do investigado foi *necessariamente* causada pela prisão ilegal, apenas por ter ocorrido depois desta.

É nesse contexto que se mostra relevante a teoria da atenuação do nexo causal, como forma de evitar a aplicação indiscriminada da exclusão de provas secundárias, sob o argumento da contaminação por uma ilicitude anterior, sem considerar as particularidades de cada caso, notadamente as circunstâncias intervenientes na cadeia de eventos.

Retomando o exemplo acima, nota-se que há apenas a *probabilidade*[45] de haver uma relação entre a prisão ilegal e posterior confissão e devolução dos bens furtados. No entanto, também é possível que a colaboração do investigado seja decorrente simplesmente de uma decisão voluntária sua. A análise da conclusão mais razoável pode ser feita a partir de alguns fatores, que serão mais bem examinados no tópico seguinte.

---

43 A doutrina mais recente reforça a necessidade de focar na noção de causalidade como centro da teoria da atenuação, o que está em harmonia com os precedentes que lhe deram origem (WARD, Bryan H. *Restoring causality in attenuation: establishing the breadth of a fourth amendment violation.* ***West Virginia Law Review***, *v. 124, n. 1, pp. 147-202, set. 2021, p. 195-200). Registra-se que Richard M. Re, em uma proposta de reformular o tratamento da inadmissibilidade das provas ilícitas pela exclusionary rule, buscou fundamentar a teoria da atenuação na autoridade investigativa do Governo em vez da causalidade (RE, Richard M. The due process exclusionary rule.* ***Harvard Law Review, v. 127, n. 7, pp. 1885-1966***, *may. 2014, p. 1954). No entanto, essa proposta se afasta totalmente da origem da teoria e não foi bem recebida pela doutrina (ALSCHULER, Albert W. Regarding RE's revisionism: notes on the due process exclusionary rule.* ***Harvard Law Review Forum***, v. 127, n. 7, pp. 302-324, *may.* 2014, p. 316-317).

44 WARD, Bryan H. *Restoring causality in attenuation: establishing the breadth of a fourth amendment violation.* ***West Virginia Law Review***, *v. 124, n. 1, pp. 147-202, set. 2021, p. 170.*

45 Afasta-se a aplicação da teoria da fonte independente, na medida em que esta é restrita às hipóteses de absoluta ausência de nexo causal, não havendo espaço para a discussão de situações prováveis. As duas teorias abordam perspectivas diferentes do estudo da relação de causalidade que pode haver entre uma ilicitude primária e as provas produzidas posteriormente, para saber quais estão contaminadas e, por consequência, devem ser excluídas.

No exemplo em questão, é possível considerar que o investigado foi solto logo após a sua prisão e passaram-se várias semanas, possibilitando a conversa com familiares, advogados e a reflexão acerca da sua própria conduta. Ademais, não há indícios de que o investigado foi torturado ou ameaçado pelas autoridades policiais, tampouco de que estas tiveram algum contato posterior com ele.

Nesse cenário, é possível afirmar que a prisão ilegal não exerceu influência razoável na colaboração do investigado, de modo que a possível relação de causalidade entre os dois eventos foi suficientemente atenuada pela colaboração voluntária do investigado, circunstância interveniente que dissipou a contaminação, praticamente iniciando uma nova linha causal, desvinculada da primeira. Assim, não se justifica a aplicação da regra da exclusão (*exclusionary rule*) nessa hipótese.

Nota-se, assim, que a prova secundária nunca foi contaminada pela ilicitude. A discussão é justamente essa, saber se houve contaminação. Como já advertido acima, não se trata de admitir uma prova contaminada. A metáfora de que a contaminação foi dissipada ou expurgada refere-se à contaminação que percorria a linha de desdobramento causal originada da ilicitude anterior. Ou seja, após a ilicitude, sobrevém um evento que é tão desconexo com a ilicitude que, a partir dele, não há mais contaminação, logo, a prova produzida em decorrência desse evento nunca foi contaminada[46].

Em outras palavras, a teoria da atenuação do nexo causal impede que se aplique a *exclusionary rule* em uma situação na qual não há uma razoável relação de causa e efeito entre a ilicitude primária e prova secundária.

4.2.2 Abrangência da atenuação: quais provas não são contaminadas

Como visto, a atenuação do nexo causal ocorre em razão de uma ou mais circunstâncias supervenientes à ilicitude, criando, *a partir de sua incidência*, uma nova linha causal, desvinculada da linha derivada da ilicitude, diante da ausência de suficiente relação entre elas.

Assim, as provas produzidas após a atenuação do nexo causal não são contaminadas pela ilicitude. No entanto, as provas anteriores à ocorrência da referida circunstância seguem na linha contaminada, pois não há como retroagir no tempo e mudar o fato de que as referidas provas são derivadas da ilicitude originária.

46 Por essa razão, respeitosamente, não se pode afirmar que a teoria da atenuação "ocorre quando um determinado elemento de prova já está contaminado pela ilicitude da prova da situação que o gerou (da prova ilícita originária), mas um acontecimento posterior expurga esta contaminação permitindo seu aproveitamento" (TAKAYANAGI, Fabiano Yuji. **Críticas às exceções legais às provas ilícitas por derivação no processo penal brasileiro e análise da jurisprudência após a reforma da Lei 11.690/08. 2014. Dissertação (Mestrado em Direito Processual) - Faculdade de Direito, Universidade de São Paulo, São Paulo, 2014, p. 155). Observa-se, ainda, que o autor faz essa afirmação baseado em breves definições trazidas pela doutrina brasileira, resultando em indevidas variações conceituais se comparada com a origem da teoria no direito estadunidense.**

Para compreender melhor esse raciocínio, é possível exemplificar a seguinte sequência de eventos no tempo: I) policiais invadem ilegalmente uma casa; II) apreendem drogas na casa; III) identificam e prendem o dono; IV) o investigado fica em silêncio no interrogatório e é solto; V) um mês depois, o investigado, voluntariamente, retorna à delegacia com seu advogado e confessa o crime; VI) no mesmo ato, o investigado entrega outras drogas que mantinha em outros depósitos.

A ilicitude tem origem no evento I. As provas obtidas nos eventos II e III estão contaminadas pela ilicitude e, portanto, são inadmissíveis. Contudo, no evento V, há a superveniência de uma circunstância que atenua a relação de causalidade entre este evento e os anteriores: a colaboração voluntária do investigado[47]. Assim, as provas produzidas, exclusivamente, a partir do evento V não guardam mais uma relação de causalidade direta com os eventos anteriores, razão pela qual não estão contaminadas pela ilicitude anterior.

O cenário fático comprovado de forma lícita seria: o investigado confessou que guardou drogas e as entregou à polícia.

Nota-se que as provas obtidas nos eventos II e III seguem sendo inadmissíveis. Assim, se o investigado apenas tivesse confessado a prática do crime (evento V), mas não tivesse entregado as drogas a polícia (evento VI), não haveria comprovação de apreensão das drogas, pois as apreendidas no evento II não podem ser consideradas, em razão da contaminação pela ilicitude. Logo, a única prova válida, nessa hipótese, seria a confissão.

4.2.3 Circunstâncias capazes de atenuar o nexo causal e o teste de três etapas

Quanto às circunstâncias, é comum a afirmação genérica na doutrina brasileira de que o nexo causal pode ser atenuado por fatores como o lapso temporal; circunstâncias intervenientes; menor relevância da ilicitude; ou colaboração voluntária dos envolvidos.

Esses fatores, no entanto, foram elencados pela Suprema Corte dos Estados Unidos no julgamento do caso *Brown v. Illinois* (1975)[48], mas *não como pressupostos gerais* de aplicação da teoria da atenuação do nexo causal. Em vez disso, eles foram desenvolvidos para verificar especificamente se a *confissão* foi um ato voluntário do investigado ou se foi influenciada pela prisão ilegal (ilicitude originária).

---

47 Observa-se que a confissão decorreu de uma colaboração voluntária do investigado, o que é demonstrado por um intervalo de tempo razoável entre a sua prisão e o seu retorno à delegacia; pelo menor grau da ilicitude, que não tem o condão de afetar física ou psicologicamente o investigado (diferente de uma tortura); e pela ausência de indícios de que as autoridades exploraram a ilicitude com o objetivo de obter essa confissão.

48 Naquela hipótese, Brown foi preso ilegalmente e, na sequência, após ter recebido o aviso de Miranda pelos policiais, confessou a prática do crime. A Corte de origem tinha decidido que a colaboração voluntária foi suficiente para atenuar o nexo causal com a prisão ilegal, sobretudo considerando que o investigado recebeu o aviso de Miranda. A Suprema Corte dos Estados Unidos reformou a decisão, afastando a atenuação do nexo causal naquele caso, concluindo, por meio do teste de três etapas, pela forte influência da prisão ilegal na obtenção da confissão pelo investigado.

Portanto, na realidade, a circunstância então considerada como responsável por atenuar o nexo causal entre a confissão e a ilicitude originária foi a *colaboração voluntária*. Por sua vez, "para determinar se a confissão é obtida por meio da exploração de uma prisão ilegal"[49], a Suprema Corte elencou alguns fatores a serem analisados, nos seguintes termos:

> A questão de saber se uma confissão é produto de um livre arbítrio sob Wong Sun deve ser respondida com base nos fatos de cada caso. Nem um único fato é dispositivo. O funcionamento da mente humana é muito complexo e as possibilidades de má conduta são muito diversas para permitir que a proteção da Quarta Emenda dependa de um teste tão talismânico. As advertências de Miranda são um fator importante, sem dúvida, para determinar se a confissão é obtida por meio da exploração de uma prisão ilegal. Mas elas não são o único fator a ser considerado. A proximidade temporal da prisão e da confissão, a presença de circunstâncias intervenientes e, particularmente, o propósito e flagrância da má conduta oficial[50].

A partir dessas considerações, é possível concluir que a circunstância então tratada como capaz de atenuar o nexo causal que poderia existir entre uma ilicitude primária e uma prova secundária é o fato desta ter sido produzida a partir de uma superveniente colaboração voluntária dos envolvidos, como o próprio investigado ou uma testemunha[51].

Por sua vez, para saber se a colaboração é produto de um ato voluntário, atenuando a relação causal com a ilicitude primária, ou se, em vez disso, é resultado da exploração da ilicitude, deve-se proceder à análise de três fatores[52]: I) o intervalo de tempo entre a ilicitude primária e a circunstância apontada como responsável por atenuar o nexo causal (confissão); II) a presença de outras circunstâncias intervenientes entre esses dois eventos; e III) o grau, propósito e flagrância da má conduta policial que causou a ilicitude primária[53].

Em verdade, o que realmente importa é saber se houve a atenuação do nexo causal, na forma exposta no tópico anterior. Alguns autores denominam o exame dos fatores referidos como um *teste de três etapas*[54] (ou quatro,

---

49 ***Brown v. Illinois***, 422 *U.S.* 590 (1975). Tradução livre.

50 ***Brown v. Illinois, 422*** *U.S. 590 (1975). Tradução livre.*

51 A colaboração voluntária por parte de uma testemunha foi admitida pela Suprema Corte dos Estados Unidos no julgamento do caso ***United States v. Ceccolini, 435*** *U.S. 268 (1978).*

52 Seria possível considerar o aviso de Miranda como um quarto fator, pois foi reconhecido como um fator importante pela Suprema Corte no trecho acima mencionado. Todavia, o aviso de Miranda somente é um fator importante quando a colaboração voluntária parte do próprio investigado. É um elemento específico e prejudicaria a abstratividade do teste desenvolvido. Logo, a interpretação mais adequada é considerar o aviso de Miranda como uma circunstância adicional a ser avaliada na segunda etapa, como será explicado adiante.

53 Na passagem acima transcrita da decisão no caso, a Suprema Corte menciona "o propósito e flagrância da má conduta oficial". No entanto, é possível extrair o "grau" da má conduta policial como mais um elemento a ser analisado nesta etapa, como será visto na sequência (JACKSON, Heather A. *Arizona v. Evans: expanding exclusionary rule exceptions and contracting Fourth Amendment protection.* ***The Journal of Criminal Law and Criminology***, v. 86, n. 4, pp. 1201-1227, *summer* 1996, p. 1209. Tradução livre).

54 No sentido de considerar apenas as três etapas: JACKSON, Heather A. *Arizona v. Evans: expanding exclusionary rule exceptions*

se incluir o aviso de Miranda). Entretanto, é preciso observar que esses fatores nada mais são do que exemplos de fatos que podem ser consideradas na análise da atenuação. No próprio caso que lhe deu origem, *Brown v. Illinois* (1975), a Suprema Corte ressalvou que não é possível estabelecer um teste rígido para todas as hipóteses, de modo que a análise vai depender das circunstâncias do caso concreto.

Não há dúvida de que se trata de um teste que pode auxiliar na análise da atenuação[55]. Porém, ele não deve ser encarado como um teste absoluto, tampouco se exige a presença simultânea desses três fatores, até mesmo porque podem não ser aplicáveis a todas as situações, considerando que foram pensados para a análise da voluntariedade de uma confissão.

É seguro afirmar, de todo modo, que os fatores, quando aplicáveis, estão proporcionalmente relacionados, de modo que a presença mais concreta de um pode flexibilizar o nível de exigência de outro. Por exemplo, se o investigado foi avisado de seu direito ao silêncio, admite-se um intervalo de tempo menor entre a prisão ilegal e a confissão.

Esclarece-se, ademais, que a colaboração voluntária não necessariamente é a única circunstância apta a atenuar o nexo causal, razão pela qual pode existir outra circunstância capaz de produzir esse efeito. Realmente, desde o julgamento do caso *Nardone v. United States* (1939), ficou reconhecida a possibilidade abstrata de alguma circunstância superveniente atenuar o nexo causal entre a ilicitude primária e a prova secundária, sem que se tenha limitado a sua aplicação à colaboração voluntária[56].

Porém, se existir outra circunstância a ensejar a atenuação, não necessariamente serão aplicáveis os três fatores elencados acima, pois foram pensados para averiguar a atenuação pela voluntariedade de uma colaboração (mais precisamente, de uma confissão), de modo que a sua aplicação vai depender da pertinência em relação à circunstância invocada como capaz de atenuar o nexo.

Em síntese, é fundamental compreender que, para a aplicação da teoria da atenuação do nexo causal: I) primeiro se estabelece qual é a circunstância interveniente que se cogita ser capaz de atenuar o nexo causal entre a prova secundária e a ilicitude primária; II) após, essa circunstância é submetida

and contracting Fourth Amendment protection. **The Journal of Criminal Law and Criminology**, v. 86, n. 4, pp. 1201-1227, *summer* 1996, p. 1209; SWEET, Matthew E. *Stretching the attenuation doctrine to its limits: how the Supreme Court erred in Utah v. Strieff and what can be done to preserve the doctrine.* **George Mason Law Review**. v. 25, n. 3, pp. 861-883, 2018; e WARD, Bryan H. *Restoring causality in attenuation: establishing the breadth of a fourth amendment violation.* **West Virginia Law Review**, *v. 124, n. 1, pp. 147-202, set. 2021, p. 175.*

55 Considerando que o referido teste de três etapas é para apurar se a colaboração dos envolvidos, como a confissão, decorre principalmente de uma conduta voluntária ou da ilicitude primária, verifica-se uma imprecisão teórica no acórdão do STJ na APn 856/DF ao colocar a colaboração voluntária como um quarto fator.

56 No caso *Utah v. Strieff (2016), a Suprema Corte decidiu expressamente que a teoria não se limita à hipótese de colaboração voluntária do investigado.* Em sentido contrário: WARD, Bryan H. *Restoring causality in attenuation: establishing the breadth of a fourth amendment violation.* **West Virginia Law Review**, *v. 124, n. 1, pp. 147-202, set. 2021, p. 196.*

ao teste de três etapas, *quando* for útil para apurar se ela tem alguma relação causal razoável com a ilicitude primária ou não; III) se não for evidenciada uma influência razoável da ilicitude na circunstância interveniente, pode-se concluir que ela está desvinculada da ilicitude e, portanto, as provas obtidas a partir dessa circunstância não estão contaminadas.

Para ajudar nessa compreensão, notadamente sobre o papel do teste referido, passa-se à análise individualizada de suas três etapas.

4.2.3.1 Lapso temporal

A primeira etapa analisa a distância ou proximidade temporal entre a conduta ilícita e a circunstância interveniente apontada como responsável por atenuar o nexo causal (objeto do teste). O lapso temporal é um importante fator a ser considerado na análise da *probabilidade* de a colaboração do investigado ou de uma testemunha ter decorrido de um ato de livre-arbítrio ou, ao contrário, fortemente motivada pela polícia.

Como explica Bryan H. Ward, até mesmo "o senso comum sugeriria que um nexo causal pode enfraquecer ou diminuir em força ao longo do tempo". Nesse sentido, se um investigado é preso ilegalmente e, depois de solto, retorna vários dias depois à polícia para confessar o crime, o lapso temporal "sugere que a importância do contato policial provavelmente diminuiu ou enfraqueceu de tal forma que era provável que outra coisa motivou a conduta do réu". Por outro lado, se uma confissão é obtida pela polícia uma hora[57] depois de uma invasão ilegal no domicílio do investigado, "o impacto da má conduta policial certamente não enfraqueceu ou diminuiu"[58].

A análise da proximidade temporal entre os eventos também é importante quando a colaboração parte de uma testemunha, de forma a avaliar a probabilidade de a polícia ter estimulado ou não a sua conduta.

Como mencionado, nenhum dos fatores são indispensáveis, mas, embora seja possível, é difícil imaginar uma situação na qual a colaboração voluntária ocorra imediatamente após a conduta ilícita da polícia sem que tenha sido fortemente influenciada por ela.

Além disso, é fundamental que a análise do lapso temporal seja contextualizada em cada caso concreto e é preciso haver uma justificativa lógica para a sua ponderação. Nem sempre, por exemplo, deve-se iniciar a contagem do transcurso do tempo a partir da conduta ilícita. Observa-se que, se o investigado é preso ilegalmente e assim é mantido por vários dias, não há como

---

57 No caso *Brown v. Illinois (1975), a Suprema Corte destacou o fato de que a confissão do investigado ocorreu em menos de duas horas da sua prisão ilegal, bem como a ausência de significantes circunstâncias intervenientes.*

58 WARD, Bryan H. *Restoring causality in attenuation: establishing the breadth of a fourth amendment violation.* ***West Virginia Law Review***, v. 124, n. 1, pp. 147-202, *set.* 2021, p. 174-175. Tradução livre.

afirmar que eventual confissão seria voluntária apenas porque transcorreu vários dias da prática ilegal. Nessa situação, o efeito seria o oposto, quanto mais tempo preso, mais pressionado o investigado estaria para confessar e se livrar dessa situação[59].

4.2.3.2 Outras circunstâncias intervenientes: fatos ocorridos entre a ilicitude e a circunstância objeto do teste

Pelo próprio conceito da atenuação do nexo causal, infere-se que a atenuação ocorre em razão de uma circunstância interveniente (p. ex., colaboração voluntária do investigado) na relação entre a ilicitude primária e a prova secundária. Essa é a circunstância que é submetida ao teste de três etapas. No entanto, as "outras circunstâncias intervenientes" que devem ser analisadas na segunda etapa do teste consistem em *fatos ocorridos entre a ilicitude e a circunstância objeto do teste* que podem auxiliar a apurar se esta sofreu ou não influência razoável daquela (objetivo final do teste).

Repisa-se que, na origem do teste, a circunstância examinada como possivelmente capaz de atenuar o nexo causal com a ilicitude (prisão ilegal) era a confissão voluntária do investigado, sendo ela o objeto do teste. Nessa hipótese, na segunda etapa, deve-se analisar eventuais fatos ocorridos entre a prisão ilegal e a confissão (em outros termos, circunstâncias intervenientes entre esses dois eventos) para auxiliar a apurar se a confissão foi produto de um ato voluntário do investigado ou se foi razoavelmente influenciada pela prisão ilegal.

Em se tratando de colaboração voluntária do investigado, esses fatos ou circunstâncias intervenientes podem ser a conversa com pessoas próximas, familiares ou advogados, ou até o aviso ao investigado de seus direitos constitucionais, inclusive o de não se autoincriminar[60].

Para facilitar a compreensão, a ordem dos eventos no tempo seria a seguinte: 1º) prática da conduta ilícita (p. ex. prisão ilegal); 2º) ocorrência de fatos ou circunstâncias intervenientes significantes, a serem analisadas na segunda etapa do teste (p. ex. conversa com familiares); 3º) ocorrência da principal circunstância interveniente apontada como capaz de atenuar o nexo causal, que é a objeto do teste (p. ex. colaboração voluntária); 4º) produção da prova secundária (p.ex. a redução a termo da confissão propriamente dita, além das demais provas obtidas a partir dela).

---

59 Advertência nesse sentido foi feita pelo *Justice Steve em seu voto no julgamento do caso Dunaway v. New York, 442 U.S. 200 (1979) pela Suprema Corte estadunidense.*

60 É verdade que algumas dessas circunstâncias, como a conversa com familiares, é presumida pelo próprio intervalo temporal. No entanto, eventual demonstração concreta do seu acontecimento faz com que tais fatos sejam considerados também nessa etapa como reforço à atenuação.

Ou seja, valendo-se da redundância necessária, a segunda etapa do teste consiste na análise de (outras) circunstâncias intervenientes entre a conduta ilícita e a (principal) circunstância interveniente apontada como responsável por atenuar o nexo causal entre a ilicitude e a prova examinada.

A repetição do termo "circunstância interveniente" no conceito da teoria e nesta segunda etapa pode causar uma confusão que prejudicaria totalmente o teste. Isso porque o teste de três etapas perderia o seu sentido se, na segunda etapa, fosse considerada como circunstância interveniente a própria circunstância objeto do teste[61].

Destaca-se, ademais, que a presença de uma ou outra circunstância interveniente não resulta necessariamente na conclusão de que, por exemplo, a colaboração foi efetivamente voluntária, como se fosse uma operação matemática. A análise da atenuação sempre deve ser feita considerando todos os elementos em conjunto do caso concreto.

No caso *Taylor v. Alabama* (1982), a Suprema Corte estadunidense enfatizou que "uma confissão obtida através de interrogatório sob custódia após uma prisão ilegal deve ser excluída, a menos que eventos intervenientes quebrem a ligação causal entre a prisão e a confissão, de modo que a confissão seja suficientemente um ato de livre-arbítrio para purgar a mancha primária"[62].

Naquele caso, o réu foi preso por roubar uma loja, sem causa provável. A Corte de origem reconheceu a conversa entre o réu e sua namorada como uma circunstância interveniente a demonstrar a voluntariedade da confissão, ocorrida logo na sequência. Todavia, a Suprema Corte observou que, antes da confissão, o réu estava preso e a polícia havia lhe informado que suas digitais eram compatíveis com as encontradas nos produtos manuseados por um dos participantes no roubo. Ademais, após a polícia informar a namorada do réu que ele decidiu cooperar, ela ficou chateada, indicando não ser provável que ela tenha incentivado ele nessa decisão.

Com efeito, a análise conjunta desses elementos demonstra que a má conduta policial teve uma influência muito forte na obtenção da confissão do réu, não sendo razoável concluir que esta foi produto apenas de uma decisão voluntária do réu.

Ressalta-se, ainda, que o aviso de Miranda, ou seja, o aviso ao investigado sobre o seu direito à não autoincriminação, é um fator a ser considerado quando a colaboração decorre do próprio investigado, mas a sua presença,

61 Esse foi justamente um dos principais equívocos cometidos pela Suprema Corte no caso *Utah v. Strieff (2016), que será analisado adiante.*

62 *Taylor v. Alabama, 457 U.S. 687 (1982). Tradução livre. Em reforço ao que foi afirmado nos parágrafos anteriores, a leitura atenta dessa passagem evidencia que os "eventos intervenientes" servem para demonstrar se a confissão é ou não suficientemente um ato de livre-arbítrio, sendo a voluntariedade a principal circunstância que atenua o nexo causal com a ilicitude.*

por si só, não resulta na conclusão de que a sua colaboração foi suficiente para atenuar o nexo causal, como ficou ressalvado no caso *Brown v. Illinois* (1975), tendo em vista que, se a confissão ocorre logo após a prisão, é muito provável que o investigado esteja muito influenciado pela atitude policial, evidenciando uma relação de causalidade mais próxima.

Além disso, a depender da situação, pode ser essa uma circunstância dispensável, se a voluntariedade ficar suficientemente demonstrada por outras circunstâncias, como o retorno do investigado à delegacia, muitos dias após a prisão e após ter se reunido com seu advogado, para contribuir voluntariamente com as investigações.

4.2.3.3 Grau, propósito e flagrância da má conduta policial

Por fim, a última etapa consiste na análise do grau, propósito e flagrância da má conduta das autoridades que causaram a ilicitude primária.

O grau da conduta ilícita dos policiais é retirado do trecho da decisão no caso *Brown v. Illinois* (1975) no qual a Suprema Corte analisa se a conduta dos policiais teve o condão de causar "surpresa, susto e confusão"[63]. Dos três elementos elencados (grau, propósito e flagrância) este é o único relacionado com o nexo de causalidade, como se verá.

De fato, quando o grau da má conduta dos policiais for suficiente para causar alguma espécie de temor ou grave impacto psicológico no investigado (ou até em testemunhas), será muito pouco provável que essa conduta não tenha influência relevante em uma posterior confissão, sendo muito difícil sustentar a atenuação do nexo causal nessa situação.

Algumas condutas que podem se enquadrar nessa hipótese são[64]: ameaças ou agressões físicas (no momento da prisão, por exemplo) ao investigado ou outros envolvidos; indevida pressão ao investigado para colaborar; ou até falsas promessas de vantagens em troca de uma colaboração.

Em relação ao exame do *propósito* da má conduta policial, significa saber se a polícia cometeu a ilicitude de forma proposital e, se sim, por quais motivos, por exemplo, se foi com a finalidade de obter informações a partir do suspeito, inclusive a sua confissão. Por sua vez, a flagrância é relativa ao quão evidente ou óbvia era a ilicitude para o policial[65].

Nota-se que esses elementos não guardam relação com a causalidade. O fato de a polícia ter cometido um erro honesto quanto à ilicitude, com boas

---

63 ***Brown v. Illinois***, 422 *U.S.* 590 (1975). Tradução livre. No caso *Taylor v. Alabama (1982), a Suprema Corte também se valeu dessa análise, fundamentando-se justamente no caso Brown v. Illinois (1975).*

64 Considerando que algumas situações seriam de difícil comprovação, deve-se conferir especial atenção ao depoimento do próprio investigado, além de eventuais testemunhas.

65 SWEET, Matthew E. *Stretching the attenuation doctrine to its limits: how the Supreme Court erred in Utah v. Strieff and what can be done to preserve the doctrine.* ***George Mason Law Review***. v. 25, n. 3, pp. 861-883, 2018, p. 874.

intenções, em nada interfere na relação causal entre a ilicitude e uma posterior confissão do investigado.

Observa-se o exemplo em que a polícia tem um mandado de busca e apreensão em relação a uma casa, mas, por equívoco, entra na residência ao lado, encontrando uma plantação ilegal de drogas, e, assim, prende o proprietário que confessa assim que chega na delegacia. Nessa situação, a confissão ocorreu logo após da prisão e da entrada ilegal na residência do investigado e não houve nenhuma circunstância interveniente na cadeia causal, sendo inegável que a confissão tem forte relação com a ilicitude originária. Nota-se, assim, que na análise de causa e consequência entre esses dois eventos, não fazem diferença o propósito e a flagrância da ilicitude na visão subjetiva dos policiais.

Existem duas possíveis conclusões a respeito do papel desses dois elementos (propósito e flagrância) na teoria da atenuação do nexo causal. A primeira seria excluí-los totalmente do teste, por não contribuírem para a análise da atenuação da relação causal.

A segunda seria considerá-los exclusivamente como um *requisito negativo* para a aplicação da teoria da atenuação do nexo causal. Assim, se ficar evidenciado que os policiais tinham o objetivo de cometer a ilicitude para, posteriormente, tentar buscar uma colaboração do próprio investigado, a fim de salvar a investigação, não se deve admitir a posterior confissão do investigado, ainda que configurada a atenuação do nexo causal. Ausente essa situação, apenas se autoriza a aplicação da teoria, sem que o propósito e a flagrância da má conduta policial sejam considerados no exame do nexo causal[66].

Em termos técnicos, a primeira conclusão é a mais adequada, considerando que a teoria da atenuação só é pertinente em razão do exame do nexo causal, pois consiste em um estudo que busca demonstrar que, em determinadas situações, a relação de causalidade que poderia existir entre uma ilicitude primária e uma prova secundária é tão atenuada por uma circunstância interveniente que não há influência razoável da primeira na segunda a ponto de haver a contaminação.

Isso não significa que a segunda conclusão esteja totalmente equivocada, na realidade, trata-se de uma tese que pode ser fundamentada a partir de outra lógica jurídica, como no princípio geral do direito de que ninguém pode se beneficiar da própria torpeza. Todavia, consiste em uma afirmação tecnicamente posicionada fora da teoria da atenuação, que se encerra no estudo do nexo causal.

66 Nesse sentido: WARD, Bryan H. *Restoring causality in attenuation: establishing the breadth of a fourth amendment violation.* **West Virginia Law Review**, v. 124, n. 1, pp. 147-202, set. 2021, p. 198-199.

Para demonstrar o exame à luz do nexo causal, vale mencionar o caso apreciado pelo STJ no HC 511.484/RS[67]. Em determinada abordagem policial, foram encontradas três pessoas em um veículo com drogas. Na sequência, um policial atendeu uma ligação no telefone do investigado, se passando por ele, evidenciando que era um consumidor encomendando a compra da droga. Em Juízo, os policiais relataram tais fatos e os réus foram, inicialmente, condenados pela prática do crime de tráfico de drogas.

Em primeiro lugar, ficou consignado naquele precedente ser ilícita a prova obtida mediante conduta de policial que atende, sem autorização, o telefone do investigado, se passando por ele. Surgiu, porém, a discussão quanto à contaminação do testemunho dos policiais.

Seria possível dizer que o testemunho dos policiais não atenuaria o nexo causal em razão do propósito ou da flagrância da ilicitude. Esse fundamento estaria equivocado. O testemunho dos policiais, de fato, não atenua o nexo causal, mas porque *não é uma circunstância interveniente na cadeia de eventos*, sendo, na realidade, uma consequência direta da ilicitude originária, estando, portanto, contaminada.

Como consta no voto do Relator Ministro Sebastião Reis Júnior, "até aparecer a mensagem na tela do telefone do corréu e um dos policiais atender a primeira ligação, o contexto da abordagem não revelava a traficância. Eram três pessoas dentro de um carro, com pequena quantidade de cocaína (2,8 g) e de maconha (1,26 g)". Assim, "até o testemunho dos policiais em juízo está contaminado, não havendo prova autônoma para dar base à condenação"[68].

Com efeito, trata-se de uma simples análise de causa e consequência. Os policiais só puderam relatar, em seu testemunho, os fatos comprovadores do tráfico de drogas, notadamente o fato de que houve a encomenda das drogas, porque tomaram conhecimento desse fato a partir de uma conduta ilícita no momento da abordagem, qual seja, o atendimento da ligação sem autorização. Logo, há evidente nexo causal entre o testemunho e a conduta ilícita anterior, razão pela qual não deve ser admitido, como bem decidiu o STJ, não sendo necessário recorrer a outros elementos estranhos ao estudo do nexo causal para chegar a essa conclusão.

Finalizado o exame de cada uma das etapas do teste, é oportuno o estudo do equívoco cometido pela Suprema Corte estadunidense na sua aplicação em precedente relativamente recente.

---

67 BRASIL. Superior Tribunal de Justiça. Sexta Turma. HC 511.484/RS. Relator: Ministro Sebastião Reis Júnior. Julgamento: 15 ago. 2019. Publicação: 29 ago. 2019.

68 BRASIL. Superior Tribunal de Justiça. Sexta Turma. HC 511.484/RS. Relator: Ministro Sebastião Reis Júnior. Julgamento: 15 ago. 2019. Publicação: 29 ago. 2019.

4.3 O problema da aplicação direta do teste de três etapas para circunstâncias distintas da colaboração voluntária: análise do caso Utah v. Strieff *(2016)*

A decisão da Suprema Corte estadunidense no caso *Utah v. Strieff (2016)*[69] foi muito criticada pela doutrina[70] e demonstra o problema da aplicação direta, sem a devida adaptação, do teste de três fatores para circunstâncias distintas da colaboração voluntária do investigado ou de terceiros.

Na hipótese apreciada, após uma denúncia anônima de tráfico de drogas em uma casa, um policial ficou de vigilância no local por uma semana, passando a suspeitar da prática do crime, considerando a movimentação de pessoas na residência. Ao visualizar uma pessoa (Strieff) saindo da casa em direção à uma loja de conveniência, o policial decidiu pará-lo (evento 1) para obter informações e identificá-lo, obtendo, assim, a sua carteira de identidade (evento 2). Na sequência, por meio dos dados obtidos, o policial descobriu que havia um mandado de prisão pendente para Strieff (evento 3), efetuando a sua prisão imediata (evento 4) e posterior busca que resultou na apreensão de drogas (evento 5).

A parada ordenada pelo policial (evento 2) foi considerada inconstitucional por não ter sido fundada em uma causa provável, violando a Quarta Emenda.

A questão posta em julgamento consistia em decidir se era aplicável a teoria da atenuação naquela hipótese, mais especificamente, em saber "se a descoberta de um mandado de prisão válido [evento 3] foi um evento interveniente suficiente para quebrar o nexo causal entre a parada ilegal e a descoberta de provas relacionadas com drogas na pessoa de Strieff"[71].

Uma vez definida a descoberta de um mandado de prisão válido como a circunstância capaz de atenuar o nexo, a Corte se valeu do teste de três etapas definido no caso *Brown v. Illinois* (1975).

Interessante notar, ainda, que a Suprema Corte de Utah, fundamentando-se nos precedentes da Suprema Corte dos Estados Unidos, havia decidido que a teoria da atenuação não seria aplicável, "porque apenas 'um ato voluntário de livre arbítrio do réu (como uma confissão ou consentimento para uma busca) quebra suficientemente a conexão entre uma busca ilegal e a descoberta de provas'"[72].

---

69 ***Utah v. Strieff***, 579 *U.S.* ___ (2016).

70 SWEET, Matthew E. *Stretching the attenuation doctrine to its limits: how the Supreme Court erred in Utah v. Strieff and what can be done to preserve the doctrine.* **George Mason Law Review**. v. 25, n. 3, pp. 861-883, 2018; e WARD, Bryan H. *Restoring causality in attenuation: establishing the breadth of a fourth amendment violation.* **West Virginia Law Review**, v. 124, n. 1, pp. 147-202, *set.* 2021, p. 180-181.

71 ***Utah v. Strieff***, 579 *U.S.* ___ (2016). Tradução livre.

72 ***Utah v. Strieff, 579*** U.S. ___ *(2016). Tradução livre.*

A Suprema Corte estadunidense afastou expressamente esse argumento, decidindo que os precedentes referentes à teoria da atenuação não são limitados à hipótese de atos independentes do réu.

O raciocínio desenvolvido até aqui está adequado, mas seria necessário apurar se as três etapas do caso *Brown v. Illinois* (1975) – originalmente pensadas para testar a voluntariedade de uma confissão como circunstância atenuadora – seriam pertinentes na análise da atenuação pela descoberta de um mandado de prisão.

No entanto, a Corte passa diretamente à análise dos três fatores lá elencados (proximidade temporal, circunstâncias intervenientes e propósito e flagrância da má-conduta policial), incorrendo em diversas contradições lógicas e problemas dogmáticos.

Inicialmente, a Corte admitiu que o mandado foi descoberto imediatamente após a parada ilegal, de modo que a proximidade temporal é favorável à contaminação da prova secundária. Na segunda etapa, a Corte, por maioria, simplesmente concluiu que a descoberta do mandado é suficiente para atenuar o nexo, pois autorizou o policial a prender o réu. Na terceira, destacou que a má-conduta do policial consistiu em um erro de boa-fé.

Assim, a Corte, por maioria, decidiu que a prisão e a apreensão das drogas (eventos 4 e 5) não foram contaminados pela parada ilegal (evento 2), pois foram decorrentes da descoberta do mandado de prisão (evento 3), que atenuou o nexo causal com a ilicitude anterior.

No entanto, diferentemente dos exemplos analisados acerca da colaboração voluntária do investigado ou da testemunha, verifica-se que não há como concluir pela ausência de influência razoável da parada ilegal na descoberta do mandado de prisão, a ponto de haver a atenuação do nexo causal, isto é, a criação, a partir da descoberta do mandado, de uma nova linha causal não contaminada pela ilicitude anterior.

Pior do que isso, a Suprema Corte nem sequer procedeu a um exame de probabilidade na relação de causa e consequência entre a parada ilegal e a descoberta do mandado.

O principal erro da Corte foi na segunda etapa, ao considerar a descoberta do mandado como circunstância interveniente, enquanto, na realidade, a busca, nesta etapa, deveria ser por circunstâncias que permitissem verificar se a prisão ilegal razoavelmente influenciou ou não na descoberta do mandado.

Ademais, a terceira etapa em nada contribui com a apuração do nexo de causalidade nessa hipótese, mas foi usada pela Corte como um forte argumento para justificar a atenuação.

Em verdade, a conclusão que se obtém é que a descoberta do mandado de prisão foi um evento causado imediata e diretamente pela parada ilegal, com a obtenção da identidade do investigado[73]. Não há nada que induza à probabilidade de o policial ter descoberto o referido mandado, naquele momento, em razão de outra circunstância interveniente.

Desse modo, a decisão da Suprema Corte no caso *Utah v. Strieff* (2016) consistiu em uma má aplicação da teoria da atenuação do nexo causal, sobretudo porque aplicou o teste de três etapas do caso *Brown v. Illinois* (1975), sem ponderar como cada uma dessas etapas ajudaria a apurar se a descoberta do mandado de prisão está ou não razoavelmente relacionada com a parada ilegal.

5. CONSIDERAÇÕES FINAIS

Como resultado do presente estudo, foram obtidas as seguintes conclusões:

1) foi a partir da interpretação de direitos individuais contra atos do Estado, como buscas arbitrárias, que a Suprema Corte estadunidense, para conferir a efetiva proteção a esses direitos fundamentais, extraiu a regra da exclusão de provas ilícitas (entre 1886 e 1961) e, desta, a teoria dos frutos da árvore envenenada (em 1920) e as suas três limitações clássicas, dentre elas a teoria da atenuação do nexo causal *(attenuation doctrine)*;

2) esse raciocínio seria compatível com direito brasileiro, mesmo se não houvesse a previsão expressa no art. 5°, LVI, da CRFB e no art. 157 do CPP;

3) a teoria da atenuação é uma limitação propriamente dita e não uma exceção, apenas definindo situações em que a teoria dos frutos da árvore envenenada não se aplica, ou seja, hipóteses nas quais uma prova aparentemente derivada, na realidade, não está contaminada por uma ilicitude anterior;

4) a teoria da atenuação tem origem no caso *Nardone v. United States* (1939), foi efetivamente aplicada no caso *Wong Sun v. United States* (1963) e teve seus contornos mais bem desenvolvidos no caso *Brown v. Illinois* (1975) que norteia a sua aplicação até hoje;

5) a Lei 11.690/2008, com assumida influência na doutrina estadunidense, positivou não apenas a teoria dos frutos da árvore envenenada, como também as suas três limitações clássicas, referentes, respectivamente, ao nexo causal, à fonte independe e à descoberta inevitável;

6) o legislador brasileiro recepcionou a teoria da atenuação do nexo causal, ao prever, na primeira parte do § 1° do art. 157 do CPP, uma limitação à teoria dos frutos da árvore envenenada relacionada, especificamente, ao nexo

73 WARD, Bryan H. *Restoring causality in attenuation: establishing the breadth of a fourth amendment violation.* **West Virginia Law Review**, v. 124, n. 1, pp. 147-202, set. 2021, p. 181. No mesmo sentido, ressaltando o voto dissente do *Justice* Sotomayor: SWEET, Matthew E. *Stretching the attenuation doctrine to its limits: how the Supreme Court erred in Utah v. Strieff and what can be done to preserve the doctrine.* **George Mason Law Review**. v. 25, n. 3, pp. 861-883, 2018, p. 873.

causal e distinta da limitação da fonte independente – que foi adotada e aplicada pelo Superior Tribunal de Justiça;

7) segundo a teoria da atenuação do nexo causal, uma ilicitude anterior não contamina uma prova produzida posteriormente, quando a suposta relação de causalidade entre elas for suficientemente atenuada por circunstâncias intervenientes, de modo a dissipar a contaminação (purgar a mancha da ilicitude);

8) para aplicar corretamente a teoria da atenuação é preciso compreender: I) o quão atenuado precisa ser o nexo causal para haver a dissipação da contaminação; II) qual é a abrangência da atenuação, isto é, quais provas não ficam contaminadas pela ilicitude primária; e III) qual ou quais circunstâncias podem atenuar o nexo e como fazer essa verificação;

9) o nexo causal entre a ilicitude primária e prova secundária tem que ser tão atenuado por uma circunstância interveniente entre elas a ponto de a primeira não produzir influência razoável na obtenção da segunda. A atenuação estará caracterizada se, por meio do exame da linha de desdobramento causal a partir da ilicitude primária, for evidenciado que a relação de causa e consequência entre a ilicitude e a prova secundária é tão fraca que chega a ser uma mera probabilidade, de modo que a aplicação da regra da exclusão (*exclusionary rule*) perde a sua razão de ser;

10) a partir da incidência da circunstância interveniente que foi capaz de atenuar o nexo causal, é criada uma nova linha causal, desvinculada da linha derivada da ilicitude, diante da ausência de suficiente relação entre elas. Assim, as provas produzidas após a atenuação do nexo causal não são contaminadas pela ilicitude. No entanto, as provas anteriores à ocorrência da referida circunstância seguem na linha contaminada, pois não há como retroagir no tempo e mudar o fato de que as referidas provas são derivadas da ilicitude originária;

11) a principal circunstância capaz de atenuar o nexo causal é a colaboração voluntária dos envolvidos, como o próprio investigado ou uma testemunha, porém, essa não necessariamente é a única circunstância apta a atenuar o nexo causal, podendo existir outras capazes de produzir esse efeito;

12) os fatores mencionados no caso *Brown v. Illinois* (1975) não foram desenvolvidos como pressupostos gerais de aplicação da teoria da atenuação, mas sim para verificar, especificamente, se a confissão foi um ato voluntário do investigado ou se foi influenciada pela prisão ilegal, resultando em um teste de três fatores ou etapas;

13) o teste de três etapas, apesar de importante, não deve ser encarado como um teste absoluto, tampouco se exige a presença simultânea desses três fatores, que podem até mesmo não ser aplicáveis a todas as situações, pois vai depender da pertinência em relação à circunstância invocada;

14) sintetizando em linhas abstratas, para a aplicação da teoria da atenuação do nexo causal: I) primeiro se estabelece qual é a circunstância interveniente que se cogita ser capaz de atenuar o nexo causal entre a prova secundária e a ilicitude primária; II) após, essa circunstância é submetida ao teste de três etapas, quando for útil para apurar se ela tem alguma relação causal razoável com a ilicitude primária ou não; III) se não for evidenciada uma influência razoável da ilicitude na circunstância interveniente, pode-se concluir que ela está desvinculada da ilicitude e, portanto, as provas obtidas a partir dessa circunstância não estão contaminadas;

15) no teste de três etapas, deve-se analisar: I) o intervalo de tempo entre a ilicitude primária e a circunstância apontada como responsável por atenuar o nexo causal; II) a presença de outras circunstâncias intervenientes entre esses dois eventos; e III) o grau, propósito e flagrância da má conduta policial que causou a ilicitude primária;

16) o lapso temporal é um importante fator a ser considerado na análise da probabilidade de a colaboração do investigado ou de uma testemunha ter decorrido de um ato de livre-arbítrio ou, ao contrário, fortemente motivada pela polícia;

17) na segunda etapa do teste, é preciso se atentar à repetição da expressão "outras circunstâncias intervenientes", pois estas não se confundem com a própria circunstância objeto do teste (apontada como a principal responsável pela atenuação do nexo), sob pena de desvirtuá-lo, como ocorreu no caso *Utah v. Strieff* (2016);

18) a segunda etapa consiste, assim, na análise de fatos ocorridos entre a ilicitude primária (p. ex., prisão ilegal) e a circunstância objeto do teste (p. ex., colaboração voluntária do investigado), que podem auxiliar a apurar se esta sofreu ou não uma influência razoável da ilicitude primária (p. ex., fatos como a conversa com familiares ou advogado);

19) na terceira etapa, dos três elementos elencados (grau, propósito e flagrância), apenas o grau da má conduta policial tem relação com o nexo de causalidade, portanto, a solução tecnicamente mais adequada é excluir os outros dois do teste, pois, o propósito e a flagrância da ilicitude na visão subjetiva dos policiais não fazem diferença na análise de causa e consequência entre a ilicitude e a circunstância interveniente;

20) o propósito e a flagrância da ilicitude até podem ser considerados em outra perspectiva jurídica, como em razão do princípio geral do direito de que ninguém pode se beneficiar da própria torpeza, mas consiste em uma afirmação tecnicamente posicionada fora da teoria da atenuação, que se encerra no estudo do nexo causal.

REFERÊNCIAS

ACKER, James R.; BRODY, David C. Criminal Procedure: a contemporary perspective. 2. ed. Jones and Bartlett Publishers: Sudbury, Massachusetts, 2004.

ALSCHULER, Albert W. Regarding RE's revisionism: notes on the due process exclusionary rule. Harvard Law Review Forum, v. 127, n. 7, pp. 302-324, may. 2014.

BADARÓ, Gustavo Henrique. Processo penal [livro eletrônico]. 9. ed. São Paulo: Thomson Reuters Brasil, 2023.

BLOOM, R. M; BRODIN, M. S. Criminal Procedure: The Constitution and the police. New York: Aspen Publishers, 2006.

BRASIL. Câmara dos Deputados. Emenda de Plenário 6 ao PL 4205/2001. Sessão deliberativa: 17 mai. 2007. Disponível em: <https://www.camara.leg.br/proposicoesWeb/prop_ mostrarintegra?-codteor=461499&filename=EMP+6/2007+%3D%3E+PL+4205/2001>. Acesso em: 16. nov. 2023.

DEZEM, Guilherme Madeira. Curso de processo penal [livro eletrônico]. 8. ed. São Paulo: Thomson Reuters Brasil, 2022.

GRINOVER, Ada Pellegrini; GOMES FILHO, Antonio Magalhães; FERNANDES, Antonio Scarance. As nulidades no processo penal. 12. ed. São Paulo: Revista dos Tribunais, 2011.

JACKSON, Heather A. Arizona v. Evans: expanding exclusionary rule exceptions and contracting Fourth Amendment protection. The Journal of Criminal Law and Criminology, v. 86, n. 4, pp. 1201-1227, summer 1996.

LIMA, Renato Brasileiro de. Manual de processo penal: volume único. 8. ed. Salvador: JusPodivm, 2020.

LOPES JR, Aury. Direito processual penal. 15. ed. São Paulo: Saraiva, 2018.

PITLER, Robert M. The fruit of the poisonous tree revisited and shepardized. California Law Review, v. 56, n. 3, pp. 579-651, may. 1968.

RE, Richard M. The due process exclusionary rule. Harvard Law Review, v. 127, n. 7, pp. 1885-1966, may. 2014.

ROSSETTO, Patrícia Carraro. A prova ilícita e seu tratamento na jurisprudência penal estadunidense: uma abordagem sobre a teoria da exclusão e da exceção da boa-fé. In: RAMOS, João Gualberto Garcez; ESQUIVEL, Carla Liliane Waldow [oorg.]. Ciência penal em perspectiva comparada: ensaios & reflexões. Birigui: Boreal, 2016.

SANTOS, Carlos Maximiliano Pereira dos. Hermenêutica e aplicação do direito. Rio de Janeiro: Forense, 2003.

STRATTON, Brent D. The attenuation exception to the exclusionary rule: a study in attenuated principle and dissipated logic. The Journal of Criminal Law and Criminology, v. 75, n. 1, pp. 139-165, spring, 1984.

SWEET, Matthew E. Stretching the attenuation doctrine to its limits: how the Supreme Court erred in Utah v. Strieff and what can be done to preserve the doctrine. George Mason Law Review. v. 25, n. 3, pp. 861-883, 2018.

TAKAYANAGI, Fabiano Yuji. Críticas às exceções legais às provas ilícitas por derivação no processo penal brasileiro e análise da jurisprudência após a reforma da Lei 11.690/08. 2014. Dissertação (Mestrado em Direito Processual) - Faculdade de Direito, Universidade de São Paulo, São Paulo, 2014.

WARD, Bryan H. Restoring causality in attenuation: establishing the breadth of a fourth amendment violation. West Virginia Law Review, v. 124, n. 1, pp. 147-202, set. 2021.

Depoimentos (in)sinceros e falsos no processo penal: os problemas da memória e das mentiras

Paula Thieme Kagueiama[1]

1. INTRODUÇÃO

Quando se debruça sobre o tema da prova testemunhal e de sua confiabilidade enquanto meio de demonstração das hipóteses fáticas sustentadas pelas partes no processo, quatro cenários possíveis devem ser considerados: (i) os depoimentos testemunhais podem ser sinceros e verdadeiros (a testemunha quis dizer a verdade e seu depoimento corresponde à realidade); (ii) os depoimentos podem ser insinceros e verdadeiros (a testemunha quis falsear os fatos, no entanto seu depoimento tem adesão à realidade); (iii) os depoimentos podem ser sinceros e falsos (a testemunha quis dizer a verdade, mas sua memória não corresponde à realidade fática); e, por fim, (iv) os depoimentos podem ser insinceros e falsos (a testemunha quis falsear os fatos e seu depoimento não coincide com a realidade)[2].

Quando verdadeiro, ou seja, fiel à realidade fática, o depoimento consiste em prova segura e em elemento apto a permitir uma reconstrução histórica legítima e uma decisão mais acertada com os fatos pretéritos.

No entanto, o objeto de preocupação central deste artigo volta-se, evidentemente, aos depoimentos falsos, sejam eles sinceros ou insinceros.

Em relação à primeira hipótese delineada (depoimentos sinceros e falsos), devem ser considerados os fenômenos pertinentes à falibilidade da memória humana, tais quais: os problemas de percepção do evento, as falhas de armazenamento da informação, a fragmentariedade da recuperação da lembrança, a formação de falsas memórias, o esquecimento e o preenchimento de lacunas de memória com falsas informações.

Na segunda hipótese (depoimentos insinceros e falsos), deve-se atentar substancialmente ao fenômeno da mentira, que abriga diversos temas de

1 Mestra em Direito Processual pela Faculdade de Direito da Universidade de São Paulo. Graduada em Direito pela mesma Faculdade. Assessora de Ministro do Superior Tribunal de Justiça - STJ.

2 RAMOS, Vitor de Paula. *Prova testemunhal*: Do Subjetivismo ao Objetivismo. Do isolamento Científico ao Diálogo com a Psicologia e a Epistemologia. São Paulo: Thomson Reuters Brasil, 2018, p. 87.

interesse prático, como os estereótipos dos mentirosos, os falsos indicadores da mentira, além de formas de diferenciar o depoente mendaz do depoente sincero.

Passa-se, então, à análise dos principais pontos concernentes às falsas memórias e à mentira, em face da importância desse conhecimento para fins de aprimoramento da qualidade da prova testemunhal e, como um todo, da elevação da qualidade do provimento jurisdicional final.

2. DEPOIMENTOS SINCEROS E FALSOS

A memória é um fenômeno biológico altamente complexo e fundamental para a vida e para o desenvolvimento humanos. Ela torna possível os processos rotineiros mais simples, como se deslocar entre lugares, comunicar uma ideia ou dialogar com outrem, bem como permite ao indivíduo identificar-se em si mesmo e no meio em que habita[3].

Bem traduzem essa ideia as palavras de Elizabeth Loftus, o mais importante nome na área das falsas memórias:

> [...] as memórias das pessoas não são a somatória de tudo que fizeram, mas são mais que isso: as memórias são a somatória do que as pessoas pensam, do que a elas é dito, do que elas acreditam. Nós somos moldados pelas nossas memórias, mas nossas memórias também são moldadas por quem somos e por aquilo que fomos levados a acreditar[4].

Desse excerto, extrai-se uma das principais constatações acerca da memória e de seu funcionamento: ao contrário do que se concebia no passado, a memória não consiste em um fenômeno estático, tampouco reflete a realidade tal qual uma máquina fotográfica ou uma gravadora de vídeo[5]. Mas, diversamente, a memória traduz-se em um processo dos mais dinâmicos, cujas etapas de formação, desde o princípio até o final, são objeto de incidência de vários fatores de contaminação, que afastam seu resultado, em maior ou menor medida, de um retrato perfeito da realidade.

Como Loftus ensina, nossas percepções anteriores sobre o mundo – nossas crenças e nossas experiências – moldam a forma como vemos,

---

3 Nesse sentido, Izquierdo: "[a memória é] nosso senso histórico e nosso senso de identidade pessoal (sou quem sou porque me lembro quem sou)". (IZQUIERDO, Iván. Memórias. Estudos Avançados , São Paulo, v. 3, n. 6, p. 89-112, aug. 1989. Disponível em: <http://www.revistas.usp.br/eav/article/view/8522/10073>. Acesso em: jul./23, p. 89).

4 LOFTUS, Elizabeth. Make-Believe Memories. *American Psychologist,* v. 58, n. 11, p. 864-873, 2003, p. 872.

5 Albright ensina que "[a codificação, retenção e recuperação] não são processos passivos e estáticos que registram, retêm e divulgam os conteúdos em um vácuo informacional, não afetados por influências externas. Os conteúdos não podem ser tratados como um permanente registro verídico, como fotografias armazenadas em um cofre. Ao contrário, a fidelidade de nossas memórias pode ser comprometida por muitos fatores, em todas as etapas de processamento, da codificação, passando pelo armazenamento, até as etapas finais de recuperação". (ALBRIGHT, Thomas D. Why eyewitnesses fail. *Proceedings of the National Academy of Sciences of the United States of America,* v. 114, n. 30, p. 7758-7764, 2017, p. 7760- 7761).
Na mesma esteira, o professor português Sousa afirma que a memória, longe de ser um registro da realidade, é um "registo de uma experiência pessoal da realidade." (SOUSA, Luís Filipe Pires. *Prova testemunhal.* Coimbra: Almedina, 2016, p. 10-11).

compreendemos e interpretamos os eventos e, por consequência, moldam a forma como nos lembramos deles.

Nesse ponto, chama-se atenção para o conceito de memória semântica. Ao contrário da memória episódica, que se refere à recordação de um evento específico, espacial e temporalmente situado, a memória semântica diz respeito aos conhecimentos gerais e aos significados extraídos dos eventos e das experiências vividas.

Esse tipo de memória é organizado na forma de esquemas, ou seja, em estruturas organizadas de conhecimento, que reúnem expectativas e crenças acerca das características, funcionamento, comportamento e natureza de determinados grupos de pessoas, eventos ou objetos. Tais esquemas auxiliam na seleção de informações, aprendizado, interpretação e forma de reação a determinados fatos, assim como influenciam na formação da memória e no processo de esquecimento[6].

É dizer, tende-se a ver o que se espera ver em eventos semelhantes ao percebido ou ao que se acredita que seja assim esperado. Lembra-se com que mais facilidade dos fatos aprendidos que se conformam aos esquemas pré-existentes, assim como se esquece com maior rapidez dos fatos que não se amoldam a esses esquemas. Por fim, pode-se agregar ao fato percebido elementos que não necessariamente estavam presentes, mas que servem ao propósito de dar completude e coerência às informações aprendidas.

Além dos vieses, expectativas e estereótipos, que filtram a percepção de realidade e tornam intimamente pessoal cada um dos relatos e dos depoimentos colhidos, há também tantos outros elementos que afetam a formação da memória humana.

Quando da aquisição do conhecimento (percepção do evento por quaisquer dos sentidos da testemunha), a incidência de alguns fatores pode redundar em uma apreensão reduzida ou inexata da realidade. Por exemplo, a atenção dispensada pela testemunha à ocorrência determina o nível de detalhamento e precisão de sua percepção e, posteriormente, da recuperação de sua lembrança. Já o grau de atenção varia em razão de diversos elementos, tais quais, a intensidade ou destaque do estímulo externo (sons altos, eventos inesperados, cores vibrantes), interesse da testemunha (conhecimentos prévios sobre determinado assunto) e tempo de exposição ao evento[7].

O estresse e a emoção também exercem relevante influência na formação da memória, ao passo que, em determinados níveis, podem ser benéficos para

6 DAVIS, Deborah; LOFTUS, Elizabeth. Internal and External Sources of Misinformation in Adult Witness Memory. In: LINDSAY, R. C. L et al. *The Handbook of Eyewitness Psychology*. Londres: Erbaun Associates Publishers, 2007, v. 01, p. 196-197.
7 SOUSA, Luís Filipe Pires. *Prova testemunhal*. Coimbra: Almedina, 2016, p. 21 e ss.

o armazenamento de informações centrais do evento ou de elementos que causam temor à vítima ou à testemunha (*e. g.* efeito de focalização da arma), enquanto podem conduzir a uma recordação pior quanto aos elementos periféricos[8]. Já em níveis muito elevados, a emoção pode ser prejudicial de forma geral para a memória, em razão da possível ocorrência de uma síndrome amnésica[9].

Quando da retenção ou armazenamento do conhecimento, outros fatores podem incidir sobre o processamento da memória, capazes de causarem distorções significativas em seu conteúdo. Nesta etapa, destaca-se a formação das falsas memórias, que consistem no fenômeno de lembrar-se de algo que nunca ocorreu ou que ocorreu de forma diversa da recordada. Nessas hipóteses, o indivíduo acredita sinceramente dizer a verdade, o que distingue as falsas memórias das mentiras, embora ambas sejam falsas retratações da realidade.

Algumas teorias buscam explicar a raiz da formação das falsas memórias. Nesse compasso, a Teoria do Monitoramento da Fonte[10] entende que as falsas memórias são fruto de equívocos na atribuição da fonte de informação. Ou seja, haveria uma confusão entre a fonte originária (percepção do evento) e uma ou mais fontes interferentes, sejam elas externas (sugestões de terceiros ou interferência entre eventos) ou internas (geradas pelo próprio sujeito, a partir de interpretações, pressuposições e inferências).

De outro lado, a Teoria do Traço Difuso[11] distingue a memória entre memória literal e memória de essência. A primeira trata-se da memória do evento em seus detalhes específicos, enquanto a segunda, mais geral e abstrata, é composta dos significados e aprendizados. Ambas são processadas de maneira independente, sendo que a primeira, a memória literal, sofre o processo de esquecimento mais rapidamente, enquanto a segunda permanece íntegra por mais tempo. Essa, a memória de essência, apresenta-se mais suscetível à formação de falsas memórias, pois não contém detalhes específicos do evento, mas apenas aspectos gerais que podem ser compatíveis com outros elementos sugestionados por terceiros ou gerados espontaneamente pelo indivíduo.

Fontes externas de informação, posteriores ao evento assimilado, são aptas a gerar falsas memórias, seja porque criam um novo traço mnemônico que substitui o traço de memória original, seja porque ambos os traços passam a coexistir, competindo entre si pelo retorno à consciência.

---

8 CHRISTIANSON, Sven-Ake; LOFTUS, Elizabeth F. Memory for Traumatic Events. *Applied cognitive psychology*, v. 1, p. 225-239, 1987, p. 228-238.

9 FRANK, Jean; LANDEIRA-FERNANDEZ, J. Rememoração, subjetividade e as bases neurais da memória autobiográfica. *Psicologia Clínica*. Rio de Janeiro, v. 18, p. 35-47, 2006, p. 43.

10 REYNA, Valerie; LLOYD, Farrell. Theories of false memory in children and adults. *Learning and Individual Differences*, v. 09, n. 02, p. 95-123, 1997, p. 98.

11 BRAINERD, C. J.; REYNA, V. F. Fuzzy-Trace Theory. *Current Directions in Psychological Science*, v. 11, n. 5, p. 164-169, out. 2002, p. 165.

Das inúmeras fontes externas de informação às quais estão sujeitos os depoentes, citam-se a mídia e as redes sociais e o contato entre testemunhas. As primeiras, mormente em casos de grande repercussão, têm significativo potencial de gerar falsas memórias, porquanto veiculam reiteradamente informações sobre o evento criminoso e sobre possíveis suspeitos, que podem se somar aos traços de memória das testemunhas, substituí-los ou distorcê-los. Quanto mais vívidos, coloridos e intensos os estímulos recebidos (como em coberturas televisivas), maior a chance da ocorrência de falsas memórias[12].

Por outro lado, o fenômeno de "memory conformity" ou conformidade de memória[13] traduz-se na tendência de uniformização das lembranças de testemunhas após contato e discussão acerca de suas memórias do evento percebido. É dizer, as testemunhas, seja por pressão normativa, influência informacional, ou mesmo por formação de falsas memórias, tendem a se conformar às versões umas das outras, resultando em um relato uniforme e coerente, mas nem sempre verdadeiro.

Por fim, como última etapa do processo de formação da memória, há a evocação ou recuperação da lembrança perante a autoridade policial ou judicial. Nessa fase, causa preocupação a sugestionabilidade interrogativa[14], ou seja, a comunicação de sugestões pelo entrevistador ao entrevistado, por meio de vieses, postura e estatuto da autoridade; formulação de perguntas fechadas e alternativas; reiteração de perguntas; escolha de palavras específicas; e concessão de *feedbacks*.

A sugestionabilidade interrogativa pode resultar na aceitação da sugestão pelo entrevistado, com a consequente alteração de seu comportamento e de sua resposta, seja por receio ou por desequilíbrio na relação entre entrevistador e entrevistado, seja pela formação de falsas memórias.

Assim, a título ilustrativo, a escolha de uma palavra em detrimento de outra pelo entrevistador pode conduzir a uma resposta completamente diferente da testemunha. A utilização de um artigo definido em contraposição a um artigo indefinido pode levar à testemunha a responder afirmativamente a uma pergunta, por pensar que a ocorrência de determinado fato ou a presença de determinado elemento é tido como certo pela autoridade[15].

Ademais, a formulação de perguntas fechadas em detrimento de perguntas abertas tem o pernicioso efeito de sugestionar a testemunha a

---

12 BANAJI, M.R.; LOFTUS, E. Memory Modification and the Role of the Media. In: GHEORGHIU, V.A.; NETTER, P.; EYSENCK, H. J. *Suggestion and Suggestibility*. Berlin: Springer, 1989.

13 GABBERT, Fiona et al. Memory Conformity Between Eyewitnesses. *Court Review: The Journal of the American Judges Association*, v. 48, p. 36-43, 2012.

14 CLARK, Noel; GUDJONSSON, Gisli. Suggestibility in Police Interrogation: A Social Psychological Model. *Social Behaviour*, v. 01, p. 73-95, 1986, p. 84.

15 LOFTUS, Elizabeth F.; ZANNI, Guido. Eyewitness testimony: the influence of the wording of a question. *Bulletin of the Psychonomic Society*, v. 5, n. 1, p. 86-88, 1975, p. 86-88.

responder de acordo com as expectativas transmitidas pelo entrevistador ou, ainda, de comunicar informações não conhecidas pelo depoente, contaminando a sua memória original do evento[16].

Feedbacks são sinais verbais ou não verbais dados pela autoridade entrevistadora à testemunha após uma resposta ou uma série de respostas, com o objetivo de transmitir um reforço positivo ou uma desaprovação. Em ambos os casos, podem ser verificados efeitos maléficos à memória da testemunha, porquanto podem reforçar respostas equivocadas ou especulativas, aumentando a confiança do depoente em sua narrativa (*feedback positivo*), bem como podem ocasionar uma alteração de resposta ou de comportamento, a fim de se alinhar às expectativas da autoridade (*feedback negativo*)[17].

3. DEPOIMENTOS INSINCEROS E FALSOS

Enquanto as falsas memórias dizem respeito a um descompasso entre a memória da testemunha e a realidade fática, as mentiras versam sobre um descompasso entre a memória da testemunha e o seu depoimento. É dizer, a testemunha propositalmente falseia a verdade, ao comunicar fato que sabe ser falso ou omitir fato que sabe ser verdadeiro.

Assim, a mentira pode ser conceituada como um ato intencional de omissão, falsificação ou distorção da verdade, com o objetivo de manter ou induzir a autoridade entrevistadora em engano[18].

Muitas teorias buscam identificar as principais diferenças entre os processos emocionais e cognitivos dos depoentes sinceros e dos depoentes insinceros, com o objeto de viabilizar a detecção da mentira. Destacam-se, nesse sentido, a teoria do processo emocional, a teoria da complexidade do conteúdo, a teoria da tentativa de controle, a teoria da autoapresentação e a teoria do engano interpessoal.

A teoria do processo emocional preconiza que as emoções sentidas pelo depoente insincero diferenciam-se daquelas experimentadas pelo depoente sincero[19]. O primeiro poderia experimentar três emoções diversas: medo de ser descoberto, culpa pela mentira, e prazer ou excitação em enganar alguém, o que resultaria na aparição de sinais não verbais identificadores da testemunha mentirosa.

A teoria da complexidade do conteúdo, por sua vez, compreende que o ato de mentir demanda um esforço cognitivo superior ao ato de dizer a verdade,

16 SOUSA, Luís Filipe Pires. Prova testemunhal. Coimbra: Almedina, 2016, p. 61 e ss.

17 CLARK, Noel; GUDJONSSON, Gisli. Suggestibility in Police Interrogation: A Social Psychological Model. *Social Behaviour*, 1986, p. 93-94.

18 SOKOL, Daniel K. Dissecting Deception. Cambridge Q. *Healthcare Ethics*, v. 15, p. 457-464, 2006, p. 462.

19 EKMAN, Paul. *Telling lies: Clues to deceit in the marketplace, politics and marriage*. New York: W. W. Norton, 1992, p. 49.

pois o depoente insincero deve dividir a sua atenção entre várias atividades: criar uma narrativa coerente, plausível, detalhada e condizente com as informações possivelmente já conhecidas pelo entrevistador; recordar-se da narrativa para repetições futuras; suprimir a verdade do seu relato; controlar seu comportamento; monitorar as reações do entrevistador[20]. Dessa forma, os adeptos dessa teoria afirmam que os depoentes mentirosos, com maior frequência, revelariam sinais como: hesitações, erros, fala devagar e pausada, demorada para responder, menor quantidade de movimentos corporais, entre outros.

Já a teoria do autocontrole versa sobre a tentativa do depoente insincero de disfarçar sinais não verbais popularmente ligados à mentira, tais quais a aversão ao olhar ou a movimentação exagerada de membros superiores e inferiores. Contudo, a própria inibição comportamental, segundo essa teoria, seria responsável por gerar novos sinais identificadores da mentira, fenômeno conhecido na literatura especializada como "Motivation Impairment Effect"[21].

A perspectiva da autoapresentação[22] baseia-se no elemento comum entre o depoente sincero e o depoimento insincero, qual seja, o objetivo de parecerem honestos perante terceiros, diferenciando-se entre si quanto à legitimidade dessa pretensão. A ilegitimidade do mentiroso quanto às suas pretensões geraria duas consequências distintas em seu comportamento: (i) dificuldade ou incapacidade de abraçar sua narrativa de forma convincente, o que poderia se manifestar em indisposição para dar informações e detalhes, bem como em tensão; e (ii) sobrecarga cognitiva, diante da multiplicidade de cenários que deve administrar, conforme previsto pela teoria da complexidade do conteúdo.

Por fim, a teoria do engano interpessoal[23] centra suas atenções na relação comunicacional estabelecida entre o depoente e o destinatário. A testemunha mentirosa tende a adaptar seu discurso e seu comportamento de acordo com os sinais e *feedbacks* exteriorizados pela autoridade entrevistadora. Assim, sua performance é composta de apresentações estratégicas de adaptação (controle de informação, comportamento e imagem) e de apresentações não estratégicas (vazamento de sinais de mentira). A teoria preconiza que, quanto mais longa a interação entre emissor e destinatário, melhor será a performance da testemunha mentirosa, em razão de sua adaptação à comunicação estabelecida entre as partes.

Do exposto acima, verifica-se serem numerosas e diversas as teorias acerca dos processos emocionais e cognitivos da testemunha mentirosa,

---

20 SOUSA, Luís Filipe Pires. *Prova testemunhal*. Coimbra: Almedina, 2016, p. 97.

21 DEPAULO, Bella M.; KIRKENDOL, Susan E. The Motivational Impairment Effect in the Communication of Deception. In: YUILLE J.C. (Ed.). Credibility Assesment. *Nato Science*. Dordrecht: Springer, 1988.

22 DEPAULO, Bella et al. Cues to Deception. *Psychological Bulletin*, v. 129, n. 1, p. 74-118, 2003, p. 77 e ss.

23 BULLER, David; BURGOON, Judee K. Interpersonal Deception Theory. *Communication Th*, v. 06 n. 3, p. 203-24, ago.1996, p. 203-242.

que tem por consequência diferentes previsões acerca dos indicadores mais frequentes da mentira.

Diante da complexidade e particularidade do ato de mentir, enquanto processo psicológico que é, não é possível estabelecer quais sinais não verbais estariam necessariamente associados ao ato de mentir. É dizer, inexiste um sinal invariável, tal qual o fantasioso "nariz de Pinóquio", que sempre revelaria o depoente mentiroso.

No entanto, é importante derrubar certos estereótipos, comumente difundidos na prática forense e na crença popular, acerca do comportamento do depoente insincero, visto que tais não encontram eco na literatura científica e em pesquisas empíricas. O primeiro deles é a aversão ao olhar, que não possui qualquer associação direta com a mentira e pode ser facilmente contornado pela testemunha insincera.

Ademais, atos de nervosismo, como movimentação excessiva das pernas e mãos, também não devem ser associados aos mentirosos, visto que podem ser experimentados igualmente por depoentes sinceros, desacostumadas com a condição de testemunha em um procedimento ritualístico e formal como o processo penal, bem como possivelmente receosas de ter seu depoimento considerado como falso[24].

Por outro lado, embora também não sejam absolutamente seguros, pesquisas empíricas revelaram alguns indicadores verbais que podem ser úteis para auxiliar na valoração de um depoimento. Os depoentes mentirosos tendem a apresentar narrativas mais discrepantes, menos plausíveis e com menor estrutura lógica. Também tendem a dar respostas mais genéricas e negativas, a fazer menos autorreferências, a conceder menos detalhes contextuais, bem como a reconhecer menos imperfeições e equívocos em seu discurso[25]. Tais indicadores podem ser explicados pelas correntes teóricas examinadas acima, sobretudo pelas teorias da complexidade do conteúdo, da autoapresentação e da tentativa de controle.

4. APRIMORAMENTOS DA PROVA TESTEMUNHAL E CONCLUSÕES

A prova testemunhal guarda em si uma imensa complexidade e contradição. Embora pareça simples, rotineira e usual, é ela permeada de incertezas e complicações causadas pela mente humana, pela fragilidade da memória e pela voluntariedade envolvida no ato de dizer ou não a verdade.

Diante disso, mostra-se imprescindível a adoção de mecanismos de redução de distorções da prova testemunhal, seja mediante a utilização de

24 VRIJ, Aldert. *Detecting Lies and Deceit: Pitfalls and Opportunities*. 2. ed. Leicester: Wiley, 2008, p. 60 e ss.
25 DEPAULO, Bella et al. Cues to Deception. *Psychological Bulletin*, v. 129, n. 1, p. 74-118, 2003, p. 74-118.

técnicas de inquirição voltadas à melhor e mais completa recuperação da lembrança, seja com a identificação, tanto quanto seja possível, de eventuais depoentes insinceros.

Quanto ao aprimoramento da prova testemunhal sob a perspectiva dos depoimentos sinceros e falsos, relevante estabelecer técnicas padronizadas de inquirição, como a entrevista cognitiva, voltadas à facilitação de uma narrativa livre, sem interrupções e sem sugestionamentos por parte da autoridade entrevistadora.

Dessa forma, deve-se dar preferência às perguntas abertas, em detrimento de perguntas fechadas e alternativas, bem como evitar a antecipação de informações e a concessão de *feedbacks* pelo entrevistador. Importante também que a testemunha se sinta à vontade para reconhecer seus erros, admitir não se recordar de determinados fatos, bem como contrariar ou corrigir a autoridade ou parte entrevistadora, se necessário.

O respeito ao tempo razoável do processo também é importante para a recuperação mais fiel dos fatos pela testemunha. Um interessante recurso para reduzir os efeitos maléficos do tempo na memória da testemunha é a *Self-Administered Interview*[26] ou entrevista autoadministrada, que se traduz em um roteiro com instruções e questões pré-estabelecidas, a fim de que a testemunha, tão logo ocorra o evento, possa recuperar sozinha as lembranças da ocorrência e realizar um relato inicial escrito sobre elas. Dessa forma, garante-se uma primeira evocação de boa qualidade, mais precisa e completa, reduzindo as chances de instalação de falsas memórias e da ocorrência do esquecimento.

Por outro lado, quanto à perspectiva dos depoimentos insinceros e falsos, em face da impossibilidade de torná-los verdadeiros ou identificá-los de forma absoluta, faz-se possível, apenas, a adoção de estratégias voltadas a maximizar, na maior medida possível, as diferenças entre depoentes mendazes e depoentes verazes.

Uma dessas estratégias é a formulação de perguntas inesperadas, ou seja, questões que as testemunhas dificilmente tenham antecipado e, dessa forma, planejado uma resposta adequada e coerente. Assim, em casos com mais de uma testemunha possivelmente insincera, pode-se, separadamente, formular perguntas inesperadas para cada uma, a fim de verificar pontos de discrepância e a incoerência entre suas respostas.

Outro mecanismo possível é o aumento da sobrecarga cognitiva da testemunha, por meio, exemplificativamente, de pedido de manutenção de contato visual ou narração dos fatos sob outras perspectivas ou ordens

26 FISHER, Ronald; GABBERT, Fiona; HOPE, Lorraine. From laboratory to the street: Capturing witness memory using the Self-Administered Interview. *Legal and Criminological Psychology*, p. 211-216, 2011.

diversas. A testemunha insincera, como previsto pela teoria da complexidade do conteúdo, já suporta uma maior carga cognitiva do que a testemunha sincera, de forma que, possivelmente, apresentará uma performance pior nas tarefas solicitadas.

Por fim, também é possível se adotar a técnica de utilização estratégia das provas ("Strategic Use of Evidence")[27], em que a autoridade entrevistadora oculta ou revela parcialmente seu conhecimento prévio sobre determinadas informações relevantes, a fim de verificar a adoção de estratégias de evasão e de retenção eventualmente utilizadas pelo depoente insincero.

Do exposto, conclui-se que é importante cercar a prova testemunhal, tanto quanto seja possível, das garantias existentes, seja no seu modo de produção, seja, após, em sua valoração pelo magistrado, que deve ser realizada a partir de uma análise racional e crítica da prova.

Para elevar a qualidade epistemológica da prova e, por conseguinte, tornar a decisão judicial mais afinada com a realidade, é necessário, antes de tudo, conscientizar os atores processuais acerca da falibilidade da prova testemunhal, seja porque é fruto de um processo dinâmico, complexo e inexato, tal qual a memória humana, seja porque pode ser objeto da distorção voluntária dos fatos pela testemunha.

Assim, a conscientização e a capacitação de todos os sujeitos atuantes na persecução penal são os pontos de partida da caminhada em direção à modificação da cultura forense e ao aprimoramento das práticas de produção e valoração probatórias.

REFERÊNCIAS

ALBRIGHT, Thomas D. Why eyewitnesses fail. *Proceedings of the National Academy of Sciences of the United States of America*, v. 114, n. 30, p. 7758-7764, 2017.

BANAJI, M.R.; LOFTUS, E. Memory Modification and the Role of the Media. In: GHEORGHIU, V.A.; NETTER, P.; EYSENCK, H. J. *Suggestion and Suggestibility*. Berlin: Springer, 1989.

BRAINERD, C. J.; REYNA, V. F. Fuzzy-Trace Theory. *Current Directions in Psychological Science*, v. 11, n. 5, p. 164-169, out. 2002.

CHRISTIANSON, Sven-Ake; LOFTUS, Elizabeth F. Memory for Traumatic Events. *Applied cognitive psychology*, v. 1, p. 225-239, 1987.

CLARK, Noel; GUDJONSSON, Gisli. Suggestibility in Police Interrogation: A Social Psychological Model. *Social Behaviour*, v. 1, p. 73-95, 1986.

27 HARTWIG, Maria; GRANHAG, Pär Anders; LUKE, Timothy. Strategic Use of Evidence During Investigative Interviews: The State of the Science. In: RASKIN, David (Ed.). *Credibility Assessment: Scientific Research and Applications*. Oxford: Elsevier, 2014, p. 09.

DAVIS, Deborah; LOFTUS, Elizabeth. Internal and External Sources of Misinformation in Adult Witness Memory. In: LINDSAY, R. C. L et al. *The Handbook of Eyewitness Psychology*. Londres: Erbaun Associates Publishers, 2007, v. 01.

DEPAULO, Bella et al. Cues to Deception. *Psychological Bulletin*, v. 129, n. 1, p. 74-118, 2003.

DEPAULO, Bella M.; KIRKENDOL, Susan E. The Motivational Impairment Effect in the Communication of Deception. In: YUILLE J.C. (Ed.). Credibility Assesment. *Nato Science*. Dordrecht: Springer, 1988.

EKMAN, Paul. *Telling lies: Clues to deceit in the marketplace, politics and marriage*. New York: W. W. Norton, 1992.

HARTWIG, Maria; GRANHAG, Pär Anders; LUKE, Timothy. Strategic Use of Evidence During Investigative Interviews: The State of the Science. In: RASKIN, David (Ed.). *Credibility Assessment: Scientific Research and Applications*. Oxford: Elsevier, 2014.

IZQUIERDO, Iván. Memórias. Estudos Avançados, São Paulo, v. 3, n. 6, p. 89-112, aug. 1989. Disponível em: <http://www.revistas.usp.br/eav/article/view/8522/10073>. Acesso em: jul./23.

FISHER, Ronald; GABBERT, Fiona; HOPE, Lorraine. From laboratory to the street: Capturing witness memory using the Self-Administered Interview. *Legal and Criminological Psychology*, p. 211-216, 2011.

FRANK, Jean; LANDEIRA-FERNANDEZ, J. Rememoração, subjetividade e as bases neurais da memória autobiográfica. *Psicologia Clínica*. Rio de Janeiro, v. 18, p. 35-47, 2006.

GABBERT, Fiona et al. Memory Conformity Between Eyewitnesses. Court Review: The Journal of the American Judges Association, v. 48, p. 36-43, 2012.

LOFTUS, Elizabeth F. Make-Believe Memories. *American Psychologist*, v. 58, n. 11, p. 864-873, 2003

LOFTUS, Elizabeth F.; MILLER, David G.; BURNS, Helen J. Semantic Integration of Verbal Information into a Visual Memory. *Journal of Experimental Psychology: Human Learning and Memory*, v. 04, n. 1, p. 19-31, 1978.

LOFTUS, Elizabeth F.; ZANNI, Guido. Eyewitness testimony: the influence of the wording of a question. *Bulletin of the Psychonomic Society*, v. 5, n. 1, p. 86-88, 1975.

RAMOS, Vitor de Paula. *Prova testemunhal:* Do Subjetivismo ao Objetivismo. Do isolamento Científico ao Diálogo com a Psicologia e a Epistemologia. São Paulo: Thomson Reuters Brasil, 2018.

REYNA, Valerie; LLOYD, Farrell. Theories of false memory in children and adults. *Learning and Individual Differences*, v. 09, n. 02, p. 95-123, 1997.

SOUSA, Luís Filipe Pires. *Prova testemunhal*. Coimbra: Almedina, 2016.

SOKOL, Daniel K. Dissecting Deception. *Cambridge Q. Healthcare Ethics*, v. 15, p. 457-464, 2006.

STEIN, Lilian Milnitsky; PINTO, Luciano Haussen. Nova ferramenta de entrevista investigativa na coleta de testemunhos: a versão brasileira da Self-Administered Interview©. *Revista Brasileira de Segurança Pública*, v. 11, n. 1, p. 110-128, fev./mar. 2017, p. 112.

VRIJ, Aldert. *Detecting Lies and Deceit: Pitfalls and Opportunities*. 2. ed. Leicester: Wiley, 2008.

A neurociência da prova testemunhal e seu impacto na condução e na valoração de oitivas judiciais

Pedro Henrique Oliveira Kenne da Silva[1]

1. CONSIDERAÇÕES INICIAIS: A EXUMAÇÃO DA MEMÓRIA

A antropologia forense já estabeleceu que o exame de restos mortais pode, com os avanços da ciência moderna, esclarecer diversos fatos passados mesmo após muitos anos – inclusive após décadas ou séculos. Nem por isso é comum vermos questionamentos acerca da pertinência de se considerar urgente uma exumação de cadáver. Isso porque é largamente aceito que a eficácia do exame necroscópico diminui com a ação do tempo, em razão dos agentes de decomposição dos tecidos humanos.

Curioso, porém, é o que ocorre com a prova testemunhal. Assim como no exame necroscópico, na prova testemunhal temos a busca por esclarecimentos de um fato a partir do exame de um reflexo imperfeito daquele acontecimento. O fato efetivamente presenciado pela testemunha "morre" ao acontecer; seus despojos mnemônicos decaem com a ação do tempo, esvaindo-se e transformando-se, até que a possibilidade de que se encontrem respostas na memória das testemunhas fique bastante reduzida. Ao contrário do que ocorre com o exame necroscópico, porém, muitas vezes superestima-se a estabilidade da prova testemunhal, a qual é altamente dependente da memória humana.

As pesquisas neurocientíficas têm propiciado um significativo avanço relativamente à compreensão de como a memória funciona. Sobretudo a partir do desenvolvimento tecnológico do século XX, conseguiu-se um salto relevante na compreensão das funções cerebrais, com reflexo em diversas áreas do conhecimento. Esses avanços, adequadamente trazidos ao debate jurídico, nos permitem um olhar diferenciado para importantes questões envolvendo o processo penal.

Para Michele Taruffo, um dos componentes da *decisão justa* é exatamente o correto exame e a correta valoração dos elementos de prova, a fim de se

1 Mestre em Direito pela Universidade Federal do Rio Grande do Sul (UFRGS), especialista em Direito Público pela Escola Superior do Ministério Público da União (ESMPU), Procurador da República (MPF/RS). Coordenador Adjunto do Grupo de Apoio ao Combate à Escravidão Contemporânea e ao Tráfico de Pessoas do Ministério Público Federal (GACEC/TRAP). Professor de Direito Penal e de Direito Processual Penal. Ex-Defensor Público (DPE/RS). Contato: pedrokenne@gmail.com.

realizar a melhor reconstrução fática possível.[2] No presente artigo, busca-se apresentar perspectivas neurocientificamente orientadas para um melhor desfecho dos processos nos quais haja a produção de prova testemunhal. Em outras palavras, perspectivas probatórias para a busca da *decisão justa*. São inicialmente expostos alguns conceitos relativos a determinados fatores de interferência na fidedignidade da memória que impactam sobremaneira a precisão dos testemunhos (Capítulo 2). Em seguida, traça-se breve panorama sobre as normas processuais penais referentes à gestão da prova testemunhal, visando ao seu resguardo e utilidade (Capítulo 3). Na parte principal, delineiam-se perspectivas para a aplicação de nosso processo penal informado pelos avanços interdisciplinares (Capítulo 4), tratando do momento da percepção dos fatos (Capítulo 4.1) e buscando trazer indicações para uma melhor gestão da prova (Capítulo 4.2), para a tomada de depoimento (Capítulo 4.3) e para a valoração dos testemunhos (Capítulo 4.4). Por fim, são expostas considerações a título de conclusão.

2. A NEUROCIÊNCIA DA PROVA TESTEMUNHAL

A prova testemunhal "em sentido amplo" (ou prova dependente de fontes pessoais)[3] pode ser testemunhal "propriamente dita" (ou testemunhal em "sentido estrito", quando relativa à narrativa de fatos), ou ainda constituir-se no reconhecimento de pessoas ou coisas. No presente artigo, o foco principal será a prova testemunhal propriamente dita, embora muitos conceitos sejam aproveitados também no estudo do reconhecimento de pessoas ou coisas. Em um ou outro caso, porém, não há como falar em prova testemunhal sem falar em memória. Tanto é que o gênero pode também ser chamado de "provas dependentes da memória", em sinal da estreita vinculação entre os conceitos. Busca-se a evocação de memórias por parte de testemunhas, chamadas a colaborar com a justiça em ambientes formais de investigação ou de julgamento de fatos possivelmente criminosos. É inegável, assim, o potencial valor do aprofundamento do conhecimento sobre a memória para que corretamente se possam apreciar as questões envolvendo a prova testemunhal.

É superlativa a importância da memória no desenvolvimento individual e cultural humano. Em um nível individual, a memória muda desde a resposta a estímulos – alterando, portanto, as conexões funcionais entre a pessoa e o mundo que a circunda – até a própria base do conhecimento que se tem, como ocorre nas memórias mais complexas, a exemplo da memória acerca

2 TARUFFO, Michele. *Uma Simples Verdade: O Juiz e a Construção dos Fatos*. Tradução de Vitor de Paula Ramos. São Paulo: Marcial Pons, 2016, p. 142.

3 BADARÓ, Gustavo. O Valor Probatório do Inquérito Policial. *In: LERNER, Daniel Josef; MALARINO, Ezequiel; AMBOS, Kai (Org.). Polícia e Investigação no Brasil. Brasília: Gazeta Jurídica, 2016. p. 255-282. [p. 262].*

de uma determinada profissão.[4] Elas constituem, ao fim e ao cabo, o nosso ser. Somos aquilo que lembramos, mas também aquilo que resolvemos esquecer, conforme Ivan Izquierdo.[5] Elas são não apenas a chave de como reagimos ao mundo – são a chave da nossa própria compreensão e da nossa situação nele. Do ponto de vista da história humana, também é a memória, em sentido amplo, que nos dá identidade enquanto coletividade.[6]

Nossa mente, porém, está sujeita a falhas. Essas podem decorrer de diversas causas concomitantes ao evento, posteriores a esse, ou mesmo por fatores que se apresentem no momento da tomada do depoimento.

Estudos que se dedicam com mais especificidade ao tema têm como nota comum o diagnóstico de que se cuida de assunto abordado com pouco zelo no dia a dia forense.[7] A prova testemunhal, que é o tema do qual nos proporemos a tratar, deve ser trabalhada de modo que os estudiosos e aplicadores da lei busquem adequadamente apropriarem-se dos avanços das ciências da mente no que tange àquilo que efetivamente afeta a qualidade e eficiência de um testemunho.

A memória não é um sistema de armazenamento de "fotografias fac-similares de coisas, de acontecimentos, de palavras ou de frases".[8] Se assim fosse, incorreríamos em "problemas insuperáveis de capacidade", como alerta António Damásio.[9] Trata-se de sistema muito mais complexo e intrincado, sujeito a toda sorte de influências, tanto neurobioquímicas como de agentes externos.

Tanto na aquisição quanto na evocação das memórias – e também no longo processo de consolidação de cada memória – são utilizadas complexas redes de neurônios, que realizam uma *tradução*.[10] E "os códigos e os processos utilizados pelos neurônios não são idênticos à realidade da qual extraem ou à qual revertem as informações".[11] Um determinado fato que ocorra em nossa presença provoca uma específica experiência visual que, capturada por nossa retina, é traduzida em sinais elétricos. Por meio de diversas conexões neuronais, os sinais chegam ao córtex occipital, onde produzem vários processos bioquímicos – os quais, hoje, estão em grande parte mapeados pela medicina.

4 IZQUIERDO, Ivan. *Memória. 3ª ed. Porto Alegre: Artmed, 2018, p. 46.*

5 *Idem, ibidem*, p. 1.

6 *Idem, ibidem*, p. 8.

7 Nesse sentido, citam-se: BARBUGIANI, Luiz Henrique Sormani. *A Colheita da Prova Testemunhal em Juízo no Brasil: Uma Visão Antropológica. Rio de Janeiro: Lumen Juris, 2019, p. 53; GESU, Cristina di. Prova Penal e Falsas Memórias. 3ª ed. Porto Alegre: Livraria do Advogado, 2019, p. 19; e GORGA, Maria Luiza. A Prova Testemunhal e o Necessário Diálogo Entre Neurociência e Direito. Rio de Janeiro: Lumen Juris, 2020, p.1.*

8 DAMASIO, Antonio. *O Erro de Descartes*. São Paulo: Companhia das Letras, 2012. *E-book*, p. 136.

9 *Idem, ibidem*, p. 137.

10 "Ao converter a realidade em um complexo código de sinais elétricos e bioquímicos, os neurônios traduzem. Na evocação, ao reverter essa informação para o meio que nos rodeia, os neurônios reconvertem sinais bioquímicos ou estruturais em elétricos, de maneira que novamente nossos sentidos e nossa consciência possam interpretá-los como pertencendo a um mundo real. Em cada tradução, ocorrem perdas ou mudanças. Qualquer um que tenha lido poemas no idioma original e depois em uma tradução terá percebido que há uma perda ou uma mudança. Os italianos cunharam, há muitos anos, a expressão "tradutore = traditore" ("tradutor = traidor") para denotar essas perdas e alterações" (IZQUIERDO, Ivan. *Memória. 3ª ed. Porto Alegre: Artmed, 2018, p. 10).*

11 IZQUIERDO, Ivan. *Memória. 3ª ed. Porto Alegre: Artmed, 2018, p. 10.*

Já informações de outras naturezas, mesmo que adquiridas pela retina (como a leitura deste texto, ou a leitura de uma partitura musical), ocupam outras regiões do córtex. Há, ainda, regiões em que essas vias convergem; e todas essas regiões são ativadas na formação e na evocação das memórias.[12]

Muitos fenômenos da memória são de interesse do direito. Há estudos de relevância para a área nos trabalhos de diversos psicólogos e neurologistas, como Elizabeth Loftus,[13] Robert Sternberg,[14] Lilian Stein,[15] Ivan Izquierdo,[16] Daniel Schacter[17] e Eric Kandel.[18] Algumas das explicações para a variabilidade da eficiência da memória se confundem, e alguns dos fenômenos têm traços em comum.

É interessante notar que, como identificado por Paul Ricœur,[19] há uma tendência de abordar a memória a partir de suas deficiências na própria literatura filosófica, o que se reproduz nas letras jurídicas. Ao menos em parte, nesta obra não se foge a tal padrão, pois elencamos diversos fatores que afetam a fidedignidade da memória. O risco que tal tendência carrega, porém, é o de desacreditar um sistema de mecanismos humanos altamente relevante para a própria existência individual e da civilização, o qual pode – e deve – ser abordado também "pela descrição dos fenômenos mnemônicos do ponto de vista das *capacidades* das quais eles constituem a efetuação 'bem sucedida'".[20]

A administração da justiça é uma forma complexa e sofisticada de interação desenvolvida pela civilização. Os seres humanos dispõem da memória organicamente e desde sua origem para o registro e evocação de percepções acerca de fatos presenciados. Não podemos abrir mão dessa ferramenta em nossas interações sociais, das quais a administração da justiça é uma das mais relevantes. Assim, é necessário que se prestigie a melhor evocação possível da memória, com medidas que a potencializem; e é com esse intuito que se expõem os fatores a seguir, com vistas à exploração de maneiras de mitigar suas consequências danosas e melhor empregar a memória humana.

---

12 *Idem, ibidem.*
13 LOFTUS, Elizabeth Fishman; DOYLE, James; DYSART, Jennifer. *Eyewitness Testimony: Civil and Criminal. 5ª ed. Danvers: LexisNexis, 2022. E-book.*
14 STERNBERG, Robert J. e STERNBERG, Karin. *Cognitive Psychology. 6ª ed. Belmont: Wadsworth, 2012.*
15 STEIN, Lilian Milnitsky (Org.). *Falsas Memórias: Fundamentos Científicos e suas Aplicações Clínicas e Jurídicas. Porto Alegre: Artmed, 2010.*
16 IZQUIERDO, Ivan. *Memória. 3ª ed. Porto Alegre: Artmed, 2018; IZQUIERDO, Ivan. A Arte de Esquecer. 2ª edição. Rio de Janeiro: Vieira e Lent, 2010.*
17 SCHACTER, Daniel L. *The Seven Sins of Memory: How the Mind Forgets and Remembers. New York: Houghton Mifflin Company, 2002. E-book.*
18 KANDEL, Eric. *Principles of Neural Science. 5ª ed. New York: McGraw-Hill Companies, 2013; KANDEL, Eric. In Search of Memory. New York: W. W. Norton & Company Inc, 2007.*
19 RICŒUR, Paul. *A Memória, a História, o Esquecimento.* Tradução de Alan François. Campinas: Unicamp, 2007, p. 40.
20 *Idem, ibidem.*

3. A DISCIPLINA DAS OITIVAS NO CPP

Em regra, a prova testemunhal no processo penal brasileiro é produzida em audiência de instrução e julgamento, sob contraditório judicial,[21] o qual ocorrerá após citação pessoal do réu e a resposta à acusação. A oitiva de testemunhas, assim, tem um momento previsto na legislação. Em determinados casos, porém, haverá sua antecipação.

A prova produzida em sede policial, quando irrepetível, poderá ser valorada pelo juízo, nos termos do art. 155 do CPP. Não se trata, entretanto, de caso propriamente dito de antecipação, a qual ocorrerá, nos termos do CPP, sobretudo em três casos: enfermidade ou velhice da testemunha (art. 225), suspensão do processo para solução de controvérsia cível (art. 92 e art. 93) e suspensão do processo após citação por edital não atendida (art. 366).

Na legislação extravagante, destaca-se o *depoimento especial* previsto para crianças e adolescentes, que não tem apenas função de preservação da qualidade do depoimento (Lei nº 13.431/2017). O principal objetivo é evitar a sucessiva submissão da criança ou adolescente à desconfortável situação de depor sobre um fato que geralmente é constrangedor e/ou violento.

Há, ainda, possível hipótese de aplicação analógica do art. 381, I, do CPC, por força do art. 3º do CPP. Trata-se de norma que visa a acautelar o esclarecimento dos fatos do processo, aplicável em circunstâncias que desbordem das demais já mencionadas. Sua aplicabilidade é, a toda evidência, mais abrangente do que a previsão do art. 156 do CPP, que traz requisitos mais estritos de admissibilidade da antecipação, focando na natureza da prova, e não no prejuízo à descoberta do fato.

No caso do art. 92 e do art. 93 do CPP, temos como regra a produção da prova testemunhal independentemente do prosseguimento do curso do processo. Da mesma forma, o art. 366 do CPP conduzirá à identificação da urgência na produção da prova testemunhal nos casos de citação por edital, diante da perspectiva temporal envolvida. Já nos casos do art. 225 do CPP e das situações atípicas cobertas pelo art. 381, I, do CPC não bastará a simples identificação da espécie de prova envolvida. Por se tratar, aí sim, de exceções com condições específicas legalmente previstas, impõe-se que a necessidade de oitiva fora do tempo comum seja fundamentada, recaindo o ônus argumentativo respectivo sobre quem requer e/ou sobre quem decide a antecipação. A fundamentação estará ligada aos riscos vinculados à não produção da prova no momento adequado, qual seja o de "ausência" ou "não existência" (art. 225 do CPP), ou ainda o de "que

21 "Art. 155. O juiz formará sua convicção pela livre apreciação da prova produzida em contraditório judicial, não podendo fundamentar sua decisão exclusivamente nos elementos informativos colhidos na investigação, ressalvadas as provas cautelares, não repetíveis e antecipadas".

venha a tornar-se impossível ou muito difícil a verificação de certos fatos na pendência da ação" (art. 381, I, do CPC, c/c art. 3º do CPP).

Sobre o nível de fundamentação e o nível de evidência acerca do risco à prova nos casos do art. 225 do CPP e do art. 381, I, do CPC, há que se ter em mente, em primeiro lugar, que o sistema admite hipóteses de antecipação, rejeitando uma visão absoluta do momento da prova. Deverá, portanto, ser admitido como fundamento um arrazoado que demonstre os *riscos*, ainda que inferidos, à produção da prova. Em muitos casos, os riscos à memória estão documentados e foram submetidos a experimentos científicos que trouxeram comprovação sólida acerca de sua ocorrência, como mencionado no capítulo anterior do presente artigo.[22] A antecipação, porém, não deverá se limitar a tais casos, desde que se trate, na decisão que a defere, de uma interpretação dos dispositivos legais que permitem tal mecanismo de preservação da prova. Aqui, deve preponderar a *precaução*, buscando maximizar a possibilidade de uma correta avaliação da prova. É preferível antecipar a prova em situações limítrofes, diante das consequências irreversíveis (perdas e distorções da memória) que a inércia pode trazer.

A antecipação da produção da prova testemunhal em suas diversas formas é alvo de contestações baseadas na alegada violação da ampla defesa e do contraditório.[23] Contudo, em se admitindo que há a possibilidade de oitiva antecipada em determinados casos (como, por exemplo, nos casos do art. 225 do CPP, com relação aos quais não se identificam maiores contestações à implementação), é forçosa a conclusão de que não há em nosso ordenamento um direito absoluto a um determinado *momento* para a oitiva. E, em assim sendo, é uma questão de identificação dos casos que deflagram a antecipação, a partir da interpretação dos dispositivos que os definem.

Mesmo que se entendesse haver potencial prejuízo à ampla defesa e ao contraditório, sua concretização deveria ser demonstrada. Nessa linha, já decidiu o STF no julgamento do HC 165.581/RO, entendendo, em caso de oitiva antecipada, que "não se pode ignorar a regra segundo a qual não haverá declaração de nulidade quando não demonstrado o efetivo prejuízo causado à parte (*pas de nullité sans grief*)".[24]

---

22 Para maior aprofundamento, e relato extenso de pesquisas acerca dos fenômenos relativos ao esquecimento: SILVA, Pedro Henrique Oliveira Kenne da Silva. *Prova Testemunhal no Processo Penal: Memória Humana, Antecipação e Redução do Erro Judiciário.* Belo Horizonte, São Paulo: D'Plácido, 2023, Capítulo 1.3.3.

23 A título de exemplo, citam-se PELUSO, Vinicius de Toledo Piza. Revelia e a Produção Antecipada da Prova Testemunhal no Processo Penal (art. 366 do CPP). *Revista Brasileira de Ciências Criminais. São Paulo: Revista dos Tribunais, n. 72, v. 16, mai. a jun. 2008. p. 186-205. [p. 4]; GOMES FILHO, Antonio Magalhães. Medidas Cautelares da Lei 9.271/96: Produção Antecipada de Provas e Prisão Preventiva. Boletim IBCCRim. São Paulo: IBCCrim, n. 42, jun. 1996, p. 5; CHOUKR, Fauzi Hassan. Suspensão do Processo em Face da Revelia: Comentários à Lei 9.271, de 17 de junho de 1996. Boletim IBCCRim. São Paulo: IBCCrim, n. 23, jul. a set. 1998. p. 41-65; BADARÓ, Gustavo. Processo Penal. 3ª ed. São Paulo: Revista dos Tribunais, 2015, p. 369-370; NASCIMENTO, Adilson de Oliveira. Da Citação por Edital do Acusado. Belo Horizonte: Mandamentos, 2004, p. 123; e* MALAN, Diogo; MIRZA, Flávio. Direito ao Confronto e Depoimento Especial. *Revista Brasileira de Ciências Criminais.* São Paulo: Revista dos Tribunais, v. 171, set. 2020, p. 187-224.

24 STF, Primeira Turma, AgRg no HC 165.581/RO, rel. Min. Alexandre de Moraes, julgado em 22 fev. 2019.

Na mesma linha foi o STJ no julgamento do RHC 64.086/DF, que é objeto de maiores considerações no Capítulo 4.8. O relator para o acórdão, Ministro Rogério Schietti, assentou em seu voto-condutor:[25]

> De mais a mais, não se pode olvidar que a realização antecipada de provas não traz prejuízo para a defesa, visto que, além de o ato ser realizado na presença de defensor nomeado, o comparecimento eventual do réu – e a consequente retomada do curso processual – lhe permitirá requerer a produção das provas que julgar necessárias para sua defesa e, ante argumentos idôneos, poderá até mesmo lograr a repetição da prova produzida antecipadamente.

4. PERSPECTIVAS NEUROCIENTIFICAMENTE ORIENTADAS DA GESTÃO DA PROVA, DA TOMADA E DA VALORAÇÃO DE DEPOIMENTOS

Para tratar das perspectivas para a prova testemunhal, primeiramente cabe distinguir os fatores que afetam a produção da prova em *sistêmicos* e *estimatórios*, bem como elencar alguns dos principais fenômenos relativos à memória presentes na literatura.

Fatores *estimatórios* são aqueles que operam no momento do evento, como sua duração ou a utilização de um disfarce pelo autor do fato. Esses não podem ser manipulados após a ocorrência do evento e tendem a operar nos processos de codificação da memória. Já os fatores *sistêmicos* são aqueles relacionados ao ciclo de persecução penal e operam nos processos de armazenamento e evocação. Trata-se, por exemplo, do tempo decorrido entre fato e inquirição, ou da forma de entrevista por parte dos agentes responsáveis[26].

Quanto aos tipos de fenômenos que afetam a prova testemunhal, subjetivamente falando, podemos citar um elenco a partir de fatores apresentados por Loftus[27] e por Izquierdo:[28] (a) fatores relativos à *percepção e à aquisição da memória*; (b) o *esquecimento*; (c) *distorções da memória*; (d) fatores relacionados ao *reconhecimento de pessoas*; (e) *estados de ânimo*; (f) questões fisiológicas relacionadas à *idade, a doenças e a outros incidentes relacionados à neurologia da memória*. Tais fatores podem ser correlacionados com os diferentes momentos da realidade dos fatos puníveis que são objeto do processo penal e do desenvolvimento de sua investigação e julgamento: (1) o momento da percepção dos fatos, (2) o interregno entre a percepção e a tomada do depoimento

25 STJ, Terceira Seção, RHC 64.086/DF, rel. Min. Rogerio Schietti Cruz, julgado em 23 nov. 2016.
26 SHAPIRO, Peter N.; PENROD, Steven. Meta-Analysis of Facial Identification Studies. *Psychological Bulletin*. Washington, DC: American Psychological Association, n. 2, v. 100, 1986. p. 139-156. DOI: 10.1037/0033-2909.100.2.139.
27 LOFTUS, Elizabeth Fishman; DOYLE, James; DYSART, Jennifer. *Eyewitness Testimony: Civil and Criminal*. 5ª ed. Danvers: Lexis-Nexis, 2022. *E-book*.
28 IZQUIERDO, Ivan. *Memória. 3ª ed. Porto Alegre: Artmed, 2018.*

perante agentes estatais em sede de investigação ou de processo e, por fim, (3) o momento da tomada do depoimento propriamente dito. No momento (1), incidem sobretudo os fatores (a), (d), (e) e (f). No momento (2), os fatores (b), (c), e (f). E no momento (3), os fatores (c), (d), (e) e (f).[29]

4.1 O momento da percepção dos fatos

É praticamente inviável influir com medidas de potencialização da memória no momento da percepção dos fatos.[30] Nesse aspecto, um dos meios de melhorar a qualidade da prova – e, portanto, de reduzir o erro judiciário por meio da produção de mais *decisões justas* – é incentivar a adoção de câmeras nos aparatos de polícia ostensiva, medida que vem sendo ventilada no cenário nacional.[31] Não se trata propriamente de atuar sobre os sistemas neuropsicológicos relacionados à memória, mas de agregar uma possibilidade de registro paralelo que, do ponto de vista *objetivo*, é insuperável pelo ser humano em diversos aspectos. A prova testemunhal se articularia com a evidência em vídeo para que se pudesse aprimorar a busca pela verdade dos fatos. Apesar de isso apenas auxiliar em uma parte dos casos – sobretudo crimes violentos que sejam reprimidos pela polícia –, nessa parte pode ser crucial para elucidar a dinâmica de eventos violentos e complexos. A percepção humana dos fatos seguirá essencial para que se possam agregar dados de contexto e outros detalhes, mas seria auxiliada por gravação, ao menos por um determinado ângulo, de imagens do evento.

O mais efetivo avanço que as neurociências podem dar atualmente é justamente educar os atores jurídicos para as características da memória humana. Com esses conhecimentos, eles poderão avaliar melhor os testemunhos ao longo dos processos, sem preconcepções equivocadas e sem incorrer em erros fundados em mitos acerca da memória.

4.2 O interregno entre o fato e a oitiva: gestão da prova

Com relação ao interregno entre fatos e oitiva, medidas de redução do prazo de tramitação dos processos sempre terão o condão de melhorar a produção da prova testemunhal. O tempo exerce inegável ação deletéria sobre as memórias, influindo no esquecimento e nas suas distorções. De modo geral, como esclarece Gilberto Thums, "quanto mais célere o julgamento, quanto

---

29 Para exame detalhado de cada um dos fatores, ver SILVA, Pedro Henrique Oliveira Kenne da Silva. *Prova Testemunhal no Processo Penal: Memória Humana, Antecipação e Redução do Erro Judiciário.* Belo Horizonte, São Paulo: D'Plácido, 2023, Capítulo 1.3.

30 SILVA, Pedro Henrique Oliveira Kenne da Silva. *Prova Testemunhal no Processo Penal: Memória Humana, Antecipação e Redução do Erro Judiciário.* Belo Horizonte, São Paulo: D'Plácido, 2023, Capítulo 1.3.1.

31 Como exemplifica notícia veiculada no *site* "Metrópoles" intitulada "BID Estuda Financiar Projeto do Governo Federal para Câmeras Policiais" (BARRETTO, Eduardo. BID Estuda Financiar Projeto do Governo Federal para Câmeras Policiais. *Metrópoles,* 24 abr. 2023. Disponível em: https://www.metropoles.com/colunas/guilherme-amado/bid-estuda-financiar-projeto-do-governo-federal-para-cameras-policiais. Acesso em: 22 maio 2023).

mais próximo do fato ocorrido, mais perto da verdade o juiz se encontraria".[32] Stein e outros, nessa linha, advertem:[33]

> Quanto maior o tempo decorrido desde o evento, maior a probabilidade que a recordação original já esteja modificada. Entretanto, há algumas possibilidades que podem ser exploradas desde que sejam elaboradas políticas públicas que levem em conta as capacidades e limitações de memória humana. Nesse sentido, devem ser instauradas políticas públicas que visem à implementação de práticas baseadas em evidências, bem como de políticas legislativas e educacionais, tanto na formação geral do ator jurídico (graduação) quanto específica (treinamentos). Se a memória é uma importante evidência de um fato, é importante que esta seja coletada e analisada como tal. Somente considerando as capacidades e limitações da memória humana é possível tornar procedimentos mais eficazes e alcançar uma efetividade em preservar dos direitos fundamentais de acusados e vítimas.

As medidas antecipatórias foram o principal objeto de obra de nossa autoria.[34] Evidentemente, o processo penal tem seu tempo e seus limites, e nem sempre será possível uma redução do prazo de tramitação. No caso de testemunhas que, por *enfermidade ou velhice*, tenham risco de morte, o art. 225 do CPP dá solução que não tem maiores contestações. Por sua vez, o art. 92 e o art. 93 do CPP trazem presumida urgência expressa à prova testemunhal, determinando sua antecipação quando da suspensão para aguardar a solução de controvérsia cível fundamental à tipicidade. A Lei nº 13.431/2017 contém disposições acerca da antecipação (e realização de ato único) para depoimentos de crianças e adolescentes. Há, ainda, a possibilidade de aplicação analógica do art. 381, I, do CPP, quando evidenciado que a não antecipação coloca em grande risco a qualidade dos depoimentos futuros. Por fim, no caso da citação por edital, há espaço para uma revisão da interpretação dominante no que tange à produção da prova testemunhal, o que já reduz a possibilidade de uma má apreciação dos fatos – melhorando as condições de *busca da verdade* e propiciando maior chance de uma *decisão justa*.[35] Há substancial doutrina no sentido da admissibilidade da antecipação, com fundamento no art. 366 do CPP, sempre que se tratar de produzir prova testemunhal (nessa linha já se manifestaram Victor Eduardo

---

32 THUMS, Gilberto. *Sistemas Processuais Penais. Rio de Janeiro: Lumen Juris, 2006. p. 52.*

33 CECCONELLO, William Weber; ÁVILA, Gustavo Noronha de; STEIN, Lilian Milnitsky. A (Ir)repetibilidade da Prova Penal Dependente da Memória: Uma Discussão com Base na Psicologia do Testemunho. *Revista Brasileira de Políticas Públicas*. Brasília: Centro Universitário de Brasília, n. 2, v. 8, ago. 2018. p. 1058-1073. Disponível em: https://www.publicacoes.uniceub.br/RBPP/article/view/5312. Acesso em: 2 maio 2023.

34 Considerações sobre as hipóteses de antecipação previstas em nosso ordenamento são tecidas nos Capítulos 4 e 5 de nossa obra: SILVA, Pedro Henrique Oliveira Kenne da Silva. *Prova Testemunhal no Processo Penal: Memória Humana, Antecipação e Redução do Erro Judiciário*. Belo Horizonte, São Paulo: D'Plácido, 2023.

35 O argumento é desenvolvido em profundidade no Capítulo 4 de nosso *Prova Testemunhal no Processo Penal* (*op. cit.*).

Rios Gonçalves,[36] Rogério Schietti Machado Cruz,[37] José Carlos Meloni Sícoli,[38] Marcos André Chut,[39] Jorge Assaf Maluly,[40] Marcellus Polastri Lima,[41] Tourinho Filho,[42] Denis Andrade Sampaio Júnior[43] e Sérgio Demoro Hamilton[44]), embora haja divergência de diversos autores (como Aury Lopes Jr.,[45] Adilson de Oliveira Nascimento,[46] Guilherme de Souza Nucci,[47] Antonio Magalhães Gomes Filho,[48] Gustavo Badaró,[49] Eugênio Pacelli e Douglas Fischer,[50] André Felipe Alves da Costa Tredinnick,[51] Vinícius de Toledo Piza Peluso[52] e Fauzi Hassan Choukr[53]). Existe entendimento sumulado do STJ no sentido da impossibilidade de se considerar a passagem do tempo e seu impacto na memória humana, por si só, como fator determinante da antecipação (Súmula 455, editada em 2010),[54] embora essa venha sendo cada vez mais objeto de mitigações, a exemplo daquela levada a efeito no RHC 64.086/DF[55] com relação ao testemunho dos policiais. Mitigando a posição estabelecida na Súmula 455, já em 2012, com atenção às questões atinentes à memória humana, o Ministro Sebastião Reis Júnior registrava no voto-condutor do HC 199.927/SP:[56]

> Entretanto, não há como negar que a memória humana é suscetível de falhas com o decurso do tempo, não se podendo, pois, atribuir a uma testemunha o encargo de guardar em sua mente os detalhes de um fato eventualmente presenciado, enquanto o acusado permanece alheio à persecução penal deflagrada em seu desfavor.

---

36 GONÇALVES, Victor Eduardo Rios. Aspectos Relevantes da Lei 9.271/96. *Boletim IBCCRim. São Paulo: IBCCrim, n. 42, jun. 1996, p. 8.*

37 CRUZ, Rogério Schietti Machado. A Citação Editalícia e a Eficácia do Processo. *Boletim IBCCRim. São Paulo: IBCCrim, n. 43, jul. 1996, p. 2.*

38 SÍCOLI, José Carlos Meloni. A Produção Antecipada da Prova Testemunhal em Face da Revelia, no Código de Processo Penal. *Revista dos Tribunais. São Paulo: RT, n. 733, nov. 1996, p. 44.*

39 CHUT, Marcos André. Aspectos Polêmicos da Lei 9.271/96. *Revista dos Tribunais. São Paulo: RT, n. 734, dez. 1996, p. 559.*

40 MALULY, Jorge Assaf. Lei 9.271/96: Provas Urgentes e o Depoimento Testemunhal. *Boletim IBCCRim. São Paulo: IBCCrim, n. 52, mar. 1997, p. 8.*

41 LIMA, Marcellus Polastri. *Manual de Processo Penal. 6ª ed. Rio de Janeiro: Lumen Juris, 2012, p. 757.*

42 TOURINHO FILHO, Fernando da Costa. *Código de Processo Penal Comentado. 14ª ed. Saraiva: São Paulo, 2012, p. 1023-1024.*

43 SAMPAIO JÚNIOR, Denis Andrade. *Suspensão do Processo e da Prescrição Penal. Rio de Janeiro: Forense, 2000, p. 80.*

44 HAMILTON, Sérgio Demoro. A Revelia Premiada e o Sentido da Expressão "Prova Urgente". *Revista Síntese de Direito Penal e Processo Penal. Porto Alegre: Síntese, v. 29, dez. a jan. 2005, p. 27.*

45 LOPES JÚNIOR, Aury. *Direito Processual Penal. 17ª ed. São Paulo: Saraiva Educação, 2020. E-book, Capítulo X, Seção 2.6.1.2.*

46 NASCIMENTO, Adilson de Oliveira. *Da Citação por Edital do Acusado. Belo Horizonte: Mandamentos, 2004, p. 123.*

47 NUCCI, Guilherme de Souza. *Código de Processo Penal Comentado. 18ª ed. Rio de Janeiro: Forense, 2019.*

48 GOMES FILHO, Antonio Magalhães. Medidas Cautelares da Lei 9.271/96: Produção Antecipada de Provas e Prisão Preventiva. *Boletim IBCCRim. São Paulo: IBCCrim, n. 42, jun. 1996, p. 5.*

49 BADARÓ, Gustavo. *Processo Penal. 3ª ed. São Paulo: Revista dos Tribunais, 2015, p. 369-370.*

50 PACELLI, Eugênio; FISCHER, Douglas. *Comentários ao Código de Processo Penal e sua Jurisprudência. 10ª ed. São Paulo: Atlas, 2018, p. 784.*

51 TREDINNICK, André Felipe Alves da Costa. *A Revelia e a Suspensão do Processo Penal. Rio de Janeiro: Lumen Juris, 1997, p. 64-65.*

52 PELUSO, Vinicius de Toledo Piza. Revelia e a Produção Antecipada da Prova Testemunhal no Processo Penal (art. 366 do CPP). *Revista Brasileira de Ciências Criminais. São Paulo: Revista dos Tribunais, n. 72, v. 16, mai. a jun. 2008, p. 186-205. [p. 4].*

53 CHOUKR, Fauzi Hassan. Suspensão do Processo em Face da Revelia: Comentários à Lei 9.271, de 17 de junho de 1996. Boletim IBCCRim. São Paulo: IBCCrim, n. 23, jul. a set. 1998, p. 41-65.

54 "A decisão que determina a produção antecipada de provas com base no art. 366 do CPP deve ser concretamente fundamentada, não a justificando unicamente o mero decurso do tempo".

55STJ, Terceira Seção, RHC 64.086/DF, rel. Min. Rogerio Schietti Cruz, julgado em 23 nov. 2016.

56 STJ, Sexta Turma, HC 199.927/SP, rel. Min. Sebastião Reis Júnior, julgado em 19 abr. 2012.

Assim, por vezes, faz-se necessária a antecipação da prova testemunhal com arrimo no art. 366 do Código de Processo Penal – mormente quando se constata que a data dos fatos narrados na denúncia já se distancia de forma proeminente –, de maneira a não se perder detalhes relevantes ao deslinde da questão e não se comprometer um dos objetivos da persecução penal, qual seja, a busca da verdade real.

4.3 O momento da tomada de depoimento - técnicas e cautelas: entre o ideal e o possível

Apesar de a ficção indicar que há pessoas capazes de aferir com grande acurácia a veracidade de um relato, pesquisas indicam o contrário.[57] Meta-análises de experimentos de detecção humana de mentiras mostram que a acurácia é de aproximadamente 54% (pouco maior do que a decisão no "cara-ou-coroa" com o lançamento de uma moeda).[58] Estudos indicam ainda que, em se combinando diversas metodologias de detecção de mentira existentes, esse índice não chegaria a 70%.[59] Tal porcentagem, embora pudesse ser útil em contextos investigatórios (a fim de provocar maior exploração de determinada linha investigativa, por exemplo), ainda assim seria insuficiente para definir a certeza necessária na determinação do valor de um testemunho no processo penal. Estudos prosseguem, alguns incorporando novas tecnologias como o aprendizado de máquina,[60] mas não há mais otimismo na comunidade científica acerca da possibilidade de se determinar sinais físicos que consistentemente revelem mentiras, como tocar o rosto, desviar o olhar[61] ou exibir microexpressões faciais.[62]

Ademais, há uma grande diferença entre *detectar uma mentira* e *descobrir a verdade*, de modo que a utilidade da deteção também é, em si, limitada. O que se poderia desvendar, no máximo, é a *sinceridade* da resposta. Não será possível, portanto, detectar pelos meios antes mencionados a circunstância de um relato ser discrepante da realidade efetivamente presenciada pela testemunha quando ela acreditar ter presenciado aquilo que está contando. Em sua base cognitiva e neurofisiológica, as falsas memórias têm a mesma estrutura

---

57 BRENNEN, Tim; MAGNUSSEN, Svein. The Science of Lie Detection by Verbal Cues: What are the Prospects for Its Practical Applicability? *Frontiers in Psychology*. Lausanne: Frontiers Media, v. 13, abr. 2022. DOI: 10.3389/fpsyg.2022.835285. Disponível em: https://www.frontiersin.org/articles/10.3389/fpsyg.2022.835285/full. Acesso em: 17 abr. 2023.
58 HARTWIG, Maria; BOND, Charles F. Lie Detection from Multiple Cues: A Meta-analysis. *Applied Cognitive Psychology*. Hoboken: John Wiley & Sons, n. 28, 2014. p. 661-676. DOI: 10.1002/acp.3052. Disponível em: https://www.researchgate.net/publication/263814056_Lie_Detection_from_Multiple_Cues_A_Meta-analysis. Acesso em: 15 maio 2023.
59 *Idem, ibidem*.
60 *Idem, ibidem*.
61 *Idem, ibidem*.
62 BURGOON, Judee K. Microexpressions Are Not the Best Way to Catch a Liar. *Frontiers in Psychology*. Lausanne: Frontiers Media, v. 9, set. 2018. DOI: 10.3389/fpsyg.2018.01672. Disponível em: https://www.frontiersin.org/articles/10.3389/fpsyg.2018.01672/full. Acesso em: 17 abr. 2023.

das memórias verdadeiras,[63] de modo que aferir a falta de uma *mentira* não significa, necessariamente, que se esteja diante de um relato *fidedigno*.

Com relação às perguntas e seus efeitos nas respostas, Loftus destaca que o sistema legal reconhece parcialmente tais influências, o que é traduzido no conceito de *leading questions* da *common law*.[64] Em nosso sistema, tivemos, em 2008, a alteração da redação do art. 212 do CPP que determinou que o juiz não admitirá as perguntas que "puderem induzir a resposta", além de permitir um maior protagonismo da acusação e da defesa na inquirição. A respeito do assunto, buscando sistematizar a aplicação de tal previsão legal, Rafael Wobeto Pinter[65] elaborou uma estrutura tipológica de *perguntas indutivas* (caracterizadas pela busca da eliminação sub-reptícia do espaço de respostas possíveis por parte da testemunha)[66] e de *perguntas capciosas* (caracterizadas pela presença, em sua estrutura, de gatilhos pressuposicionais destinados a condicionar a resposta em determinado sentido).[67] Essas perguntas, que devem ser vedadas pelo magistrado com base no art. 212 do CPP, foram organizadas pelo mencionado autor em uma escala de grau de sugestionabilidade, a fim de indicar maior ou menor potencial de distorcer a resposta.

Sobre as oitivas judiciais, cabe mencionar duas técnicas tidas como promissoras pela ciência, a entrevista cognitiva (*cognitive interview*) e o uso estratégico de evidências (*strategic use of evidence*).

A entrevista cognitiva foi inicialmente desenvolvida por Ed Geiselman e Ron Fisher nos anos 1980 e revisada em obra de 1992.[68] Mencionada inclusive pelo Ministro Rogério Schietti no RHC 64.086/DF,[69] é um procedimento tido como "talvez um dos mais bem-sucedidos desenvolvimentos na pesquisa da psicologia jurídica nos últimos 35 anos".[70] O método é baseado nas seguintes etapas, conforme explicadas por Elizabeth Loftus:[71] (1) construção do *rapport* (conexão) com a testemunha, por meio de uma personalização do contato, situando-a no ato e permitindo que fique confortável; (2) solicitação de um relato livre acerca dos eventos, nas próprias palavras e com o máximo de

---

63 GRASSI-OLIVEIRA, Rodrigo; ROHENKOHL, Gustavo. Neurociência Cognitiva das Falsas Memórias. *In: STEIN, Lilian Milnitsky (Org.). Falsas Memórias: Fundamentos Científicos e suas Aplicações Clínicas e Jurídicas. Porto Alegre: Artmed, 2010.*

64 LOFTUS, Elizabeth Fishman; DOYLE, James; DYSART, Jennifer. *Eyewitness Testimony: Civil and Criminal.* 5ª ed. Danvers: LexisNexis, 2022. *E-book.* Capítulo 6-1.

65 PINTER, Rafael Wobeto. *As Perguntas Proibidas nos Processos Civil e Penal.* Thomson Reuters Brasil: São Paulo, 2022. *E-book.*

66 *Idem, ibidem,* Capítulo 1-5.

67 *Idem, ibidem,* Capítulo 1-6.

68 LOFTUS, Elizabeth Fishman; DOYLE, James; DYSART, Jennifer. *Eyewitness Testimony: Civil and Criminal.* 5ª ed. Danvers: LexisNexis, 2022. *E-book.* Capítulo 6-1.

69 STJ, Terceira Seção, RHC 64.086/DF, rel. Min. Rogerio Schietti Cruz, julgado em 23 nov. 2016.

70 MEMON, Amina; MEISSNER, Christian A.; FRASER, Joanne. The Cognitive Interview: A Meta-analytic Review and Study Space Analysis of the Past 25 years. *Psychology, Public Policy, and Law. Washington, DC: American Psychological Association, n. 4, v. 16, 2010. p. 340-372. DOI: 10.1037/a0020518.*

71 LOFTUS, Elizabeth Fishman; DOYLE, James; DYSART, Jennifer. *Eyewitness Testimony: Civil and Criminal.* 5ª ed. Danvers: LexisNexis, 2022. *E-book.* Capítulo 6-1.

detalhes possível, pedindo que a testemunha não tente adivinhar detalhes sobre os quais não esteja segura – considera-se importante, nesse momento, não interromper a testemunha; (3) restabelecimento do contexto, solicitando que a testemunha tente se recordar do contexto em que observou os eventos, o local em que estava e suas sensações; (4) solicitação de que a testemunha "relate tudo", lembrando-a de que, às vezes, as pessoas não mencionam coisas que não sabem se são importantes – devem ser usadas perguntas abertas, como "conte-me mais", e também sugerido que as testemunhas contem os eventos na ordem que preferirem, não necessariamente em ordem cronológica; (5) por fim, é feito um fechamento da entrevista, informando à testemunha sobre eventual prosseguimento de sua participação na investigação ou processo. Um estudo com agentes de um departamento de polícia da Flórida, nos Estados Unidos, demonstrou que detetives treinados em entrevista cognitiva obtiveram um volume de informação significativamente maior, tendo outros elementos de prova demonstrado que essa informação adicional era acurada.[72] Já uma meta-análise de 42 estudos envolvendo comparações entre a entrevista cognitiva e métodos tradicionais de inquirição verificou haver a recordação de 41% mais detalhes corretos quando utilizada a entrevista cognitiva.[73]

Loftus adverte que a entrevista cognitiva deve ser utilizada com particular cuidado em crianças.[74] Quanto a essas, a legislação brasileira tem tratamento bastante peculiar, prevendo a sistemática do depoimento especial na Lei nº 13.431/2017, a ser realizada em local apropriado, mediada por profissional especializado e com cuidados específicos, o que pode ter grande utilidade no sentido de mitigar os problemas advindos das inquirições convencionais.

Já o uso estratégico de evidências é um método que surgiu como alternativa tecnicamente viável às tentativas de estudiosos de "detectar mentiras".[75] Esse caminho exige, porém, que o inquiridor tenha acesso a informação confiável acerca do evento em questão de forma prévia e independente à entrevista.[76] Consiste no estímulo a um relato inicial livre, seguido da introdução criteriosa e gradual de outras evidências que o inquiridor tenha, geralmente

72 FISHER, Ronald; GEISELMAN, Edward; AMADOR, Michael. Field Test of the Cognitive Interview: Enhancing the Recollection of Actual Victims and Witnesses of Crime. *Journal of Applied Psychology.* Washington, DC: American Psychological Association, n. 5, v. 74, 1989, p. 722-727. DOI: 10.1037/0021-9010.74.5.722. Disponível em: https://www.researchgate.net/publication/20362017_Field_Test_of_the_Cognitive_Interview_Enhancing_the_Recollection_of_Actual_Victims_and_Witnesses_of_Crime. Acesso em: 15 maio 2023.

73 KÖHNKEN, Günter; MILNE, Rebecca; MEMON, Amina; BULL, Ray. The Cognitive Interview: A Meta-Analysis. *Psychology, Crime & Law.* Didcot: Taylor & Francis, vol. 5, 1999, p. 3-27. Disponível em https://www.researchgate.net/publication/247523329_The_Cognitive_Interview_A_Meta-Analysis. Acesso em: 17 abr. 2023.

74 LOFTUS, Elizabeth Fishman; DOYLE, James; DYSART, Jennifer. *Eyewitness Testimony: Civil and Criminal.* 5ª ed. Danvers: LexisNexis, 2022. *E-book,* Capítulo 6-1.

75 BRENNEN, Tim; MAGNUSSEN, Svein. The Science of Lie Detection by Verbal Cues: What are the Prospects for Its Practical Applicability? *Frontiers in Psychology.* Lausanne: Frontiers Media, v. 13, abr. 2022. DOI: 10.3389/fpsyg.2022.835285. Disponível em: https://www.frontiersin.org/articles/10.3389/fpsyg.2022.835285/full. Acesso em: 17 abr. 2023.

76 *Idem, ibidem.*

em momento tardio da entrevista. Essa técnica pode levar a alterações na substância das respostas, potencialmente encurralando o entrevistado em mentiras ou forçando-o a contradizer-se, expondo eventual mentira.[77] Não é possível, evidentemente, aplicar tal método em todos os contextos e há riscos na sua utilização, sobretudo aqueles vinculados à própria possibilidade de o interrogatório provocar distorções na memória, razão pela qual a cautela é necessária. A melhor utilização parece ser em depoimentos nos quais o confronto do relato inicial (feito preferencialmente pela metodologia da entrevista cognitiva) conduza a uma identificação objetiva (em confronto com outros elementos dos autos) de possível *falso testemunho*, sendo um caminho para se buscar fazer o depoente reconsiderar eventual decisão prévia de mentir ou omitir fatos por ele conhecidos.

Isso posto, é possível elencar algumas práticas que *não* devem ser adotadas por ocasião da tomada de um testemunho em juízo. Uma visão neurocientificamente orientada do ato contraindica que se trate de forma hostil a testemunha, deixando-a tensa, provocando (ou agravando) descargas hormonais que prejudicarão a evocação das memórias. Não se deve estruturar os depoimentos de modo a induzir a testemunha, seja por temor, seja por jogos de palavras, cabendo ao Juízo controlar isso ao longo do ato processual. A formulação das perguntas, sempre que possível, não deverá conter julgamentos morais intrínsecos, o que potencialmente induz a testemunha a evitar uma resposta que a deixe mal vista.[78] Deve ser evitada a tentação de buscar detectar a mentira da testemunha por meio de sua linguagem corporal, microexpressões ou outras técnicas sem eficácia comprovada. Isso pode até mesmo distrair o ator processual daquilo que deveria, tecnicamente, estar em seu foco, que é o cotejo entre o que diz o depoente e os elementos dos autos, para eventual uso estratégico das evidências. Além disso, essa postura poderá ser percebida pela testemunha, que tenderá a ficar ainda mais tensa e menos propensa a recordações adequadas.

As perguntas, ao menos no início e quando possível, não devem ser fechadas e conter a resposta esperada, pedindo uma confirmação de algo. Loftus expõe que "um conjunto de pesquisas substancial demonstrou que quando se permite que testemunhas relatem livremente – ao invés de responder

77 *Idem, ibidem.*

78 Loftus menciona a comprovada tendência do ser humano de se recordar de seus feitos e características passadas de uma maneira mais benéfica do que o efetivamente verificado na realidade. Com base nisso, expõe: "Se a distorção cognitiva melhora nossa auto-imagem, isso tem importantes implicações para como uma pessoa deve se comportar para tentar extrair fatos de outra pessoa. Um bom *rapport* e sondagem persistente podem não funcionar. Além disso, é útil colocar as questões em uma perspectiva tal que dificulte a percepção, pela testemunha, de que determinada resposta possa ser especialmente ameaçadora à sua auto-imagem" (LOFTUS, Elizabeth Fishman; DOYLE, James; DYSART, Jennifer. *Eyewitness Testimony: Civil and Criminal*. 5ª ed. Danvers: LexisNexis, 2022. *E-book*. Capítulo 4-7[b] [tradução livre do autor]).

questões específicas – essas produzem o mais preciso, mas menos completo, relato inicial. Isso levou os pesquisadores a concluírem que os melhores resultados possíveis de entrevistas são alcançados por uma estratégia que primeiro permite à testemunha relatar livremente, e então requer que a testemunha responda a questões específicas para preencher lacunas que podem não ter sido relatadas durante a recordação inicial".[79]

Quanto mais aberta a pergunta, maior é a confiabilidade da resposta, considerando o risco de sugestionabilidade quando se realizam perguntas mais específicas. Um exemplo é uma testemunha que seja chamada porque supostamente viu dois indivíduos saindo de um posto de gasolina, em fuga, sabendo-se que o carro de um deles é vermelho. Não se deve perguntar diretamente: "O senhor viu um carro vermelho com dois indivíduos saindo rápido do posto no dia em que a polícia conversou com o senhor?". Há grande probabilidade de a reposta ser baseada naquilo que a testemunha pensa que o inquiridor deseja ouvir (sugestionabilidade do tipo *concessão*). Deve-se partir de uma inquirição geral como: "O senhor lembra do dia em que a polícia conversou com o senhor? O que o senhor lembra desses fatos que ocorreram nesse dia?". Caso não haja qualquer menção a um carro, deve-se buscar progressivamente fechar a indagação ("O senhor viu mais alguma coisa?", "O senhor viu alguém saindo do posto?", "o senhor viu algum veículo?", e assim por diante). Quanto mais seja necessário fechar o escopo da pergunta, maior o risco de sugestão. Isso deverá ser avaliado por ocasião da análise da prova produzida em juízo.

As técnicas que buscam melhorar a evocação da memória evidentemente se destinam, em primeiro lugar, às testemunhas que estejam dispostas a ser *sinceras*. Aquela que esteja decidida a *mentir* não fará um relato fidedigno, ainda que lembre dos fatos. Verificada uma possível mentira de forma objetiva, por meio de flagrante discrepância entre os demais elementos dos autos e o relato, ao Juízo cabe inclusive advertir acerca do possível cometimento do delito de falso testemunho (art. 342 do CP). Deve-se, porém, analisar os fatos tendo-se em consideração a possibilidade de se estar diante de um fenômeno de *falsas memórias* – caso em que, evidentemente, não estará presente o crime referido. Nessa análise, deverá ser considerado o próprio comportamento das partes durante a inquirição, o que pode ter contribuído para eventuais distorções das memórias com perguntas indutivas ou até mesmo com uma inquirição que aumente o nervosismo da testemunha.

Cabe aos atores que participam da tomada de depoimentos, sobretudo em juízo (momento em que interessa não só descobrir nova linha investiga, mas

79 LOFTUS, Elizabeth Fishman; DOYLE, James; DYSART, Jennifer. *Eyewitness Testimony: Civil and Criminal*. 5ª ed. Danvers: LexisNexis, 2022. *E-book*. Capítulo 6-1 [tradução livre do autor].

sim a produção de um corpo de evidência com alto grau de confiabilidade) ter a serenidade de se pautarem na busca do melhor aproveitamento possível do ato. Deve ser construída uma linha de indagação de forma técnica, a partir de uma metodologia que busque – dentro das possibilidades logísticas, de tempo e da lei – oportunizar a melhor evocação possível por parte das testemunhas. O uso da entrevista cognitiva é altamente recomendável, ainda que seja necessário, em muitos casos, reduzirem-se certas partes, como a construção do *rapport*, em razão da dinâmica dos fóruns. A "detecção" de falsidades deve ser tecnicamente pautada na comparação do relato com os demais elementos de prova já colhidos, e eventual confrontação deve ser baseada na introdução gradual de perguntas baseadas em tais elementos – nas linhas do uso estratégico de evidências.

Providência que auxiliaria a produção probatória, se padronizada, seria o registro em vídeo dos depoimentos prestados. No Poder Judiciário, já se trata da regra no Brasil. Já no âmbito policial ainda não há padronização nesse sentido. A oitiva policial, pela própria dinâmica do ciclo de persecução penal, tende a ser a primeira após a ocorrência de determinados fatos (sobretudo fatos violentos ou envolvendo flagrantes), precedendo, muitas vezes, qualquer tipo de possibilidade de contaminação da memória das testemunhas por informações pós-evento. A oitiva em casos de flagrante pode ser tão próxima que sequer a memória de longa duração estará sendo evocada, mas sim a memória de curta duração. Nesses casos, o registro em vídeo permite que se tenha futuramente acesso ao que, precisamente, a testemunha afirmou recordar naqueles primeiros momentos, podendo ser confrontado com o relato posterior. O registro em vídeo permite que se verifique, ainda, se houve qualquer tipo de indução à testemunha nas perguntas, ou ainda se houve sugestão interrogativa por parte dos agentes que realizam a inquirição. Eventual prejuízo que seja alegado pela defesa na admissão de tal depoimento como prova deverá ser demonstrado. Em regra, é de interesse tanto da acusação como da defesa a *decisão justa*, com a correta apreciação da prova, a qual poderá beneficiar qualquer uma das partes, no mérito. Evidentemente que a *omissão* de determinada pergunta ou resposta acerca de fato constitutivo de crime não poderá prejudicar a defesa, considerando que cabe à acusação provar o delito. Isso não impede, porém, a utilização do que foi produzido na fase do inquérito, por força do art. 155 do CPP, até mesmo porque, com relação àquilo que foi esquecido, trata-se de prova *irrepetível*.

Por fim, impõe-se mencionar que devem ser controlados os riscos representados pelas múltiplas oitivas de testemunhas no curso do ciclo de persecução. Os riscos de perturbação das memórias em razão da própria evocação são bastante discutidos e documentados, a ponto de Stein e outros sugerirem que toda prova dependente da memória (seja ela testemunhal em sentido estrito, seja ela um reconhecimento) seria irrepetível.[80]

4.4 Valoração da prova - aspectos da necessária filtragem epistemológica judicial da prova testemunhal e de suas circunstâncias

O objetivo da atividade judicante ao apreciar a prova é objeto de discussão, com divergências doutrinárias sobre a possibilidade e a própria conveniência de se buscar a *verdade*. Adotando-se a concepção de Taruffo, tem-se que o julgador irá estabelecer a *verdade* dos fatos da causa, por meio da análise dos meios de prova.[81] No esquema do mestre italiano, o juízo de fato é parte componente necessária à decisão justa;[82] na mesma linha, Mittermaier já afirmava que "em qualquer sentença proferida sobre a culpabilidade de um acusado há uma parte essencial: a que decide se o crime foi cometido; se o foi pelo acusado; e que circunstâncias efetivamente determinam a penalidade".[83]

Segundo Jordi Ferrer Beltrán, a doutrina alemã do final do século XIX lançou ideias que vêm até nossos tempos no que tange à distinção entre a verdade "material" (aquela correspondente aos fatos do mundo) e a verdade "formal", que seria aquela a que se chega no processo, tendo-se a decisão judicial que indica os fatos provados verdadeira força constitutiva. Os defensores da existência de uma dicotomia entre "verdade material" e "verdade formal" teriam aquela, portanto, como uma verdade essencial, independentemente das constatações judiciais, e esta como uma verdade constituída pela decisão judicial, conforme sejam declarados provados determinados fatos pelo órgão prolator de uma decisão.[84]

A falibilidade dos sentidos e a impossibilidade da representação absolutamente fiel dos eventos devem ser aceitas, sabendo-se que uma série de contingências de ordem prática (físicas e biológicas, por exemplo) se interpõem à completa reconstrução dos fatos. Contudo, no processo penal "o conjunto instrutório deve refletir, no maior grau de fidelidade possível, os acontecimentos pertinentes ao fato investigado".[85] O Tribunal Constitucional Alemão, nessa linha, defende que a busca da verdade tem uma função de proteção

80 CECCONELLO, William Weber; ÁVILA, Gustavo Noronha de; STEIN, Lilian Milnitsky. A (Ir)repetibilidade da Prova Penal Dependente da Memória: Uma Discussão com Base na Psicologia do Testemunho. *Revista Brasileira de Políticas Públicas*. Brasília: Centro Universitário de Brasília, n. 2, v. 8, ago. 2018, p. 1058-1073. Disponível em: https://www.publicacoes.uniceub.br/RBPP/article/view/5312. Acesso em: 2 maio 2023.

81 TARUFFO, Michele. *Processo Civil Comparado: Ensaios. Tradução de Daniel Mitidiero. São Paulo: Marcial Pons, 2013. p. 38. Representando a corrente que nega a verdade como fim a ser perseguido no processo penal, citam-se André Nicolitt e Ana Burd, para quem a pretensão de verdade estaria ligada à linha processual autoritária que permeia o CPP (NICOLITT, André; BURD, Ana Cláudia da Silva Junqueira. Leitura Crítica e Interdisciplinar do Depoimento Especial na Lei 13.431/2017. Revista Brasileira de Ciências Criminais. São Paulo: Revista dos Tribunais, v. 160, out. 2019. p. 261-294).*

82 TARUFFO, Michele. *A Prova. Tradução de João Gabriel Couto. São Paulo: Marcial Pons, 2014, p. 15.*

83 MITTERMAIER, Carl Joseph Anton. *Tratado da Prova em Matéria Criminal ou Exposição Comparada. 3ª ed. Tradução de Herbert Wüntzel Heinrich. Campinas: Bookseller, 1997 [edição original de 1834], p. 12.*

84 FERRER BELTRÁN, Jordi. *Prova e Verdade no Direito. São Paulo: Revista dos Tribunais, 2017. p. 66.*

85 BONFIM, Edilson Mougenot. *Curso de Processo Penal. 12ª ed. São Paulo: Saraiva, 2017. E-book. Capítulo IV, ponto 6.6.*

individual; afinal, "as pessoas devem ser resguardadas contra perdas de liberdade baseadas em fundamentos factuais equivocados – portanto, perdas de liberdade materialmente injustificadas".[86] Isso decorreria, ainda segundo o *Bundesverfassungsgericht,* da própria ideia de justiça, bem como do dever de esclarecer os fatos, que deriva da dignidade humana e é necessário ao atendimento do direito fundamental a um processo justo.[87]

Nessa linha, expõem Guilherme Ceolin e Felipe De-Lorenzi que a busca da verdade, no processo penal contemporâneo, deve ser entendida como um dos fins do processo penal[88]. Não se trata do único fim e nem daquele que prepondera, mas é "um dos valores que orientam o processo e que é limitado por outros (*visão pluralista*)", parametrizado por limites epistemológicos e políticos.[89] E é precisamente nessa linha que o juízo deve se munir dos avanços da psicologia do testemunho para melhor avaliar os depoimentos – extraindo deles o melhor proveito possível na aproximação da verdade dos fatos. Os conceitos abordados nos capítulos anteriores do presente artigo, portanto, devem ser tidos em mente por ocasião da análise da prova.

Em primeiro lugar, a prova testemunhal deve ser considerada pelo juízo como o elemento proveniente de fonte humana que é, não sendo cabível sua análise como se fosse algo tarifado, ou ainda exigindo-se que se trate de um registro literal dos acontecimentos passados. É impossível ao ser humano lembrar de todos os detalhes, nuances, fatos e dinâmicas presenciadas. Isso não significa, de modo algum, que deve a prova testemunhal ser objeto de desconfiança maior do que as demais: toda prova tem suas limitações. Nos dias de hoje, documentos podem ser adulterados, vídeos podem ser forjados ou editados e fotografias podem ser produzidas (com alto grau de realismo, utilizando ferramentas relativamente acessíveis de inteligência artificial). A prova testemunhal deve ser dinamicamente apreciada em cotejo com os demais elementos dos autos, não sendo cabíveis conclusões precipitadas a partir de contradições pontuais entre depoimentos da mesma pessoa, por exemplo. É certo que muitos fatores podem levar a tais alterações, os quais devem ser computados para que o julgador afira o valor da prova em questão, podendo até mesmo entender cabível emprestar maior peso a um depoimento colhido em momento anterior, caso seja possível verificar suas condições de produção e sua confiabilidade.

Há que se frisar ainda a necessidade de se evitar a "tentação" de buscar detectar a veracidade de determinadas informações a partir de comportamentos e

86 STUCKENBERG, Carl-Friedrich. *Reflexões Sobre o Direito e o Processo Penal.* Rio de Janeiro: Marcial Pons, 2021. p. 142.
87 STUCKENBERG, Carl-Friedrich. *Reflexões Sobre o Direito e o Processo Penal.* Rio de Janeiro: Marcial Pons, 2021. p. 142.
88 DE-LORENZI, Felipe da Costa; CEOLIN, Guilherme Francisco. O Processo Penal Busca a Verdade, mas Não a Qualquer Custo: os Novos Caminhos para uma Antiga Controvérsia. *Revista Brasileira de Ciências Criminais.* São Paulo: Revista dos Tribunais, v. 177, ano 29, mar. 2021. p. 71-132.
89 *Idem, ibidem.*

expressões das testemunhas que sejam dadas por ocasião dos depoimentos. Como mencionado, meta-análises de experimentos de detecção humana de mentiras mostram que a acurácia é de aproximadamente 54% (pouco maior do que a decisão no "cara-ou-coroa" com o lançamento de uma moeda).[90] Cabe ao julgador, portanto, analisar o relato objetivamente considerado, e cotejá-lo com o restante da prova dos autos. Tanto a determinação da veracidade como da inveracidade de um depoimento podem ser sobremaneira prejudicadas se o juízo focar em aspectos periféricos do depoimento a fim de "detectar" microexpressões que "atestem" a autenticidade ou não dos depoimentos. Isso, no mínimo, irá desviar o foco do juízo do cotejo daquilo que é dito com o que já se tem nos autos, e poderá não ter o efeito desejado por diversos motivos já expostos nos capítulos anteriores.

Aquele que realiza a valoração de um depoimento deve, ainda, atentar-se às perguntas que são formuladas, e não apenas à resposta das testemunhas. Isso porque, como visto, o fenômeno da sugestionabilidade está presente em muitos casos, de modo que o valor probatório de uma resposta dada a uma pergunta que tenha uma alta carga de sugestionabilidade deverá ser diferente do valor dado a uma pergunta aberta, que produza uma resposta espontânea em um relato da testemunha. As informações que são dadas pelo próprio inquiridor em sua exposição inicial, ou em suas perguntas, também devem ser levadas em consideração, não necessariamente a fim de excluir o valor probatório das respostas que confirmem os dados que são fornecidos, mas sobretudo para reconhecer valor majorado às respostas que tragam informações de forma espontânea, livre e detalhada.

5. CONCLUSÃO

As técnicas de investigação podem ser aprimoradas, mas a complexidade das relações reguladas pelo direito e a própria natureza humana fazem com que avanço tecnológico nenhum tenha o condão de eliminar por completo a necessidade de se recorrer a testemunhas no julgamento de muitas condutas danosas à sociedade. Em alguns casos, o efeito da aplicação das ciências auxiliares é mais palpável e de difícil contestação. Como exemplo disso, temos as absolvições de condenados nos Estados Unidos devido a *erros judiciários* que teriam sido evitados se a prova de DNA estivesse, à época dos julgamentos, disponível. Contudo, o desenvolvimento das neurociências e dos estudos dos mecanismos da memória não deve servir apenas a eventuais declarações de

90 HARTWIG, Maria; BOND, Charles F. Lie Detection from Multiple Cues: A Meta-analysis. *Applied Cognitive Psychology*. Hoboken: John Wiley & Sons, n. 28, 2014. p. 661-676. DOI: 10.1002/acp.3052. Disponível em: https://www.researchgate.net/publication/263814056_Lie_Detection_from_Multiple_Cues_A_Meta-analysis. Acesso em: 15 maio 2023.

nulidade ou reversões de condenações indevidas: devem ser colhidas as contribuições cabíveis para um desenvolvimento propositivo da ciência processual penal, visando a uma administração de justiça penal de melhor qualidade em todos os seus aspectos.

No presente artigo, apresentaram-se perspectivas neurocientificamente orientadas para um melhor desfecho dos processos em que haja prova testemunhal – para a busca de uma *decisão justa*, como preconizava Michele Taruffo. Na atual moldura normativa processual penal brasileira, isso passará, em determinados casos, pela correta aplicação de mecanismos existentes de controle da inquirição por parte do juízo (evitando determinadas perguntas), pela antecipação de depoimentos, pela maior utilização de gravação audiovisual de inquirições, e, também, por uma adequada valoração dos depoimentos. Cabe àqueles que trabalham no dia a dia forense atender ao alerta de Paul Ricœur e ter o devido cuidado ao lidar com a memória humana: valorando-a corretamente, permitindo e fomentando seu melhor desempenho, bem como conhecendo os avanços no seu estudo para que esses possam ser aplicados na solução de questões jurídicas, sem, de modo algum, desprezá-la ou subestimá-la.

REFERÊNCIAS

BADARÓ, Gustavo. O Valor Probatório do Inquérito Policial. In: LERNER, Daniel Josef;

MALARINO, Ezequiel; AMBOS, Kai (Org.). *Polícia e Investigação no Brasil.* Brasília: Gazeta Jurídica, 2016. p. 255-282.

BADARÓ, Gustavo. *Processo Penal.* 3ª ed. São Paulo: Revista dos Tribunais, 2015.

BARBUGIANI, Luiz Henrique Sormani. *A Colheita da Prova Testemunhal em Juízo no Brasil: Uma Visão Antropológica.* Rio de Janeiro: Lumen Juris, 2019.

BONFIM, Edilson Mougenot. *Curso de Processo Penal.* 12ª ed. São Paulo: Saraiva, 2017. *E-book.*

BRENNEN, Tim; MAGNUSSEN, Svein. The Science of Lie Detection by Verbal Cues: What are the Prospects for Its Practical Applicability? *Frontiers in Psychology.* Lausanne: Frontiers Media, v. 13, abr. 2022. DOI: 10.3389/fpsyg.2022.835285. Disponível em: https://www.frontiersin.org/articles/10.3389/fpsyg.2022.835285/full. Acesso em: 17 abr. 2023.

BURGOON, Judee K. Microexpressions Are Not the Best Way to Catch a Liar. *Frontiers in Psychology.* Lausanne: Frontiers Media, v. 9, set. 2018. DOI: 10.3389/fpsyg.2018.01672. Disponível em: https://www.frontiersin.org/articles/10.3389/fpsyg.2018.01672/full. Acesso em: 17 abr. 2023.

CECCONELLO, William Weber; ÁVILA, Gustavo Noronha de; STEIN, Lilian Milnitsky. A (Ir)repetibilidade da Prova Penal Dependente da Memória: Uma Discussão com Base na Psicologia do Testemunho. *Revista Brasileira de Políticas Públicas.* Brasília: Centro Universitário de Brasília, n. 2, v. 8, ago. 2018. p. 1058-1073. Disponível em: https://www.publicacoes.uniceub.br/RBPP/article/view/5312. Acesso em: 2 maio 2023.

CHOUKR, Fauzi Hassan. Suspensão do Processo em Face da Revelia: Comentários à Lei 9.271, de 17 de junho de 1996. Boletim IBCCRim. São Paulo: IBCCrim, n. 23, jul. a set. 1998.

CHUT, Marcos André. Aspectos Polêmicos da Lei 9.271/96. *Revista dos Tribunais.* São Paulo: RT, n. 734, dez. 1996.

CRUZ, Rogério Schietti Machado. A Citação Editalícia e a Eficácia do Processo. *Boletim IBCCRim.* São Paulo: IBCCrim, n. 43, jul. 1996.

DAMASIO, Antonio. *O Erro de Descartes.* São Paulo: Companhia das Letras, 2012. *E-book.*

DE-LORENZI, Felipe da Costa; CEOLIN, Guilherme Francisco. O Processo Penal Busca a Verdade, mas Não a Qualquer Custo: os Novos Caminhos para uma Antiga Controvérsia. *Revista Brasileira de Ciências Criminais.* São Paulo: Revista dos Tribunais, v. 177, ano 29, mar. 2021.

FERRER BELTRÁN, Jordi. *Prova e Verdade no Direito.* São Paulo: Revista dos Tribunais, 2017.

FISHER, Ronald; GEISELMAN, Edward; AMADOR, Michael. Field Test of the Cognitive Interview: Enhancing the Recollection of Actual Victims and Witnesses of Crime. *Journal of Applied Psychology.* Washington, DC: American Psychological Association, n. 5, v. 74, 1989. p 722-727. DOI: 10.1037/0021-9010.74.5.722. Disponível em: https://www.researchgate.net/publication/20362017_Field_Test_of_the_Cognitive_Interview_Enhancing_the_Recollection_of_Actual_Victims_and_Witnesses_of_Crime. Acesso em: 15 maio 2023.

GESU, Cristina di. *Prova Penal e Falsas Memórias.* 3ª ed. Porto Alegre: Livraria do Advogado, 2019.

GOMES FILHO, Antonio Magalhães. Medidas Cautelares da Lei 9.271/96: Produção Antecipada de Provas e Prisão Preventiva. *Boletim IBCCRim.* São Paulo: IBCCrim, n. 42, jun. 1996.

GONÇALVES, Victor Eduardo Rios. *Aspectos Relevantes da Lei 9.271/96. Boletim IBCCRim.* São Paulo: IBCCrim, n. 42, jun. 1996.

GORGA, Maria Luiza. *A Prova Testemunhal e o Necessário Diálogo Entre Neurociência e Direito.* Rio de Janeiro: Lumen Juris, 2020.

GRASSI-OLIVEIRA, Rodrigo; ROHENKOHL, Gustavo. Neurociência Cognitiva das Falsas Memórias. *In: STEIN, Lilian Milnitsky (Org.). Falsas Memórias: Fundamentos Científicos e suas Aplicações Clínicas e Jurídicas.* Porto Alegre: Artmed, 2010.

HARTWIG, Maria; BOND, Charles F. Lie Detection from Multiple Cues: A Meta-analysis. *Applied Cognitive Psychology.* Hoboken: John Wiley & Sons, n. 28, 2014. p. 661-676. DOI: 10.1002/acp.3052. Disponível em: https://www.researchgate.net/publication/263814056_Lie_Detection_from_Multiple_Cues_A_Meta-analysis. Acesso em: 15 maio 2023.

HAMILTON, Sérgio Demoro. A Revelia Premiada e o Sentido da Expressão "Prova Urgente". *Revista Síntese de Direito Penal e Processo Penal.* Porto Alegre: Síntese, v. 29, dez. a jan. 2005.

IZQUIERDO, Ivan. *Memória.* 3ª ed. Porto Alegre: Artmed, 2018.

IZQUIERDO, Ivan. *A Arte de Esquecer.* 2ª edição. Rio de Janeiro: Vieira e Lent, 2010.

KANDEL, Eric. *In Search of Memory.* New York: W. W. Norton & Company Inc, 2007.

KANDEL, Eric. *Principles of Neural Science.* 5ª ed. New York: McGraw-Hill Companies, 2013;

KÖHNKEN, Günter; MILNE, Rebecca; MEMON, Amina; BULL, Ray. The Cognitive Interview: A Meta-Analysis. *Psychology, Crime & Law.* Didcot: Taylor & Francis, vol. 5, 1999. p. 3-27. Disponível em https://www.researchgate.net/publication/247523329_The_Cognitive_Interview_A_Meta-Analysis. Acesso em: 17 abr. 2023.

LIMA, Marcellus Polastri. *Manual de Processo Penal.* 6ª ed. Rio de Janeiro: Lumen Juris, 2012.

LOFTUS, Elizabeth Fishman; DOYLE, James; DYSART, Jennifer. *Eyewitness Testimony: Civil and Criminal.* 5ª ed. Danvers: LexisNexis, 2022. *E-book.*

LOPES JÚNIOR, Aury. *Direito Processual Penal.* 17ª ed. São Paulo: Saraiva Educação, 2020. *E-book.*

MALAN, Diogo; MIRZA, Flávio. Direito ao Confronto e Depoimento Especial. *Revista Brasileira de Ciências Criminais.* São Paulo: Revista dos Tribunais, v. 171, set. 2020. p. 187-224.

MALULY, Jorge Assaf. Lei 9.271/96: Provas Urgentes e o Depoimento Testemunhal. *Boletim IBCCRim.* São Paulo: IBCCrim, n. 52, mar. 1997. p. 8.

MEMON, Amina; MEISSNER, Christian A.; FRASER, Joanne. The Cognitive Interview: A Meta-analytic Review and Study Space Analysis of the Past 25 years. *Psychology, Public Policy, and Law.* Washington, DC: American Psychological Association, n. 4, v. 16, 2010. p. 340-372. DOI: 10.1037/a0020518.

MITTERMAIER, Carl Joseph Anton. *Tratado da Prova em Matéria Criminal ou Exposição Comparada.* 3ª ed. Tradução de Herbert Wüntzel Heinrich. Campinas: Bookseller, 1997 [edição original de 1834].

NASCIMENTO, Adilson de Oliveira. *Da Citação por Edital do Acusado.* Belo Horizonte: Mandamentos, 2004.

NUCCI, Guilherme de Souza. *Código de Processo Penal Comentado.* 18ª ed. Rio de Janeiro: Forense, 2019.

NICOLITT, André; BURD, Ana Cláudia da Silva Junqueira. *Leitura Crítica e Interdisciplinar do Depoimento Especial na Lei 13.431/2017. Revista Brasileira de Ciências Criminais.* São Paulo: Revista dos Tribunais, v. 160, out. 2019. p. 261-294

PACELLI, Eugênio; FISCHER, Douglas. *Comentários ao Código de Processo Penal e sua Jurisprudência.* 10ª ed. São Paulo: Atlas, 2018.

PELUSO, Vinicius de Toledo Piza. Revelia e a Produção Antecipada da Prova Testemunhal no Processo Penal (art. 366 do CPP). *Revista Brasileira de Ciências Criminais.* São Paulo: Revista dos Tribunais, n. 72, v. 16, mai. a jun. 2008. p. 186-205.

PINTER, Rafael Wobeto. *As Perguntas Proibidas nos Processos Civil e Penal.* Thomson Reuters Brasil: São Paulo, 2022. *E-book.*

RICŒUR, Paul. *A Memória, a História, o Esquecimento.* Tradução de Alan François. Campinas: Unicamp, 2007.

SAMPAIO JÚNIOR, Denis Andrade. *Suspensão do Processo e da Prescrição Penal.* Rio de Janeiro: Forense, 2000.

SCHACTER, Daniel L. *The Seven Sins of Memory: How the Mind Forgets and Remembers.* New York: Houghton Mifflin Company, 2002. *E-book.*

SHAPIRO, Peter N.; PENROD, Steven. Meta-Analysis of Facial Identification Studies. *Psychological Bulletin.* Washington, DC: American Psychological Association, n. 2, v. 100, 1986. p. 139-156. DOI: 10.1037/0033-2909.100.2.139.

SÍCOLI, José Carlos Meloni. A Produção Antecipada da Prova Testemunhal em Face da Revelia, no Código de Processo Penal. *Revista dos Tribunais.* São Paulo: RT, n. 733, nov. 1996.

SILVA, Pedro Henrique Oliveira Kenne da Silva. *Prova Testemunhal no Processo Penal: Memória Humana, Antecipação e Redução do Erro Judiciário.* Belo Horizonte, São Paulo: D'Plácido, 2023.

STEIN, Lilian Milnitsky (Org.). *Falsas Memórias: Fundamentos Científicos e suas Aplicações Clínicas e Jurídicas.* Porto Alegre: Artmed, 2010.

STERNBERG, Robert J. e STERNBERG, Karin. *Cognitive Psychology.* 6ª ed. Belmont: Wadsworth, 2012.

STUCKENBERG, Carl-Friedrich. *Reflexões Sobre o Direito e o Processo Penal.* Rio de Janeiro: Marcial Pons, 2021.

TARUFFO, Michele. *A Prova. Tradução de João Gabriel Couto.* São Paulo: Marcial Pons, 2014.

TARUFFO, Michele. *Processo Civil Comparado: Ensaios.* Tradução de Daniel Mitidiero. São Paulo: Marcial Pons, 2013.

TARUFFO, Michele. *Uma Simples Verdade: O Juiz e a Construção dos Fatos.* Tradução de Vitor de Paula Ramos. São Paulo: Marcial Pons, 2016.

THUMS, Gilberto. *Sistemas Processuais Penais.* Rio de Janeiro: Lumen Juris, 2006.

TOURINHO FILHO, Fernando da Costa. *Código de Processo Penal Comentado.* 14ª ed. Saraiva: São Paulo, 2012.

TREDINNICK, André Felipe Alves da Costa. *A Revelia e a Suspensão do Processo Penal.* Rio de Janeiro: Lumen Juris, 1997.

A importância de um processo penal verdadeiramente democrático e os recentes avanços da jurisprudência na afirmação do sistema acusatório

Rafael Raphaelli[1]
Domingos Barroso da Costa[2]

1. REFLEXÕES INTRODUTÓRIAS

Não corremos risco de excesso se afirmamos que o art. 155 do Código de Processo Penal expressa o núcleo do que esperamos seja um sistema acusatório no Brasil. E, se dizemos do que "esperamos seja um sistema acusatório", a incerteza subjacente à esperança externada justifica-se porque a práxis processual penal nos retira qualquer possibilidade de sustentar com segurança o ideal normativo sintetizado no art. 155 do CPP.

Ou seja, não obstante as previsões normativas – legais e constitucionais –, nossas práticas processuais penais teimam em demonstrar que ainda não acedemos a um sistema acusatório, e que, de fato, ainda cedemos a práticas inquisitórias, não obstante estas sejam incompatíveis inclusive com o que é pressuposto de um Estado democrático de Direito, justamente a moldura jurídica e política conferida pela Constituição à República Federativa do Brasil.

Dizemos que, apesar da Constituição, do Código de Processo Penal e de alguma jurisprudência esclarecida, insistimos – sistema de justiça – em condenações e pronúncias lastreadas em elementos não colhidos sob o crivo do contraditório, na sobrevalorização acrítica da palavra de policiais e na possibilidade de o juiz fazer as vezes da acusação, inclusive quando esta se mostra ausente ou insuficiente, dentre outras vicissitudes.

À análise desse cenário dedicamos este texto, com a pretensão de lançarmos mais alguma luz a debate que já é antigo, mas cuja problematização se vê renovada a partir de recentes julgados do Superior Tribunal de Justiça.

1 Defensor Público no Rio Grande do Sul
2 Defensor Público no Rio Grande do Sul

2. SOBRE NOSSA PERSPECTIVA

Antes de prosseguirmos, porém, oportuno informar ao leitor o ponto desde onde analisamos as questões que serão objeto deste texto, conforme acima anunciadas. Segundo conhecida afirmação, todo ponto de vista diz da vista a partir de um ponto, e o ponto de onde analisamos o que se passa em nosso processo penal, especialmente em suas práticas, é aquele assegurado pela Defensoria Pública no exercício de sua função constitucional de garantir acesso à justiça aos vulneráveis, destacadamente àqueles que o são em termos econômicos (art. 134 da CF).

Nessa perspectiva, não há dúvidas de que se trata de um ponto de mirada privilegiado quando se considera o objeto escolhido para exame. Isso porque do mesmo modo livre de dúvidas é o fato de que os sujeitos mais atingidos pelo aparato repressivo estatal – e, portanto, pelo processo penal – são aqueles integrantes da parcela mais vulnerável de nossa população, também em termos econômicos. Como ensina a Criminologia de viés crítico, não é que os marginalizados cometam mais crimes, é que somente os crimes costumeiramente praticados pelos marginalizados são dignos da atenção repressora do Estado (COSTA, 2015). Daí ser seguro afirmar que está a cargo da Defensoria Pública o exercício da defesa em considerável parte – talvez na maior parte – dos processos penais em curso no país.

Estamos, portanto, próximos, funcional e fisicamente, dos problemas que se revelam na prática processual penal quotidiana, os quais evidenciam uma distância considerável entre o que preveem a lei e a Constituição e aquilo que é aplicado no dia a dia pelos que fazem funcionar o sistema de justiça penal. É desse lugar que propomos o debate sobre o art. 155 do CPP como cerne do que se pretende seja um sistema acusatório de regência da persecução penal no Brasil.

3. O SISTEMA ACUSATÓRIO E A CONSTITUIÇÃO FEDERAL DE 1988

Antes de mais nada, e como já antecipado, é preciso relembrar que qualquer dispositivo processual penal há de ser interpretado no marco do Estado democrático de Direito constitucionalmente estabelecido (CF, art. 1º), o que, por si só, já exclui a legitimidade das práticas inquisitoriais que ainda constituem a tônica do processo penal aplicado no Brasil, as quais mais condizem com períodos autoritários de nossa história. A propósito, não nos esqueçamos de que nosso Código de Processo Penal ainda carrega muito da estrutura e do espírito que o engendraram, reportando à década de 40 do século passado e à inspiração fascista de Rocco[3].

3 Alfredo Rocco era um jurista italiano, conhecido por sua grande influência na implantação do fascismo naquele país, tido, inclusive, como "o legislador da revolução fascista", nos dizeres de Arrigo Solmi. Não menos notória é a inspiração do CPP brasileiro de 41 – quando o país vivia sob o Estado Novo – no chamado Código Rocco italiano e sua orientação inquisitória.

E, se estamos em um Estado democrático de Direito, é lógica a previsão constitucional de princípios que imponham e resguardem a imparcialidade daqueles que exerçam o poder-dever de dizer o direito (jurisdição) na medida de uma determinada competência, o que se traduz, dentre outros, na proibição a juízos ou tribunais de exceção (CF, art. 5º, XXXVII), bem como na previsão de um Judiciário tutor de garantias (CF, art. 5º, LXI, LXII e LXV), cujas decisões devem ser publicizadas e motivadas (CF, art. 93, IX), para que, assim, se assegure aos interessados a ciência quanto a seus fundamentos (conhecimento) e a efetiva possibilidade de reivindicarem sua reforma (participação), conhecimento e participação estando no âmago da democracia.

À imparcialidade constitucionalmente exigida daqueles que exercem a jurisdição soma-se a definição específica das funções do Ministério Público (CF, arts. 127 e seguintes), não sendo poucos os dispositivos que preveem como garantias fundamentais os direitos concernentes ao exercício da defesa e à liberdade do cidadão, o que, inclusive, permite afirmarmos que, em matéria penal e processual penal, nossa Constituição tem essência liberal e visa à contenção racional do poder de punir bem expressa no brocardo *favor rei* e seu desdobramento: *favor inocentiae, favor libertatis.*

Nesse contexto, entendemos ser impossível não reconhecermos que o processo penal brasileiro está idealmente vinculado a um sistema acusatório no qual ao Judiciário é vedada a substituição da acusação em suas funções e ônus probatórios[4][5], sendo estes – encargos probatórios – sujeitos ao devido processo legal e, logo, ao contraditório. Justamente por isso, o art. 155 do CPP é expresso em impedir a utilização, como fundamento de juízo condenatório ou de pronúncia, de elementos colhidos exclusivamente na fase administrativa (inquisitorial) da persecução penal e não submetidos ao contraditório. Vejamos:

> Art. 155. O juiz formará sua convicção pela livre apreciação da prova produzida em contraditório judicial, não podendo fundamentar sua decisão exclusivamente nos elementos informativos colhidos na investigação, ressalvadas as provas cautelares, não repetíveis e antecipadas.

Sobre a relação entre democracia, processo penal e sistema acusatório, ensina Geraldo Prado:

---

4 A propósito, reportamos à decisão proferida no HC 187.035 pelo Supremo Tribunal Federal, em que anulados os atos processuais realizados a partir da inquirição de testemunhas, uma vez que reconhecida a atuação de representante do Judiciário em substituição à acusação, em franca violação ao art. 212 do CPP e ao contexto constitucional em que se insere.

5 Frisamos especificamente que o Judiciário não pode substituir a acusação em suas funções e ônus probatórios porque, como dizemos de uma matriz liberal em termos de garantias penais e processuais penais, o mesmo impedimento não se daria em relação à tutela da liberdade e da presunção de inocência, ou seja, quando em substituição às funções e ônus probatórios da defesa. Essa preponderância das garantias defensivas em proteção à liberdade e ao estado de inocência fica clara, por exemplo, na admissão do uso de provas ilícitas pela defesa.

> Deve-se, pois, à concepção ideológica de um processo penal democrático, a assertiva comum de que a sua estrutura há de respeitar, sempre, o modelo dialético, reservando ao juiz a função de julgar "sintetizando", mas com a colaboração das partes, despindo-se, contudo, da iniciativa da persecução penal. A estrutura sincrônica dialética do processo penal democrático considera, pois, metaforicamente, o conceito de relação angular ou triangular e nunca de relação linear, sacramentando as linhas mestras do sistema acusatório. Ada Grinover percuncientemente aduziu que no Estado de direito não há outro processo senão o acusatório, escorado na distribuição das principais funções processuais entre três sujeitos, de modo a dispensar o juiz da iniciativa da perseguição penal e garantir a sua imparcialidade. (2001, p. 40).

Diante dos argumentos até aqui trabalhados, pedindo vênia aos que pensam de outro modo, entendemos que o sistema acusatório é o único compatível com a Constituição de 1988, de modo que o art. 155 do CPP deve ser aplicado com rigor, o que, contudo, não é o que se verifica na práxis.

Disso, trataremos a seguir.

4. AS LICENCIOSIDADES DE HOJE E O NÃO DIMENSIONAMENTO DOS GRAVES PROBLEMAS QUE CAUSAM: FLEXIBILIZAÇÃO DO ART. 155 DO CPP E AUTONOMIZAÇÃO DAS POLÍCIAS

Apesar da clareza das normas que deveriam reger o processo penal brasileiro – brevemente abordadas acima –, fato é que as práticas persecutórias delas se distanciam em medida grave e de forma banalizada, o que, em última análise, mais do que a imediata violação normativa, é determinante à corrosão da própria democracia e do Estado de Direito.

Dizemos que, na prática, boa parte dos juízos condenatórios e de pronúncia proferidos no Brasil buscam sustentação exclusivamente nos elementos colhidos na fase administrativa da persecução penal. E, ainda mais grave, frequentemente são os elementos colhidos e produzidos pelas polícias militares aqueles mais resgatados a fim de justificar as condenações. Ou seja, não obstante caiba à polícia judiciária "a apuração das infrações penais e da sua autoria" (CPP, art. 4º) – portanto, a investigação –, ao fim e ao cabo, nem mesmo tratamos da utilização do trabalho contido no inquérito como fonte de fundamentação condenatória, os elementos que a sustentam sendo extraídos, de fato, do informado nos autos pelas polícias militares.

Desconstruindo os *vícios de prática* que denunciamos, o que se observa é, tendencialmente, uma sucessão de tentativas de convalidação de elementos que vão sendo repetidos desde a atuação da polícia militar até a condenação, que, lastreada em tantas repetições, tem sua motivação esvaziada de autenticidade e reduzida a simulacro.

Em síntese – e os infinitos processos de tráfico que se multiplicam pelo país são prova disso –, no fim das contas e amiúde, é a polícia – militar – que termina apurando, acusando e julgando em matéria penal, sendo muitos os clichês repetidos à exaustão em busca da legitimação de condenações que procuram amparo nessas repetições. É nesse moto-contínuo que seguem proliferando as condenações, por exemplo, pela prática de tráfico de drogas ao fundamento de que o acusado "é conhecido dos policiais" ou que "correu ao ver a viatura" após ser descrito em "denúncia anônima"; que foi preso "em local conhecido como ponto de tráfico", sendo indicativo dessa atividade mercantil o fato de "portar dinheiro trocado" ou de "a droga estar embalada para uso", elementos que, de fato, em nada se distinguem daqueles que também poderiam caracterizar a posse de drogas para consumo. Trata-se de expressões-chave verificadas desde o boletim de ocorrência até a(s) decisão(ões) de afirmação (juízos de primeiro grau) ou confirmação da condenação (Tribunais).

Como já disse Aury Lopes Jr:

> A fraude reside no fato de que a prova é colhida na inquisição do inquérito, sendo trazida integralmente para dentro do processo e, ao final, basta o belo discurso do julgador para imunizar a decisão. Esse discurso vem mascarado com as mais variadas fórmulas, do estilo: a prova do inquérito é corroborada pela prova judicializada; cotejando a prova policial com a judicializada e assim todo um exercício imunizatório (ou melhor, uma fraude de etiquetas) para justificar uma condenação, que na verdade está calcada nos elementos colhidos no segredo da inquisição. O processo acaba por converter-se em uma mera repetição ou encenação da primeira fase. (2010, p. 71).

Quanto mais se banalizam e se avalizam essas práticas, o que se observa é a progressiva autonomização das polícias em relação ao que determinam as normas constitucionais e infraconstitucionais que deveriam reger sua atuação repressiva e investigativa. Noutras palavras, se à condenação bastam os elementos colhidos quando da prisão em flagrante, a estes não sendo acrescentados outros novos, apurados em inquérito ou produzidos em contraditório, para além da falsificação imposta ao art. 155 do CPP – ao qual se assegura um cumprimento inautêntico, *pro forma* –, o que se observa é um esvaziamento do devido processo penal (CF, art. 5º, LIV), com óbvio prejuízo ao contraditório e à ampla defesa (CF, art. 5º, LV), uma vez que a defesa técnica, obviamente, não participou de nenhum dos atos administrativos em que colhidos, produzidos ou simplesmente repetidos os elementos que, ao final, por sobreposição, motivarão o juízo condenatório.

Essa licenciosidade do Judiciário e do próprio Ministério Público quanto ao rigoroso cumprimento do art. 155 do CPP e à observância dos princípios constitucionais que lhe conferem substância são causa não só de condenações que definimos acima como inautênticas, como também terminam por fomentar ilegalidades de base, mais precisamente na atuação das polícias que avança em autonomização, avalizadas pelo sistema de justiça. Referimo-nos a práticas abusivas como frequentemente se observa em violações de domicílio, buscas pessoais e quebra de sigilos.

A autonomização das polícias aponta para um horizonte de riscos que não devem ser desprezados, como demonstra a história – inclusive recente. Afinal, sabemos que uma tal desvinculação da força estatal em relação aos limites que lhe impõe o ordenamento atinge em cheio o fundamento primeiro do Estado de Direito, qual seja, a limitação do poder pela razão normativa. Se seguirmos admitindo acriticamente o livre curso desse processo de autonomização, no fim das contas, estaremos concorrendo, ainda que por omissão, para a substituição essencial de um Estado de Direito por um Estado de polícia, em que a força se impõe às normas que deveriam limitar seu exercício para que não se transmude em violência (ZAFFARONI, 2007).

Quanto à democracia, tratando-se de regime político dependente de liberdade, que tem por fim a observância dos meios, despiciendo referir os riscos que um tal processo lhe representa. A história também é pródiga em apontá-los.

A situação observada no que tange às práticas processuais penais no Brasil só não é mais desalentadora porque, nos últimos tempos, tem sido possível verificar, por parte das Cortes Superiores – mas destacadamente por parte do Superior Tribunal de Justiça –, um movimento de contenção dessas ilegalidades a partir da alteração de entendimentos até há pouco consolidados.

O reconhecimento da ilegalidade de prisões, buscas e apreensões em razão de violações a domicílio talvez seja a hipótese em que mais claramente se faça perceptível essa atuação das Cortes Superiores no sentido de conter o uso da força pela razão normativa ou, dito de outro modo, conter o processo de autonomização das polícias acima referido.

Entretanto, para além do freio posto em relação aos abusos corriqueiros e escancarados observáveis nas atuações policiais em desconsideração à garantia insculpida no art. 5º, IX, da CF[6], gostaríamos de destacar outras duas situações em que o STJ tem atuado na proteção ao art. 155 do CPP, objeto principal deste breve estudo.

Referimo-nos ao reconhecimento da ilegalidade em procedimentos de reconhecimento de pessoas (art. 226 do CPP) e à cassação de decisões de

6 Por todas, reportamos à decisão proferida pelo STF no RE 603.616/RO, bem como às proferidas pelo STJ no RHC 89.853/SP e no HC 598.051/SP (quanto a este, cabe apontar que a questão relativa aos pressupostos de validade do consentimento de morador para busca e apreensão domiciliar está sendo discutida no RE 1.368.160/RS, sob o regime de repercussão geral).

pronúncia quando lastreadas em elementos de convicção não submetidos ao contraditório (CPP, art. 155).

A estas questões dedicaremos os próximos tópicos.

5. SOBRE A ATUAÇÃO DO STJ NA CONCRETIZAÇÃO DO COMANDO NORMATIVO CONTIDO NO ART. 155 DO CPP

5.1 Do reconhecimento da ilegalidade em procedimentos de reconhecimento de pessoas (art. 226 do CPP)[7]

Delineado o panorama em que se dá nosso debate, chegamos a um dos pontos que nos interessa, qual seja, a necessidade de se analisar as provas e sua forma de produção no marco de um sistema acusatório. Isso se dá em relação ao reconhecimento de pessoas como meio de prova em persecução penal, especialmente quando levado a cabo a partir de fotografias (CPP, art. 226), às formas como é aplicado na prática – com solene desconsideração às formalidades exigidas pelo texto processual penal no contexto constitucional – e à inflexão crítica representada por recente decisão do Superior Tribunal de Justiça, encabeçada por voto da lavra do Min. Rogerio Schietti Cruz, a qual, em última análise, vem reafirmar que a irrestrita observância dos meios se destaca entre os principais fins do Estado Democrático de Direito em que se Constitui a República Federativa do Brasil (CF, art. 1º).

A decisão em questão foi proferida no HC 598.886/SC, em 27.10.2020 (DJe de 18.12.2020), respondendo a impetração da Defensoria Pública. No referido julgado, o Min. Rogério Schietti Cruz externa explícita e implicitamente aquela que deve ser – ou, ao menos, deveria ser – a maior angústia dos que atuam no sistema de justiça penal: a possibilidade de se condenar inocentes, no caso, a partir de reconhecimento equivocado. A propósito, o Ministro relator fez questão de ressaltar, entre suas razões de decidir, que aproximadamente 75% das condenações de inocentes se devem a erros cometidos pelas vítimas e por testemunhas ao identificarem os suspeitos no ato do reconhecimento, riscos que se tornam ainda maiores, acrescentamos, diante das práticas brasileiras em persecução penal, que, como já pontuado, tendem a se autonomizar em relação à lei, observando uma dinâmica em que os fins justificam os meios, a qual subverte os próprios princípios de um Estado Democrático de Direito.

Ao abdicar do conforto dos entendimentos pacificados e descortinar uma análise necessariamente aprofundada sobre questões complexas que

---

7 As reflexões trabalhadas neste tópico partem da abordagem realizada pelos signatários deste texto em coautoria com Andrey Melo no artigo "O Brasil que se revela pelo reconhecimento fotográfico: o inconsciente de nossas práticas e o problema da Modernidade: uma abordagem a partir da história em persecução penal", publicado na obra "Código de Processo Penal: estudos comemorativos aos 80 anos de vigência: Volume 2" (coord. Guilherme Madeira, Gustavo Badaró e Rogerio Schietti Cruz). São Paulo: Thomson Reuters Brasil, 2021, p. 239-253.

terminam achatadas pela prática irrefletida, a decisão em comento foi responsável por uma verdadeira guinada na orientação que vinha sendo adotada pelo Superior Tribunal de Justiça, na linha das conclusões consignadas na respectiva ementa[8]. Em boa medida, portanto, interrompeu o automatismo com que a questão era tratada até então, os costumes persecutórios sobrepondo-se à lei e contrabandeando abusos e ilegalidades em série.

Especial destaque merecem as preocupações externadas pelo Relator no mencionado acórdão, no sentido de que o reconhecimento pessoal por meio de fotografias é questão ainda mais problemática, "máxime quando se realiza por simples exibição ao reconhecedor de fotos do conjecturado suspeito extraídas de álbuns policiais ou de redes sociais, já previamente selecionadas pela autoridade policial". E, ainda segundo o Ministro, mesmo as adaptações que se fazem na tentativa de conferir segurança ao reconhecimento fotográfico não são suficientes a atribuir-lhe a necessária credibilidade, não havendo "como ignorar que o caráter estático, a qualidade da foto, a ausência de expressões e trejeitos corporais e a quase sempre visualização apenas do busto do suspeito podem comprometer a idoneidade e a confiabilidade do ato".

Relevante pontuar que o entendimento firmado pela 6ª Turma em relação à observância das formalidades previstas no art. 226 do CPP, observadas as peculiaridades dos reconhecimentos fotográficos, passou a ser seguido também pela 5ª Turma do Tribunal da Cidadania[9]. Mais recentemente, seguindo precedente da 1ª Turma do Supremo Tribunal Federal, a 6ª Turma do Superior Tribunal de Justiça passou a entender que o reconhecimento pessoal, realizado na fase pré-processual ou em juízo, após o reconhecimento fotográfico (ou até mesmo em convalidação a reconhecimento pessoal anteriormente procedido sem a observância das formalidades legais), como uma espécie de ratificação, somente poderia amparar condenações se apoiados em provas independentes e não contaminadas[10]. Dito de outro modo, os novos ventos

8 "1) O reconhecimento de pessoas deve observar o procedimento previsto no art. 226 do Código de Processo Penal, cujas formalidades constituem garantia mínima para quem se encontra na condição de suspeito da prática de um crime; 2) À vista dos efeitos e dos riscos de um reconhecimento falho, a inobservância do procedimento descrito na referida norma processual torna inválido o reconhecimento da pessoa suspeita e não poderá servir de lastro a eventual condenação, mesmo se confirmado o reconhecimento em juízo; 3) Pode o magistrado realizar, em juízo, o ato de reconhecimento formal, desde que observado o devido procedimento probatório, bem como pode ele se convencer da autoria delitiva a partir do exame de outras provas que não guardem relação de causa e efeito com o ato viciado de reconhecimento; 4) O reconhecimento do suspeito por simples exibição de fotografia(s) ao reconhecedor, a par de dever seguir o mesmo procedimento do reconhecimento pessoal, há de ser visto como etapa antecedente a eventual reconhecimento pessoal e, portanto, não pode servir como prova em ação penal, ainda que confirmado em juízo".

9 HC 652.284/SC, 5ª T., Rel. Min. Reynaldo Soares da Fonseca, j. em 27.04.2021, DJe de 03.05.2021.

10 "2. Necessário e oportuno proceder a um ajuste na conclusão n. 4 do mencionado julgado. Não se deve considerar propriamente o reconhecimento fotográfico como "etapa antecedente a eventual reconhecimento pessoal", mas apenas como uma possibilidade de, entre outras diligências investigatórias, apurar a autoria delitiva. Não é necessariamente a prova a ser inicialmente buscada, mas, se for produzida, deve vir amparada em outros elementos de convicção para habilitar o exercício da ação penal. Segundo a doutrina especializada, o reconhecimento pessoal, feito na fase pré-processual ou em juízo, após o reconhecimento fotográfico (ou mesmo após um reconhecimento pessoal anterior), como uma espécie de ratificação, encontra sérias e consistentes dificuldades epistemológicas. 3. Se realizado em conformidade com o modelo legal (art. 226 do CPP), o reconhecimento pessoal é válido, sem, todavia, força probante absoluta, de sorte que não pode induzir, por si só, à certeza da autoria delitiva, em razão de sua fragilidade epistêmica.

trazidos pelas Cortes Superiores não apenas reforçam o entendimento de que somente provas produzidas sob o crivo do contraditório se afiguram aptas a confortar condenações ou pronúncias num Estado que se espera democrático de Direito, como relembram, ainda, que mesmo provas judicializadas não podem ser acolhidas acriticamente.

Acima de tudo, entretanto, temos que os referidos julgados representam mais um esforço de resistência constitucional diante dos quotidianos ataques impostos ao nosso Estado de Direito por forças intestinas que atuam em todos os níveis do sistema penal, a fim de fazer prevalecer um Estado de polícia. E isso se dá de forma mais ou menos consciente, a partir de ações ou omissões. Em síntese, os apontados avanços encerram verdadeira reafirmação da prevalência da lei em relação a convicções pessoais ou a ímpetos justiceiros que, não raro, são referências maiores que a norma em nossas práticas quotidianas de persecução penal.

Já não se podem admitir os paradigmas calcados na ideia de que ao Poder Judiciário cabe suprir deficiências estatais na apuração de fatos delitivos, notadamente em tempos em que se verifica um crescente arbítrio na atuação policial. A cada um, a sua função, antes que o sistema de justiça penal se converta em braço policial do Estado, ameaça que se concretiza a cada atropelo ao devido processo legal e ao sistema acusatório, a cada violação a direitos fundamentais que se pratica em nome da punição.

5.2 A propósito da cassação de decisões de pronúncia quando lastreadas em elementos de convicção não submetidos ao contraditório (CPP, art. 155)

Importante salientar, já de início, que as especificidades da decisão de pronúncia são, via de regra, negligenciadas, a soberania do Tribunal do Júri servindo de pretexto para que sua função de contenção reste esvaziada ao ponto de servir à banalização da competência do Tribunal Popular.

Se, todavia, tal prova for produzida em desacordo com o disposto no art. 226 do CPP, deverá ser considerada inválida, o que implica a impossibilidade de seu uso para lastrear juízo de certeza da autoria do crime, mesmo que de forma suplementar. Mais do que isso, inválido o reconhecimento, não poderá ele servir nem para lastrear outras decisões, ainda que de menor rigor quanto ao standard probatório exigido, tais como a decretação de prisão preventiva, o recebimento de denúncia e a pronúncia. 4. Em julgamento concluído no dia 23/2/2022, a Segunda Turma do Supremo Tribunal Federal deu provimento ao RHC 206.846/SP (Rel. Ministro Gilmar Mendes), para absolver um indivíduo preso em São Paulo depois de ser reconhecido por fotografia, tendo em vista a nulidade do reconhecimento fotográfico e a ausência de provas para a condenação. Reportando-se ao decidido no julgamento do referido HC 598.886/SC, no STJ, foram fixadas três teses: 4.1) O reconhecimento de pessoas, presencial ou por fotografia, deve observar o procedimento previsto no art. 226 do Código de Processo Penal, cujas formalidades constituem garantia mínima para quem se encontra na condição de suspeito da prática de um crime e para uma verificação dos fatos mais justa e precisa; 4.2) A inobservância do procedimento descrito na referida norma processual torna inválido o reconhecimento da pessoa suspeita, de modo que tal elemento não poderá fundamentar eventual condenação ou decretação de prisão cautelar, mesmo se refeito e confirmado o reconhecimento em Juízo. Se declarada a irregularidade do ato, eventual condenação já proferida poderá ser mantida, se fundamentada em provas independentes e não contaminadas; 4.3) A realização do ato de reconhecimento pessoal carece de justificação em elementos que indiquem, ainda que em juízo de verossimilhança, a autoria do fato investigado, de modo a se vedarem medidas investigativas genéricas e arbitrárias, que potencializam erros na verificação dos fatos."

Nesse sentido, cabe-nos destacar que o juízo de pronúncia funciona como verdadeiro filtro do qual depende a preservação da competência do Tribunal do Júri, de modo que, em sua afirmação, hão de ser rigorosamente observados os limites que lhe são normativamente postos.

Por assim ser, em preservação a uma competência que não é sua – e que deve ser restrita nos limites postos –, ao juiz togado – e também aos Tribunais, por suposto – cabe apenas a avaliação restrita quanto à existência de indícios de autoria e provas da materialidade que sejam autorizadoras da admissão da causa para apreciação e julgamento por seus juízes naturais.

E, neste ponto, vale ressaltar: inexiste *in dubio pro societate*, brocardo repetido à exaustão na tentativa de legitimar uma perspectiva absolutamente divorciada dos preceitos que nossa Constituição estabelece como bases instituintes do Estado Democrático de Direito que estrutura a República Federativa do Brasil.

Tal premissa, aliás, já foi reconhecida pelo Supremo Tribunal Federal[11].

Pelo contrário, o juízo de pronúncia exige certeza, ainda que uma certeza não da culpa, mas da materialidade do fato e da existência de indícios de autoria suficientes a legitimar a submissão de cidadãos de inocência presumida a julgadores leigos em sua quase nua soberania, a qual se expressa pelo poder de punir, que sempre deve estar sujeito a severo controle racional – é o que determina um Estado de Direito, como antes frisado.

E a certeza a que se refere também depende da observância das normas de regência para seu alcance, legais ou constitucionais, com destaque, no caso, para as que impedem a pronúncia com base em elementos que não observem o determinado pelo devido processo legal – provas produzidas em juízo (art. 155 do CPP – e, no caso do júri, pela plenitude de defesa em contraditório.

Num Estado Democrático de Direito, a observância dos meios é condicionante do alcance dos fins, vale repetir.

Prosseguindo, cumpre ressaltar que os juízes naturais a que nos referimos são leigos, o que nos permite afirmar que a exposição de alguém a julgamento por seus pares – leigos – no Tribunal do Júri equivale à máxima exposição à soberania a que a liberdade pode estar exposta segundo nosso ordenamento jurídico.

Justamente por isso, a contenção a excessos no juízo de pronúncia há de ser rigorosa, a impronúncia sendo decisão que se impõe quando inexistente a certeza, seja acerca da materialidade dos fatos, seja quanto à existência de indícios suficientes de autoria.

11 ARE 1.067.392, Rel. Min. Gilmar Mendes, 2ª Turma, julgado em 26/03/2019 e HC 180.144, Rel. Min. Celso de Mello, 2ª Turma, julgado em 09/10/2020.

O Superior Tribunal de Justiça, vale lembrar, mesmo antes de adotar a plena aplicabilidade do art. 155 do CPP ao procedimento do júri, entendimento hoje sedimentado[12], já vinha afastando pronúncias embasadas em depoimentos de ouvir dizer, ainda que judicializados[13].

Nesse sentido, necessário destacar a arguta sensibilidade demonstrada pelo eminente Ministro Ribeiro Dantas (5ª Turma do STJ) quanto à necessidade de rigor por ocasião da pronúncia, considerada a gravidade dos riscos verificados quando se conduz a julgamento por leigos um cidadão a quem se atribui a prática de crime doloso contra a vida.

A propósito, acerca das muitas cautelas que Constituição e lei exigem na admissão de uma causa para conhecimento e julgamento pelo Tribunal do Júri, vale transcrever as considerações articuladas pelo referido Ministro, quando proferiu decisão monocrática no julgamento do HC 771514/RS. Vejamos (fl. 1083 daqueles autos):

> Observa-se que as instâncias ordinárias pronunciaram o paciente baseando-se em depoimentos extrajudiciais, os quais não foram confirmados em juízo e em depoimento de ouvir dizer.
>
> Essa Corte Superior possui entendimento de que a pronúncia não pode se fundamentar exclusivamente em elementos colhidos durante o inquérito policial, sem que estes tenham sido confirmados em juízo e, tampouco em depoimento de ouvir dizer.
>
> No Estado Democrático de Direito, a força argumentativa das convicções dos magistrados deve ser extraída de provas submetidas ao contraditório e à ampla defesa. Isso porque o mínimo flerte com decisões despóticas não é tolerado e a liberdade do cidadão só pode ser restringida após a superação do princípio da presunção de inocência, medida que se dá por meio de procedimento realizado sob o crivo do devido processo legal.
>
> Importa registrar que a prova produzida extrajudicialmente é elemento cognitivo destituído do devido processo legal, princípio garantidor das liberdades públicas e limitador do arbítrio estatal.
>
> Com efeito, sob o pálio de se dar máxima efetividade ao sistema de íntima convicção dos jurados, consagrado na norma insculpida no inciso III do art. 483 do CPP, não se pode desprezar a prova judicial colhida na fase processual do sumário do Tribunal do Júri. Em análise sistemática do procedimento de apuração dos crimes contra a vida, observa-se que o juízo discricionário do Conselho de Sentença, uma das últimas etapas do referido procedimento, não apequena ou desmerece os elementos probatórios produzidos em âmbito processual, muito menos os equipara à prova inquisitorial.

12 HC 560.552/RS, 5ª T., Rel. Min. Ribeiro Dantas, j. em 23.02.2021, Dje de 26.02.2021.

13 AgRg no AREsp 1628052/RO, 6ª T., Rel. Min. Laurita Vaz, j. em 18.08.2020, Dje de 01.09.2020.

> Na hipótese em foco, optar por solução diversa implica inverter a ordem de relevância das fases da persecução penal, conferindo maior juridicidade a um procedimento administrativo realizado sem as garantias do devido processo legal em detrimento do processo penal, o qual é regido por princípios democráticos e por garantias fundamentais. Em outras palavras, entender em sentido contrário seria considerar suficiente a existência de prova inquisitorial para submeter o réu ao Tribunal do Júri sem que se precisasse, em última análise, de nenhum elemento de prova a ser produzido judicialmente.
>
> Contudo, essa não foi a opção legislativa. Diante da possibilidade da perda de um dos bens mais caros ao cidadão - a liberdade -, o Código de Processo Penal submeteu o início dos trabalhos do Tribunal do Júri a uma cognição judicial antecedente. Perfunctória é verdade, mas munida de estrutura mínima a proteger o cidadão do arbítrio e do uso do aparelho repressor do Estado para satisfação da sanha popular por vingança cega, desproporcional e injusta.

As conclusões do Ministro Dantas, a nosso sentir, são irreparáveis, na medida em que rechaçam as pretensões inquisitoriais ao afirmar a prevalência dos elementos de convicção colhidos sob o crivo do contraditório em relação àqueles obtidos na fase administrativa da persecução penal. Acima de tudo, destaca o Ministro Dantas que a inobservância dessa ordem de coisas é contrária ao próprio Estado democrático de Direito e seus princípios.

6. CONSIDERAÇÕES FINAIS

Ao final do percurso proposto, esperamos ter bem esclarecido os graves e diversos riscos a que nos expõem os abusos quotidianamente admitidos em nossa práxis processual penal. É como se passa na conhecida alegoria: enquanto concorremos ativa ou passivamente para as sistemáticas violações ao sistema acusatório e a consequente autonomização das polícias – logo, da força, que assim se converte em violência, face à razão normativa –, procedemos como se serrássemos o galho em que estamos sentados, bem no alto de uma árvore.

Não nos enganemos, nem façamos concessões: é o arbítrio que espreita e se alimenta de cada abuso tolerado no âmbito da persecução penal, é a democracia que morre a cada violação de domicílio, busca ilegal, condenação ou pronúncia lastreada exclusivamente em elementos não submetidos ao contraditório.

Não nos é permitido renunciar à crítica, não nos é lícito abrir mão da democracia que nos concede a palavra livre, não nos é dado abdicar da dialética do devido processo legal, fora da qual não há Direito ou práticas jurídicas autênticas.

Por isso escrevemos, por isso trabalhamos, responsáveis que somos pela realização do futuro com o qual nos compromete a Constituição de 1988.

REFERÊNCIAS

COSTA, Domingos Barroso da. "O criminoso e o lobisomem", em Revista Justiça e Sistema Criminal, v. 7, n. 12, p. 275-304, jan./jun. 2015.

LOPES JR., Aury. Direito processual penal e sua conformidade constitucional. Volume I. Rio de Janeiro: Lumen Juris, 2010.

PRADO, Geraldo. Sistema acusatório: a conformidade constitucional das leis processuais penais.

RAPHAELLI, Rafael; COSTA, Domingos Barroso da; MELO, Andrey Régis de. "O Brasil que se revela pelo reconhecimento fotográfico: o inconsciente de nossas práticas e o problema da Modernidade: uma abordagem a partir da história em persecução penal", em "Código de Processo Penal: estudos comemorativos aos 80 anos de vigência: Volume 2" (coord. Guilherme Madeira, Gustavo Badaró e Rogerio Schietti Cruz). São Paulo: Thomson Reuters Brasil, 2021, p. 239-253.

ZAFFARONI, Eugenio Raúl. O inimigo no direito penal. Rio de Janeiro: Revan, 2007.

A gestão das provas nos processos de tráfico de drogas e a inversão da presunção de inocência à de culpabilidade

Rodrigo Ghiringhelli de Azevedo[1]
Laura Girardi Hypolito[2]
Jádia Larissa Timm dos Santos[3]

1. INTRODUÇÃO E ASPECTOS METODOLÓGICOS

Desde sua entrada em vigor no ano de 2006, a Lei de Drogas 11.343/06 tem ocupado um lugar de destaque nos debates sobre as novas dinâmicas e consequentes desafios acarretados à administração da justiça penal no Brasil. Ao longo destas quase duas décadas de existência, diversas pesquisas foram produzidas com a finalidade de evidenciar os danos decorrentes da aplicação prática da legislação (BOITEUX; WIECKO, 2009; CAMPOS, 2015; LEMGRUBER; FERNANDES, 2015; JESUS, 2016; AZEVEDO; CIFALLI, 2015; AZEVEDO; HYPOLITO, 2016; DPERJ, 2018; SEMER, 2019; VALOIS, 2020; AZEVEDO; HYPOLITO, 2023; HYPOLITO, 2023).

De todos os problemas existentes para o cumprimento da Lei de Drogas ao longo dos anos, os estudiosos do tema têm apontado que o mais impactante e catastrófico tem sido o aumento expressivo das taxas de encarceramento no Brasil, que atualmente possui a terceira maior população carcerária do mundo em números absolutos, e a vigésima sexta em termos de taxa por cem mil habitantes. De acordo com os dados provenientes do SENAPPEN (2023),[4] no primeiro semestre de 2023 havia 839.672 pessoas privadas de liberdade, sendo a legislação de drogas responsável pelo total de 28,29% das incidências de pessoas encarceradas no país. Esse montante, que antes da entrada em vigor da atual legislação, correspondia a menos de 10% das taxas de aprisionamento (AZEVEDO e HYPOLITO, 2016), demonstra o impacto que a atual legislação tem no sistema prisional brasileiro.

1 Doutor em Sociologia - UFRGS. Professor Titular da Escola de Direito e dos Programas de Pós-Graduação em Ciências Criminais e em Sociologia e Ciência Política da Pontifícia Universidade Católica do Rio Grande do Sul (PUCRS).
2 Doutora em Ciências Criminais pela PUCRS e Pesquisadora de Pós-Doutorado pela UFJF e USP.
3 Doutora e Mestra em Ciências Criminais pela PUCRS. Em estágio pós-doutoral pelo PPGCCrim PUCRS. Professora do Curso de Direito da Faculdade de Integração do Ensino Superior do Cone Sul (FISUL).
4 https://www.gov.br/senappen/pt-br/servicos/sisdepen.

No plano formal, duas principais alterações trazidas pelo dispositivo legal podem ser consideradas responsáveis pelo aumento massivo dos aprisionamentos. A primeira diz respeito à despenalização do usuário (art. 28) e a segunda ao aumento da pena mínima para o delito de tráfico (art. 33), que passou de três para cinco anos de reclusão, o que em regra impede a aplicação de penas e medidas alternativas ao cárcere. Mesmo que em um primeiro momento, ainda na aprovação do dispositivo legal pelo Congresso Nacional, a intenção fosse que a resposta penal para usuários e traficantes fosse proporcionalmente distinta, abrandando a resposta penal para usuários e repreendendo fortemente os responsáveis pelo comércio ilegal de substâncias ilícitas, no plano da aplicação prática, a partir da atuação dos diversos atores da administração da justiça penal brasileira, isso não ocorreu.

A realidade é que os atores responsáveis pela persecução penal não receberam bem o abrandamento do controle penal aos usuários (AZEVEDO e HYPOLITO, 2023). As polícias brasileiras, agindo de acordo com sua cultura inquisitiva e autoritária (KANT DE LIMA, 2019), passaram a tipificar casos que antes seriam considerados como de porte para uso pessoal, como de tráfico, não obstante as mesmas circunstâncias dos flagrantes e as pequenas quantidades de droga encontradas no momento das apreensões. Como consequência, passou a ocorrer um aumento das tipificações por tráfico e uma redução dos indiciamentos por porte para uso pessoal em todo o país (CAMPOS, 2015).

Ao mesmo tempo, no âmbito do Poder Judiciário, cujo viés punitivista também é apontado pela literatura sobre o tema (GLOECKNER, 2018; CASARA, 2020; SEMER, 2019; VALOIS, 2020), na quase totalidade dos casos julgados envolvendo delitos referentes à legislação de drogas, os elementos do inquérito são incorporados nos processos, sendo raramente desconsiderados ou relativizados pelos magistrados. Isso ocorre, do mesmo modo, com os depoimentos dos policiais que realizaram os flagrantes, os quais têm recebido um valor quase que absoluto de veracidade em suas falas, que em alguns casos, com fundamento na Súmula 70 do Tribunal de Justiça do Rio de Janeiro, bastam como prova para fundamentar sentenças condenatórias (LEMGRUBER; FERNANDES, 2015).

Essa realidade evidencia o flagrante desrespeito à garantia dos réus ao direito ao contraditório e à presunção de inocência, visto que, no processo penal brasileiro, nenhuma prova isoladamente deve ter força, por si só, para legitimar uma condenação criminal; especialmente quando mais de 90% das testemunhas arroladas pela acusação nos processos de tráfico são provenientes das forças de segurança (SEMER, 2019). Assim, a disparidade de armas entre defesa e acusação nos processos de tráfico é inequívoca, tendo em vista a credibilidade que é dada à palavra do policial, em detrimento aos testemunhos de defesa e da negativa de autoria do acusado.

A partir de dados produzidos pela pesquisa de Semer (2019) e que confirmam resultados obtidos por outros estudos (BOITEUX; WIECKO, 2009; LEMGRUBER; FERNANDES, 2015), conclui-se que cerca de 80% das sentenças para o delito de tráfico de drogas são no sentido da condenação dos réus, o que demonstra o alto rigor punitivo das decisões judiciais.

Como resultado, volta-se para o principal impacto proveniente da atual legislação de drogas brasileira: o aumento do encarceramento massivo de pessoas majoritariamente do sexo masculino, hipossuficientes, primárias, jovens, pretas, com baixa escolaridade, moradoras de regiões periféricas, que no momento da abordagem policial estavam sozinhas, portando pequenas quantidades de droga e sem apresentar comportamento violento.

A partir do contexto apresentado, pretendemos compreender qual o papel das provas nos processos que tratam dos crimes relativos à legislação de drogas brasileira, e de que maneira as mesmas são apreciadas pelos julgadores. Partimos da hipótese de que os elementos trazidos ao processo pelo inquérito policial e os depoimentos de policiais militares são a base probatória sobre a qual se fundamentam as decisões judiciais condenatórias, desempenhando um papel decisivo para o resultado final dos processos, que condenam cerca de oito em cada dez investigados. Neste sentido, com a finalidade de ir além dos resultados apresentados pelos estudos já referidos, buscamos analisar dados secundários de duas pesquisas publicadas recentemente, para compreender o papel que cumprem as provas nos julgamentos dos crimes relacionados à legislação de drogas no Brasil.

Em um primeiro momento, serão examinados os resultados da pesquisa *Perfil do processado e produção de provas nas ações criminais por tráfico de drogas* (IPEA, 2023a), elaborada pelo Instituto de Pesquisa Econômica Aplicada (IPEA) em colaboração com a Secretaria Nacional de Políticas sobre Drogas do Ministério de Justiça e Segurança Pública (SENAD/MJSP), que coloca em evidência o papel que cumprem as provas nestes processos.

A pesquisa do IPEA é bastante ampla, visto que contou com um universo de 41.100 processos, a partir dos quais foi elaborada uma amostra representativa de 5.121 ações, nas quais diversas variáveis foram analisadas individualmente. Acerca do lapso temporal, o interesse da investigação foi em relação aos processos criminais com decisão terminativa no primeiro semestre do ano de 2019, nos quais houve réu indiciado, denunciado e/ou sentenciado por crimes de tráfico de drogas previstos no Título IV, Capítulo II, da Lei 11.343/2006 ou na antiga Lei de Drogas (6.368/1976), uma vez que ainda existem ações tramitando sob a égide da legislação anterior.

Em um segundo momento, buscando evidenciar a utilização das provas apuradas nos processos também em fase de segundo grau, serão colocados em evidência resultados provenientes do trabalho *Os dentes da engrenagem: o papel dos desembargadores do estado do Rio Grande do Sul nas incriminações por tráfico privilegiado* (HYPOLITO, 2023), principalmente para demonstrar o que reputamos como a inversão do ônus da prova nos julgados. A pesquisa, que analisou 420 acórdãos de apelações referentes aos recursos tanto da defesa, quanto da acusação, em relação a demandas relacionadas com o delito de tráfico privilegiado e com julgamento no decorrer do ano de 2019, investigou os julgados das três primeiras câmaras criminais do Tribunal de Justiça do estado do Rio Grande do Sul, que são as que têm competência para julgar os crimes envolvendo a lei de drogas.

Com a finalidade de evidenciar os motivos utilizados pelos desembargadores para reconhecer a privilegiadora, afastar, aumentar ou diminuir a fração de pena interposta no primeiro grau, a pesquisa constatou que dos 213 casos em que o benefício foi negado pelas câmaras, em 42 casos os julgadores de segundo grau não concederam o direito à redução da pena sob o argumento de que o réu não teria comprovado nos autos o exercício de atividades lícitas. Estes casos configuraram um total de cerca de 20% das motivações utilizadas. Deste modo, estes resultados evidenciam uma flagrante inversão do ônus da prova no processo penal, visto que a carga probatória requerida pelos desembargadores não deve ser incumbida ao réu, além do mais, há uma interpretação inconforme ao preceito legal que prevê a possibilidade de redução de pena.

Como o tema central proposto orbita na questão das provas no processo penal relacionados aos crimes correspondentes à legislação de drogas, desde sua relevância até sua utilização, o primeiro ponto do estudo apresentará brevemente alguns conceitos introdutórios. Isso para que, nos pontos seguintes, sejam analisados os dados que irão demonstrar como os direitos e garantias dos réus acusados de tráfico de drogas são tratados durante a investigação, processo e até mesmo em sede recursal, à luz do devido processo legal.

2. O ÔNUS PROBATÓRIO NO PROCESSO PENAL BRASILEIRO

A prova constitui elemento essencial no processo penal. Afinal, é através dela, de sua avaliação, mais especificamente, que o(a) juiz(a) formará a sua convicção. É o que preceitua o art. 155 do Código de Processo Penal:

> Art. 155. O juiz formará sua convicção pela livre apreciação da prova produzida em contraditório judicial, não podendo fundamentar sua decisão exclusivamente nos elementos informativos colhidos na investigação, ressalvadas as provas

cautelares, não repetíveis e antecipadas. Parágrafo único. Somente quanto ao estado das pessoas serão observadas as restrições estabelecidas na lei civil.

A liberdade concedida ao julgador na apreciação da prova, contudo, não é absoluta, encontrando limite, por exemplo, no dever constitucional de fundamentação das decisões – art. 93, inciso IX –, sob pena de nulidade absoluta – art. 564, inciso V, do Código de Processo Penal.

O termo "prova" vem do vocábulo latino *probatio*, e significa confirmação, verificação, exame. No processo, a prova apresenta três sentidos: ato (de provar) ou o "processo pelo qual se verifica a exatidão ou a verdade do fato alegado pela parte no processo"; meio, sendo o "instrumento pelo qual se demonstra a verdade de algo"; e resultado (da ação de provar), ou "o produto extraído da análise dos instrumentos de prova oferecidos, demonstrando a verdade de um fato" (NUCCI, 2013, p. 360). Não entraremos aqui na discussão jusfilosófica acerca da ideia ilusória de uma verdade absoluta, total, real, herança esta de um sistema inquisitivo, que implica atropelos de garantias e direitos, como a própria presunção de inocência.[5] No lugar da busca pela verdade, fiquemos com a posição de que "o processo penal é um instrumento de retrospecção, de reconstrução aproximativa de um fato histórico", e são as provas que possibilitarão essa reconstrução, de modo a formar o conhecimento de quem julga (LOPES JR., 2023, p. 395).

Portanto, é a partir da análise das provas produzidas e levadas aos autos que a pessoa que julga formará seu convencimento sobre determinado fato. E isso nos leva ao ponto da carga probatória, ao ônus da prova no processo penal, que encontra relação direta, adiantamos, com o *in dubio pro reo*, e com a presunção de inocência.

O art. 156 do Código de Processo Penal[6] postula que o dever de prova incumbe a quem faz a alegação e, subsidiariamente, faculta ao julgador a possibilidade de determinação, de ofício, de produção antecipada de provas e de realização de diligências. Analisemos primeiramente a parte final do referido artigo e seus incisos.

A permissão legal de conferida ao juiz ou à juíza de determinar a produção de provas e a realização de diligências rompe com um dos elementos cruciais de um sistema que se pretende acusatório, ou seja, que pugna pela separação das funções de acusar e de julgar. Logo, mais uma herança inquisitorial. O

5 Conferir, entre outros: GLOECKNER, Ricardo Jacobsen. **Autoritarismo e Processo Penal**: uma genealogia das ideias autoritárias no processo penal brasileiro. São Paulo: Tirant lo blanch, 2018; KHALED, Salah H. **Ambição de verdade no processo penal**: uma introdução. Rio de Janeiro: Lumen Juris, 2019; OLIVEIRA, Theodoro Balducci de. **Delação premiada e verdade no processo penal brasileiro**. São Paulo: Tirant lo blanch, 2022.

6 Art. 156. A prova da alegação incumbirá a quem a fizer, sendo, porém, facultado ao juiz de ofício: I – ordenar, mesmo antes de iniciada a ação penal, a produção antecipada de provas consideradas urgentes e relevantes, observando a necessidade, adequação e proporcionalidade da medida; II – determinar, no curso da instrução, ou antes de proferir sentença, a realização de diligências para dirimir dúvida sobre ponto relevante.

advento do instituto do juiz das garantias, incluído pela Lei 13.964, de 2019, viria, também, para marcar definitivamente essa separação de funções, como se interpreta da redação do art. 3º-A do Código de Processo Penal: "O processo penal terá estrutura acusatória, vedadas a iniciativa do juiz na fase de investigação e a substituição da atuação probatória do órgão de acusação".

No entanto, no recente julgamento das Ações Diretas de Inconstitucionalidade de nºs 6.298, 6.299, 6.300 e 6.305, o Supremo Tribunal Federal, por maioria, vencidos os Ministros Cristiano Zanin e Edson Fachin, decidiu "atribuir interpretação conforme ao art. 3º-A do CPP, incluído pela Lei 13.964/2019, para assentar que o juiz, pontualmente, nos limites legalmente autorizados, pode determinar a realização de diligências suplementares, para o fim de dirimir dúvida sobre questão relevante para o julgamento do mérito" (BRASIL, 2023). Com esta conformação interpretativa[7] da redação do art. 3º-A, fica mantida a forma de um sistema "misto", que afasta um dos pilares do sistema acusatório.

Retornando à primeira parte do art. 156 do CPP, a qual menciona: "A prova da alegação incumbirá a quem a fizer", há uma parcela significativa da doutrina que lê tal preceito em conformidade com a teoria civil-processualista, cujo dispositivo correspondente atualmente se encontra no art. 373 do Código de Processo Civil.[8] Ou seja, o ônus da prova não estaria somente com a acusação, mas com ambas as partes, dividindo-se o *onus probandi*. De um lado, e como regra geral, incumbe à acusação provar o crime na integridade de todos os seus elementos constitutivos. Por outro lado, quando o acusado alegar circunstância que refute a tese da acusação, caberá à sua defesa a demonstração, como quando invoca excludente de ilicitude ou de culpabilidade (REIS; GONÇALVES, 2023). Reconhecem, contudo, que o ônus imposto à defesa há de ser mitigado pelo princípio do *in dubio pro reo*: "alegada alguma excludente, como a legítima defesa, por exemplo, feita prova razoável pela defesa e existindo dúvida, deve o réu ser absolvido e não condenado" (NUCCI, 2013, p. 367).

Uma segunda corrente,[9] a qual também defendemos, entende que no processo penal todo o ônus da prova incumbe à acusação, inexistindo distribuição de cargas probatórias, uma vez que a primeira alegação é feita na peça acusatória e também "porque o réu está protegido pela presunção de inocência" (LOPES JR., 2023, p. 430). Tanto é assim que o réu não está obrigado a promover sua autodefesa, podendo optar pelo silêncio como estratégia

---

7 As significativas modificações não se deram somente na interpretação do art. 3º-A, mas em outros trechos legais que visam a implementar o instituto (vide inteiro teor da decisão). Para alguns juristas, como Aury Lopes Junior, Renato Stanziola Vieira e Lenio Streck, o que ocorreu foi um enfraquecimento e até um esvaziamento da figura do Juiz das Garantias e do propósito de adequar o CPP ao sistema acusatório, antes mesmo de sua implementação (SANTOS, 2023).

8 Art. 373. O ônus da prova incumbe: I - ao autor, quanto ao fato constitutivo de seu direito; II - ao réu, quanto à existência de fato impeditivo, modificativo ou extintivo do direito do autor. [...].

9 Entre seus defensores, destacamos: BADARÓ, 2003; GLOECKNER, 2019; LOPES JR., 2023.

defensiva. É claro que ao optar por não produzir provas, assume o réu o risco da perda de uma chance, com o risco de ao final ter uma sentença desfavorável. Reitera-se, contudo, que se trata de uma possibilidade, de um direito, e não de uma obrigação no processo penal (LOPES JR., 2023). Exigir do acusado a produção de provas é inverter o primado da presunção de inocência para o da presunção de culpabilidade.

Por isso, a leitura do art. 156 do CPP deve se dar em consonância com o princípio da presunção de inocência, do *in dubio pro reo,* sob pena de violação ao sistema acusatório. Este flagrante descumprimento por parte dos julgadores será enfrentado devidamente mais à frente.

3. O CONTEXTO DA PRODUÇÃO DE PROVAS NAS AÇÕES CRIMINAIS POR TRÁFICO DE DROGAS NO BRASIL: FASE POLICIAL E FASE JUDICIAL

Neste ponto serão apreciados os dados provenientes da pesquisa *Perfil do processado e produção de provas nas ações criminais por tráfico de drogas* (IPEA, 2023a). Como foi anteriormente apontado, o recente estudo é um dos maiores e mais completos sobre o tema, de modo que contou com um universo de 41.100 processos com julgamentos de primeiro grau proferidos durante o primeiro semestre de 2019 e relacionados às incriminações referentes à legislação de drogas em todas as regiões do país. Em relação às provas, o conteúdo é apresentado de modo a distinguir as provas provenientes da fase policial daquelas produzidas na fase judicial.

No entanto, antes que essas questões sejam colocadas em evidência – e ainda que o foco deste trabalho seja em relação às dinâmicas e complexidades relacionadas às provas nos processos penais referentes à lei de drogas brasileira – cabe pontuar outras informações de extrema relevância que foram encontradas na pesquisa, correspondentes às circunstâncias processuais e ao perfil dos investigados por tráfico no Brasil.

Neste sentido, acerca das pessoas que respondem criminalmente por delitos que provêm da atual legislação de drogas brasileira, a pesquisa foi fundamental para elucidar o perfil dos investigados. A partir das informações apuradas nos processos, ficou demonstrado que 86% dos investigados são do sexo masculino, mais de 70% têm entre 18 e 30 anos de idade, 65% são pessoas negras e cerca de 70% não chegaram sequer a cursar o ensino médio (IPEA, 2023a). Esses dados corroboram a afirmação de que a legislação de drogas é o vetor chave para a produção da seletividade nas incriminações, a qual acarreta o encarceramento massivo de homens, jovens, negros, com baixa escolaridade e que no momento do flagrante portavam pequenas quantidades de droga (HYPOLITO, 2021).

Sobre o tipo e o volume de droga apreendidos, os dados analisados na pesquisa (IPEA, 2023a) serviram como base para a elaboração de outro estudo, com foco específico nos critérios correspondentes à natureza e à quantidade das substâncias ilícitas encontradas nos processos (IPEA, 2023b). De acordo com os resultados apurados, a droga com maior predominância foi a cocaína, presente em 70,2% dos casos, seguida pela maconha, encontrada em 67,1% dos processos. No entanto, é importante referir que a pesquisa considerou *cocaína* na totalidade de seus vários subtipos, sendo os dois principais a cocaína em pó (59,3%) e a cocaína em pedra (47%), popularmente conhecida como crack. Caso as substâncias fossem discriminadas como ocorre comumente (cocaína e crack), a maconha teria sido a droga com maior incidência.

Acerca das quantidades, nos mais de 41 mil processos investigados, de acordo com a pesquisa, a mediana em relação à maconha foi de 85 gramas e de 24 gramas no que diz respeito à cocaína (IPEA, 2023b). Outro resultado fundamental do estudo diz respeito à hipotética adoção de parâmetros objetivos de diferenciação entre uso e tráfico. A pesquisa apresentou dois cenários, um mais conservador, que considerou como porte para consumo pessoal o limite de 25 gramas de maconha e 10 gramas de cocaína, e um mais liberal, com limite de 100 gramas de maconha e 15 gramas de cocaína. De acordo com os resultados apurados, no primeiro cenário, do estabelecimento de parâmetros de quantidade para diferenciação, a presunção de porte para uso próprio ocorreria em 23% dos casos. Já no segundo cenário, seriam considerados usuários 35% dos réus de tráfico (IPEA, 2023b).

Esses números evidenciam o impacto que a definição de critérios objetivos de diferenciação entre usuários e traficantes traria para o sistema de justiça criminal brasileiro, principalmente em relação ao desafogamento dos presídios, que contém uma parcela significativa de presos por tráfico que no momento da abordagem portavam pequenas quantidades de drogas (IPEA, 2023a). Ademais, ao considerar critérios objetivos de diferenciação entre usuários e traficantes, a legislação de drogas seria capaz de preservar o respeito ao princípio da isonomia, de modo a reduzir a atuação discricionária dos atores – agentes de segurança, ministério público, judiciário – que na prática tendem a tipificar condutas de maneira distinta, bem como aplicar penas mais duras, a depender de variáveis como a etnia, gênero, nível de escolaridade, renda, idade e local em que se dá o fato (HYPOLITO; AZEVEDO, 2023).

Dando seguimento à análise de outros aspectos abordados pela pesquisa, os resultados também apontam que as motivações das abordagens policiais com maior incidência foram os patrulhamentos (32,5%) e as denúncias anônimas (30,9%), destas, em 93% dos casos foram apenas mencionadas no depoimento dos policiais que realizaram a ação, sem a adoção de outro meio de prova que corrobore que tenham de fato ocorrido, o que demonstra a dimensão da confiança que é atribuída à palavra dos agentes estatais da segurança (JESUS, 2016). Além do mais, cerca de 50% dos réus em algum momento anterior tiveram passagem pelo sistema de justiça – o que não significa dizer que tenham sido condenados por algum crime – e que 13% têm envolvimento com facções criminais. Neste ponto importa pontuar que apenas 8% dos réus admitiram ter relação com facções criminais. Os outros 6% apurados correspondem aos depoimentos de agentes de segurança, sem qualquer outra fonte de prova além daquela proveniente da palavra dos policiais (IPEA, 2023a).

Enfim, no que diz respeito às provas, ao analisar as evidências juntadas ainda na fase do inquérito policial, a pesquisa apurou que as maiores ocorrências foram de apreensões e provas orais. A apreensão de substâncias foi constatada em 91,9% dos autos, dos quais houve prisão em flagrante em 89,1% das vezes. Houve apreensão de objetos com 75% dos réus processados[10] e destaque para a baixa incidência de mandados de busca e apreensão, os quais não atingiram a incidência de 10% dos processos (IPEA, 2023a).

A apreensão de substâncias supostamente ilícitas no momento do flagrante em posse do réu ocorreu em 83% dos casos, ou seja, em 17% das ações não foram encontradas drogas em posse dos suspeitos, não obstante a pesquisa aponte que em 95,9% dos casos houve apreensão de algum tipo de substância ilícita. Além do mais, em relação à incidência dos exames periciais das substâncias apreendidas, o estudo demonstrou que foram produzidos laudos preliminares em apenas 77,9% dos casos, e laudos definitivos em somente 37,7% dos autos analisados (IPEA, 2023a).

Quando se tem ciência do alto grau de rigor punitivo das sentenças pelo crime de tráfico de drogas no Brasil, a não realização de laudos periciais, provas fundamentais para a tipificação deste delito, demonstra a fragilidade probatória das ações condenatórias e um ponto central desta discussão está no próprio dispositivo legal. A Lei 11.343/06 dispõe, no art. 50, § 1º, que para efeito da lavratura do auto de prisão em flagrante e estabelecimento da materialidade do delito, é suficiente o laudo de constatação da natureza e quantidade da droga. A questão é que, sob um ponto de vista técnico-científico, o laudo de constatação, ou seja, o laudo preliminar, é realizado a partir de baixas especificidades técnicas, o que torna a análise preliminar questionável e passível de uma série de erros. Além do mais, a partir da perspectiva de um *standard probatório* forte, não podem ser aceitáveis para condenar os mesmos elementos utilizados ainda em sede de denúncia (AMARAL; BRUNI, 2023a).

---

10 Percentual dos objetos mais apreendidos: dinheiro (59,4%), celular (52,2%) e balança (20,4%).

No que concerne às provas orais, ainda em fase policial, os interrogatórios dos investigados corresponderam a 93,4% dos casos, seguidos pelos depoimentos dos policiais que realizaram o flagrante. De modo que no decorrer do inquérito policial, em 98,6% dos casos foram colhidos depoimentos de ao menos um agente de segurança, sendo destes 74,5% policiais militares e 24,1% policiais civis (IPEA, 2023a). Essa realidade evidencia a disparidade de armas entre defesa e acusação nos processos de tráfico, de modo que os magistrados atribuem um valor quase absoluto ao depoimento das testemunhas de acusação, ou seja, à palavra dos policiais (JESUS, 2016). Da mesma forma que nos processos de tráfico existe a crença inabalável no depoimento policial, há também uma aceitação e adoção por parte dos juízes do conteúdo dos inquéritos produzidos pela polícia no auto de prisão, os quais muitas vezes servem para fundamentar as sentenças condenatórias.

É a partir da concepção dessa lógica de repetição e reprodução que Valois (2020) afirma que o rito processual nos crimes de tráfico não constitui o momento em que se julga o possível cometimento do ilícito criminal, "mas simplesmente onde se repete o que foi documentado pela polícia, como um teatro, onde o que está em julgamento não é o fato, mas somente o documento apresentado" (VALOIS, 2020, p. 463). Para o autor, os magistrados, nos processos de tráfico, não se comportam como juízes togados, como deveriam, mas, sim, como os policiais da rua, na medida que apreendem dos autos de prisão em flagrante a comprovação incontestável do fato ilícito.

Em 17% dos processos, provas que foram solicitadas pelas autoridades policiais acabaram não sendo juntadas aos autos. As incidências destas faltas correspondem respectivamente a exames de corpo de delito dos acusados (62%), laudos periciais de telefones celulares (12,5%), quebra de sigilo de dados telefônicos ou de comunicações (12%) e laudos periciais definitivos de substâncias apreendidas (8,6%) (IPEA, 2023a).

Acerca das provas juntadas na fase judicial, a pesquisa demonstra que prevalece a coleta de provas orais, principalmente o interrogatório dos réus (88,5%) e o depoimento dos agentes de segurança que realizaram o flagrante (88,1%), realidade que, como foi acima apontado, prejudica do direito dos réus ao contraditório e à presunção de inocência, visto que os juízes desprezam a possibilidade de que os policiais poderiam estar mentindo em seus depoimentos, o que torna o reconhecimento da idoneidade da palavra do policial quase unânime no judiciário (SEMER, 2019).

Ainda neste sentido, a pesquisa demonstra que em 95% dos casos analisados ocorreu a oitiva de testemunhas na fase judicial, sendo que destas 50,02% foram arroladas pela acusação, 16,28% pela defesa e 32,65% por ambas.

Em 99,5% dos casos ao menos uma das testemunhas era agente de segurança, sendo a maior incidência constituída por policiais militares (75%), seguida por policiais civis (27%). Além do mais, em 94,6% das ações o agente de segurança responsável pelo flagrante depôs no processo. O interrogatório dos réus, no decorrer do processo, ocorreu em 90,2% dos casos, e deste total 5,65% optaram por permanecer em silêncio perante o juízo (IPEA, 2023a).

No que tange ao questionamento da licitude ou legitimidade das provas no curso do processo, a pesquisa aponta que a questão foi suscitada em pelo menos 14,1% dos casos analisados. Desse universo de processos, a prisão em flagrante foi a mais contestada, correspondendo a 44,7% dos casos. Em seguida foi levantada a possibilidade de ilicitude das interceptações telefônicas (23,19%) e dos autos de apreensão das substâncias (19,31%).

Nessa etapa da pesquisa ficou evidenciado que o interrogatório dos réus raramente é questionado, e o mesmo pode ser afirmado acerca do laudo pericial – tanto preliminar, quanto definitivo - que em raros casos têm a legitimidade discutida nos processos (4,3%) (IPEA, 2023a), não obstante a importância que deveria ser atribuída a tal etapa probatória, cuja realização não está imune ao cometimento de erros. Pelo contrário, os equívocos na produção dos laudos são recorrentes, e o controle judicial dos erros da perícia forense deveria ocorrer como mecanismo necessário para a efetivação dos direitos dos réus ao contraditório, à ampla defesa e ao reconhecimento da prova lícita ou inválida no decorrer dos processos por tráfico de drogas (AMARAL; BRUNI, 2023b).

Sobre o grau de punitivismo das sentenças, a taxa de condenação referente às condutas relacionadas ao tráfico de drogas foi de 72,2%. Os casos de absolvição foram apurados em 18,9% dos processos analisados e a desclassificação do art. 33 para o 28 da Lei 11.343/06 – porte para consumo pessoal – foi reconhecida em 6,1% dos casos. Acerca dos regimes de cumprimento de pena, o principal foi o fechado, determinado em 43% dos casos, seguido pelo aberto (30%) e semiaberto (25%). O tempo médio das penas privativas de liberdade ficou acima do mínimo legal, em 5,7 anos (IPEA, 2023a).

Esses números são similares aos resultados de pesquisas anteriores (BOITEUX; WIECKO, 2009; LEMGRUBER; FERNANDES, 2015; DPERJ, 2018; SEMER, 2019), as quais já atestaram o alto índice de condenações nos processos de tráfico, a média dos apenamentos acima do mínimo legal e a prevalência do regime fechado para os condenados à pena privativa de liberdade.

Além de todos os pontos que evidenciaram que não existe nos processos de tráfico de drogas no Brasil uma paridade de armas entre as partes, restando o desequilíbrio em prejuízo da defesa, todo este cenário de alto rigor punitivo explica o aumento constante das taxas de encarceramento no país, anteriormente mencionado, e que configura um dos impactos mais perversos da aplicação prática da Lei 11.343/06.

4. A (DES)NECESSIDADE DO RÉU COMPROVAR ATIVIDADE LÍCITA PARA O RECONHECIMENTO DA MINORANTE DE TRÁFICO PRIVILEGIADO: UMA INTERPRETAÇÃO EQUIVOCADA DO §4° DO ART. 33 DA LEI 11.343/06

Neste ponto do trabalho serão analisadas decisões de segundo grau referentes ao não reconhecimento do tráfico na forma privilegiada. Para isso, serão apresentados resultados da pesquisa *Os dentes da engrenagem: o papel dos desembargadores do estado do Rio Grande do Sul nas incriminações por tráfico privilegiado* (HYPOLITO, 2023), principalmente para demonstrar questões relacionadas à inversão do ônus da prova nos julgados que deixaram de conceder o benefício sob o argumento de que o réu *não comprovou atividades lícitas* nos autos.

O reconhecimento da minorante do tráfico privilegiado prevê uma redução de um sexto a dois terços da pena para indivíduos condenados por tráfico de drogas, desde que primários, com bons antecedentes, não dedicados a atividades criminosas, nem integrantes de organização criminal. Ou seja, o art. 33, §4º, da Lei 11.343/06 prevê essas quatro condicionantes para a concessão do benefício:

> Nos delitos definidos no caput e no § 1º deste artigo, as penas poderão ser reduzidas de um sexto a dois terços, ~~vedada a conversão em penas restritivas de direitos,~~ desde que o agente seja primário, de bons antecedentes, não se dedique às atividades criminosas nem integre organização criminosa.

Ressalve-se que o trecho que vedava a conversão em penas restritivas de direitos não deve mais ser aplicado, tendo sido suspenso pelo Senado Federal, em cumprimento ao julgamento do HC 97.256/RS pelo STF, que o declarou inconstitucional.

Em que pese a referida previsão legal, na prática, a partir da atuação dos juízes de primeiro grau, a aplicação da minorante não acontece em grande parte dos casos, de modo que os magistrados fazem uso de critérios subjetivos e motivos extralegais para não concederem a redução de pena (LEMGRUBER; FERNANDES, 2015; DPERJ, 2018; SEMER, 2019; IPEA, 2023a).

A pesquisa (HYPOLITO, 2023) que analisou 420 acórdãos referentes aos recursos de apelação tanto da defesa quanto da acusação, em relação a demandas acerca do tráfico privilegiado e com julgamento no decorrer do ano de 2019, investigou os julgados das três primeiras câmaras criminais do Tribunal de Justiça do estado do Rio Grande do Sul e evidenciou a existência de disputas no campo do judiciário sobre esta temática (BOURDIEU, 1989). A partir dos dados do estudo, foi possível constatar uma posição tendente a rejeitar os argumentos da defesa para a aplicação da minorante por parte dos desembargadores das duas primeiras Câmaras Criminais do Tribunal, enquanto a Terceira Câmara Criminal apresentou uma tendência maior de concessão aos pedidos de aplicação da minorante por parte da defesa.

Neste sentido, ao passo que a Primeira Câmara reconheceu a privilegiadora em apenas 9% dos casos, e a Segunda em 7,1%; a Terceira Câmara Criminal concedeu o benefício em 45,5% dos casos. No mesmo sentido, acerca da não aplicação, enquanto a Primeira não aplicou em 54,2% das vezes e a Segunda em 57,4%; a Terceira Câmara não reconheceu a aplicabilidade em 33,1% dos casos. Outro elemento que chamou a atenção é a questão do afastamento da privilegiadora aplicada em primeiro grau. Enquanto a Primeira Câmara afastou em 10,4% das vezes e a Segunda em 12,3%, a Terceira não retirou o direito ao benefício em nenhuma oportunidade, assim como não o fez no que diz respeito ao aumento do tempo de pena a partir da diminuição da fração de redução concedida ainda em primeiro grau (HYPOLITO, 2023).

Com a finalidade de evidenciar os motivos utilizados pelos desembargadores para reconhecer, afastar, aumentar ou diminuir a fração de redução de pena aplicada ainda em sede de primeiro grau, a pesquisa constatou que dos 213 casos em que o benefício foi negado pelas câmaras, em 42 deles os julgadores de segundo grau não concederam o direito à redução da pena sob o argumento de que *o réu não teria comprovado nos autos o exercício de atividades lícitas*. Esses casos configuraram um total de cerca de 20% das motivações utilizadas. Deste modo, estes resultados evidenciam uma flagrante inversão do ônus da prova no processo penal, visto que a carga probatória requerida pelos desembargadores não deve ser incumbida ao réu, ou por consequência, à sua defesa. Além do mais, corrompem o princípio constitucional do *in dubio pro reo*, o que fere diretamente os direitos dos acusados ao devido processo legal.

Discorremos no ponto 2 deste trabalho sobre o ônus probatório no processo penal e a carga probatória das partes, e argumentamos no sentido de defender que não há em sede processual penal obrigação da defesa de produção de prova, apenas possibilidade, em respeito também ao princípio da paridade de armas. Deste modo, a obrigação probatória recai tão somente à acusação, e em não havendo prova, a decisão deve beneficiar o acusado.

E tal posicionamento não pode ser diferente diante de hipóteses como a do §4º do art. 33 da Lei 11.343/06. Ou seja, o julgador, ao deixar de aplicar a redução de pena prevista no §4º sob o argumento exclusivo de ausência de prova produzida pelo réu sobre o exercício de atividade lícita, incumbe-lhe um ônus indevido, ao fazer exigência que não consta no texto legal.

Noutros termos, o afastamento da condição mais benéfica ao réu, prevista no §4°, só pode ser efetivado mediante prova que ateste que o agente não seja primário, não tenha bons antecedentes, se dedique a atividades criminosas e/ou que integre organização criminosa. Prova esta, repetimos, a ser produzida pela acusação. Diante de ausência de provas em contrário, e estando portanto presentes os requisitos estabelecidos em lei, a causa de diminuição de pena deve, a nosso ver, ser aplicada.

Nossa posição encontra respaldo não somente na doutrina supracitada, como também em recentes julgados dos Tribunais Superiores, como é o caso do AgRg no Habeas Corpus 729729/SP no STJ, de relatoria da ministra Laurita Vaz, julgado em 23 de março de 2023, chegando a mencionar em seu voto que "a ausência de comprovação de ocupação lícita não é fundamento suficiente para afastar a incidência da causa de diminuição de pena prevista no art. 33, § 4.°, da Lei de Drogas" (p. 6). Também inclui em sua fundamentação posição no mesmo sentido adotada pelo ministro Nefi Cordeiro, no AgRg no HC 537.980/SP, julgado em 17 de dezembro de 2019. É preciso, portanto, para afastar a possibilidade de diminuição de pena prevista no §4°, de "um conjunto de elementos robustos que apontem, com segurança, o engajamento criminoso do agente" (BRASIL, 2023a).

Nesse sentido, vale acrescentar que nem mesmo a quantidade de droga apreendida seria considerada fundamento idôneo para afastamento da minorante do art. 33, § 4°, da Lei 11.343/2006, conforme julgamento pelo STF do RHC 138117 AgR, de relatoria da ministra Rosa Weber, uma vez que ensejaria *bis in idem,* nos casos em que a quantidade de entorpecente já foi considerado na primeira fase da dosimetria.

Portanto, o fundamento utilizado em pelo menos um quinto das decisões analisadas na pesquisa citada (HYPOLITO, 2023) para afastar a aplicação de causa de diminuição de pena nos casos de tráfico privilegiado, ou seja, de que o réu não comprovou exercer atividade lícita, não é idôneo. Logo, não se pode concluir que da leitura do §4° do art. 33 da Lei 11.343/06 tenhamos a imposição de carga probatória ao réu, muito menos que a não comprovação de atividade lícita resulta automaticamente na conclusão de que o réu pratica atividades ilícitas de forma habitual. Além de ferir garantias, ultrapassa qualquer margem de interpretação legislativa possível. O ônus da prova, então, segue sendo da acusação, e diante da ausência de elementos probatórios robustos, a aplicação da minorante é imperativa.

5. CONCLUSÕES

Diante de todo o exposto, resta-nos fazer breves breves considerações finais..

No intuito de compreender o papel das provas nos processos que tratam dos crimes relativos à legislação de drogas brasileira, e de que maneira as mesmas são apreciadas pelos julgadores, utilizamos como referência as pesquisas *Perfil do processado e produção de provas nas ações criminais por tráfico de drogas*, elaborada pelo Instituto de Pesquisa Econômica Aplicada (IPEA) em colaboração com a Secretaria Nacional de Políticas sobre Drogas do Ministério de Justiça e Segurança Pública (SENAD/MJSP), e *Os dentes da engrenagem: o papel dos desembargadores do estado do Rio Grande do Sul nas incriminações por tráfico privilegiado*, tese doutoral de Laura Hypólito.

A primeira colocou em evidência quais provas são as mais produzidas pela acusação e de que forma são valoradas pelos julgadores. Constatou-se que os elementos trazidos ao processo pelo inquérito policial e os depoimentos de policiais militares são a base probatória sobre a qual se fundamentam as decisões judiciais condenatórias. Acrescente-se a isso a baixa incidência de produção de laudos definitivos das substâncias apreendidas, confiando as decisões condenatórias a laudos preliminares ou a sua total ausência, numa afronta ao *standard* probatório forte.

Já a partir da análise da segunda pesquisa, verificamos um significativo montante de decisões judiciais que se contrapunham ao princípio do *favor rei*, a partir de uma interpretação inadequada do §4° do art. 33 da Lei 11.343/06, ou seja, deixando de reconhecer ou até afastando a condição mais benéfica do chamado tráfico privilegiado ao réu sob o fundamento de que a defesa não juntou prova de ocupação lícita do réu.

Como já afirmamos, sob o ponto de vista já defendido acerca do ônus probatório no processo penal brasileiro, não se pode concluir que da leitura do §4° do art. 33 da Lei 11.343/06 tenhamos a imposição de carga probatória ao réu, muito menos que a não comprovação de atividade lícita resulta automaticamente na conclusão de que o réu pratica atividades ilícitas de forma habitual, osição esta corroborada por doutrina e por decisões dos tribunais superiores.

Portanto, é urgente que tais resultados sejam levados ao coditiano dos julgamentos criminais, para que tais deficiências sejam sanadas, uma vez que afrontam as garantias e os princípios gerais do processo penal brasileiro. É urgente que se leve a sério um *standard* probatório robusto, que se respeite a paridade de armas e que não se admitam decisões que condenam ou que agravam a situação do réu baseadas exclusivamente em depoimentos policiais ou em provas produzidas em fase de persecução criminal.

REFERÊNCIAS

AMARAL, Maria Eduarda Azambuja; BRUNI, Aline Thaís. O descompasso entre as análises de identificação de drogas previstas na Lei 11.343/2006 e a jurisprudência do STJ: precisamos falar sobre isso! Revista da Defensoria Pública RS. Porto Alegre, ano 14, v. 2, n. 33, p. 347-370, 2023a.

AMARAL, Maria Eduarda Azambuja; BRUNI, Aline Thaís. Prova Pericial no Processo Penal: a compreensão e a mitigação dos erros forenses como mecanismo de respeito ao contraditório, à ampla defesa e ao direito à prova lícita. Rev. Bras. de Direito Processual Penal. v. 9, n. 2, p. 877-912, mai.-ago. 2023b.

AZEVEDO, Rodrigo Ghiringhelli de; HYPOLITO, Laura Girardi. Política Penal de Drogas em Brasil: un estudio contemporáneo sobre la legislación y sus impactos. Revista de Ciencias Sociales. Montevideo, vol. 36, 53, p. 63-88, julio/diciembre, 2023.

AZEVEDO, Rodrigo Ghiringhelli de; HYPOLITO, Laura Girardi. Impacto da Lei 11.343/06 no encarceramento e possíveis alternativas. In: CARVALHO, Érika Mendes de; ÁVILA, Gustavo Noronha de (Org.). 10 Anos da Lei de Drogas: aspectos criminológicos, dogmáticos e político-criminais. Belo Horizonte: D'Plácido, 2016. p. 243-262.

AZEVEDO, Rodrigo; CIFALI, Ana Claudia. Seguridad pública, política criminal y penalidad en Brasil durante los gobiernos Lula y Dilma (2003-2014): cambios y continuidades. In: SOZZO, Máximo (Org.) Postneoliberalismo y penalidad em América del Sur. Buenos Aires: CLACSO, 2016.

BADARÓ, Gustavo Henrique Righi Ivahy. Ônus da prova no processo penal. São Paulo: RT, 2003.

BRASIL. SUPERIOR TRIBUNAL DE JUSTIÇA. AgRg no HABEAS CORPUS 729729 – SP (2022/0074842-1). Relatora Ministra Laurita Vaz. Julgado em 23 mar. 2023.

BRASIL. SUPERIOR TRIBUNAL DE JUSTIÇA. AgRg no HABEAS CORPUS 845690 - SP (2023/0285783-7). Relator Ministro Rogério Schietti Cruz. Julgado em 02 out. 2023.

BOITEUX, Luciana; WIECKO, Ella Volkmer de Castilho (Coord.). Tráfico e Constituição. Brasília: Ministério da Justiça, 2009. [Série Pensando o Direito, n. 1, 2009].

BRASIL. Supremo Tribunal Federal (Tribunal Pleno). Ações Diretas de Inconstitucionalidade 6298, 6299, 6300 e 6305. Relator: Ministro Luiz Fux, 24 de agosto de 2023. Disponível em: https://portal.stf.jus.br/processos/detalhe.asp?incidente=5840274. Acesso em: 04 out. 2023.

CAMPOS, Marcelo da Silveira. Pela metade: as principais implicações da nova Lei de Drogas no sistema de justiça criminal em São Paulo. Tese (Doutorado em Sociologia). Faculdade de Filosofia, Letras e Ciências Humandas da Universidade de São Paulo, São Paulo, 2015.

CASARA, Rubens. O estado pós-democrático: neo-obscurantismo e gestão dos indesejáveis. Rio de Janeiro: Civilização Brasileira, 2017.

DPERJ – Defensoria Pública do Estado do Rio de Janeiro. Relatório final: pesquisa sobre as sentenças judiciais de tráfico de drogas na cidade e região metropolitana do Rio de Janeiro. 2018. Disponível em: <https://www.defensoria.rj.def.br/uploads/arquivos/23d53218e06a49f7b6b814afbd3d9617.pdf>. Acesso em: 23 dez. 2022.

HYPOLITO. Laura Girardi. Quinze anos da Lei de Drogas: o que deu errado? Fonte Segura, 87, set. 2021. Disponível em: https://fontesegura.forumseguranca.org.br/quinze-anos-da-lei-de-drogas-o-que-deu-errado/ Acessado em: 16 set. 2023.

HYPOLITO, Laura Girardi. Os dentes da engrenagem: o papel dos desembargadores do Rio Grande do Sul nas incriminações por tráfico privilegiado. Tese (Doutorado em Ciências Criminais). Escola de Direito da Pontifícia Universidade Católica do Rio Grande do Sul, Porto Alegre, 2023.

HYPOLITO. Laura Girardi. AZEVEDO, Rodrigo Ghiringhelli de. O STF e a descriminalização do porte de drogas para uso pessoal. Fonte Segura, 195, ago. 2023. Disponível em: https://fontesegura.forumseguranca.org.br/o-stf-e-a-descriminalizacao-do-porte-de-drogas-para-uso-pessoal/ Acessado em: 20 set. 2023.

INSTITUTO DE PESQUISA ECONÔMICA APLICADA. Perfil do processado e produção de provas nas ações criminais por tráfico de drogas: relatório analítico nacional dos tribunais estaduais de justiça comum. Brasília, DF: Ipea, 2023a. 107 p.

INSTITUTO DE PESQUISA ECONÔMICA APLICADA. Critérios objetivos no processamento criminal por tráfico de drogas: natureza e quantidade de drogas apreendidas nos processos dos tribunais estaduais de justiça comum. Rio de Janeiro: Ipea, 2023b. 71 p.

GLOECKNER, Ricardo Jacobsen. Autoritarismo e processo penal: uma genealogia das ideias autoritárias no processo penal brasileiro. Florianópolis: Tirant Lo Blanch, 2018.

JESUS, Maria Gorete Marques. "O que está no mundo não está nos autos": a construção da verdade jurídica nos processos criminais de tráfico de drogas. Tese (Doutorado em Sociologia. Faculdade de Filosofia, Letras e Ciências Humanas da Universidade de São Paulo, São Paulo, 2016.

KANT DE LIMA, Roberto. A polícia da cidade do Rio de Janeiro: seus dilemas e paradoxos. Rio de Janeiro: [s.n.], 2019.

LEMGRUBER, Julita; FERNANDES, Marcia (Coord.). Tráfico de drogas na cidade do Rio de Janeiro: prisão provisória e direito de defesa. Boletim Segurança e Cidadania, n. 17, nov. 2015.

LOPES JR., Aury. Direito Processual Penal. 20. ed. São Paulo: SaraivaJur, 2023.

MATIDA, Janaina. Em defesa de um conceito jurídico de presunção. Rio de Janeiro: Marcial Pons, 2023.

NUCCI, Guilherme de Souza. Código de Processo Penal Comentado. 13. ed. São Paulo: Revista dos Tribunais, 2013.

NUCCI, Guilherme de Souza. Código Penal Comentado. 23. ed. Rio de Janeiro: Forense, 2023.

REIS, Alexandre Cebrian Araújo Reis; GONÇALVES, Victor Eduardo Rios. Direito Processual Penal. 12. ed. São Paulo: SaraivaJur, 2023.

SANTOS, Rafa. Para especialistas, STF errou ao reduzir a competência do juiz das garantias. Conjur, 24 de agosto de 2023. Disponível em: https://www.conjur.com.br/2023-ago-24/decisao-stf-competencia-juiz-garantias-gera-criticas. Acesso em: 04 out. 2023.

SEMER. Marcelo. Sentenciando o tráfico: o papel dos juízes no grande encarceramento. São Paulo: Tirant lo Blanch, 2019.

SINHORETTO, Jacqueline. Seletividade penal e acesso à justiça. In: LIMA, Renato Sérgio de; RATTON, Luiz José; AZEVEDO, Rodrigo Ghiringhelli de (Org.). Crime, polícia e justiça no Brasil. São Paulo: Contexto, 2014.

VALOIS, Luís Carlos. O direito penal da guerra às drogas. Belo Horizonte, São Paulo: D'Plácido, 2020.

Standard probatório para o recebimento da denúncia em crimes praticados em estruturas empresariais

Flávia Campos Guth[1]

1. INTRODUÇÃO

A pluralidade de intervenientes é uma das características mais marcantes dos crimes praticados a partir de sociedade empresária, sendo também elemento gerador de imensa dificuldade na formulação das denúncias em crimes praticados em estruturas corporativas. A partir dessa premissa, formula-se dois questionamentos: i) a pluralidade de intervenientes, em crimes praticados a partir de sociedade empresária, conduziu a um entendimento jurisprudencial que flexibilizou os *standards* probatórios para o recebimento da denúncia?; ii) essa orientação jurisprudencial representa negativa de vigência às normas do arts. 41 e 395, III, do Código de Processo Penal, bem como do princípio constitucional da presunção de inocência, disposta no art. 5º, LVII, da Constituição Federal?

Responder esses questionamentos exige a verificação preliminar sobre os elementos de tipicidade objetiva dos delitos comissivos e omissivos impróprios dolosos consumados praticados a partir de estruturas empresariais, que devem estar concretamente narrados na denúncia, de modo a cumprir condição *sine qua non* de aptidão e validade para seu processamento e a estabelecer o *standard* probatório mínimo para o início da ação penal, conforme as determinações dos arts. 41 e 395, III, do Código de Processo Penal.

O primeiro passo para a delimitar e enfrentar o problema de imputação de responsabilidade penal em crimes praticados a partir da sociedade empresária é assentar a premissa de que essa espécie de criminalidade é, geralmente, cometida em concurso de pessoas, com envolvimento de uma multiplicidade de condutas que podem ser consideradas causais ao resultado lesivo ao bem juridicamente tutelado. Assim, o processo de individualização dessas condutas típicas é tarefa inegavelmente complexa e exige do acusador o domínio criterioso sobre a narrativa do acontecimento histórico, com o apontamento

1 Flávia Campos Guth é mestre em direito penal econômico pela Fundação Getúlio Vargas/SP e advogada especialista em tribunais superiores.

individualizado das condutas praticadas por cada um dos agentes envolvidos, que podem se manifestar por comissão ou por omissão imprópria.

A anatomia geral da conduta humana comissiva dolosa consumada é ontologicamente perceptível, interpretável e passível de atribuição de significado, por intermédio da utilização de processos positivos de análise das alterações fenomenológicas sobre os estados das coisas[2]. Assim, se da denúncia é exigida a descrição de um acontecimento histórico, em sua inteireza, narrado com todas as suas circunstâncias e que se ajuste, em tese, a uma norma penal incriminadora, promover essa narrativa sobre condutas humanas comissivas voluntárias, atribuindo-lhes significado e as escrutinando à luz da legislação penal, deve ter como primado o domínio sobre os elementos que afirmam a existência mínima da justa causa. Isto é, o domínio descritivo sobre o conteúdo mínimo de provas que confiram sustentação e legitimidade ao regular exercício da ação penal[3].

A decisão que inaugura a ação penal deve afirmar a aptidão da denúncia, escrutinando-a à existência de elementos mínimos de prova que confirmem a verossimilhança da narrativa acusatória (justa causa). Aury Lopes Jr. acrescenta, ainda, que a justa causa caracteriza suporte probatório suficiente para "justificar o imenso custo do processo e as diversas penas processuais que ele contém".[4]

Sob esse prisma, o órgão de acusação deverá, inicialmente, descrever o acontecimento histórico, com todas as suas circunstâncias. A partir da narrativa sobre o acontecer fático, afirmará a existência de condutas típicas comissivas e/ou omissivas próprias ou impróprias, fragmentando-as à luz da estrutura empresarial. A partir dessa fragmentação, o ministério público imputará condutas comissivas ou omissivas próprias ou impróprias a cada um daqueles que considera autores, justificando o início da ação penal com elementos indiciários de prova que confirmem a hipótese acusatória.

Se a percepção das condutas comissivas reservam menos esforço para a afirmação de sua ocorrência, a definição de omissão como conduta passível de criminalização e o estabelecimento dos pressupostos para articulação do processo de imputação de responsabilidade penal individualizada à conduta omissiva é questão sabidamente complexa[5]. Ao voltarmos atenção aos crimes

---

2 SILVA SÁNCHEZ, Jesús-María. *Estudios sobre los delitos de omisión.* Lima: Grijley, 2004, p. 24.

3 MOURA, Maria Thereza de Assis. *Justa causa para a ação penal – Doutrina e jurisprudência.* São Paulo: Editora Revista dos Tribunais, 2001, p. 38.

4 LOPES JR. Aury. Direito Processual Penal. 16 ed. São Paulo: Saraiva Educação, p. 234.

5 Os aspectos problemáticos que tangenciam a omissão imprópria são inúmeros. Podemos apontar alguns, a título ilustrativo: a inesgotável bibliografia sobre o tema, qual seria a terminologia mais apropriada a ser empregada na definição dos delitos (comissão por omissão, omissão imprópria, delitos próprios ou impróprios de omissão, por exemplo), os impasses quanto ao problema da equiparação entre a conduta omissiva e a realização do tipo na forma comissiva e a definição da teoria que melhor oferece respostas aos problemas da equiparação, a causalidade na omissão imprópria, os fundamentos dogmáticos para definição da posição de garantidor, a identificação da situação concreta de perigo e definição do dever concreto de agir do garante para impedimento da ocorrência do resultado típico, a imputação objetiva e a realização do risco juridicamente desaprovado por terceiros, entre outros.

omissivos impróprios, as dificuldades encontradas no processo de imputação de responsabilidade penal pelo resultado típico se aprofundam de forma substancial, tendo em vista a intrincada estrutura dos delitos dessa natureza que impõe, para sua realização, o preenchimento de seus pressupostos legais.

Assim, a conjugação desse complexo conjunto de pressupostos de tipicidade para a punibilidade na omissão imprópria, com as determinações dos arts. 41 e 395, III, do Código de Processo Penal, exigirá do órgão de acusação um trabalho muito mais acurado quanto à descrição do conteúdo positivo da peça acusatória sobre a indicação do fato criminoso, ou em tese criminoso, com todas as suas circunstâncias. E isso porque a estrutura do tipo omissivo impróprio possui elementos e pressupostos bastante distintos do injusto comissivo, e que igualmente devem estar descritos na denúncia para o reconhecimento de sua aptidão.

E para além de haver a narrativa do acontecimento histórico, com todos os seus elementos e circunstâncias, é necessário que essa narrativa esteja vinculada à existência de elementos mínimos de prova coligidos aos autos – tendo havido ou não procedimento investigativo pré-processual – de maneira a conferir substratos de legitimidade para o início da ação penal.

Em termos gerais, a prática de delitos em organismos empresariais exige a demonstração e comprovação inicial de múltiplos elementos, tarefa nem sempre simples de cumprir.

2. *STANDARDS* PROBATÓRIOS PARA A DECISÃO DE RECEBIMENTO DA DENÚNCIA

A partir do desenvolvimento de mecanismos para o aferimento da realidade dos fatos descritos na reconstrução processual do acontecimento histórico pelo órgão de acusação é que surgem os *standards* probatórios, que podem ser entendidos como "regras que determinam o grau de confirmação que uma hipótese deve ter, a partir das provas, para poder ser considerada provada para os fins de se adotar uma determinada decisão".[6]

Assim, a tomada de decisões sobre as provas do processo, utilizando-se certo grau de racionalidade e lógica valorativas, exige do julgador a adoção de *standards* probatórios, que são "critérios que estabelecem o grau de confirmação probatória necessário para que o julgador considere um enunciado fático como provado, sendo aceito como verdadeiro"[7].

Serão distintos os *standards* probatórios a depender do momento em que as decisões serão tomadas nos autos, seguindo uma propensão crescente quanto

6 FERRER BELTRÁN, Jordi. *Prueba sin convicción*: estándares de prueba y debido processo. Madrid: Marcial Pons, 2021, p. 24, tradução livre)

7 BADARÓ, Gustavo H. *Epistemologia judiciária e prova penal.* 2 ed., São Paulo: Thomson Reuters Brasil, 2023, p. 241.

ao nível de exigência: a) para o recebimento da denúncia exige-se um baixo grau de certeza quanto à afirmação da ocorrência de determinada hipótese fática; b) para a condenação, passada a instrução probatória, realizada sob o contraditório e ampla defesa, exige-se um grau de certeza suficiente para que determinado enunciado fático seja aceito como provado e verdadeiro[8].

Em acórdão paradigmático[9][10] proferido pela 6ª Turma do STJ, há importante registro sobre a função política dos *standards* probatórios e a distribuição dos riscos de erros entre acusação e defesa:

> Deveras, quanto mais embrionária a etapa da persecução penal e menos invasiva, restritiva e severa a medida ou decisão a ser adotada, mais tolerável é o risco de um eventual falso positivo (atingir um inocente) e, portanto, é mais atribuível à defesa suportar o risco desse erro; por outro lado, quanto mais se avança na persecução penal e mais invasiva, restritiva e severa se torna a medida ou decisão a ser adotada, menos tolerável é o risco de atingir um inocente e, portanto, é mais atribuível à acusação suportar o risco desse erro. (...)
>
> É preciso, assim, levar em conta a gravidade do erro que pode decorrer de cada tipo de decisão; ser alvo da abertura de uma investigação é menos grave para o indivíduo do que ter uma denúncia recebida contra si, o que, por sua vez, é menos grave do que ser pronunciado e, por fim, do que ser condenado. Como a pronúncia se situa na penúltima etapa (antes apenas da condenação) e se trata de medida consideravelmente danosa para o acusado – que será submetido a julgamento imotivado por jurados leigos –, o *standard* deve ser razoavelmente elevado e o risco de erro deve ser suportado mais pela acusação do que pela defesa, ainda que não se exija um juízo de total certeza para submeter o réu ao Tribunal do Júri.

Sob essa premissa, para os sistemas em que o princípio da presunção de inocência é um dos corolários do Estado democrático de direito, o estabelecimento dos critérios de orientação como *standards* probatórios para a valoração de todo o contexto probatório afirmado pelas partes permitirá o exercício do controle de legalidade das decisões prolatadas sobre os fatos.

Sob esse aspecto, a decisão de recebimento da denúncia inaugura a ação penal e tem o condão de alterar o *status dignitatis* daquele indivíduo que, de investigado, passou a denunciado e, no ato de aceitação daquela inicial

---

8 MASSENA, Caio Badaró: "Não seria razoável, a título de exemplo, para o recebimento da denúncia – antes, portanto, da própria instrução probatória, realizada em contraditório, exigir um standard de prova tão alto quanto aquele exigido para a condenação" em Prisão preventiva e standards de prova: propostas para o processo penal brasileiro. *Revista Brasileira de Direito Processual Penal*, v. 7, n. 3, p. 1.631 - 1.668, set./dez. 2021.

9 Recurso Especial n. 2.091.647/DF, Relator Ministro Rogério Schietti Cruz, DJe de 03.10.2023.

10 Apesar de o referido julgado analisar o *standard* probatório da decisão de pronúncia (hipótese bastante distinta das que me proponho a analisar neste artigo), as premissas lógico-argumentativas do precedente podem ser perfeitamente aplicáveis aos casos que não sejam de competência do tribunal do júri.

acusatória, torna-se réu. A importância desse ato é indiscutível não apenas sob a perspectiva dos efeitos que gera pessoalmente àquele indivíduo, mas também sob a ótica processual, porque é a partir da narrativa dos acontecimentos históricos delineados pelo órgão de acusação na denúncia que se delimitará a incidência da prestação jurisdicional e se estruturará a defesa do réu[11].

A narrativa do acontecimento histórico é, portanto, a causa da ação penal, instrumento de pacificação social, realizada por intermédio da prolação de uma decisão mais justa possível sobre os acontecimentos históricos, reconstruídos pela instrução processual, à luz dos princípios do contraditório, da ampla defesa, devido processo legal e da correlação entre acusação e sentença[12].

É possível, a partir dessas premissas, afirmar a existência de dois importantes aspectos para que a decisão de recebimento da denúncia esteja em conformidade com as disposições dos arts. 41 e 395, ambos do Código de Processo Penal[13]:

i) a constatação de que a narrativa feita pelo órgão acusador corresponde à realização de uma conduta penalmente típica, à concretização de um resultado penalmente típico praticados por sujeito determinado (aptidão da denúncia);

ii) a confirmação dessa narrativa acusatória, a partir da valoração dos elementos indiciários de prova que compõe a materialidade e a autoria delitivas (justa causa).

Assim, a análise feita pelo magistrado quanto aos elementos indiciários juntados pelo órgão de acusação à denúncia tem a marca de uma cognição limitada, sortida de indícios selecionados pelo órgão de acusação para a afirmação de sua hipótese e sob o critério de um *standard* probatório naturalmente rebaixado. É importante registrar, porque fundamental ao objeto do presente artigo, que muito embora a exigência para o recebimento da denúncia seja o de cumprimento de um *standard* probatório rebaixado, isso não significa o abandono absoluto ou a diminuição desproporcional desses marcadores, sob pena de proceder-se à inversão do ônus da prova, transferindo-se à defesa a realização do esforço da prova da inocência, abstendo a acusação do esforço de provar a hipótese construída.

A partir dessa afirmação é possível dizer que a decisão de recebimento da denúncia deve ser o resultado de uma valoração racional dos elementos

---

11 MARQUES, José Frederico. *Elementos de direito processual penal*. 1ª ed., São Paulo-Rio: Forense, 1961, v. II, p. 151.

12 A decisão mais justa possível, segundo preleciona Benedito Roberto Garcia Pozzer em *Correlação entre Acusação e Sentença no Processo Penal Brasileiro*, São Paulo: IBCCRIM, 2001, p. 35, "só acontecerá quando a resposta penal corresponder aos verdadeiros fatos, objeto da apreciação judicial. Com absolvição de culpado ou condenação de inocente, a prestação jurisdicional não será legal e justa, nem resultará no convencimento e harmonização da sociedade".

13 Para Aury Lopes Jr., as condições da ação penal comportam, ainda, a caracterização de outros elementos: i) a prática de fato aparentemente criminoso - *fumus commissi delicti*; ii) punibilidade concreta; iii) legitimidade de parte; e iv) na justa causa. (LOPES JR, Aury. *Direito processual penal*. 16. ed. São Paulo: Saraiva Educação, 2019, p. 228).

indiciários de prova que acompanharam a inicial acusatória, com êxito na demonstração da probabilidade da hipótese fática narrada pela acusação.

No entanto, nas hipóteses de crimes praticados em estruturas empresariais e em concurso de pessoas, a jurisprudência entregou um "cheque em branco" ao órgão de acusação, transformando o *standard* probatório para o recebimento da denúncia, em hipóteses tais, em mero juízo de verossimilhança, em contraposição ao que determinam os arts. 5º, LVII, da Constituição Federal e 395, III, do Código de Processo Penal.

3. A RESPOSTA DA JURISPRUDÊNCIA DOS TRIBUNAIS SUPERIORES ÀS DECISÕES DE RECEBIMENTO DA DENÚNCIA, À LUZ DAS CARACTERÍSTICAS DA CRIMINALIDADE DE EMPRESA: AS DENÚNCIAS GERAIS E GENÉRICAS

Ao iniciar a análise da jurisprudência dos tribunais sobre o reconhecimento da aptidão de denúncias em casos de delitos com pluralidade de intervenientes e multiplicidade de aportes comissivos e omissivos, quando cometidos a partir de sociedades empresárias, me deparei com a existência de duas figuras que permeiam os fundamentos dos precedentes estabelecidos e dos julgados subsequentes: as denúncias gerais e as denúncias genéricas.

Apesar da expressa determinação do art. 41 do Código de Processo Penal, a jurisprudência dos tribunais superiores[14] criou dois modelos de exposição dos fatos criminosos: o geral e o genérico. De acordo com o entendimento firmado pelo STJ e pelo STF, é geral a denúncia que imputa a todos os réus, com apontamento generalizado, apesar de não minuciosamente detalhado das condutas, a realização da conduta típica, sem que haja o comprometimento do exercício da ampla defesa e do contraditório, pois os denunciados teriam perfeitas condições de compreender e responder todas as imputações.

A denúncia genérica, por outro lado, é aquela em que não há mínima clareza quanto às condutas atribuídas aos denunciados ou tampouco uma mínima individualização das condutas a eles imputadas, de modo a comprometer o exercício da ampla defesa e do contraditório[15].

14 O STJ e o STF são comumente chamados de tribunais superiores, em contraposição às instâncias ordinárias, que seriam as jurisdições do magistrado singular e dos tribunais estaduais e regionais.

15 Pacelli distingue as denúncias sob as seguintes perspectivas: sobre a geral, a "[...] denúncia imputa a todos os réus, sem divergência quanto aos respectivos comportamentos, a realização dos mesmos atos. Em tais situações, e ainda que, no plano lógico, se possa supor a impossibilidade fática da realização das mesmas ações por todos os denunciados ou querelados, não se pode falar em inépcia da peça acusatória, na medida em que o suposto equívoco na acusação não teria prejudicado a articulação da defesa, já que todos estariam habilitados a compreender a imputação e, assim, a se defender dela". Quanto à denúncia genérica, "[...] outra solução se deve dar à acusação genérica, por meio da qual, dada a pluralidade e complexidade dos atos imputados, não se possa atribuir com clareza a individualização dos comportamentos dos réus, comprometendo-se, por isso mesmo, a amplitude da defesa. [...] De maneira geral, tais problemas ocorrem nas hipóteses de pluralidade de ações e de réus, bem como naquelas em que a imputação recai sobre tipos penais de conduta complexa, seja no que se refere à distribuição de atuações no fato criminoso, seja no que diz com a estrutura organizacional dos envolvidos e responsáveis". PACELLI, Eugênio. *Curso de processo penal*. 22. ed. rev., atual. e ampl. São Paulo: Atlas, 2018. p. 178

No Superior Tribunal de Justiça, esse entendimento é reproduzido em inúmeros outros julgados que indicam, como acórdão orientador, o proferido no Recurso em *Habeas Corpus* 41.362/SP, em que se estabeleceu: "nos crimes de autoria coletiva, embora a inicial acusatória não possa ser de todo genérica, é apta quando não descreve, de forma minuciosa, as atuações individuais, mas demonstra um liame entre o agir dos acusados e a suposta prática delituosa, preenchendo os requisitos do art. 41 do Código de Processo Penal e possibilitando o exercício da ampla defesa".

Todavia, apesar da reprodução em massa desse entendimento, nunca houve o desenvolvimento, pelos tribunais, de critérios para definição do que seria esse liame entre o agir do acusado e a prática delituosa exigidos para o reconhecimento da aptidão de uma denúncia, fato que revela alta carga de subjetividade na análise das iniciais acusatórias.

A expressão "autoria coletiva" também foi identificada em diversos acórdãos proferidos pelo Superior Tribunal de Justiça como sinônimo ao que se afirma tanto no art. 29 do Código Penal quanto na dogmática, por concurso de pessoas.

A despeito de o problema das denúncias gerais e dos delitos praticados em âmbito societário ser objeto de análise pelos tribunais há anos, nota-se que a jurisprudência não aprofundou o debate sobre a possível compatibilização entre os requisitos exigidos pelos arts. 41 e 395, III, do Código de Processo Penal e os delitos praticados em concurso de agentes no âmbito empresarial. Por um lado, tem-se o temor de impunidade de agentes integrantes da cúpula da sociedade empresária. Por outro lado, há questões de alta complexidade relacionadas à individualização das condutas praticadas por cada um dos agentes envolvidos em delitos dessa natureza e a existência de justa causa para o início da ação penal.

O caminho percorrido pelos tribunais, diante da necessidade de compatibilização de todos esses elementos, conduziu a jurisprudência a buscar respostas para problemas complexos. No entanto, há que se questionar a entrega de soluções simples para problemas complexos.

A partir da análise de julgados proferidos pelo Superior Tribunal de Justiça e pelo Supremo Tribunal Federal[16] foi possível observar a utilização das expressões *denúncia geral*, *denúncia genérica* e *autoria coletiva*, e desde então reproduzidos em milhares de outras decisões, sem que tenha havido reflexão

16 As buscas feitas nos sítios oficiais do Supremo Tribunal Federal (www.stf.jus.br) e do Superior Tribunal de Justiça (www.stj.jus.br) foram realizadas utilizando termos e expressões que recortam o objeto desta pesquisa. Analisei exclusivamente acórdãos, isto é, decisões proferidas por órgão colegiado, por entender que esses julgados são os que melhor refletem o entendimento consolidado desses tribunais.
Quanto ao recorte temporal, a pesquisa abrangeu todos os julgados registrados nos sítios oficiais do STF e do STF, desde a criação dos tribunais até a atualidade, sendo de março de 2023 o último levantamento de casos julgados pelos tribunais. O STJ, criado pela Constituição Federal de 1988, tem registros de julgados somente a partir do ano de 1989.

sobre sua compatibilidade com a legislação penal e processual penal vigentes. Ou seja, há uma reprodução em massa de entendimento carente de fundamento legal apropriado.

O entendimento dos tribunais sobre a compatibilidade das denúncias genéricas e as exigências do art. 41 do Código de Processo Penal modificou-se consideravelmente ao longo do tempo. Muito embora a regra geral fosse a obrigatoriedade da descrição pormenorizada e individualizada das condutas praticadas em concurso de agentes nos crimes tidos por tradicionais, quando o tema passou a ser analisado no âmbito da criminalidade empresarial, nas décadas de 70 para o STF e final dos anos 80 e dos anos 90 em diante para o STJ, o entendimento era bastante distinto, sendo a denúncia genérica muito bem aceita, tendo por principal argumento de decidir a complexidade no processo de individualização das condutas quando praticadas a partir de sociedades empresárias.

De lá para cá, esse entendimento foi alterado e, como seria de se esperar, há, atualmente, inúmeros acórdãos que reconhecem a inépcia de denúncias genéricas por grave deficiência na descrição pormenorizada da conduta atribuída ao denunciado, além da inexistência de elementos indiciários mínimos que confiram sustentação à hipótese acusatória. A jurisprudência do STJ e do STF reconhecem, atualmente, a obrigatoriedade da descrição mínima da conduta de cada acusado e do nexo de causalidade entre a conduta e o resultado lesivo, recusando validade às denúncias genéricas.

4. DENÚNCIAS GENÉRICAS, À LUZ DA JURISPRUDÊNCIA DOS TRIBUNAIS SUPERIORES

Um dos pontos de maior sensibilidade na jurisprudência dos tribunais[17] quanto ao tema da responsabilização dos dirigentes de empresa e a individualização de suas condutas na peça inicial acusatória é compatibilizar, de um lado, a exigência de detalhamento concreto do núcleo substantivo da causa[18],

17 Procedi a levantamento de julgados do Superior Tribunal de Justiça e do Supremo Tribunal Federal, para que fosse possível compreender, ainda que de forma embrionária, se os tribunais superiores estabeleceram balizas para a afirmação da aptidão de "denúncias genéricas em crimes societários" e se, desse universo de julgados, quais tratavam de crimes omissivos impróprios. Utilizei os termos "denuncia adj2 ge$ 41" para a pesquisa de jurisprudência em ambos os tribunais superiores. No sítio oficial do Superior Tribunal de Justiça, a pesquisa retornou 227 acórdãos proferidos por ambas as turmas da 3ª Seção. Todos os acórdãos foram lidos entre os meses de julho e setembro e organizados por critérios lógicos. No sítio oficial do Supremo Tribunal Federal, a pesquisa retornou 640 acórdãos proferidos por todos os seus órgãos colegiados. Procedi à leitura de 110 acórdãos respeitando a ordem cronológica em que foram publicados, de modo que fosse possível compreender a evolução do entendimento firmado no tribunal sobre a matéria pesquisada. O primeiro acórdão analisado data de 11 de setembro de 1958 (RE 38865) e o último (HC 78937), de 29 de agosto de 2003. 420 acórdãos proferidos pelo Supremo Tribunal Federal ainda aguardam leitura e organização lógica.

18 No julgamento do *Habeas Corpus* 83.301, afirmou-se: "[...] como é uma proposta de modelo de sentença condenatória, a denúncia, ou a queixa, fixa o núcleo substantivo da causa, governa o rumo de toda a instrução e, como objeto de resposta, delimita o campo do *iudicium,* como capítulo último da sentença, porque é ao redor da denúncia, ou da queixa, que se estrutura e desenvolve todo o processo, do seu início ao trânsito em julgado do provimento jurisdicional, seja em que instância for". Assim, "[...] como ato linguístico que predetermina o conteúdo da ação penal e os rumos do processo, até quanto às variáveis dos procedimentos, e, portanto, a amplitude do exercício da defesa, "a narração deficiente ou omissa, que impeça ou dificulte o exercício da defesa, é causa de nulidade absoluta, não podendo ser sanada porque infringe os princípios constitucionais".

que representa o acontecimento histórico detalhado que deve estar narrado na denúncia e, de outro lado, o já consolidado entendimento jurisprudencial em que admite-se o processamento de acusações genéricas (sob a alegação de que seriam denúncias gerais) em crimes praticados a partir de estruturas empresariais, via de regra sob o fundamento de que a complexidade dos fatos somada à multiplicidade de condutas praticadas pelos dirigentes dispensaria a denúncia da demonstração efetiva e individualizada das condutas imputadas aos dirigentes garantidores.

O estudo da jurisprudência do STJ sobre denúncias genéricas em crimes praticados a partir de estrutura empresarial leva à conclusão de que o tribunal, apesar da tentativa de definição de alguns critérios a serem seguidos para a afirmação da aptidão ou da inépcia de uma denúncia, oferece respostas com fundamentos mais retóricos e menos legais. Muito embora não tenham sido metodologicamente estruturados pelos tribunais, as orientações para a afirmação da aptidão da denúncia seriam:

a) nos crimes de autoria coletiva, em razão da pluralidade de agentes e da multiplicidade de condutas, é permitida a denúncia geral[19];
b) a denúncia genérica é vedada, pois não descreve os fatos na sua devida conformação[20], além de determinar a ilegal inversão do ônus da prova[21];
c) se o nível de abstração da denúncia impedir o exercício da ampla defesa e do contraditório, a denúncia será inepta;
d) é vedada a imputação de responsabilidade exclusivamente pelo fato de o denunciado ser dirigente da sociedade empresária.

Pretendi, após estudo aprofundado da jurisprudência, identificar em quais hipóteses os tribunais superiores aplicam e em quais casos deixavam de aplicar o referido entendimento. No entanto, apesar de terem sido estabelecidas algumas orientações jurisprudenciais para a afirmação da aptidão ou inaptidão de uma denúncia, à luz do que seriam as denúncias gerais e genéricas, os tribunais não conseguiram acomodar, de forma adequada, os requisitos de uma denúncia minimamente válida à luz das estruturas dos tipos comissivos e omissivos impróprios, tão comuns aos delitos praticados a partir e em razão da pessoa jurídica.

---

19 Assim definida como aquela que "apesar de não esmiuçar as ações individuais de cada um dos denunciados, demonstra sua ligação, ainda que de maneira sutil, com o fato delitivo". (RHC 120.006/SP, DJe de 03.03.2022)

20 Pext no RHC 129883/PR, DJe de 15.02.2022.

21 Conferir, nesse sentido, o *Habeas Corpus* 438.144/ES, DJe de 28.8.2018: "(...) *a denúncia genérica e abstrata dá causa à inversão do ônus probandi, haja vista que a ausência de descrição mínima da conduta imputada ao acusado, bem como do fato ocorrido, em última análise implica a incumbência de o denunciado demonstrar a não participação no ilícito penal, o que revela violação do exercício da ampla defesa e do contraditório*".

Os julgados do STJ e do STF sobre crimes contra a ordem tributária e outros de natureza fiscal são bastante interessantes para ilustrar esse descompasso entre afirmação da aptidão de uma denúncia e as elementares dos tipos comissivos e omissivos impróprios.

Há acórdãos que evidenciam a confusão na identificação das elementares estruturais do delito omissivo impróprio, por exemplo. Há nítida confusão entre a afirmação da posição de garantidor e o nexo de causalidade entre a conduta desse garante e o resultado típico, indicando que o simples fato de o denunciado se encontrar em posição de garantidor, por si só, já pressupunha relação direta com os fatos delituosos[22]. Esse entendimento pode ser sintetizado em sentença formulada no julgamento do Recurso em *Habeas Corpus* 60.844/RJ[23] e repetida em dezenas de acórdãos julgados posteriormente: "*não sendo o caso de grande pessoa jurídica, onde variados agentes poderiam praticar a conduta criminosa em favor da empresa, mas sim de pessoa jurídica com patamar menor, onde as decisões são unificadas nos denunciados e vem o crime da pessoa jurídica em seu favor, pode então admitir-se o nexo causal entre o resultado da conduta constatado pela atividade da empresa e a responsabilidade pessoal e por culpa subjetiva dos gestores*".

Outra particularidade identificada pela pesquisa jurisprudencial é que esses entendimentos foram firmados, na maior parte dos casos pesquisados[24] em delitos contra a ordem tributária[25], e replicados em processos que debatiam crimes de todas as naturezas, como se inexistissem diferenças substanciais nas estruturas desses delitos. Esse ponto é extremamente relevante pois os delitos contra a ordem tributária praticados em âmbito empresarial possuem características próprias, dentre as quais destaca-se a natureza especial dos crimes fiscais, inclusive quanto à dinâmica de sua ocorrência, em que a autoria só pode ser atribuída a grupos restritos de pessoas, e que a prática do delito não pode ser transferida a outrem, salvo por intermédio de utilização de norma de extensão[26].

22 No caso do HC 224.728/PE tratava-se de sócio administrador denunciado por conduta tipificada no art. 1°, incisos I e II, da Lei 8.137/90. O acórdão não deixa claro se o paciente foi denunciado por conduta comissiva ou omissiva; tampouco esclarece se o denunciado era ou não agente garantidor ou se poderia agir, concretamente, para evitar o resultado penalmente típico. Trecho do julgado deixa clara a confusão que se aponta: "*(...) vale dizer, admitir a chamada denúncia genérica nos crimes societários e de autoria coletiva não implica aceitar que a acusação deixe de correlacionar, com o mínimo de concretude, os fatos considerados delituosos com a atividade do acusado*".

23 Recurso em *Habeas Corpus* 60.844/RJ, DJe de 30.11.2015.

24 Foram identificados 655 acórdãos que tratavam de delitos praticados a partir e em razão de sociedade empresária, em que seus sócios foram denunciados pela prática da conduta típica e, em juízo, pediam o reconhecimento de inépcia da denúncia por ausência de individualização de conduta e ausência de justa causa. Desse universo de 655 acórdãos, 572 tratavam de delitos contra a ordem tributária, sendo a pessoa jurídica o contribuinte, ou seja, 87% dos julgados do tribunal sobre o tema.

25 Confira-se alguns dos precedentes: RHC 2.862/SC, Dj de 07.12.1993; RHC 4.051/SP, Dj de 19.10.1994; RHC 5.068/RS, Dj de 16.04.1996; RHC 5.379/SP, Dj de 16.04.1996; RHC 3.488, Dj de 04.12.1995; HC 3.335/DF, Dj de 24.05.1995; RHC 4000/RJ, Dj de 14.12.1994; RHC 4.117/SP, Dj de 30.11.1994; HC 4.470/PB, Dj de 25.06.1996; HC 4.712/MA, Dj de 20.08.1996; RHC 5.643/RJ, Dj de 27.08.1996; HC 4.805/MA, Dj 10.09.1996; HC 4.927/MT, Dj de 23.09.1996; HC 4.832/SP, Dj de 05.11.1996, entre outras centenas.

26 Para uma melhor compreensão do tema conferir ASSIS, Augusto. A responsabilidade penal dos sócios administradores no âmbito dos delitos tributários *in* Crimes contra a Ordem Tributária: do direito tributário ao direito penal / organização Gisele Barra Bossa, Marcelo Almeida Ruivo. São Paulo: Almedina, 2019.

Outra importante observação que faço é a de que os precedentes analisados são silentes ao relatar se os delitos praticados a partir do contexto corporativo aconteceram em concurso de agentes, com a realização de múltiplas condutas comissivas e omissivas impróprias. Essa omissão impacta significativamente na forma como o judiciário julga os delitos praticados no âmbito societário, já que a ausência de diferenciação das condutas e apontamento de sua autoria ignora as diferenças estruturais existentes entre as condutas comissivas e omissivas, além de afetar a reconstrução da narrativa sobre os acontecimentos históricos.

É dizer: se em um contexto empresarial há o cometimento de delitos contra a ordem tributária, por exemplo, em que condutas comissivas e omissivas impróprias de empregados e sócios da empresas acontecem em sucessão e sobreposição cronológicas, sendo todas causais ao resultado lesivo, promover uma narrativa que respeite a dinâmica do acontecimento histórico, considerando essa multiplicidade de condutas praticadas é dominar, de forma responsável, a narrativa acusatória, à luz dos preceitos constitucionais da presunção de inocência e da dignidade da pessoa humana[27].

Essas relevantes diferenciações, que impactam diretamente no exercício do direito de defesa e na distribuição dos ônus da prova tem sido relegadas a temas de menor importância, quando se trata de delitos praticados em razão e a partir de organismos empresariais.

5. BALANÇO SOBRE A ANÁLISE DOS PRECEDENTES

Não há dúvidas de que as questões mais debatidas no STJ e STF ao longo dos anos sobre a criminalidade praticada em âmbito societário diz respeito à individualização das condutas atribuídas aos denunciados, dirigentes de sociedade empresária, e a inépcia da denúncia por ausência de justa causa. E esses debates geram reflexos diretos no estabelecimento dos *standards* probatórios a serem utilizados na decisão de recebimento da denúncia, diante da utilização da figura da denúncia geral.

Ao interpretar esses grupos de julgados percebi que os tribunais, quanto à individualização das condutas, amparavam-se na ideia de que, nos crimes entendidos como societários, se a denúncia expusesse, ainda que sem grandes detalhamentos, os eventos delituosos, a classificação dos crimes e a indicação dos denunciados como integrantes da cúpula da administração da sociedade (como expoente do nexo de causalidade), eram consideradas aptas e suficientemente

27 HC 113.386/SP, DJe de 23.04.2013: "Quando se fazem imputações vagas, dando ensejo à persecução criminal injusta, está-se a violar o princípio da dignidade da pessoa humana, que, entre nós, tem base positiva no art. 1°, III, da Constituição. Como se sabe, na sua acepção originária, este princípio proíbe a utilização ou transformação do homem em objeto dos processos e ações estatais. O Estado está vinculado ao dever de respeito e proteção do indivíduo contra exposição a ofensas ou humilhações".

preenchidos os requisitos do art. 41 do Código de Processo Penal. O que estaria vedado, por outro lado, seria a imputação de responsabilidade penal de dirigente de empresa apenas pela ocupação do cargo ou função na estrutura corporativa[28].

Assim, partindo-se do pressuposto da dificuldade de especificar as condutas praticadas pelos dirigentes das empresas nos delitos praticados no âmbito societário, somado ao receio da impunidade dos integrantes da cúpula corporativa é que os tribunais formularam e desenvolveram a hipótese da denúncia geral, caracterizada, segundo construção da própria jurisprudência, pela desnecessidade de individualização da conduta delituosa de cada acusado, sendo suficiente a narração dos fatos (feita, em grande maioria, pela simples reprodução do tipo penal) e a indicação, **sem necessidade de confirmação em elementos de prova indiciárias**, da participação dos denunciados. Ou seja, um rebaixamento ainda maior de um *standard* probatório exigido para o recebimento de denúncias de delitos de outras naturezas.

No Superior Tribunal de Justiça, o precedente sobre denúncia geral mais antigo registrado pelo sítio oficial do tribunal é o EREsp 265.766/SP[29]. A denúncia geral foi criada, de acordo com o referido precedente, para hipóteses "em que o *parquet* imputa a todos, indistintamente, a prática do mesmo fato delituoso, em razão das funções exercidas por eles na sociedade, sendo certo, porém, o fato criminoso a eles atribuídos". Ou seja, é possível afirmar, por esse precedente, que os *standards* probatórios para autoria e materialidade delitivas seriam bastante distintos, quase que discrepantes entre si.

Em julgados mais recentes há indicação, como acórdão paradigmático sobre o tema, o Recurso em *Habeas Corpus* 41.362/SP[30], em que se estabeleceu como entendimento consolidado do tribunal que nos crimes de autoria coletiva, embora a inicial acusatória não possa ser de todo genérica, é apta ainda quando não descreva, de forma minuciosa, as atuações individuais de cada denunciado, mas demonstra um liame, "ainda que sutil"[31], entre o agir dos acusados e a suposta prática delituosa, preenchendo os requisitos do art. 41 do Código de Processo Penal, possibilitando o exercício da ampla defesa.

28 O REsp 135.264/GO, Dj de 17.08.1998, traz trecho do voto do relator bastante elucidativo quanto ao entendimento que estruturou a jurisprudência do STJ e que nesse sentido permanece até a atualidade: "(...) o consagrado direito penal da culpa não admite a responsabilidade objetiva. Mesmo nos crimes societários, a denúncia deve indicar a conduta de cada um dos partícipes ou coautores, de modo a ensejar a plenitude de defesa (...). Sabe-se que, em se tratando de crimes coletivos ou societários a jurisprudência vem mitigando os rigores do art. 41 do CPP. Mas isso não significa admitir-se denúncias genéricas, fictícias, sem a descrição das condutas que vinculem cada uma das pessoas ao evento delituoso, impossibilitando, desse modo, o exercício do contraditório e da ampla defesa".

29 EREsp 265.766/SP, DJe de 04.08.2008, cujo trecho específico sobre a imputação de responsabilidade aos dirigentes da empresa merece reprodução: "Tem-se, assim, que ao imputar o não-recolhimento das contribuições previdenciárias dos empregados no período compreendido entre abril de 1994 até janeiro de 1995 aos réus Armando e Sheila e a Armando e Leyla após esta data, baseado concretamente nas funções de gerência e administração exercidas pelos acusados, tal como previsto no Contrato Social da empresa e suas alterações (fls. 09/20), não há falar em denúncia genérica, mas sim geral, assim considerada aquela em que o Parquet imputa a todos, indistintamente, a prática do mesmo fato delituoso, em razão das funções exercidas por eles na sociedade, sendo certo, porém, o fato criminoso a eles atribuídos.

30 STJ, RHC 41.362/SP, DJe de 21.11.2013.

31 Expressão encontrada em voto no RHC 97.047/SP, DJe de 19.12.2018.

Nota-se que não há definição de critérios para a compreensão do que seria esse liame entre o agir do acusado e a prática delituosa exigido para o reconhecimento da aptidão de uma denúncia, o que indica alta carga de subjetividade na análise das iniciais acusatórias. Essa ausência de critérios, por vezes, permite a coexistência decisões divergentes que podem dificultar o controle do Estado sobre a legalidade das decisões, gerando entendimentos conflitantes para casos análogos.

Por outro lado, o STJ estabeleceu um importante critério para reconhecimento da inépcia de denúncia: a impossibilidade de imputação de autoria delitiva pela mera ocupação de posição em estrutura empresarial. Entendeu-se – como até hoje se entende – que é vedada a imputação de responsabilidade penal a dirigente de empresa limitada à indicação de sua posição na estrutura empresarial, sem descrição de conduta típica em tese praticada pelo denunciado[32].

Analisada a jurisprudência do STJ e do STF e feito um levantamento dos precedentes que refletiriam a tomada de posição dos tribunais sobre as denúncias gerais e genéricas e a individualização das condutas dos denunciados, à luz do que determina o art. 41 do CPC, é tempo de examinar o grau de seu ajustamento às exigências feitas pela lei processual penal.

6. OS ARTS. 395, INCISO III E 397, INCISO III, DO CÓDIGO DE PROCESSO PENAL: A JUSTA CAUSA E OS DELITOS PRATICADOS A PARTIR DE SOCIEDADE EMPRESÁRIA

O art. 41 do CPP elenca os requisitos formais da denúncia e o art. 395, III, do CPP prevê requisito substancial ou material para recebimento da denúncia, consubstanciado na justa causa, que representa um conjunto de elementos indiciários de prova, colacionados em procedimentos administrativos pré-processuais (inquérito ou outro procedimento administrativo) ou outras fontes e que amparem a narrativa acusatória sobre a materialidade e a autoria.

Quanto aos delitos praticados no âmbito de estruturas empresariais, é igualmente exigido da denúncia a narrativa de acontecimento histórico em que se atribui a sujeito determinado a prática de específica conduta típica, tendo lastro em elementos indiciários de prova que indiquem a provável veracidade da narrativa acusatória[33].

Sabe-se, por outro lado, que existem especificidades dos delitos praticados a partir de sociedade empresária, notadamente as dificuldades na individualização das condutas e atribuição de seus autores, que colocam os procedimentos administrativos pré-processuais e inquéritos em lugar de extrema

32 Recurso Especial 1.874.619/PE: "o fato de o recorrente ocupar a posição de administrador da empresa não significa, de per si, que haja concorrido para a prática do delito" (p. 12).
33 MOURA, *Justa Causa... op. cit.* p. 237-238.

importância para a efetiva apuração da ocorrência de todos os elementos da narrativa do acontecimento histórico.

Considerando a premissa de que, sob o aspecto formal, a denúncia deve conter a narrativa do acontecimento histórico, com todas as suas circunstâncias, e o apontamento do autor (ou autores e partícipes) das condutas típicas, será por meio dos elementos de prova produzidos nos procedimentos pré-processuais que se apurará, ao menos indiciariamente, quem, como, o que, os motivos determinantes, de que forma, o lugar e o tempo em que os fatos típicos se deram. E a esse conjunto de elementos de prova colhidos em fase pré-processual, que confere o suporte material mínimo para o ajuizamento da ação penal é que se convém chamar de justa causa.

Para uma melhor compreensão do que se pretende afirmar a partir de agora, tomemos como exemplo os delitos praticados contra a ordem tributária, cuja regra é que a ação penal se instaure com o esgotamento da via administrativa, mas muitas vezes sem a instauração de inquérito policial, para a apuração da autoria e demais elementos essenciais de informação para dar suporte à justa causa, que conferirá legitimidade à narrativa construída pelo órgão de acusação[34].

Assim, via de regra os elementos de informação mínimos anexados pelo órgão acusatório à denúncia limitam-se à indicação da materialidade delitiva, pois é esse, essencialmente, o objetivo do processo administrativo tributário, ficando de lado, ou em nível secundário, a busca de elementos indiciários de autoria.

A questão ganha contornos mais complexos quando se trata de contribuinte pessoa jurídica, em que a apuração sobre qual ou quais das pessoas naturais integrantes daquela pessoa jurídica teriam, pessoalmente, praticado as condutas descritas nos arts. 1º e 2º da Lei 8.137/90, muitas das vezes, se torna tarefa um tanto complexa. Essa imputação de responsabilidade de pessoa natural por delitos tributários cometidos por pessoa jurídica só é possível em razão da norma de extensão disposta no art. 11 da Lei 8.137/90[35], para a prática na forma comissiva. A norma de extensão que especifica os casos de omissão imprópria é o art. 13, § 2º, do CP[36].

O grande problema identificado nos julgados dos tribunais superiores sobre a inépcia das denúncias está, especificamente, no apontamento de quais pessoas naturais teriam realizado o tipo penal, em sua forma comissiva, e quais as pessoas naturais dirigentes da pessoa jurídica teriam realizado o tipo penal, na forma omissiva imprópria.

34 Confira-se, nesse sentido: HC 698.153/DF, Dj de 22.03.2022.
35 Sobre o tema, confira-se ASSIS, Augusto. *A responsabilidade penal dos sócios e administradores no âmbito dos delitos tributários*. São Paulo, Almedina, 2019, p. 593.
36 ASSIS, A responsabilidade... *op. cit.*, p. 593.

A não identificação desses agentes tem estreita relação com a não apuração ou apuração deficiente dos fatos na fase pré-processual, e o efeito mais perceptível desse proceder é o rebaixamento ainda maior de um *standard* probatório que, por sua natureza, já é baixo, em clara violação ao que determinam os arts. 41 e 395, III, do CPP, e 5º, LVII, da Constituição Federal[37].

Em muitos dos precedentes analisados na pesquisa[38] foi possível identificar que os pedidos formulados pelas defesas arguiam, em regra, duas teses: i) inépcia da denúncia por ausência de individualização das condutas imputadas ao denunciado; ii) ausência de justa causa, por ausência de elementos indiciários mínimos que indicassem a plausibilidade da narrativa do ministério público quanto à autoria delitiva, especialmente nos casos de atribuição de responsabilidade penal do sócio-administrador.

No entanto, muito embora seja exigido da denúncia que a narrativa construída tenha apoio em elementos fáticos indiciários mínimos[39][40], já que concretizam o aceno da prática do crime e a possível atribuição da responsabilidade penal a sujeito determinado, o que se nota é que nem mesmo esses elementos mínimos são exigidos pelos tribunais para a afirmação da justa causa.

No campo dos delitos praticados a partir de sociedade empresária, a jurisprudência dos tribunais exige, como requisito fundamental, a demonstração apenas em linhas gerais, do vínculo entre a posição do agente na empresa e o crime imputado, de forma a propiciar o conhecimento da acusação e o exercício da ampla defesa[41]. Nesse sentido, a jurisprudência passou a entender que, para os delitos previstos nos arts. 1º e 2º da Lei 8.137/90, é apta a denúncia se há a descrição do nexo entre os poderes de administração dos investigados na estrutura societária e os fatos delitivos[42].

Esse entendimento nega vigência às disposições dos arts. 41 e 395, III, do Código de Processo Penal, pois releva à acusação o ônus de se comprovar, ainda que minimamente, sua hipótese acusatória. Assim, muito embora a mesma jurisprudência afirme ser vedado denunciar dirigentes de empresa apenas e tão somente por ocupar posição de gestor, o que se conclui, ao estudar a

---

37 Registro importante entendimento do STJ e STF sobre justa causa nos delitos de natureza fiscal-tributária: é constitucional o compartilhamento dos relatórios de inteligência financeira UIF e da íntegra do procedimento fiscalizatório da Receita Federal do Brasil, que define o lançamento do tributo, com os órgãos de persecução penal, para fins criminais, sem a obrigatoriedade de prévia autorização judicial, devendo ser resguardado o sigilo das informações em procedimentos formalmente instaurados e sujeitos a posterior controle jurisdicional, segundo o STF, no RE 1.055.914/SP, Dje de 04.12.2019, e STJ, no REsp 1.872.939/RS, Dje de 25.11.2022.

38 Apenas a título exemplificativo: RHC 172.935/PR, Dje de 29.03.2023; HC 620.779/RS, Dje de 16.12.2022; RHC 155.224/SP, Dje de 10.10.2022; RHC 151.007/PR, Dje de 21.10.2022; HC 698.153/DF, Dje de 22.03.2022; AgRg no HC 728.271/SC, Dje de 24.06.2022 etc.

39 "Sendo imperativo que a denúncia ou a queixa tenham apoio em elementos fáticos, não podendo ser fruto de elocubração cerebrina ou de mero capricho do acusador, este não pode, em regra, prescindir de indícios e presunções que as sustentem". PRATES, Renato Martins. *Acusação genérica em crimes societários*. Belo Horizonte: DelRey, 2000. p. 29-30.

40 Exige-se que a narrativa feita pelo órgão de acusação seja amparada por substratos probatórios mínimos. A contrario sensu, não se exige que esses substratos probatórios juntados no início da ação judicial sejam exaustivos, pois essa imposição seria desarrazoado e até mesmo impossível – já que há provas que só podem ser produzidas por determinação judicial (reserva de jurisdição).

41 AgRg no RHC 151.599/MT, Dje de 14.02.2022.

42 RHC 76.487/SO, Dje de 18.10.2018; AgRg no RHC 121.853/SP, Dje de 23.06.2020.

jurisprudência dos tribunais superiores, é que se mostra suficiente para esses casos a indicação de qual dirigente ocupa posição de gestão na estrutura empresarial (o que não caracteriza conduta típica, antijurídica e culpável).

É preciso ter em conta que, muito embora seja incompatível com todo o sistema penal e processual penal brasileiros a utilização de um *standard* de prova para a decisão de recebimento da denúncia, que se escore em um juízo de mera verossimilhança ou presunção, o que se extrai da jurisprudência dos tribunais superiores sobre o tema é um desproporcional rebaixamento dos critérios para afirmação da justa causa, em especial no que se refere à autoria delitiva, ao argumento de que os delitos praticados a partir de estruturas empresariais guardam alto grau de complexidade quanto à pulverização de condutas e informações, fato que dificultaria, sobremaneira, o processo de imputação de responsabilidade penal individual.

Dito de outra forma, rebaixar ainda mais o *standard* probatório para o recebimento da denúncia em delitos praticados a partir de estruturas empresariais revelou-se, de alguma forma, o caminho mais fácil para evitar uma irresponsabilidade generalizada àqueles integrantes da cúpula das empresas, o que acabou por gerar o efeito ainda mais danoso de transcender as exigências legais e postulados constitucionais, sob o pretexto de excessiva dificuldade na identificação dos autores e levantamento de elementos indiciários mínimos para a realização de um juízo positivo sobre a hipótese acusatória.

7. CONCLUSÃO

Em conclusão, considerando as expressivas dificuldades que potencialmente existem no processo de imputação de responsabilidade penal em crimes cometidos por grupos de pessoas, seja em razão dos múltiplos enredamentos típicos da dinâmica do acontecimento histórico, seja pela complexidade da construção da narrativa à luz dos aportes comissivos ou omissivos impróprios das condutas realizadas, é fundamental expressar que a aceitação das denúncias gerais, sem lastro probatório mínimo que alcance, racionalmente, o *standard* probatório para o recebimento dessa inicial acusatória viola o princípio da presunção de inocência, pois se pauta em mero juízo de verossimilhança, diminuindo o ônus probatório da acusação e, por via transversa, jogando para a instrução probatória e para a defesa toda a carga de provar que a hipótese acusatória não fora demonstrada.

A escolha jurisprudencial pelo rebaixamento do nível de exigência para o recebimento de denúncias que não individualizam as condutas atribuídas aos supostos agentes tem natureza meramente retórica, não encontrando amparo na legislação processual.

Com essa compreensão, os tribunais superiores passaram a permitir que denúncias ineptas, oferecidas em casos de crimes praticados em concurso de pessoas e orquestrados em razão de estruturas empresariais, inaugurassem ações penais, seja por receio da impunidade, seja simplesmente por deficiência investigativa.

No entanto, esse entendimento se distancia não apenas dos princípios constitucionais da presunção de inocência e isonomia, mas também dos critérios de valoração racional exigidos a todos os casos, indistintamente, para que a hipótese da acusação seja considerada a mais provável atingindo, assim, o *standard* de prova prevalente de recebimento da denúncia.

REFERÊNCIAS

ASSIS, Augusto. *A responsabilidade penal dos sócios e administradores no âmbito dos delitos tributários*. São Paulo, Almedina, 2019.

BADARÓ, Gustavo H. *Epistemologia judiciária e prova penal*. 2 ed., São Paulo: Thomson Reuters Brasil, 2023.

FERRER BELTRÁN, Jordi. *Prueba sin convicción*: estándares de prueba y debido processo. Madrid: Marcial Pons, 2021.

LOPES JR. Aury. *Direito Processual Penal*. 16 ed. São Paulo: Saraiva Educação, 2019.

MARQUES, José Frederico. *Elementos de direito processual penal*. 1ª ed., São Paulo-Rio: Forense, 1961, v. II.

MASSENA, Caio Badaró. *Revista Brasileira de Direito Processual Penal*, v. 7, n. 3, p. 1.631 - 1.668, set./dez. 2021.

MOURA, Maria Thereza de Assis. *Justa causa para a ação penal - Doutrina e jurisprudência*. São Paulo: Editora Revista dos Tribunais, 2001.

PACELLI, Eugênio. *Curso de processo penal*. 22. ed. rev., atual. e ampl. São Paulo: Atlas, 2018.

POZZER, Benedito Roberto Garcia. *Correlação entre Acusação e Sentença no Processo Penal Brasileiro*, São Paulo: IBCCRIM, 2001.

PRATES, Renato Martins. *Acusação genérica em crimes societários*. Belo Horizonte: DelRey, 2000.

REBOUÇAS, Sérgio Bruno Araújo. *Omissão imprópria do empresário: o problema da delegação dos deveres de garantia nas estruturas empresariais complexas*. Revista dos Tribunais Online. Revista Brasileira de Ciências Criminais, vol. 143/2018, p. 45 – 86, maio de 2018.

RÉGIS PRADO, LUIZ. *Algumas notas sobre a omissão punível*. Revista dos Tribunais, vol. 872/2008, p. 433 - 455, junho de 2008. ROBES PLANAS, Ricardo. Ramón Ragúes i Valles y Ricardo Robles Planas (dirs.); Jesús-María Silva Sánchez, Nuria Pastor Muñoz, Raquel Montaner Fernández, Ivó Coca Vila y Beatriz Goena Vives. Barcelona: ed. Atelier, 2018.

ROXIN, Claus. *Autoría y dominio del hecho em derecho penal*. 7. ed. Madrid: 2008.

SILVA SÁNCHEZ, Jesús-María. *Estudios sobre los delitos de omisión*. Lima: Grijley, 2004.